# LA LIBRAIRIE FLAMMARION 1875-1914

Élisabeth Parinet

# LA LIBRAIRIE FLAMMARION
## 1875-1914

Ouvrage publié avec l'aide
du Centre national des lettres

IMEC
ÉDITIONS

Qu'il me soit donné l'occasion de rendre d'abord hommage à la mémoire de Monsieur Henri Flammarion qui accueillit avec bienveillance et intérêt mon projet et m'ouvrit généreusement les archives de sa maison. Lors des entretiens qu'il m'accorda, il me livra souvenirs, anecdotes et jugements dont l'acuité et la saveur compensèrent agréablement la sécheresse des sources écrites : l'intérêt qu'il attachait à son métier ne l'empêchait pas de jeter sur le monde des éditeurs un regard amusé.

Après sa mort, Madame Henri Flammarion et Monsieur Jean-Noël Flammarion se montrèrent des interlocuteurs tout aussi attentifs et soucieux de faciliter mes recherches. Qu'ils trouvent ici l'expression de ma reconnaissance.

Je tiens aussi à dire ma gratitude envers Messieurs Henri-Jean Martin et Raoul Girardet, l'un pour avoir suscité puis encouragé l'intérêt que je portais à l'édition contemporaine, l'autre pour avoir accepté de diriger la thèse qui a donné naissance à ce livre.

Enfin, je remercie pour leur précieuse coopération : Madame Claudette Guilpin, grâce à qui j'ai pu regrouper et classer les archives Flammarion éparses rue Racine ; Mesdames Solange Bornaz et Valérie Tesnière, qui m'ont aidée de leurs critiques et de leurs conseils.

# INTRODUCTION

Prononcez le nom de Flammarion devant un auditoire du début de ce siècle et aussitôt surgira la figure de Camille, l'astronome flamboyant et bohème, l'auteur à succès de l'*Astronomie populaire*, le savant tel que l'imagination populaire le représente toujours, ébouriffé, enthousiaste et génial. Mais qui, hormis ses confrères, connaît Ernest, son jeune frère ? Qui prête attention à son prénom au fronton des librairies et sur les couvertures des livres ? Il est vrai que l'homme ne cherche pas la publicité ; autant Camille prend facilement la pose, autant Ernest reste dans l'ombre. Peu de déclarations à la presse, encore moins de photos. Pour l'heure, les éditeurs sont gens discrets. Stock et Dreyfous ont bien rédigé quelques souvenirs, mais il faut attendre les années 20 et Grasset pour voir surgir l'éditeur « médiatique » qui livre au public ses réflexions, ses méthodes, ses enthousiasmes... Ernest Flammarion ne déroge pas à la règle. Quand son nom apparaît au détour d'une rubrique littéraire ou d'un écho mondain, il s'agit de promouvoir un livre ou une collection nouvelle. Encore est-ce rare. Pourtant, une fois à la retraite, il fait une légère entorse à ses principes : il se laisse aller à quelques confidences pour une revue locale et rédige une trentaine de pages consacrées surtout aux éditeurs qu'il a connus. Enfin, quelques feuillets retrouvés dans ses papiers témoignent de son désir de laisser une trace de la construction de son entreprise. Dans tout cela, rien de personnel, d'intime. Tout est rapporté à la Librairie et à ses succès. Même sa correspondance privée est envahie par les considérations professionnelles, comme si toute sa vie n'avait d'intérêt que par son métier. Et c'est sans doute vrai ; Ernest Flammarion est tout entier dans sa Librairie. Ôtez cela, et il est comme l'a peint Jan Styka, un bourgeois respectable, la barbe étalée sur son costume sombre, dans l'atmosphère confinée d'un bureau fin de siècle. Comment deviner, sous cette apparente banalité, l'autodidacte qui avec 2 000 F d'économies personnelles a construit une entreprise évaluée à 3 millions vingt ans plus tard, le libraire-éditeur dont les initiatives secouent une profession gagnée par la morosité de la conjoncture économique ?

Pour arriver à ce résultat, Flammarion s'est tellement identifié à sa maison et, à l'inverse, il l'a marquée d'une empreinte personnelle si forte que cette monographie a pris une dimension biographique. Toutefois, notre étude se propose un sujet plus vaste, en cherchant à comprendre comment, dans un contexte de crise, une entreprise d'édition et de librairie peut se développer jusqu'à devenir l'une des plus grandes maisons avant la guerre de 14.

En effet, la Librairie Marpon et Flammarion naît et prend son essor dans une période de turbulences économiques. Une crise se développe dans les années 1881-1882 et, après un certain nombre de rechutes, le redressement véritable ne s'opère qu'à partir des années 1900.

La librairie souffre de la crise et l'édition ne semble pas avoir évité ce repli économique, bien que la situation, pour cette branche, soit complexe : s'il est évident que la récession doit toucher en priorité la consommation culturelle, le livre peut aussi bénéficier du développement de l'alphabétisation et de la scolarisation. Or, partout, ce ne sont que lamentations : on annonce la mort prochaine du livre en ressassant la liste des maisons disparues en une dizaine d'années. Il est vrai que le bilan est impressionnant. Les éditeurs de beaux livres ont particulièrement souffert. Des maisons ayant pignon sur rue comme Jouaust ou Quantin ont dû vendre leur fonds ; Floury, Pelletan, Guillaume, arrivés plus récemment dans le domaine du livre artistique, n'ont vécu que quelques années. Cette débâcle ne peut être expliquée seulement par une désaffection pour le style de leurs publications puisque la crise touche aussi des éditeurs de littérature populaire, comme Dentu, Havard et Roy qui disparaissent, et surtout des éditeurs au fonds important et diversifié. Ainsi, Hetzel, Calmann-Lévy, Lemerre déclinent, Charpentier et Ollendorff ont de graves difficultés financières. Et il faudrait ajouter à cette liste beaucoup de petites maisons comme Savine, Dreyfous, Vanier, etc. Ce tableau désolant doit néanmoins être nuancé. En effet, les noms cités précédemment appartiennent tous à des éditeurs de littérature générale, c'est-à-dire au secteur le plus « voyant » de l'édition. Leur déconfiture frappe d'autant plus les esprits et l'on oublie alors que certains domaines sont épargnés par la crise. Les maisons dont tout ou partie de la production est scolaire, résistent bien. On voit même, parmi elles, de nouveaux noms apparaître. De même, l'édition scientifique est florissante. Qu'est-il donc arrivé aux éditeurs de littérature générale ? Essentiellement une crise de la production de fiction. Après l'euphorie des années 1875-1885 où le roman naturaliste assure des tirages comme on n'en a jamais vu, la demande se tasse pour des raisons multiples : désaffection du public pour la littérature qui succède au naturalisme, concurrence de la presse, attrait de loisirs nouveaux... La majorité des éditeurs se lance alors dans une production pléthorique, anarchique, cherchant désespérément la recette du succès. D'où un phénomène de surproduction, induisant une augmentation des stocks et, finalement, la faillite. Heureusement, certains éditeurs ont su réagir à temps, en évitant un trop lourd endettement et inventant de nouvelles façons de séduire le public. Ceux-là ont pu passer le cap de la fin du siècle.

Comment situer et expliquer, dans ce contexte, la réussite de Marpon et Flammarion ? Faut-il y voir le succès d'une administration plus dynamique et rigoureuse que chez d'autres éditeurs ? est-ce un effet de la complémentarité de la librairie et de l'édition ? ou faut-il l'attribuer à une politique d'auteurs plus brillante, plus efficace ?

Pour tenter de répondre à ces questions, on suivra d'abord un fil chronologique pour retracer la fondation de la maison d'édition et du réseau de librairies. Puis, on s'intéressera à leur évolution de 1880 à 1914, en considérant d'abord la politique économique et commerciale, puis la politique éditoriale de l'entreprise.

L'étude de ces quarante années d'activité permettra alors peut-être de mieux cerner la personnalité d'Ernest Flammarion qui, malgré sa réussite, laissa à son frère la gloire de la notoriété.

Par commodité, les chiffres de tirage seront toujours donnés *sans la passe,* puisque ce sont eux qui servent de référence pour le calcul des droits d'auteur. Le véritable tirage est facile à rétablir car la passe est toujours, chez Flammarion, de 10 %.

Aucune somme n'a été réactualisée. Pour calculer l'équivalent en francs de 1991, on utilisera l'indice de transformation établi par l'INSEE, d'après la moyenne des indices des prix de gros et de détail. Entre le tournant du siècle et la guerre de 14, il diminue lentement de 17 à 14,8.

Les documents conservés par la famille Flammarion formant la majeure partie de la documentation, l'abréviation « A. F. » servira, dans les notes, à identifier leur origine. La mention « Archives Camille Flammarion » désignera celles conservées à l'Observatoire de Juvisy.

PREMIÈRE PARTIE

# NAISSANCE D'UN ÉDITEUR

# LES ANNÉES DE FORMATION

## *Histoire très vraie de trois enfants courageux*

Fiers qu'ils étaient de leur réussite sociale et persuadés de sa valeur exemplaire, les Flammarion ont toujours évoqué très volontiers leurs origines modestes et les difficultés financières qui avaient assombri leur enfance.

Camille l'a fait dans un gros volume de plus de 500 pages, *Mémoires biographiques et philosophiques d'un astonome,* paru en 1911. Il y raconte avec attendrissement ses souvenirs d'enfance à Montigny, ses années d'études à Langres, ses débuts d'astronome, mais le récit s'arrête en 1871 et n'eut jamais de suite. Ernest, le jeune frère, n'est que peu mentionné et les trois pages qui lui sont consacrées tendent surtout à démontrer que, sans l'intervention de Camille, Ernest ne serait peut-être jamais devenu le grand éditeur que l'on sait...

Sa sœur Berthe, quant à elle, a choisi de faire de l'histoire de sa famille un récit édifiant s'adressant aux enfants. Cela donne un bel in-4°, orné de nombreuses gravures, publié en 1887 et intitulé *Histoire très vraie de trois enfants courageux.* Quelques noms ont été modifiés, quelques situations transposées mais il est aisé de reconnaître les trois aînés de la famille Flammarion dans les personnages de Henry, Jeanne et Albert Montigny, et les principaux épisodes sont confirmés par les récits ultérieurs de Camille et Ernest. Tout juste peut-on sourire de la pruderie de l'auteur qui juge plus convenable pour Camille, alias Henry, d'épouser la petite-fille de celui à qui il doit son entrée à l'Observatoire plutôt que de devenir, à 16 ans, l'amant d'une femme mariée [1] qu'il n'épousera que 16 ans plus tard, comme cela se produisit dans la réalité !

1. Camille Flammarion n'épousera Sylvie Pétiaux-Hugo qu'en 1874, quand elle sera devenue veuve.

Le récit de Berthe Flammarion n'est pas un chef-d'œuvre de la littérature enfantine, mais il nous intéresse par le poids qu'il donne aux épisodes montrant la famille aux prises avec une misère dont elle triomphe lentement, en mettant à contribution les deux plus jeunes eux-mêmes [2]. Symboliquement, le livre s'ouvre sur l'expulsion de la maison familiale à Montigny-le-Roi et se clôt avec un repas de famille fêtant l'installation dans une propriété qui n'est autre que celle de Juvisy. L'intention moralisatrice est claire et, pour la rendre plus évidente encore, l'auteur n'a pas hésité à exclure du récit sa sœur Marie qui, née en 1856, n'avait pas vécu le premier épisode de cette épopée du travail et de la solidarité familiale.

Ernest, enfin, partageait avec ses aînés le sentiment d'avoir réussi une ascension exemplaire. Quoique il fût moins prolixe qu'eux, il évoquait pourtant avec la même fierté la pauvreté de sa jeunesse, quand les journalistes l'interrogeaient, et il y consacre quelques pages dans une plaquette évoquant, par ailleurs, quelques éditeurs disparus [3].

Leurs trois témoignages sont donc d'un intérêt certain pour reconstituer ce que fut l'atmosphère familiale, pendant les années de jeunesse d'Ernest, même s'ils doivent être complétés et parfois corrigés pour en suivre précisément les étapes.

Ernest Flammarion n'est pas un « héritier » ; il est d'origine paysanne modeste et les tribulations de sa famille sont caractéristiques d'une société où rien ne peut vous prémunir vraiment contre les revers de fortune.

Aussi loin qu'il ait pu remonter pour reconstituer son arbre généalogique, (jusqu'en 1619 pour la branche paternelle, jusqu'en 1750 pour la branche maternelle), Camille n'a trouvé, parmi ses ancêtres, que des cultivateurs installés à Montigny-le-Roi ou à Illoud, communes distantes de 24 km et proches de Langres. Des recherches récentes, entreprises dans les registres paroissiaux par des membres de la famille Flammarion restés en Haute-Marne, ont permis de retrouver un Mathieu Flammarion, né vers 1580 et installé à Avrecourt, tout près de Montigny, ascendant direct de l'astronome et de l'éditeur. Au-delà, la trace de la famille se perd, en Vendée, semble-t-il. La famille Flammarion est donc enracinée depuis longtemps dans cette région de la Haute-Marne où les parents d'Ernest sont les premiers à ne plus vivre exclusivement de la terre. En effet, « à l'époque de ma naissance [4], raconte Camille, mon père et ma mère tenaient un petit commerce de draperie, de mercerie, d'objets usuels mais, pendant son enfance et sa jeunesse, mon père n'avait pas quitté les champs : son père était cultivateur et le père de ma mère était vigneron [5]. »

---

2. Berthe Flammarion ne dédie-t-elle pas son livre à ses enfants et neveux en formant le vœu que « la lutte qui attend tout être dans la vie soit supportée vaillamment par tous comme elle le fut par les trois enfants courageux. Ainsi acceptée, elle (les) rendra bons et forts. »

3. Ernest Flammarion, *Quelques types de libraires et d'éditeurs de 1866 à 1875. Souvenirs du Paris démoli.* Plaquette hors commerce, 1933, 30 p.

4. Le 26 février 1842.

5. Camille Flammarion, *Mémoires biographiques et philosophiques d'un astronome.* Paris : Flammarion, 1911, p. 11. L'acte de naissance d'Ernest Flammarion mentionne que son père est, à cette époque, tailleur d'habits.

Cette orientation vers le petit commerce est liée à un désir d'ascension sociale, imputable, si l'on en croit Camille, à Madame Flammarion :

« Mon père et ma mère ne s'occupaient plus de cultures que pour de petites propriétés personnelles, prés ou champs, servant à l'entretien de la maison et leurs relations étaient choisies parmi les notabilités de l'endroit, le curé, le maire, le médecin, l'instituteur, le notaire, le juge de paix et deux ou trois familles de propriétaires. Ma mère avait plutôt des tendances aristocratiques et me défendait de jouer avec les enfants du commun [6]. »

Étienne et Françoise Flammarion jouissent alors d'une petite aisance qui leur permet d'assurer une enfance heureuse à leurs trois enfants : Camille, né le 26 février 1842, Berthe, née deux ans plus tard, et Ernest, né le 30 mai 1846. Ils ont même quelques économies qu'ils cherchent à faire fructifier. L'initiative est malheureuse :

« Mon père avait cru augmenter son avoir en achetant dans le voisinage de Montigny, à Récourt, une tuilerie assez bien achalandée avec des terrains pour l'extraction de l'argile et des bois pour le chauffage des fours, et en s'associant avec le propriétaire. Celui-ci était un simple filou et l'acte d'association trompait mon père sur tous les points. Les dates de paiement arrivèrent sans que l'établissement eût donné aucun résultat sensible. L'année 1854 amena le choléra à Montigny avec une telle intensité que le cinquième des habitants succomba et que la population tomba de 1340 habitants au-dessous de 1100. (...) Les dates fatales de paiements arrivèrent. Plus d'un citoyen aurait tout planté là en acceptant la faillite et en emportant sa petite fortune. Mes parents préférèrent la ruine, payèrent tout, en vendant ce qu'ils possédaient, les champs, les prés, les jardins, la maison avec tous ses meubles, le cheval, la petite voiture, la charrette, en un mot, tout ce qu'ils avaient et, s'armant de courage, vinrent à Paris essayer de recommencer une nouvelle vie [7]. »

Étienne Flammarion trouve une place de préparateur chez le photographe Tournachon, frère de Nadar, installé 17, boulevard des Italiens, et la famille emménage dans un minuscule appartement au-dessus du magasin. Comme beaucoup de ruraux démunis, ils ont l'espoir que Paris leur offrira une chance de réussite.

Nul doute qu'Ernest, âgé alors de neuf ans, n'ait été frappé par ces événements : l'inquiétude des parents, la vente aux enchères des objets familiers, l'installation dans le nouveau logement, si exigu, où il faudra bientôt faire une place à Marie, née en 1856 [8]. De plus, chacun doit, dans la mesure de ses moyens, contribuer à la vie matérielle de la famille.

Camille, l'enfant prodige de la famille, a pu poursuivre encore deux ans ses études au séminaire de Langres, parce qu'elles sont gratuites pour les enfants

6. Camille Flammarion, op. cit., p. 12.
7. Ibid., p. 77.
8. Elle sera vite envoyée chez ses grands-parents en Haute-Marne, où elle passera son enfance et son adolescence.

appartenant à la maîtrise de la cathédrale et que le curé de Montigny avait pris à sa charge ses frais de pension. Puis, à la rentrée scolaire de 1856, il revient à Paris mais, n'ayant pu ni s'intégrer à la maîtrise de Saint-Roch [9] ni entrer au petit séminaire de Saint-Nicolas du Chardonnet, il est aussitôt mis en apprentissage chez un graveur sur métaux et doit fréquenter les cours du soir pour parfaire ses connaissances. Il suit donc les cours de l'Association polytechnique et parvient ainsi à obtenir son baccalauréat ; il pense alors à préparer le concours d'entrée à l'École polytechnique mais il y renonce « par aversion des carrières militaires et administratives [10] ». D'ailleurs, il est entré le 28 juin 1858 à l'Observatoire et sent qu'il a trouvé sa voie.

Ernest, lui, fréquente d'abord l'école des Frères de la doctrine chrétienne, rue d'Argenteuil, tandis que Berthe se rend à l'école des Sœurs, voisine, rue Saint-Roch. Cependant, ses parents n'envisagent même pas la possibilité de lui faire poursuivre ses études au-delà du certificat d'études ; ils espèrent que la débrouillardise dont il a déjà fait preuve en vendant des journaux à ses heures de loisir [11], compensera l'absence de diplômes. En 1859, âgé de treize ans, il entre donc dans la vie active comme employé dans une maison de tissus en gros, Dècle, Salles et Cie, rue Neuve-Saint-Eustache (aujourd'hui, rue d'Aboukir).

Cependant, Ernest ne renonce pas à améliorer ses connaissances. Camille, avec qui il partage une chambre rue de Richelieu, lui a montré la voie, puisque, après avoir terminé sa formation en autodidacte, il paie sa dette à l'éducation populaire et, chaque semaine, donne des conférences devant des auditoires populaires à qui il transmet un savoir acquis depuis peu. En octobre 1864, Ernest s'inscrit donc aux cours du Conservatoire impérial des arts et métiers et suit avec assiduité les cours d'Edmond Becquerel en « physique appliquée aux arts », et ceux d'Eugène Péligot en chimie. Il assiste aussi à des cours consacrés au tissage, à l'économie industrielle et statistique, à la législation industrielle, mais de façon très épisodique, ce qui n'est guère étonnant quand on sait que ces cours ont lieu, à raison de deux séances par semaine, les soirs de semaines à 20 h 45 ou le dimanche à 13 heures [12]. Il est néanmoins amusant de constater qu'il semble plus intéressé par la physique et la chimie que par des matières directement utiles à son travail chez Dècle ; peut-être est-ce dû au fait que l'on y traite beaucoup de photographie. Et l'année suivante le retrouve fidèle aux deux mêmes cours. Ce n'est qu'en 1867 qu'il les abandonne pour des cours concernant la tenue des livres de comptes et le calcul des intérêts ; puis, ses occupations professionnelles l'obligeant à des tournées en province, il doit renoncer à cette formation. Toutefois, en 1869, il se mettra à

9. « Les études y étaient beaucoup moins fortes qu'à Langres et l'on y passait beaucoup plus de temps aux offices. » Sylvio Hugo, *Camille Flammarion. Sa vie, son œuvre.* Paris : Marpon et Flammarion, 1891, p. 5.

10. Ibid.

11. Étienne Bellot, *Le Voltaire,* 14 mai 1903, p. 12 : « Venu à Paris tout jeune, il débute comme camelot dans la vente des ballons rouges. Puis, ce commerce ne s'alliant pas assez avec son activité dévorante, il vend des quotidiens : *La France ! La Liberté !* »

12. Les archives Flammarion conservent les programmes de ces cours, les certificats d'inscription d'Ernest et deux de ses cahiers.

apprendre l'anglais avec suffisamment de ténacité pour pouvoir entreprendre, un an plus tard, un début de traduction du *Vicaire de Wakefield* de Goldsmith. À la différence des cours suivis de 1864 à 1866, ces cours de comptabilité et d'anglais répondront non plus à un désir d'enrichissement personnel mais à des préoccupations professionnelles précises car, entre-temps, Ernest Flammarion aura quitté la maison Dècle.

En effet, en 1867, il change d'employeur, dans des circonstances que Camille rapporte ainsi :

« La Librairie académique Didier, qui publiait mes ouvrages, eut, un jour, besoin d'un employé pour remplacer un jeune homme peu assidu au travail, qui manquait d'enthousiasme pour le commerce. Celui-ci allait quitter la librairie (...) Comme on m'en parlait, je répondis à mon éditeur que je connaissais précisément un jeune homme fort laborieux sur lequel on pouvait absolument compter car il était lui-même dans le commerce mais dans une maison de commission dont l'avenir ne lui semblait pas certain et à laquelle il préférerait sûrement un établissement de l'importance de Didier.

— Il adore le commerce, ajoutai-je, et serait enchanté de pouvoir donner libre cours à ses aptitudes remarquables.

— Vous le connaissez donc bien, que vous en parlez avec une telle conviction ?

— Assurément. C'est mon frère.

— Vraiment ! Alors, présentez-le nous dès demain [13]. »

La scène est plausible ; cependant, s'il n'est pas douteux qu'Ernest soit entré chez Didier grâce à l'intervention de son frère, il semble que sa situation, à l'époque, n'ait pas été exactement celle que lui prête Camille. En effet, dans un de ses vieux cahiers, Ernest Flammarion consigne :

« Je suis sorti de la maison Dècle le 30 octobre 1866. Du 30 octobre au 18 mars 1867, j'ai aidé mon frère dans ses nombreux travaux de rédaction et de copies relatives aux découvertes scientifiques. Ayant classé sa bibliothèque par genres d'ouvrages et par branches scientifiques, j'en ai composé un catalogue complet. Le 18 mars 1867, j'entrai dans la Librairie Didier et Cie. »

Étant donné la situation financière des Flammarion, il est difficile de croire qu'Ernest ait pu abandonner sa place pour faire quelques classements chez son frère. La vérité est qu'il était au chômage et qu'il se rendait utile en attendant de retrouver une place. Pourquoi, dans ces conditions, avoir quitté, de son plein gré [14], la maison Dècle ? Avait-il demandé une augmentation qui lui fut refusée ? Avait-il d'autres projets qui finalement échouèrent ? On ne sait, mais il est certain que la place ne lui plaisait pas et qu'il songeait depuis quelques temps à la quitter,

13. Camille Flammarion, op. cit., pp. 155-156.

14. Une lettre de A. Dècle adressée à Ernest Flammarion, le 1er septembre 1868, prouve qu'ils étaient restés en suffisamment bons termes pour qu'Ernest songeât à son ancien patron dans une occasion qui reste, par ailleurs, mystérieuse : « Je reçois ici votre lettre, Ernest, et viens vous répondre que j'aurai (sic) été désireux de vous être agréable mais ce que vous me demandez m'est impossible totalement. Je ne puis que vous souhaiter bonne chance en petit ou en grand, dans la nouvelle carrière où vous êtes entré. Bonjour cordial. » Peut-être Ernest Flammarion cherchait-il des capitaux pour une entreprise personnelle. A. F.

comme en témoigne la correspondance de sa mère [15]. L'exemple de son frère devait stimuler son ambition et lui faire souhaiter un métier qui se rapprochât davantage du domaine culturel. Peut-être faut-il donc situer à cette époque la tentative qu'il fit auprès de Hachette pour obtenir une place de représentant ; elle lui fut refusée [16]. Au bout de six mois d'inactivité professionnelle, il ne manqua donc pas de saisir l'opportunité qui se présentait chez Didier.

Dix ans après leur arrivée à Paris, la situation de la famille Flammarion s'est donc nettement améliorée. Les parents ont pu quitter le boulevard des Italiens pour l'impasse du Saumon où ils occupent un « appartement au premier étage, avec de hautes fenêtres cintrées de style Louis XIV [17] » et les trois enfants semblent sortis d'affaires. Ernest entre dans une maison sérieuse ; Berthe « a brillamment passé ses examens et a été reçue à l'École Supérieure de la Ville de Paris [18] » : elle sera institutrice ; quant à Camille, il est en train de se faire un nom. Grâce au docteur Fournié qui a remarqué ses dispositions en venant, un jour, le soigner, il est entré, en 1858, à l'Observatoire de Paris comme apprenti-astronome pour un salaire mensuel de 200 F. En 1862, renvoyé par Le Verrier, il quitte l'Observatoire pour le Bureau des longitudes et publie, à compte d'auteur, son premier ouvrage, *La Pluralité des mondes habités,* qui sera suivi de beaucoup d'autres qui n'hypothèqueront plus ses finances. Ainsi, ses *Merveilles célestes* qui, en 1866, inaugurent la Bibliothèque des Merveilles chez Hachette, vont lui rapporter 1 000 F, plus 10 centimes par exemplaire, au-dessus de 5 000. Enfin, son activité journalistique lui permet d'améliorer encore ses finances puisque un article pour *Le Siècle* lui est payé 100 F et qu'il en publie deux par mois.

Après l'entrée d'Ernest chez Didier, toute la famille échappe définitivement à la misère et Camille a même la fierté de pouvoir aider financièrement ses grands-parents qui, l'âge venant, ne peuvent plus exploiter leurs terres et se trouvent dans la gêne. Il rachète leurs terres — un peu moins de six hectares — en avril 1866, pour une somme de 3 000 F qui équivaut au montant de leurs dettes [19]. La solidarité familiale a triomphé de la faillite de 1855.

### *Le représentant de la Librairie académique Didier*

Fondée en 1827 par un ancien commis-voyageur en librairie, Paul Didier, la

15. Écrivant à son fils Camille, Françoise Flammarion lui demande d'exhorter Ernest à ne pas abandonner sa place. Lettre inédite, 5 septembre 1866, Archives Camille Flammarion.

16. « Il alla crânement voir l'éditeur Hachette pour lui demander de le prendre pour son représentant à Paris. Le brave père Hachette en fut estomaqué car M. Flammarion ne lui demandait là qu'une place évaluée à 25 ou 30 000 F par an. Bien entendu, il n'accepta pas. » Étienne Bellot, *Le Voltaire,* 14 mai 1903, pp. 1-2. Cet article comporte un certain nombre d'imprécisions et d'inexactitudes de sorte qu'il faut accueillir avec prudence cette information qu'aucun autre document ne confirme.

17. Camille Flammarion, op. cit., p. 331.

18. Camille Flammarion, op. cit., p. 365.

19. Mention est faite de ce rachat dans l'acte sous seing privé, signé le 23 juin 1871, par lequel Camille abandonne à ses parents la jouissance de ces mêmes terres. Archives Camille Flammarion.

Librairie est installée dans l'ancien hôtel de Montholon, 35, quai des Grands Augustins. Elle doit son épithète « académique » aux premiers livres de son fonds : les cours, pris en sténographie, de Cousin, Villemain, Guizot... Ensuite, elle a développé et diversifié son catalogue, tout en restant fidèle à sa vocation première, l'histoire. Ainsi, on trouve, à côté d'ouvrages de philosophie, de littérature, de sciences occultes et de morale pour la jeunesse, un fort contingent d'études historiques et de mémoires d'hommes politiques.

Spécialisé, donc, dans les publications savantes, Didier a offert à Camille, en 1864, d'éditer *La Pluralité des mondes habités,* son premier livre que, faute de moyens, il avait dû faire imprimer amputé de sa partie « philosophique », deux ans auparavant. Les deux éditions (in-8° à 7,50 F et in-12 à 3,50 F), de 1 000 exemplaires chacune, se vendirent bien et, malgré la mort, en 1865, de Didier « qui (l') avait pris en vive affection et avait offert à (ses) débuts dans la carrière sa protection toute paternelle [20] », la Librairie continue d'accueillir les ouvrages de Camille.

Ernest va rester employé sept ans chez Didier. Il y devient représentant, d'abord rémunéré par une commission de 5% sur les commandes, soit un revenu d'à peine 100 F mensuels ; cela représente beaucoup de courses pour un maigre salaire : le directeur de Didier n'a-t-il pas dû interdire les prises de commandes inférieures à 5 F, jugées trop fréquentes et peu rentables [21] ?

Au bout de quelques mois, la Librairie Didier, satisfaite de son nouvel employé, fait un geste : la commission d'Ernest Flammarion sur les commandes est ramenée à 2%, mais il obtient, en contrepartie, un fixe de 100 F, qui sera lentement réévalué.

De plus, ses responsabilités augmentent et son rayon d'action s'étend. Il sillonne la France, et principalement l'Ouest. Puis, ses tournées le mènent à l'étranger, en Angleterre, en Belgique et en Hollande [22]. Son salaire mensuel atteint alors les 200 F, en moyenne, ce qui est encore modeste. Toutefois, ces années de représentation sont très formatrices pour Ernest Flammarion. À l'expérience comptable, acquise chez son précédent employeur, elles ajoutent une connaissance approfondie du commerce du livre ; les leçons de cet apprentissage sur-le-tas ne sont pas perdues pour le futur éditeur et expliquent cet esprit « boutiquier » qui reste encore le sien alors qu'il a fortune faite. De plus, au fil de ses tournées, il observe les éditeurs et libraires parisiens, et noue, avec ces derniers, surtout, des rapports qu'il mettra plus tard à profit.

Pendant la même période, il se lance dans une entreprise qui correspond bien à son dynamisme et à ses idées sociales, la mutualité ouvrière.

En 1835 avait été créée une Société philantropique des commis-libraires de Paris. Pour une cotisation de 40 sous par mois, elle s'engageait à verser 300 F de

---

20. Camille Flammarion, op. cit., p. 257.
21. Ernest Flammarion, *Quelques types de libraires et éditeurs,* op. cit., p. 3.
22. De cette époque, subsistent quelques lettres d'Ernest, personnelles ou commerciales, postées de Saint-Brieuc, Le Havre ou Le Mans, ainsi que quelques « ordres de mission » en Hollande, envoyés par Didier. A. F.

pension viagère en cas d'invalidité, une indemnité journalière de 2 F en cas de maladie, une indemnité dégressive de 1,50 F en cas de chômage et assurait la gratuité des soins. Les garanties étaient bien trop généreuses et la faillite de l'entreprise fut rapide. L'idée fut néanmoins reprise plusieurs fois car, dans les années qui précèdent la Révolution de 48, toutes les professions du Livre cherchent à instituer de semblables caisses de secours. En 1849, Louis Hachette, qui est favorable à la création de telles caisses, est chargé d'un rapport par le ministre de l'Intérieur et dresse le bilan suivant :

« Il existe déjà un certain nombre de ces associations en France ; on en compte au moins 250 pour le département de la Seine. Mais ces sociétés n'ont pas produit les résultats qu'en attendaient leurs fondateurs. Faute d'avoir bien défini leur but ou de s'être assises sur des bases assez larges, la plupart d'entre elles ont été réduites à se dissoudre ou ont langui dans une impuissance complète [23]. »

Il propose alors un modèle de statuts et un mode de calcul des prestations, séparant notamment retraite et assurance-maladie, qui garantisse un équilibre financier. Soit que ces propositions n'aient pas été judicieuses, soit qu'elles n'aient pas été suivies, les tentatives suivantes, dans le secteur de la librairie, quoique souvent dues à des employés de Hachette, avortent. Le dernier échec date de 1865 : Maurice Lévy, employé chez Hachette justement, fait imprimer les statuts d'une Société de secours mutuels et de prévoyance de la librairie mais il abandonne les démarches au bout de quelques mois.

Le 2 novembre 1867, un autre employé de chez Hachette, Adolphe Hasslauer, reprend le flambeau et fonde l'Association amicale des commis-libraires français ; cette association se propose des buts professionnels : placement, formation, rencontres entre commis-libraires. L'idée d'une société de secours mutuel n'est pas abandonnée, mais sa réalisation est subordonnée au succès de cette Société amicale, encore proche des sociétés d'éducation populaire. En effet, l'activité principale de l'Association doit être l'organisation de réunions mensuelles où l'on traitera de littérature, d'histoire, de philosophie, de physique, etc. « De ces discussions, de ces conversations amicales sortiront et la réflexion dans l'esprit de chacun, et l'instruction par la parole, et ce qui, certes, est de valeur, l'éloignement de plaisirs coûteux et passagers [24]. » Ces réunions seront aussi l'occasion d'un échange d'informations professionnelles.

Dès la deuxième séance, le 19 décembre, on compte une trentaine d'adhérents, dont Ernest Flammarion qui se charge d'assumer les fonctions de secrétaire et vice-président de l'association. Son premier travail est d'obtenir l'autorisation préfectorale nécessaire ; le 20 janvier 1868, il écrit donc au Préfet de police :

« Monsieur le Préfet,

Quelques-uns des commis-libraires de Paris désirant avoir l'autorisation de se réunir périodiquement entre eux, nous prenons la liberté de vous en faire la

23. *La Librairie,* juillet 1900, p. 17.

24. Société des commis-libraires français, *Discours prononcé par le président dans la première réunion.* Fontenay-le-Comte : P. Robuchon, 1868, p.7.

demande. Ces réunions hebdomadaires n'ayant d'autre but que de faciliter les relations d'amitié entre les jeunes gens libraires, de les mettre à même d'acquérir les connaissances spéciales qu'exige le commerce de la librairie et d'aider au placement de ceux des membres de la société qui se trouveraient sans emploi, nous avons l'espoir, Monsieur le Préfet, que cette autorisation ne nous sera pas refusée.

Ces réunions auraient lieu 91, rue de Seine.

Dans cette attente, Monsieur le Préfet, recevez l'assurance de notre plus profond respect.

Le Président, Hasslauer.
Le Secrétaire, Flammarion [25]. »

Le 1er février, Flammarion reprend la plume pour faire parvenir au préfet les statuts de l'association et la liste de ses membres [26], qui sont approuvés. Cependant, après diverses péripéties administratives, l'Association, jugée trop politique, est dissoute. Elle renaît, le 6 août, sous la forme d'une société mutualiste, la Société de secours mutuels des employés en librairie de Paris. Adolphe Hasslauer, Ernest Flammarion, Victor Garnot de chez Germer-Baillière et Gervais Meyer de chez Delagrave ont travaillé à l'élaboration de ses statuts. La nouvelle Société a maintenant pour but de protéger les employés en librairie des risques que leur fait courir la maladie et de « venir en aide à ceux privés de moyens d'existence [27] ». De plus, elle se propose, comme la défunte Association, d'aider au placement des chômeurs. Après quelques modifications de détail, ses statuts sont approuvés par l'autorité préfectorale, et définitivement adoptés, en assemblée générale, le 22 mars 1869. À cette date, la Société compte 106 adhérents et son capital est de 5 500 F. Malgré une interruption des cotisations pendant la guerre de 70, elle réussira à maintenir les paiements et, grâce à une gestion saine, portera son capital à 60 000 F en 1885. Ce fut donc une réussite.

Ernest Flammarion a joué un rôle important dans la création de la Société mutualiste parce qu'il était, sans doute, dans son tempérament dynamique de participer activement à une innovation, mais aussi parce que le mouvement mutualiste était en accord avec ses idées politiques et sociales.

Dans un discours prononcé le 18 septembre 1868 [28], Adolphe Hasslauer présente les nouveaux statuts qu'il a élaborés avec ses trois collègues, et définit ainsi l'attitude des futurs mutualistes face au patronat :

« Loin de nous éloigner des patrons qui pour nous représentent le capital, nous avons directement intérêt à nous rapprocher d'eux. Au reste, l'idée même de notre société n'est-elle pas union, rapprochement, association fraternelle ? (...)

25. Lettre inédite d'Ernest Flammarion, 20 janvier 1868, A. F.

26. Lettre inédite d'Ernest Flammarion au Préfet de police, 1er février 1868, A. F.

27. Il ne s'agit encore que d'une caisse de secours ; la Société ne mettra sur pieds une véritable caisse de retraite qu'en 1885.

28. Adolphe Hasslauer, *La Société de secours mutuel des commis en librairie,* discours prononcé le 18 septembre 1868. Paris : imp. Pillet, 1868, pp. 12-14.

Nous déclarons amis tous ceux qui, comme capitalistes ou travailleurs, font prospérer notre commerce, notre industrie.

Et n'y a-t-il pas lieu pour la Société de voir avec satisfaction rester dans son sein ces collègues d'hier, ces patrons d'aujourd'hui ?

Vous repousseriez comme étrangers ces collègues qui, durant des années, par un labeur constant ont, pour ainsi parler, créé pièce à pièce leur position ? Vous leur diriez que, du jour où le résultat de leurs longs efforts leur a permis de s'établir, que, de ce jour, ceux qu'ils ont contribué à soulager dans le malheur, ceux qu'ils ont considérés jusque-là comme amis, comme frères de par le travail, que, de ce jour-là, leurs intérêts n'étant plus les mêmes, leurs bons rapports doivent cesser ?

Non, je le répète, non, même si, dès l'abord, l'article qui maintient dans la Société comme membres actifs les sociétaires devenus patrons, si, dis-je, cet article ne s'y était pas trouvé.

Les patrons, Messieurs, ont besoin de nos bras, de notre intelligence comme nous avons besoin des appointements qu'ils nous procurent. »

Ernest Flammarion partage, sans aucun doute, les idées de cet exposé à la rédaction duquel il a peut-être même collaboré. Sans doute s'est-il souvenu aussi de l'association de secours mutuel des élèves de Saint-Roch dont Camille fut le président de 1858 à 1864. Cette société avait été fondée par une vingtaine d'élèves du cours de dessin — le seul que suivit Camille — auxquels s'étaient joints une trentaine d'anciens élèves. « C'était une œuvre de patronage protégée par la paroisse et qui fut tout de suite rattachée à l'Association générale des apprentis de la Ville de Paris, présidée par le vicomte de Melun qui l'avait créée en 1851 et qui comptait, me semble-t-il, une section par quartier et par école [29]. » Pour une cotisation mensuelle de 50 centimes, l'adhérent était assuré, en cas de maladie, de recevoir gratuitement la visite d'un médecin et les médicaments nécessaires. C'est ainsi que Camille fut soigné par le docteur Fournié dont la visite fut décisive pour la suite de sa carrière.

Dans ces années de jeunesse, Ernest subit l'influence indéniable de son frère ; il en partage les idées et, comme lui, croit aux vertus de l'éducation, du travail et de la solidarité. Il est persuadé que chacun a la possibilité de s'élever dans la société française pourvu qu'il en ait le courage et l'intelligence. Camille est pour Ernest un modèle à imiter : après les cours du soir et le travail chez Didier, la mutualité. Le cadet ne s'est pas encore affranchi de l'emprise de son frère.

Dans les années qui suivent la création de la Société, Ernest y joue un rôle plus effacé ; devenu patron, il en reste, néanmoins, membre honoraire et bienfaiteur, affirmant ainsi sa fidélité aux idées de sa jeunesse.

Tournées professionnelles, cours du soir, activités mutualistes : la guerre et ses conséquences vont mettre temporairement un terme à ces entreprises.

Après s'être indigné, comme beaucoup, de l'imprévoyance du régime et s'être alarmé de l'avancée des Prussiens dans l'Est, Ernest s'accommode d'abord de la situation :

---

29. Camille Flammarion, op. cit., pp. 126-127.

« Camille étant toujours faible de jambes [30] ne fait pas de service jusqu'à nouvel ordre. Mais il s'occupe de ballons et il est probable que nous pourrons faire tous deux des observations aériennes. (...) Dans le cas où je ne pourrais monter en ballon, je suis inscrit dans la Garde nationale. Nous formons une compagnie dont presque tous les membres sont de mes collègues. Nous avons plus de force entre amis que si nous étions isolés dans une compagnie inconnue. »

Puis, on s'installe dans la guerre et les problèmes matériels commencent à se poser de façon aiguë. Ernest Flammarion a lui-même consigné, cinquante ans plus tard, ses souvenirs de cette période troublée [31].

« La Librairie académique Didier où j'étais employé ayant fermé ses portes, ou à peu près, m'avait donné un congé illimité. Me trouvant seul à Paris, et n'ayant que mes trente sous de la Garde nationale pour subsister, et ma grande myopie m'exemptant du service actif, j'ai dû me rabattre sur les bureaux.

Un de mes compatriotes, M. Corbon [32], ancien membre du gouvernement provisoire de 1848, nommé maire de Vaugirard, voulut bien m'accepter comme surnuméraire avec deux camarades, dont l'un était M. Steinheil (de douloureuse mémoire) et le fils du peintre Jobbé-Duval.

Nous étions chargés de secourir et caser les émigrés qui avaient dû fuir la banlieue de Paris.

J'étais spécialement chargé des réquisitions, elles étaient nombreuses. »

Commence alors le siège de Paris, avec ses bombardements et sa famine. Un jour, ce sont les baraques qui servent de bureaux à la mairie du XVe qui reçoivent les obus prussiens, une heure avant l'arrivée d'Ernest à son travail. Un autre jour, c'est le cortège d'enterrement du cousin Flammarion, directeur d'une école primaire de l'arrondissement, qui est arrosé par six obus. Parfois, ces circonstances tragiques laissent des souvenirs pittoresques et peut-être embellis, comme celui de ce réveillon où il se régale avec ses amis de quelques représentants de la faune parisienne [33].

Après l'armistice, Flammarion assiste, en tant que représentant de la mairie, aux réunions de la Garde nationale ainsi qu'au dépouillement des élections et il

---

30. Camille, Ernest et Marie ont été touchés, à des degrés divers, par une épidémie de petite vérole qui sévissait dans le centre de Paris en juillet-août 1870. Une lettre adressée le 10 août 1870 par Françoise Flammarion, leur mère, à sa fille Berthe, en témoigne. A. F.

31. Texte inédit dactylographié, retrouvé dans les archives Flammarion.

32. Claude Corbon, né en 1808 à Aubigny-sous-Varennes, était un ancien ouvrier, créateur du journal *L'Atelier*, élu représentant du peuple en 1848. Il sera élu député de Paris en 1871, puis sénateur en 1875.

33. « J'avais organisé un réveillon où nous étions six jeunes affamés à cette veille de Noël. En voici le menu dont nous nous sommes délectés :

— Pot-au-feu, de cheval, bien entendu

— Civet d'un angora, que nous avions soigné depuis quelques jours

— Gigot de chien, avec force gousses d'ail (aussi bon que s'il sortait de la boucherie Duval).

Enfin des ratons dodus dans une sauce bien enfarinée. Le tout arrosé d'un vieux Barsac que notre restaurateur Moitrier nous avait réservé.

Quelques jours plus tard, notre amphitryon n'avait plus de salle : un obus tombé au coin de la rue Lecourbe et du boulevard de Vaugirard avait tout démoli. »

Le menu est confirmé par une lettre de Camille, demandant à Ernest « de lui garder un morceau à (son) goût : de chien, chat ou rat, (il) sera très curieux d'y goûter. » 23 décembre 1870. A. F.

s'inquiète de voir monter l'agitation politique : il ne se sent pas l'âme d'un révolutionnaire. Déjà, en octobre 70, il avait été confronté à des mouvements insurrectionnels ; le récit qu'il en fait ne laisse pas de doute sur ses sentiments à leur égard. Au début du mois, c'est « une manifestation (qui a) eu lieu devant l'Hôtel de Ville. Quelques agitateurs prétextant les élections municipales voulaient établir l'émeute dans les rues de Paris. Mais la garde nationale a contre-manifesté et les braillards se sont tus. (Son) bataillon est arrivé le premier sur la place, spontanément ; aussi (sont-ils) à l'ordre du jour. » Et Ernest de conclure : « Le 84e sera mal noté par tous ces tapageurs égarés [34]. » Puis, le 31 octobre, les soldats de Flourens et Rigault envahissent l'Hôtel de Ville ; il va passer la nuit à la porte du maire du XVe, avec son fusil mais il n'a pas à s'en servir, le coup de force n'ayant pas eu de suite, grâce à l'action de la Garde nationale. La situation est différente en 1871, mais les sentiments de Flammarion n'on guère changé :

« Vers la fin de février, mon maire me demanda si je voulais régler ma situation définitive à la Mairie. J'en profitai pour donner ma démission, ne voulant pas être englobé dans la Commune.

Les affaires reprenant un peu, j'allai trouver les directeurs de la Librairie Didier, leur demandant à reprendre mes voyages de représentant de la Maison. Je partis pour Londres, la Belgique, la Hollande, l'Alsace (...), et puis l'Est de la France [35].

Ce fut une longue et fructueuse tournée qui m'évita les horreurs de la Commune [36]. »

La passion idéologique n'habitait pas Ernest. D'ailleurs, il n'a pas pressenti, quoi qu'il en dise par la suite, l'imminence de la Commune. Une lettre du 4 mars 1871, adressée à sa sœur Berthe, n'exprime que la lassitude de la guerre et un profond antimilitarisme :

« La revanche est maintenant inévitable. Le régime militaire va écraser l'Europe. Sciences, arts, commerce et industrie vont se concerter pour enfanter mutuellement des engins de mort. Pendant longtemps, la plus grande gloire des hommes sera de dépasser Monsieur Chassepot et Meinherr (sic) Krupp. Après quoi toutes ces montagnes d'intelligence ayant accouché d'une souris diabolique, peut-être l'Antechrist, on pensera à apprendre à lire aux jeunes générations [37]. »

Ce pessimisme disparaît avec la fin des troubles et le retour lent d'une certaine prospérité. Flammarion retrouve sa situation antérieure de représentant mais elle ne lui suffit plus : depuis quelques temps déjà, il rêve d'utiliser l'expérience accumulée pour devenir à son tour libraire.

---

34. Lettre inédite d'Ernest Flammarion à ses parents, 11 octobre 1870, A. F.

35. En fait, ne pouvant plus rentrer à Paris, il décida de passer voir ses parents, malgré la présence de « pas mal de casques pointus », et d'y attendre que la situation politique soit plus favorable au commerce. Il en profita pour aider au travail de la vigne ! Lettre inédite d'Ernest Flammarion à sa sœur Berthe, 16 mai 1871, A. F.

36. Camille, lui aussi, se tint à l'écart de la Commune, vivant d'abord près de Paris puis en province, pendant cette période.

37. Lettre d'Ernest Flammarion à sa sœur Berthe, 4 mars 1871, A. F.

*Devenir libraire*

« Ne voyant aucun avenir pour moi dans cette maison (Didier), je cherchai à m'installer libraire, soit sur les boulevards, soit au Palais-Royal, soit sous les galeries de l'Odéon. Mais n'ayant aucune avance, cela était difficile. » L'ambition semble raisonnable et la situation classique [38]. Ernest Flammarion rêve de se mettre à son compte. Quoi de plus naturel ? Il a l'expérience nécessaire, quelques économies et, marié depuis le 20 septembre 1873, va bientôt être chargé de famille. De plus, la conjoncture semble favorable.

Après trois années de marasme économique et de baisse du produit national, la situation économique se redresse lentement et retrouve à peu près, à partir de 1872, les résultats de 1868. C'est une amélioration fragile puisque, jusqu'au tournant du siècle, l'économie française va globalement stagner. Du moins, les contemporains ont-ils l'impression, que, après la tourmente des années 1870-1871, la conjoncture s'améliore. Et, jusqu'en 1875, cette embellie est réelle.

Comme dans les autres secteurs, la guerre, puis les troubles politiques ont quasiment paralysé l'activité du secteur de l'édition. Le nombre de titres publiés est passé de 12 269 en 1869 à 8 831 en 1870 et 7 245 en 1871. Quelles que soient les réserves que l'on puisse émettre sur ce recensement du *Journal de la Librairie,* on ne peut contester l'effondrement de la production, durant ces deux années. En revanche, ce nombre remonte brutalement à partir de 1872, signe que les clients reviennent ; il est de 10 559 en 72, 11 530 en 73, 11 917 en 74, 14 195 en 1875.

Cette confiance des éditeurs est partagée par les libraires. En effet, depuis 1860, le nombre des libraires augmente en moyenne de 4% chaque année et, après la pause des années 1870-1871, ce mouvement se poursuit régulièrement jusqu'en 1875 [39]. Entre 1864 et 1877, le nombre des seules librairies de province est passé de 4 062 à 5 086 [40].

Plusieurs facteurs justifient cette confiance. Tout d'abord, le mouvement d'alphabétisation s'accélère et l'écart entre les nombres d'hommes et de femmes analphabètes se réduit. Or, la clientèle féminine est une grosse consommatrice de littérature romanesque. Par ailleurs, le développement du chemin de fer, s'il tue le colportage, va stimuler la pénétration du livre en province. Parallèlement, le mouvement de migration vers les villes se poursuit, ce qui accroît la clientèle traditionnellement urbaine du livre. Enfin, la suppression du brevet de libraire, le 10 septembre 1870, a eu un effet psychologique dynamisant pour la profession qui semble, momentanément, ne plus s'inquiéter de la concurrence de la presse. L'optimisme d'Ernest est donc commun à l'ensemble de la profession.

De plus, le projet qu'il mûrit de devenir libraire et peut-être, ensuite, éditeur n'a rien d'original. En effet, alors que la profession a vu arriver, vers 1820, un certain nombre d'anciens officiers, d'avocats, d'hommes politiques et de profes-

38. Ernest Flammarion, note manuscrite inédite, A.F.
39. Frédéric Barbier, « Libraires et colporteurs ». *Histoire de l'édition française,* op. cit., t.III, pp. 229-259.
40. Martyn Lyons, *Le Triomphe du livre.* Paris : Promodis, 1987, p. 197.

seurs qui cherchaient une reconversion ou souhaitaient faire partager convictions et connaissances [41], depuis lors, le recrutement est redevenu traditionnel. S'ils n'ont pas hérité l'entreprise de leur père, les libraires-éditeurs sont généralement d'anciens commis-libraires, d'origine modeste : Gervais Charpentier a travaillé chez Ladvocat, Maloine chez Larose, Lucien Marpon chez Taride, Albert Savine chez Giraud, P.-V. Stock chez Tresse, Auguste Vaillant chez Laisné, Marescq chez Garnier... La promotion de certains a été facilitée par des héritages inattendus — comme Stock qui hérite de sa tante Tresse, après la mort prématurée de son jeune cousin — ou par un mariage avec la fille du patron. Les autres ont dû racheter une affaire souvent peu florissante et lui redonner vie. Ainsi s'amorce pour eux une ascension sociale qui les fera passer de la classe populaire ou de la très petite bourgeoisie à la moyenne bourgeoisie, voire à la haute bourgeoisie pour les plus dynamiques d'entre eux, comme Michel et Calmann Lévy qui étaient fils de colporteur [42].

De ce point de vue, les pratiques des libraires-éditeurs ne se distinguent en rien de celles des autres commerçants et artisans, malgré quelques exceptions célèbres. En effet, si Louis Hachette, le normalien, et Pierre Larousse, l'instituteur, n'ont pas suivi les voies évoquées précédemment pour parvenir à l'édition, il faut toutefois attendre le début du XXe siècle pour voir réapparaître en force des hommes venus à l'édition par goût de la littérature et sans formation de libraire, comme Gallimard, Grasset, Boutelleau, Aubier...

Pour Ernest Flammarion qui a épousé la fille d'un menuisier et d'une blanchisseuse [43] et n'a rien à attendre d'un héritage, il faut trouver un fonds. Or, dans ses pérégrinations de représentant, Ernest Flammarion a eu le loisir d'en observer beaucoup et de définir ce qu'il cherche : une librairie située « soit sur les boulevards, soit au Palais-Royal, soit sous les galeries de l'Odéon [44] », c'est-à-dire dans un des hauts lieux de la librairie parisienne.

En effet, le commerce du livre est très inégalement réparti dans Paris. On trouve un peu partout de petites librairies dont le fonds est nécessairement limité par l'obligation faite au libraire d'acheter ferme les ouvrages demandés aux éditeurs [45]. Elles offrent donc surtout des ouvrages de vente facile et, pour les autres ouvrages, le libraire les envoie chercher chez l'éditeur, à moins que le client ne s'y soit lui-même rendu car tous les éditeurs ont un magasin de vente au public. Il existe, par ailleurs, de grandes librairies très achalandées, concentrées dans deux quartiers de Paris où se retrouvent aussi les éditeurs : le Quartier Latin pour ceux

---

41. Henri-Jean Martin, « Le monde des éditeurs ». *Histoire de l'édition française,* op. cit., t.III, p. 171.

42. Sur l'origine sociale des libraires-éditeurs au XIXe siècle, voir Christophe Charle, « Le Champ de la production littéraire ». *Histoire de l'édition française,* op. cit., t.III, p. 135.

43. Eugénie, Conty, fille de Phillipe Conty et Adélaïde-Marie Ladoué, est née en 1850 à Paris. Les actes officiels conservés dans les archives Flammarion montrent que tous les membres de cette famille étaient des ouvriers.

44. Ernest Flammarion, note manuscrite inédite, A. F.

45. La pratique de l'office est encore très peu répandue.

qui sont le plus liés à l'Université, et le quartier de l'Opéra pour la littérature générale parce que c'est le quartier commerçant par excellence.

Les éditeurs et les libraires scientifiques se serrent autour de la faculté qui les fait vivre : ainsi les éditeurs de livres de droit sont regroupés rue Soufflot et dans les rues adjacentes, ceux de livres de médecine autour de la vieille faculté qui sera bientôt reconstruite, les spécialistes de livres religieux autour de la faculté catholique et Saint-Sulpice. Les éditeurs littéraires, eux, entourent la Sorbonne mais se répandent aussi en direction de l'Odéon, de la rue de Tournon, de la rue de Seine et du quai des Grands-Augustins qui ne compte pas moins de neuf éditeurs établis dans les onze immeubles situés entre les numéros 33 et 55.

Dans le quartier de l'Opéra, l'axe le plus commerçant est celui des grands boulevards, notamment le boulevard des Italiens où se trouve la grande librairie Calmann Lévy. La rue de Richelieu, le passage Choiseul où est installé Lemerre, la galerie Vivienne mènent les chalands jusqu'au Palais-Royal où de nombreux libraires occupent les installations de bois sous les arcades de la Comédie-Française.

Ernest Flammarion n'envisage pas de s'installer dans un autre quartier que l'un de ceux-là.

Une première opportunité s'était offerte à lui en 1870. Truchy, un libraire installé 28, boulevard des Italiens y avait créé un fonds d'édition spécialisé dans l'étude de l'anglais : méthode Sadler, dictionnaires, manuels de conversation... À sa mort, son employé Couterier, craignant (ou espérant) que les héritiers ne prennent pas sa succession, propose à Ernest Flammarion de s'associer avec lui pour une éventuelle reprise du fonds. Ernest, qui n'a pas de fonds personnels, cherche un commanditaire et le trouve en la personne de Madeleine, fondateur, en 1829, de la librairie Madeleine, Dezobry et Tandou. Il s'est retiré des affaires après avoir perdu ses deux associés et il a vendu sa maison à Charles Delagrave en 1865. Depuis, il vient quotidiennement chez Didier bavarder et lire *Le Temps.* Malheureusement pour Couterier et Flammarion, les héritiers de Truchy se décident finalement à exploiter eux-mêmes le fonds.

Par la suite, les événements rendent plus hasardeuse une telle entreprise et le projet est mis en sommeil pour quelques temps. La paix revenue, Flammarion se remet en quête d'un fonds. Depuis quelques temps déjà, il songe à la librairie Marpon.

# LA LIBRAIRIE MARPON ET FLAMMARION

## *La librairie Marpon*

Après la reconstruction du théâtre de l'Odéon, à la suite de l'incendie qui le ravagea en 1819, l'administration des Domaines loua à bail les arcades du pourtour du théâtre à différents commerçants : libraires, papetiers, maroquiniers, confiseurs, marchands de musique, bimbelotiers, écrivains publics, cabinet de lecture [1] ... À la fin de l'Empire, la pratique a subsisté et, sous les arcades de l'Odéon comme sous celles du Théâtre Français avant son incendie en 1900, sont toujours installés de nombreux éventaires de libraires. Les livres, présentés en piles sur les tables ou alignés sur des rayonnages de bois, sont librement consultables, au gré de la promenade dans les deux galeries. La clientèle du quartier, en grande partie étudiante, apprécie cette possibilité de se tenir au courant de l'actualité littéraire sans bourse délier. Les librairies sont donc bien achalandées et le nombre des clients compense la médiocrité des revenus de certains. Et, quand Marpon et Flammarion baisseront les prix des livres, la clientèle estudiantine aura une raison supplémentaire de fréquenter les arcades, de préférence aux autres librairies du quartier.

Toutefois, les étudiants ne forment pas la seule clientèle des galeries de l'Odéon ; à plusieurs reprises, Ernest Flammarion évoquera pour les journalistes les hommes célèbres qu'il a vu passer devant ses étalages, parmi lesquels beaucoup de professeurs à l'École normale, à la Sorbonne ou à la Faculté catholique mais

1. « Brasseur louait depuis longtemps déjà les journaux dans un cabinet de lecture d'au moins quatre mètres de surface, où une dizaine de lecteurs se sentaient (sic) les coudes. Le journal à un sou a tué cette industrie ». Ernest Flammarion, « Les Arcades de l'Odéon ». *Le Gaulois*, 2 mars 1900, p. 1.

aussi nombre d'écrivains, de journalistes et d'hommes politiques [2]. Les premiers sont sur le chemin de leurs cours ; les autres sont attirés dans ce coin du Quartier latin, beaucoup plus vivant qu'aujourd'hui, par l'animation de nombreux cafés et restaurants. Journalistes et parlementaires sortis du palais du Luxembourg continuent le débat, en face, chez Foyot, le fameux restaurant où éclatera la bombe anarchiste blessant Laurent Tailhade ; il occupe, rue de Vaugirard, le bas de l'immeuble qui va de la rue de Tournon à la rue de Condé ; lui font suite, entre la rue de Condé et la rue Rotrou, le café Tabourey, plus littéraire [3], puis, rue Rotrou, la brasserie Schaller. Sur la place de l'Odéon, un grand café-restaurant, le Voltaire, occupe le rez-de-chaussée et l'entresol de l'immeuble allant de la rue de l'Odéon à l'actuelle rue Casimir Delavigne (1, place de l'Odéon). Il sera le siège des Félibres ; Charles Maurras y fondera la Ligue de l'Action française et Fallières y fêtera son élection ; c'est donc un établissement qui connaît une large fréquentation politique et littéraire. Enfin, on trouve encore trois restaurants, au numéro 5 de la place ainsi qu'au 7 et au 9 de la rue Corneille.

L'animation des abords de l'Odéon est telle qu'elle justifie l'installation, le long du théâtre, rue de Vaugirard, du terminus de l'omnibus Batignolles-Clichy-Odéon. Inversement, ce terminus contribue à entretenir la fréquentation des arcades vers lesquelles il draine la clientèle universitaire qui rejoint, le soir, la rive droite.

L'éventaire de Charles Marpon occupe, du côté de la rue Rotrou, trois arcades précédemment occupées par la librairie Taride.

Ces arcades, portant les numéros 4 à 7, avaient d'abord été louées, pour 400 F chacune, à Louis Taride qui avait obtenu, en 1850, son brevet de libraire [4] puis s'était lancé dans l'édition avec un certain succès. Toutefois, agacé de voir sa femme trop courtisée par les étudiants, il décide de déménager pour ouvrir une autre librairie, au 2 de la rue de Marengo. Malheureusement, il meurt avant d'avoir terminé son installation [5]. Peu de temps après, son frère Jules épouse la veuve et décide de garder pour son compte personnel la Librairie du Louvre, rue de Marengo, où il continuera d'écouler les petits guides pratiques et les brochures à 90 centimes (*Paris canaille, Paris viveur, Paris étudiant...*) qu'il édite. Quant au fonds des arcades de l'Odéon, il souhaite le vendre à Lucien Marpon qui y travaille comme commis depuis cinq ans. Celui-ci sollicite immédiatement la cession du brevet de Louis Taride. Il lui est accordé le 28 septembre 1859 sur un rapport favorable du Commissaire inspecteur de la Librairie :

« Le postulant demeure avec sa mère rue Hautefeuille, n° 20 ; il a travaillé d'abord comme conducteur de machine dans l'imprimerie Raçon mais en 1855 il s'est mis dans le commerce de la librairie et a été employé par le sieur Taride dont le frère lui cède son établissement de libraire qu'il a fondé sous la galerie de l'Odéon.

2. Ernest Flammarion, *Le Gaulois*, 26 mars 1900, p. 1.
3. On y vit, entre autres, Hugo, Banville, Janin, Barbey d'Aurevilly, Baudelaire...
4. Brevet accordé le 26 juin 1850, A. N., F 18 1827.
5. La femme de Taride, « très jolie, était courtisée par les étudiants. Agacé de voir bouquets et compliments de ces trop assidus clients, il prit le parti de quitter les galeries et de s'installer en boutique, rue Marengo ». Note manuscrite inédite d'Ernest Flammarion. A. F.

Ce même frère Taride continuerait l'exploitation de la maison de librairie du décédé située rue Marengo, n° 2. Le sieur Marpon possède une petite instruction, de l'aptitude et des ressources suffisantes pour exploiter son brevet de libraire. Sa moralité et sa conduite sont bonnes et il ne semble pas s'occuper de politique [6]. »

Un rapport au Préfet de police, en 1862, complète ce portrait de Lucien :

« Il est, dit-on, en bonne situation commerciale et vient en aide à sa famille. C'est un homme économe, laborieux et intelligent mais on lui reproche d'être trop avide et d'employer tous les moyens pour arriver promptement à la fortune [7]. »

Il semble que l'« on » ne pardonne pas à ce fils d'ouvrier lorrain [8] une ascension qui fait de lui, à 25 ans, le propriétaire d'un fonds de librairie visiblement prospère ! En revanche, le rapport ne semble pas médisant en le créditant d'une « petite instruction » ; l'écriture malhabile ainsi que l'orthographe incertaine du reçu signé le 29 septembre 1859, quand il reçoit son brevet, confirment ce jugement [9].

Tel est donc l'homme qui s'installe à la tête de l'ancienne librairie Taride. Bientôt, il joint à son activité de libraire une activité, certes épisodique, d'éditeur. Quelques brochures et petits ouvrages paraissent, portant le nom de Marpon sur leur couverture ; ce sont toujours des œuvres publiées à compte d'auteur pour lesquelles Marpon sert seulement de distributeur. Néanmoins, certaines lui valent des ennuis avec la censure et, le 27 août 1862, il est condamné à 300 F d'amende pour l'édition d'un *Sauvons l'Évangile,* signé d'Alfred Sirven ; l'ouvrage est accusé « d'outrage à des ministres du culte », « outrage à la morale publique et religieuse » et « excitation à la haine et au mépris du gouvernement et des citoyens les uns contre les autres [10] ». Son recours est rejeté car « il a déjà mis en vente plusieurs brochures scandaleuses supprimées par jugement [11] ». De plus, il semble difficile au juge de croire à la bonne foi qu'invoque l'éditeur ; il faudrait qu'il n'ait pas même ouvert cette brochure de seize pages, tant le propos en est clair. Alfred Sirven, qui va se spécialiser dans la dénonciation des turpides du Second Empire [12], s'en prend en termes vifs, dans cette première plaquette, à la collusion du trône et de l'autel. En fait, il semble évident que Lucien Marpon a, pour le moins, des sympathies républicaines, ce que confirmera un rapport de police ultérieur, signalant « qu'il fait le commerce de pamphlets et du journal *La Lanterne* » alors que, pour éviter les saisies, il est imprimé en Belgique [13].

---

6. Rapport du commissaire inspecteur, 27 avril 1859, A. N., F 18 1799.

7. Rapport de police, 4 septembre 1862, A. N., F 18 1799.

8. Lucien Alphonse Marpon est né le 12 avril 1835, à Nancy. Son père déclare, à cette occasion, être imprimeur sur mousseline. Trois ans plus tard, à la naissance de Charles, il se dit jardinier (extraits de naissance joints au dossier A. N. F 18 1799).

9. « J'ai retirée le brevet qui mavait été accordée. lucien Marpon. » (sic). A. N., F 18 1799.

10. *Gazette des tribunaux,* 27 août 1862.

11. Attendus du jugement, A. N., F 18 1799

12. Il sera condamné, quatre fois, par la suite, pour ses écrits et se fera remarquer par ses romans anticléricaux, comme *L'Homme noir.*

13. Note pour la Direction générale de la sûreté publique, 11 mai 1870, A. N., F 18 1799.

Ces démêlés avec la justice n'empêchent pas le commerce de prospérer et, très vite, Lucien Marpon a embauché son frère Charles, de trois ans son cadet, qui travaillait aussi comme ouvrier chez un imprimeur. Or, les deux frères ont parfois des différends et, petit à petit, Lucien se désintéresse de la surveillance de sa librairie pour consacrer de plus en plus de temps à la Bourse. Les deux frères en viennent alors à l'idée d'une séparation.

Charles Marpon fait donc la demande, en 1870, d'un brevet pour exploiter à son compte les éventaires du début de la galerie (n° 1 à 3), loués 1 200 F par an. Son frère lui cédera une partie de son installation et de sa clientèle. Ce brevet lui est accordé le 8 juillet 1870 [14], sur la foi de rapports de police signalant que « ses ressources pécuniaires reposent sur un capital de 10 000 F », que « les renseignements recueillis sur son compte au point de vue de la moralité et de la conduite publique sont satisfaisants, qu'il « paraît intelligent et bien au courant du commerce de détail qu'il exerce depuis plusieurs années [15] ». Une chaude recommandation du secrétaire général de l'Odéon tentant d'effacer la mauvaise impression causée par le rappel des activités politiques de Lucien vient compléter le dossier. Charles Marpon est ainsi le dernier libraire à obtenir son brevet avant que l'Empire ne s'effondre.

Quand la guerre éclate, la maison des frères Marpon occupe donc la majeure partie des arcades de la partie gauche du théâtre. Bien que nous ne possédions aucun renseignement chiffré sur son activité, elle semble prospère puisqu'elle a permis à Lucien, en dix ans, de devenir un rentier lancé dans les spéculations boursières et à Charles d'étendre le commerce dont il a pris la direction effective.

Après deux années de marasme économique, les affaires reprennent, celles de la Librairie Marpon comme les autres. À la faveur de cette reprise, Charles Marpon a acquis un nouveau magasin, celui de Madame Gaut, rue Rotrou, consacré à la vente des partitions musicales. Cependant, Ernest Flammarion a le sentiment que l'affaire pourrait être plus prospère si elle était mieux dirigée. C'est pourquoi il a jeté son dévolu sur elle.

## *L'association*

La décision prise à l'automne 1874 fut, de part et d'autre, mûrement réfléchie ! En effet, Ernest Flammarion n'est pas un inconnu pour Charles Marpon car, depuis plusieurs années, le représentant de chez Didier profite de ses passages dans les galeries de l'Odéon pour lui proposer de le prendre comme associé. Plus tard, préparant une notice autobiographique [16], il avouera : « Pendant cinq ans, j'ai harcelé Charles Marpon pour qu'il me prenne avec lui ou qu'il me cède son fonds avec facilités de paiements ! »

14. Brevet n° 15678, A. N., F 18 1799.
15. Note pour la Direction générale de la sûreté publique, Dc 21305, A. N., F 18 1799.
16. Ernest Flammarion, note manuscrite inédite. A. F.

Marpon hésite car il a des neveux susceptibles de le seconder et l'habitude est de recourir d'abord à sa famille avant de faire appel à un étranger. Un de ses frères, « qui avait eu l'honneur d'apprendre les premiers maniements du chassepot » au prince impérial et que l'on continue à appeler « le major », ne fait-il pas office de caissier, « installé dans la petite guérite qui sert de caisse, bureau, comptabilité » [17] ? Flammarion ne se décourage pas, persuadé que l'affaire mérite que l'on se montre patient. Ainsi, en octobre 1874, il vient soumettre à Marpon sa nouvelle idée : le prendre non plus comme acheteur ou associé, mais comme vendeur ; le libraire cède à ses instances et l'engage : le 2 novembre, Ernest Flammarion quitte la maison Didier pour devenir, après une dernière tournée, vendeur chez Marpon, en remplacement du « major ». Il touchera 500 F par mois, pour six journées de travail par semaine, de 8h à 22 h 30, sans compter la matinée du dimanche [18]. Outre la lourdeur des horaires, la place a d'autres inconvénients ; Ernest en fait vite l'expérience, comme il le raconte à sa sœur :

« Nous avons eu à Paris un temps épouvantable, de la neige en quantité. Pour mes débuts sous les galeries de l'Odéon, j'ai un rude apprentissage mais, ma foi, on n'en souffre pas trop. J'ai une superbe paire de galoches (...). N'empêche qu'il ne faut pas être trop douillet pour se plaire à l'ombre du jeune théâtre français [19]. »

Toutefois, Ernest ne recule pas devant la dureté de la tâche car, pour la première fois, il a l'espoir de devenir patron. En effet, en même temps qu'il l'embauchait comme vendeur, Marpon a pris des engagements pour l'avenir : il a signé une promesse de vente à tempérament ou d'association avec Flammarion, qui sera mise à exécution dès que la collaboration des deux libraires aura fait la preuve de son efficacité [20]. Cela ne tarde guère ; l'épreuve semble concluante pour tous deux et, en juin 1875, Charles Marpon « désirant s'adjoindre un associé qui puisse le soulager du poids des affaires pour l'exploitation de sa maison de commerce de librairie a proposé à M. Flammarion de s'associer avec lui pour cette exploitation [21] ».

En conséquence, le 24 juin 1875, est formée la société en nom collectif dont l'acte constitutif est déposé le 1er juillet [22]. Sa durée est de trois ans. Charles Marpon apporte :

— son fonds, constitué des boutiques situées sous les arcades 1 à 7 des galeries de l'Odéon et au 4 de la rue Rotrou, ainsi que d'un magasin au 28 de la rue Monsieur-le-Prince, le tout étant évalué à 50 000 F ;

— un stock évalué à 50 000 F ;

17. Ernest Flammarion, *Le Gaulois*, 2 mars 1900, p. 1.

18. Soit, à peu près, le double de ce qu'il gagnait chez Didier.

19. Lettre d'Ernest Flammarion à sa sœur Berthe, 31 décembre 1874. A. F.

20. Cet acte a disparu ; on n'en connaît la teneur que par cette lettre d'Ernest Flammarion à sa sœur Berthe : « Notre engagement est donc fait, signé et cautionné grâce à vous. Je me suis pourtant réservé la faculté d'association. De la sorte, je n'aurai pas à m'occuper des 15 000 F qu'il me fallait comptant. Marpon concordera bien avec moi, j'en suis sûr. Nous ferions un traité de 3 ans pendant lesquels je paierais ma moitié, ne prenant que 300 F par mois et laissant le restant des bénéfices en paiement. Cela serait beaucoup plus simple. » 24 novembre 1874. A. F.

21. Acte d'association, 24 juin 1875. A. F.

22. Archives de la Seine, D 32 U³65, f°73.

— 1 800 F de loyers payés d'avance.

Ernest Flammarion, lui, apporte 2 000 F, ses économies. Chacun des deux associés touchera un salaire annuel de 3 600 F. Leurs apports respectifs seront rémunérés au taux de 5% par an, puis les bénéfices seront partagés par moitié. Marpon sera prioritaire pour toucher sa part des bénéfices alors que Flammarion devra les laisser dans la caisse de la société. Enfin, la dernière clause de l'acte permet de comprendre pourquoi Marpon a accepté de s'associer à Flammarion, à des conditions si favorables à ce dernier. En effet, alors que Flammarion devra tout son temps à la société, Marpon, « s'associant dans le but de préparer sa retraite des affaires [23], ne sera pas astreint à employer son temps aux affaires sociales ; il aura la faculté de s'absenter quand bon lui semblera et aussi longtemps qu'il le jugera convenable. Le prix des livres sera déterminé par lui seul et fixé au chiffre que bon lui semblera pourvu que ce ne soit pas, bien entendu, au-dessous des prix d'achat [24] ».

Une promesse de vente, signée le même jour, prévoit qu'à l'expiration de la société, le 15 juillet 1878, Charles Marpon vendra à Ernest Flammarion son fonds pour la somme de 50 000 F, payable par fractions de 10 000 F chaque année, dont sera déduite la part des bénéfices accumulés par Flammarion entre 1875 et 1878, qui sera restée bloquée.

Ainsi, avec un capital très modeste et trois années de travail, Flammarion espère se rendre propriétaire d'une belle librairie, pariant sur une expansion continue des revenus de cette branche.

Les affaires vont se révéler si florissantes que, en 1878, la physionomie de l'entreprise aura complètement changé et l'état d'esprit de deux associés aussi. Ils signeront donc un nouvel accord, au lieu de se séparer.

## *Charles Marpon*

Qui est donc ce libraire qui fait si totalement confiance à Ernest Flammarion et lui offre la possibilité de donner sa mesure dans une entreprise importante ?

Né le 26 septembre 1838, à Nancy, dans une famille très modeste qui monte bientôt à Paris, Charles Marpon a quitté si jeune l'école communale qu'il avait l'habitude de dire : « Mon instruction n'a pas coûté deux sous à ma famille [25] ! » Dès que l'occasion s'en présente, il est mis en apprentissage dans la même imprimerie que son frère Lucien ; il y travaille quelques années avant de venir l'aider à tenir sa librairie de l'Odéon.

Il y devient une figure que « tous les étudiants de la Rive gauche connurent de 1868 à 1880, sous ces galeries de l'Odéon où il vivait mal abrité dans une petite niche, au milieu de ses livres nouveaux, épiant le bétail humain qui venait brouter de l'œil un peu de littérature et de science gratuite à ses étalages ouverts à tous les

23. Il n'a que trente-six ans !
24. Acte sous seing privé, 30 juin 1875. A. F.
25. Octave Uzanne, « Charles Marpon ». *Le Livre moderne*, 1891, pp. 56-80.

affamés des lettres », se rappelle Octave Uzanne, à l'heure des hommages posthumes [26]. « Qui ne se souvient de Charles Marpon se promenant devant son étalage ou s'enfonçant dans son réduit ? » poursuit un ex-étudiant. « Il ne disait trop rien lorsque, amorcés par l'apparition d'un livre de Victor Hugo, nous allions feuilleter le volume en vedette. La seule chose qu'il craignait de nous, c'était une tache ou une déchirure ; il nous montrait que son œil inquiet ne nous perdait pas de vue. »

Sans doute Marpon, qui a connu la pauvreté, sait-il être compréhensif pour ceux qui ne sont pas riches. Plusieurs faits attestent sa générosité. Ainsi, pendant la guerre de 70, il garde à ses employés tous leurs appointements et vient même au secours d'un de ses confrères en lui achetant d'un coup, assure Uzanne, 100 000 volumes. Ce chiffre paraît toutefois un peu excessif, tout comme le jugement qui le suit : « C'était un rude travailleur que Marpon, et la fortune est venue justement récompenser ce vaillant. » Les témoignages des Flammarion sont, en effet, plus nuancés.

Ernest Flammarion dit de lui « qu'il était la bonté même » et qu'il lui apparaissait « entreprenant et doué du génie des affaires [27] ». Camille, moins généreux, le peint « plus dilettante que commerçant [28] » , ce qui est vraisemblable. N'est-ce pas « en revenant de Trouville » — il était grand amateur de courses hippiques et passait beaucoup de temps sur les hippodromes — « et exaspéré de la mauvaise tenue de ses étalages » qu'il accepta les propositions de Flammarion ?

Les rapports de police, enfin, le qualifient de « viveur [29] » ; il semble qu'il doive cet épithète au fait qu'il conjugue une aisance financière et une relative oisiveté qu'il met à profit pour assister à de multiples banquets ; ajoutez à cela un concubinage établi, et l'administration conclut au manque de sérieux du personnage.

Il est vrai que, à partir de ce 2 novembre 1874, et plus encore à partir de juillet 1875, Marpon paraît s'en être beaucoup remis à son associé. Certaines initiatives ne peuvent être imputées, comme nous le verrons, qu'à Flammarion et l'examen des archives montre que le travail administratif et financier incombait entièrement à ce dernier. Tous les livres de fabrication, par exemple, sont entièrement rédigés de sa main. Inversement, aucun document des archives qui soit de la main de Charles Marpon n'a pu être retrouvé, à l'exception de quelques signatures au bas d'actes officiels.

Pour la correspondance avec les auteurs, elle est souvent signée de leurs deux noms, mais le corps de la lettre comme la double signature est alors de la seule main d'Ernest Flammarion. Quand celui-ci est en voyage, un secrétaire se fait l'interprète de Charles Marpon [30]. Ce dernier, souffrant de son faible niveau d'instruction, se sentait sans doute malhabile quand il s'agissait d'écrire. Aussi

26. Ibid.

27. Ernest Flammarion, *Quelques types de libraires et d'éditeurs de 1866 à 1875*, op. cit., p. 29.

28. Camille Flammarion, *Mémoires biographiques et philosophiques d'un astronome*, op. cit., p.457.

29. Archives de la Préfecture de police, BA 1174.

30. Preuve en est la correspondance adressée à Émile Zola et conservée à la Bibliothèque nationale (N. A. F. 24 552 f. 20-28).

laissait-il ce soin à son associé ou à ses secrétaires. Ce manque d'instruction qui nous semble aujourd'hui étonnant pour un libraire-éditeur, l'était beaucoup moins à cette époque où il n'était pas rare ; l'origine sociale de ces libraires l'explique aisément. Cependant, à la fin du siècle, le niveau d'instruction moyen des libraires-éditeurs va s'élever et l'association de Marpon avec un garçon plus instruit était sans doute une nécessité et un signe des temps.

Même s'il l'avait voulu, Marpon ne pouvait donc, avec un tel handicap, jouer le premier rôle dans l'association ; il semble s'en être bien accommodé et avoir laissé tout pouvoir de décision à Flammarion.

La comparaison de deux situations équivalentes, rapportées sans arrière-pensée par Flammarion dans une note inédite, est éclairante. En 1908, Ernest découvre à Lyon un local à louer qui lui semble convenir pour une librairie : « Immédiatement je m'entendis avec (le directeur) sous réserve de l'acceptation de mon beau-frère et associé, Auguste Vaillant. C'était un samedi. J'envoie une dépêche à l'Odéon, Vaillant arrive le lundi et mardi tout était signé chez le notaire. » On voit, à travers ce récit, que Flammarion et Vaillant participent également aux prises de décisions. Il en allait tout autrement avec Charles Marpon. En 1880, Flammarion négocie avec un confrère l'ouverture de la succursale Auber et lui en propose la gérance. « Il accepta, sauf l'autorisation de mon associé, qui était à Trouville. J'écrivis à Marpon en lui expliquant ces pourparlers. Et il me répondit par dépêche : « Ce que vous ferez sera bien fait. »

Bien avant donc que la maladie ne l'ait contraint à réduire son activité et à chercher en Algérie un climat plus favorable à son état de santé, Charles Marpon ne jouait plus qu'un rôle mineur dans la société.

En évoquant le « rude travailleur », il est vraisemblable qu'Uzanne se référait au Marpon de ses débuts ; à partir de 1875, tous les documents retrouvés viennent à l'appui des dires des frères Flammarion et montrent que, à l'instar de son frère Lucien, Charles Marpon profita de l'aisance qu'il avait conquise pour se tourner vers d'autres activités moins contraignantes ou, du moins, plus conformes à ses aspirations. Ainsi, en 1878, alors que les activités éditoriales de sa maison prennent de l'ampleur, Marpon se lance dans l'aventure de la presse.

Nous avons vu que, sous l'Empire, les frères Marpon affichaient des sympathies républicaines. Charles poursuit dans cette voie et continue « d'afficher des idées républicaines avancées [31] ». Depuis quelques années déjà, il rêve de fonder un journal. Les rapports de police se font l'écho de deux tentatives avortées, l'une, avec Vallès [32], en 1869 et l'autre au début de 1874, en collaboration avec des radicaux désireux de lancer un nouveau journal républicain [33]. Le rêve peut enfin se réaliser en 1878.

31. Rapport de police du 26 juillet 1878. Archives de la Préfecture de police, BA 1174.

32. « On se souvient qu'en 69-70, Vallès avait proposé à M. Marpon de fonder un journal. C'était bien l'idée du libraire mais il n'avait qu'une médiocre confiance dans la ténacité et la valeur politique de Vallès. » Rapport du 27 juin 1878. Ibid.

33. « M. Marpon serait disposé à risquer 40 000 ou 50 000 F pour aider les radicaux à fonder un journal républicain. » Rapport du 3 mars 1874. Ibid.

Marpon est d'abord administrateur du *Voltaire*, le journal que lance Émile Menier, le 5 juillet 1878, pour succéder au *Bien public*. Le chocolatier philanthrope a l'espoir de toucher un public plus vaste avec ce nouveau journal. Aussi adjoint-il à l'ancienne équipe du *Bien public* (Yves Guyot, rédacteur politique, Émile Zola, critique dramatique...) un nouveau rédacteur en chef, Aurélien Scholl, enlevé à *L'Événement*. L'idée n'est pas heureuse ; le spirituel rédacteur explique pourquoi :

« Deux éléments opposés se nuisaient dans le *Voltaire*. Je voulais faire un journal parisien, frondeur et léger. M. Yves Guyot qui y représentait les idées de M. Menier entendait au contraire faire une large part à l'économie la plus funèbre [34]. »

Résultat : 1 200 abonnés et un tirage qui ne dépasse pas les 3 500 exemplaires, encore inférieur à celui du *Bien public*, malgré les signatures occasionnelles d'Alphonse Daudet, Nadar, Camille Flammarion, Paul d'Orcières... Dès la mi-décembre, la situation financière du journal est critique ; Marpon cherche en vain de l'argent frais [35] : en mars 1879, il faut vendre le titre à Jules Laffitte qui le reprend pour le compte de gambettistes.

Malgré cet échec, Charles Marpon ne renonce pas à la presse et, le 15 janvier 1880, quand sort de l'imprimerie Schiller le premier numéro de *La Justice* [36], il en est l'administrateur, Camille Pelletan le rédacteur en chef, avec Jean Ajalbert, Gustave Geffroy, Aurélien Scholl pour chroniqueurs [37].

Dans son premier éditorial, le *Voltaire* annonçait sa volonté d'être « le *Figaro* des Républicains » ; les rédacteurs de *La Justice*, eux, proclament : « Ce que nous voulons tient en un mot : la République » et, comme du temps du *Voltaire*, ils s'affirment farouchement anticléricaux.

Marpon a souscrit 40 actions de 1 000 F, du capital de *La Justice* [38] et, pour son travail d'administrateur, le journal s'est engagé à lui verser un traitement annuel de 6 000 F. Cependant, dès le 30 janvier, il démissionne, laissant sa place à un attaché d'administration du journal, Eugène Aussourd, sans doute nommé en catastrophe. Néanmoins, son nom ne disparaît du journal que le 1er août [39].

---

34. Aurélien Scholl, *Le Voltaire*, 6 mars 1879, p. 1.

35. « Le *Voltaire* ne sait plus comment se retourner. L'administrateur Marpon est parti en voyage pour chercher de l'argent en province, dit-on. » Rapport du 26 janvier 1879. Sur les rumeurs d'abandon du titre, voir aussi le rapport du 19 décembre 1878. Archives de la Préfecture de police, BA 1174.

36. Lettre du Préfet de police au ministre des Cultes, le 7 février 1880 :

« J'ai l'honneur de vous informer que, conformément à la loi du 11-5-68, Monsieur Marpon, Charles Adolphe, né le 26-9-36, à Nancy, libraire éditeur, demeurant boulevard Poissonnière, 24, a déclaré dans mes bureaux le 1er janvier courant, avoir l'intention de publier comme gérant un journal politique quotidien ayant pour titre *La Justice*, lequel sera imprimé chez M. Schiller, rue du faubourg Montmartre, 10. Ce journal sera la propriété d'une société anonyme qui a son siège rue du faubourg Montmartre, 10. » A. N., F 18 376.

37. Les renseignements concernant le *Voltaire* et *La Justice* sont tirés du livre de Pierre Albert, *Histoire de la presse politique nationale au début de la IIIe République*. Paris : Champion, 1980, pp. 1416-1427.

38. Un rapport de police dit même, le 29 décembre 1879, qu'il « met 100 000 F au journal de M. Clemenceau » mais il semble que ce ne soit resté qu'une intention. Archives de la Préfecture de police, BA 1174.

39. Lettre du Préfet de police au ministre des Cultes, le 7 février 1880 :

« J'ai l'honneur de vous informer que conformément à la loi du 11-5-68, Monsieur Aussourd Eugène André, né le 14-2-53 à Vendôme, demeurant rue du Ruisseau, 44, a déclaré dans mes bureaux le 30 janvier dernier, avoir été nommé gérant du journal politique quotidien ayant pour titre *La Justice*, en remplacement de M. Marpon démissionnaire. » A. N. F 18 376.

Pour la police, ce départ a une cause financière :

« M. Marpon s'est retiré récemment de la société. Après avoir éprouvé une perte de 15 000 F, il n'a pas voulu en faire partie plus longtemps dans la crainte de perdre entièrement son apport [40] .»

Sans doute Marpon, échaudé par l'expérience du *Voltaire*, s'est-il effrayé des premiers résultats du nouveau journal. Cependant, il n'est pas exclu que sa démission ait eu une explication plus politique. Marpon a pu rapidement constater que *La Justice* était, avant tout, au service des intérêts de Georges Clemenceau ; peut-être a-t-il jugé que la cause défendue ne méritait pas qu'il y sacrifiât sa fortune.

Après cette seconde expérience, il semble bien que ses activités journalistiques se ralentirent [41], même si son goût de la politique ne l'abandonna pas complètement. Encore ce goût n'eut-il guère d'influence sur les choix de la maison d'édition, comme nous le verrons.

Tant que Marpon était administrateur de journaux, il passait ses matinées à la rédaction et s'arrêtait sous les arcades de l'Odéon en revenant chez lui, rue de Vaugirard. C'était sa façon de surveiller ses affaires. Quand il renonce à la presse, il ne semble pas qu'il reprenne une activité directe beaucoup plus importante dans l'entreprise. Son activité se concentre surtout sur les « relations publiques ». Il reçoit les auteurs et rencontre ceux dont l'influence peut être utile au commerce de la librairie et de l'édition. Ses amitiés politiques, nouées au temps du journalisme actif, seront parfois mises à profit.

Ainsi, il joue un rôle important dans la première grande entreprise éditoriale de l'association car c'est lui qui noue au *Voltaire* des rapports avec Zola. L'écrivain, qui tient la chronique dramatique, s'adresse directement à lui quand un problème de publication se pose pour ses articles [42]. Inversement, on peut penser que c'est Marpon qui lui transmet les propositions d'édition illustrée pour *L'Assommoir* et *Nana*, dès qu'ils paraissent en feuilleton dans le journal. Par la suite, il se met à la disposition de Zola pour traiter des droits de reproduction dans les journaux de ses romans, quand ses relations personnelles peuvent être mises à profit.

Au *Voltaire* également, il a l'occasion de faire connaissance avec Maupassant qui compte, grâce à Zola, y publier ses premiers textes [43]. Quand, six ans plus tard, l'auteur de *Toine* offre quelques-uns de ses contes à la maison de l'Odéon, il semble

40. Rapport de contrôle, 21 février 1880. Archives de la Préfecture de police, BA 1174.

41. On trouve encore son nom dans quelques publications comme le *Gil Blas*.

42. Voir les lettres adressées par Zola à Marpon les 6 et 26 avril 1879, l'une pour régler une question de mise en page de sa chronique littéraire, l'autre pour faire paraître une réponse ironique à un entrefilet fielleux de *L'Événement*. Émile Zola, *Correspondance*. Paris : CNRS et Presses de l'Université de Toronto, 1978→, p. 305 et 318.

43. « Une grande revue se fonde pour paraître à l'automne et (...) Zola va en avoir la direction littéraire. Mon roman publié là-dedans me donnera tout de suite 4 ou 5 mille francs. (...) Mes amis et moi nous avons aussi là-dedans des articles de critique à tout moment. C'est le chocolatier Menier qui fait les fonds. Il donne pour commencer 600 000 francs. Tu vois que c'est joli » confie-t-il à sa mère, le 3 avril 1878. *Correspondance*. Genève : Édito-Service, 1973, t.I, p. 158.

bien que son interlocuteur soit Marpon, dont il parle familièrement, et non Flammarion.

Nous verrons que c'est lui aussi qui mène les négociations avec Drumont et sans doute est-ce à lui que la maison doit le nombre de ses collaborateurs issus du journalisme. D'ailleurs, il a déménagé, quittant le VI^e^ arrondissement pour le faubourg Poissonnière qui le rapproche des boulevards et du quartier des journaux ; l'esprit lui convient mieux que celui du Quartier Latin. En même temps, il s'éloigne du siège de la Librairie et y laisse le travail administratif à Flammarion.

S'il est donc clair que le plus gros du travail est effectué par Ernest, au prix de très longues journées, le rôle de Marpon n'est pas négligeable. Ses relations dans le monde de la presse et de la politique sont précieuses pour une maison qui doit se faire connaître. Elles profitent au recrutement de nouveaux auteurs mais aussi à toutes les négociations engagées entre la presse et l'édition : vente de droits de reproduction, achat de placards publicitaires, insertion d'articles payés... Dans cette période d'intense concurrence, il était essentiel de bénéficier de bonnes introductions.

# PREMIERS SUCCÈS

En 1875, la librairie Marpon est la plus grosse librairie des arcades de l'Odéon ; en 1882, Marpon et Flammarion figurent parmi les plus gros libraires de Paris. Cette réussite est d'autant plus remarquable que l'expansion horizontale, dans le domaine de la librairie, s'est doublée d'une expansion verticale : la Librairie Marpon et Flammarion est devenue maison d'édition et, plus modestement, imprimerie.

## *L'essor des librairies*

Peu de temps après leur association, Marpon et Flammarion se lancent dans une politique d'expansion : le 1er novembre 1875, ils ouvrent leur première succursale, boulevard Saint-Martin.

Cette implantation répond au désir d'avoir une librairie sur la rive droite dans le quartier le plus favorable au commerce du livre, celui des Boulevards. Cependant, le choix du local peut sembler hasardeux : il s'agit de baraques en bois construites au carrefour de la place de la République, du boulevard Saint-Martin et de la rue de Bondy, en attendant que la ville de Paris décide d'y construire des immeubles d'habitation. Ernest Flammarion livre l'explication de ce choix :

« Notre ami, le céramiste Parvillée, qui avait des relations avec quelques conseillers municipaux, obtint la concession de ces déballages. Il nous en loua le tiers, sur le boulevard, ce qui nous permit d'y faire un étalage de vingt mètres de longueur [1] ! »

Les autres baraques abritent, entre autres, pâtisserie, brasserie, café-concert... L'endroit attire une clientèle populaire nombreuse et, le soir surtout, le lieu est très animé et mérite bien son nom de « Ruche du Château d'eau ». En 1879, les baraques sont détruites et laissent la place aux immeubles prévus. Les deux associés achètent alors le bazar Hertzemberg, qui se trouve de l'autre côté du boulevard, au numéro 3, et la librairie garde pour longtemps encore le nom de « Librairie populaire de la Ruche ».

Cette première ouverture d'une succursale est une réussite pour plusieurs raisons : les frais d'installation sont modiques, vu la simplicité des bâtiments ; en revanche, la boutique est bien achalandée, fréquentée par une clientèle populaire qui ne peut qu'être sensible à la politique des prix que vont mener Marpon et Flammarion. Enfin, les deux libraires viennent d'entrer en possession du fonds Lacroix et ils ont besoin de débouchés pour en écouler le stock. C'est dans cette librairie qu'ils vendent les 5 000 exemplaires de l'édition de luxe des *Misérables* qui restaient à Lacroix ; le prix est alléchant, 10 F au lieu de 35 F. Comme Marpon et Flammarion ne les ont payés que 6 F, l'opération est rentable pour tous !

Cette librairie sera cédée à Gorre, un ami de Marpon, en novembre 1881. C'est un ancien commerçant du VIe arrondissement compromis au moment de la Commune et déporté à Nouméa, avec le convoi d'Henri de Rochefort. À son retour, dans un bon geste, Charles Marpon le prend d'abord comme employé à la librairie de l'Odéon. Puis, il lui abandonne la Ruche pour 35 000 F. Peut-être les deux associés ne sont-ils pas fâchés de dégager un peu de temps et d'argent, à ce moment où l'édition les accapare. Flammarion lui reprendra le fonds en octobre 1890, après la mort de son associé, pour la somme de 35 000 F encore, dont 29 000 F de stock.

L'année suivante, le 6 novembre 1876, s'ouvre une seconde succursale, boulevard des Italiens, au coin du passage de l'Opéra. C'est d'abord un angle de la boutique, qui sert aussi de salle des dépêches, du journal *L'Événement*, sous-loué à Édouard Magnier. Quelques temps après, les Rohan-Chabot, propriétaires du passage, font aux deux associés un bail pour la boutique entière. Voilà Marpon et Flammarion solidement implantés sur la rive droite, mieux encore qu'avec la Ruche. C'est le quartier des journaux, des grands cafés et des restaurants célèbres, des théâtres, des libraires-éditeurs... Par son chiffre comme par son prestige, cette succursale sera la plus importante, après celle de l'Odéon. Aussi y installeront-ils leurs meilleurs vendeurs de l'Odéon comme gérants : Henri Aubertin, qui reprendra plus tard la librairie Pessailhan de Marseille, Floury qui quitta Flammarion pour se lancer à son tour dans l'édition, sans connaître toutefois le même succès, Ernest Martin, le propre neveu d'Ernest....

Le passage de l'Opéra sera démoli en 1925 pour le percement du boulevard

1. Note manuscrite inédite. A. F.

Haussmann et la librairie Flammarion se transportera de l'autre côté du boulevard des Italiens, au numéro 25, où elle continuera à être encore longtemps florissante.

Le 7 novembre 1878, c'est l'ouverture d'une autre librairie, rue Lafayette et rue de Provence. Elle ne s'avère pas rentable, alors que les activités d'édition demandent, de leur côté, de gros investissements ; aussi est-elle abandonnée dès le 8 août 1879.

Cependant, cet échec est vite effacé puisque le 1er octobre 1880, s'ouvre la succursale Auber [2]. Flammarion y retrouve l'ex-employé de Truchy, le libraire Couterier qui, après que la librairie Truchy eut été expropriée par le Théâtre des Nouveautés, a décidé de s'établir dans une petite boutique de la rue Auber. Mais, « à la veille de faire ses achats de livres pour garnir sa boutique, il manqua de confiance, eut peur des responsabilités et vint me trouver sous les galeries de l'Odéon pour me demander une association », raconte plus tard Ernest Flammarion [3]. « Je lui répondis que notre principe était de diriger seuls nos affaires mais que, s'il voulait, je prendrais toute la suite de ses engagements : loyer, entrepreneurs, et qu'il serait gérant de l'affaire. »

Couterier accepte. Ainsi est ouverte la troisième succursale, bien placée mais exiguë ; il faut faire la plus grande partie de l'étalage à l'extérieur. Cela explique qu'en 1929, à la suite d'une forte augmentation de loyer, le fonds ait été abandonné.

Cependant, avec la multiplication de succursales, apparaît un nouveau problème pour Marpon et Flammarion : le manque de place. En effet, la librairie de l'Odéon reste le siège administratif de l'entreprise ; c'est là aussi qu'arrivent les commandes et, bientôt, les livres édités par la maison. Or, les éventaires des galeries n'ont pas de magasins. Marpon utilisait depuis longtemps l'arrière-boutique et la cave du magasin de la rue Rotrou ; il est maintenant trop exigu.

Un local a donc été loué, rue Monsieur-le-Prince, puis un second, rue Crébillon ; cependant, ils sont encore insuffisants et les deux libraires doivent en trouver un troisième ; mais les magasins sont rares et, surtout, chers. Puisqu'il ne s'agit que de magasins de stockage, ils décident de chercher dans un quartier excentré mais abordable : c'est ainsi qu'ils s'installent boulevard Jourdan, devançant le mouvement qui poussera les éditeurs populaires comme Tallandier ou Fayard vers le quartier de Montsouris.

Enfin, un confrère leur cède son fonds qui n'occupe, il est vrai, qu'une arcade. Ainsi, les galeries de l'Odéon et son pourtour voient s'étendre peu à peu la librairie Marpon et Flammarion, au détriment de la concurrence.

En liaison avec cette politique d'extension de leur réseau de librairies, les deux associés sont amenés à multiplier les rachats de fonds. En effet, la Librairie Marpon et Flammarion vend des nouveautés mais aussi beaucoup de livres rachetés à des éditeurs désireux d'alléger leurs stocks, des libraires en faillite ou des héritiers sans goût pour le commerce du livre.

---

2. Toutes les indications concernant l'ouverture des librairies sont extraites d'une note récapitulative inédite figurant dans les archives Flammarion.

3. Note manuscrite inédite. A. F.

Le fonds le plus important dont ils se portent acquéreurs est celui de Lacroix. Cet éditeur était installé à Bruxelles [4] et il y avait accueilli, sous l'Empire, nombre d'exilés français qu'attiraient ses opinions républicaines et franc-maçonnes clairement affichées. Il se trouva ainsi l'éditeur de Proudhon, Quinet, Michelet... et, surtout, des *Misérables* de Victor Hugo [5]. Ses livres étaient diffusés en France par Pagnerre avec qui il créa, plus tard, en 1863, une succursale parisienne, la Librairie internationale. Gervais Charpentier participait aussi à l'entreprise. Par la suite, Lacroix se brouilla avec Hugo [6], eut des démêlés avec la justice et se lança dans des spéculations financières malheureuses si bien que, depuis 1872, sa situation financière est difficile [7] ; de plus, la liberté dont jouit maintenant la librairie française rend le recours aux éditeurs belges plus rare et, en 1874, Lacroix est en faillite. La liquidation du fonds s'étale sur deux ans au fil desquels Marpon et Flammarion se portent acquéreurs des stocks, des contrats et des clichés de l'éditeur belge. D'après l'évolution des stocks de l'Odéon, il semble que ces achats aient été évalués à 50 000 F environ ; à ce chiffre, il faut ajouter la valeur des contrats et des clichés dont certains sont négociés séparément. C'est donc une opération importante car elle double la valeur des stocks de la Librairie Marpon et Flammarion.

Cette opération qui permet de garnir, entre autres, les étalages de la Ruche, est suivie de plusieurs autres de moindre importance. Ainsi, à la mort de Pagnerre, sa veuve liquide son fonds à divers confrères dont Marpon et Flammarion. L'ancien membre du gouvernement provisoire de 48, installé rue de Seine, avait édité nombre de ses amis politiques : Lamartine, Cormenin, Pelletan... mais aussi des classiques comme Shakespeare, traduit par François-Victor Hugo dans une grande édition en 18 volumes, parue de 1859 à 1866. Le stock de Marpon et Flammarion s'enrichit donc de titres prestigieux que viennent rejoindre, en 1880, les textes anciens rares et les classiques, édités de façon soignée, avec notices, variantes, glossaires, etc., du fonds Jannet-Picard.

De 1875 à 1880, Marpon et Flammarion ont donc ouvert trois librairies, étendu celle de l'Odéon, multiplié les surfaces de stockage et racheté plusieurs fonds de qualité. Cette politique dynamique connaît ensuite une pause : leur effort d'investissement va désormais se concentrer sur l'édition et l'imprimerie. Les deux libraires seraient-ils devenus des capitalistes, champions de l'intégration verticale ? Pas de façon délibérée, mais plutôt par un enchaînement de circonstances.

4. Albert Lacroix, né en 1834 à Bruxelles, docteur en droit de l'université libre de cette ville, s'était d'abord associé à son oncle, libraire-imprimeur, puis, avec le successeur de celui-ci, il constitua, en 1860, la société Lacroix et Verboeckhoven.

5. Malheureusement pour Marpon et Flammarion, le contrat, signé en 1862, expirait au bout de douze ans, si bien que la propriété des *Misérables* leur échappa.

6. L'achat des *Travailleurs de la mer* pour 500 000 F fut l'une des causes de ses déboires financiers.

7. Émile Zola justifie ainsi, le 13 août 1872, sa cession des *Rougon-Macquart* à Charpentier : « Dans votre désastre, vous m'auriez entraîné avec vous, sans aucun profit pour vous ni pour moi. J'ai dû accepter des offres qui mettaient mon œuvre à l'abri de vos créanciers. » Lettre citée par Colette Becker, in *Trente années d'amitié*. Paris : P. U. F., 1980, p. 143.

## *Les débuts dans l'édition*

Charles Marpon avait déjà eu une activité éditoriale ; elle portait sur un très petit nombre de titres et n'était constituée que par l'écoulement de quelques livres à compte d'auteur. Ainsi, il avait été l'éditeur d'un livre d'Henri Raison du Cleuziou, auteur qu'il retrouvera vingt ans plus tard [8].

Petites ventes, petit rapport. Le rachat des fonds Lacroix, Pagnerre, Jannet-Picard va donner bien d'autres idées à Marpon et Flammarion. En effet, en même temps qu'ils acquièrent des stocks, ils se constituent un fonds intéressant d'éditeur car ces trois libraires-éditeurs leur ont cédé, avec les volumes, les traités qui les liaient avec leurs auteurs et, parfois, les clichés des ouvrages. C'est pourquoi ces rachats, tout en alimentant les librairies, vont aussi être à l'origine de l'activité éditoriale.

Ernest Flammarion n'ouvre un registre de comptes de fabrication qu'à partir de la fin de 1879, preuve qu'avant cette date l'édition n'est qu'une occupation secondaire. Pour les années qui précèdent, il faut donc reconstituer le catalogue d'après la *Bibliographie de la France.*

En 1876, elle ne recense qu'un ouvrage, de peu d'importance, *La Corde au cou* [9], une comédie d'André Gill, jouée à l'Odéon au même moment. La proximité explique sans doute le choix par l'humoriste de cet éditeur avec qui il va rester lié d'amitié pendant de longues années.

L'année 1877 est plus prolifique : Marpon et Flammarion mettent trois titres à leur actif. L'un est une mince plaquette de 16 pages, vendue 5 centimes, *Le Manifeste de M. Thiers*, publiée à l'occasion des élections du 14 octobre pour lesquelles Thiers se présentait dans le IX^e^ arrondissement. Malheureusement, le candidat est mort alors qu'il révisait son *Manifeste* dont la publication à titre posthume est assumée par un fidèle partisan. Plus intéressantes sont les deux autres publications car elles vont vraiment donner aux deux associés le goût de l'édition. En effet, dès le printemps 1877, ils décident d'exploiter le fonds de traités conclus par Lacroix. Pour leur coup d'essai, ils choisissent *Les Travailleurs de la mer.* Hugo est une valeur sûre et son livre a déjà connu 16 éditions. La 17^e^ paraît donc en juillet 1877, en deux volumes à 3,50 F.

L'expérience est renouvelée en novembre avec un autre auteur du fonds Lacroix, Émile Zola. En effet, avant d'être édité par Charpentier, Zola a publié trois livres chez Lacroix : *Madeleine Férat*, *La Confession de Claude* et *Thérèse Raquin* [10]. Or, depuis l'époque de ces traités, l'école naturaliste s'est fait connaître et son chef remporte un grand succès, cette année-là, avec *L'Assommoir.* Marpon et Flammarion décident donc d'en profiter pour rééditer *Thérèse Raquin.*

---

8. Voir le chapitre « Les Livres scientifiques ».

9. André Gill, *La Corde au cou*, in-8°, 53 p., 1,50 F, enregistré par la *Bibliographie de la France* le 7 juin 1876.

10. Lacroix a aussi édité les deux premiers volumes des Rougon-Macquart, *La Fortune des Rougon* et *La Curée* mais, effrayé par les difficultés financières de son éditeur, Zola a ensuite traité avec Charpentier. Dès leur seconde édition, ces deux romans entrent donc dans la Bibliothèque Charpentier.

*Les Travailleurs de la mer* et *Thérèse Raquin* sont tirés à 1 000 exemplaires. C'est la marque d'une grande prudence. Malgré les publicités insérées dans la *Bibliographie de la France* et la renommée des auteurs publiés, malgré le petit catalogue encarté dans ces premiers ouvrages, Marpon et Flammarion n'ont pas encore une image d'éditeurs ; d'ailleurs, la couverture de *Thérèse Raquin* porte encore la double mention significative « Marpon et Flammarion, libraires » et, plus bas, en petits caractères, « Albert Lacroix, éditeur ». Il faut attendre l'année suivante pour les voir prendre stature d'éditeurs.

Entre 1878 et 1883, le nombre de titres nouveaux édités par les deux libraires de l'Odéon augmente, leur production en volume aussi, comme en témoigne le tableau suivant [11] :

| | Titres publiés | Volumes imprimés |
|---|---|---|
| 1876 | 1 | 200 |
| 1877 | 3 | 2 200 |
| 1878 | 6 | 29 500 |
| 1879 | 13 | 62 300 |
| 1880 | 27 | 88 200 |
| 1881 | 27 | 76 500 |
| 1882 | 69 | 130 000 |

Cette production peut être divisée en trois groupes définis par le type de contrat signé : reprise d'un traité signé par Lacroix, publication à compte d'auteur ou traité avec un nouvel auteur, donnant lieu à versement de droits.

| | Traités Lacroix | Comptes d'auteur | Droits d'auteur |
|---|---|---|---|
| 1876 | 0 | 1 | 0 |
| 1877 | 2 | 1 | 0 |
| 1878 | 5 | 0 | 1 |
| 1879 | 5 | 4 | 4 |
| 1880 | 11 | 5 | 11 |
| 1881 | 7 | 9 | 4 |
| 1882 | 14 | 32 | 21 |

11. Ce recensement a été établi à partir de la *Bibliographie de la France* de façon à obtenir des séries homogènes fondées sur les dates de publication et non sur les dates de mise en fabrication. Il est possible que le nombre d'ouvrages publiés soit, à partir de 1880, légèrement sous-estimé car les cahiers de fabrication portent la trace d'un certain nombre d'ouvrages qui n'apparaissent pas dans la *Bibliographie de la France*. Il s'agit d'ouvrages très minces, publiés à compte d'auteur, le plus souvent mis en dépôt chez Flammarion, dont la date de publication n'a pu être établie de façon exacte. Leur oubli ne fausse guère les chiffres, vu la faiblesse de leur tirage. Pour les ouvrages publiés à compte d'auteur, les chiffres ne sont pas toujours donnés avec précision par les livres de compte. Ils ont été estimés, par comparaison avec des ouvrages similaires. On peut considérer que la marge d'erreur de ces estimations est de 10 % environ.

Ce tableau permet de dégager quelques principes simples auxquels obéit la politique éditoriale de Marpon et Flammarion.

Le premier est l'exploitation systématique du fonds Lacroix. Propriétaires des clichés d'un certain nombre d'œuvres ainsi que des traités signés par Lacroix à ses auteurs, Marpon et Flammarion vont donc rééditer successivement les auteurs de ce fonds, car la possession des clichés leur permet de limiter leur apport financier initial ; en effet, le prix de revient du livre se trouve diminué des frais de composition. Ainsi, les volumes de Michelet ou Zola qui sont réédités ces années-là, leur reviennent entre 80 centimes et 1 F, alors que, pour un livre nouveau, le coût de fabrication brut [12] est en moyenne de 1,30 F. Pour ce prix, on n'obtient qu'une réédition ; il y a donc le risque que le marché soit déjà saturé, mais il n'est finalement pas plus grand, surtout quand il s'agit de livres comme ceux du fonds Lacroix, que celui pris avec un livre nouveau. C'est donc la prudence financière qui inspire les premiers choix des éditeurs. Ainsi, ils rééditent en priorité les auteurs au succès confirmé : Hugo dont *L'homme qui rit* est réimprimé en 1878 et, l'année suivante, Michelet dont l'*Histoire de France* et l'*Histoire de la Révolution française* sont successivement réédités. L'œuvre d'Eugène Sue est, elle aussi, abondamment exploitée : 21 titres dont *Le Juif errant*, Les *Misères des enfants trouvés*, *Les Mystères de Paris*, sont repris entre 1878 et 1882, bien qu'ils aient connu déjà de nombreuses éditions ; il est vrai qu'ils ne sont réédités qu'à 500 exemplaires pour les moins connus et 2 000 exemplaires pour les autres. De même, devant l'ampleur du succès de Zola, ils décident de reprendre les deux autres romans qui leur appartiennent, *Madeleine Férat*, en 1878, et *La Confession de Claude*, en 1880.

À côté de ces grands auteurs figurent des auteurs plus mineurs ou moins populaires, abordant des genres très différents. Il n'y a guère de points communs, en effet, entre *Gros-Jean et son curé*, « dialogues » anticléricaux « sur l'Église », de Roussel, l'*Histoire de la civilisation* de Buckle, en cinq volumes, et *Les Inutiles*, une comédie de Cadol. Cependant, dans ces trois cas, Marpon et Flammarion ont une bonne raison de les rééditer : le premier, qu'ils reprennent dès 1878, a déjà connu 15 éditions chez Lacroix et il ne déplaît sans doute pas à Marpon de le rééditer ; le deuxième, plus prestigieux, préfigure, en 1881, les ambitions de la Bibliothèque scientifique de Camille Flammarion [13] ; quant au troisième, publié pour la première fois par Lacroix en 1868, il est exhumé en 1880, à l'occasion de la reprise de la pièce à l'Odéon. Enfin, après le rachat du fonds Jannet-Picard, ils s'empressent de rééditer, en 1881, sept « classiques » : cela leur permet d'épargner frais de composition et droits d'auteur. On voit donc que Marpon et Flammarion n'ont pas vraiment de partis pris littéraires mais qu'ils saisissent les opportunités qui se

12. Il s'agit du coût de fabrication brut tel que le calcule Ernest Flammarion : il tient compte de la fourniture du papier et des couvertures, de l'impression, du brochage, des frais de publicité s'il y a lieu, des droits d'auteur, mais il néglige les frais fixes de l'éditeur.

13. C'est sans doute pour la même raison qu'ils poursuivent l'édition entreprise par Lacroix de l'*Histoire du droit des gens* de Laurent, en 18 volumes, de l'*Histoire romaine* de Mommsen et des 14 volumes d'études indianistes de Jacolliot. Toutefois, on peut aussi penser que, pour ce dernier, ils étaient surtout intéressés par les récits exotiques qui les accompagnaient.

présentent. Toutefois, la part des rééditions après rachat de contrats tend à diminuer dans l'ensemble de la production de Marpon et Flammarion. C'est le signe que se met en place une politique d'auteurs plus délibérée, quoique toujours prudente.

En effet, une autre façon de limiter les risques financiers est de publier les ouvrages à compte d'auteur. L'auteur paie la totalité des frais de fabrication de son livre. L'éditeur le lui prend en dépôt et lui verse un pourcentage variable du prix de vente ; il est de 50% dans les contrats signés à cette époque par Marpon et Flammarion. Ainsi, dans le cas d'un tirage de 1 000 exemplaires, si l'auteur ne rentre dans ses frais qu'à partir du 600e exemplaire vendu, l'éditeur, lui, touche environ 35 centimes dès le premier exemplaire vendu, pour amortir ses frais de stockage et de manutention, en plus de son bénéfice habituel de libraire. De plus, son capital n'étant pas engagé, l'éditeur se résout vite à alléger son stock. Au bout de deux ans, en moyenne, il rend à l'auteur les invendus. Ce type de contrat semble, à première vue, très avantageux pour l'éditeur, puisqu'il lui évite d'engager ses propres fonds et lui assure une rémunération permettant d'amortir des frais fixes. En fait, il n'est pas sans risque car un éditeur vit de ses réimpressions. Ce sont elles qui dégagent les plus gros bénéfices. La multiplication des ouvrages de faible vente ne rapporte que de faibles bénéfices. En outre, si l'éditeur ne vend que très peu d'exemplaires d'un livre, au lieu de diminuer ses frais fixes, il les alourdit, au contraire, car le service de presse, le stockage... sont incompressibles. Dès leurs débuts, donc, Marpon et Flammarion acceptent les éditions à compte d'auteur, parce qu'ils ont besoin d'attirer des auteurs, d'avoir un catalogue mais aussi d'alimenter leur imprimerie, tout cela en limitant les sorties de capitaux. En 1882, ils en font un usage massif qui explique la brutale augmentation du nombre de titres publiés. Toutefois, ils n'en feront pas un système.

Marpon et Flammarion sont conscients qu'il leur faut recruter des auteurs plus prometteurs. Néanmoins, dans ces premières années, si l'on excepte, évidemment, Camille Flammarion, il n'y a guère que Chavette, Armand Silvestre et Alexis Bouvier qui soient des recrues rentables, dont la production fera vivre durablement la Librairie [14]. Les deux premiers sont des auteurs « amusants » et cette veine sera longtemps exploitée par la Librairie. Cela reflète-t-il le goût des deux éditeurs ou s'agit-il seulement d'exploiter un genre populaire ? Sans doute y a-t-il des deux. En effet, leurs premiers titres sont tirés à 3 000 exemplaires pour les *Bêtises vraies* de Chavette et le *Pour faire rire* de Silvestre, puis rapidement réédités, preuve que le public apprécie ce genre. Quant à Alexis Bouvier, entré dans la maison en 1881, il est une vedette du roman populaire et annonce une deuxième orientation de la production. Les 5 000 exemplaires de son *Bel Alphonse* sont vite épuisés. Ces résultats, si encourageants soient-ils, ne suffisent pourtant pas à constituer un fonds. Or, les auteurs en renom ont tendance à se diriger vers des éditeurs établis plutôt que vers des éditeurs débutants. Pour les attirer, il faut donc se créer une

14. Encore Chavette doit-il son entrée chez Marpon et Flammarion au fait que *Les Petites comédies du vice*, dont *Les Bêtises vraies* sont la suite, appartenait au fonds Lacroix.

image, acquérir un prestige qui rejaillisse sur leur œuvre. Cela peut prendre du temps, surtout si, comme nous venons de le voir, les choix éditoriaux sont le plus souvent dictés par le hasard des fonds ou les opportunités de l'actualité. Heureusement, Marpon et Flammarion se sont lancés dans deux publications lourdes mais prestigieuses : les éditions illustrées de Zola, d'une part, et la publication de l'*Astronomie populaire*, d'autre part. Elles vont donner à la maison d'édition sa véritable dimension.

## *Les éditions illustrées de Zola*

Au moment du rachat du fonds Lacroix par les deux associés, Zola n'est pas encore l'auteur à succès qu'il va devenir mais il est déjà un auteur rentable. Ses Rougon-Macquart, édités maintenant chez Charpentier, tirent à 5 000 exemplaires environ et *Son Excellence Eugène Rougon*, le dernier publié, en est à sa sixième édition en février 1877, un an après sa sortie. Cependant, la publication de *L'Assommoir* en feuilleton au cours de l'été 1876 fait scandale et brusquement donne la célébrité à son auteur. C'est ce qui donne à Marpon et Flammarion l'idée de rééditer *Thérèse Raquin* en novembre 1877. Le livre est vite épuisé ; il faut faire des retirages plus importants l'année suivante, puis en 1880 et 1882 [15].

Les conditions appliquées sont celles prévues par le contrat signé en 1868 avec Lacroix, soit 30 centimes par exemplaire, alors que Zola touche, chez Charpentier, 40 centimes sur les œuvres antérieures à 1877 et 50 centimes sur les autres. Ces retirages sont une bonne affaire pour Marpon et Flammarion. C'est pourquoi ils n'hésitent pas à rééditer les deux autres titres, *Madeleine Férat* en 1878, *La Confession de Claude* en 1880.

Toutefois, le succès de *L'Assommoir* dépasse de beaucoup celui des œuvres précédentes. Après les péripéties de la publication en feuilleton, l'édition Charpentier, mise en vente au début de l'année 1877, est tout de suite enlevée. En un mois, les 5 000 premiers exemplaires sont vendus. Zola exulte : « J'arrive des galeries de l'Odéon. Les piles de *L'Assommoir* fondent et se renouvellent sans arrêt ! Marpon, le libraire, est enchanté et nous aussi [16] ! » De janvier à novembre, Charpentier écoule 38 éditions. Voilà qui donne une idée aux deux associés : en faire une édition illustrée. Or, Zola a cédé à Charpentier, par contrat signé le 8 mai 1877, « le droit de publication, à l'avenir, dans tous les formats et à tous les prix, de toute sa série dite des *Rougon-Macquart* [17] ». Il faut donc que Marpon et Flammarion traitent d'abord avec Charpentier, puis avez Zola.

Le texte de l'accord avec Charpentier n'a pas été retrouvé. Une note peu explicite donne à penser que le livre fut racheté à Charpentier pour 10 000 F et que, à titre de réciprocité, Marpon et Flammarion se sont engagés à autoriser une

15. Voir en annexe le volume des tirages des œuvres de Zola chez Flammarion.
16. Lettre d'Émile Zola à Joris Karl Huysmans, in *Correspondance*. Genève : Droz, 1953, p. 5.
17. Cité par Colette Becker, in *Trente années d'amitié*, op. cit., p. 133.

édition des trois titres du fonds Lacroix dans la Petite Bibliothèque Charpentier, ce qui sera fait en 1883 et 1884. Le contrat avec Zola, en revanche, est connu ; il est signé le 12 janvier 1878. Il prévoit un tirage initial de 20 000 exemplaires, ne pouvant descendre, au fil des livraisons, en dessous de 15 000. Zola touche 10% du prix de vente. Il conserve le droit de vendre à un autre éditeur l'autorisation de faire une autre édition illustrée de *L'Assommoir,* à condition que son prix soit nettement supérieur à la présente édition. Marpon et Flammarion, eux, sont totalement propriétaires des droits de reproduction et traduction de leur édition. Ils en feront usage et vendront à Arthème Fayard *L'Assommoir* (puis *Nana* et *Pot-bouille*) pour son journal *L'Omnibus*, récupérant ainsi 1 000 F environ par titre [18].

À la signature du contrat, les éditeurs ne peuvent encore préciser quel sera le nombre de livraisons ; tout juste peuvent-ils dire que « l'ouvrage terminé formera un volume de cinq, six ou sept francs, suivant le nombre de livraisons » et que, par conséquent, le revenu minimal de Zola sera de 7 500 F.

Ce système de vente par livraisons hebdomadaires est déjà ancien. Claude Witkowski pense avoir retrouvé la première de ces ventes chez l'éditeur Paulin : en 1833, celui-ci offre un *Gil Blas* en livraisons à 5 sous, le livre complet revenant à 15,25 F. Cette pratique se maintient ensuite pour un certain nombre de livres chers dont le tirage ainsi augmente jusqu'aux 10 000 exemplaires d'un *Paul et Virginie*, chez Curmer, en 1838. C'est ainsi que l'on a pu acquérir aussi bien des livres où les illustrations priment sur le texte, comme *Le Voyage où il vous plaira* illustré par Tony Johannot (Hetzel, 1843) en 33 livraisons à 30 centimes ou *Les Scènes de la Vie privée et publique des animaux* illustré par Grandville (Hetzel, 1842) en livraisons à 30 centimes, que des classiques comme *Les Confessions* (Barbier, 1845) en 64 livraisons illustrées à 65 centimes ou des livres pour enfants comme *La Bouillie de la comtesse Berthe* de Dumas, illustré par Bertall (20 livraisons à 15 centimes) ou *Trésor des fèves et Fleur des pois* de Nodier.

Il faut toutefois attendre les années 1845-1846 pour que ce système soit adapté à la vente des romans populaires et connaisse alors une énorme expansion. En effet, devant le succès remporté par les feuilletons, les journaux, tels *Le Siècle* et *Le Constitutionnel*, décidèrent de les isoler dans un supplément détachable ; à la fin de la publication, tous les feuillets pouvaient être reliés pour former un livre véritable. Puis, les éditeurs de romans populaires s'emparèrent de l'idée si bien que les ouvrages vendus en livraisons se multiplièrent. À la différence des précédentes, ces livraisons ne formeront jamais un beau livre : par la typographie, la qualité des illustrations et du papier, elles se rapprochent bien plus des journaux mais leur coût total est bien moindre aussi. Certains, comme le *Manon Lescaut* de Bry, premier du genre, tenaient en une seule livraison, d'autres s'étalaient sur un grand nombre de livraisons comme l'*Encyclopédie nationale* et ses 164 livraisons [19].

Vers 1860, la vogue de ces éditions populaires retomba ; néanmoins, la vente

18. Contrat signé le 6 décembre 1884. A. F.

19. Claude Witkowski, *Monographie des éditions populaires.* Paris : Pauvert, 1981, pp. 14-17.

par livraisons subsista, pratiquée encore par quelques éditeurs populaires comme F. Roy ou Rouff, successeur de Barba, ou par des éditeurs désireux d'étendre le marché des livres coûteux. Ainsi, les dictionnaires, celui de Littré comme celui de Larousse, mais aussi les livres de Jules Verne se vendent par fascicules. C'est dans cette catégorie que vont se ranger Marpon et Flammarion. Leur ouvrage, qui est de format grand in-8°, peut être acquis en 60 livraisons à 10 centimes ou en 12 séries à 50 centimes. Le volume broché, disponible six mois plus tard, est vendu 6 F.

Mais pourquoi acheter l'édition Marpon et Flammarion, plus chère — même si la dépense est étalée dans le temps — de préférence à l'édition Charpentier ? Pour la présentation, les illustrations. L'édition illustrée veut donner l'impression d'un beau livre. Le format est celui des livres de luxe, la typographie est aérée et les illustrations nombreuses. Marpon et Flammarion ont fait appel à une escouade d'illustrateurs dont certains sont déjà connus et d'autres le deviendront : Bellenger, Castelli, Clairin, Goeneutte, Gervex, Gill, Leloir, Régamey, Renoir (pour trois illustrations), Vierge... en tout, une vingtaine d'artistes. Chaque livraison contient une illustration en pleine page, ce qui en fait soixante. Le prix payé par le lecteur semble donc bien justifié ; néanmoins, la multiplicité des collaborations constitue un ensemble peu homogène, tant par le style que par la qualité. Tous les dessins n'ont pas le même format et les différents artistes chargés de les graver ont utilisé des techniques différentes. À l'exception de Renoir, qui réussit à donner une coloration poétique au pavé parisien, et de Gill, spécialiste des portraits-charges, dont la galerie de personnages s'apparente assez à la caricature dans le style de Daumier, l'ensemble des artistes a choisi d'outrer le caractère mélodramatique des scènes. Pour *Nana*, le troisième titre de la série, les dessins ont même un caractère racoleur évident. C'est un choix délibéré des éditeurs, la preuve en est la seule couverture qui ait été conservée à la Bibliothèque nationale, celle de *Thérèse Raquin*. Thérèse est debout sur son lit, les yeux exorbités : « Elle avait vu se dresser le noyé », précise la légende ! En effet, le cadavre de Camille, auquel s'accrochent encore quelques longues herbes, est devant elle, dans la ruelle du lit.

Ainsi, les illustrations de ces éditions de Zola les rattachent, par leur style, aux publications populaires alors que leur présentation générale en fait des livres semi-luxueux. La clientèle visée est donc un public populaire et petit-bourgeois, qui n'a pas acheté l'édition Charpentier mais se laisse séduire par une présentation moins austère.

Les premières livraisons sont mises en place chez les libraires le 25 avril ; c'est dire qu'il n'y a pas eu de temps perdu depuis la signature du contrat en janvier ! À raison de deux livraisons par semaine, la publication s'étend jusqu'à la fin de novembre. À cette date, le volume complet est mis en vente.

Les deux éditeurs trouvent en Zola un auteur attentif au lancement de ses œuvres. L'ancien responsable de la publicité chez Hachette n'ignore rien des impératifs d'une mise en vente réussie : nécessité d'une mise en place rapide, publication d'articles dans les journaux... Lui-même collabore activement au lancement de l'édition illustrée :

« J'ai vu M. Escoffier [20]. L'affaire est arrangée. Seulement il aurait voulu avoir plusieurs livraisons entre les mains pour faire son article. Postez-lui vous-mêmes celles qui sont tirées et dites-lui que vous seriez contents que l'article parût tout de suite. Bien à vous.

La mise en vente ne me paraît pas assez large. J'ai vu beaucoup de petits libraires aujourd'hui qui n'avaient pas la première livraison. Il aurait fallu inonder la place de cette première livraison [21]. »

Et quatre jours plus tard, l'article paraît dans le *Petit Journal*. Quant à la mise en place, elle fut sans doute moins mal faite que ne le dit Zola puisque les ventes furent très satisfaisantes. Qu'on en juge. En l'absence du compte de fabrication, il nous faut admettre que les livraisons furent tirées comme le spécifiait le contrat à 20 000 exemplaires pour les livraisons de lancement ; pour les suivantes, certains acheteurs manquant de constance, le tirage fut un peu moindre : 17 000 exemplaires [22]. L'ouvrage broché complet fut tiré, lui, à 3 000 [23]. Pour un ouvrage qui avait déjà été vendu à 40 000 exemplaires dans une édition à 3,50 F, c'était une réussite.

Aussi Marpon et Flammarion veulent-ils poursuivre cette coopération avec Zola. La publication de *L'Assommoir* n'est pas encore terminée qu'ils pensent déjà à une nouvelle édition illustrée, celle du *Ventre de Paris*, paru pour la première fois en 1873. Bien que ce roman en soit à sa dixième édition chez Charpentier et que le succès de *L'Assommoir* commence à relancer la vente des volumes précédents, les deux éditeurs craignent de ne pas retrouver les beaux résultats enregistrés avec ce dernier. En informant Zola de leur projet, ils prennent donc leurs précautions et lui demandent de consentir à une réduction des conditions offertes précédemment :

« Nous pensons commencer le tirage à 15 000, comptant sur une vente de 10 000. Les autres seraient tirés par précaution. Mais nous voudrions que vous abandonniez vos droits d'auteur du 10% sur les 5 premiers mille. Ils vous seraient assurés sur 10 000 pour toute la publication [24]. »

À quoi Zola répond dès le lendemain :

« Je comprends que la crainte d'un insuccès relatif vous fasse me proposer de ne me payer des droits d'auteur que sur un tirage de 10 000 exemplaires lorsqu'en réalité vous tirerez à 15 000. J'accepte cette proposition bien qu'elle me surprenne un peu ; seulement je veux qu'il soit dit que si vous dépassiez ce tirage de 15 000 un jour ou l'autre, si vous vendez par exemple *Le Ventre de Paris* à 17 000 comme *L'Assommoir*, vous me paierez la totalité des exemplaires tirés, en revenant en arrière. La clause dès lors serait non avenue. Cela me paraît équitable. En un mot, sur un tirage de 15 000, je vous fais cadeau de 5 000 exemplaires ; mais si la vente

20. Rédacteur en chef du *Petit Journal*.

21. Lettre d'Émile Zola, 25 avril 1878, in *Correspondance*, op. cit., t. III, p. 172.

22. Voir la lettre de Zola, datée du 26 septembre, citée plus bas.

23. Ce chiffre est attesté par une note de la main d'Ernest Flammarion, récapitulant le « compte Zola » au 8 novembre 1882. A. F.

24. Lettre de Marpon et Flammarion à Emile Zola, 25 septembre 1878, B. N., n.a.f. 24 522 f°20.

monte au-dessus de 15 000, je ne vous fais plus aucun cadeau. Pour le reste, notre traité resterait celui de *L'Assommoir*[25]. »

Les éditeurs acceptent aussitôt ces conditions :

« Il est entendu que si le tirage du *Ventre de Paris* dépasse 15 000, nous vous donnons vos droits d'auteur sur la totalité.

Le traité de *L'Assommoir* s'applique donc au *Ventre de Paris,* sauf cette réserve convenue entre nous [26]. »

Prémunis contre la mévente, Marpon et Flammarion vont néanmoins faire leur possible pour que cette nouvelle publication soit un succès. S'ils pressent les négociations avec l'auteur puis avec les illustrateurs, c'est qu'ils veulent lier la vente du *Ventre de Paris* à celle de *L'Assommoir.*

« Nous avons donné à Bellenger les premiers dessins de l'édition illustrée du *Ventre de Paris.* (...) Gill doit venir s'entendre pour les tirages. Il est probable que cela s'arrangera. Nous arriverons donc à temps pour pouvoir encarter la première livraison du *Ventre de Paris* dans la dernière de *L'Assommoir* de façon à l'offrir gratuitement à tous nos souscripteurs [27]. »

*Le Ventre de Paris* paraît donc en 51 livraisons, illustrées par Gill, Bellenger, Garnier, Chegaray..., dans le premier semestre de 1879 [28].

Pendant les six mois que dure cette publication, aucune disposition n'est prise pour enchaîner, comme précédemment, avec une autre édition illustrée des *Rougon-Macquart.* Les deux associés sont trop absorbés par une autre entreprise, celle de l'*Astronomie populaire.* Toutefois, cela ne les empêche pas de préparer l'avenir. En effet, en octobre 1879, débute, dans le *Voltaire,* la publication de *Nana* qui va durer jusqu'en février 1880. Marpon et Flammarion sont prêts à reprendre l'expérience des éditions illustrées, publiées sur la lancée du feuilleton. Aussi ne perdent-ils pas de temps. Dès la fin du mois d'octobre, Zola, sollicité, donne son accord :

« Il est entendu entre nous que vous publierez, à une date qui reste à fixer, une édition illustrée de *Nana,* aux charges et conditions de notre traité pour *L'Assommoir* illustré [29]. »

Cependant, il faut d'abord que le romancier termine son ouvrage : « On ne s'occupera sérieusement de *Nana* illustrée qu'en janvier, lorsque je rentrerai à Paris. Jusque-là, je serai si bousculé par les derniers chapitres de mon roman que je ne m'occuperai de rien », écrit-il en novembre [30].

De plus, Charpentier a un droit de priorité. Son édition de *Nana* paraît dès la fin de la publication dans le *Voltaire,* en février 1880 ; le premier tirage est de

25. Lettre d'Émile Zola à Marpon et Flammarion, 26 septembre 1878, in *Correspondance,* op. cit., t. III, p. 225.
26. Lettre de Marpon et Flammarion, 27 septembre 1878, B. N., n.a.f. 24 522 f°21.
27. Lettre de Marpon et Flammarion à Émile Zola, 25 septembre 1878, B. N., n.a.f. 24 522 f°20.
28. La *Bibliographie de la France* annonce la parution des livraisons en deux fois, le 15 février et le 31 mai.
29. Lettre d'Émile Zola à Marpon et Flammarion, 30 octobre 1879, in *Correspondance,* op. cit., p. 397.
30. Lettre d'Émile Zola à Edmond Duranty, 8 novembre 1878, in *Correspondance,* op. cit., p. 402.

50 000 exemplaires. Il est vite épuisé et les retirages se succèdent à un rythme rapide jusqu'en septembre 1881, où ils atteignent le 106e mille.

L'édition illustrée n'a pas attendu cette date pour être mise en fabrication. Depuis septembre 1880, l'équipe habituelle des dessinateurs (Gill, Clairin, Bellenger...) auxquels s'est joint Bertall, est au travail. En février 1881, la première des 57 livraisons à 10 centimes sort des presses et, aussitôt, est mise en vente ; la fabrication se poursuit au long de l'année 1881 et s'achève au moment des étrennes par le volume complet. En tout, 27 500 exemplaires ont été tirés [31].

Par l'ampleur du travail demandé et les tirages atteints, les éditions illustrées de Zola marquent donc de façon éclatante les ambitions et les capacités de Marpon et Flammarion. Avec une seconde série de publications illustrées, celle des œuvres de Camille Flammarion, ils prouvent qu'ils sont capables aussi de prendre des risques.

## *L'Astronomie populaire*

La publication de l'*Astronomie populaire* va être pour Camille et Ernest Flammarion l'occasion d'un double triomphe : l'aîné va devenir l'astronome français le plus célèbre de son temps tandis que le cadet va asseoir définitivement la renommée de sa maison d'édition.

Le succès du livre tient à de multiples causes dont la première est la popularité de l'astronomie au XIXe siècle et le rayonnement des astronomes français. Ainsi, l'Observatoire de Paris voit se succéder deux savants célèbres, Arago et Le Verrier.

Le premier doit sa réputation à ses recherches scientifiques qui débordent largement l'astronomie, mais aussi à son activité politique. Député de gauche sous la Monarchie de juillet, membre du gouvernement provisoire en 1848, puis ministre de la Guerre et de la Marine, il quitte la scène politique après le coup d'État de 1851. Dans les dernières années de sa vie, il semble qu'il ait préparé une *Astronomie populaire* qui paraît en 1865, douze ans après sa mort, « établie à partir de ses indications ». Le Verrier, lui, s'est illustré en 1846 en démontrant l'existence de Neptune avant qu'on ait pu la constater de visu. Cette découverte, bientôt confirmée par l'observation, lui apporte la notoriété, mais il poursuit ses recherches sans chercher à faire œuvre de vulgarisateur. Camille Flammarion le peindra même affichant un grand mépris pour l'incompétence — à ses yeux — de son auditoire de l'Académie des Sciences ! Élu député en 1849, il devient sénateur en 1852 et Napoléon III le nomme directeur de l'Observatoire en 1854. Quelles que puissent être les critiques adressées à Le Verrier, touchant notamment son caractère, il faut reconnaître qu'il a contribué à rendre l'astronomie une science florissante, sous le Second Empire. À l'intérêt des savants de haut niveau répond une curiosité populaire particulièrement vive. Une mesure du succès de l'astronomie auprès du

31. Livre de fabrication, n° 1. A. F.

grand public peut être prise au nombre de publications recensées par Otto Lorenz dans son *Catalogue général de la librairie française*. Entre 1840 et 1875, 132 livres concernant l'astronomie sont publiés, dont 24 sont des ouvrages de vulgarisation destinés aux « gens du monde », à la « jeunesse » ou à l'instruction populaire. La cosmogonie suscite, dans le même temps, 134 livres. Pour les dix années qui suivent, on relève encore 73 titres d'astronomie et 36 de cosmogonie, dont 10 livres de vulgarisation. On constate donc que la publication du livre de Camille s'inscrit dans un mouvement général d'intérêt populaire pour l'astronomie qui culmine, d'un point de vue éditorial, entre 1875 et 1880, pour retomber un peu ensuite.

Camille a sans doute contribué, par ses conférences et ses livres, à développer cet intérêt mais il ne l'a pas créé. Astronomie et cosmogonie ont profité du mouvement général qui se portait vers les sciences et les découvertes récentes des astronomes ont attiré vers elles la curiosité populaire. Pour satisfaire cette curiosité, les éditeurs multiplièrent les ouvrages de vulgarisation scientifique mais elle se satisfaisait aussi d'ouvrages d'une moindre rigueur : c'est l'époque qui voit le succès d'ouvrages de Jules Verne comme *De la Terre à la Lune*, paru en 1865, ou *Autour de la Lune*, publié en 1870.

Toutefois, le projet de l'*Astronomie populaire* n'est pas lié à un désir cynique d'exploiter un filon éditorial. Il est inspiré par les convictions profondes de Camille Flammarion et, en premier lieu, sa foi dans l'éducation populaire. Tous les contemporains partagent cette confiance en l'école et l'instruction populaire et, chez les Républicains, elle apparaît comme la clé du progrès social. Toutefois, Camille a plus que d'autres des raisons de croire à ses vertus.

On a vu que, peu après son arrivée à Paris, Camille avait dû entrer en apprentissage chez un graveur sur métaux. En plus d'une certaine incompatibilité d'humeur avec un patron qui semble avoir été assez dur avec son apprenti, il souffrait d'avoir dû abandonner ses études alors que, depuis son plus jeune âge, tous s'accordaient à reconnaître en lui un enfant extrêmement doué. Aussi profita-t-il avec enthousiasme des cours de l'Association polytechnique qui lui permirent d'obtenir son baccalauréat et, la protection du docteur Fournié aidant, il put alors échapper à la condition d'ouvrier et se consacrer à sa passion pour l'astronomie. Sa reconnaissance à l'égard de l'Association fut telle qu'il devint un ardent propagandiste de l'instruction populaire et se mit à son service. Comme il était employé à l'Observatoire puis au Bureau des longitudes, il se chargea de donner, le plus souvent bénévolement, des cours d'initiation à l'astronomie. C'est ainsi qu'il donne régulièrement des cours publics et gratuits pour l'Association polytechnique dans les locaux de l'École Turgot, de 1864 à 1870 :

« L'amphithéâtre de l'école Turgot était à chaque leçon beaucoup trop exigu pour contenir la foule des élèves et des auditeurs et la cour était pleine de curieux désireux de s'instruire, mais arrivés trop tard pour prendre place sur les bancs ou le long des murs [32]. »

32. Camille Flammarion, *Mémoires...*, op. cit., p. 334.

Puis, il est contacté par Yves Henry pour la Société des conférences et, à partir de 1866, il donne, un samedi sur deux, une conférence, avec — nouveauté ! — projections, dans la salle du boulevard des Capucines. Si le public est ouvrier à l'École Turgot, il est ici plus mondain :

« Un public nombreux et de bon ton s'initiait à la connaissance de l'univers. La salle était comble ; il était rare qu'une place restât libre et bien souvent presque toute la salle était louée d'avance. Je remarquai que les sujets que nous connaissons le moins étaient ceux qui attiraient le plus la curiosité, par exemple, la fin du monde — ou le commencement du monde — ou les habitants de Mars [33]. »

Sa réputation et son dévouement à l'éducation populaire le mènent aussi à l'asile de Vincennes.

« On avait fondé là », se souvient-il [34], « sous le patronage de l'Impératrice, des conférences populaires destinées à répandre l'instruction. Duruy n'était pas étranger à cette fondation quoique le cléricalisme de l'Impératrice ne s'accordât pas avec ces principes libéraux. On était d'ailleurs en bonne compagnie : Daubrée, Egger, Franck, Quatrefages, Waddington, Levasseur, Lapommeraye, Baudrillard, Comberousse, Perdonnet, etc... On recevait pour ces conférences-causeries d'une heure, soit un billet de 100 F, soit une jolie médaille d'or. »

Enfin, à l'occasion d'une visite à son pays natal, il fonde en novembre 1866 une branche de l'Association polytechnique à Chaumont. Toutes ces activités l'ont fait remarquer de Jean Macé dont les amis le contactent, en 1867, pour fonder le Cercle parisien de la Ligue de l'enseignement. Il en est le premier président.

Après la guerre de 70, Camille continue à mener de front éducation populaire, observations et publications de plus en plus nombreuses.

Dans cet effort de vulgarisation, Camille est guidé par quelques grandes idées. D'abord, il partage avec les autres scientifiques l'idée que le progrès technique ne peut qu'apporter un progrès social. Ne dit-il pas dans une des ses conférences :

« Non, les machines ne nuisent pas au travail de l'ouvrier. Elles l'élèvent sans cesse, au contraire, en faisant de l'homme le directeur intelligent de moteurs matériels ; c'est l'une des mesures éminentes du progrès. »

Voilà rassuré l'ouvrier qui trop souvent voit dans le développement du machinisme un accroissement de son asservissement.

D'autre part, Camille Flammarion croit fermement en la possibilité d'échapper à la condition ouvrière et de s'élever dans la société française. Cependant, l'élévation dans l'échelle sociale ne peut être une fin que si elle rejoint l'utilité sociale. Il multiplie donc les exemples de savants d'origine modeste qui ont accompli une grande œuvre, bénéfique à tous : Faraday, Cuvier, Arago... Pour leur ressembler, il faut que l'ouvrier acquière des connaissances ; l'éducation populaire est faite pour les lui fournir mais « il n'est pas de livres, pas de maîtres qui puissent remplacer en nous l'effort actif, spontané. » En effet, les qualités personnelles sont décisives. « Que l'on soit sorti d'une école savante ou d'un atelier, ce qui fait le

33. Camille Flammarion, op. cit., p. 346.
34. Camille Flammarion, *Nos Lectures*, 4 juillet 1909, p. 633.

rang, c'est l'activité, la modération, le bon sens, l'esprit de conduite et l'honnêteté ; commencez bas, avec ces qualités, vous vous élèverez ; commencez haut, si elles vous manquent, la chute n'en sera que plus profonde [35]. »

Progrès social et morale sont donc totalement liés pour Camille Flammarion.

Enfin, il a une ambition encore plus haute : fonder une philosophie. Trente ans plus tard, il fera dire à un admirateur imaginaire : « Vous avez fondé une philosophie qui dans beaucoup d'esprits remplace déjà les religions disparues [36]. »

Ce qui ne manque pas de présomption !

Malgré le « scepticisme » de son père, il a reçu une éducation religieuse, tant de sa mère — qui « était plus que pieuse : intransigeante » — que de ses maîtres. Entré au séminaire de Langres sur l'intervention du curé de Montigny, il était destiné à la prêtrise. La faillite de son père et leur installation à Paris bouleversèrent ces plans. Il dut renoncer à terminer ses études au séminaire et, par le biais de l'éducation populaire, se trouva en contact avec des républicains, souvent socialistes. À la même période, il étudie l'histoire des origines de la Terre et retrouve sa passion d'enfance pour l'astronomie. Fréquentations et préoccupations scientifiques concourent à ébranler sa foi et, en 1860, il se détourne définitivement de la religion [37]. Dans son désarroi, il se tourne vers le spiritisme d'Allan Kardec dont il lit le *Livre des Esprits* en 1861 et, de toute l'année 1862, il ne manque pas une séance de la Société spirite. Cette attirance n'a rien d'exceptionnel à cette époque où le positivisme ne suffit pas toujours à satisfaire ceux qui ont perdu la foi ; Victor Hugo n'y succombe-t-il pas lui aussi ? Ce qui est plus surprenant, c'est qu'après s'être enthousiasmé pour le spiritisme dans les années 1861-1862, puis l'avoir un peu délaissé dans ses écrits, Camille y reviendra pour aboutir, à la fin de sa vie, à une forme quasi-mystique.

Dans ses premiers livres [38], Camille cherche à répondre scientifiquement au problème des origines du monde et de son devenir. Puis, il abandonne la cosmographie pour se tourner vers des travaux plus spécifiquement consacrés à l'astronomie. Il n'en a pas pour autant renoncé à l'ambition téléologique.

« L'astronomie est la vraie science intégrale et elle est aussi la religion de l'avenir. Elle seule nous fait vivre dans l'immense et nous rend indulgents pour les petitesses humaines ; elle seule nous fait apprécier l'insignifiance de la vie matérielle, la grandeur de l'intelligence et la beauté intellectuelle de l'univers [39] ! »

Cet enthousiasme et cette ambition qui se retrouveront dans l'*Astronomie populaire* sont d'une indéniable sincérité. En revanche, le livre a certainement été servi par des traits plus ambigus de la personnalité de son auteur.

---

35. Camille Flammarion, *Les Héros du travail. Conférences faites à l'asile impérial de Vincennes*. - Paris : Hachette, 1867, p. 35.

36. Camille Flammarion, *Mémoires biographiques et philosophiques d'un astronome*, op. cit., p. 4.

37. Il se présente comme « républicain et pacifiste », dès cette époque ; de plus, son action au sein de la Ligue de l'enseignement lui attire les foudres des cléricaux. Camille Flammarion, op. cit., p. 397.

38. *La Pluralité des mondes habités* et *Dieu dans la nature*, publiés en 1864 et 1867 chez Didier.

39. Propos rapportés par Paul Ginisty, *Gil Blas*, 1er janvier 1885.

Le nom même de Camille Flammarion a sans doute été un élément déterminant du succès car il était déjà bien connu dans des milieux assez divers.

Dans les années 1860, les plus grands universitaires se font un devoir de participer à l'élévation intellectuelle du peuple ; la liste des participants aux conférences de Vincennes en fait foi. Camille n'a ni leurs diplômes ni leurs titres, mais il a su se faire connaître et se mêle désormais à eux sans complexe. Ses relations dans le monde des chercheurs et des universitaires, amorcées à l'Observatoire, s'enrichissent. Cependant, elles ne se limitent pas à ce milieu, somme toute restreint.

Les conférences de Camille ont contribué à sa notoriété. Depuis sa première conférence devant ses condisciples de Saint-Roch et leurs parents, il a pris de l'assurance et affirmé son talent d'orateur [40]. Son public s'est étendu aussi, et diversifié, comme nous l'avons vu. Cependant, s'il est sollicité de plus en plus fréquemment pour ces diverses conférences, c'est qu'il s'est déjà fait remarquer par ses publications.

Sa collaboration au *Cosmos*, de 1864 à 1869, ne peut guère contribuer à sa célébrité car cette publication est très spécialisée et son tirage est faible. En revanche, le *Magasin pittoresque*, dont il tient la rubrique scientifique de 1864 à 1884, est une revue qui s'adresse à un plus vaste public et atteint les 80 000 exemplaires. De plus, Édouard Charton, séduit par ses chroniques, lui a demandé de faire le premier volume de sa Bibliothèque des merveilles, une collection de petits livres populaires à 2 F ; ce sera *Les Merveilles célestes* dont le premier tirage de 5 000 exemplaires sera rapidement épuisé. Enfin, Camille écrit à partir de janvier 1866 dans un quotidien, *Le Siècle*, au rythme de deux articles par mois. Dès le mois suivant, avec la bénédiction de Havin, le directeur du journal, il établit « une rubrique intitulée *Le Dossier Le Verrier*, dans lequel (il) publie tous les griefs élevés contre lui, toutes ses injustices, tous ses abus de pouvoir [41] ». En effet, Camille Flammarion garde rancune au directeur de l'Observatoire de son départ pour le Bureau des longitudes. La campagne prend de l'ampleur : le célèbre astronome se voit même contester sa découverte de Neptune ! Néanmoins, il est maintenu à son poste, tandis que des mesures sont prises pour tenter de limiter son autoritarisme. Elles ne seront guère efficaces et Le Verrier sera destitué en février 1870, après que 104 fonctionnaires, en seize ans, auront été employés, puis congédiés par l'irascible savant.

Pour l'immédiat, Flammarion a donc échoué dans son projet, qui peut susciter bien des réserves, mais ce coup d'éclat concourt à le faire connaître.

Parallèlement à ses activités journalistiques, il publie régulièrement des livres dont certains sont des recueils d'articles, comme les *Contemplations scientifiques*. Ils obtiennent un certain succès ; *La Pluralité des mondes habités* a même l'honneur de faire le sujet des conversations de la Cour, en octobre 1864, et si Flammarion élude l'invitation impériale, à cause de ses sentiments républicains, il noue beaucoup de relations dans des milieux assez divers. Que ce soit aux séances spirites où il côtoie l'éditeur Didier ou aux réunions qu'il organise chez lui, rue des Moineaux, le mercredi soir, il cultive un réseau de relations étonnamment étendu pour un

---

40. Sa première leçon à l'École Turgot lui vaut les louanges du *Siècle*.
41. Camille Flammarion, *Mémoires*..., op. cit., p. 512.

garçon si jeune. On y trouve des collègues de l'École Turgot, des militants de la Ligue de l'enseignement, des scientifiques rencontrés au hasard des conférences ou des visites à l'Observatoire, mais aussi des journalistes comme Guéroult, rédacteur en chef de l'*Opinion nationale*, des députés comme Alexandre Glais-Bizoin, Édouard Gagneur et Jules Grévy, et une foule d'invités très divers comme Gustave Doré, Charles Cros, André Gill, Victorien Sardou, Henri Gauthier-Villars, Louis Figuier, Adolphe Joanne... souvent invités au hasard d'une visite chez Hachette ou un autre de ses éditeurs.

Très tôt, Camille Flammarion a su mettre à profit toutes les occasions qui lui étaient offertes de se faire des relations. Quoi qu'il en ait dit et sans que cela diminue le mérite de son ouvrage, Camille ne doit pas sa célébrité à son seul travail. Il occupe en 1880 une position stratégique d'intermédiaire entre le grand public et les chercheurs dans un domaine à la mode ; avec un siècle d'avance, il est homme de science mais aussi homme de média.

Cette position a, pour la publication de l'*Astronomie populaire*, deux avantages : le premier est d'être déjà connu des acheteurs potentiels ; le second est d'avoir d'utiles relations dans les milieux qui font l'opinion. Ainsi, la presse est unanime à saluer l'ouvrage. La majorité des quotidiens lui consacrent un article élogieux, indépendamment des opinions politiques de la rédaction ou du public habituel du journal. La presse populaire donne même une importance particulière à l'événement, alors qu'elle rend généralement peu compte d'ouvrages scientifiques. Sans doute ces réactions sont-elles à la mesure de l'événement ; on peut toutefois se demander si elles auraient été aussi enthousiastes si l'auteur avait été un obscur savant.

Un public potentiel important, un auteur convaincu et réputé... Manque, pour faire un livre à succès, un éditeur qui croie en l'entreprise et y consacre des moyens ; ce sera Ernest Flammarion.

Quoique étroitement unis, Camille et Ernest n'ont pas encore véritablement collaboré dans le domaine de l'édition. Camille Flammarion apparaît pour la première fois au catalogue de Marpon et Flammarion en août 1875 ; c'est pour un petit ouvrage bien mince : une *Galerie astronomique*, suite de douze cartes-photographiques réalisées par le photographe Alexandre en 1867 et représentant les principales vues célestes. Les deux libraires font pour elle la dépense d'une annonce publicitaire dans la *Bibliographie de la France*[42]. Néanmoins, il s'agit ici de distribution, non d'édition véritable. En effet, pour ses nombreux ouvrages, Camille continue à recourir à ses éditeurs habituels : Didier, Hachette, Hetzel exceptionnellement, pour les ouvrages destinés à un large public ; Gauthier-Villars pour les ouvrages spécialisés. Jamais encore il n'a utilisé les services de son frère, bien que, dans les années 1877-1878, il publie cinq ouvrages.

On sait peu de choses de la genèse de l'*Astronomie populaire*. Le projet fut sans doute longuement mûri par les deux frères mais il ne nous est pas resté de

42. *Bibliographie de la France*, 7 août 1875.

traces de leurs réflexions. En effet, ce qui concerne l'*Astronomie populaire* a presque complètement disparu des archives Flammarion de Paris comme de celles de Juvisy, à l'exception de quelques pièces.

Ce qui est certain, c'est que, sans le succès des deux premières éditions illustrées de Zola, les deux associés n'auraient pu se lancer dans une entreprise aussi ambitieuse. En effet, les livres scientifiques, fussent-ils de vulgarisation, ne peuvent rivaliser jusqu'ici, pour les tirages, avec la littérature romanesque, à moins qu'ils ne soient de vente lente et régulière comme les dictionnaires. Or, la vente par livraisons demande un succès rapide. Il faut donc avoir une grande confiance dans le talent de l'auteur et le savoir-faire de l'éditeur pour décider de publier l'*Astronomie populaire.*

La rédaction est vraisemblablement commencée dès la fin de 1878, mais le contrat définitif porte la date du 1er août 1879 :

« Monsieur Camille Flammarion cède à MM. Ch. Marpon et E. Flammarion le droit de publier un ouvrage intitulé " Astronomie populaire " en une édition grand in-8° jésus illustrée, devant paraître en livraisons à 10 c. et en séries à 50 c.

L'ouvrage complet ne devra pas dépasser 100 livraisons de 8 pages, et sera vendu au prix de 10 F broché. Les droits d'auteur seront de 10 % du prix fort, soit 1 F par volume. La première édition sera tirée à 25 000 exemplaires, plus les passes exemptes de droits d'auteur, selon l'habitude.

Les droits d'auteur seront réglés à raison de 2 000 F par mois, à partir du 15 juin 1879.

Le manuscrit devra être entièrement terminé au mois de septembre prochain, pour permettre la mise en vente du volume fin novembre [43]. »

Ce contrat appelle plusieurs remarques. On est d'abord étonné de la confiance de l'éditeur et de son auteur qui ne doutent pas du succès de l'entreprise puisque le premier tirage est très exceptionnel pour un ouvrage de ce prix ; il est bien supérieur aux 15/20 000 exemplaires de *L'Assommoir* dont l'édition illustrée s'appuyait pourtant sur le succès de l'édition Charpentier. Certes, la vente en livraisons doit permettre de toucher un vaste public mais, s'agissant surtout d'un ouvrage scientifique et nouveau, c'est un tirage optimiste ! Enfin, les ouvrages antérieurs de Camille Flammarion n'ont encore jamais atteint de tels tirages. Marpon et Flammarion prennent donc un pari, en choisissant d'emblée un si fort tirage. D'autre part, ce contrat prévoit des droits normaux pour un auteur qui assure de tels tirages mais il faut remarquer que Camille a l'avantage de les toucher de manière forfaitaire, indépendamment de la vente, sans aucune restriction semblable à celle imposée à Zola pour le *Ventre de Paris.* Cela augmente le risque pris par l'éditeur. Il faut toutefois noter que, comme à l'habitude, tout est prévu pour favoriser les ventes : prévoir la mise en vente du volume complet pour fin novembre, c'est se donner le temps de faire connaître le livre avant les fêtes pour qu'il devienne le livre d'étrennes à la mode. De plus, la politique commerciale a

---

43. Acte sous seing privé, 1er août 1879. Archives Camille Flammarion.

largement dépassé la programmation des mises en vente ; c'est toute la conception du livre qui doit justifier le chiffre élevé du premier tirage.

Cette publicité rédactionnelle illustre bien les arguments de vente sur lesquels Flammarion a parié :

« Encore un livre d'une haute utilité où la science est mise à la portée de tous : l'*Astronomie populaire* de Camille Flammarion, un magnifique volume illustré que l'éditeur Marpon met en vente à un prix modéré. Aussi plus de 40 000 exemplaires ont-ils déjà été enlevés. L'univers tout entier en un seul tableau, toutes les plus belles découvertes de l'astronomie, l'exposé simple, et complet cependant, des splendeurs du ciel, de l'organisation des mondes, des lois immuables de la nature, des forces puissantes et mystérieuses qui emportent dans l'infini la terre et les cieux, tel est le plan de ce beau livre, qu'on lit comme un roman de la première à la dernière page. Pas de mathématiques, pas de chiffres arides et pourtant tous les résultats des calculs les plus transcendants s'y trouvent et sont facilement compris, tant l'auteur sait habilement les glisser sous les fleurs et sous l'esprit de son style.

Les illustrations sont dignes de l'ouvrage. De magnifiques gravures (Le Lever du soleil chez les Incas ; Le Paysage lunaire ; L'Étoile du berger, etc.) accompagnent les chapitres les plus importants ; des chromo lithographies nous montrent des éruptions d'hydrogène rose observées dans le Soleil, des cirques lunaires obliquement éclairés par le couchant, les effets étranges de coloration des étoiles doubles ; enfin, des cartes du ciel permettent de reconnaître facilement toutes les étoiles visibles à l'œil nu [44]. »

L'habileté de l'éditeur se reconnaît à sa façon de mentionner au passage des tirages flatteurs, et de passer sous silence le nom de son associé, qui pourrait faire penser au lecteur que le seul mérite de l'ouvrage n'a pas décidé de son édition. Petites astuces de publicité... Mais le véritable intérêt de l'article est de mettre en lumière les deux arguments de vente sur lesquels éditeurs et auteur comptent bâtir le succès. L'article souligne d'abord combien le prix de l'ouvrage est modeste, eu égard au luxe de sa présentation et à la richesse d'illustrations qui recourent aux techniques les plus modernes [45]. Il est vrai que, comparé aux ouvrages similaires celui-ci n'est pas cher [46]. Il est, en effet, vendu 10 F broché, 14 F relié en toile, avec la tranche dorée et les plaques, et 15 F relié en cuir. Enfin, en deux volumes d'une édition de luxe, il coûte 20 F, mais il est aussi achetable en 6 fascicules, pour un prix total de 10,50 F. C'est dire qu'il y a suffisamment de formules pour que chacun, suivant ses moyens, puisse l'acquérir (autre habileté souvent utilisée dans le passé par des éditeurs comme Hetzel). De leur côté, pour produire un tel livre

44. *Gil Blas*, 1er janvier 1880.

45. L'*Astronomie populaire* est un volume de 840 pages, illustré de 300 gravures et 7 chromolithographies ; *Les Étoiles* contient 400 gravures, cartes et chromolithographies.

46. L'*Astronomie populaire* d'Arago, en 4 volumes, coûtait 30 F en 1865. Pour comparer des ouvrages similaires, l'exemple de *Terres du ciel*, de Camille Flammarion, est plus net. Cet in-4° de 775 pages, avec dépliants et illustrations en couleurs, reçoit la même présentation que l'*Astronomie populaire* et coûte comme lui 10 F. Le même titre, au texte plus condensé, publié en 1877 chez Didier, sous la forme d'un in-8° de 596 pages, avec seulement des illustrations en noir et blanc, coûte lui aussi 10 F.

à prix modique, Marpon et Flammarion ont fait un effort financier particulier. En l'absence des livres de compte, il faut s'en tenir à une petite note de rappel, écrite en haut d'un compte récapitulatif des droits dus à Camille : « 1ère édition. Prix coûtant 5,25 en feuilles [47] » ; l'augmentation de prix de 20 %, décidée en 1882, paraît confirmer que les premiers tirages étaient vendus avec une marge jugée ensuite trop faible. On retrouve ici une habitude chère à Ernest : « tirer » les prix au maximum pour gagner sur le volume des ventes.

Le second argument de vente est le sérieux de l'ouvrage en même temps que sa parfaite simplicité pour les lecteurs peu scientifiques ; c'est définir le public auquel le livre s'adresse : un public vaste, curieux mais non spécialisé, autodidacte même. Ici se rejoignent l'idéal d'éducation populaire et le pragmatisme éditorial.

Le succès est à la mesure des moyens mis en œuvre. La publication commencée le 16 juin 1879 se termine en décembre. Le premier tirage, pour les livraisons 1 à 45, est finalement supérieur à celui prévu par le contrat : 30 000 exemplaires. Pour tenir compte des défections, le tirage des livraisons 46 à 105 est légèrement inférieur : 27 000. Comme les livraisons sont tirées au fur et à mesure, en fonction des ventes des précédentes, ce dernier chiffre prouve le succès du livre. En outre, à la fin de l'année, le livre est proposé en un volume relié, tiré à 5 000 exemplaires qui sera vite épuisé et nécessitera un nouveau tirage à 5 000 et dans la foulée, les Flammarion proposent *Les Étoiles et les curiosités du ciel*, « supplément et atlas de l'*Astronomie populaire* », vendu en 75 livraisons et tiré à 20 000 exemplaires.

L'attribution du prix Montyon qui couronne l'ouvrage en 1880 est l'occasion de louanges nouvelles. Enfin, sa réputation franchit très rapidement les frontières et les demandes de traduction affluent, venant d'Italie, d'Espagne, de Grande-Bretagne, de Russie...

En 1882, l'*Astronomie populaire* connaît son édition définitive qui passe à 12 F, avec un nouveau tirage à 5 000 exemplaires. Entre 1879 et 1882, ce sont donc 42 000 exemplaires qui sont imprimés et à peu près vendus, auxquels il faut ajouter 3 000 exemplaires d'une édition Pilon-Levasseur, imprimée à Limoges et vendue par courtage, à crédit. Les ventes continuent régulièrement dans les années qui suivent puis s'amortissent lentement : en 1890, 100 000 exemplaires ont été tirés, 125 000 en 1913. Quant aux *Étoiles*, il a été tiré à 40 000 exemplaires en 1891.

Ernest Flammarion n'est pas le seul bénéficiaire de l'entreprise : au 28 novembre 1882, Camille a touché de son frère la somme de 68 050 F, dont 950 F de droits de traduction pour la seule *Astronomie* et son supplément.

Les Flammarion voulaient toucher un public populaire ; les résultats obtenus montrent qu'ils y ont réussi. En effet, la vente par livraisons touche surtout un public ouvrier et petit-bourgeois ; or, la proportion de livraisons vendues, dans le cas de l'*Astronomie populaire*, est éclairant : elles représentent 60 % du total des ventes du livre pour les trois premières années. Néanmoins, les ventes du volume

47. Cahier de comptes d'Ernest Flammarion. A. F.

complet en 1880 montrent qu'il a aussi été vendu à un public plus aisé, indifférent aux facilités financières offertes par le système des livraisons ; sa belle carrière ensuite est le signe qu'il s'était imposé comme *le* livre d'astronomie à posséder, au même titre qu'un dictionnaire [48].

L'*Astronomie populaire* est-il un exemple rare de best-seller « programmé » ? Non. L'analyse *a posteriori* a beau jeu de démonter le mécanisme d'un succès ; les frères Flammarion avaient, certes, mis bien des chances de leur côté mais sans les qualités intrinsèques du livre, il n'aurait pas connu un succès de cette ampleur et de cette durée.

Les talents de vulgarisateur de Camille incluent une clarté et une simplicité de l'expression délibérées. Dans la préface des *Étoiles*, il écrit : « Aucune instruction préalable n'est indispensable pour lire et étudier ce livre, pas plus que pour l'*Astronomie populaire*, car nous avons pris soin de n'employer aucune expression qui eût pu rester incomprise : il n'y a ni mathématiques ni formules [49]. »

L'habitude d'être clair et accessible à tous lui a été donnée par sa longue pratique des conférences devant des auditoires populaires et ses nombreux articles de journaux ; et ses premières publications dans la Bibliothèque des merveilles lui imposaient les mêmes contraintes. En effet, dès ses débuts, Camille a dû mener de front, pour des raisons financières, travail scientifique à l'Observatoire et vulgarisation. Cela ne manqua pas d'en choquer certains : « Je me souviens qu'en me voyant investi de cette rédaction (dans *Le Siècle*), l'un de mes anciens collègues de l'Observatoire me blâma fort en me disant qu'en devenant journaliste, je cessais d'être astronome [50]. »

Par la suite, bien que dégagé des contraintes financières, Camille poursuivit son œuvre de vulgarisateur sans cesser de se considérer comme un authentique chercheur. Toutefois, son refus d'utiliser des formules et des calculs rébarbatifs pour le profane ne se justifie pas par le seul désir de faciliter l'accès à l'astronomie. Parlant de Le Verrier, Camille Flammarion a une phrase révélatrice de sa conception de la science : « Pour lui, tout est enfermé dans des formules mathématiques [51]. » Pour Camille, il s'agit d'une critique car c'est négliger la dimension philosophique de la science. C'est elle qui donne au style de Camille une caractéristique dont il ne parle pas, qu'il n'analyse pas, tant elle est inhérente à sa personnalité ; c'est l'enthousiasme. Il est clairement exprimé dans les préfaces et conclusions, quand il explique les ambitions philosophiques de l'*Astronomie populaire* et de sa suite, *Les Étoiles* :

« Nos plus chères espérances seront atteintes s'il (le livre) développe sous une

48. L'*Astronomie populaire* resta disponible jusqu'à la guerre de 14 en livraisons. En l'absence de comptes précis, on ne peut dire combien de volumes furent vendus de cette manière. Néanmoins, l'exemple des *Terres du ciel* incite à penser que cette formule de vente était en nette régression. En 1907, Ernest avertit son frère qu'il reste en stock 150 000 livraisons de ce livre qui fait suite à l'*Astronomie populaire* et aux *Étoiles*. Il lui propose de faire un retirage qui égalise à 500 exemplaires le nombre des livraisons et de les relier. Le reste sera pilonné. (Lettre du 9 décembre 1907, Archives Camille Flammarion.)

49. Camille Flammarion, *Les Étoiles*. Paris : Flammarion, 1880, p. VII-VIII.

50. Camille Flammarion, *Mémoires...*, op. cit., p. 334.

51. Camille Flammarion, op. cit., p. 510.

forme nouvelle l'œuvre à laquelle toute notre vie a été consacrée : étudier dans leur vraie lumière les sublimes réalités de la création et élever de plus en plus les esprits vers la connaissance de ces magiques splendeurs [52]. »

En fait, tout le livre exalte la beauté de l'univers et le pouvoir de l'homme qui, par sa connaissance, fait reculer peu à peu l'ignorance et résout les grands mystères de la nature. Ainsi, il justifie son désir de refaire une *Astronomie populaire*, après Arago, par la nécessité d'une remise à jour, tant les progrès de la connaissance scientifique sont rapides.

Depuis la mort d'Arago, « les étoiles ont révélé leur constitution chimique aux investigations hardies et infatigables des spectroscopes ; la comparaison de toutes les observations faites sur les étoiles doubles a fait connaître la vraie nature de ces systèmes (...) ; les nébuleuses nous font admirer aujourd'hui (...) d'immenses et d'inénarrables agglomérations de soleils ; les comètes vagabondes ont laissé surprendre les secrets de leur formation chimique (...) ; les planètes sont descendues jusqu'à notre portée et déjà, les rapprochant de nous à une proximité étonnante, nous avons pu découvrir leur météorologie, leur climatologie (...) ; le Soleil a dévoilé sa constitution physique et projette sous nos yeux ses tempêtes et ses éruptions fantastiques, palpitations formidables du cœur de l'organisme planétaire ; la Lune laisse photographier ses paysages et descend à quelques lieues de notre vision stupéfaite ! Tant d'admirables progrès renouvellent entièrement l'ensemble déjà imposant de nos connaissances astronomiques. D'une part, la science s'est enrichie et transformée ; d'autre part, elle est devenue moins aride et moins égoïste, plus philosophique et plus populaire [53]. »

À en croire Camille Flammarion, l'homme a bientôt élucidé tous les mystères de la création. Cet optimisme, cette confiance ont certainement été appréciés d'un public que peut effrayer la contemplation de l'infini et qui est reconnaissant à Flammarion de lui en faire partager l'exploration. En effet, la simplicité de l'exposé lui donne l'impression d'en maîtriser la connaissance en même temps que l'enthousiasme de l'auteur s'empare de lui car ce dernier a soin de faire suivre les données scientifiques d'une explication imagée, puis d'une envolée lyrique qui en explicite la portée « philosophique ». Par exemple, après avoir étudié la vitesse de rotation de la Terre autour du Soleil, il écrit :

« Nous voguons donc dans l'immensité avec une vitesse 1 100 plus rapide que celle d'un train express. Comme un tel train va 1 100 fois plus vite qu'une tortue, si l'on pouvait lancer une locomotive à la poursuite de la Terre, c'est exactement comme si l'on envoyait une tortue courir après un train express ! Cette vitesse de notre globe sur sa route céleste est 75 fois plus rapide que celle d'un boulet de canon.

Un être placé dans l'espace, non loin de l'orbite idéale que la Terre parcourt dans sa course rapide, frissonnerait de terreur en la voyant arriver sous la forme d'une étoile grandissante, s'approcher, lune épouvantable, couvrir le ciel entier de

52. Ibidem.
53. Camille Flammarion, *Astronomie populaire*, op. cit., p. 3.

son dôme, traverser sans arrêt le champ de sa vision effrayée, rouler sur elle-même et s'enfuir comme l'éclair en se rapetissant dans les profondeurs béantes de l'espace [54]. »

Explique-t-il les particularités du calendrier saturnien, le voilà parti à imaginer « le merveilleux séjour d'habitation que serait Saturne », « l'étrange aspect des anneaux qui s'allongent dans le ciel comme un pont suspendu dans les hauteurs du firmament ». Et, ne retenant plus son enthousiasme devant la beauté de ces anneaux, il s'écrie : « Quel effet prodigieux ne doit pas produire cette arche gigantesque qui s'élance de l'horizon et va se projeter dans les cieux [55]. »

Les illustrations sont en harmonie avec le texte et font, elles aussi, alterner rigueur scientifique et rêve : cartes et croquis scientifiques, d'une part, gravures distrayantes (reproductions de gravures anciennes, scènes anecdotiques, paysages imaginaires), de l'autre.

On ne peut donc nier que Camille soit un excellent vulgarisateur. Si bien menée qu'ait été la publication de son livre, le succès remporté récompense avant tout ce talent. La preuve en est que l'*Astronomie populaire* est désormais un classique qui reste attaché au nom de Camille Flammarion : un siècle plus tard, il trouve encore, pour sa réédition en fac similé, un public important qui a gardé la mémoire de son succès.

## *L'apport des éditions illustrées*

Dans le domaine des éditions illustrées, Marpon et Flammarion ne se sont pas limités aux œuvres de Zola et de Camille Flammarion. Il faut aussi compter trois volumes plus obscurs — à plus d'un titre [56] — de Victor Tissot : *Voyage au pays des milliards, Les Prussiens en Allemagne* et *Voyage aux pays annexés.* Au cours de ces *Voyages,* le narrateur fait visiter au lecteur l'Allemagne et ses principales curiosités, depuis les châteaux de Louis II de Bavière jusqu'aux usines Krupp. Chaque étape est l'occasion d'exposés, essentiellement historiques, et d'anecdotes anti-prussiennes. Le colonel Du Pâquier, dont Tissot est le pseudonyme, y nourrit un mélange de fascination pour la puissance allemande et d'esprit revanchard. Ces livres ont déjà connu plusieurs rééditions chez Dentu quand, en 1878-1879, Marpon et Flammarion les font illustrer abondamment et les vendent par livraisons. Malheureusement, on ignore leur tirage car les comptes ont disparu à l'exception de ceux de la réimpression, en 1884, à 2 000 exemplaires en moyenne.

Si mal connus que soient ces livres, ils montrent que Marpon et Flammarion

54. Camille Flammarion, *Astronomie populaire,* op. cit., p. 12.

55. Ibid., p. 566.

56. Leur existence est attestée par le catalogue Flammarion de 1881, la *Bibliographie de la France,* une affiche conservée à la Bibliothèque nationale, mais ils n'ont pas survécu. On n'en connaît le contenu que par l'édition non illustrée de Dentu.

sont à l'affût de toute œuvre à succès se prêtant à illustration et leur choix, sans être aussi bon que pour Zola ou Camille Flammarion, nécessite une réimpression.

À ces publications, il convient de rattacher encore *Les Plages de France*, une suite de 32 livraisons passant en revue les plages de Bretagne, de Normandie, puis du Midi. Il existe déjà plusieurs séries de guides dont les plus célèbres sont les guides Joanne publiés par Hachette depuis près de 20 ans. Très documentés et sérieux, ces ouvrages, quelle que soit leur présentation (in-16 à couverture bleue rigide pour les guides-itinéraires, in-32 à couverture verte pour les guides Diamant), gardent une allure austère. Marpon et Flammarion préfèrent sacrifier la documentation au profit de l'illustration qu'ils confient à Bertall [57]. L'ensemble des livraisons peut être relié et forme un livre à regarder chez soi (ne serait-ce que par son format, grand in-8°) plutôt qu'un véritable guide.

Toutes ces éditions illustrées sont au centre de l'activité éditoriale de la maison Marpon et Flammarion, de 1878 à 1882. Or, on peut s'étonner qu'une jeune maison se lance dans une entreprise aussi ambitieuse et périlleuse.

La préparation d'une édition illustrée représente un travail important : recrutement des dessinateurs, répartition et coordination du travail d'illustration, exécution de la gravure des planches, etc. Cela nécessite un grand nombre d'entretiens avec les artistes et avec l'auteur, ainsi qu'un travail administratif de planification et de comptabilité, car chaque dessin est rémunéré à sa livraison. En demandant à plusieurs illustrateurs de participer à chaque livre, Marpon et Flammarion se sont encore compliqué la tâche : les illustrations occupent deux pages du compte de fabrication de *Nana*. Comme, à cette époque, les deux éditeurs n'emploient de personnel que pour la vente en librairie, ce travail leur incombe totalement et Ernest en assure lui-même toute la partie administrative. Par la suite, ils chercheront à réduire cette part de leur travail en s'adressant à un nombre de plus en plus restreint d'illustrateurs.

D'autre part, la publication d'un livre illustré exige une mise de fonds importante. Beaucoup d'éditeurs ont fait faillite à cause de publications prestigieuses qui ne s'écoulaient que lentement, immobilisant trop longtemps les capitaux investis.

Les éditions illustrées de Marpon et Flammarion sont effectivement coûteuses. Bien que les comptes de fabrication de certaines de ces éditions aient disparu, il est possible de se faire une idée de leur prix de revient à partir de ceux qui subsistent. Ceux de *Nana*, par exemple, sont parfaitement détaillés. Ils se décomposent de la façon suivante :

| | |
|---|---:|
| Droits d'auteur | 16 500 |
| Papier | 36 245 |
| Impression | 11 731 |
| Brochage | 3 920 |
| Annonces | 2 200 |

57. Il meurt l'année suivante et doit être remplacé par Scott.

| | |
|---|---|
| Dessins, gravures | 11 200 |
| Total | 81 796 |

Le prix de revient brut de chaque exemplaire est donc de 2,97 F. Ce prix de revient ne tient pas compte des frais généraux qui sont difficiles à évaluer tant les activités de librairie et d'édition sont imbriquées. On peut toutefois considérer qu'à cette époque ils sont assez faibles car les structures de la maison Marpon et Flammarion sont encore très légères.

En choisissant de vendre 6 F les éditions illustrées de Zola, Marpon et Flammarion se réservent donc une marge plus faible que pour les livres habituels. Ainsi, l'exemplaire d'un livre du fonds Lacroix, *Thérèse Raquin* ou *La Confession de Claude*, réédité en 1880, revient à 1,10 F pour un prix de vente de 3,50 F. Quant à la moyenne des livres nouveaux publiés à la même époque, elle s'établit autour de 1,35 F. En appliquant les mêmes taux, *Nana* devrait être vendu plus de 7 F [58]. De même, on a vu que, pour l'*Astronomie populaire*, livre d'un prix de revient beaucoup plus élevé à cause du grand nombre d'illustrations [59], ils avaient vraisemblablement travaillé avec une marge encore plus réduite. Alors qu'un livre illustré se vend couramment entre 7 et 10 F chez leurs confrères, Marpon et Flammarion ont donc délibérément fait le choix de réduire leur marge, comptant vendre davantage puisqu'ils vendent moins cher. Vu le public visé, le calcul est cohérent mais, ce faisant, ils se condamnent au succès ou à la faillite.

La réduction de la marge bénéficiaire n'est qu'un des moyens mis en œuvre pour toucher une vaste clientèle populaire. La vente par livraisons, précédant la mise en vente du volume complet, est un autre façon de toucher ce public. Les chiffres de vente montrent que les deux éditeurs ont vu juste puisque les ventes par livraisons ont été bien supérieures à celle des volumes complets. De plus, l'édition illustrée est le type même de publication qu'il faut amortir sur un grand nombre d'exemplaires puisque les illustrations sont le seul poste dont le montant soit fixe, quel que soit le tirage. Les forts tirages des livraisons permettent donc de les amortir.

Enfin, les deux associés évitent les mises de fonds trop importantes en programmant les impressions au fur et à mesure des livraisons. Les ventes des premières livraisons sont rentrées quand ils engagent les frais des dernières. Ainsi, pour la publication de *Nana*, s'étendant de février à septembre 1881, 16 000 F sont avancés de septembre 1880 à février 1881, mais les dernières factures sont acquittées en juin, car le papier, notamment, est approvisionné au fur et à mesure et les livraisons imprimées par séries de dix. Au plus, cela représente cinq semaines d'immobilisation des capitaux et de stockage des livraisons. Au cas où la vente se révélerait médiocre, il serait possible d'ajuster les tirages des livraisons de façon à limiter les stocks d'invendus. Quant aux droits d'auteur, ils font l'objet d'acomptes

58. Flammarion conservera, pour toutes les éditions illustrées de Zola, le même coefficient multiplicateur puisque la dernière de ces éditions, *La Débâcle*, en 1893, a un coût brut de 3,50 F l'exemplaire en feuilles ; il est vendu 7 F.

59. 5,25 F pour un prix de vente de 10 F.

mais, suivant l'usage pour ce genre d'ouvrages, ils ne sont définitivement réglés qu'en 1882.

On voit que le système de la vente en livraisons a facilité ces publications prestigieuses. Néanmoins, il fallait que le public s'intéressât aux ouvrages proposés et il faut créditer Marpon et Flammarion de leur choix des auteurs et des ouvrages. Si le succès de Zola était probable, celui de l'*Astronomie populaire* était moins prévisible et le pari était audacieux. Il fallait toute la confiance d'Ernest dans le génie de son frère pour se lancer dans une telle aventure.

Marpon et Flammarion en sont largement récompensés : « En 1878, publication en livraisons illustrées de l'*Astronomie populaire* de Camille Flammarion. Grand succès. Tirage à 100 000 exemplaires ! la maison d'édition était fondée... [60] » Malgré une erreur de date, une large anticipation sur les résultats et l'oubli des éditions de Zola, cette note d'Ernest Flammarion rend bien compte de l'importance de ces publications dans l'histoire de la maison.

Leur succès renforce la volonté des deux associés d'ajouter l'édition à leur commerce de librairie. Ces publications sont aussi, pour le public et les auteurs, l'occasion de découvrir le nouvel éditeur. Par la publicité faite autour de ces éditions, par leur seule présence dans un grand nombre de points de vente, elles popularisent les noms de Marpon et Flammarion. Cependant, il ne s'agit pas que d'un succès moral et publicitaire. Les cinq publications illustrées de ces années-là furent des succès et les premiers tirages furent suffisamment vite écoulés pour que des réimpressions soient lancées rapidement. On peut donc considérer que Marpon et Flammarion gagnèrent plus de 200 000 F en quatre ans avec ces seules publications illustrées. Les bénéfices de la première furent vraisemblablement réinvestis dans la deuxième et ainsi de suite, les éditions se succédant. Ce chiffre aurait fait rêver beaucoup d'éditeurs parisiens !

La production de la librairie Marpon et Flammarion va désormais se diversifier, mais les éditions illustrées des œuvres de Zola et de Camille Flammarion resteront une production de vente régulière, pendant une dizaine d'années au moins.

## *L'achat de l'imprimerie Arnous de Rivière*

En 1880, Marpon et Flammarion sont donc des libraires importants et des éditeurs en pleine ascension. Ils décident alors d'aborder une troisième spécialité, l'imprimerie.

« À partir du 1er mars prochain, la maison de vente de nos livres de fonds sera annexée à l'imprimerie dont nous sommes devenus acquéreurs 26, rue Racine [61]. » Cet avis suit l'achat de l'imprimerie Arnous de Rivière en 1882. Pourquoi acheter une imprimerie ?

60. Note manuscrite inédite. A. F.
61. *Bibliographie de la France*, 11 février 1882.

La raison avancée par Ernest Flammarion, dans ses souvenirs, peut surprendre : « Il était temps de s'organiser. La petite guérite-caisse des galeries ne pouvait plus suffire pour la réception des auteurs, illustrateurs, marchands de papier, imprimeurs, etc... [62]. »

L'ancienne imprimerie Fain et Thunot est entre les mains d'un patron trop négligent, grand joueur d'échecs et de billard. Il doit vendre et l'occasion est trop belle : les deux associés la saisissent et se retrouvent propriétaires d'une imprimerie. Le local est acheté au papetier Duriez et partagé en deux : l'imprimerie subsiste mais doit faire place dorénavant au siège de la maison d'édition. Un petit hôtel mitoyen lui donnera un peu plus de place encore. Cette installation a une valeur pratique et symbolique : la maison d'édition a maintenant une adresse et une véritable existence, indépendante de la librairie.

L'imprimerie continue de tourner. Son papier à en-tête annonce qu'elle fait ouvrages de labeur et de ville, publications périodiques, travaux d'administration et de commerce, circulaires, prospectus, tarifs, etc. Marpon et Flammarion vont lui confier l'impression d'une partie des ouvrages de la maison d'édition, mais elle ne peut prendre la charge de la totalité. Ils vont donc continuer à faire appel à plusieurs imprimeurs extérieurs, comme ils l'avaient fait jusqu'ici, utilisant les services de Martinet, Larousse, Lahure, Aureau...

Il semble pourtant que, pendant quelques années, ils aient pensé à développer leur activité d'imprimeurs. Marpon, qui a travaillé plusieurs années comme conducteur de machine chez Raçon, retrouve là une activité qu'il connaît bien et l'idée de contrôler la vie du livre, de sa fabrication à sa vente, peut séduire Flammarion. Par le passé, les trois fonctions d'imprimeur, d'éditeur et de libraire étaient assumées par une même personne. Et Larousse, par exemple, est encore imprimeur-éditeur. Or, en 1885, se présente l'occasion d'acquérir l'imprimerie Tolmer au 3, rue Madame. Cette société en commandite semblait florissante quand elle a acquis, en 1882, l'Imprimerie générale de l'Ouest à Poitiers ; mais, en décembre 1884, l'entreprise est à vendre aux enchères. L'atelier parisien est mis à prix 100 000 F ; aucun acheteur ne se présente [63]. Flammarion finit par l'acquérir pour la somme de 50 000 F [64].

Cependant, l'activité d'imprimerie ne prend pas l'ampleur que l'on pouvait attendre. Elle sera sacrifiée dès que l'édition l'exigera. Peut-être Flammarion aura-t-il compris qu'il allait à contre-courant de l'évolution qui détache de plus en plus les fonctions de l'éditeur de celles de l'imprimeur.

## *Les comptes de la société*

Le petit cahier, dans lequel Ernest Flammarion a récapitulé les comptes annuels de la situation financière des deux associés depuis 1875, a été retrouvé.

62. Note manuscrite inédite d'Ernest Flammarion. A. F.
63. *Moniteur de la librairie et de l'imprimerie*, décembre 1884, p. 3.
64. Acte sous seing privé, 10 août 1885. A. F.

Comme Flammarion ne pouvait, aux termes de l'acte d'association, retirer sa part des bénéfices, il a enregistré année par année les bénéfices attribués à chacun des associés ainsi que les intérêts servis comme rémunération du capital engagé. Accessoirement, Flammarion a noté en marge le chiffre d'affaires annuel et calculé le rapport entre bénéfice net et chiffre d'affaires. Enfin, il a reconstitué parallèlement un compte d'actif, décomposé en valeur des fonds et valeur des marchandises. Ces comptes, ayant servi pour le partage financier à l'expiration du contrat d'association en 1882, portent la signature de Marpon et Flammarion et sont donc fiables. Néanmoins, si méthodiques et sérieux qu'ils soient, ils ne permettent pas de connaître totalement la situation financière de la société.

Il faut d'abord regretter que le chiffre d'affaires de l'édition ne soit pas dissocié de celui de la librairie et que les bénéfices soient présentés nets, sans qu'apparaissent les frais généraux. De plus, on ne trouve aucune trace des dettes contractées et de leur remboursement, à moins que le prêteur ne soit Marpon lui-même. Enfin, la valeur donnée au fonds est une valeur d'estimation qui est globalement juste dans la mesure où elle suit la valeur des stocks, mais elle ne correspond pas exactement aux dates d'achats et reventes des divers magasins. Le désir d'équilibrer le bilan a guidé en partie le comptable dans son évaluation ; il ne faut donc donner qu'une valeur approximative à cette évaluation du capital et l'on se trouve dans l'impossibilité de calculer la rentabilité annuelle du capital.

À ces réserves près, ce cahier de comptes nous fournit des indications intéressantes sur la réussite de l'entreprise, grâce à deux séries de chiffres éloquentes, le chiffre d'affaires et le bénéfice net.

| Exercice | Chiffre d'affaires | Bénéfice net |
|---|---|---|
| 75-76 | 399 697 | 65 088 |
| 76-77 | 593 266 | 99 850 |
| 77-78 | 728 855 | 152 374 |
| 78-79 | 940 392 | 192 106 |
| 79-80 | 1 122 497 | 163 876 |
| 80-81 | 1 440 407 | 200 170 |

On constate que le chiffre d'affaires est en progression constante, dans une proportion qui va, d'un exercice à l'autre, de 16 % en 79-80, la plus mauvaise année, à 48 % en 76-77. Le bénéfice net connaît, lui aussi, une progression spectaculaire ; à l'exception de l'exercice 79-80 qui accuse une baisse de 14 % des bénéfices, la progression se situe entre 20 et 25 % en 78-79 et 80-81, et monte à plus de 50 % en 76-77 et 77-78.

En l'absence d'autres renseignements, il est difficile de rattacher ces variations à tel ou tel événement. Il semble clair que la forte progression, tant du chiffre d'affaires que des bénéfices, en 76-77 s'explique par l'ouverture de la succursale du boulevard des Italiens en novembre 1876.

En janvier 1876, Ernest fait un rapide bilan pour sa sœur Berthe : « Nous voilà un peu débarrassés des livres d'étrennes. Les recettes ont été double de l'année dernière. La veille nous avons fait 6 500 F et 1 300 à notre succursale du Château d'Eau. Il n'y a que la grande maison Fontaine du passage des Panoramas qui ait fait mieux. Aussi je suis content de mes débuts [65]. »

Pour l'exercice 77-78, la prospérité paraît liée à la bonne marche des trois librairies et au bon démarrage des éditions illustrées. Ensuite, on en est réduit aux hypothèses. Faut-il voir dans les résultats plus modestes de 78-79 la trace de l'échec de la librairie de la rue Lafayette ? Comment expliquer la baisse des bénéfices en 1880 ? Par la baisse du prix de vente des livres ? Par la lourdeur des investissements consentis pour l'*Astronomie populaire* ? Par la multiplication des investissements : achat du fonds Jannet-Picard, ouverture de la succursale Auber, etc. ? Les trois facteurs ont dû jouer puisque, l'année suivante, alors que la nouvelle succursale prend son rythme de croisière et que les tirages du livre de Camille s'envolent, les résultats reprennent leur progression normale.

Le reste des comptes fournit encore quelques renseignements. Pour chaque année, Flammarion a calculé ce qu'il appelle « bénéfice » et qui est, en fait, sa marge ; elle s'établit autour de 16 %, avec un maximum en 78-79 de 20 %. Est-ce le signe que cette année-là, les ventes de livres produits par la maison représentent une forte part du total des ventes ?

De plus, la comparaison du chiffre d'affaires avec l'inventaire des stocks permet d'estimer la rotation des capitaux.

| Année | Marchandises en stock |
|---|---|
| 1875 | 104 600 |
| 1876 | 200 321 |
| 1877 | 288 143 |
| 1878 | 460 697 |
| 1879 | 660 697 |
| 1880 | 751 817 |
| 1881 | 896 055 |

Il apparaît, en effet, que l'entreprise renouvelle son stock, en moyenne, tous les six mois et que, jusqu'en 1879, les deux associés n'ont pas hésité à accroître leur stock dans des proportions considérables, comprises entre 40 % en 1877 et 100 % en 1875.

Enfin, il faut constater, en termes de rentabilité que, en 1882, Ernest Flammarion retire de son association avec Marpon les bénéfices cumulés de sept années, augmentés des intérêts du capital investi en 1875 (ses 2 000 F !) et touche la somme de 489 873 F, ce qui fait une rémunération du capital tout à fait intéressante ; Flammarion avait eu raison d'insister pour devenir l'associé de Charles Marpon. De son côté, celui-ci n'avait pas fait une mauvaise affaire non

65. Lettre inédite d'Ernest Flammarion à sa sœur Berthe, 4 janvier 1876. A. F.

plus ; en effet, pour un capital investi de 154 600 F, il a touché en sept ans 710 126 F.

À la lecture de ces résultats, on comprend que Flammarion n'ait pas hésité à emprunter pour investir. Le taux auquel il rémunère les prêts est de 5 %, ce qui est supérieur au taux offert par les organismes bancaires ou l'État. Il trouve donc facilement des bailleurs de fonds et, comme les sommes investies lui rapportent environ 25 %, il n'a aucun mal à les rembourser. Pendant les années 1875-1882, nous n'avons trouvé trace que d'un seul prêteur, Marpon lui-même qui avance 20 802 F en 1876 et 41 354 F en 1878 ; il se rembourse de la presque totalité de ces sommes avant 1882. Flammarion restera fidèle à cette politique financière dans les années qui viendront, préférant emprunter à des proches et les rémunérant davantage que les banques, ce qui, tout compte fait, ne lui coûte guère.

*Les renouvellements de l'association*

Entre 1875 et 1882, le premier acte d'association est devenu caduc ; il est donc renouvelé en 1878, sans que les modalités financières aient été modifiées, ce qui permet d'étudier les résultats de cette période globalement.

La société, dont la raison sociale reste inchangée, est formée pour trois ans. Son capital est fixé à 560 000 F, se décomposant ainsi :

| | |
|---|---|
| — fonds sous les galeries de l'Odéon | 50 000 F |
| — fonds de la Ruche | 30 000 F |
| — fonds du boulevard des Italiens | 20 000 F |
| — stocks | 460 000 F |

L'apport de Charles Marpon est de 400 000 F, celui de Flammarion est de 160 000 F. Ces sommes découlent des comptes présentés ci-dessus et représentent les bénéfices cumulés des trois années écoulées, augmentés des intérêts rémunérant le capital investi au départ. Comme par le passé, les bénéfices sont partagés également entre les deux partenaires, la part de Flammarion étant bloquée jusqu'à la dissolution de la société, et le capital est rémunéré au même taux de 5 %. Toutefois, si Flammarion reste tenu de se consacrer entièrement à sa maison, il a maintenant les coudées plus franches car il possède un pouvoir de décision égal à celui de son associé ; de plus, son salaire se trouve porté à 6 000 F par an. Marpon, lui, garde toute sa liberté et gagne même le droit d'exercer une autre activité, pourvu qu'elle ne porte pas préjudice à la société ; il utilisera cette faculté pour s'occuper de journalisme.

L'accord est signé le 21 octobre 1878, enregistré le lendemain [66]. Il est assorti d'une promesse de vente par laquelle Charles Marpon s'engage à vendre son fonds de l'Odéon pour 50 000 F à Flammarion qui, de son côté, s'engage à garder la

66. Acte sous seing privé, 21 octobre 1878. A. F.

Ruche et le magasin du boulevard des Italiens. L'idée qui les guide est d'éviter un démantèlement du réseau qu'ils ont mis en place.

Cet acte d'association vient à expiration le 15 juillet 1881 mais le suivant n'est conclu qu'onze mois plus tard, les associés ayant continué à appliquer les règles précédentes sans problème.

Comme l'association a fonctionné jusqu'ici à la satisfaction des deux partenaires, la société est maintenant formée pour trois, six, neuf, douze ou quinze ans à compter du 1er juillet 1882.

Son capital est fixé à 1 200 000 F, soit le double de ce qu'il était en 1878, comprenant :

— « les fonds des galeries de l'Odéon, du boulevard des Italiens, de la rue Auber,
— les magasins de la rue Monsieur-le-Prince, de la rue Crébillon et du boulevard Jourdan,
— des marchandises entreposées dans leurs librairies ou en dépôt chez d'autres libraires,
— de tous les droits et traités signés dans le cadre de leur industrie. »

Les comptes de la précédente société ayant été apurés, les deux associés ont maintenant des parts égales dans la nouvelle ainsi créée [67].

Pour la première fois, un acte mentionne donc les activités éditoriales de la Librairie Marpon et Flammarion ; cependant, elles ne sont pas évaluées de façon précise.

D'autre part, on remarque qu'Ernest Flammarion, qui retire 250 000 F de moins que Charles Marpon de la société dissoute est maintenant à égalité dans la nouvelle société.

Entre 1875 et 1882, la société Marpon et Flammarion s'est considérablement développée : trois librairies au lieu d'une, une imprimerie, une maison d'édition. Ernest Flammarion a joué un rôle décisif dans son expansion. En effet, alors que Charles Marpon se contentait jusque là d'exploiter son fonds de l'Odéon, à partir de son association avec Flammarion, il se lance dans une politique plus audacieuse. Le rachat du fonds Lacroix et son exploitation sur le plan éditorial comme sur le plan commercial témoigne d'une hardiesse qui n'était pas la sienne auparavant. Jusqu'ici, Charles comme son frère Lucien, semble avoir retiré pour son usage personnel tous les bénéfices que lui procurait son commerce. À partir de 1875, la moitié des bénéfices qui constitue la part de Flammarion se trouve, par contrat, automatiquement réinvestie dans l'affaire ; de plus, Charles Marpon se trouve entraîné par son associé à investir lui aussi. Ainsi, il prête de l'argent à la société qui le lui rétribue au taux de 5 %. À défaut d'argent, Ernest Flammarion a insufflé son dynamisme à l'entreprise et commence à lui donner, par ses méthodes, une figure moderne.

67. Acte enregistré le 13 juin 1882. A. F.

Dans les années qui viennent, il va surtout s'efforcer de développer le secteur éditorial ; en effet, si Marpon et Flammarion ont fait une entrée éclatante dans le monde de l'édition, leur production reste encore bien mince en comparaison d'un Hachette ou d'un Calmann Lévy, par exemple, qui publie, en 1878, 184 nouveautés et 1 724 000 volumes, y compris les réimpressions [68]. Or, leur ambition est désormais d'être parmi les plus grands.

68. Henri-Jean Martin, « Le Monde des éditeurs ». *Histoire de l'édition française,* op. cit., tome III, p. 211.

# DEUXIÈME PARTIE

# LA VIE D'UNE ENTREPRISE

# PROSPÉRITÉ DE L'ÉDITION

L'augmentation du nombre de volumes édités par Ernest Flammarion atteste clairement la croissance de sa maison d'édition. Cependant, c'est aux rachats de concurrents qu'on mesure le mieux la place qu'il a prise dans la profession. On prend aussi conscience, par comparaison, de ses mérites personnels, des qualités qui lui ont permis de réussir là où d'autres, dans un contexte économique qui se dégrade, sont amenés à vendre leur fonds. Enfin, quel signe plus éclatant de cette prospérité que la construction de l'immeuble de la rue Racine ?

## *La situation de Charpentier*

Depuis le rachat de Lacroix, l'entrée dans le capital de la Librairie Charpentier est la première grande opération financière de Marpon et Flammarion.

Georges Charpentier a succédé en 1871 à son père qui, trente ans plus tôt, avait révolutionné le monde de l'édition en lançant son in-18 à 3,50 F, ce qui représentait deux fois plus de texte pour un prix inférieur de moitié à celui des éditions habituelles. Depuis lors, les autres éditeurs avaient aligné leurs prix sur ceux de Gervais Charpentier et son catalogue, certes prestigieux (Balzac, Sand, Musset, Vigny...), avait vieilli.

Georges Charpentier décide donc de donner un second souffle à sa Librairie et, aidé de son ami et associé Maurice Dreyfous, il se met en quête de nouveaux auteurs [1]. Il recrute bientôt Zola qui, après la faillite de Lacroix, était à la recherche

1. Maurice Dreyfous a raconté ses années de collaboration avec Georges Charpentier dans deux livres de souvenirs, *Ce que je tiens à dire* et *Ce qu'il me reste à dire*, Ollendorff, 1912-1913. Pour la rencontre avec Zola, cf. *Ce qu'il me reste à dire*, p. 282 et sq.

d'un éditeur et accepte avec empressement son offre. Le contrat est signé le 22 juillet 1872, pour dix ans ; Zola s'engage à fournir chaque année à l'éditeur deux volumes de la série des Rougon-Macquart en échange d'une rente mensuelle de 500 F. Bien vite, alors que l'auteur s'inquiète de ne pouvoir tenir ses engagements, Charpentier peut le rassurer : les tirages atteints sont tels que les droits, versés sur la base de 40 centimes l'exemplaire, dépassent encore les sommes qu'il lui a déjà versées [2]. D'ailleurs, devant le succès de *L'Assommoir*, dont les exemplaires s'écoulent depuis la première mise en vente au rythme de 5 000 par mois [3], Charpentier propose de lui-même un contrat plus favorable à Zola : il touchera dorénavant 50 centimes par exemplaire, partagera avec son éditeur les droits de traduction mais gardera l'intégralité des droits de reproduction dans les journaux [4]. Si généreux que soit ce contrat, l'édition des œuvres de Zola reste une bonne affaire puisque, à partir de *L'Assommoir*, chacun de ses romans sera tiré, pour la première mise en vente, à 55 000 exemplaires, et atteindra les 100 000 exemplaires en quelques années. De plus, par le biais de ses articles, Zola fait une habile publicité à l'école naturaliste qui s'est regroupée chez Charpentier ; en effet, Alexis, Céard, Daudet, Goncourt, Hennique et Mirbeau sont venus grossir les rangs chez cet éditeur. Néanmoins, la Librairie Charpentier rencontre des difficultés financières. Selon Maurice Dreyfous, parti en 1877, à l'expiration de son contrat, il faut en chercher les causes dans les méthodes de gestion de Georges Charpentier.

L'éditeur a d'indéniables qualités auxquelles Zola rendra souvent hommage. C'est un homme chaleureux qui aime faire de ses auteurs des amis. Il leur offre volontiers une large hospitalité, tant à Paris que dans ses résidences d'été, et, dans le salon de sa femme Marguerite, ils peuvent rencontrer tout ce que Paris compte d'artistes et d'hommes politiques. En effet, Mme Charpentier a hérité de sa mère le goût de recevoir et se croiseront chez elle tous ceux qui à des titres divers seront célèbres à Paris : les duchesses de Rohan et d'Uzès, mais aussi Gambetta, Ferry, Clemenceau, Renoir et Manet, comme Bruant ou Yvette Guilbert. De plus, Charpentier fait toujours passer ses sentiments et ses goûts avant tout souci de rentabilité. Outre les conditions faites à Zola, une autre entreprise témoigne de cette générosité : la publication, en 1872, des *Poésies complètes* puis du *Théâtre* de Théophile Gautier, afin de sortir de la gêne l'écrivain vieillissant et malade. Ces traits, que tout auteur rêve de rencontrer chez son éditeur, ont malheureusement leur contrepartie. Charpentier, à l'évidence, considère l'édition comme un plaisir, non comme un travail, étant par nature, selon Maurice Dreyfous [5], « indolent et je-m'en-fichiste ». Les auteurs se plaignent souvent de son dilettantisme et Zola lui-même éprouve les effets de sa négligence. C'est au point qu'il préfère, à partir

---

2. Paul Alexis, *Émile Zola, notes d'un ami.* Paris : Charpentier, 1882, pp. 89-90.

3. *Catalogue des imprimés de la Bibliothèque nationale*, article « Zola », préface d'Henri Mitterand, p. IX.

4. Traité signé le 18 mai 1877, reproduit in *Trente années d'amitié. Lettres de Georges Charpentier à Émile Zola*, présentées par Colette Becker, P.U.F., 1980, p. 133. À titre indicatif, signalons qu'en 1896 les droits de reproduction dans les journaux représentent 55 000 F, soit 20 % du revenu de Zola cette année-là (cf. *Mémorial de la librairie*, n°8).

5. Maurice Dreyfous, op. cit., p. 177.

de 1881, négocier lui-même les droits de traduction de ses ouvrages alors que cette tâche revient normalement à l'éditeur [6].

S'il déteste les contraintes administratives, Charpentier n'aime pas plus les contraintes financières ; trop souvent il oublie de vérifier si ses finances lui permettent les gestes que sa générosité lui dicte. Son caractère dépensier avait été la cause de la plupart de ses brouilles avec son père qui le considérait, pour cette raison, comme incapable de gérer une maison d'édition. Avec raison, semble-t-il.

Grisé par le succès d'un Daudet ou d'un Zola, le couple dépense sans compter ; ainsi, en 1875, les Charpentier se font construire un hôtel au 11 de la rue de Grenelle, qui, de modifications en modifications, coûtera quatre fois plus cher que prévu initialement [7]. Ils y donneront de ces « soirées à quatre cents invités entassés dans les chambres basses de l'hôtel » qui, aux dires de l'hypocondriaque Goncourt, « ont quelque chose d'une queue de théâtre, au milieu du bruit assourdissant de la corbeille d'une Bourse [8] ». La même année, Georges Charpentier, qui avait rêvé, dans sa jeunesse d'être peintre, achète un « Pêcheur à la ligne » signé de Renoir ; le prix en est modeste : 180 F. Cependant, à partir de cette date, l'éditeur va se mettre à soutenir les Impressionnistes, tantôt par le biais de commandes, tantôt par des prêts à fonds perdus [9]. Puis, avec la revue *La Vie moderne*, il leur offre une tribune et une source de revenus, grâce aux articles qu'ils y publient. Enfin, en 1880, il ouvre une galerie à l'entrée du passage des Princes, du côté du boulevard des Italiens, pour leur permettre d'exposer. Lors de la première exposition, il doit se résoudre à distribuer gratuitement le catalogue aux passants du boulevard pour tenter de les attirer devant les toiles de Renoir. En vain : le seul tableau vendu sera celui qu'il achètera lui-même. Avant que le succès ne vienne, les Charpentier auront dépensé beaucoup d'argent pour soutenir les peintres qu'ils aiment. Bientôt, les dettes s'accumulent et la situation financière de Charpentier devient si précaire que, en février 1881, Zola fait part de son inquiétude à ses amis, lors d'un de ces « dîners des Cinq » qui les réunit :

« Zola parle préventivement de la ruine des Charpentier et voit la femme à un troisième étage de la rue des Martyrs, recevant avec du sirop de groseille des gens quelconques, tandis que son mari est en train de boire des bocks à la brasserie d'à côté [10]. »

L'attachement qu'éprouve Zola pour le couple Charpentier explique sans doute cet alarmisme, dans lequel entre, néanmoins, une grande part de lucidité. Zola décide donc de signer, par prudence, un nouveau traité attachant à la personne de Georges Charpentier les conditions du contrat de 1877 : au cas où la Librairie changerait de mains, Zola serait amené à renégocier ses droits, à moins que, fort

6. Émile Zola, *Correspondance*, t.III, p. 239, n°2. Voir aussi les reproches de Zola, se plaignant de n'avoir pas reçu réponse à ses lettres, ibid., p. 101.

7. Maurice Dreyfous, op. cit., p. 303.

8. Edmond de Goncourt, *Journal*, 6 avril 1879.

9. Voir les nombreuses demandes d'argent adressées à l'éditeur par les amis de Renoir et retrouvées par Michel Robida in *Le Salon Charpentier et les Impressionnistes*. Lausanne : Bibliothèque des arts, 1958.

10. Edmond de Goncourt, *Journal*, 12 février 1881.

de ce capital personnel, Charpentier ne réussît à garder la direction de sa maison. La précaution n'est pas inutile puisque, entre 1880 et 1882, les bénéfices annuels sont passés de 181 190 F à 117 158 F tandis que les remboursements des prêts contractés doublaient pour atteindre 21 816 F et que le recours à l'escompte se fait de plus en plus systématique [11]. Au début de 1883, il devient urgent de trouver un financement nouveau et Georges Charpentier est prêt à transformer son entreprise en société anonyme. Pour cela, il s'adresse à la banque Kohn et Reinach qui confie l'affaire à Siegfried Propper. Celui-ci, gendre de Calmann Lévy, fait aussitôt entrer son beau-père dans la négociation.

### *De Calmann Lévy à Marpon et Flammarion*

La richesse des archives de Calmann-Lévy a permis à Jean-Yves Mollier de reconstituer en détail les tractations qu'engagea Georges Charpentier avec Calmann Lévy, en mars 1883.

Charpentier demande à conserver la direction de sa maison et à percevoir pour cela 25 000 F d'appointements annuels ; il entend aussi demeurer propriétaire de la moitié de la société qu'il propose de constituer et dont il fixe le capital à 1 200 000 F. Enfin, pour assurer le fonctionnement de la maison, il demande un fonds de roulement de 200 000 F et, pour apurer ses comptes personnels, une somme de 100 000 F. La banque Kohn et Reinach hésite à s'engager et lie son entrée dans le capital de la nouvelle société à la condition d'un cautionnement important de Calmann Lévy.

Celui-ci, maître de la situation, fait connaître ses conditions : il accepte d'entrer en possession de 31 % du capital, Charpentier en gardant 50 % et la banque souscrivant le reste ; quant aux 300 000 F de fonctionnement, ils devront être récupérés sur les bénéfices à venir et le salaire de Charpentier, ce qui revient à ne plus lui accorder comme revenu, pendant longtemps, que sa part des bénéfices de la société. Pour un homme dépensier, cela laisse présager de nouveaux endettements si bien que Lévy, prudent, demande que les actions de Charpentier soient déposées afin qu'il ne puisse les négocier en cas de déboires financiers personnels. Charpentier acquiesce à toutes les conditions. Cependant, Lévy, au fur et à mesure que le temps passe, se fait plus exigeant : il veut que les actions de 500 F lui soient vendues 300 et que celles de Charpentier soient nominatives ; enfin, il demande à l'éditeur de vendre à Propper et à lui-même une partie de ses propres actions. Charpentier perdrait donc la majorité et, par conséquent, la direction effective de sa maison. C'en est trop pour l'ami des Naturalistes ; l'affaire ne se fait pas. Pour éponger les dettes les plus criantes, il vend un terrain qui lui appartenait et se met en quête d'un autre partenaire. Ce sera Marpon.

« L'affaire Charpentier avec Lévy est manquée ; il aura un moins noble

---

11. Jean-Yves Mollier, *Michel et Calmann Lévy ou la naissance de l'édition moderne*. Paris : Calmann-Lévy, 1984, pp. 453-455.

égorgeur, c'est Marpon. Il y a un joli incident dans l'affaire. Le caissier, le nommé Gaulet, dont la maîtresse boit des bocks en compagnie de la maîtresse de Marpon, a complètement trahi son patron et a passé armes et bagages du côté de l'amant de l'amie de sa maîtresse. Un libraire a eu la naïveté d'en avertir ce bêta de Charpentier qui lui a fait répondre une lettre d'injures par ce Gaulet. »

Faute d'autres sources concernant les négociations engagées, il nous faut accepter ce ragot fielleux d'Edmond de Goncourt [12]. Remarquons toutefois que Charpentier était peut-être moins « bêta » que ruiné et que Charpentier et Marpon n'avaient pas attendu cette occasion pour nouer des relations commerciales et confraternelles. Seule, la sympathie pouvait en effet expliquer que Charles Marpon souscrivît pour dix actions de 500 F (sur 800) au capital de *La Vie moderne*, car il n'y avait guère d'illusions à se faire sur la rentabilité d'une telle publication ! Et, surtout, les éditions illustrées de Zola avaient déjà réuni les deux éditeurs pour de véritables négociations financières ; c'est peut-être en raison de cet intérêt pour l'auteur-vedette de sa maison que Charpentier a songé à Marpon et Flammarion.

Le 9 mai 1883, Georges Charpentier cède donc la moitié de sa maison, bureaux, clientèle, droit au bail de location, propriétés littéraires à la société C. Marpon et E. Flammarion, pour la somme de 125 000 F ; le stock est vendu pour 375 000 F [13]. Le 16 mai, le Tribunal de commerce enregistre l'acte constitutif de la nouvelle société en nom collectif G. Charpentier et Cie [14]. Son capital est fixé à un million de francs. Georges Charpentier est assuré de conserver son appartement de la rue de Grenelle, sans payer de loyer, et un salaire de 24 000 F, augmenté de la moitié des éventuels bénéfices. Il a seul la signature sociale mais « pour ce qui concerne l'édition et la publication d'ouvrages nouveaux, M. Charpentier et ses associés en décideront l'acceptation ou le refus d'un commun accord, au mieux des intérêts de la société. Ils décideront également ensemble les réductions qui pourraient être faites, soit sur les publications, soit sur les frais généraux. » De leur côté, Marpon et Flammarion alimentent le fonds de roulement de la nouvelle société. Enfin, l'acte prévoit longuement les modalités de transformation de la société en cas de décès de l'un des associés.

Dans cet accord, Charpentier a sacrifié le présent à l'avenir : en échange d'un prix plus modeste de cession, il s'est assuré un revenu mensuel et une position morale que lui refusait Calmann Lévy. Pour leur part, Marpon et Flammarion, qui ne possèdent pas les capitaux de l'éditeur de la rue Auber, ont acquis à bon compte un fonds intéressant ; en accordant à Charpentier un salaire important, ils pensent mettre fin au perpétuel endettement personnel de leur associé dont ils ont, d'autre part, limité la marge de manœuvre.

La précaution se révèle malheureusement insuffisante ; bien qu'il ait abandonné *La Vie moderne* au mois de juin, Georges Charpentier est encore à court d'argent et, le 22 décembre 1883, il doit céder « un sixième dixième de la

12. Edmond de Goncourt, *Journal*, 17 mai 1883.
13. Acte de vente enregistré le 15 mai 1883, à Paris, 7e bureau, f°48.
14. Acte constitutif déposé au Tribunal de commerce de Paris, le 16 mai 1883.

Bibliothèque Charpentier » à ses associés, pour la somme de 100 000 F, qui sera soldée en 1884 [15]. Comme toujours, Charpentier garde l'espoir de sortir de ses difficultés financières puisque la vente est faite avec faculté de réméré. Il n'en fera pas usage, bien au contraire ; les folles dépenses reprennent et Goncourt, qui ignore les négociations de son éditeur, s'ébahit d'un dîner donné chez les Charpentier, « un vrai dîner d'éditeur qui va lever le pied, un dîner qui m'effraye un peu pour le paiement de *Chérie* [16]. Potage aux tourteaux, bouchées à la Lucullus, côtelettes de pigeons, etc., etc. [17]... » Le résultat ne se fait pas attendre : le 22 septembre de la même année, Charpentier doit céder encore un cinquième et demi à Marpon et Flammarion qui deviennent ainsi propriétaires des trois quarts de la société [18]. Ces 250 000 F touchés au cours de l'année 1884 ne réussissent pas pour autant à éponger toutes ses dettes ; il a dû chercher ailleurs un autre financement et, le 1er décembre 1884, sans doute sous la pression de ses associés indignés, Georges Charpentier doit avouer que l'emprunt de 50 000 F fait à l'architecte Alfred Fasquelle et souscrit « pour donner plus de garantie à M. Fasquelle » au nom de la société G. Charpentier et Cie, « n'a servi qu'à ses besoins particuliers, en dehors des affaires de ladite société » ; qu'en conséquence ses associés sont exonérés de cette dette personnelle [19]. Ils ne doivent pas manquer, toutefois, d'être inquiets de cette prodigalité [20] et de se demander comment Charpentier remboursera cette créance nouvelle, en décembre 1885 et juin 1886, comme le prévoit la reconnaissance de dette. Il semble bien qu'il n'y soit pas parvenu.

### *L'arrivée de Fasquelle*

Depuis 1884, Georges Charpentier compte parmi son personnel un jeune « employé intéressé », Noël-Eugène Fasquelle. Né le 28 mars 1863, il est le fils d'Alfred Fasquelle, l'architecte ; avant de s'intéresser à l'édition, il s'est initié aux affaires financières chez Tavernier, un agent de change ; son entrée chez Charpentier semble liée aux prêts consentis par son père. Le 24 octobre 1887, il consolide sa position dans la maison en épousant la fille de Charles Marpon, Jeanne. C'est l'occasion pour lui d'entrer dans la société G. Charpentier et Cie. L'acte d'association a été signé le 22 septembre 1887 [21]. Marpon et Flammarion lui cèdent un

15. Acte sous seing privé, 22 décembre 1884. A. F.

16. Le dernier roman d'Edmond de Goncourt, dont la publication dans le *Gil Blas* s'achève et qui va paraître en volume au mois d'avril.

17. Edmond de Goncourt, *Journal*, 15 mars 1884.

18. Acte sous seing privé, 22 septembre 1884. A. F.

19. Acte sous seing privé, 1er décembre 1884. A. F.

20. Eux-mêmes sont parfois mis à contribution pour aider Charpentier à payer ses dettes les plus urgentes, comme en témoigne cette lettre : « Je viens de recevoir hier une fiche de la banque m'annonçant une échéance de 9 000 F pour aujourd'hui ; c'est un paiement que j'ai à faire et que, je ne sais comment, j'avais marqué pour la fin du mois, date pour laquelle je m'étais mis en mesure. Je ne comprends pas mon erreur. Mais, pris de court au dernier moment, je vous prie de vouloir bien, en dehors de nos comptes, me remettre cette somme jusqu'à la fin du mois — date à laquelle je vous la rendrai. » Lettre de Georges Charpentier à Ernest Flammarion, s. d., A. F.

21. Acte sous seing privé, 22 septembre 1887. A. F.

cinquième de leurs droits dans la société. Eugène Fasquelle leur est donc redevable de 100 000 F mais une moitié lui est donnée par Marpon comme dot de sa fille ; l'autre moitié constitue sa propre dot. Et bientôt, Eugène Fasquelle se trouve à égalité ou presque avec Charpentier dans le capital de la société puisque celui-ci, une fois de plus, doit céder un dixième du capital à Marpon et Flammarion, le 8 mai 1888. Comme toujours, des facilités de rachat sont prévues, qui ne seront jamais utilisées [22].

La position de Fasquelle s'améliore encore avec la mort de Charles Marpon. Celui-ci disparaît le 25 juin 1890. La balance des comptes fait apparaître un actif de 2 826 447,05 F dont une moitié revient à Ernest Flammarion et l'autre aux héritiers de Charles Marpon, sa femme et sa fille unique, Jeanne Fasquelle. Comme Flammarion est désireux de rester seul possesseur de sa maison d'édition et de ses librairies, il cède à la succession Marpon, qui accepte volontiers, l'intégralité des droits de la société Marpon et Flammarion dans la société Charpentier et Cie, qui sont évalués à 750 000 F ; les 516 723 F restants sont fournis par des créances et les marchandises prélevées sur l'actif de la société dissoute. Flammarion garde les fonds de commerce et magasins, ainsi que ce qui reste de créances et de stock ; il est nommé liquidateur de la société [23].

De son côté, Eugène Fasquelle gagne à cet arrangement d'être en position de force dans la société Charpentier et Cie, dont il possède maintenant 85 % du capital. Cependant, le 5 août, est signé un acte, revenant quelque peu sur les conditions de ce partage. En effet, Charles Marpon a signé le 20 mai 1890, soit un mois avant sa mort d'un mal incurable, un acte modifiant les statuts de la société Marpon et Flammarion. Seuls, les articles concernant les règlements par suite d'expiration de la société au décès de l'un des associés sont intéressés par cet acte. Cet additif stipule que « le survivant devra payer la moitié de l'actif social à raison de 25 000 F par trimestre comme stipulé précédemment mais sans intérêt pendant les cinq premières années ». Ensuite, des intérêts de 5 % calculés sur la totalité de la somme due en principal seront versés chaque trimestre avec le remboursement du capital par tranches de 25 000 F. Ernest Flammarion fait donc valoir que, en donnant à Eugène Fasquelle la jouissance immédiate de ses droits dans la société Charpentier et Cie, il lui accorde un avantage indéniable par rapport à ce qui avait été prévu ; en conséquence, les 750 000 F doivent être considérés comme un paiement anticipé de la dette, qui mérite rémunération. Le calcul est fait sur la base de 375 000 F prêtés pendant deux ans et demi [24] :

— Fasquelle verse immédiatement 25 000 F pour ramener la dette à 350 000 F

— cette somme est encore divisée ; d'un côté, deux parts de l'actif de Charpentier, soit 200 000 F, dont les bénéfices sont arrêtés à 12 %, ce

22. *La Loi*, 9 juin 1888, p. 3.
23. Partage de la société Marpon et Flammarion, 28 juillet 1890, enregistré le 9 septembre 1890. A. F.
24. Note manuscrite d'Ernest Flammarion. A. F.

qui représente d'ici le 31 mars 1893, la somme de 64 000 F ; d'un autre côté, une somme de 150 000 F prêtée à 6 %, soit 25 500 F d'intérêts.

Ernest Flammarion se trouve donc indemnisé pour 89 500 F de ce que lui auraient rapporté les sommes placées chez Charpentier pendant cinq ans. Par ailleurs, il est juste qu'Eugène Fasquelle rémunère l'avance qui lui est consentie. Il versera donc un intérêt de 5 %, soit 35 625 F. De plus, il décharge Flammarion de la garantie des dettes de Charpentier (dont 50 000 F à Alfred Fasquelle) et s'engage à indemniser Madame Marpon. À ce prix, il est quasiment maître de la société Charpentier qui devient, le 11 septembre 1890, la société G. Charpentier et E. Fasquelle, au capital de 1 000 000 F [25].

Si réduite que soit la part de Charpentier, sa présence dans la société semble une charge à Fasquelle. Il connaît ses goûts dispendieux, son perpétuel endettement, et souhaite se débarrasser de cet associé gênant. Cependant, l'attachement de certains auteurs comme Zola à Georges Charpentier rend difficile son élimination. L'occasion en est offerte par la mort de Paul Charpentier, second et seul fils survivant de l'éditeur. Il meurt d'une péritonite, le 19 juillet 1895. C'est un choc violent pour Georges Charpentier, qui va accepter la proposition de Fasquelle. Edmond de Goncourt note, le 8 janvier 1896 :

« Visite de Charpentier qui m'annonce qu'il abandonne la librairie au mois de juillet, qu'il est fatigué, découragé, désambitionné, qu'il avait tout combiné pour assurer sa succession à son fils dans de bonnes conditions, mais du moment qu'il n'existe plus, il en a assez, et il veut sortir de cet appartement, de cette librairie, où tout lui rappelle son enfant [26]. »

Il est certain que la douleur de Charpentier fut profonde — sa correspondance avec Zola en fait foi — et explique, en partie, son retrait des affaires. Cependant, sa situation était beaucoup moins brillante qu'il ne le laissait entendre à Goncourt. Réaction d'orgueil de l'éditeur ou illusion naïve ? On ne sait ; toujours est-il que l'écrivain apprend la vérité, un mois plus tard, de témoins bien informés :

« Daudet et Zola causent de Charpentier qui aurait perdu une grosse somme sur les mines d'or. Zola n'aurait pas pu lui prêter cette somme. Fasquelle, effrayé, se serait décidé à se séparer de Charpentier, fort de cette clause dans les sociétés commerciales, où le jeu à la Bourse d'un membre est considéré comme une clause de résiliation. Du reste, Fasquelle se serait conduit en prince, il lui donnerait par an 36 000 F, plus 20 000 F à sa femme pris sur les bénéfices. Si Charpentier mourait, il assurerait 20 000 F à sa femme et, au décès du mari et de la femme, il ferait une pension de 4 000 F à chacune des filles. Fasquelle craint d'avoir fait une mauvaise affaire. Charpentier est heureux et loue un appartement de 5 000 F à la porte Maillot [27]. »

Marguerite Charpentier mourra en 1904 et Georges en 1905. Il est clair que Fasquelle aura versé plus que les 150 000 F que représentait la part de Charpentier

25. Archives de la Seine, D 32 $U^3$1890.
26. Edmond de Goncourt, *Journal*, 8 janvier 1896.
27. Edmond de Goncourt, *Journal*, 13 février 1896.

dans l'affaire. Cependant, mis à part sa folle prodigalité, les qualités de l'éditeur devaient être grandes puisqu'il suscita au moins deux gestes généreux. Outre Fasquelle, en effet, Zola, lui aussi, vint en aide à son vieil ami. Et jusqu'à ce que la maison échappe à la famille Fasquelle, les livres du fonds Charpentier ont gardé leur couverture jaune, avec la mention « Bibliothèque Charpentier ».

Au fil de ces péripéties, la collaboration éditoriale de Marpon et Flammarion avec Charpentier, puis Fasquelle évolue.

En 1884, Louis Desprez écrit à Stock :

« Il y a certainement aujourd'hui un rôle à prendre pour un éditeur intelligent. C'est de grouper les nouveaux venus. Charpentier me semble dégringoler. Les Marpon, aujourd'hui ses associés, le tirent à eux autant qu'ils peuvent. Si, un jour, comme c'est possible, la maison Charpentier devient la maison Marpon, ça ne sera plus qu'un vaste laboratoire de prose commerciale [28]. »

Marpon et Flammarion eurent plus d'astuce que ne leur en prêtait Desprez ; pendant les sept ans où ils furent majoritaires, ils laissèrent à la Librairie Charpentier son originalité. Même si elle édita beaucoup d'œuvres d'Hector Malot et d'André Theuriet, elle n'aligna jamais sa production sur celle de Marpon et Flammarion. Elle conserva son image de marque et les éditeurs de l'Odéon jouèrent de cette différence.

Après la mort de Marpon, Jules Prioux, le papetier, un ami de très longue date, croit bon de prévenir Ernest contre Fasquelle :

« À la période des choses sentimentales va succéder celle toute matérielle des combinaisons commerciales, et de celles-ci dépendra certainement celle de l'avenir, la plus sérieuse, la plus redoutable et pour laquelle on ne saurait trop se prémunir, et n'être trop prudent, et lorsqu'on est bon comme vous l'êtes, il faut se défier de soi-même et se mettre en garde contre tous les artifices que l'intérêt, l'envie, l'égoïsme feront agir contre vous. (...) Il va vous être proposé *si cela n'est déjà fait* de remplacer ce grand cœur, cet ami incomparable par celui qui, dès le premier (jour) qu'il mit les pieds dans la maison, n'a manœuvré que dans ce but seul, objet de toute sa convoitise. Il croit y être déjà et plus soucieux de ses intérêts que de la mort de son beau-père pendant le temps qu'a duré la maladie et pendant l'agonie même de celui qui eut la mauvaise inspiration de le prendre pour gendre, il a dû faire ses plans, ses projets sur une organisation nouvelle sortie de son cerveau pour l'appliquer dès son entrée dans votre maison, tant il ne doute de rien, tant il est infatué de lui-même. Pauvre garçon !

Vous ne voudrez pas cela car s'il en était autrement, l'Enfer entrerait chez vous... Par tous les moyens possibles, même au prix des plus grands sacrifices, dussiez-vous travailler un peu plus longtemps, il faut éviter que le nom si vénéré de notre pauvre ami soit remplacé par celui qui n'aurait jamais dû être son gendre [29]. »

Et, à la place de ce « fastidieux et gouailleur associé », il lui recommande de songer à Vaillant. Les craintes de Prioux sont vaines. L'arrangement choisi, en

28. Pierre-Victor Stock, *Memorandum d'un éditeur*. Paris : Delamain et Boutelleau, 1935, p. 241.
29. Lettre inédite de Jules Prioux à Ernest Flammarion, 28 juin 1890. A. F.

rendant Fasquelle maître de la Librairie Charpentier, évite aussi toute intrusion de sa part dans les affaires de Flammarion. Plus rien ne les lie qu'un reliquat de dettes vite réglé. Leurs rapports en tant qu'éditeurs n'ont rien de privilégié [30] ; chacun mène une politique éditoriale différente : Fasquelle reste fidèle à la tradition Charpentier, éditant Anatole France, Edmond Rostand, Maurice Maeterlinck, Maurice Barrès... et toujours Zola.

Pourtant, les relations personnelles deviennent plus étroites après 1895 tandis que Fasquelle entre avec Flammarion dans des combinaisons plus financières qu'éditoriales. Les Flammarion assistent à des réunions de famille chez les Fasquelle et Ernest leur donne une preuve de sa confiance en associant Alfred et Eugène, le père et le fils, à ses deux plus grands projets du moment : la construction de l'immeuble de la rue Racine et l'exploitation des bibliothèques de gare. L'échec de cette dernière entreprise ne nuira pas à leurs bons rapports. La preuve en est cette lettre de Fasquelle, promu au grade d'officier de la Légion d'honneur :

« Peut-être comme cela a eu lieu la dernière fois, le patron fraternise-t-il encore avec l'apprenti sur la même liste : ce serait alors la joie complète et une élégante clôture de notre collaboration sur les voies ferrées [31]. » Ce vœu ne fut pas exaucé.

### *Les autres rachats*

Pendant qu'ils prenaient progressivement possession de la Librairie Charpentier, Marpon et Flammarion restaient à l'affût des fonds à reprendre, quelle qu'en fût la composition, comme le montrent les trois rachats effectués entre 1887 et 1898. Le premier est celui du fonds Taride.

Après la vente à Lucien Marpon du fonds des arcades de l'Odéon, Pierre-Jules Taride était resté en bons termes avec les frères Marpon et entraînait parfois Charles en vacances à Pornichet. Il continue d'exploiter sa librairie du 2, rue de Marengo et y maintient une petite activité d'édition. En 1887, il décide de se retirer et persuade Marpon et Flammarion de lui racheter sa maison.

Le fonds d'édition est peu important : une Bibliothèque des salons, et une Collection rose, composée d'une quarantaine de livres pratiques, dont cinq d'hygiène sexuelle, et quelques livres de galanterie naïve. De format in-32, illustrés de quelques gravures démodées, ils valent 1 F ou moins. Marpon et Flammarion reprennent le fonds d'édition et le magasin pour la somme de 25 000 F, augmentée de la valeur du stock estimé à 57 500 F [32].

---

30. En témoigne une lettre de Paul Alexis, désireux de publier un de ses œuvres dans la collection des Auteurs célèbres de Flammarion :

« Ainsi que nous étions convenus, j'ai demandé à MM. Charpentier et Fasquelle l'autorisation de mettre dans votre collection à 60 centimes mon premier volume *La Fin de Lucie Pellegrin*, paru en 1880. Après s'être un peu fait tirer l'oreille, ces deux messieurs y ont enfin consenti à la condition que, au lieu de l'appeler *Lucie Pellegrin*, le nouveau volume porterait le titre d'un des trois autres petits romans qui composent le bouquin. »

Il semble, au vu de cette lettre, que, en 1892, Flammarion et Fasquelle aient peu de contacts directs.

31. Lettre inédite d'Eugène Fasquelle à Ernest Flammarion, 3 janvier 1903. A. F.

32. Acte sous seing privé, signé le 7 avril 1887. A. F.

Ce rachat ne fait pas entrer chez Marpon et Flammarion de collections ou d'ouvrages majeurs. La Collection Taride vient temporairement étoffer le secteur du livre pratique qui se développe chez Flammarion, grâce à des retirages à 4 000 exemplaires en moyenne. Puis, concurrencée par la Bibliothèque pour tous et la Bibliothèque physiologique, plus modernes, elle est revendue au fils de Jules Taride en 1899, pour 10 000 F. Quant au magasin, à l'expiration de son bail, en 1890, il est repris par les Magasins du Louvre. Le rachat du fonds Taride fut donc une opération peu importante, inspirée par la sympathie et, dans une moindre part, par l'intérêt pour les livres pratiques.

Cette opération est sans commune mesure avec la reprise, le 1er octobre 1891, du fonds Jouaust [33]. En effet, cet achat, dont Ernest Flammarion sera toujours très fier, est lourd de signification pour tous.

La Librairie des Bibliophiles est réputée pour la qualité des textes qu'elle édite et la beauté de ses éditions. Fondée en 1869 et installée 338, rue Saint-Honoré, elle offre, avant tout, des textes classiques richement illustrés. Toutefois, depuis une dizaine d'années, la Bibliothèque artistique et moderne accueille les auteurs contemporains : Gautier, Daudet, About, Zola... dans une édition toujours luxueuse. Pour l'ensemble de la profession, la Librairie des Bibliophiles est donc le symbole de la belle librairie et Damase Jouaust, officier de la Légion d'honneur, est un homme respecté.

Pourtant, il connaît des difficultés financières qui semblent dues à un accroissement excessif des stocks. Ces rayons de livres qui s'entassent au long des boiseries d'un vieil hôtel charment les bibliophiles qui y voient le signe de la fidélité à une tradition [34]. Pour un œil plus pragmatique, ils signifient immobilisation de capitaux et, à terme, endettement. Cette situation n'est cependant alarmante que si les acheteurs se raréfient. Or, il semble que, à partir de 1890, les maisons qui éditent de beaux livres connaissent toutes des difficultés. La Maison Quantin, par exemple, qui édite des monographies des Maîtres de l'art, à 100 F le volume, une Bibliothèque des chefs-d'œuvre du roman contemporain où se côtoient Balzac, Flaubert, Hugo, Poe, Villiers de l'Isle-Adam, des éditions illustrées de textes du XVIIIe siècle et beaucoup d'autres beaux livres, est en difficulté [35]. À l'exception des véritables bibliophiles, le public semble se détourner de ce type de livres et les maisons fidèles à la belle gravure ont du mal à lutter contre les nouveaux modes d'illustration. Paradoxalement, la vogue des illustrations leur nuit. Le marché est envahi de livres illustrés, en couleurs pour certains, dont le prix est bien inférieur aux leurs. Un roman de Zola illustré coûte, en édition reliée, 6 F chez Flammarion et 45 F chez Jouaust. Sans doute, la qualité des papiers et des impressions est-elle bien inférieure mais la clientèle qui n'est pas vraiment bibliophile est sensible à la

33. Acte sous seing privé, 29 septembre 1891. A. F.

34. Octave Uzanne, « Le Tout-Paris des éditeurs », *Le Livre moderne*, 1890, p. 62.

35. Edmond de Goncourt n'a-t-il pas entendu Quantin dire, dès 1885 : « Des livres de luxe, on n'en vend plus, mais plus du tout ! Vous ne me croyez pas ? Eh bien, je vais vous dire où en est la vente ! De 1 200 exemplaires, je suis tombé à 25, oui, à 25 ! » *Le Journal*, 13 octobre 1885.

différence de prix existant entre les différentes collections. En outre, la différence de prix ne se justifie pas uniquement par la différence de qualité. Il semble que Jouaust vive sur l'idée qu'un beau livre est normalement cher et ne cherche pas à abaisser ses prix [36]. Il vit sur une conception du livre qui est en train de passer de mode.

À ces difficultés commerciales, il faut sans doute ajouter un motif personnel à la décision prise par Damase Jouaust : la mort de son fils qui le laisse sans héritier.

Il vend donc son matériel d'imprimerie à Cerf, l'imprimeur versaillais ; pour son fonds d'édition et ses stocks, il s'adresse à Flammarion. Les négociations s'engagent. Jouaust fait connaître ses conditions :

« Mon inventaire à fin 1890 m'a donné les chiffres suivants pour une estimation à prix fort :

| | |
|---|---|
| Volumes brochés ou en feuilles | 2 283 814 F |
| Volumes à gravures en feuilles | 1 121 764 F |
| Gravures à vendre séparément | 437 578 F |
| Soit | 3 843 161 F |

En ajoutant à ce total les livres en dépôt chez nos 450 correspondants et l'augmentation du stock depuis un an, on arriverait au chiffre d'au moins 4 millions.

En évaluant les marchandises au prix très réduit de 7,50 %, on arrive à la somme de 300 000 F qui est ce que je demande.

Je donnerais en plus 1 182 planches à l'eau forte qui sont d'ailleurs nécessaires pour la terminaison des livres. (...) Dans la cession seraient aussi comprises les quelques propriétés littéraires de la maison parmi lesquelles celles des œuvres de Jules Janin. On serait aussi assuré pendant un an de ma collaboration gratuite comme directeur pour la poursuite des collections où l'on voudrait faire paraître de nouveaux ouvrages [37]. »

Ernest Flammarion marchande ; Damase Jouaust, pris à la gorge, doit céder [38]. Pour 200 000 F, payés par versements trimestriels de 25 000 F, Flammarion acquiert le nom, les propriétés littéraires et le stock propre de la Librairie des Bibliophiles, mais ne reprend ni le bail du magasin de la rue de Lille ni le stock d'ouvrages d'autres éditeurs que Damase Jouaust se charge d'écouler lui-même [39].

Pour Flammarion, reprendre le fonds Jouaust est une affaire de prestige. Cela marque sa volonté de se défaire de son image d'éditeur populaire, qui peut, à terme, nuire à sa maison et, parfois même, à son orgueil ; en effet, s'il ne renie pas cette image, il a aussi une soif de reconnaissance sociale que prouve son désir d'obtenir,

---

36. Alors que les éditions illustrées de Zola sont tirées à 15/20 000 exemplaires et rapportent entre 9 et 12 000 F à l'auteur chez Marpon et Flammarion, les éditions de Jouaust sont de 2 000 exemplaires et l'auteur touche 5 000 F.

37. Lettre inédite de Damase Jouaust à Ernest Flammarion, 3 juillet 1891. A. F.

38. Lettre inédite de Damase Jouaust à Ernest Flammarion, 10 juillet 1891. A F.

39. Il meurt peu de temps après la vente de sa maison, en 1893.

dans ces années-là, la Légion d'honneur, par exemple. De plus, il a la volonté de toujours diversifier sa production ; or, il n'est pas encore présent sur le marché du livre de bibliophilie et l'occasion lui en est offerte ici. Toutefois, il prend soin de ne pas tomber dans les mêmes erreurs que Jouaust. Le prix élevé de ces livres étant pour Flammarion la cause de leur mévente, il en écoule une grande partie avec de fortes remises ; le prix auquel il les a payés le lui permet. Néanmoins, le nom de Jouaust ne disparaît pas des catalogues. Flammarion profite d'un engouement né sous le Second Empire pour les petits textes, du XVIII^e siècle surtout, imprimés à l'ancienne. Il conserve donc les collections les moins chères et réédite à 2 et 3 F les auteurs classiques et les conteurs du XVIII^e siècle. Le format elzévirien, la qualité de la typographie et du papier donnent à ces livres un charme qui séduit le public averti. La collection porte le nom de Classiques Jouaust et tous les titres sont régulièrement réédités à petits tirages de 1 000 ou 1 500 exemplaires jusqu'à la guerre de 14 et même au-delà. Malgré son prix abordable, la collection des Classiques Jouaust fait figure de collection de prestige.

Plus terne est le fonds Dreyfous, troisième rachat d'importance de la Librairie Flammarion.

À l'expiration de son contrat en 1877, Maurice Dreyfous avait quitté Georges Charpentier. Il acheta alors une librairie près de la Bourse et se lança bientôt dans l'édition, persuadé que la situation précaire de la Librairie Charpentier ne tenait qu'aux habitudes dispendieuses du couple et que le courant naturaliste pouvait faire la fortune d'un éditeur. Restait à trouver des auteurs et l'entreprise se révèle moins aisée que prévu car les Naturalistes restent fidèles à Charpentier.

« J'essayai de faire paraître, raconte-t-il plus tard, quelques romans de jeunes gens inconnus. Parmi les livres peu nombreux, il est vrai, il n'en fut guère de marquants et, parmi les auteurs que j'ai tenté de lancer, je ne retrouve, hormis Richepin [40], aucun personnage qui soit devenu l'un des grands favoris du gros public. Je fus donc amené à me débrouiller de mon mieux dans une direction nouvelle [41]. »

Cette nouvelle production est celle de récits de voyage.

« Pendant que les journaux graves et les revues géographiques relataient l'œuvre des explorateurs, le gros public était mis au courant de leurs aventures par les récits plus ou moins dramatiques, parfois plus ou moins consciencieux, qui paraissaient dans les journaux populaires. Le plus achalandé, le plus sérieux d'entre eux était le *Journal des voyages* tout récemment fondé par Georges Decaux avec qui j'avais partie liée. Cela m'amena à fonder une collection que j'intitulai Bibliothèque d'aventures et de voyages où voisinaient avec les romans d'aventures des récits de voyages authentiques, anciens ou contemporains, choisis parmi les plus intéressants ou les plus émouvants [42]. »

L'idée semble bonne mais, malgré l'édition de quelques auteurs connus comme Stanley, Brazza, Nordenskjold et Tissandier (son seul véritable succès, avec

40. Avec qui il se fâcha.
41. Maurice Dreyfous, *Ce que je tiens à dire.* Paris : Ollendorf, 1912, p.318.
42. Ibid., pp. 319-320

21 000 exemplaires), la maison périclite. Faut-il, comme le fait Dreyfous dans ses mémoires, incriminer « la crise qu'on a appelée le krach de la librairie » ou le racisme de « bon nombre de libraires qui mettaient aux oubliettes tous les livres dont les couvertures portaient (son) nom » ? La période n'était certes pas favorable. Il n'en reste pas moins vrai que jamais Maurice Dreyfous ne réussit pas à donner de l'importance à sa maison et que sa collection de récits de voyage était alourdie par un grand nombre de récits anciens d'un grand intérêt mais de vente plus difficile (Cook, Chardin, Cortès, Marco Polo...). En 1898, il doit vendre son fonds à Flammarion. Celui-ci réédite quelques titres appartenant à Dreyfous mais, surtout, en profite pour créer dans son catalogue une section de récits de voyages dont les vedettes seront Nansen et Charcot.

Enfin, en 1904, Flammarion rachète à Rouveyre quelque ouvrages sur le mobilier de style et surtout, pour 10 000 F, les *Usages du monde* de la baronne Staffe et deux autres ouvrages du même auteur.

Ces rachats qui ont inspiré des commentaires aigres à certains confrères comportent des leçons. L'échec de Jouaust marque le déclin d'une certaine librairie de luxe et souligne la nécessité d'une surveillance vigilante des stocks. Quant à Maurice Dreyfous, il a découvert un peu tard qu'il ne suffit pas que, grâce au système du compte d'auteur, l'édition ne coûte rien ; il faut aussi vendre. De plus, le recrutement d'auteurs de valeur demande un certain talent et des efforts humains et financiers. Sans doute les Charpentier dépensaient-ils trop, mais leur salon était aussi nécessaire à la vie de leur Librairie.

Ces trois opérations sont pour Flammarion l'occasion de diversifier sa production aux dépens de confrères qui avaient échoué par manque de dynamisme ou défaut d'adaptation à la demande.

### *Les agrandissements*

Avec le développement des affaires de la Librairie, les locaux de la rue Racine deviennent trop petits et le cadre n'est pas digne d'une maison qui veut rivaliser avec Hachette. Ernest Flammarion se lance donc dans une vaste opération immobilière et fait construire le grand immeuble cossu qui matérialise sa réussite commerciale.

Le terrain du 28 rue Racine a été acheté le 15 octobre 1891 pour la somme de 60 100 F. Puis, celui du n° 26 a été acquis sur adjudication pour la somme de 219 000 F, le 22 avril 1893 [43].

L'imprimerie est sacrifiée : bien qu'elle eût été enrichie de matériel provenant de l'imprimerie Tolmer [44], elle n'avait jamais imprimé qu'une partie de la production Flammarion. En 1898, le matériel d'imprimerie est cédé à Lahure pour

43. Archives de Paris, Sommier foncier.

44. Marpon et Flammarion avaient racheté en août 1885 cette imprimerie en faillite, située rue de Fleurus. Elle est liquidée en 1890.

75 000 F payables en travaux [45], et l'immeuble est abattu. Les bureaux vont momentanément s'installer rue Antoine-Dubois.

L'immeuble doit permettre de réunir les magasins [46], le comptoir de vente aux libraires, les bureaux et l'appartement d'Ernest Flammarion. Les étages supérieurs seront occupés par des appartements qui pourront être loués.

La façade en pierre de taille ne se différencie de celles des autres immeubles de l'époque que par son rez-de-chaussée et son premier étage. En effet, bureaux et comptoirs sont distribués autour d'un vaste hall couvert d'une verrière, selon le plan classique que l'on retrouve dans les autres maisons d'édition comme Calmann-Lévy ou Hachette, dont Ernest Flammarion avoue s'être inspiré [47]. Sa seule originalité est donc d'intégrer la partie commerciale à un immeuble de rapport, par ailleurs classique, en ne modifiant que très discrètement la façade du rez-de-chaussée. L'ensemble sera d'un style « sérieux et élégant », selon les mots de son futur propriétaire. Pour mener à bien cette construction, Ernest Flammarion a fait appel à Alfred Fasquelle.

En août 1898, l'architecte a achevé les plans et présente les devis à Ernest Flammarion. La construction est estimée à 500 000 F, somme à laquelle il faudra ajouter ses honoraires et les frais de démolition des constructions existantes qui se monteront à 11 250 F. En regard de ce devis, l'architecte présente un décompte du revenu annuel possible : le loyer des douze appartements et du local commercial est estimé à 20 400 F, soit 4 % du coût de la construction, un rapport honorable. Le calcul, toutefois, ne tient pas compte du capital que représente le terrain de 532 $m^2$, estimé par ailleurs à 320 000 F.

Le 31 août, les cahiers des charges sont terminés et les marchés passés. Les démolitions préliminaires ont été effectuées entre le 16 juillet et le 25 août. La construction pourrait commencer s'il ne fallait procéder à des travaux de consolidation des sous-sols, à cause des carrières sur lesquelles est bâti tout le quartier. L'ensemble des travaux va durer toute l'année 1899 et Ernest Flammarion entre dans ses nouveaux locaux en 1900.

Les devis ont été quasiment respectés puisque la facture se monte à 545 221 F auxquels il faut ajouter 27 261 F d'honoraires d'architecte qui seront ramenés à 26 000 F. Dans cette somme, l'agencement des bureaux et magasins entre pour 57 708 F et celui de l'appartement de l'éditeur pour 7 945 F, ce qui permet à Alfred Fasquelle d'annoncer un prix de 917 F du $m^2$ construit, après déduction des travaux de consolidation et aménagement des caves [48].

À travers ces opérations de rachats et ces négociations, on voit apparaître un homme d'affaires avisé. La façon dont se règle la succession de Charles Marpon,

45. Lettre inédite de Lahure à Ernest Flammarion, 23 février 1898. A. F.

46. Cette construction de prestige n'apportera aucune solution nouvelle aux problèmes toujours aigus de stockage. Les magasins achetés en 1894, rue Roli, près du parc Montsouris et du boulevard Jourdan, garderont toute leur utilité. Ces magasins seront augmentés, en 1919, d'un atelier de brochure.

47. Note manuscrite inédite. A. F.

48. Tous les cahiers des charges, devis et factures ont été conservés dans les archives Flammarion.

par exemple, est un chef-d'œuvre d'habileté. Face à lui, des hommes comme Georges Charpentier ou Damase Jouaust, amis des artistes, amis des beaux livres, semblent appartenir à un autre monde. Leur rencontre a valeur symbolique. En 25 ans, Charpentier, l'héritier dilettante, a tout perdu, y compris son bel hôtel de la rue de Grenelle dont Renoir a décoré le vestibule. En 25 ans, Flammarion, qui n'avait au départ que ses 2 000 F d'économies, a acquis une maison d'édition et de librairie estimée à 1 500 000 F environ, et son immeuble, décoré dans le goût bourgeois le plus traditionnel, abrite aujourd'hui encore ses héritiers.

À la fin du siècle, Ernest Flammarion est entré dans le cercle des grands éditeurs parisiens. Cependant, il n'a pas encore atteint la puissance financière de certains de ses devanciers ; son échec final dans la lutte qui l'oppose à Hachette pour la possession des bibliothèques de gare va le lui rappeler.

# LES COMBATS DE LA LIBRAIRIE

Aux premiers temps de leur association, Marpon et Flammarion consacrent leur énergie et leurs fonds à étendre leur réseau de librairies. En 1880, après l'ouverture de leur troisième succursale, rue Auber, ils marquent une pause dans cette politique d'expansion. Ils sont bien implantés dans les quartiers les plus actifs de Paris et, dorénavant, l'édition et l'imprimerie les absorbent.

Vers 1890, Flammarion relance l'offensive commerciale, avec deux objectifs précis : ouvrir de nouveaux points de vente et arracher à Hachette une partie des bibliothèques de gare. S'il réussissait, il deviendrait le plus gros libraire de France mais l'adversaire est de taille : coalition de libraires, menaces de boycott, interventions politiques, enchères sauvages, traités secrets, toutes les armes seront bonnes dans cette bataille.

## *Le développement des librairies*

Dans les années 80, il n'entre pas dans les intentions de Marpon et Flammarion d'agrandir leur réseau de librairies ; pourtant, il est des occasions qu'ils ne peuvent laisser passer : ils profitent donc des opportunités qui se présentent à eux d'étendre leurs locaux de l'Odéon ; d'où quelques rachats sur le pourtour du théâtre.

Première occasion : les arcades 12 à 18 de la galerie du côté de la rue Corneille et le magasin situé au n° 3 de la même rue. Leur propriétaire, Louis Hurteau, décide en 1884 de se retirer ; Marpon et Flammarion se portent acquéreurs de son fonds, non sans avoir quelque peu hésité car « le brave père Hurteau était un amoureux du livre et il collectionnait tellement que l'achat de son stock nous a effrayés au premier abord [1] ». En effet, l'estimation des marchandises se monte à 90 000 F, soit 10 000 exemplaires environ, dont beaucoup de textes classiques et d'éditions luxueuses d'œuvres complètes. Finalement, l'occasion de s'étendre et d'occuper bientôt toute la galerie est trop belle et l'affaire est conclue le 15 août 1884 pour la somme de 100 000 F [2]. À la même époque, Marpon et Flammarion rachètent encore un fonds voisin, celui de Masgana. Ainsi, ils exploitent la quasi-totalité des arcades.

En 1886, nouvelle extension d'importance : le café Tabourey, installé au coin de la rue Rotrou et de la rue de Vaugirard, disparaît ; ils en profitent pour agrandir leurs magasins. Avec le magasin voisin du 4, rue Rotrou, celui de la rue Crébillon et l'imprimerie-bureau de la rue Racine, Marpon et Flammarion sont en train d'envahir le pourtour du théâtre. Il est vrai que les arcades de l'Odéon n'offrent aucune possibilité de stockage alors que le développement de la maison d'édition et des librairies entraîne une augmentation considérable des stocks.

Les années 80 sont donc une phase de consolidation des implantations. La reprise en 1887 du magasin de leur ami Jules Taride dont ils ont racheté le fonds [3] paraît lié plutôt à un concours de circonstances qu'à une volonté délibérée d'ajouter une nouvelle succursale aux précédentes. D'ailleurs, ils abandonnent volontiers ce magasin quand, en 1890, le bail arrivant à expiration, les Magasins du Louvre reprennent le local.

En revanche, les opérations suivantes prennent place dans une nouvelle politique d'extension du réseau de librairies. En effet, l'année 1890 voit trois nouvelles adresses grossir la liste des librairies Flammarion.

L'une est déjà connue puisqu'il s'agit de la Ruche, reprise à Gorre [4]. Les autres sont vraiment nouvelles. En effet, en août 1890, un libraire de Versailles, Eugène Bernard, cède son fonds à Flammarion [5] car, atteint de la fièvre typhoïde, il est trop malade pour en assurer l'exploitation. Il possède un petit fonds d'édition consacré au château de Versailles et à ses environs, et une librairie située dans le centre, 9, rue de Satory, qui vend aussi de la papeterie. Pour 22 500 F, Flammarion achète le tout [6]. Le voilà sorti des limites de Paris. Une fois rétabli, Bernard propose à Flammarion de reprendre le bail de l'une des deux boutiques que son beau-frère, directeur du magasin « À la pensée », possède rue du faubourg Saint-Honoré, et d'y ouvrir une librairie. Flammarion accepte et Bernard en prend la direction. En 1896, Ernest la cède à son neveu Ernest Martin et, en 1898, Bernard demande à Flammarion de lui rétrocéder la maison de Versailles. Ce qu'il fait.

---

1. *Le Gaulois*, 26 mars 1900, p. 1
2. Acte sous seing privé, 15 août 1884. A. F.
3. Voir à ce sujet le chapitre « Prospérité de l'édition ».
4. Acte sous seing privé, signé le 1er octobre 1890. Le prix de la cession est fixé à 35 000 F et le stock évalué à 29 000 F. Sur la première cession de la Ruche à Gorre, l'ami de Marpon, voir le chapitre « Premiers succès ».
5. Acte de vente enregistré le 23 octobre 1890 à Versailles, f° 19 c 66.
6. Acte sous seing privé, signé le 26 août 1890. A. F.

L'installation 3, rue du faubourg Saint-Honoré a été de courte durée car, entre-temps, une affaire plus avantageuse s'est présentée. Les successeurs de Dentu, le célèbre éditeur de romans populaires installé au Palais-Royal, avaient ouvert une librairie de détail au 36 bis de l'avenue de l'Opéra. Pour la gérer, ils avaient débauché Floury de chez Flammarion. En 1895, ils doivent se séparer de cette boutique et la proposent à Ernest. L'affaire est réglée par Auguste Vaillant pour 60 000 F, dont 54 000 F de marchandises, le 1er mars [7]. Il annonce aussitôt l'heureuse issue de ses tractations à son associé, parti en croisière sur ces entrefaites, par un télégramme ironique : « Avons acheté Opéra [8] », qui sonne comme un communiqué de victoire. Albin Michel et Auguste Gosselin, entre autres, y apprendront le métier.

Avec cette dernière ouverture, Flammarion possède donc quatre librairies sur la rive droite, dans le quartier des Grands Boulevards et de l'Opéra. Si concentrées qu'elles semblent, elles touchent des clientèles assez différentes. Ainsi, Edmond de Goncourt rapporte ce « petit fait curieux : à la librairie de la porte Saint-Martin, les livres ne se vendent que dix jours après qu'ils ont commencé à se vendre dans les autres librairies absolument comme si le boulevard Saint-Martin était en province [9] ». En fait, la librairie de la Ruche a une clientèle populaire alors que les deux librairies de l'Opéra ont une clientèle plus bourgeoise et celle du boulevard des Italiens voit passer beaucoup de journalistes et d'auteurs. Avec la librairie Calmann-Lévy un peu plus loin sur le boulevard, elle reste la librairie-test où tout auteur va, « le jour de l'apparition d'un livre, regarder obliquement la pile de volumes », surveiller la vente de « ces pains de savon que deviennent les livres » et peut-être entendre, comme Jules Renard, le garçon crier : « Un *Poil* ! deux *Poil* ! trois *Poil* ! [10] »

Propriétaire de cinq librairies parisiennes, dont deux très achalandées, Flammarion devient le plus gros libraire de Paris. Mais son ambition ne s'arrête pas là puisque, dès 1891, il a ouvert sa première succursale en province.

Installé à Marseille, 34, rue Paradis, dans un immeuble ayant appartenu aux Clary, le libraire Pessailhan, « un peu amateur » aux dires de Flammarion [11], décide d'abandonner le commerce pour la représentation de l'annuaire édité par Didot-Bottin. En 1891, il vend son fonds à Flammarion qui envoie les époux Aubertin le gérer. En 1897, ils en deviennent les propriétaires en association avec un courtier en ouvrages de droit, Rolle. En juillet 1905, les associés se séparent et prennent leur retraite. Flammarion reprend alors le fonds pour 15 000 F et 55 000 F de stock [12], et envoie le frère du chef de service aux librairies, Frédéric Déjardin, pour en assurer la direction.

7. Lettre inédite d'Auguste Vaillant à MM. Curel, Gougis et Cie, 28 février 1895. A. F.
8. Note manuscrite inédite d'Ernest Flammarion, A. F.
9. Edmond de Goncourt, *Journal*, 29 août 1895.
10. Jules Renard racontant la sortie de *Poil de carotte*, *Journal*, 23 octobre 1894.
11. Note manuscrite inédite. A. F.
12. Acte de vente signé le 21 septembre 1905. A. F.

Aux dires d'Ernest, la deuxième installation en province tient à un hasard mais il est permis de penser qu'il n'attendait qu'une occasion pour ouvrir une autre succursale en province. En 1906, Bourdignon, libraire installé au Havre, place du Théâtre, reçoit la visite d'Ernest Flammarion. Ce dernier est inquiet car la situation financière de ce libraire, qui est aussi le dépositaire au Havre du *Bon Journal*, est, dit-on, mauvaise. Il se demande donc s'il ne serait pas prudent de changer de correspondant. Arrivé sur les lieux, Flammarion constate que la situation du libraire n'est pas brillante et qu'il ne semble pas apte à redresser la situation. Pourtant, le commerce est très bien placé et Flammarion, qui a connu le père de l'actuel propriétaire, du temps de ses tournées pour Didier, est persuadé que le fonds peut être d'un excellent rapport. Aussi propose-t-il à Bourdignon de le lui acheter. L'affaire est conclue et, comme d'habitude, Flammarion y dépêche un de ses employés parisiens dont il a pu apprécier les qualités, Marcel Godin. Le commerce des journaux est supprimé de façon à consacrer tout le magasin à la librairie. En 1910, l'immeuble sera détruit et la librairie transférée au 28, place de l'Hôtel de Ville.

L'implantation à Lyon, elle, ne doit rien à l'improvisation. Flammarion cherche depuis quelques temps un local situé dans le centre de la ville, rue de la République, par exemple, pour y ouvrir une librairie. À l'occasion de déplacements à Marseille, il s'arrête souvent à Lyon mais, jusqu'en 1908 il ne trouve rien qui lui convienne. Un jour qu'il allait reprendre son train bredouille, il avise un calicot que l'on vient d'apposer sur le magasin du marchand de voitures Pilain : le local est à louer. Flammarion n'hésite pas et fait affaire pour 9 500 F avec 18 ans de bail, après avoir mandé, par télégramme, son associé. L'option est assez hardie : « Les confrères de Lyon souriaient, considérant que la place Bellecour, lieu de promenade et de concerts, n'était pas propice pour y installer une librairie. On sait combien la réussite de ce beau magasin a démenti leur pessimisme [13]. » Là aussi, un collaborateur venu de Paris avec sa femme pour tenir la caisse, Grandjean, est chargé de la direction du magasin. L'emplacement choisi s'avérera rapidement une excellente idée et le magasin est encore aujourd'hui la plus grande librairie lyonnaise.

L'expansion du réseau de librairies pose rapidement des problèmes d'organisation ; ni Marpon ni même Flammarion ne peut suffire à la tâche. Depuis longtemps donc, Auguste Vaillant, le beau-frère d'Ernest, exerce les fonctions de gérant des librairies. Le catalogue de 1885 lui donne déjà ce titre. En 1890, par un avis paru dans la *Bibliographie de la France*, Ernest Flammarion informe tous ses confrères qu'il lui délègue officiellement la responsabilité de ses librairies : avec la mort de Charles Marpon, Flammarion a toute liberté pour augmenter le rôle de son beau-frère. Un nouveau pas est encore franchi en 1895 : les deux beaux-frères deviennent associés pour l'exploitation des librairies. Les clauses exactes de l'acte ne sont pas connues car il a été perdu. Toutefois, il

13. Note inédite d'Ernest Flammarion. A. F.

semble au vu des actes ultérieurs que les deux associés soient à part égale dans la société mais qu'Ernest Flammarion n'ait plus d'obligation de présence et que la gestion devienne entièrement l'affaire de Vaillant. Ce contrat serait donc assez semblable à celui qu'Ernest avait signé vingt ans auparavant avec Marpon.

Bien qu'il garde toujours un œil sur ses librairies, Ernest a choisi de s'alléger la tâche, en dissociant une part de son entreprise qu'il jugeait solide et bien gérée. Il a aussi les mains plus libres pour engager le combat avec son plus gros concurrent. En effet, Flammarion a acquis une position dominante dans le commerce du livre puisque, à une époque où le commerce à succursales multiples est encore une rareté, il possède sept (temporairement huit) librairies, installées au cœur de quatre grandes villes. Un seul éditeur a le contrôle d'un nombre plus important de points de vente, c'est la Librairie Hachette grâce au réseau des bibliothèques de gare. Il est donc inévitable que Flammarion soit tenté de se mesurer à elle.

## *Hachette et la création des bibliothèques de gare.*

En 1852, Louis Hachette, s'inspirant de l'initiative de W. H. Smith en Angleterre, a l'idée de créer un réseau de bibliothèques de gare [14]. Elles offriraient aux voyageurs un choix de guides qui leur commenteraient les beautés du paysage qui se déroule devant leurs yeux et leur permettraient, à l'étape, de se passer d'un cicerone. À ceux qui redoutent l'ennui, les bibliothèques vendraient aussi romans, livres pratiques et livres pour la jeunesse que Hachette réunirait dans une nouvelle collection « d'un format commode et d'un prix modéré ». Il propose donc aux compagnies qu'elles lui concèdent, en échange d'une redevance annuelle, le droit exclusif d'installer dans les gares de petites bibliothèques et d'y vendre les livres de sa Bibliothèque des Chemins de fer, collection nouvellement créée pour la circonstance.

La Compagnie du Nord, la première, est séduite par la proposition : l'accord est signé le 25 mai 1852 et les premiers volumes sont mis en place en mars 1853. Entre temps, d'autres compagnies ont imité l'exemple de la Compagnie du Nord ; d'autres encore le suivront, si bien que, en une dizaine d'années, Hachette aura obtenu la concession de la quasi-totalité du réseau français. De 43 en 1853, le nombre des bibliothèques de gare passera à 1 179 en 1896 et leur chiffre d'affaires, qui était de 147 502 F en 1853, progressera plus vite encore, dépassant les 7 millions de francs en 1896. Cet accroissement du chiffre d'affaires est dû, pour une bonne partie, à la vente des journaux dont Hachette a négocié la concession dès 1854 avec la Compagnie du Nord, puis avec les autres compagnies ; en effet, cette activité a dépassé rapidement la vente des livres dans la majorité des bibliothèques de gare.

---

14. Tous les renseignements concernant la Librairie Hachette sont tirés, sauf indication contraire, du livre de Jean Mistler, *La Librairie Hachette, de 1826 à nos jours*. Paris : Hachette, 1964, pp. 122-136 et 297-323.

Toutefois, l'installation de Hachette n'est pas allée sans contestation.

D'abord, la clause d'exclusivité a entraîné la disparition des colporteurs qui assuraient déjà dans certaines gares la vente de livres et de journaux. À cette occasion, la légalité d'une telle clause a été mise en doute. Ensuite, les contrats signés dans les années 1850 ont été régulièrement renouvelés, tous les six ans en règle générale, par un accord de gré à gré, assurant ainsi à Hachette un monopole de fait pour la vente des quotidiens, des périodiques et des livres dans les gares. Ce système fonctionne à la plus grande satisfaction de l'éditeur car, après des débuts difficiles, le réseau des bibliothèques devient vite rentable ; outre les bénéfices directement dégagés, cette incursion dans le domaine de la librairie a des répercussions favorables sur l'activité de la maison d'édition. En effet, bien que les bibliothèques de gare se soient ouvertes rapidement aux livres des autres éditeurs, les ouvrages publiés par Hachette y tiennent une place de choix et les collections se multiplient : Bibliothèque des Chemins de fer, Bibliothèque Rose, Bibliothèque des Merveilles, Bibliothèque des Meilleurs Auteurs Étrangers... Ainsi, le projet initial de Bibliothèque des Chemins de fer a été rapidement modifié et les livres vendus dans les gares ont perdu leur spécificité. Ce développement des bibliothèques de gare est donc pour Hachette l'occasion de sortir de sa spécialisation dans le domaine du livre scolaire et de s'attaquer à celui de la littérature générale. De plus, dans les bibliothèques de gare, les livres, qui sont exactement les mêmes que ceux vendus dans les librairies traditionnelles, s'en différencient néanmoins par leur prix : ils y sont vendus au « prix marqué », de façon à ne pas trop concurrencer les libraires établis en ville qui, eux, pratiquent couramment des prix inférieurs de 10 à 15 %. Une fois la remise effectuée aux gérantes des bibliothèques (15 % en moyenne), il reste à Hachette un bénéfice qui concourt à amortir les frais de gestion et d'administration du réseau. Hachette a donc toutes les raisons de tenir à son monopole.

En revanche, les autres éditeurs ont très tôt émis de vigoureuses critiques à son encontre. Napoléon Chaix, dès 1852, puis, en 1861, Gervais Charpentier accusent Louis Hachette de faire une concurrence déloyale à ses confrères et de favoriser outrageusement ses propres publications. Les membres du Cercle de la librairie ne les ayant guère soutenus, la polémique est chaque fois retombée ; du moins Napoléon Chaix a-t-il conservé le privilège d'imprimer les indicateurs.

À partir de 1882, ce sont les auteurs qui prennent le relais des éditeurs pour critiquer le fonctionnement des bibliothèques de gare. En effet, en supprimant la Commission du colportage, la loi de 1882 sur la liberté de la presse laisse à Hachette la responsabilité entière du choix des livres à vendre dans les gares. Les auteurs dont les livres souffrent ou peuvent souffrir de cet arbitraire, protestent contre ce qui leur semble être un pouvoir de censure, aux critères souvent obscurs. Pourquoi rejeter *Une Vie*, par exemple, ou *Les Rois en exil* ? Certains, comme Maupassant, soutenu par Rochefort, Huysmans et une vingtaine d'écrivains, portent l'affaire devant le Parlement, par le biais d'une pétition déposée par le baron de Janzé [15] ; d'autres, comme Auguste Chirac [16], l'année suivante, choisissent la voie judiciaire. Sans succès, car le tribunal juge que « le concessionnaire d'une bibliothèque dans une gare exerce son commerce, au regard des tiers, dans les mêmes conditions que tout autre libraire dans ses magasins ouverts au public ; il est donc libre de mettre ou de ne pas mettre en vente, sous sa responsabilité et suivant ses appréciations personnelles, tels ouvrages qu'il jugera convenable. » Ce jugement calme pour un temps les polémiques.

Cependant, en 1890, devant l'Assemblée nouvellement élue, Maurice Barrès reprend le combat contre le « monopole Hachette ». Au nom des écrivains [17] signataires de la pétition qu'il apporte, Barrès proteste contre le pouvoir discrétionnaire donné à Hachette d'écarter chaque année certains livres pour des raisons morales ou politiques. Le plus original de son intervention est dans la proposition de mettre régulièrement en adjudication chacune des bibliothèques de gare, de façon à varier les concessionnaires qui pourraient alors être de petits libraires de province. Il indique de plus le moyen d'obliger les compagnies à recourir à ces adjudications : il suffirait de demander aux préfets de refuser à Hachette les autorisations prévues par la loi pour l'installation de commerces dans les gares, tant que les compagnies n'auraient pas procédé à de nouvelles adjudications. Francis Laur, un autre député boulangiste, vient à sa rescousse, en faisant remarquer que, pour le réseau de l'État du moins, il n'est pas besoin d'un tel chantage et que le ministre des Travaux publics est tout-puissant. Il demande donc à celui-ci de donner l'exemple et de résilier dans les trois mois le contrat qui lie Hachette avec les Chemins de fer de l'État [18]. Ils ne sont pas suivis ; par 231 voix contre 204 (dont celle de Clemenceau, Déroulède, Lockroy...), cet ordre du jour complémentaire est repoussé. Ce n'est que partie remise : la bataille va reprendre en 1895 et, cette fois, Hachette va perdre son monopole.

---

15. Maupassant rapporte ainsi l'affaire à Zola : « Vous savez que l'estampille pour la vente dans les gares n'existe plus. Eh ! bien, la Maison Hachette à qui appartiennent toutes les bibliothèques des chemins de fer, vient de me refuser l'autorisation de vente dans ces bibliothèques. Le particulier chargé de veiller à la morale des livres de salle d'attente a jugé mon bouquin obscène. La Commission publique et officielle de Morale qui régissait le Colportage était plus large assurément que cet Eunuque en chambre dont les décisions sont sans appel. Est-ce idiot ? » in *Correspondance*, op. cit., t. II, p. 35.

Puis, le débat rapidement échappe aux écrivains : « Une pétition (...) a été signée, sur ma demande, par une vingtaine d'hommes de lettres, puis remise à M. Clemenceau. C'est tout. Je ne me suis occupé de cette affaire que pour obtenir des signatures. J'ai fait tenir notre réclamation à la Chambre, puis je suis parti pour un voyage. Je n'étais même pas à Paris quand l'interpellation a eu lieu (...). L'affaire du reste avait pris un caractère plus général et une allure politique. » Lettre à Henry Baüer, juillet 1889, ibid., t. III, p. 87.

On voit bien comment la récupération politique put se faire à partir d'un texte qui s'indignait en ces termes : « Dès qu'un homme, muni de son billet, qui devient alors une sorte de billet de confession, a franchi le seuil des salles d'attente, il ne peut plus se procurer que les livres et journaux spéciaux qu'il convient à la maison Hachette de lui fournir. » *Pétition des écrivains français,* citée par le baron de Janze, in *Le Monopole Hachette.* Paris : Weil, 1887, p. 3.

16. Son livre, *Les Rois de la République, histoires de juiveries*, avait été refusé par Hachette.

17. Derrière le nom d'Henry Baüer, dont Hachette vient de refuser de diffuser dans les gares *Une comédienne*, on trouve ceux de Paul Bourget, Édouard Drumont, René Maizeroy, Jean Richepin...

18. *Journal officiel*, 24 octobre 1890, pp. 1746-1756.

*Ernest Flammarion entre en lice*

En 1895, Ernest Flammarion peut se montrer optimiste et entreprenant car sa situation est solide. Il s'est rapidement dégagé de ses dettes avec la succession Marpon ; il est dorénavant seul maître des éditions de la Librairie Flammarion, qu'il continue d'enrichir. Par ailleurs, son réseau de librairies est prospère et l'acte d'association signé avec Auguste Vaillant lui permet désormais de consacrer son temps, son énergie et ses finances à d'autres entreprises.

Les bibliothèques de gare vont retenir son attention. En effet, le succès de ses librairies l'a persuadé que son expérience dans ce domaine vaut bien celle de Hachette et que l'exploitation d'un réseau de bibliothèques de gare n'est pas hors de sa portée. D'après les renseignements obtenus, leur rentabilité est intéressante et Ernest Flammarion ne répugnerait pas à concurrencer Hachette. Se mesurer avec le plus grand éditeur français paraît même dans la logique de son expansion. Cela ne peut que bénéficier à l'activité de la maison d'édition, par la publicité qui en découlerait et par les débouchés que les bibliothèques de gare offriraient. En effet, bien que 77 éditeurs soient représentés dans les inventaires de ces années-là, l'exiguïté des bibliothèques ne permet guère d'exposer un vaste choix d'ouvrages ; les livres exposés appartiennent donc à deux genres principaux : le roman et le guide ; encore le genre romanesque est-il essentiellement représenté par quelques grands auteurs à succès : Daudet, Feuillet, Loti, Ohnet, Malot, Zénaïde Fleuriot, Féval, Maupassant, Hermant, Paul de Kock, Zola, Dumas...

La Librairie Flammarion a de quoi satisfaire, dans ces domaines, la demande du public et, s'il n'est pas question de ne vendre que des productions de la maison Flammarion, Ernest peut espérer que ses collections peu chères, comme les Auteurs Célèbres, verront leur diffusion mieux assurée.

Par ailleurs, le contexte politique semble favorable pour attaquer la situation de monopole de Hachette. En effet, le développement et l'exploitation du réseau ferré français a donné lieu, sous la III^e^ République, à de nombreux débats parlementaires auxquels la convention de 1883 mit momentanément un terme : en échange d'une garantie d'intérêts, les Compagnies s'engageaient à exécuter un plan de développement étalé sur plusieurs années. Mais, en 1895, les rapports entre l'État et les compagnies ferroviaires sont à nouveau l'objet de nombreuses critiques : les compagnies souhaitent que l'État prolonge la durée de leurs concessions et, de leur côté, les parlementaires, de gauche surtout, s'émeuvent du coût des garanties d'intérêts qui leur ont été consenties. À l'initiative d'Alexandre Millerand, une commission d'enquête parlementaire est chargée d'examiner les conditions faites aux compagnies en 1883. La remise du rapport de la commission, le 28 mai 1895, ne calme que partiellement les esprits. Certains, comme Camille Pelletan et Gaston Guillemet ont demandé la nationalisation de deux réseaux, ceux du Midi et de l'Ouest, à titre d'essai. Leurs collègues sont partagés ; aucune décision n'est prise mais, dans les années qui suivent, de nombreuses interpellations soulèvent, souvent pour la défense d'intérêts locaux, des problèmes de tarifs préférentiels et de desserte des gares secondaires. Enfin, en janvier 1902, le débat reprend de l'ampleur et la Chambre invite l'État à racheter les réseaux du Midi et de l'Ouest ; mais le gouvernement tombe et la nationalisation est reportée. Elle n'aura lieu qu'en 1908, après que le Sénat aura confirmé le vote obtenu en 1906 à la Chambre des députés.

Dans ce contexte, toute action tendant à augmenter les recettes des compagnies et, par conséquent, diminuer la contribution de l'État, ne peut être que bien accueillie. Flammarion va donc mettre à profit les débats parlementaires pour tenter sa chance dans le domaine des bibliothèques de gare. Les années 1895 et 1902 correspondent aussi aux temps forts de son action.

Un dernier facteur, enfin, a joué un rôle déterminant dans la résolution d'Ernest Flammarion : l'influence de Pascal Olivieri, un personnage dont les antécédents nous restent à peu près inconnus. D'une lettre retrouvée dans la correspondance de Camille Flammarion, on peut déduire que, vers 1875, il fut recommandé aux Flammarion par des amis français installés à Turin et que Camille s'entremit pour lui trouver une place à Paris [19]. Il semble qu'il ait depuis travaillé chez Hachette, mais les raisons pour lesquelles il aurait quitté cette maison nous sont restées mystérieuses. Quand il présente son projet à Ernest Flammarion, son ambition avouée est de devenir directeur du futur réseau de bibliothèques Flammarion. Dès l'été 1895, il lui écrit pour lui résumer la situation et lui proposer un plan de bataille :

« Voici les dates d'expiration des traités :

| | | | |
|---|---|---|---|
| Ouest et Ceinture | 1-1-97 | à prévoir | 1-7-96 |
| Est | 31-10-97 | | 1-7-97 |
| Orléans | 1-2-98 | | 1-8-97 |
| État | 1-1-00 | | résiliable |
| Midi | 30-6-02 | le traité est de 9 ans | |
| Nord | a été renouvelé le 30 juin 95 | | |
| P.L.M. | attendons | | |

Ne perdez pas de vue qu'il faut faire agir toutes les influences possibles, que Charpentier parle à Clemenceau. Croyez-moi, Étienne et Saint-Germain sont on ne peut mieux disposés. Sûrement la Chambre ne se refusera pas à voter la fin du monopole et la mise en demeure aux Cies de mettre en adjudication les bibliothèques de gare, à une adjudication différente par réseau. Il faut aller de l'avant crânement et surtout vite à cause du P. L. M. qui n'est pas signé [20]. »

Persuadé que les compagnies ne procéderont pas de leur plein gré à une adjudication, Olivieri préconise, en fait, de reprendre l'idée développée par Mau-

19. « Le jeune Olivieri m'a écrit dernièrement qu'il avait passé une soirée délicieuse chez M. et Mme Flammarion. J'espère qu'il pourra rester dans la maison où il est et y réussir. Il doit en être bien reconnaissant à votre mari en tout cas. Le pauvre garçon a descendu à Turin les degrés de l'échelle de la fortune au lieu de les monter. Dieu veuille qu'il ne recommence pas ! » Lettre de Mme Blondel à Sylvie Flammarion, 15 juin 1875. Archives Camille Flammarion.

20. Lettre inédite, sans date. A. F.

rice Barrès cinq ans plus tôt : il faut que la Chambre mette en demeure le ministre des Travaux publics d'obliger les compagnies à revenir au système des adjudications. Le député de Nancy avait échoué car il lui manquait 28 voix. Olivieri, lui, ne veut pas courir le risque d'un échec et conseille à Flammarion de préparer méticuleusement l'interpellation, en s'assurant d'abord de ses appuis. Il considère qu'en présentant le retour aux adjudications comme un moyen de mettre fin à un monopole, il se concilie les voix de l'ensemble de la gauche pour qui la lutte contre les monopoles est un thème mobilisateur. Néanmoins, les groupes parlementaires de gauche étant nombreux, il faut qu'Ernest Flammarion se trouve des alliés dans chacun.

Olivieri se charge d'emporter l'adhésion de la gauche démocratique, groupe dans lequel il semble bénéficier de relations importantes. Pour lors, il compte sur l'appui de deux députés d'Oran, Marcel Saint-Germain et, surtout, Eugène Étienne, président du groupe et vice-président de la Chambre depuis 1893 [21]. Tous deux sont francs-maçons, comme le sont les deux ministres des Travaux publics qui se succèdent entre novembre 1895 et juin 1898, Jean Guyot-Dessaigne et Adolphe Turrel [22]. Ils appartiennent tous au Grand Orient de France et même, pour trois d'entre eux — les deux députés et Adolphe Turrel —, à la même loge d'Oran. Si l'on ajoute à cette liste les noms de Camille Pelletan et Eugène Derveloy qui jouera aussi un rôle important en faveur de Flammarion, il est tentant de conclure à une utilisation des amitiés franc-maçonnes dans cette affaire des bibliothèques de gare. Néanmoins, la thèse ne serait vraiment solide que si Pascal Olivieri était lui-même franc-maçon. Or, aucune trace de son appartenance personnelle n'a été retrouvée. Quant aux Flammarion, ils ne l'ont jamais été. Peut-être n'est-ce donc qu'en raison de leur nombre dans les rangs de la gauche qu'autant de francs-maçons favoriseront les entreprises d'Olivieri.

Pour les radicaux, il suffit d'utiliser l'amitié de Charpentier qui a toujours reçu beaucoup d'hommes politiques, dont Clemenceau. Par la suite, les contacts avec les députés radicaux seront facilités par le fait qu'Ernest Flammarion apportera son aide au parti, par le biais de sa presse [23].

Flammarion acquiesce au plan proposé mais, pour la concession du réseau du P.L.M. dont l'adjudication a lieu fin novembre, il est déjà trop tard. Flammarion tente d'intervenir lui-même auprès de la Compagnie mais il ne peut s'opposer à la signature du contrat avec Hachette. Il lui reste à fourbir ses armes pour les renouvellements suivants, celui de la Ceinture qui arrive à expiration et celui de l'État qui est à tout moment résiliable.

Son action va avoir désormais deux buts : préparer l'opinion et se concilier le ministre des Travaux publics. Pour cela, les liens noués avec les parlementaires de la gauche démocratique vont être mis à profit. Le 25 janvier 1896, paraît en première page du *Petit Moniteur* un long article du sénateur de l'Aude, Armand-

---

21. *Dictionnaire des parlementaires français*, 1889-1940.
22. *Répertoire maçonnique*. Paris : Bureaux de l'association anti-maçonnique de France, 1905.
23. Voir le chapitre « Portrait d'un éditeur ».

Eléazar Gauthier, intitulé : « Les droits de l'État ». Il y révèle comment se sont déroulées les récentes négociations pour le renouvellement de la concession du P.L.M. :

« Le 31 décembre 1895 venait à échéance le traité passé entre la maison Hachette et la compagnie X..., que nous désignons ainsi pour bien marquer que nous entendons faire la guerre aux abus sans nous occuper autrement des personnes. La compagnie X... allait tout naturellement renouveler son traité dans les conditions antérieures, le taux de la redevance à payer par la maison Hachette étant fixé comme devant à 500 000 F [24]. À ce moment intervinrent un ou plusieurs représentants de la grande librairie parisienne. Ils demandèrent à la compagnie X... la mise en adjudication du monopole de l'exploitation des bibliothèques dans les gares, se déclarèrent prêts à soumissionner et, pour bien mettre en relief les bénéfices que la compagnie devait retirer de la mise en adjudication, ils offrirent de fixer de prime abord la redevance exigée à une somme supérieure de 25 000 F à celle payée jusque-là par la maison Hachette.

La proposition était incontestablement avantageuse : aussi la compagnie la repoussa-t-elle, sans même la discuter.

Le ministre des Travaux publics, saisi de l'affaire, eut beau faire de sévères remontrances, parler au nom des intérêts de l'État, et sommer, en fin de compte, la compagnie de surseoir à toute tractation nouvelle ! La compagnie passa outre, et, malgré l'interdiction ministérielle, signa, le 30 décembre, un traité concédant à nouveau le monopole de la vente dans ses gares à la maison Hachette qui, menacée dans son monopole, consentit à porter le taux de sa redevance au chiffre offert par ses concurrents [25]. »

Aucun document d'archives ne subsiste pour attester la véracité de ce récit mais, outre qu'il est parfaitement plausible, il paraît confirmé par un brouillon retrouvé dans les papiers d'Ernest Flammarion faisant état d'une offre supplémentaire de 20 000 F annuels. Il semble donc que l'on puisse ajouter foi aux dires du sénateur Gauthier, même si la suite de son article fait apparaître des intentions nettement polémiques :

« Ainsi donc une occasion s'est offerte à une compagnie d'augmenter ses recettes de 20, 30 ou 40 000 F — on ne sait au juste ce que pourrait donner une adjudication — et de diminuer d'autant la garantie d'intérêt réclamée à l'État ; et cette compagnie a laissé passer cette occasion !

En eût-il été de même si les actionnaires supportaient à eux seuls les déficits de leur exploitation ?

Le système de la mise en adjudication donnerait sûrement pour les six réseaux, et pour la seule exploitation des bibliothèques de gare, une plus-value de 200 000 F au minimum. Les compagnies refusent, le cœur léger, cette plus-value... L'État n'est-il pas là pour parfaire les recettes ? Et pendant que des libéralités de cet ordre sont faites aux puissants et aux riches par les compagnies avec les deniers de l'État,

24. Il s'agit de la redevance due pour dix ans.
25. *Petit Moniteur*, 25 janvier 1896, p. 1

le Parlement se voit dans la douloureuse nécessité de refuser un crédit de 150 000 F destiné à augmenter les retraites des cantonniers et à défendre contre la misère et la faim ces malheureux petits fonctionnaires ! Il y a là quelque chose d'exorbitant et de monstrueux.

Et que dire de l'autorité de ce ministre des Travaux publics, l'honorable M. Guyot-Dessaigne, dont la bonne volonté a été évidente en toute cette affaire, mais qui s'est trouvé désarmé en face des compagnies de chemin de fer ? Certes, il eût voulu être obéi ; il a menacé, il a grondé, il a brandi les foudres ministérielles.

Mais, hélas !, ces foudres n'étaient que de carton, des foudres de parade, et les compagnies, qui le savaient bien, ont répondu par un immense éclat de rire.

Un tel régime peut-il durer ? Nous le demandons à tous les hommes de bon sens, conscient des droits de l'État. Avec nous, ils répondront : non. »

L'appel est publiquement lancé. Dans le même temps, Olivieri tâche d'agir auprès du ministre. Jean Guyot-Dessaigne, membre de la gauche, a été appelé au poste de ministre des Travaux publics par Léon Bourgeois le 1er novembre 1895. Il a auprès de lui, comme sous-chef de cabinet, un certain Deshayes qui tient Olivieri au courant des intentions du ministre. En février, l'entreprise semble piétiner :

« Deshayes, au ministère des Travaux publics, ne sait plus où l'affaire en est ; il a cherché très sérieusement à se renseigner et il lui a été formellement répondu que le ministre avait en mains tous les documents et devait *seul* s'en occuper... Le principe de l'adjudication étant admis, je crois que l'affaire ne peut nous échapper. Attendons [26]. »

Le mois suivant, l'optimisme d'Olivieri se trouve justifié par les propos plus encourageants de Deshayes et il peut écrire à Ernest Flammarion :

« Je viens de voir Deshayes qui m'a dit textuellement : Le ministre ne demande qu'à marcher. Faites agir Pelletan et Gauthier, le plus tôt possible, *sans faute avant les vacances* — une interpellation seule peut permettre au ministre d'aller de l'avant — mais faites vite. Le ministre acceptera un ordre du jour l'invitant à mettre la vente des livres et des journaux dans les gares en *adjudication* (vous voyez qu'il n'y a pas de temps à perdre).

P.S. J'apprends à l'instant que la maison se bouge ferme pour obtenir le renouvellement de tous les traités par anticipation [27]. »

Cet avis favorable du ministre est donc du meilleur augure. La bienveillance d'Armand Gauthier a déjà fait ses preuves ; quant à Camille Pelletan, plus facile à joindre que Clemenceau, il ne peut refuser ce service à l'ancien associé de Charles Marpon, devenu, qui plus est, depuis le rachat du fonds Pagnerre, l'éditeur de son père, Eugène. À ces raisons sentimentales s'ajoutent des raisons politiques : Pelletan est l'adversaire déclaré des Compagnies et il ne peut lui déplaire de dénoncer leur collusion avec Hachette. Reste qu'il faut faire vite pour trois raisons : d'abord, les contrats des réseaux de l'État et de la Ceinture expirant fin décembre, il faut que

26. Lettre inédite à Ernest Flammarion, 11 février 1896. A. F.
27. Lettre inédite à Ernest Flammarion, 13 mars 1896. A. F.

l'interpellation ait lieu suffisamment tôt pour qu'une éventuelle adjudication soit organisée ; ensuite, la campagne lancée par Flammarion n'est pas passée inaperçue chez Hachette et « la maison » va engager une course de vitesse avec son concurrent ; enfin, l'instabilité chronique des gouvernements fait qu'il n'est jamais possible de faire des projets à très long terme. De fait, le gouvernement de Léon Bourgeois tombe et laisse la place, le 30 avril, à celui de Jules Méline. Le nouveau ministre des Travaux publics est Adolphe Turrel, un radical originaire de Narbonne. Cette nomination ne dérange pas les plans de Flammarion : il s'est déjà assuré des sympathies au parti radical. Simplement, il lui faut attendre que le nouveau ministre soit installé pour reprendre l'offensive. Elle va, cette fois, être couronnée de succès.

Camille Pelletan se charge de fournir au nouveau ministre une raison d'agir. Le 29 juin, un article du *Jour*, intitulé « Le monopole Hachette », annonce que « M. Camille Pelletan adressera prochainement à ce sujet une question au ministre des Travaux publics ». Il rappelle qu'une adjudication permettrait d'augmenter les recettes de la compagnie et d'abaisser le coût de la garantie d'intérêts, puis il expose le plan de bataille du député radical :

« Le député des Bouches-du-Rhône avait déjà entretenu de cette situation le précédent ministre des Travaux publics et M. Guyot-Dessaigne avait, paraît-il, fait savoir aux compagnies qu'à l'expiration de leur contrat avec la maison Hachette, elles ne devraient pas le renouveler sans lui en référer.

Or, M. Pelletan dit savoir qu'en dépit de cet avis l'une des compagnies intéressées a renouvelé pour dix ans la concession du monopole de la maison Hachette. Ajoutons que le député des Bouches-du-Rhône avait demandé à M. Turrel à lui poser la question à la séance d'hier ; mais le ministre des Travaux publics, empêché de se rendre à la Chambre, a prié M. Pelletan de l'ajourner à une date ultérieure [28]. »

Le ministre finit toutefois par s'exécuter. Le 17 septembre 1896, les administrateurs des compagnies reçoivent du nouveau ministre la lettre-circulaire que son prédécesseur n'avait pas eu le temps d'envoyer.

« Messieurs,

Le traité conclu entre votre compagnie et la maison Hachette pour la vente des livres et des journaux dans les gares expire le...

Je tiens à vous prévenir, dès à présent, que je n'en accepterai pas le renouvellement dans les mêmes conditions. Ce traité n'est pas assimilable à ceux que vous passez journellement pour les besoins de votre exploitation. Aux termes de l'article 70 de l'ordonnance du 15 novembre 1846, qui reste toujours en vigueur, le bénéficiaire ne peut, en effet, exercer son industrie dans l'enceinte des gares qu'avec une autorisation du Préfet.

En vertu de cette disposition, l'Administration serait en droit de refuser

28. *Le Jour*, 29 juin 1896, pp. 1-2.

l'autorisation ; mais le public serait le premier à en souffrir et j'ai tout lieu de croire que vous ne la mettrez pas dans l'obligation de recourir à ce moyen de rigueur.

L'adjudication doit être la règle. Dans l'espèce, elle est commandée par l'intérêt des compagnies et de l'État, leur garant, aussi bien que par la convenance de ne pas créer au profit d'une maison déterminée un monopole que rien ne justifie.

Je vous invite donc à procéder à l'avenir par voie d'adjudication restreinte sur une liste que vous soumettrez préalablement à mon acceptation et dans laquelle pourra d'ailleurs figurer la maison Hachette au même titre que toute autre, mais sans privilège exclusif.

Je vous prie de m'accuser réception de la présente dépêche et de me faire connaître en temps utile les mesures que vous aurez prises pour vous y conformer.

Recevez...

Le Ministre, Turrel [29]. »

Les compagnies s'inclinent et, dans les semaines qui suivent, arrivent chez Flammarion les modèles de soumission pour l'adjudication des réseaux de l'État et de Ceinture. Ernest Flammarion et Pascal Olivieri ont gagné la première manche.

## *Flammarion adjudicataire*

Le réseau de Ceinture comporte 56 bibliothèques, réparties dans vingt gares du pourtour de Paris. Le réseau de l'État, long de 2 716 km, transporte annuellement dix millions de voyageurs en direction de la Vendée, du Poitou et des Charentes. Il abrite 70 bibliothèques de gare. En fonction de ces chiffres, Ernest Flammarion fait ses comptes et envoie ses propositions ; comme il ne veut pas laisser passer la chance qui se présente à lui, ses offres dépassent de beaucoup les loyers payés jusqu'ici par Hachette : 7 100 F au lieu de 2 500 pour le réseau de Ceinture, 15 100 F au lieu de 7 000 pour le réseau d'État.

Les adjudications ont lieu le 16 et le 25 novembre. Les soumissionnaires sont au nombre de trois : Hachette, Flammarion et Delagrave [30]. Ce dernier est surtout un éditeur de livres scolaires auxquels s'ajoutent le *Musée des familles*, un journal de lectures familiales, et *Saint-Nicolas*, un journal illustré pour les enfants. Il est évident que cet éditeur n'est pas de taille à concurrencer Hachette. De toute façon, l'offre de Flammarion est la plus forte. Il est proclamé l'adjudicataire des deux réseaux.

Cette nouvelle ne va pas sans susciter de violentes réactions. Celle des libraires et des éditeurs est immédiate et ouverte. La nouvelle d'une possible adjudication des deux concessions à Flammarion avait déjà jeté le trouble chez les libraires et le

29. L'exemplaire de cette circulaire du 17 septembre 1896 conservée dans les archives Flammarion porte la note manuscrite : « conçue par M. Guyot-Dessaigne. »

30. *Mémorial de la Librairie*, 1896, p. 716.

bruit se répandit que, bientôt, dans chaque gare, Flammarion vendrait à vil prix des livres, créant ainsi une concurrence insupportable aux libraires locaux. Voilà réactivée (par les bons soins de Hachette ?) l'image de Flammarion-le-soldeur, celui qui, en tant que libraire, a « cassé » le prix des livres et qui, en tant qu'éditeur, a inondé le marché de collections bon marché. L'annonce du résultat tombe dans cette effervescence et la réaction des libraires est d'autant plus vigoureuse que, depuis 1892, ils sont regroupés dans un syndicat bien organisé [31].

Lors de sa création, le Syndicat national des libraires s'est fixé quatre objectifs :
— interdire la vente des livres aux non-libraires (les bazars, par exemple) ;
— réglementer la vente des livres de prix et livres scolaires qui font l'objet de trop de remises ;
— conclure des ententes sur le prix de vente des livres au public ;
— obtenir, à terme, un relèvement général des prix.

Pour atteindre ces buts, les libraires attendaient des éditeurs qu'ils unifient les remises accordées — sans favoriser les gros acheteurs — et qu'ils fassent pression sur les libraires qui pratiquaient des prix trop éloignés du prix marqué. Pour répondre à ces demandes, les éditeurs s'étaient, à leur tour, regroupés en un syndicat, d'abord temporaire, puis régulièrement prorogé. Leur réponse aux revendications des libraires avait été si prudente que ceux-ci avaient compris qu'ils n'obtiendraient aucun accord global sur les prix : mieux valait négocier par spécialité. Ainsi, un premier accord avait été signé pour les livres scientifiques en 1895 ; si limité que fût le champ d'application de cet accord, il rencontrait, pour les livres de médecine notamment, des résistances, certains libraires refusant d'appliquer le tarif des prix minima. Néanmoins, le syndicat continuait son action en préparant un accord sur les livres de tourisme et les guides.

On voit que l'adjudication des réseaux à Flammarion tombe juste dans les préoccupations du Syndicat des libraires. Celui-ci prend donc contact avec le Syndicat des éditeurs et lui demande d'agir pour que les intérêts de ses adhérents soient sauvegardés. Jules Hetzel, président du Syndicat des éditeurs, informe ses collègues de la démarche des libraires au cours d'une réunion, provoquée d'urgence au Cercle de la librairie, le 14 novembre. Ernest Flammarion, comme tous les membres du Syndicat, y a été invité. Sans doute s'y montre-t-il vague sur ses intentions, comme en témoigne un brouillon de lettre à ses collègues, retrouvé dans ses archives, dans lequel il les assure que « la vente des guides et livres ne souffrira pas du nouvel état de choses » et que son seul but est « de donner le plus d'extension possible à la librairie ». Sur les moyens à mettre en œuvre pour parvenir à ce résultat, rien n'est dit qui soit de nature à calmer les inquiétudes des libraires. Puis, le 19 novembre, le résultat de l'adjudication est rendu public. Flammarion envoie aussitôt à ses collègues une lettre-circulaire pour leur annoncer la nouvelle et leur demander quels sont les livres qu'ils souhaitent vendre, par son intermé-

31. Depuis quelques années, le commerce de détail a commencé à structurer ses mouvements revendicatifs à l'encontre des grandes surfaces de vente, notamment. On a vu apparaître en 1888, par exemple, une Ligue pour la défense du travail, de l'industrie et du commerce qui agit essentiellement dans ce sens.

diaire, dans les bibliothèques de gare. De son côté, le Syndicat des éditeurs, à l'issue d'une nouvelle réunion le 30 novembre, charge trois de ses membres, Paul Ollendorff, Eugène Belin et Armand Colin, d'une démarche auprès de l'adjudicataire. Et, le 10 décembre, lors d'une nouvelle assemblée générale, les trois délégués rendent compte à leurs confrères du succès de leur intervention. Jules Hetzel fait le compte rendu de cette séance à Ernest Flammarion deux jours plus tard :

« Mon cher confrère,

Nous avons transmis à nos collègues du Cercle de la librairie l'heureux résultat de la démarche qu'ils nous avaient chargés de faire auprès de vous et ils nous prient de vous remercier de la bonne grâce dont vous avez fait preuve dans cette circonstance. Il est donc entendu que vous vous engagez pendant un an, c'est-à-dire jusqu'au 1-1-98, à ne rien modifier aux conditions de vente des livres au public sur les deux réseaux de l'État et de la Ceinture dont vous êtes adjudicataire.

Nos collègues ont été d'autant plus heureux de votre acquiescement qu'ils sont unanimes à demander aux compagnies, comme ils l'ont déjà fait, l'insertion dans leur cahier des charges d'une clause semblable à celle qui concerne les journaux et écrits périodiques et qui fixerait les prix de vente des livres aux prix des catalogues.

Veuillez agréer... »

Jules Hetzel [32].

La guerre des prix n'aura pas lieu et, alors que la lettre-circulaire du 24 novembre et celle de relance du 5 décembre étaient restées quasiment lettres mortes, désormais les réponses affluent chez Flammarion : Plon, Stock, Lemerre, le Mercure de France, Calmann-Lévy, Henri Gautier, Henri May, Le Soudier lui communiquent la liste de leurs ouvrages à vendre dans les gares. Certains éditeurs comme Simonis-Empis, Berger-Levrault, Delagrave motivent leur retard à répondre, le plus explicite étant Paul Ollendorff :

« Comme vous savez, j'ai dû attendre, pour répondre à votre lettre du 24-11 dernier, la solution à intervenir entre nos collègues du Cercle de la librairie et vous, au sujet du prix de vente des livres sur les deux réseaux de l'État et de Ceinture, dont vous vous êtes rendu adjudicataire. Maintenant que ce point a été réglé à notre satisfaction réciproque et que vous avez pris l'engagement de ne rien modifier, au moins pendant un an, jusqu'au 1-1-98 aux prix de vente au public adoptés par votre prédécesseur, je m'empresse de vous informer que j'accepte pour mes publications les mêmes conditions de remise, de dépôt et de règlement qui existent pour les autres réseaux, avec la maison Hachette [33]. »

Comme en témoignent les lettres conservées [34], Flammarion avait bien dû faire face à une coalition de ses confrères car seuls les éditeurs de guides avaient répondu favorablement à sa demande avant la réunion du 8 décembre au Cercle.

32. Lettre inédite de Jules Hetzel, 10 décembre 1896. A. F.

33. Lettre inédite de Paul Ollendorff, 11 décembre 1896. A. F.

34. Les archives Flammarion conservent les lettres de tous les éditeurs cités auxquelles il faut encore ajouter celles, plus laconiques, des éditeurs Borel, Geffroy, Roy et successeurs...

À Ceux-là (Guides Conty, Guides Clavier, France-Album, Musée du Mont-Saint-Michel), éditeurs par ailleurs mineurs, peu importait que Hachette perdît ses concessions ; peut-être même se réjouissaient-ils en espérant voir la place des guides Joanne un peu réduite !

Cependant, les libraires s'inquiètent de voir l'accord limité dans le temps ; aussi reviennent-ils à la charge auprès de Jules Hetzel qui s'entremet à nouveau et, le 18 février 1897, il informe officiellement les libraires du résultat de sa démarche :

« J'ai le vif plaisir de porter à votre connaissance que notre confrère M. Flammarion, concessionnaire de la vente dans les gares des deux réseaux vient de m'informer qu'il prorogeait au-delà de la date primitivement fixée son engagement de vendre au prix fort dans lesdites gares, engagement qui devient ainsi définitif. Vous constaterez aussi, Monsieur le Président, que le Syndicat des éditeurs a fait, une fois de plus, tout ce qui lui était possible pour sauvegarder les intérêts communs. Veuillez... [35]. »

L'opposition des libraires est vaincue ; le Syndicat des éditeurs leur a donné satisfaction aux dépens de Flammarion. Ce gage de bonne volonté permet de faire oublier que la négociation générale sur les tarifs piétine.

Seule, l'approche de nouvelles adjudications réactivera temporairement l'inquiétude des libraires et leur opposition à cette procédure. Ainsi, le 22 octobre 1897, alors qu'approche le renouvellement de la concession du réseau de l'Est, le Syndicat enverra au ministre des Travaux publics une lettre demandant que leur soit garantie l'application des prix forts dans les bibliothèques de gare :

« Le prix plus élevé des volumes dans les gares que chez les libraires a restreint la clientèle des premières aux seuls voyageurs pour lesquels ces bibliothèques ont été créées, tandis que si le prix était moindre ou même égal, elles ne tarderaient pas à englober la plus grande partie des lecteurs au grand préjudice des libraires.

La maison Hachette, titulaire actuelle, n'a jamais donné de sujets de plaintes aux Compagnies ; les éditeurs trouvent en elle une garantie que peut-être ils ne trouveraient pas ailleurs ; les libraires n'ont rient à craindre d'une concurrence qui ne se produira pas plus qu'elle ne s'est produite par le passé. Pour ces raisons, nous venons vous demander, Monsieur le Ministre, de vouloir bien renoncer à de nouvelles adjudications qui tendraient à supprimer une nombreuse corporation, digne d'intérêt, et dont la disparition se traduirait par une moins-value dans les recettes de l'État.

Dans le cas où nos doléances ne parviendraient pas à vous convaincre de la nécessité de conserver l'état actuel des choses et si, malgré nos protestations, le système des adjudications devait prévaloir, nous demandons que, dans le cahier des charges, soit inscrite l'obligation, pour l'adjudicataire, de vendre les livres aux prix marqués et l'interdiction de vendre des ouvrages en solde ou au rabais [36]. »

La première solution sera écartée par le ministre ; l'application de la seconde sera laissée à la libre décision des compagnies : elle ne figurera jamais dans le cahier des charges du réseau de l'État, avant 1914 ; en revanche, toutes les autres

35. *Bulletin des Libraires*, 1er avril 1897, p. 2.
36. *Bulletin des Libraires*, 1er novembre 1897, p. 90

compagnies dont les cahiers des charges ont pu être consultés (réseaux de l'Est, du Nord, du Midi, de la Ceinture) ont, dès l'adjudication suivante, modifié la clause concernant les prix de vente ; alors que, appliquée précédemment aux journaux, l'obligation de vendre au prix marqué tendait à éviter qu'ils ne soient vendus à un prix supérieur, étendue aux livres, elle garantit qu'ils ne seront pas vendus à un prix inférieur au prix fort.

Dorénavant, les prétextes manquant pour intervenir dans la conclusion des accords, les libraires vont laisser aux Compagnie le soin d'entraver l'action de Flammarion. À la différence des libraires, elles pratiquent une opposition larvée qui n'est pas, néanmoins, sans conséquences.

Après la circulaire de 1896 et les adjudications qu'elle entraîne, on peut croire que les compagnies vont désormais recourir systématiquement à la procédure de l'adjudication. Or, pour la majorité d'entre elles, il n'en est rien. D'une part, les compagnies de l'Ouest et du P.L.M. ne vont pas faire jouer la clause de résiliation anticipée prévue par leur traité ; d'autre part, les compagnies vont renâcler à se conformer à la circulaire ministérielle quand les contrats vont arriver à échéance.

La première à faire preuve de sa mauvaise volonté est la Compagnie des chemins de fer de l'Est dont le contrat avec Hachette expire en décembre 1897. L'automne arrive sans que la compagnie manifeste l'intention d'organiser une adjudication. N'est-ce pas qu'elle va traiter de gré à gré avec Hachette, sans tenir compte de la volonté du ministre ? Le 18 décembre, le député radical Eugène Derveloy interpelle le ministre, qui est toujours Adolphe Turrel, un élu radical lui aussi. Ce dernier explique qu'il a tardé à mettre la Compagnie en demeure de procéder à l'adjudication parce qu'il voulait « laisser le temps à toutes les manifestations d'opinions en cette matière de se faire entendre ». Il fait allusion ici à la lettre du Syndicat des libraires, reçue en octobre, mais aussi à d'autres propositions plus drastiques — et non identifiées —, tendant à interdire à tout éditeur de romans d'être concessionnaire.

Le ministre assure ensuite qu'il a transmis ces vœux à la Compagnie qui a manifesté « la meilleure volonté, le plus grand désir de conciliation et même un souci très élevé (...) de faire les plus grands efforts pour sauvegarder les intérêts des libraires de province. »

Eugène Derveloy lui répond qu'il ne voit aucune objection à ce que l'adjudicataire soit obligé de vendre aux prix marqués puisque c'est déjà la pratique, mais il demande au ministre de s'engager plus clairement en fixant une date limite à l'adjudication du réseau de l'Est. Le ministre donne trois mois à la Compagnie [37]. Celle-ci s'exécute ; la date de l'adjudication est fixée au 18 janvier 1898.

Pour sa soumission, Ernest Flammarion s'est procuré les comptes de Hachette pour l'année 1896 :

37. *Journal Officiel*, 18 décembre 1897, pp. 3018-19.

| | | |
|---|---|---|
| Total des bénéfices | : | 131 055 F |
| Frais généraux | : | 74 500 F |
| soit : | | |
| Loyer | : | 30 000 F |
| Appointements | : | 30 000 F |
| Local et divers | : | 2 500 F |
| Frais divers | : | 1 200 F |
| Bénéfice net | : | 56 555 F |

Il prépare donc le budget prévisionnel suivant :

| | | |
|---|---|---|
| Local et divers | : | 15 000 |
| Appointements | : | 31 000 |
| Amortissements | : | 20 000 (120 000 : 6) |

Il en conclut qu'il peut offrir un loyer annuel de 55 200 F, s'il veut, sur la base des comptes de 1896, gagner 10 000 F environ [38].

Il révisera même son offre pour la porter, en définitive, à 56 500 F, ce qui est la limite extrême de la rentabilité [39]. Mais, dans cette affaire, la rentabilité n'est qu'une préoccupation secondaire : l'essentiel est de vaincre Hachette ! Cependant, Flammarion n'y parvient pas ; Hachette, qui n'a pas à prendre en compte l'amortissement d'une nouvelle installation de bibliothèques et qui ne veut pas se laisser déposséder comme l'année précédente, fait une offre bien supérieure et emporte l'adjudication pour une somme qui ne sera divulguée qu'ultérieurement : 100 000 F.

La Compagnie du Chemin de fer d'Orléans, dont le contrat arrive ensuite à expiration, préfère se soumettre à la circulaire ministérielle et, d'elle-même, organise, le 14 décembre 1898, son adjudication. Flammarion offre 77 700 F mais, cette fois encore, Hachette remporte l'adjudication avec une offre de 115 000 F [40]. C'est alors le tour de la Compagnie des Chemins de fer du Nord d'organiser le 10 mars 1901 une adjudication pour la concession qui expire à la fin de juin. Hachette la conserve pour la somme de 240 000 F. Enfin, le 8 février 1902, la Compagnie du Midi renouvelle son contrat : pour 106 400 F, Flammarion devient concessionnaire du réseau à dater du 1er août [41].

Ces quatre adjudications successives semblent prouver que la procédure est définitivement acceptée. Or, le sujet va revenir sur le devant de la scène parlementaire en mars 1902, à propos de la Compagnie du P.L.M. En effet, le contrat de

38. Brouillon manuscrit d'Ernest Flammarion. A. F.

39. Le double de cette soumission est conservé dans les archives Flammarion.

40. Il faut signaler que la petite Compagnie des Chemins de fer d'intérêt local de l'Anjou propose spontanément à Flammarion, en novembre 1899, d'examiner ses propositions, au cas où il serait intéressé par la concession, détenue par Hachette, qui arrive à expiration. Lettre inédite du Président de la Compagnie, 29 novembre 1899. A. F.

41. L'épais dossier d'archives concernant l'exploitation de ce réseau prouve l'erreur commise par Jean Mistler qui attribue à Hachette cette concession, op. cit., p. 318. Voir aussi A. N., 78 AQ f°220 et 260.

cette compagnie avec Hachette contient une clause de résiliation dont elle n'a pas fait usage et les députés radicaux n'attendent qu'une occasion pour interpeller le ministre sur cette anomalie. Au début de 1902, cette occasion se présente car la Compagnie du P.L.M. connaît quelques difficultés financières et la garantie de ses intérêts va coûter cher à l'État. Ne serait-ce pas l'occasion de chercher à augmenter les recettes du réseau ?

Le ministre du gouvernement Waldeck-Rousseau, Pierre Baudin, a eu vent de projets d'interpellation ; aussi demande-t-il aux directeurs de la Compagnie de résilier leur traité avec Hachette et de procéder au plus tôt à une adjudication. Les directeurs de Hachette, informés, font valoir à la Compagnie que le traité prévoit un préavis de six mois avant toute résiliation et refusent donc d'accepter une résiliation immédiate si elle ne s'accompagne pas d'une compensation. Le 20 février, M. Noblemaire, directeur de la Compagnie, rencontre Armand Templier et acquiesce au principe d'une compensation. Sans doute cède-t-il aux instances du ministre des Travaux publics puisque ce dernier s'est déjà engagé auprès d'une délégation du Cercle de la Librairie à obtenir à tout prix la résiliation du traité. Un accord est donc conclu entre la Compagnie du P.L.M. et Hachette. Et le ministre va pouvoir affronter sereinement l'interpellation.

Elle a lieu le 5 mars 1902. Le député Derveloy ouvre le feu en faisant remarquer à ses collègues que la Compagnie n'a pas fait jouer, en 1901, la clause de résiliation qui lui aurait permis d'obtenir un loyer plus avantageux que les 75 000 F payés jusqu'ici par Hachette. Il rappelle alors les résultats des précédentes adjudications :

| | adjudications | traités antérieurs |
|---|---|---|
| Ouest | 100 000 | 60 000 |
| Orléans | 115 000 | 30 000 |
| Est | 220 000 | 30 000 |
| Nord | 240 000 | 37 500 |
| Midi | 106 000 | 25 000 |

« Ce qui fait pour ces cinq compagnies une différence en faveur de l'adjudication de plus de 600 000 F par an ! » Et il s'indigne que la Compagnie « ait préféré faire à la maison Hachette un cadeau qu'on peut estimer, si on en juge par les résultats comparables de l'adjudication du Nord, à une somme de 165 000 F par an. »

Le ministre lui répond que, comme ses prédécesseurs, il a « menacé la Compagnie du P.L.M. de suspendre purement et simplement les autorisations accordées par les préfets » et il peut, maintenant, annoncer le résultat de cette intervention : « Le traité est résilié et l'adjudication aura lieu dans un mois [42]. »

L'affaire est close. Eugène Derveloy s'est déclaré satisfait. L'aurait-il fait s'il

42. *Journal officiel*, séance du 5 mars 1902, p. 1164.

avait connu le contenu du traité de résiliation tel qu'il est exposé, le 7 mars, au Conseil d'administration de la Compagnie ?

« (...) sur l'insistance de l'administration supérieure, la Compagnie vient de négocier avec la maison Hachette une résiliation amiable du traité en cours pour la date du 1er octobre 1902, date à partir de laquelle l'exécution d'un nouveau traité pour six ans serait assurée par le bénéficiaire d'une adjudication.

La condition de cette résiliation réside dans l'abandon consenti par la Compagnie à la maison Hachette, qu'elle soit ou non adjudicataire, de la moitié pendant trois ans de la différence entre le loyer résultant de l'adjudication et le montant de la redevance actuelle (75 000 F). »

Et le conseil approuve les termes de la résiliation ainsi proposée [43].

Dans ces conditions, les soumissionnaires ne se trouvent pas sur un pied d'égalité puisque, à offre égale, Hachette déboursera une somme bien moindre que ses concurrents. De plus, il faut craindre que, une fois encore, Hachette ne retire ses meubles. Aussi Flammarion tente-t-il d'intervenir auprès du ministre Baudin pour obtenir que le délai entre l'adjudication et l'entrée en possession des bibliothèques de gare soit porté à trois mois, de façon à permettre au nouvel adjudicataire de faire fabriquer de nouveaux meubles sans précipitation. L'éditeur demande aussi que la durée du traité soit de neuf ans, au lieu de six, afin de diminuer les frais d'amortissement annuel de ce mobilier ; il souhaite, enfin, qu'à l'avenir le cahier des charges prévoie la reprise automatique par le nouvel acquéreur du mobilier en place [44]. La lettre reste sans effet car ces dispositions ne sont plus du ressort du ministre mais de celui des compagnies. Bien que Hachette jouisse donc d'avantages certains pour cette adjudication, la Librairie décide de ne prendre aucun risque et fait une offre qui dépasse tout ce qu'avait pu imaginer Ernest Flammarion [45]. L'adjudication a lieu le 30 avril et, le 2 mai, « le Directeur fait connaître au Conseil que MM. Hachette ont été nommés adjudicataires des bibliothèques de gare du réseau au prix de 377 000 F ; les concurrents, MM. Fasquelle et Flammarion ont offert, le premier 256 000 F, le second 100 000 F pour chacune des trois premières années et 350 000 F pour chacune des trois suivantes [46] ».

Cette dernière adjudication montre combien les compagnies, dans bien des cas, ont adopté une attitude favorable à Hachette alors que le système de l'adjudi-

43. A. N., 77 AQ 198, f°114-115.

44. Brouillon de lettre d'Ernest Flammarion, 29 mars 1902. A. F.

45. Dans une note conservée parmi ses archives, Ernest Flammarion imagine toutes les offres possibles de Hachette et évalue leur coût réel pour cet éditeur ; il n'envisage pas que Hachette puisse offrir plus de 400 000 F.

46. A. N., 77 AQ 198, f°160.

Les offres faites par les trois soumissionnaires représentent, pour six ans, les sommes totales suivantes :

| | Sommes offertes | Sommes touchées par la Compagnie |
|---|---|---|
| Hachette | 2 262 000 | 1 809 000 |
| Flammarion | 1 350 000 | 1 312 350 |
| Fasquelle | 1 536 000 | 1 264 500 |

cation leur était, à l'évidence, bénéfique. Leur souci de ne traiter qu'avec une société financièrement solide et connaissant bien les problèmes de la distribution peut-il expliquer seul ce favoritisme ?

Il est vrai que, après cette interpellation de mars 1902, toutes les compagnies procéderont désormais par adjudication sans qu'il soit nécessaire de le leur imposer ; quand, par hasard, elles manqueraient à cette règle, Hachette même leur rappellerait la nécessité de s'y plier [47]. C'est que cette procédure aura perdu tout son intérêt puisque, à la suite d'un accord passé entre Hachette et Flammarion, il n'y aura plus désormais qu'un seul soumissionnaire : Hachette. Les compagnies auront alors beau jeu d'accorder satisfaction à Flammarion en faisant obligation au concessionnaire sortant de céder ses meubles à son successeur et en allongeant la durée des contrats de concession [48]. Le combat est terminé.

## *La stratégie de Hachette*

La maison Hachette considérait que l'exploitation des bibliothèques de gare était sa propriété. Louis Hachette n'en était-il pas « l'inventeur » ? N'était-ce pas grâce au dynamisme et au travail de la maison qu'un millier de bibliothèques, dont personne ne contestait l'utilité, animait les gares de tous les réseaux ? Hachette n'avait-il pas droit à la reconnaissance générale pour avoir donné un emploi à des milliers d'épouses, veuves ou filles d'employés des chemins de fer depuis quarante ans bientôt ? Cependant, Hachette comprit très vite que les arguments sentimentaux ne suffiraient pas et que la bataille allait se placer sur le terrain financier. Les loyers avaient été trop peu réévalués — alors que le chiffre d'affaires augmentait considérablement — pour que son monopole ne fût pas remis en question.

Les adjudications de 1896 lui échappent parce que ses directeurs ont sous-estimé les forces et la détermination de l'adversaire. Une fois l'effet de surprise passé, Hachette va réagir en se fixant deux buts :

- — rendre difficile à Flammarion l'exploitation des bibliothèques de gare concédées.
- — empêcher Flammarion ou tout autre éditeur d'obtenir d'autres concessions.

Le premier moyen mis en œuvre manque de grandeur mais il a son efficacité : la maison Hachette, dépossédée de ses bibliothèques des réseaux de l'État et de Ceinture par l'adjudication du 16 novembre, avertit Flammarion le 20 novembre qu'elle n'a pas l'intention de lui vendre ses meubles-bibliothèques et qu'ils seront enlevés pour le 31 décembre [49]. L'adjudicataire se trouve dans l'obligation de faire

47. Au directeur de la Compagnie de l'Est qui, en 1904, lui propose de traiter directement, Edmond Fouret demande de se conformer strictement à la circulaire ministérielle, même s'il sait qu'il n'y aura qu'un seul soumissionnaires (cf. Mistler, op. cit., p. 321).

48. La Compagnie du P.L.M. portera la durée de son traité à 12 ans, au renouvellement de 1908, et celle du chemin de fer de Ceinture à 9 ans, en 1909.

49. Lettre inédite de la maison Hachette, 20 novembre 1896. A. F.

fabriquer très rapidement de nouveaux meubles. Une volumineuse correspondance est donc échangée pendant le mois de décembre, d'abord pour évaluer les besoins des bibliothécaires, puis pour traiter avec les menuisiers locaux. Les commandes sont passées et, début janvier, les nouvelles bibliothèques sont prêtes à entrer en service. Il ne reste plus à Flammarion qu'à régler l'achat des lampes à gaz ; c'est dire que tous ont fait vite [50]. Cependant, cette mauvaise volonté de Hachette ne pose pas que des problèmes d'ordre pratique à Flammarion : elle l'oblige à faire un investissement lourd qu'il faudra peut-être amortir sur une durée de six ans si la prochaine adjudication de ces réseaux lui échappe. En cette fin d'année 1896, Flammarion doit donc débourser 100 000 F [51]. Cette dépense immédiate est sans doute l'une des raisons de son association financière avec Fasquelle et Olivieri, mais elle ne l'empêche pas de se lancer dans l'exploitation de ses bibliothèques. Hachette va donc tenter, dans un second temps, d'en entraver le fonctionnement, en s'attaquant à son point faible, la distribution.

En effet, l'essentiel de l'activité des bibliothèques de gare est constitué, surtout en banlieue parisienne, par la vente des journaux. Le chiffre annuellement réalisé avec les journaux dans les gares de la Ceinture, par exemple, est six fois supérieur, en 1895, à celui des livres. L'approvisionnement quotidien des bibliothèques nécessite donc une manutention importante. Certains quotidiens à fort tirage assurent eux-mêmes leur distribution ; les quotidiens à plus faible tirage et l'ensemble de la presse périodique sont distribués par des sociétés de messageries. La plus importante est la Société Anonyme des Messageries quotidiennes de journaux, qui fait, en 1896, un bénéfice de 257 268 F [52]. Hachette utilisait ses services et Flammarion ne peut que l'imiter. Il signe donc avec cette société un accord pour le transport, à partir du 1er janvier 1897, des journaux quotidiens, des illustrés et de paquets de librairie, sur les réseaux de l'État et de la Ceinture. En même temps, il passe un accord avec les Messageries du Figaro, qui, outre ce journal, distribuent la presse du soir. Ce double traité est signé pour une durée de deux ans aux mêmes conditions que celles consenties précédemment à Hachette [53]. Or, le 23 juin 1897, François Périnet, qui avait affermé l'activité de son agence de messageries aux Messageries quotidiennes de journaux, la vend pour 1 430 153 F à Hachette. Tous les contrats et traités de l'agence avec les journaux et les libraires sont transférés à l'acquéreur de la société. Quatre mois plus tard, la Société des Messageries du Figaro est dissoute par décision des actionnaires et Paul Faivre en est le liquidateur. Bientôt, elle passe sous le contrôle de Hachette pour la somme de 100 000 F et, en septembre 1898, Flammarion reçoit l'avis suivant :

« Suivant les termes du traité que vous avez passé le 30 décembre 1896 avec MM. Périnet et Faivre, nos prédécesseurs, pour le transport de la librairie et des

50. L'ensemble de cette correspondance avec les fournisseurs est conservé dans les archives Flammarion.

51. De la même façon, la reprise du réseau de l'Ouest par Fasquelle nécessitera un investissement de 101 650 F, pour le mobilier. A. F.

52. Jean Mistler, op. cit., p. 314.

53. Acte sous seing privé, 31 décembre 1896. A. F.

journaux aux bibliothèques de gare des réseaux de l'État et de la Ceinture, nous avons l'honneur de vous informer qu'il n'est pas dans nos intentions de continuer l'exécution de ce traité au delà du 1er janvier 1899 et nous vous le dénonçons pour cette date. (...) Vous nous trouverez d'ailleurs disposés à examiner les termes d'un nouveau traité sur des bases différentes [54]. »

Aucun accord n'est trouvé puisque Flammarion doit traiter avec l'agence Renault. Elle s'engage à transporter les journaux de leur imprimerie à un bureau de Flammarion, établi au 64 de la rue Montmartre, où ils seront triés, empaquetés et adressés. Un porteur de la maison Renault les emportera ensuite pour les livrer aux gares du réseau de Ceinture. Une voiture dans laquelle aura pris place un employé de chez Flammarion acheminera aux gares Montparnasse et d'Orléans les colis destinés au réseau de l'État [55]. Cette organisation suppose que Flammarion loue un local et embauche une dizaine d'employés pour préparer les expéditions. Malgré ces dépenses, une note retrouvée dans ses papiers montre, chiffres à l'appui, que cette solution est encore de 15 % moins chère que les conditions proposées par Hachette.

Cette manœuvre gêne sans aucun doute Flammarion ; il est toutefois difficile de préciser dans quelle mesure. En revanche, il est évident que Hachette est en train d'asseoir définitivement sa prééminence dans le domaine de l'édition par cette incursion dans celui de la distribution. Même si la distribution des grands journaux lui échappe encore en 1902, sa place dominante dans celle des périodiques et des journaux de diffusion moyenne lui donne une grande force vis-à-vis de ses concurrents. Par ailleurs, les accords vont se multiplier dans les années à venir pour la distribution de l'ensemble de la presse périodique, et de grands journaux, comme *Le Journal*, *Le Petit Journal* et *Le Matin*, vont abandonner à Hachette leur distribution. Cette initiative prise par Hachette aura donc été doublement payante.

Enfin, pour se débarrasser de la concurrence de Flammarion, Hachette se bat sur le terrain des enchères. Dans tous les débats, la Librairie n'a pas manqué de faire remarquer que la passation d'accords de gré à gré n'a pas empêché une réévaluation des redevances, qui étaient passées de 152 000 F en 1886 à 267 000 F en 1896 [56]. À quoi ses adversaires répondaient que ce n'était que justice puisque, dans le même temps, le chiffre d'affaires des bibliothèques était passé de 5 745 000 F à 7 347 000 F. La hausse du loyer n'était donc que de 1 % rapportée à la hausse du chiffre d'affaires. Devant la concurrence de Flammarion, Hachette va devoir réviser sa politique. Dès l'adjudication du réseau de l'Est, nous l'avons vu, les deux éditeurs se lancent dans une bataille de surenchères que récapitule le tableau suivant :

54. Lettre de la maison Hachette, 26 septembre 1898. A. F.
55. Acte sous seing privé, sans date. A. F.
56. *Journal des Transports*, 21 novembre 1896, n° 47, p. 923.

| Réseaux | Date | Ancien loyer | Offre Flamm. | Offre Hachette | Adj. | Augm. % |
|---|---|---|---|---|---|---|
| État | 1-97 | 7 100 | 15 100 | ? | Flamm. | 214 |
| Ceinture | 1-97 | 2 500 | 7 100 | ? | Flamm. | 282 |
| Est | 4-98 | 30 000 | 56 500 | 100 000 | H. | 333 |
| Orléans | 2-99 | 30 000 | 77 700 | 115 000 | H. | 383 |
| Ouest | 10-99 | 60 000 | 100 000 | ? | Fasq. | 333 |
| Nord | 7-01 | 37 500 | ? | 240 000 | H. | 640 |
| Midi | 6-02 | 25 000 | 106 400 | ? | Flamm. | 424 |
| P.L.M. | 8-02 | 75 000 | 225 000 | 377 000 | H. | 502 |
| État | 1-03 | 15 100 | 21 100 | 25 300 | H. | 166 |

On constate que les augmentations relatives vont croissant jusqu'à l'adjudication du P.L.M. Par deux fois, néanmoins, en 1899 et 1901, la Librairie Hachette croit avoir découragé l'adversaire : elle est déçue dans ses espoirs et perd à chaque fois l'adjudication. Elle relance donc encore plus haut les enchères suivantes, bien que la limite de la rentabilité soit atteinte. En sacrifiant ainsi les profits immédiats, elle compte bien décourager Flammarion — ce qui se produit ; de plus, son engagement dans la distribution rend encore plus nécessaire que par le passé la restauration de son monopole et renforce sa combativité.

On voit donc que Hachette a mis en œuvre tous les moyens qui étaient à sa disposition pour remporter cette lutte avec Flammarion. Grâce à cette empoignade qu'elles ne firent rien pour favoriser, les compagnies gagnèrent 725 300 F par an...

## *Les bibliothèques Flammarion*

Avec les bibliothèques de gare, Flammarion aborde un secteur de la librairie qui diffère sensiblement de la librairie traditionnelle en magasin. Il est alors confronté à des problèmes de fonctionnement dont il avait, semble-t-il, sous-estimé l'importance. Les premiers sont d'ordre financier.

Au moment de se jeter dans la bataille, en décembre 1895, Ernest Flammarion avait signé un acte additionnel au traité qui le liait à Auguste Vaillant :

« Par dérogation à l'article 7 du traité passé le 29 juin 1895 (...), il est entendu que M. Flammarion pourra s'intéresser à la vente des livres et des journaux dans les bibliothèques de gare des chemins de fer, dans le cas où il participerait à une adjudication d'une ou plusieurs compagnies, M. Vaillant renonçant d'entrer dans cette exploitation [57]. »

Ce geste de prudence était-il le fait de Vaillant, peu confiant dans cette nouvelle aventure, ou d'Ernest lui-même qui préférait établir une claire distinction

57. Acte sous seing privé, 14 décembre 1895. A. F.

entre les divers domaines de son activité ? Il y eut sans doute des deux, car l'association avec Vaillant semble bien correspondre à un désir de dissocier un secteur d'activité rentable mais ne nécessitant plus d'initiatives nouvelles : il suffisait désormais d'un bon gestionnaire à sa tête. Néanmoins, Flammarion ne resta pas seul dans l'affaire des bibliothèques de gare.

En novembre 1896, il est nommé adjudicataire de deux concessions mais, s'il reste seul en nom, il s'adjoint bientôt deux associés : Pascal Olivieri et Eugène Fasquelle. À cette association, il y a plusieurs raisons. Tout d'abord, Flammarion doit faire face à des dépenses immédiates pour le mobilier des bibliothèques de gare et les locaux administratifs généraux ; fidèle à sa politique, il préfère chercher des financements extérieurs plutôt que de puiser dans ses réserves. Cependant, l'apport de ses associés, sans être négligeable, va être assez modeste : 28 000 F. Il y a donc d'autres raisons à cette association. Il est vraisemblable que Pascal Olivieri a fait de cette association une condition de sa participation à l'entreprise. Quant à Fasquelle, Flammarion souhaitait l'entraîner dans l'entreprise de façon à ne pas limiter à un duel entre Flammarion et Hachette les adjudications des bibliothèques de gare. Une des clauses du traité le prévoit clairement. De plus, Fasquelle dispose de locaux assez vastes rue de Grenelle pour accueillir l'administration des nouvelles bibliothèques alors que, en attendant l'achèvement de l'immeuble de la rue Racine, Flammarion ne sait où installer ses bureaux. Fasquelle est donc, à plus d'un titre, intéressé à l'aventure. L'acte d'association entre Flammarion, Fasquelle et Olivieri est signé le 29 décembre 1896 :

« M. Flammarion, tout en restant seul titulaire en nom des deux réseaux, offre par les présentes à M. Fasquelle et à M. Olivieri, qui acceptent, de s'unir à lui pour cette exploitation spéciale, chacun des trois adhérents devant faire apport par tiers du capital nécessaire fixé provisoirement à 42 000 F, comme aussi participer dans les mêmes proportions, aux bénéfices et aux pertes éventuelles de l'opération.

M. Olivieri, plus spécialement chargé de la direction de ce service et du travail effectif qui en résulte, touchera, en outre, par prélèvements mensuels, une somme de 3 600 F par an, imputable au chapitre des frais généraux. »

Une clause prévoit aussi la déduction des résultats annuels des amortissements par sixième du mobilier nouvellement mis en place. Enfin, l'acte prévoit l'avenir :

« Ils s'engagent dès maintenant, dans le cas où l'un d'eux deviendrait titulaire de nouveaux réseaux, ou nouvel adjudicataire des deux réseaux sus indiqués, à mettre en commun la nouvelle exploitation qui serait régie par les mêmes conventions entre le titulaire et les deux autres, que celles qui fixent ici la situation de M. Flammarion et des deux autres signataires [58]. »

Cette clause servira une fois : en octobre 1899, Fasquelle offre 100 000 F pour la concession du réseau de l'Ouest et remporte l'adjudication. Il a le soutien financier et les infrastructures de Flammarion à sa disposition et, pour cette activité,

58. Acte sous seing privé, 29 décembre 1896. A. F.

les deux éditeurs utiliseront des services administratifs communs. En fait, sous une autre étiquette, c'est la même équipe qui aura enlevé l'adjudication.

Les questions financières réglées, il reste à mettre en place l'administration demandée par la multiplicité des points de vente, la rémunération au pourcentage des gérantes et tous les problèmes de diffusion. Les services responsables des bibliothèques de gare sont hébergés dans l'ancien hôtel de Charpentier, rue de Grenelle. Le travail de comptabilité et d'expédition y emploie 23 personnes : un directeur, Pascal Olivieri, un inspecteur, neuf employés administratifs, six expéditeurs et six coursiers, auxquels il faut ajouter la dizaine d'employés de la rue Montmartre, affectés à la distribution des journaux.

L'administration des différents réseaux est centralisée ; ainsi, un unique contrat est signé avec Jules Jardin, à qui les deux associés sous-traitent la vente de petites marchandises autres que livres et journaux, dans une corbeille placée sur l'étal des bibliothèques de gare [59]. De même, tous les imprimés, prospectus, catalogues sont identiques pour les trois réseaux et portent la mention « Bibliothèque des chemins de fer. Ouest-État-Ceinture ». Cette centralisation concourt à la rentabilité de l'exploitation.

Si diverses notes informent Ernest Flammarion du chiffre d'affaires réalisé dans les différents réseaux de bibliothèques de gare, en revanche, aucun bilan ne fait apparaître les bénéfices récoltés. Un calcul approximatif avait été fait pour deux réseaux, en 1897 ; ils estiment le bénéfice à 3 % du chiffre d'affaires. En étendant le raisonnement à tous les réseaux détenus par Flammarion et Fasquelle, on arrive pour l'année 1902 au chiffre de 93 000 F. Cette estimation est cohérente avec le chiffre lancé par Olivieri dans une de ses lettres ultérieures [60]. C'est un revenu intéressant, surtout si l'investissement principal, les meubles, peut être amorti sur plusieurs années [61].

C'est sans doute ce qui explique que, sur sa lancée, Ernest Flammarion s'intéresse à d'autres réseaux de transport : ceux du métropolitain et des tramways. Pascal Olivieri, une fois de plus, est derrière cette initiative. Comme pour les chemins de fer, il a étudié la situation et dressé un plan de bataille :

« Il existe au 31 janvier courant 180 bureaux d'omnibus dans lesquels il serait possible de vendre des journaux politiques. La Cie en principe accepterait — c'est du conseil municipal que dépend la réussite de l'affaire — il ne faut pas que le Conseil sache que la Cie est consentante. Les bases du traité seraient les suivantes :

remises accordées par les journaux 30 %
10 % aux employés vendeurs
5 % à la Compagnie des omnibus

59. Jules Jardin s'engage à verser en échange de cette concession une somme annuelle de 10 000 F. Acte sous seing privé, signé le 1er mai 1902. A. F.

60. Olivieri suppose que Flammarion a gagné 100 000 F grâce aux bibliothèques de gare. Lettre du 13 juillet 1902. A. F.

61. L'un des calculs prévisionnels évoqués ci-dessus estime, pour le réseau de l'Ouest, que le bénéfice annuel serait de 27 000 F pour un capital engagé de 180 000 F, si le loyer était de 200 000 F. On comprend que cela excite les convoitises.

5 % à la ville
10 % à la maison

Il faut donc agir d'urgence auprès de quelques conseillers municipaux ; à la compagnie, M. Cuvinot, sénateur, président du conseil, nous est acquis ainsi que M. Noisette. Ce sont eux qui conseillent vivement d'agir sur le Conseil municipal [62]. »

L'action sur le Conseil municipal est l'affaire d'Ernest Flammarion qui est maire-adjoint du VI^e^ arrondissement depuis 1893. Olivieri, lui, se charge des rapports avec les compagnies. Une fois encore, ce sont les amitiés politiques qui vont jouer. En effet, le sénateur Paul Cuvinot, ingénieur des Ponts et Chaussées et auteur de nombreux rapports sur les travaux publics, siège à gauche. Pour les autres compagnies, Olivieri utilise les services de Francis de Laëre, directeur du confidentiel journal *La Rive gauche*. Ce dernier s'est offert à transmettre les propositions de Flammarion aux directeurs de la Compagnie générale de traction, de la Compagnie générale des tramways de Paris et du département de la Seine, de la Compagnie du tramway de Romainville et de Saint-Maur et, surtout, au Conseil d'administration du Métropolitain [63]. Rendez-vous est pris avec le directeur de la Compagnie du Métropolitain fin avril [64]. Cependant, l'offre faite par Flammarion n'est pas suffisante puisqu'il est avisé, le 13 juin, qu'une offre supérieure est parvenue à la Compagnie [65]. La concession des bibliothèques du métropolitain lui échappe, au profit de Hachette, soumissionnaire sans doute plus généreux.

Il faut donc abandonner l'idée d'une diversification. Sur ce terrain aussi, Hachette a fait la preuve de sa détermination et ses messageries lui assurent un avantage certain. Flammarion préfère renoncer. Après l'euphorie des adjudications de 1896, force est de constater que l'exploitation des bibliothèques de gare est un combat incessant. C'est dans ce contexte agité qu'éclate la trahison de Pascal Olivieri.

Pascal Olivieri a joué un rôle déterminant dans la création de réseau de bibliothèques de gare Flammarion, nul ne le conteste, et Ernest Flammarion ne peut que louer son dynamisme. Cependant, il apparaît vite qu'il a un gros défaut : il a un besoin incessant d'argent.

Ainsi, entre 1898 et 1900, l'huissier se présente cinq fois, chez Flammarion, pour faire opposition à tout paiement effectué à Olivieri [66]. La première de ces visites se situe en janvier 1898 ; Olivieri a emprunté, sept mois plus tôt, une somme

62. Lettre de Pascal Olivieri à Ernest Flammarion, sans date, A. F.

63. Lettre de Francis de Laëre à Ernest Flammarion, 24 avril 1899. A. F.

64. Lettre du directeur de la Compagnie du Métropolitain fixant rendez-vous à Ernest Flammarion, 24 avril 1899. A. F.

65. En l'absence d'archives de la Compagnie du Métropolitain ou des éditeurs intéressés, il est impossible de chiffrer ces propositions. Un brouillon retrouvé d'Ernest Flammarion indique qu'il comptait offrir 6 % des bénéfices à la Compagnie. Hachette l'a-t-elle emporté en offrant un pourcentage supérieur ou en faisant jouer sa notoriété ? On l'ignore.

66. Voir la liasse d'oppositions et mains-levées conservées dans les archives Flammarion.

de 700 F à un certain Georges Harion, en prévision de l'adjudication de la concession du réseau de l'Est. Outre un intérêt de 6 % sur cette somme, il lui a promis 7 % des bénéfices d'exploitation de la concession et il s'est fait fort de lui procurer une place d'inspecteur. C'étaient là des conditions de remboursement bien alléchantes, dont Olivieri n'avait probablement rien dit à ses associés. Or, l'adjudication de novembre 1897 est remportée par Hachette et, le 25 janvier 1898, le créancier n'a toujours pas reçu les intérêts promis. Son appel à la justice n'est pas vain : son argent lui est restitué dans les jours qui suivent. Même si la maison Flammarion est habituée à recevoir des oppositions au paiement des droits d'auteur, cette affaire est fâcheuse et ressemble fort à une tentative d'escroquerie. Elle est pourtant suivie d'autres semblables. En juillet, la belle-mère d'Olivieri réclame par la même voie les intérêts de la somme de 15 000 F que lui a empruntée son gendre. Puis d'autres créanciers s'impatientent et l'huissier revient, en mars 1899, pour un prêt de 750 F et, en juin, pour une somme de 250 F ; enfin, il réclame le remboursement de 260 F en août 1900. Entre-temps, Olivieri a dégagé ses capitaux de l'association avec Fasquelle et Flammarion. Il est resté employé aux mêmes appointements annuels de 3 600 F, augmentés de 20 % des bénéfices mais son capital lui est remboursé à raison de 400 F par mois [67].

Néanmoins, à partir d'août 1900, Ernest Flammarion n'a plus à connaître des difficultés financières de son directeur des bibliothèques de gare. Se serait-il amendé ? Hélas, non ! En juin 1902, la vérité éclate : Olivieri a pris l'habitude de puiser dans la caisse. Le 9 juillet, il doit avouer par écrit :

« Je reconnais avoir détourné au préjudice de M. Flammarion, éditeur, une somme d'environ 20 000 F au minimum, en me servant de ma fonction pour me faire remettre par les bibliothécaires du réseau de la Ceinture à titre de versement à leur compte ou à titre de cautionnement des sommes que je me suis approprié (sic) et dont j'ai masqué l'absence à la Caisse de la maison au moyen de fausses écritures comptables [68]. »

Il essaie néanmoins de négocier son maintien dans la maison, en essayant de fléchir alternativement Fasquelle et Flammarion, à qui il ne manque pas de faire valoir les services rendus :

« Songez qu'en somme c'est bien moi qui vous ai apporté cette affaire qui avec le Midi doit vous donner à coup sûr 100 000 F de bénéfices nets par an [69]. »

Il n'a pas tort sur ce point, mais Ernest Flammarion, qui a dans ses cartons nombre de lettres d'employés indélicats ayant volé des sommes inférieures à 100 F, ne peut se laisser attendrir. Olivieri doit s'en aller, après avoir pris l'engagement solennel de ne plus s'occuper de bibliothèques de gare.

Cette trahison a-t-elle hâté la décision d'Ernest Flammarion de se débarrasser des bibliothèques de gare ? Peut-être ; il semble toutefois que l'idée en était déjà évoquée avant la découverte de cette affaire.

67. Acte sous seing privé, 24 février 1898. A. F.
68. Acte sous seing privé, 9 juillet 1902. A. F.
69. Lettre de Pascal Olivieri à Ernest Flammarion, 13 juillet 1902. A. F.

*La rétrocession à Hachette*

Un lettre de Pascal Olivieri nous éclaire sur ce que furent les tractations discrètes engagées entre Hachette, d'une part, Fasquelle et Flammarion, d'autre part [70].

« Le jour de mon départ j'avais parlé à M. Fasquelle d'une combinaison dont M. Piazzi m'avait entretenu un mois avant au sujet de la rétrocession à la maison Hachette des lignes concédées à MM. Flammarion et Fasquelle contre une indemnité à fixer (300 000 à 400 000 F) d'un commun accord pour chacun d'entre vous et une rente pour moi me mettant à l'abri du besoin. Cette combinaison tient plus que jamais et M. Piazzi est allé à deux reprises différentes (mardi et aujourd'hui) la soumettre en détail à M. Fasquelle et ce comme intermédiaire de la maison Hachette. M. Fasquelle est absent et je viens par la présente vous prier de lui demander *de toute urgence* d'accorder à M. Piazzi un rendez-vous, convaincu que de l'accord possible entre vous deux et la maison Hachette ne peut surgir qu'une très bonne affaire pour tous. (...)

N.B. M. Piazzi (...) a été le premier intermédiaire entre Hachette et Périnet. »

À en croire cette lettre, il semble que les tractations aient été engagées à l'initiative de la maison Hachette, puisque l'intermédiaire choisi est celui qui avait traité le rachat des Messageries quotidiennes de journaux et qu'il ne semble pas connu d'Ernest Flammarion. Est-ce l'adjudication en mars du réseau du Midi à Flammarion qui inquiète Hachette ou la dure bataille qu'il a fallu mener en mai pour remporter celle du P.L.M. ? Ne va-t-on pas vers de folles enchères qui mettraient en danger la rentabilité de l'exploitation ? Quoi qu'il en soit, il semble que Hachette juge le moment venu de mettre un terme à la concurrence, quel qu'en soit le prix.

Un événement survenu pendant que se menaient les négociations entre Hachette et Flammarion, témoigne de la détermination de la maison du boulevard Saint-Germain : le 20 septembre se présente le renouvellement du traité du réseau de l'État dont l'exploitation était assurée par Flammarion depuis six ans. Celui-ci offre 21 000 F (contre un précédent loyer de 15 000 F) ; Hachette en offre 25 300 et remporte l'adjudication. Il est clair que Hachette veut absolument récupérer l'exploitation de ce réseau et que les soumissionnaires sont conduits à proposer de considérables augmentations de loyer. Il est donc urgent pour Hachette de régler le problème.

Quant à Olivieri, il a évidemment tout intérêt à ce que le traité soit signé ; il en attend des rentrées financières qui régleraient très opportunément ses difficultés : « Inutile de vous dire qu'en plus de ma rente, j'ai demandé une indemnité qui couvrira ce que je vous dois [71] », écrivait-il, rassurant, à Ernest Flammarion. Cependant, si Flammarion n'a pas renoncé à récupérer les 20 000 F détournés, les enjeux des tractations avec Hachette sont autrement importants. En effet, Ha-

70. Lettre de Pascal Olivieri à Ernest Flammarion, 23 juillet 1902. A. F.
71. Lettre de Pascal Olivieri à Ernest Flammarion, 23 juillet 1902. A. F.

chette veut se protéger définitivement de toute concurrence et Flammarion entend faire monter le prix de son renoncement.

L'acte de rétrocession est donc signé le 30 octobre. Flammarion et Fasquelle cèdent à Hachette leurs traités avec les réseaux de l'Ouest et du Midi pour l'exploitation des bibliothèques de gare. L'entrée en jouissance est fixée au 1er janvier 1903. À cette date, Hachette pourra prendre possession du mobilier mis en place par Flammarion, vidé de ses marchandises.

La cession est faite au prix de 500 000 F. Cependant, le paiement de cette somme est assorti de conditions strictes. En effet, 260 000 F seront payés le 31 décembre mais le reste sera payé par sixièmes, à chaque renouvellement de traité avec chacune des six grandes compagnies. La date de paiement est fixée à la fin du mois dans lequel Hachette aura été déclaré adjudicataire. Et, « s'il arrivait que, pour une raison quelconque, le renouvellement ne fût pas fait au profit de MM. Hachette et Cie avec une ou plusieurs compagnies, la part de 1/6 afférente à ladite ou auxdites compagnies ne serait pas exigible et serait purement et simplement supprimée du solde restant à ce moment (art. 3). » Cette clause tend à décourager Flammarion de jamais poser sa propre candidature à une adjudication ou de susciter celle de confrères. L'article suivant va même au-delà des six prochaines adjudications :

« MM. Flammarion et Fasquelle s'engagent, eux, leurs héritiers, représentants ou successeurs à ne pas s'intéresser à un titre quelconque ni directement ni indirectement dans une affaire de vente, de location ou de transport de livres ou de journaux dans les gares pendant un délai de quinze ans à dater de ce jour, et ce, sous peine d'avoir à verser à MM. Hachette et Cie une indemnité égale au prix total de la présente cession. »

Enfin, le traité règle le cas du réseau de la Ceinture dont l'adjudication est imminente et aura valeur de test :

« Dans le cas où il se présenterait un ou plusieurs concurrents à l'adjudication des bibliothèques des gares du réseau de la Ceinture qui aura lieu demain, MM. Hachette et Cie se réservent la faculté de déclarer nulle la présente convention dans un délai de dix jours après que le résultat de l'adjudication aura été connu. Dans ce cas, ils auront à payer une somme de 20 000 F pour le prix du mobilier du réseau de l'État [72] .»

Flammarion respecte l'engagement pris. Le 18 novembre, il sollicite l'autorisation de la Compagnie du Midi de rétrocéder à Hachette l'exploitation des bibliothèques de gare. L'accord est signé le 4 décembre et entre en vigueur le 1er janvier 1903. À cette même date, Hachette, qui a remporté sans opposition l'adjudication du réseau de Ceinture, prend possession du dernier réseau qui lui manquait encore. Hachette a désormais reconstitué le monopole de fait qui lui avait temporairement échappé. Il ne reste plus à Flammarion qu'à sous-louer à un bazar ses locaux d'expédition du 64, rue Montmartre.

72. Acte sous seing privé, 4 décembre 1902. A. F.

En trente ans, Flammarion est devenu l'un des plus gros libraires de l'époque, grâce à un réseau de librairies bien implantées, à Paris et en province. Cependant, cette réussite est, sans doute, moins importante pour l'avenir que l'échec qu'il a subi face à Hachette, pour la concession des bibliothèques de gare. En 1925, constatant « qu'ils (les gens de Hachette) se sont rendus indispensables à leurs correspondants par leur organisation », Ernest Flammarion se souvient : « Nous avons dû nous incliner devant leur intransigeance pour les bibliothèques de gare. Il est vrai qu'ils y ont mis le prix qu'il fallait [73]. » Mais ceci ne compense pas cela, il en est conscient. Grâce à ces petites librairies situées dans les gares du chemin de fer et, bientôt, du métro, Hachette possède le plus grand nombre de points de vente. De plus, leur rivalité a poussé Hachette à mettre en place un système de messageries qui va, lui aussi, évoluer vers une situation de monopole. L'empire Hachette se met en place. Flammarion n'a pu s'y opposer.

73. Lettre inédite d'Ernest Flammarion à son fils Charles, 28 décembre 1925. A. F.

# LA PUBLICITÉ

La seconde moitié du XIX^e^ siècle voit le développement spectaculaire de la publicité. Elle envahit les murs des villes, s'étale sur la dernière page des quotidiens, habille les hommes-sandwiches...

Le livre, comme bien d'autres produits, recourt à ses services. Les annonceurs appartiennent à deux catégories : les maisons d'édition qui utilisent la publicité pour faire connaître surtout les publications populaires et les souscriptions ; les journaux qui tentent d'attirer les lecteurs par le lancement d'un nouveau feuilleton. Ce sont ces derniers qui organisent les campagnes les plus tonitruantes. Les éditeurs, eux, semblent plus discrets ; cette impression tient au fait que, à côté de la publicité visible par affiches et encarts, il en existe une autre plus insidieuse par les moyens qu'elle adopte et plus difficile à mettre en lumière aujourd'hui encore. Elle a recours à la complaisance des critiques et de la presse, en général. Le rôle de l'éditeur est donc de se ménager des influences utiles au sein des rédactions et de dispenser faveurs et crédits quand il le juge nécessaire au succès d'un livre.

## *Les relations publiques*

Si le terme « relations publiques », dans son acception actuelle, n'est pas encore employé, l'obligation de recevoir auteurs et critiques, de tisser des liens avec eux et entre eux, existe déjà. Elle incombe généralement au patron de l'entreprise d'édition.

Ernest Flammarion ne fut pas de ces éditeurs qui s'associent au travail créateur de leurs auteurs ou qui lient leur nom à un mouvement littéraire. Néanmoins, il entretint de bons rapports avec l'ensemble de ses auteurs ; les relations se situaient sur le terrain non d'une intimité tourmentée par les affres de la création mais sur celui des relations d'affaires, ce qui n'excluait pas la cordialité.

Pour maintenir de bons rapports avec ses auteurs, Ernest Flammarion est amené à organiser des déjeuners hebdomadaires chez Foyot, puis au restaurant Voltaire, au premier étage du café du même nom situé sur la place de l'Odéon. Il y réunit, chaque mercredi, ses plus fidèles auteurs ; c'est aussi l'occasion d'inviter tel journaliste dont l'influence peut être déterminante pour le succès d'un livre.

Ce sont ainsi de joyeuses réunions où « Guy de Maupassant, Jean Richepin, Catulle Mendès, Armand Silvestre, Paul Arène pétillaient d'esprit et Aurélien Scholl y avait toujours le dernier mot [1] ». Quelques couplets d'Octave Pradels, *La Marseillaise des rigolos*, donnent une idée de l'atmosphère de ces repas :

« Le mercredi de chaqu'semaine
Qu'il pleuv', qu'il gèle ou qu'il fass' chaud,
C'est ça qu'est beau !
Un' band' joyeus' tout droit s'amène
Au restaurant d'Mossieu Foyot. (...)
Refrain :
Tant qu'y aura des amis sur terre,
Des artiss' et des écrivains,
Des francs lurons, des vrais copains
Chaqu' semaine on choqu'ra son verre
Près d'l'Odéon
Au cri : Marpon et Flammarion !
Et allez donc ! [2] »

Jules Renard donne une description moins chaleureuse (qui s'en étonnerait ?) de ces banquets :

« Des gens se battent pour du fromage. Un monsieur, un Clovis Hugues soufflé, fait le chien-loup et pousse des hurlements. Un auteur que nous croyons dramatique et qui est monologuiste, dit une chanson... Xanrof fait le stupide au piano. Fasquelle, l'associé de Charpentier, exécute une danse du ventre et, frottant son pouce contre la table, la fait trembler [3]. »

Dans l'assistance, il voit encore Ginisty, Allais, Mendès, Florent, un acteur, Courteline, Lacroix l'éditeur et Schwob à qui il fait partager ses impressions.

Ces trois témoins mettent l'accent sur la gaieté de ces déjeuners (qu'ils apprécient diversement) et laissent entendre que les débats littéraires ne sont pas au centre des discussions. Les participants sont surtout les « auteurs gais » de la

1. Ernest Flammarion, note manuscrite inédite. A.F.
2. Octave Pradels, *La Marseillaise des rigolos*. A.F.
3. Jules Renard, *Journal*, 4 novembre 1891.

maison, humoristes, journalistes, chansonniers, comédiens..., ce qui confirme la prédilection des deux éditeurs pour cet esprit. Sans doute lui auraient-ils fait une plus large place dans leur production, si les préoccupations commerciales ne s'y étaient opposées [4].

Interrompus après la mort de Marpon, ces déjeuners reprennent car Flammarion y est attaché et, comme le dit la nouvelle invitation :

« C'est encore honorer Marpon que de continuer son œuvre. Donc gaudissons-nous ! Mercredi, le bon mercredi, va renaître et, le trois décembre à midi, les copains vont se reconnaître sur l'ordre de Flammarion.

Octave Pradels, secrétaire du déjeuner.

Flammarion est l'amphitryon de ce premier déjeuner. »

À partir de 1887, les Flammarion invitent aussi dans leur nouvelle maison de Saint-Mandé ; le ton y est bon enfant et chaleureux. Ces réceptions permettent d'inviter les dames et tous ceux que les banquets au Voltaire pourraient effrayer.

Ces festivités resserrent les liens entre tous ceux qui travaillent à un titre ou un autre pour la maison Flammarion mais leur existence reste ignorée du grand public, même si un entrefilet rapide les signale dans tel ou tel journal.

Certaines fêtes sont donc spécialement organisées à des fins publicitaires. L'une d'entre elles nous est particulièrement bien connue et peut avoir valeur d'exemple. Elle est organisée à l'occasion de la publication de *La Plus Belle Femme de Paris* de Marie Colombier. Cette actrice a défrayé la chronique avec son précédent livre, en 1883, car, sous le titre de *Mémoires de Sarah Barnum*, il attaquait violemment Sarah Bernhardt. Les deux actrices avaient été amies intimes avant de se brouiller lors d'un voyage en Amérique ; Marie Colombier avait alors écrit ce livre vengeur pour lequel auteur et éditeur se retrouvèrent en justice. Il n'est pas meilleure publicité, et le livre fut tiré à 30 000 exemplaires avant le jugement et encore 15 000 ensuite, malgré (ou à cause de) la condamnation.

En 1887, Marpon et Flammarion décident de lancer une opération publicitaire de grande envergure autour du nouveau livre de l'actrice. Quelques privilégiés reçoivent l'invitation suivante :

« Ralliement général au Pont-Royal, à bord de l'Hirondelle n° 70 pour une joyeuse croisière en haute Seine, le jeudi prochain 7 juillet. Déjeuner sur le pont servi par Potel et Chabot. Retour au soleil couchant. »

Au jour dit, le reporter de *L'Événement* était là et « l'Hirondelle n° 70 était à l'ancre, toute pimpante sous ses guirlandes de fleurs et de drapeaux. À l'entrée de la passerelle se tenaient Mlle Colombier et MM. Marpon et Flammarion pour recevoir leurs invités, parmi lesquelles (sic) nous avons remarqué :

Mmes Marthe Duvivier, Laus, Invernizzi, Marie Defresne, Juliette Cléry, Thérésa, Escourval, Anna Vaudoin, Lemaître, Milton, Samary, Madeleine d'Har

4. Voir le chapitre « Vingt millions de livres ».

court, d'Arnelles, Jane Simon ; MM. le général Türr, Talazac, Manoury, Gervex, Armand Silvestre, Cartillier, Charpentier, de Vaux, Montès, Besson, Rambaud, Dubrugeaud, Isey, Livet, Bauer, Carjat, Cornély, Catulle Mendès, Busnach, Paul Strauss, Pradels, Jouy, Galipaux, Jehan Soudan, Richarme, Mesplès, J. Lermina, le docteur Janvier, etc.

À onze heures, l'Hirondelle levait l'ancre au son du Rakoczy Marche, exécuté par des tziganes féminins, et en route pour la Haute-Seine ! (...)

De temps en temps, on faisait partir des pétards et les rires de l'assistance couvraient bientôt le bruit de la machine et même la musique (...). À midi et demie, les tables étaient dressées sur le pont, les couverts mis et chacun cherchait à se caser suivant son plaisir (...).

Le déjeuner, très bien servi, s'est prolongé jusqu'à 2 heures et demie. Au dessert, M. Talazac avec sa belle voix a porté un toast en musique à Mlle Colombier, à son livre ainsi qu'à nos amphitryons, MM. Marpon et Flammarion.

Thérésa est venue ensuite charmer l'assistance en disant plusieurs morceaux comme elle seule sait les dire et les chanter. On l'a applaudie à faire crouler le bateau.

Non moins grand était le succès de M. Jouy avec ses chansons fort gaies et spirituelles, telles que *Le Paralytique* et *La Promenade des sergots.* (...).

Après avoir fait escale à Villeneuve Saint-Georges, (...) on s'est arrêté une seconde fois à Juvisy pour prendre à bord M. Flammarion, notre savant confrère. Là, quelques invités, forcés de rentrer à Paris, ont dû, à leur grand regret quitter la joyeuse compagnie (...). On a passé l'après-midi à entendre chanter les artistes présents, on s'est fait photographier et on a même fait plusieurs tours de valse ; en un mot, on s'est fortement amusé.

À Marsan, tout le monde a mis pied à terre pour le dîner qui a été servi en plein air. Les toasts se suivaient sans interruption et la gaieté la plus franche n'a cessé de régner. Puis on a repris le bateau pour retourner à Paris. Un feu d'artifice a été tiré à Bercy et on a débarqué vers une heure du matin au pont Royal.

Tous ceux qui ont assisté à cette excursion en garderont certainement le meilleur souvenir [5] .»

*Le Gaulois*, *Le Figaro*, *La France* et le *Gil Blas* donnent des comptes-rendus à peu près semblables de la fête. Seul, *Le Voltaire* a remarqué que l'Hirondelle a cassé son hélice et qu'il a fallu l'aide d'un remorqueur pour atteindre Juvisy d'où tout le monde est rentré à Paris en train, vers 3 heures du matin [6] !

Ce récit est intéressant car il restitue l'atmosphère des fêtes et banquets Flammarion, du moins à cette époque. On y agite peu de grands problèmes littéraires, semble-t-il, malgré quelques déclamations et chansons. D'ailleurs, la liste des invités surprend par le faible nombre d'auteurs en renom. Que l'auteur ici à l'honneur soit une actrice explique sans doute que beaucoup d'invités

5. *L'Événement*, 9 juillet 1887, p. 3.
6. *Le Voltaire*, 10 juillet 1887, p. 3.

appartiennent au monde du spectacle ; néanmoins, les autres sont soit de vieux amis des deux éditeurs (Carjat, Cornély), soit des auteurs secondaires comme Jules Jouy et Armand Silvestre.

La fête a coûté 2 798 F et Marie Colombier vendra au moins 20 000 exemplaires de son livre [7]. C'est un chiffre très satisfaisant mais ce résultat n'est pas entièrement imputable à la publicité due à la fête car les ventes étaient déjà bien lancées avant le 6 juillet. En revanche, par le biais de cette modeste croisière, Flammarion a resserré ses liens avec les journalistes en même temps qu'il obtenait des publicités gratuites dans dix journaux parisiens, d'opinions très diverses. Du *Cri du peuple*, qui publie « La Chanson du jour : la plus jolie femme de Paris », à *L'Écho de Paris*, ils consacrent au moins une demi-colonne à l'événement. Pour obtenir une réclame équivalente, la dépense n'aurait pas été moindre. C'est pourquoi Flammarion réédite l'expérience et, périodiquement, les journaux se font l'écho de réceptions diverses. En mai 1892, c'est « un joyeux déjeuner d'artistes et de gens de lettres » dans le parc de Saint-Cloud et, l'année suivante, « une fête des plus originales et des plus réussies, chez M. et Mme Flammarion, en leur jolie villa de Saint-Mandé » avec garden-party, concert, grand dîner et bal [8].

Le nombre des invités croît en même temps que la célébrité de la maison d'édition. Ils sont 200 à Saint-Mandé, en 1893 ; le monde des lettres est représenté par les auteurs de la maison : Courteline, Alphonse Allais, Pierre Sales, Xanrof, Armand Silvestre, Catulle Mendès... et celui des arts par les illustrateurs comme Duez. Cependant, les fêtes de Flammarion n'ont jamais l'éclat des réceptions de Charpentier ni leur éclectisme ; il ignore l'art de mêler hommes politiques, journalistes et artistes, que pratiquent si bien Georges et Marguerite Charpentier. Les noms de certains grands auteurs publiés par la Librairie n'apparaissent pas parmi ceux des invités ; Zola, par exemple, n'est jamais cité.

Il faut attendre la veille de la guerre de 14 pour voir des banquets réunissant des noms prestigieux, comme ce banquet du 28 mai 1913 qui réunit, sous la présidence de Marcel Prévost, Paul Appell, Jean Richepin, Joseph Bédier, Henry Bordeaux, Jules Lemaître et quelques autres. Pour obtenir un tel résultat, Flammarion a dû consentir à Prévost et Bordeaux des conditions d'édition très favorables ; en échange, les deux auteurs se sont moralement engagés à attirer leurs relations les plus brillantes chez l'éditeur.

Enfin, Ernest Flammarion possède en son frère Camille un remarquable agent de publicité indirecte. Si le nom de Flammarion est mondialement célèbre, à la fin du siècle, il le doit à l'astronome. Par ses livres, ses articles, ses conférences, Camille est devenu l'expert capable de traiter de tous les phénomènes venus du ciel. La presse, qu'elle soit russe ou américaine, lui ouvre ses colonnes et Camille

7. Le livre n'apparaissant pas dans les comptes de Flammarion, il faut se fier à une publicité parue dans *La France*, annonçant la 20<sup>e</sup> édition.

8. *L'Écho de Paris*, 6 mai 1892 et 31 mai 1893 ; *Le Journal*, 29 mai 1893 ; *Le Gaulois*, 28 mai 1893, etc.

Flammarion est reçu par les chefs d'état [9]. Il a donc un très vaste réseau de relations influentes en même temps qu'une popularité très étendue. Toutefois, il ne semble pas qu'Ernest ait mis à profit les prestigieuses relations de son frère ; sans doute, Camille était-il trop occupé. Occasionnellement, l'éditeur utilise son prestige à des fins publicitaires. Ainsi, à Marseille, le 18 mai 1910, la librairie Flammarion a loué des tramways pour permettre aux familles de monter à Notre-Dame de la Garde afin de voir passer la comète [10]. Ernest Flammarion joue alors sciemment sur l'assimilation entre l'astronome et la maison d'édition, mais cet exemple reste isolé. En fait, la Librairie Flammarion profita surtout indirectement de la renommée de Camille : que le nom fût déjà connu servit incontestablement à la notoriété de la maison d'édition.

Quel que soit le nombre de leurs participants, toutes ces manifestations à caractère publicitaire auraient un impact bien moindre si la presse ne leur faisait une large place. Bien qu'ils ne comptent que quatre pages, on constate avec étonnement que les journaux de toute obédience consacrent une part importante de leurs colonnes aux échos mondains et festivités diverses. Par ce biais, Flammarion, comme ses confrères, fait coup double : il resserre ses liens avec auteurs et critiques, en même temps qu'il s'offre une publicité gratuite à l'adresse du grand public.

### *La publicité professionnelle*

L'organisation du commerce du livre, à la fin du XIX<sup>e</sup> siècle, ne diffère pas sensiblement de celle que nous connaissons aujourd'hui, à une exception près : l'envoi d'office n'est pas encore pratiqué de façon systématique par les principaux éditeurs [11]. Les commandes des libraires doivent donc, le plus souvent, être suscitées, ce qui donne une plus grande importance aux liens personnels établis avec les libraires. Les éditeurs les plus importants ont pour cela des commis-voyageurs qui visitent les principaux libraires, leur présentent la production récente et tentent de les convaincre de passer commande. C'est ce que fit Ernest Flammarion, pendant sept ans, pour le compte de Didier. Les éditeurs de moindre importance se contentent de liens épistolaires avec les libraires. L'envoi de catalogues et l'achat de placards publicitaires dans la presse professionnelle sont les principaux moyens de leur faire connaître les publications nouvelles et de retenir leur attention. Les grands éditeurs, de leur côté, ne négligent pas non plus cette forme de publicité. Elle ne peut que préparer favorablement la visite des représentants.

9. L'impressionnante collection de dossiers de presse conservée à Juvisy donne la mesure de l'importance « médiatique » internationale de Camille Flammarion et de son sens de la publicité.

10. Jean-Marie Homet, *Le Retour de la comète.* Paris : Imago, 1985, p. 164.

11. Chez Flammarion, les carnets de souches retrouvés permettent d'affirmer que l'office était déjà pratiqué en 1903, mais on ne peut dire depuis combien de temps ce système avait été adopté.

Par ailleurs, les grands libraires aussi ont recours à une publicité professionnelle car il existe un marché actif du livre neuf, mais de publication déjà ancienne ; de plus, certains d'entre eux agissent en même temps comme commissionnaires. Ils proposent donc leurs services aux petits libraires à qui ils offrent la possibilité de commandes groupées et de remises intéressantes.

Il est donc normal que, comme éditeurs et comme libraires, Marpon et Flammarion recourent à la publicité professionnelle, ce qu'ils ne manquent pas de faire dès leurs premières publications. En effet, la *Galerie astronomique* de Camille Flammarion, cette modeste collection de 12 cartes photographiques, a droit à une annonce publicitaire dans la *Bibliographie de la France* du 7 août 1875. Il en est de même, le 5 juin 1876, pour *La Corde au cou* de Gill et pour toutes les publications suivantes.

La *Bibliographie de la France* accueille, à la même époque, de nombreuses publicités pour leurs nouvelles acquisitions de librairie qu'ils écoulent avec un fort rabais. Ainsi, le fonds Lacroix est mis en vedette pendant l'année 1876, avec les *Œuvres complètes* de Shakespeare, traduites par François-Victor Hugo, les œuvres d'Eugène Pelletan et de Jules Simon ou, tout aussi bien, le *Paris-Guide* écrit par des écrivains célèbres pour l'Exposition universelle de 1867.

Puis, de petits catalogues, mêlant nouveautés d'édition et stocks de librairie, sont encartés dans les volumes édités. Enfin, Marpon et Flammarion dont les affaires prennent de l'ampleur, éditent, en 1880, leur premier véritable catalogue. Il est tiré à 11 000 exemplaires. En 47 pages, il présente la production éditoriale de la maison ainsi que l'essentiel du fonds de librairie. Par la suite, les catalogues de librairie et d'édition sont dissociés. Les premiers sont de plus en plus rapprochés, jusqu'à devenir mensuels à partir de 1895. Ils sont, de plus, complétés par des catalogues spécialisés pour la papeterie, les gravures, la musique. Les catalogues de la maison d'édition, eux, sont annuels, complétés par une édition spéciale pour les étrennes. L'envoi de ces brochures ne supprime pas pour autant le recours régulier aux placards publicitaires dans la *Bibliographie de la France.*

À cette publicité dont les retombées doivent se concrétiser par des commandes rapides s'ajoute une autre forme de publicité, plus générale, visant surtout à asseoir la notoriété de l'entreprise : il s'agit de participer aux nombreuses expositions organisées tant en France qu'à l'étranger. Marpon et Flammarion sont donc présents à toutes les expositions et concours, dès les années 80, et Ernest se désespère de ne pas être récompensé par une médaille. Il est à la recherche d'une reconnaissance officielle du rôle qu'il joue dans le monde de la librairie française, avec d'autant plus d'ardeur, peut-être, qu'il est conscient de l'hostilité que suscitent ses initiatives dans le domaine des prix. Sa persévérance sera toutefois récompensée en 1900, puisque des fonctions officielles lui seront alors confiées pour l'organisation de l'Exposition.

Dès les premiers temps de leur entreprise, Marpon et Flammarion ont donc utilisé massivement la publicité professionnelle pour se faire connaître de leurs confrères, comme éditeurs et libraires, puis pour entretenir des liens commerciaux étroits avec les libraires français et étrangers. Sans être exceptionnelle, la place qu'ils lui accordèrent marque leur volonté de se comporter comme des entrepreneurs modernes et dynamiques.

*Les lancements publicitaires*

À la fin du XIXe siècle, la publicité pour les livres est si totalement entrée dans les mœurs que beaucoup d'auteurs ne manquent pas, à la signature du contrat avec l'éditeur, de lui faire préciser le montant du budget publicitaire alloué et les formes choisies pour son emploi.

Chez Flammarion, les frais de publicité sont pris en charge par l'éditeur, sauf dans le cas de publication à compte d'auteur ou de demande particulière de l'auteur. Ainsi, Hector Malot, le premier chez Flammarion, participe personnellement à l'effort publicitaire de son éditeur : en 1893, l'édition illustrée d'*En famille* — soit 10 000 exemplaires à 12 F — se voit consacrer un budget publicitaire de 5 000 F, dont 20% sortent de la poche de l'auteur. Par la suite, quelques écrivains imiteront Malot, mais, le plus souvent, l'éditeur prend en charge la publicité, quitte à rogner les droits d'auteur.

L'étude des comptes de fabrication permet de chiffrer la part de la publicité dans le prix de vente d'un livre [12]. Dans les premières années de leur activité d'éditeurs, Marpon et Flammarion limitent les frais de publicité, pour la plupart des livres, aux 50 F de l'annonce dans la *Bibliographie de la France.* Seules, les grandes entreprises de livres illustrés ont droit à des investissements publicitaires importants, dont le détail a malheureusement été perdu. Puis, le budget alloué à la publicité se met à croître : il représente, en moyenne, 2,5 % du prix de vente d'un livre à 3,50 F en 1883, 3,5 % en 1893 et 5,5 % dix ans plus tard ; ensuite, il se stabilise autour de ce chiffre. Il est intéressant de remarquer que cette augmentation compense en partie la baisse du prix du papier avec, néanmoins, un décalage de quelques années : la part de la publicité augmente plus lentement que n'a baissé celle du papier [13].

L'ampleur du tirage n'a que peu d'influence sur la part de la publicité dans le coût d'un volume. En effet, si les sommes dépensées pour les tirages supérieurs à 5 000 exemplaires, ceux des grands auteurs de la maison comme Camille Flammarion, Daudet, Malot..., atteignent plusieurs milliers de francs, la part de la publicité dans le prix de revient de chaque exemplaire reste sensiblement égale. Il en est de même pour les éditions chères ; Marpon et Flammarion n'hésitent pas à engager des sommes importantes pour en assurer le lancement ; toutefois,

12. Ernest Flammarion n'y note pas le détail des dépenses de publicité, sauf s'il s'agit d'un budget particulièrement important. Le poste des dépenses publicitaires est le seul auquel il attribue une somme forfaitaire.

13. Pour le détail de l'étude des frais de fabrication, voir le chapitre « Politique commerciale et financière ».

rapportées au prix de vente unitaire, elles restent dans le même rapport que pour les éditions ordinaires.

Ainsi, à la fin des années 80, le montant des frais de publicité oscille entre 200 et 300 F pour les tirages inférieurs à 5 000 exemplaires. Il représente 2,8 % du prix de vente pour *Le Bonheur des autres* de Catulle Mendès, tiré à 3 000 exemplaires, comme pour *Les Gaietés bourgeoises* de Jules Moinaux, tiré à 5 000, mais il est de 3,5 % pour les *Contes à la brune* d'Armand Silvestre dont le tirage n'atteint que 2 000 exemplaires ; en effet, une part des dépenses publicitaires est incompressible. Ces trois exemples de livres à 3,50 F édités en 1889 sont représentatifs de la production moyenne de cette période. Dans le même temps, Marpon et Flammarion investissent 5 000 F pour lancer l'*Histoire naturelle populaire* de Brongniart. Rapportée aux 15 000 exemplaires tirés et au prix de vente de 10 F, cette somme représente encore 3,3 % du prix de vente. De même, la part de la publicité pour les *Premières civilisations* de Gustave Le Bon est de 2,6 % et de 3,3 % pour l'édition de la *Belle-Nivernaise* à 10 F. Ernest Flammarion ne déroge à la règle fixée qu'en faveur de quelques privilégiés : Berthe Flammarion qui a droit à la dépense exceptionnelle de 2 000 F (soit 6,6 %) pour l'*Histoire de trois enfants courageux* et 500 F (soit 9,5 %), pour *Les Idées d'Odette* ; Camille Flammarion dont l'*Astronomie populaire* se voit attribuer un important budget publicitaire *à chaque retirage* [14].

Durant la décennie suivante, cette politique se poursuit et la part de la publicité s'élève lentement pour les faibles comme pour les forts tirages ; ainsi, elle est de 4 % pour *Le Rêve* et de 5,5 % pour *La Débâcle*, éditions illustrées parues en 1892 et tirées respectivement à 5 000 et 20 000 exemplaires ; de 4,2 % pour *La Fédor* de Daudet, de 5 % pour *Les Journées révolutionnaires* de Dayot et de 5,3 % pour *L'Invasion noire* de Danrit, trois livres tirés à 10 000 exemplaires entre 1893 et 1897. Durant la même période, un budget forfaitaire de 500 F tend à se généraliser pour le livre à 3,50 F, tiré à moins de 5 000 exemplaires. Amorti sur les 1 500 exemplaires des *Mœurs du temps* d'Ernest Daudet, il représente 5,7 % du prix de vente, mais 4,7 % du prix des *Chansons ironiques* de Xanrof tiré à 3 000 exemplaires et 3,5 % de celui de *Mon vieux Paris* de Drumont, tiré à 4 000 exemplaires.

Toutefois, après 1900, à la différence des autres postes, celui de la publicité est celui qui enregistre les plus fortes disparités, selon l'auteur et le type de livre : certains budgets publicitaires peuvent atteindre 14 % du prix de vente alors que d'autres restent à 3 %. Ainsi, les livres de la collection à 5 F lancée à la veille de la guerre, Nos Grands Romanciers modernes, bénéficient d'une dépense publicitaire qui atteint 50 centimes par volume. Elle se justifie par le désir de faire connaître la nouvelle collection mais aussi par celui de s'attacher des auteurs prestigieux comme Marcel Prévost ou Colette. En effet, les auteurs sont de plus en plus sensibles à l'effort publicitaire engagé par leur éditeur et il faut voir dans les budgets

14. Pour la nouvelle édition de 1888, par exemple, Flammarion engage 15 789 F de frais de publicité.

importants consacrés au *Jeune Armand* de Paul Reboux (17 %), à la *Demoiselle très blonde* des frères Fischer (11,4 %), aux *Linottes* de Courteline (7 %)... un geste de courtoisie de Flammarion à l'égard d'auteurs-amis ou de collaborateurs.

Outre le budget engagé, l'impact de la publicité peut varier en fonction de la cible et du support choisi. Malheureusement, à la rubrique « Publicité », Flammarion comptabilise sans distinction les annonces qui s'adressent au grand public et celles qui doivent toucher les libraires. Il n'est donc pas facile, à quelques exceptions près, de savoir comment il dépensa les sommes dévolues à la publicité.

La publicité professionnelle consiste généralement en une insertion dans la *Bibliographie de la France.* C'est le minimum que l'éditeur puisse faire pour un livre ; pour plus d'efficacité, il peut faire la dépense d'un encadré dans la partie de la revue réservée à la publicité. Toutefois, les possibilités de publicité professionnelle sont limitées, à moins que l'éditeur n'use, pour les collections notamment, de l'argument financier. En effet, il lui est toujours loisible d'offrir au libraire des remises avantageuses sur tel ou tel type de commande pour en pousser la vente. Malheureusement, pour Flammarion, on ne connaît rien de cet aspect des rapports avec les libraires. Enfin, les libraires ne sont pas indifférents aux publicités plus spécialement destinées au grand public.

Parmi celles-ci figure en bonne place le placard publicitaire. Il peut être affichette à coller chez le libraire, affiche à placarder sur les murs ou à promener grâce aux hommes-sandwiches. Les journaux ont donné l'exemple de ce type de publicité pour leurs feuilletons et Flammarion ne répugne pas à y recourir. L'affiche est, toutefois, réservée aux grandes publications de la maison Flammarion car, tirée à 4 500-5 000 exemplaires, elle revient cher : 3 500 F environ, auxquels s'ajoutent les frais de pose et de timbre. Malot (*Victimes d'amour, En famille*), Zola (*La Terre, La Débâcle*), Le Bon (*Premières civilisations*), Dayot (*La Révolution française, Le Second Empire*), Danrit (*L'Invasion jaune, L'Invasion noire*), Cahu et Sémant (*Le Conscrit de 1870*)... bénéficient de ce mode de promotion. Flammarion fait appel à divers dessinateurs dont le plus célèbre est Chéret qui dessine, entre autres, l'affiche de *La Terre* bien que son style ne soit peut-être pas le mieux adapté au naturalisme de Zola.

Moins coûteux sont les prospectus et affichettes ; cependant, Flammarion utilise peu cette forme plus discrète de publicité [15], à moins que l'on n'y rattache la distribution gratuite de la première livraison d'une publication. En effet, l'habitude était, depuis longtemps de donner les deux premières livraisons pour le prix d'une, de façon à attirer le public. Flammarion ne déroge pas à cette habitude, puis il prend le pli de distribuer gratuitement la première livraison dont il fait faire d'énormes tirages [16] : 200 000 pour *Germinal* et 500 000 pour *La Débâcle* dont le tirage des livraisons 5 à 16 sera déjà retombé à 25 000 exemplaires et celui des dernières à 20 000 ; 1 200 000 pour *L'Invasion noire* (1894) dont le tirage final

15. Les livres de compte n'en donnent que trois exemples, pour des budgets de 300 F environ.

16. Flammarion n'intègre jamais le coût de ces distributions gratuites dans les sommes dépensées à titre publicitaire, ce qui fausse pour ces quelques publications le montant de la rubrique « Publicité ».

sera de 10 000 exemplaires... Ce dernier exemple montre que l'effet sur les ventes est assez aléatoire et Flammarion abandonne le principe de ces distributions publicitaires : pour *Le Second Empire*, publié en 1900, la première livraison n'est que de 30 000 exemplaires pour un tirage final de 10 000, ce qui représente l'amortissement normal des ventes par livraisons.

Avec l'affiche, le second moyen de faire connaître un livre est d'utiliser le support de la presse. En effet, dans les années 1880, un huitième environ de la surface d'un numéro est occupé par la publicité, quel que soit le journal. Les réclames des grands magasins et les spécialités pharmaceutiques constituent l'essentiel des annonces. La librairie ne tient qu'une place très mineure à côté de ces deux gros clients. Néanmoins, en vingt ans, on voit le nombre des publicités pour le livre augmenter sensiblement. Les principaux annonceurs sont les grands éditeurs : Hachette, Larousse, Calmann-Lévy, Flammarion... et quelques éditeurs très populaires comme la « Bibliothèque nationale » (sic), Rouff et quelques autres. Autour de 1900, on voit même se multiplier les placards publicitaires pour des ventes à primes ou des souscriptions pour des œuvres complètes qui occupent une pleine page dans les hebdomadaires. Ainsi, la fameuse édition des œuvres complètes d'Alphonse Daudet, en 1897, chez Fayard fit l'objet de grandes pages de publicité dans plusieurs journaux.

De façon générale, tous les éditeurs recourent à l'annonce publicitaire dans les journaux pour les publications lourdes, les œuvres complètes, et pour les œuvres populaires. Pour les autres livres, ils ont recours à un autre type de publicité, plus subtil, la publicité rédactionnelle. Elle est de plusieurs sortes : la moins coûteuse est une simple annonce, insérée dans le corps du journal, parfois couronnée d'un titre laconique « Livres » ou « Nouveautés » ; elle comporte le titre du livre, le nom de son auteur et de son éditeur. Rien n'indique qu'il s'agisse d'une insertion payée par l'éditeur, mais le lecteur peut aisément le deviner. Il en est de même des « échos » de quelques lignes qui annoncent de façon plus personnalisée une nouvelle publication. En revanche, le public peut prendre pour une véritable critique littéraire l'article d'une vingtaine de lignes au minimum, consacré à un livre nouveau, souvent signé du nom d'un collaborateur du journal. La confusion est bien normale puisque tout est fait pour la susciter : aucune mention de l'origine de l'article, longueur semblable à celle des autres articles, jugement porté sur l'œuvre. Seul, le ton, toujours dithyrambique, peut éveiller les soupçons. Cette publicité rédactionnelle profite habilement de l'absence de véritable critique littéraire dans les journaux populaires et entretient sciemment la confusion dans l'esprit du lecteur. Les auteurs eux-mêmes parfois s'y perdent, comme en témoigne cette lettre de Mathilde Alanic :

« J'ai vu avec le plus grand plaisir l'excellente réclame du *Petit Journal*. J'ai reçu aussi une notice du *Matin*. Est-elle du même genre que les précédentes ou dois-je remercier le signataire de l'article [17] ? »

17. Lettre inédite de Mathilde Alanic à Ernest Flammarion, 22 juin ?. A.F.

Lors de son enquête auprès des éditeurs, Paul Gsell reçoit de nombreuses plaintes au sujet de cette pratique. Eugène Fasquelle, par exemple, lui confie :

« La publicité à tant la ligne remplace aujourd'hui presque complètement la critique littéraire dans les grands journaux. Il n'y a plus guère que *Le Temps*, *Le Figaro*, *Les Débats*, l'*Écho de Paris* qui aient conservé cette rubrique. Les autres l'ont supprimée. »

Juven renchérit :

« Que ce soit en première page ou en dernière, pas une ligne ne paraît sur un ouvrage, qui ne constitue de la publicité payante ; et comme ces annonces, même publiées en excellente place, trahissent leur caractère par leur allure hyperbolique, aucun lecteur n'en est dupe : elles mettent plutôt le public en défiance. »

Henri Le Soudier et Adolphe Schleicher tiennent des propos semblables. Que ce système soit responsable des malheurs de la librairie n'est pas aussi évident que le prétendent ces éditeurs ravis d'avoir trouvé un bouc-émissaire ; qu'il soit malhonnête et malsain, en revanche, est indéniable.

Pierre Valdagne, le directeur d'Ollendorff, s'indigne vertueusement :

« Je ne comprends pas que les éditeurs français ne s'entendent pas pour réagir contre cette situation. Car enfin, par leur accord, ils arriveraient sans doute à faire capituler les journaux. Il leur suffirait de déclarer qu'ils cessent de faire des annonces dans tous les quotidiens où la critique littéraire ne comporte pas une rubrique spéciale.

Les directeurs de journaux réfléchiraient. Songez que dans une seule année, l'année dernière, notre maison, par exemple, a fait 130 000 F de publicité. Notre abstention collective creuserait certainement un très grand trou dans le budget de la presse. »

Le journaliste va faire part de ces doléances à différents directeurs de journaux. Celui de l'*Écho de Paris* renvoie la balle dans l'autre camp :

« Si les éditeurs se plaignent que les journaux aient en général renoncé à la critique littéraire gratuite, ils ne doivent s'en prendre qu'à eux-mêmes.

Ce sont eux qui, depuis une vingtaine d'années, sont venus s'entendre avec les administrateurs des journaux pour faire insérer des réclames payantes offrant des allures de notes désintéressées. La direction des journaux recevant d'eux, avec leur argent, des articles tout faits, a été tentée de supprimer toute autre étude bibliographique et c'est ainsi que, sauf dans les journaux littéraires, la critique n'existe plus dans la presse quotidienne. »

À moins que ce ne soient les journaux qui aient fait l'économie d'une chronique et d'un chroniqueur et aient obligé les éditeurs à faire une publicité payée s'ils voulaient voir leurs livres cités, comme l'insinue Octave Doin. Quoi qu'il en soit, il est maintenant trop tard, comme le fait remarquer le directeur de *L'Éclair* : comment dire du mal d'un livre pour lequel une publicité a été payée ?

Les journaux auxquels Flammarion s'est adressé ne semblent pas avoir agi par simple reconnaissance. Leur publicité rédactionnelle est clairement tarifée, si l'on se fie aux comptes d'Ernest Flammarion et à la correspondance échangée avec les auteurs. Ainsi, le docteur Gérard, auteur d'un ouvrage consacré à *La Stérilité*, lui annonce :

« J'ai reçu la visite de Roger-Milès pour un long article dans l'*Événement*. Je vous donne carte blanche pour traiter au mieux de nos intérêts respectifs [18]. »

L'affaire est, en effet, conclue mais l'auteur n'est pas pleinement satisfait :

« L'article de l'*Événement* était bien fait mais 400 F, c'est un peu raide ; je crois que la même somme dépensée en première page du *Figaro* aurait fait plus de bruit [19]. »

Gustave Le Bon juge lui aussi « bien raide » de payer 300 F un article dans le *Petit Journal* pour lancer *Les Premières Civilisations* et interroge son éditeur : « Trouvez-vous que cela vaille les 300 F [20] ? »

Tous les auteurs ne sont pas aussi critiques, sans doute parce qu'ils ont pris eux-mêmes en mains, comme Gaston Leroux, toute l'opération :

« Je vous envoie un petit chef-d'œuvre de réclame sur moi-même !!! On n'est jamais si bien servi que par soi-même. C'est le médaillon de 25 louis que vous devez envoyer au *Journal*. Ne tardez pas à le faire paraître d'ici deux ou trois jours car *Le Matin* va faire paraître un petit article sur le volume d'ici 48 heures. Je désirerais que votre réclame, celle du *Journal*, passe après *Le Matin*. Je compte beaucoup sur la réclame du *Matin* et du *Journal* [21]. »

Simples annonces, petits échos ou articles payés, les moyens de toucher le lecteur par le biais de la presse sont variés et adaptables à tous les budgets publicitaires. À l'éditeur d'en définir le montant et de choisir les journaux dans lesquels la publicité sera la plus rentable.

Les livres de fabrication offrent, pour les publications importantes, le décompte des investissements publicitaires, dont voici quelques exemples :

Gustave Le Bon. — *Les Premières Civilisations*, grand in-8° à 10 F, publié en 1888 :

— *Petit Moniteur* et *Lanterne* : 32 lignes à 13 F les 2
— *Petit Parisien* : 30 lignes à 12 F
— *Petit Journal*, *Écho de Paris* : 1 600 F
— Annonces bibliographiques dans divers journaux de Paris et de province : 1 536 F
— Annonces diverses : 2 000 F
— 4 800 affiches : 3 237 F
— 5 000 affichettes de Chéret : 1 530 F

Soit une dépense totale de 10 679 F.

---

18. Lettre inédite du docteur Gérard à Ernest Flammarion, 9 septembre 1889. A.F.
19. Lettre inédite du docteur Gérard à Ernest Flammarion, 24 septembre 1889. A.F.
20. Lettre inédite de Gustave Le Bon à Ernest Flammarion, s.d., A.F.
21. Lettre inédite de Gaston Leroux à Ernest Flammarion, 24 mars 1904. A.F.

Camille Flammarion. — *Astronomie populaire*, grand in-8° à 12 F, réédition de 1888 :

— 5 000 affiches : 3 100 F
— Annonces bibliographiques dans divers journaux de Paris et de province : 753 F + 1 672 F
— *Petit Journal* : 2 460 F, puis 2 314 F
— *Petit Lyonnais* : 88 F
— *Petit Provençal* : 110 F
— *L'Intransigeant* : 82 F
— Divers : 5 210 F

Soit une dépense totale de 15 789 F.

Armand Dayot. — *La Révolution française par l'image*, 30 livraisons à 60 centimes, publiées en 1896 :

— 5 000 affiches d'Hérold en deux parties : 6 644 F
— *Figaro* : 1 000 F + 300 F
— *Journal des Débats* : 132 F
— *La Libre Parole* : 86 F
— *Petit Journal* : 450 F + 300 F
— Annonces diverses dans les journaux : 741 F

Soit une dépense totale de 9 653 F.

Ces trois exemples montrent que les réclames dans les journaux absorbent une grande partie des investissements publicitaires. Flammarion utilise souvent le *Petit Journal* comme support publicitaire. Outre les exemples précédents, les comptes de fabrication font encore mention de 1 500 F versés au *Petit Journal* pour le lancement de *L'Invasion noire* en 1893, 300 F pour celui de *La Belle-Nivernaise*, etc. L'audience populaire du quotidien et les liens privilégiés que Flammarion entretient avec son administration expliquent ce choix. Pourtant, il ne néglige pas de recourir à d'autres journaux, en fonction du genre de l'ouvrage publié, avec une nette préférence pour le *Figaro* qui touche 500 F pour les *Mémoires* de Marie Colombier ; 420 F pour *Mondaine*, 280 F pour *Petite Sœur* et 500 F pour *Micheline* de Malot ; 120 F pour *Vive le mariage* de Théo Critt... Outre ces deux journaux, plusieurs quotidiens parisiens apparaissent encore dans les comptes de Flammarion : *L'Écho de Paris*, le *Gaulois*, le *Petit Parisien* (450 F pour *La Terre*), le *Gil Blas*, le *Journal* et, plus occasionnellement, *Les Débats* et *Le Temps* pour Michelet.

Toutefois, il ne faut pas réduire ces rapports entre presse et édition à des affaires financières. Il existe suffisamment de critiques, dont certains parfaitement honnêtes, pour ajouter encore un peu d'ambiguïté à ces rapports.

Quoi qu'en disent les éditeurs à Paul Gsell, il subsiste de véritables critiques littéraires dans les journaux les plus sérieux. Les jugements d'Anatole France, Paul Souday, Jules Lemaître et de quelques-uns de leurs confrères peuvent faire la réputation d'un écrivain. Ce pouvoir fait d'eux des hommes à ménager, à courtiser pour les auteurs et les éditeurs. Comme ils sont presque tous eux-mêmes des auteurs, le meilleur moyen de se concilier leurs faveurs est de devenir leur éditeur. Sans « payer » le critique, il est mille façons de l'obliger à rendre quelques services à son éditeur.

Ainsi, Jules Bois, critique du *Gil Blas*, est publié par Flammarion. D'une part, il est bien placé pour organiser le lancement de ses propres livres : « Vous pouvez faire annoncer *L'Invisible* en librairie. Il pourra être lancé en octobre », promet-il à son éditeur [22]. D'autre part, il prend soin de la production Flammarion : « Voulez-vous m'envoyer sans plus tarder vos plus récentes publications en romans car c'est du roman que je parlerai dans mon prochain feuilleton. Je l'écris le samedi matin [23]. »

Il n'y a rien là de délictueux mais il est facile de glisser de la courtoisie à la complaisance. Flammarion a donc tout à gagner à être l'éditeur de critiques ou même de simples collaborateurs comme Chincholle qui écrit dans le *Figaro*, Roger-Milès dans le *Siècle*, Charles Foleÿ dans *L'Écho de Paris*, Jeanne Thilda et Paul Ginisty dans le *Gil Blas*... Ce dernier qui collabore aussi à la *Vie populaire*, puis au *Petit Parisien*, met souvent sa plume au service des livres publiés par Flammarion ; il a notamment signé plusieurs éloges de l'*Astronomie populaire*, au fur et à mesure des réimpressions, et servi les intérêts de l'éditeur grâce à ses multiples introductions, comme en témoigne cette lettre :

« J'ai parlé ce matin dans le *Gil Blas* de *Femmes et maîtresses*. Le prochain numéro de la *Vie populaire* contiendra un extrait de ce volume. Je vous l'enverrai [24]. »

Rien ne prouve que ces services aient été rémunérés mais il est évident que, dans de telles conditions, Marpon et Flammarion ne pouvaient refuser d'éditer *Quand l'amour va, tout va* quelques mois plus tard, en versant 1 000 F de droits sur les 2 000 exemplaires tirés. De même, Ernest Flammarion ne peut refuser d'aider le critique quand il connaît des embarras financiers ; la lettre de remerciements de Ginisty opère alors un rapprochement révélateur :

« Vous êtes, mon cher ami, infiniment aimable et votre bonne grâce double le prix du service.

C'est à la fin du mois que j'aurai besoin de cette avance et je viendrai vous apporter à ce moment le volume en vous remerciant de votre extrême obligeance.

P.S. Vous trouverez dans mon prochain feuilleton une étude assez développée sur le *travail*. Je parlerai volontiers de votre excellente collection à la première occasion qui se présentera [25]. »

22. Lettre inédite de Jules Bois à Ernest Flammarion, 15 septembre 1899. A.F.
23. Lettre inédite de Jules Bois à Ernest Flammarion, 28 octobre ?. A.F.
24. Lettre inédite de Paul Ginisty à Charles Marpon et Ernest Flammarion, 28 janvier 1884. A.F.
25. Lettre inédite de Paul Ginisty à Ernest Flammarion, 16 juillet 1890. A.F. Il s'agit du lancement prochain de la Bibliothèque pour tous.

Les rapports entretenus entre l'éditeur et le critique sont, pour le moins, malsains.

On voit donc que Flammarion n'a garde de négliger les ressources qu'offre la publicité dans ses aspects les plus nouveaux : l'affichage et l'utilisation de la presse. Alors même qu'il cherche à abaisser le prix du livre, les frais de publicité lui semblent une telle nécessité qu'il tend à en augmenter la part dans le prix de revient d'un volume.

Les pratiques publicitaires qui, périodiquement, soulèvent encore notre indignation, sont déjà en place à la fin du XIXe siècle. Flammarion ne les a pas inventées et, faute d'études voisines, on ne peut dire s'il les a plus que d'autres confrères utilisées. Quelques indications glanées ici et là tendent à prouver que les grands éditeurs et les éditeurs d'éditions populaires ont largement utilisé les ressources de la publicité. Les éditeurs ne sont pas seuls responsables de cette collusion de l'art et de l'argent. Les journalistes y ont aussi contribué. Quant aux auteurs, ils se soucient dorénavant des sommes allouées à la publicité de leur œuvre et suggèrent parfois eux-mêmes à l'éditeur des moyens d'attirer l'attention sur leur livre. L'un se flatte de l'estime d'un critique influent, l'autre promet un petit succès de scandale, un autre encore propose de faire coïncider la publication d'un nouveau livre avec la reprise d'un ancien en feuilleton. Aucun, pourtant, ne fait un recensement aussi exhaustif que Jules Montet expliquant sa tactique à Ernest Flammarion :

« Il me paraît utile de vous tenir au courant de ce que je fais pour pousser la vente de mes *Contes patriotiques.* J'ai appris par les lettres de deux notables négociants de Strasbourg et Mulhouse que mon livre n'est exposé à la vitrine d'aucun libraire et que la maison qui les mettrait en vente s'exposerait à des poursuites rigoureuses de la part de l'autorité allemande.

Le *Gil Blas*, le *Gaulois*, *La France*, le *Paris*, *La Nation*, *Le XIXe siècle* et *Le Pays*, je ne cite que les journaux que j'ai vus, ont annoncé la chose hier et avant-hier dans leurs échos. *La Nouvelle lune* d'hier publie une charge, avec désignation du livre et de l'éditeur en première page et article très complet en seconde page. Ce numéro sera exposé en permanence sur les kiosques de Paris du 1 au 15 août. Par mes soins, la même exposition sera assurée dans 90 villes de France ainsi réparties : toutes les villes de quelque importance dans la région de l'Est d'une part ; les grandes villes, telles que Marseille, Bordeaux, Toulouse, Lyon, etc. d'autre part ; enfin, les villes d'eaux et les stations balnéaires. Dans les mêmes villes (...), je fais apposer demain des affiches murales coloriées, format colombier représentant la couverture du livre. J'ai commandé également 1 000 affiches d'intérieur pour libraires, format 1/4 colombier, réduction de la précédente, qui vous seront transmises mercredi pour expédier à vos correspondants. Enfin, dans toutes les localités ci-dessus désignées (...), je fais au rédacteur en chef de chaque journal le service personnel d'un exemplaire de mon livre accompagné d'un article tout fait qu'il n'aura plus qu'à reproduire. J'attends un certain résultat de mon quintuple effort. (...) J'ai constaté de visu qu'à Paris les 3/4 des vitrines n'en ont plus, ce qui semble indiquer que la provision est épuisée. Il doit en être de même en province. Or, 9 fois sur

10, l'acheteur ne prend que *le livre qu'il voit.* Il y aurait donc urgence à lui faire voir ou revoir le mien [26]. »

Opposer presse et édition, comme le font souvent les contemporains, semble donc simpliste puisque l'édition utilise largement la presse pour faire de la publicité à ses livres et que la presse emplit souvent ses colonnes, et parfois ses caisses, avec les nouvelles de l'édition. L'appartenance de nombreux journalistes au monde des auteurs ajoute encore à cette ambiguïté.

26. Lettre inédite de Jules Montet à Ernest Flammarion, 28 août 1885. A.F.

# POLITIQUE COMMERCIALE ET FINANCIÈRE

Chargé de prononcer l'éloge funèbre de Charles Marpon, Camille Flammarion choisit d'exalter l'initiative commerciale qui frappa le plus ses contemporains et suscita les réactions les plus violentes dans la profession :

« Il avait réussi à créer (...) cet étalage de l'esprit humain où il était si agréable de feuilleter les livres nouveaux et les acheter au-dessous des prix marqués. C'est Marpon, en effet, qui inaugura ce système mieux fait peut-être pour plaire aux acheteurs qu'aux libraires. »

Cette innovation, qui n'était dépourvue ni d'audace commerciale ni d'arrière-pensées généreuses, n'était pas pour déplaire à Ernest Flammarion : son entrée dans la société coïncida avec une extension de cette baisse à un plus grand nombre de livres. Puis, Marpon lui abandonna l'ensemble de la politique commerciale et Ernest Flammarion prit rapidement en main toute la gestion de la Librairie : la fixation des marges bénéficiaires de l'édition, la distribution, l'implantation des succursales, le recours à l'emprunt, etc. étaient désormais de son ressort. C'était une tâche lourde car, depuis le début des années 80, le contexte économique n'était pas particulièrement favorable.

## *Politique commerciale*

Il n'est pas toujours aisé de reconstituer ce qu'a pu être une pratique commerciale, à une époque où la presse professionnelle est encore peu développée. Il est difficile surtout de dater l'apparition de certaines innovations commerciales. Ainsi, on accueillera avec prudence des informations souvent postérieures aux faits.

Lucien Marpon semble avoir été le premier à bouleverser certaines habitudes de vente dans sa librairie des arcades de l'Odéon.

D'ordinaire, les livres neufs étaient vendus sans avoir été coupés préalablement, ce qui garantissait à l'acheteur la propreté du livre mais lui interdisait le plaisir de le feuilleter avant l'achat. Certains y réussissaient néanmoins ; ainsi, Lucien Descaves se souvenait d'avoir vu « Villiers de l'Isle-Adam couper à l'étalage les pages d'un livre neuf, pas même avec un canif, pas même d'un index rigide... avec le bout de son parapluie. C'était par un temps sec, à dire vrai, et le parapluie était à aiguille [1] ». Cependant, ce que l'on pouvait tolérer du grand écrivain ne pouvait être autorisé à la foule des étudiants qui fréquentaient les librairies des arcades. Lucien Marpon eut alors une idée : « Sur chaque pile de livres ficelés, un exemplaire coupé était à la disposition de tout curieux, qui avait la facilité d'en lire çà et là des passages ; ainsi personne n'était réduit à acheter chat en poche [2] ». Cette mesure a sans aucun doute contribué à attirer les étudiants à la librairie Marpon et augmenter, in fine, sa clientèle.

Lucien Marpon s'était aussi organisé de façon à pouvoir fournir à ses clients, dans un délai de deux heures, tout livre qu'il n'avait pas en stock ; un coursier le portait à domicile sans supplément de prix. Ce service était appréciable car la distribution était encore mal organisée et bien des éditeurs se contentaient de vendre dans leur seule librairie les livres qu'ils publiaient. Les clients devaient donc se déplacer pour trouver chacun des livres qu'ils cherchaient, s'ils étaient pressés ; sinon, ils passaient commande à leur libraire qui faisait la démarche pour eux. Lucien Marpon réduisit le délai de fourniture du livre qui était généralement de 24 heures.

Enfin, la librairie de l'Odéon fut une pionnière dans le mouvement de baisse du prix des livres. Cependant, il ne semble pas, quoi qu'en dise *Le Bulletin de la presse*, que ce soit Lucien qui ait eu cette initiative. Toutes les notices nécrologiques [3] en créditent, à juste titre semble-t-il, son frère Charles, ce qui situerait vers 1870, au plus tôt, cette entreprise. Pour le *Petit Journal*, il faut même la repousser jusqu'aux premiers temps de l'association de Marpon et Flammarion [4]. Or, il semble que les uns et les autres aient raison, si l'on veut bien distinguer les catégories de livres dont ils parlent. La librairie Marpon vendait des livres provenant de stocks d'éditeurs ou de libraires. En effet, ni la vente à condition ni l'office n'étaient pratiqués de façon systématique par les éditeurs et les libraires passaient des commandes fermes ; ainsi se posait le problème des stocks qui causèrent souvent les faillites des libraires. Avant d'en arriver là, ils pouvaient faire appel à Marpon

1. Lucien Descaves, in *L'Intransigeant*, 21 janvier 1933.

2. *Le Bulletin de la presse*, 2 décembre 1897, p. 452.

3. Voir notamment *Le Figaro* du 27 juin 1890 : « Il eut le premier l'idée de la vente au rabais de tous les livres dès leur apparition. » ; le *Voltaire* du 28 juin : « Il inaugura le système de la vente des livres nouveaux à un prix inférieur au prix marqué. »

4. « Depuis quinze ans les autres libraires de Paris ont pris l'habitude l'un après l'autre de mettre en vente à 2,75 F les livres marqués 3,50 F... Son associé feu Marpon et lui furent les initiateurs de cette réforme populaire. » *Petit Journal*, 10 septembre 1891.

qui leur reprenait pour une somme modique leurs invendus. C'étaient donc bien des livres neufs que vendait Marpon, mais ce n'étaient pas des livres nouveaux. D'ailleurs, la notion de nouveauté en matière de livre était moins claire qu'aujourd'hui et, sauf exception, la vente d'un livre était toujours lente. Les Marpon avaient donc une activité de « soldeurs » qui se juxtaposait à leur activité de librairie traditionnelle.

Il est évident que cette forme de vente contribuait à l'abaissement du prix du livre, mouvement inéluctable mais fortement contesté par certains. En effet, dans la seconde moitié du XIX$^{e}$ siècle, l'évolution générale des prix s'est faite dans le sens d'une baisse qu'on estime à 35 % entre 1857 et 1896 [5]. Elle fut plus forte encore pour les produits manufacturés. Pour le livre, la baisse des prix de vente au détail est d'abord venue de celle des prix de fabrication ; quant aux libraires, dans un premier temps, leurs efforts ont surtout porté sur les opérations publicitaires destinées à écouler des livres depuis trop longtemps en stock. Tant que la librairie Marpon se limitait à vendre moins cher des livres rachetés à d'autres libraires, la profession ne s'émut pas car elle avait besoin de tels « soldeurs ». Après l'arrivée de Flammarion, la Librairie va se lancer dans une entreprise qui suscite beaucoup plus d'hostilité.

Dans les premières années de leur association [6], Marpon et Flammarion décident de baisser les prix des nouveautés. Le livre le plus courant, l'in-18 broché, vendu 3,50 F partout ailleurs, voit son prix descendu à 3 F, voire 2,75 F. La mesure ne peut que plaire au public et les deux associés comptent bien voir ainsi leur clientèle se développer. Mais les autres libraires s'insurgent. Ils ne peuvent admettre de réduire leur bénéfice de 1,50 F à 0,75 F sans protester car, pour les plus petits d'entre eux, l'espoir de compenser cette réduction de leur marge par un accroissement du volume des ventes est faible ; ils ont donc le choix entre une baisse immédiate de leur revenu ou un amenuisement progressif de leur clientèle, attirée par les prix plus bas des concurrents ; d'une façon comme de l'autre, l'avenir n'est pas rose.

Pour Marpon et Flammarion, le calcul est autre. En baissant les prix des livres nouveaux, ils espèrent augmenter le volume de leurs ventes ; leurs succursales sont suffisamment nombreuses et bien implantées dans Paris pour que le client en trouve une là où il a l'habitude d'acheter. Cet accroissement du volume des ventes doit leur permettre de compenser le manque-à-gagner sur chaque vente, mais aussi de négocier à un prix plus bas leurs commandes chez les éditeurs. En effet, les éditeurs consentent des tarifs plus avantageux aux libraires qui leur passent de grosses commandes. Le 13 pour 12 est une pratique commune ; s'y ajoutent des conditions de remise supplémentaire pour les commandes plus importantes. Or, la majorité des libraires est constituée de très petits détaillants qui commandent les livres à l'unité. On a vu que la maison Didier avait été obligée, au temps où Flammarion était son représentant, de contraindre les libraires à passer des commandes d'au moins 5 F, soit deux livres. Cela donne une idée de l'éparpillement des commandes auquel devaient faire face les éditeurs et l'on comprend que

5. Maurice Levy-leboyer, *L'Économie française au XIX$^{e}$ siècle*. Paris : Economica, 1985, p. 5.
6. Il est difficile de préciser la date de cette innovation ; il est seulement certain qu'elle se situe avant 1882.

l'initiative de Flammarion ne les ait pas gênés. Alors qu'aux petits libraires les éditeurs consentent une réduction de 25 à 30 % sur le prix de vente marqué, ils font des remises de 40 % à leurs plus gros acheteurs. Marpon et Flammarion sont de ceux-là.

Leur initiative de baisser les prix est imitée par quelques rares libraires parisiens ; en 1881, le *Moniteur de la librairie* en recense trois : Arnould, 20, boulevard Montmartre, un ami de Flammarion ; Norbert, 50, passage Jouffroy ; Arnaud et Labat, distributeurs de Garnier, au Palais-Royal [7]. Leur nombre ne croîtra que lentement, au début.

Tous ces raisonnements économiques n'ont rien d'original. En fait, Flammarion et Marpon opèrent dans le domaine de la librairie la révolution que les Boucicaut, Dufayel, Cognacq, Chauchart... accomplissent dans les autres secteurs de la distribution. Et, comme eux, ils se heurtent à une opposition des petits commerçants. En effet, dans la seconde moitié du siècle, le petit commerce, qui se sent menacé par l'apparition des grandes surfaces de vente et s'est insurgé déjà contre les bazars, puis les grands magasins, mène des actions sporadiques de résistance. La librairie de détail, qui n'avait pas encore été touchée, va imiter les autres branches. Cependant, la profession n'est pas encore syndiquée et aucune véritable opposition ne réussit à s'organiser véritablement.

Les libraires ne disposent pas d'arme légale puisque la réglementation de 1881 laisse libre le prix de vente du livre, du moment qu'il n'y a pas concurrence déloyale. Ils ont donc recours à d'autres moyens. Les deux associés doivent d'abord affronter une sorte de boycott de la part de leurs confrères. Cependant, Marpon et Flammarion ont de quoi riposter, comme le rapporte Ernest Flammarion dans ses souvenirs :

« Ainsi que le disait le grand éditeur Georges Decaux : "Vous n'aurez pas la clientèle des libraires-détaillants à cause de vos galeries. " Mais la nouvelle perspective d'une forte remise aux libraires a tout surmonté et l'installation en 1882 de la librairie éditoriale rue Racine (...) fixa définitivement le courant des coureurs en librairie [8]. »

Le boycott des livres édités par Marpon et Flammarion était, de toutes façons, difficile car la mesure ne pouvait être efficace qu'en province ; or, les libraires provinciaux ne se sentaient pas encore menacés par les initiatives parisiennes ; quant au marché parisien, les succursales Flammarion y assuraient déjà une bonne diffusion des livres de la maison et refuser de les vendre aurait seulement été se priver du produit d'une vente. Les activités de Marpon et Flammarion comme libraires-commissionnaires étaient plus vulnérables ; la promesse d'une rémunération plus forte des libraires-détaillants qui se fourniraient chez eux suffit à vaincre en pratique leur opposition. Cependant, le ressentiment des petits libraires resta vif et ne manqua aucune occasion de se manifester. Ainsi, en 1889, Flammarion

7. *Moniteur de la librairie et de l'imprimerie*, décembre 1881, p. 1.
8. Note manuscrite inédite d'Ernest Flammarion. A.F.

rêve d'obtenir la médaille d'or, décernée à l'Exposition universelle ; il n'obtient que la médaille d'argent, et une lettre de Gustave Le Bon en révèle la raison :

« Cher Monsieur,

Votre insuccès serait incompréhensible s'il n'était trop facilement explicable par la féroce jalousie de vos excellents confrères. Il est évident qu'un inconnu leur portait beaucoup moins ombrage mais il est évident aussi que, n'eussiez-vous fait que les premières dévaluations, vous méritiez la médaille d'or. Établir à 10 F des livres vendus jadis 30 ou 50, constituait un progrès démocratique considérable.

Cette médaille inférieure a coupé net le succès de mes projets. Je vous ai fait appuyer énergiquement mais le ministre n'a pas osé aller de l'avant sans avoir l'avis favorable de la Chambre de la librairie. Malheureusement, elle vous a fait une opposition énergique déclarant que la distinction demandée produirait le plus mauvais effet. Il a été impossible de passer outre sans s'exposer à des criailleries. Ils sont gentils vos confrères. *Tout ceci est confidentiel*[9]. »

Il est vraisemblable que le « projet » ultérieur de Gustave Le Bon est l'attribution de la Légion d'honneur que Flammarion ne recevra que sept ans plus tard.

La même année, dans un élan de gratitude, il forme le vœu que soit élevée une statue d'Ernest sur la place de l'Odéon mais il ajoute : « Je crains malheureusement qu'elle ne soit promptement détruite par vos excellents confrères en librairie. »

Dix ans après les premières réductions, les libraires n'ont pas totalement désarmé bien que, à cette date, la baisse des prix se soit étendue à un grand nombre de librairies parisiennes. Les libraires gardent rancune à Flammarion de son initiative et rêvent encore à une réglementation des prix. Diverses propositions sont faites dans les journaux professionnels ; certains proposent une baisse générale, assortie de la fixation d'un prix imposé [10] ; d'autres demandent, au contraire, que l'on impose le prix fort. Enfin, en 1892, est créé le Syndicat des libraires qui se fixe pour mission, entre autres, de régler cette question. L'accord conclu avec les éditeurs dès juin 92 n'apporte aucun changement puisque ceux-ci s'engagent à éditer des catalogues sur lesquels seront portés les prix forts et à exercer une pression *morale* sur les détaillants et surtout les bazars qui « aviliraient » les prix [11]. C'est peu et, comme les négociations sur les remises accordées par les éditeurs aux libraires font apparaître des divergences suivant les spécialités [12], il est décidé de négocier le retour au prix imposé par spécialités. Des accords sont signés en 1895 pour les livres scientifiques, en 1897 pour les guides touristiques, mais ils ne sont pas toujours appliqués par les libraires parisiens, déjà habitués au jeu de la concurrence. Le Syndicat, conforté par les résolutions des Congrès internationaux des

9. Lettre inédite de Gustave Le Bon à Ernest Flammarion, sans date. A.F.

10. *Moniteur de la librairie et de l'imprimerie*, septembre 1881, p. 2.

11. Chronique de la *Bibliographie de la France*, 1892, pp. 137-138.

12. Les éditeurs de livres de piété ne veulent pas renoncer à faire des sur-remises aux congrégations, pensionnats, collèges religieux... car ce sont pour eux de gros clients.

éditeurs de 1897 et de 1901, n'en poursuit pas moins son action qui, petit à petit, porte ses fruits : la concurrence des grands magasins se fait moins forte et le Syndicat national des éditeurs prête une oreille plus complaisante aux revendications des libraires. Le procès de Guingamp, en 1902, met en lumière les positions des principaux acteurs. Dans cette ville, un libraire qui refusait de pratiquer le prix fort, se voit supprimer par les éditeurs les remises et le 13 pour 12 auxquels il avait droit. Il attaque alors le Syndicat des éditeurs pour coalition. Il perd son procès car « un syndicat peut, par une entente mutuelle et au moyen de libres conventions, se défendre et empêcher la vente à vil prix de marchandises », estime le juge. Il est clair que, dans ces conditions, libraires et éditeurs sont près d'aboutir à un accord général. En 1905, le dernier accord par spécialité est signé : c'est celui concernant les livres classiques, le plus difficile à établir car les éditeurs ont l'habitude de faire des remises à de nombreuses catégories d'acheteurs qui ne sont pas des libraires (enseignants, établissements scolaires, bibliothèques...). L'accord décide que le prix de vente au public est déterminé par le catalogue et fixe les prix minima de vente : la plus forte remise tolérée concerne le livre à 3,50 F qui pourra être vendu 3 F aux particuliers [13].

Le président du Syndicat des éditeurs croit pouvoir écrire aux libraires :

« Les éditeurs membres de toutes les sections du Syndicat ayant donné leur adhésion à cette réglementation, le tarif de vente des livres classiques et celui existant pour les livres d'étrennes, de littérature, de droit, de médecine et de science vont pouvoir être mis en vigueur par tous les libraires de France auxquels votre président va demander l'engagement formel et par écrit de s'y conformer, en les avisant que s'ils ne prenaient pas cet engagement, les éditeurs adhérents ne pourraient pas leur fournir leurs publications avec remises et à crédit, mais seulement au comptant et au prix du catalogue. En agissant ainsi, le Syndicat des éditeurs n'a d'autre but que celui d'améliorer la situation des libraires-détaillants et d'enrayer l'avilissement du prix de vente du livre. »

Malheureusement, « au dernier moment se produisirent des défections qui, en rompant l'union nécessaire, rendirent impossible l'application de cette réforme ». On aboutit à un statu quo qui dure jusqu'à la guerre. Le livre à 3,50 F est vendu, dans un grand nombre de points de vente parisiens, 3 F. Flammarion ne passe plus pour révolutionnaire. Qu'importe ! Il n'a plus besoin de cette publicité pour faire marcher ses librairies qui constituent une affaire prospère.

La disparition de certains registres empêche de suivre de façon continue l'évolution des recettes dans chacune des succursales. Néanmoins, pour les premières années, les chiffres d'affaires sont connus :

---

13. Chronique de la *Bibliographie de la France*, 1905, pp. 66-67.

| | Odéon | Ruche | Événement | Auber | Lafayette |
|---|---|---|---|---|---|
| 1875 | 337 694 | | | | |
| 1877 | 400 871 | 123 197 | 96 373 | | |
| 1879 | 651 698 | 181 829 | 115 107 | | 24 058 [14] |
| 1881 | 1 060 437 | 160 754 [15] | 313 936 | 99 851 | |

Chiffre d'affaires des librairies Marpon et Flammarion

Ces chiffres montrent la progression rapide des recettes, pour les magasins de l'Odéon et de l'Événement, et l'évolution plus lente des recettes de la Ruche. On ignore les chiffres d'affaires des succursales pour les années suivantes. Toutefois, on peut penser que l'estimation de la valeur des fonds dans les différents bilans reflète assez bien leur hiérarchie, à défaut d'indiquer leur valeur réelle :

| | 1909 | 1914 |
|---|---|---|
| Odéon | 350 000 | 450 000 |
| Événement | 100 000 | 125 000 |
| Opéra | 100 000 | 110 000 |
| Ruche | 40 000 | 45 000 |
| Auber | 20 000 | 40 000 |
| Lyon | 40 000 | 90 000 |
| Marseille | 35 000 | 40 000 |
| Le Havre | 15 000 | 30 000 |

Estimation de la valeur des fonds

En même temps, ces estimations donnent une idée de l'importance des librairies de province. L'évaluation de la succursale lyonnaise à 90 000 F montre que, depuis son ouverture en 1908, elle a réussi à changer les habitudes des Lyonnais et à attirer place Bellecour une nombreuse clientèle.

Cependant, Flammarion n'a pas toujours la main aussi heureuse dans le choix de ses implantations. Son mérite est de reconnaître ses erreurs et de ne pas s'encombrer de succursales qui ne s'avèrent pas rapidement rentables. Ainsi, pour la succursale de la rue Lafayette. Alors que les précédentes succursales ont obtenu les recettes suivantes dans les premiers mois après leur ouverture :

| | | | |
|---|---|---|---|
| Ruche : | novembre | 1875 | 4 370 F |
| | décembre | 1875 | 8 243 F |
| | janvier | 1876 | 6 196 F |

14. Compte arrêté au 8 août 1879.
15. Compte arrêté au 15 novembre 1881.

| | | | |
|---|---|---|---|
| Événement | novembre | 1876 | 6 570 F |
| | décembre | 1876 | 16 819 F |
| | janvier | 1877 | 9 159 F |

La succursale Lafayette ne voit pas ses recettes augmenter suffisamment : de 2 556 F en novembre 1878, elles passent à 4 435 en décembre, mois traditionnellement faste, pour retomber à 3 000 F environ, les mois suivants. En août 1879, Marpon et Flammarion renoncent. De même, la succursale de la rue du faubourg Saint-Honoré est abandonnée sans remords et remplacée par celle de l'avenue de l'Opéra, dès que l'opportunité s'en présente.

Flammarion se montre un peu plus tenace avec la librairie-déballage ouverte en 1895, rue de Rennes, à l'emplacement de la rue Blaise Desgoffes. Il doit l'abandonner en 1902. « Affaire nulle », déplore-t-il [16], renonçant définitivement à une implantation près de la gare Montparnasse.

Cinquante ans plus tard, Ernest Flammarion est toujours fidèle à cette politique quand il écrit à ses fils qu'il trouve, en la circonstance, trop peu énergiques :

« Quant à la papeterie, elle continue à ne pas marcher. Pourquoi s'entêter ? De même pour Auber dont le bail finit en 1928, je crois [17]. »

Inversement, Flammarion conserve son commerce de partitions musicales rue Rotrou bien que la tentation soit forte de l'annexer aux magasins voisins. En effet, sur une recette de 49 696 F, le bénéfice est, en 1880, de 12 000 F. C'est donc un commerce très rentable, ce qui explique son maintien.

Le chiffre d'affaires n'est pas le seul point sur lequel les succursales se différencient. Comme on pouvait s'y attendre, toutes voient leur chiffre augmenter de 50 à 100 % chaque mois de décembre ; puis les ventes restent encore exceptionnellement fortes en janvier. Pour les autres mois de l'année, les variations sont en fonction du type de clientèle. Ainsi, le creux de l'été est très marqué pour la librairie de l'Odéon et celle de l'Événement ; il n'apparaît presque pas, en revanche, dans les comptes de la Ruche, qui a une clientèle plus populaire. Enfin, la fréquentation des étudiants fait que l'Odéon connaît des recettes importantes en octobre et novembre ; à la même époque les lecteurs aisés reviennent de villégiature et les ventes reprennent aussi sur les boulevards. Il y a, comme aujourd'hui, une saison favorable à la librairie, l'automne et le début de l'hiver. De plus les différences sociologiques dans la clientèle des diverses succursales ont des répercussions sur le genre des livres vendus. Les

16. Note manuscrite inédite d'Ernest Flammarion. A.F.

17. Lettre inédite d'Ernest Flammarion à ses fils, 8 février 1927. A.F.

La papeterie est celle de la rue de Vaugirard, ouverte en 1912. Quant à la succursale Auber, elle cesse d'être très rentable car le loyer en a été augmenté de façon très importante après la guerre.

soldes s'écoulent mieux à la Ruche, les nouveautés sur le boulevard des Italiens [18] et avenue de l'Opéra, tandis que l'Odéon est plus littéraire.

À la tête de ses succursales, Flammarion place des employés de confiance qu'il a d'abord testés sous les arcades de l'Odéon, comme son neveu Ernest Martin, Marcel Godin qu'il envoie au Havre, le fidèle Grandjean à Lyon... Qu'il les connaisse et les apprécie ne l'empêche pas de visiter régulièrement les magasins pour se rendre compte par lui-même de la marche des ventes. Toutefois, ces employés portent désormais le titre de « gérant », ce qui implique une certaine autonomie et, sans doute, un mode de rémunération différent. Malheureusement, rien ne subsiste de leurs contrats ; Auguste Vaillant est le seul dont on puisse dire, à coup sûr, qu'il fut intéressé aux ventes de l'ensemble des librairies, entre 1890 et 1895, puisque les comptes de cette époque gardent la trace d'une dette importante de Flammarion à son endroit. Bien que l'on ne possède pas le contrat qui le liait à son beau-frère, on peut supposer que ses conditions ressemblaient à celles faites à Flammarion chez Marpon : la part des bénéfices qui lui était attribuée restait bloquée et ne lui fut versée qu'à la constitution de la société « E. Flammarion et A. Vaillant », dans laquelle il la réinvestit aussitôt.

Pour assurer la distribution de ses livres, Flammarion ne se contente pas d'attendre les commandes que lui adressent, spontanément ou au reçu de ses catalogues, les libraires. Il va aussi les solliciter par l'intermédiaire de commis-voyageurs et, quand il cherche à placer un ouvrage coûteux, il emploie des vendeurs-commissionnaires qui font un démarchage spécial. Pour le *Dictionnaire encyclopédique*, par exemple, il a embauché un représentant qui se consacre exclusivement à son placement. Pourtant, ce métier de représentant, qu'il a lui-même exercé chez Didier, va voir son rôle réduit par la pratique de l'envoi d'office. Il n'est pas possible de dater exactement l'apparition de son emploi chez Flammarion ; les souches les plus anciennes qui aient été retrouvées datent de 1907.

Pour les éditions populaires, le réseau de diffusion déborde largement celui des librairies traditionnelles. Livraisons et éditions populaires sont vendues dans les bazars, les bibliothèques de gare, les kiosques, etc., une multitude de points de vente qu'il n'est pas toujours facile de contrôler, alors qu'ils considèrent la vente des livres comme un appoint. Ainsi, Ernest s'indigne de leur indifférence : « La collection Select marche mais les marchands de journaux se réassortissent mal. Je comprends qu'il faut leur forcer la mise en vente quand on sent un succès [19]. » Auguste Vaillant avait d'abord fait chœur avec l'ensemble des libraires pour s'insurger contre la vente de livres dans les bazars et les grands magasins. Il semble

18. Sur le boulevard des Italiens, la librairie de l'Événement doit concurrencer la grande Librairie Nouvelle de Calmann-Lévy, où Achille, le gérant, fait les réputations littéraires et les succès de vente. Renard comme Maupassant ou Claretie cherchent à s'y concilier ses bonnes grâces car « il paraît que si l'on est bien avec Achille, (...), c'est une vente assurée de 100 exemplaires ; mais c'est un monsieur pas commode. Il a ses têtes ». Et peut-être ses goûts littéraires ! Fort de cette autorité, Achille finira par prendre une librairie à son compte, près du carrefour Richelieu, ajoutant encore un point de vente très achalandé à ce secteur du boulevard des Italiens déjà actif. La librairie de l'Événement ne jouera jamais un rôle littéraire mais elle deviendra un bon baromètre des succès du livre.

19. Lettre inédite d'Ernest Flammarion, 3 mars 1914. A.F.

que ses positions se soient considérablement adoucies par la suite et qu'il ait même cherché à étendre la distribution des livres populaires. Il subsiste, dans les archives, un projet de distributeur automatique de livres de la collection des Auteurs célèbres : ces distributeurs auraient été installés dans les salons de 2e classe de la Compagnie transatlantique et dans certains magasins de vente ; la société Léoni construisit même deux prototypes, mais l'affaire n'eut pas de suite.

Enfin, Ernest Flammarion qui, dans sa jeunesse, est allé en Angleterre, en Belgique et en Hollande pour le compte de Didier, entretient des relations suivies avec des correspondants étrangers. Bien que la librairie française voie ses exportations diminuer durant cette période, Flammarion reçoit quelques grosses commandes des pays voisins ou de pays francophiles comme la Roumanie [20]. Et, pour renforcer ses liens avec des correspondants étrangers, Flammarion est de toutes les expositions importantes, qu'elles se tiennent en France ou à l'étranger, et il participe activement à l'Exposition de 1900. Son intérêt est alors double : comme libraire, il cherche des débouchés à l'étranger ; comme éditeur, il cherche à vendre des droits de traduction.

Le goût de l'innovation d'Ernest Flammarion n'est pris en défaut que dans un domaine, celui de la vente à crédit.

Il a commencé sa carrière avec la vente par livraisons qui est une façon de ménager la bourse des clients, en échelonnant les paiements sur plusieurs mois. Cependant, pour certains gros ouvrages comme les dictionnaires, le fractionnement qu'elle impose peut lasser les acheteurs. De plus, une fois la dernière livraison parue, la vente par fascicules aux nouveaux souscripteurs devient malaisée. La vente à crédit est donc une solution séduisante pour le lecteur puisqu'elle lui permet d'acquérir, à tout moment et en fonction de ses disponibilités financières, un ouvrage prestigieux. L'éditeur gagne aussi à cette pratique : grâce à elle, il touche, pour des livres de fonds, une clientèle peu fortunée. Cette forme de vente est apparue en France, semble-t-il, sous le Second Empire. Les éditeurs n'en furent pas les promoteurs ; à la différence des ventes par livraisons, ce furent des libraires qui prirent en main ce type de vente. Abel Pilon s'illustre ainsi en vendant, dans les années 70, les *Œuvres complètes* de Balzac et le *Grand Dictionnaire universel du XIXe siècle* de Larousse, dont il réussit, dit-on, à placer un exemplaire par jour. Après sa mort en 1877, son gendre et associé, Henri Le Vasseur, lui succède. À deux reprises, Flammarion a recours à lui.

En 1879, Marpon et Flammarion entreprennent de rééditer l'*Histoire de France* de Michelet. Cette édition en 28 volumes est le type même des ouvrages coûteux qu'un libraire comme Le Vasseur peut écouler auprès d'une clientèle populaire, pourvu qu'il lui propose des facilités de paiement. Il souscrit donc pour 10 000 exemplaires, soit une somme (comptée au prix de vente) de 1 680 000 F ! Les volumes sont directement acheminés de chez Firmin-Didot, l'imprimeur, à la

20. Ainsi, Ernest écrit à son fils Charles : « Grosse commande de Mendelbronn payable à l'arrivée des ballots à Bucarest. Il a de l'or à poignées, paraît-il ! » Dans la même lettre, il se vante d'avoir bien vendu en Belgique ses trois livres d'exploration. 11 février 1914. A.F.

rue de Fleurus où est installé le libraire, sans que Marpon et Flammarion n'aient aucune manutention à leur charge. L'absence de frais de stockage et, surtout, le volume de la commande sont très appréciables pour des éditeurs débutants. Toutefois, il faudrait connaître la remise effectuée au libraire pour apprécier la rentabilité exacte de l'opération pour Marpon et Flammarion. Or, les souvenirs d'Ernest Flammarion [21], comme sa comptabilité, restent muets sur ce point.

L'année suivante, l'expérience est renouvelée avec l'*Astronomie populaire.* Marpon et Flammarion abandonnent au libraire un premier tirage de 3 000 exemplaires, complété, en 1884, par un second de même importance. Les deux éditeurs sont restés, semble-t-il, les maîtres d'œuvre de ces éditions pour lesquelles un compte de fabrication a été ouvert mais, ici encore, on ignore les conditions faites à Le Vasseur.

Si, après plus de cinquante ans, Ernest Flammarion a gardé un souvenir aussi vif de la première commande de Le Vasseur, cela tient à l'importance de la commande — 280 000 volumes pour des éditeurs qui font habituellement des tirages de 2 000 exemplaires ! — mais aussi au soutien que leur apportait cette commande. Pour l'*Astronomie populaire*, en revanche, l'édition Le Vasseur n'est qu'un appoint, une façon supplémentaire de rentabiliser le succès de l'ouvrage auprès des classes populaires.

Les archives ne gardent pas la trace d'autres traités conclus avec Le Vasseur, bien que les livres de la Bibliothèque Camille Flammarion, par exemple, aient pu se prêter à la vente à tempérament. À la même époque, on constate que certains éditeurs ont tendance à reprendre à leur compte le système de la vente à crédit ; Flammarion qui produit une grande masse d'ouvrages bon marché, ne les suit pas [22].

## *L'abaissement des prix dans l'édition*

Recevant le premier exemplaire des *Premières Civilisations*, un volume relié, avec tranche dorée et plaques, vendu 15 F, Gustave Le Bon s'extasie :

« Je trouve le livre aussi beau que celui sur l'Inde [23], qui coûte 30 F, et je suis sûr que M. Didot sera de mon avis. Il trouvera sûrement vos prix de vente invraisemblables de bon marché [24]. »

Même si l'on fait la part de l'exagération dans cette prédiction de Gustave Le Bon, il est indéniable que la politique de Flammarion-éditeur a tendu à faire baisser le prix des livres et rejoint celle suivie par Flammarion-libraire.

L'abaissement du prix du livre est bien antérieur aux affrontements concernant sa commercialisation. En effet, depuis les années 1840, les éditeurs, inspirés

21. Ernest Flammarion, *Quelques types de libraires et éditeurs*..., op. cit., p. 25.

22. Le représentant chargé d'écouler le *Dictionnaire Camille Flammarion* auprès des particuliers devait, néanmoins, offrir des conditions de paiement étalé.

23. *La Civilisation de l'Inde*, publié par Firmin-Didot en 1887.

24. Lettre inédite de Gustave Le Bon à Ernest Flammarion, ? 1888, A.F.

par l'exemple de la presse, ont cherché différents moyens d'en diminuer le prix de revient pour étendre son public. Gervais Charpentier a définitivement condamné le livre à 7 F, à la présentation aérée, par le lancement d'un livre plus compact à 3,50 F. À la même période sont apparues diverses formes d'éditions populaires, éditions par livraisons, etc., qui font que le public a un large éventail de publications à des prix allant de quelques sous à quelques francs. Certains éditeurs sont spécialisés dans les éditions bon marché, mais on en trouve aussi dans les catalogues des plus grands, comme Hetzel ou Lévy. La différence de prix tient surtout à la moindre qualité du papier et de l'impression. Cependant, le public s'est peu à peu lassé des publications de trop mauvaise qualité et, à partir de 1860, les livraisons populaires sont en déclin. Il y a donc de nouvelles formules à trouver.

À partir des livres de fabrication, il est possible de décomposer le prix de revient brut d'un livre publié par Flammarion. De façon à pouvoir comparer l'évolution des différents postes, on s'est intéressé, dans un premier temps, au livre à 3,50 F, tiré à 2 000 exemplaires. Pour chaque période, on a établi une moyenne à partir d'un échantillonnage de décomptes [25]. Le coût des différents postes a été rapporté au prix de vente marqué de façon à ne pas faire intervenir les variations des droits d'auteur. On obtient les devis-type suivants :

| | 1883 | 1893 | 1903 | 1913 |
|---|---|---|---|---|
| Impression | 12 | 12 | 11,5 | 12 |
| Papier | 11 | 6 | 5,5 | 7 |
| Brochage | 3,3 | 3,2 | 3,2 | 3,1 |
| Publicité | 2,5 | 3,5 | 5,5 | 5,5 |

Part des frais de fabrication dans le prix de vente (%)

Cette comparaison, fait apparaître la stabilité des frais de fabrication, l'impression et le brochage : leurs tarifs restent à peu près fixes, pendant ces trente années. On sait que le salaire des ouvriers imprimeurs [26] est resté stable et la modernisation n'a pas fait sentir nettement ses effets. En revanche, le prix du papier baisse de moitié, pour remonter légèrement avant la guerre. Le seul poste qui augmente nettement est celui de la publicité.

Pour obtenir le prix de revient brut, il faut intégrer aussi les droits d'auteur. Ils sont en moyenne de 10 % avec, dans les premières années, des disparités qui tendent ensuite à s'effacer puisque les auteurs qui ont une petite notoriété connaissent alors des tirages moyens supérieurs à 2 000 exemplaires et que les éditions à compte d'auteurs deviennent rares.

Le prix de revient brut ne varie donc guère entre 1883 et 1913, mais la

25. Pour cet échantillonnage, on a écarté les livres édités à compte d'auteur et les livres illustrés de façon à ne retenir que la production courante. Les écarts constatés entre les devis d'une même année sont de l'ordre de 2 %, pour tous les postes, excepté la publicité.

26. Voir l'*Annuaire statistique de la France*.

répartition entre deux postes évolue : le gain obtenu sur le prix du papier profite au budget publicitaire.

Quand les tirages augmentent, les frais d'impression diminuent : pour un tirage de 5 000 exemplaires, ils tombent à 6 % du prix de vente et 5 % pour 10 000 exemplaires. Comme, pour ces tirages, la part du budget publicitaire et des autres postes reste à peu près la même, c'est le bénéfice de l'éditeur qui tend à augmenter, mais ce gain est limité par l'augmentation relative des droits d'auteur : il est rare qu'au-dessus de 5 000 exemplaires, un auteur se contente de 10 % de droits. Il demande généralement 50 centimes, soit un peu plus de 14 % et, pour les très gros succès, 60 et 75 centimes, c'est-à-dire 21,5 % du prix de vente. L'éditeur gagne donc sur la masse des ventes plus que sur une augmentation de sa marge.

Le bénéfice de l'éditeur, pour les tirages inférieurs à 5 000 exemplaires, s'établit ainsi :

| | |
|---|---|
| Frais de fabrication | 25 à 29 % |
| Droits d'auteur | 10 à 14 % |
| Remises aux détaillants | 30 à 38 % [27] |
| Bénéfices | 29 à 35 % |

Dans ces « bénéfices » entrent les frais généraux de l'entreprise qui ne sont jamais pris en compte par Ernest Flammarion : salaires des employés de la maison d'édition, catalogues, locaux, frais de stockage, investissements, etc. Ils sont difficiles à évaluer même s'il est évident que, entre le moment où Flammarion fait tout le travail administratif dans l'arrière-boutique, rue Rotrou, et celui où il s'installe dans l'immeuble nouveau de la rue Racine, ils ont considérablement crû. Le véritable bénéfice ne peut donc être déterminé avec exactitude.

Pour les collections populaires comme la collection des Auteurs célèbres, les devis diffèrent quelque peu des précédents. Celui des 10 000 premiers exemplaires du numéro 1, *La Belle-Nivernaise*, est représentatif de l'ensemble de la collection :

| | Facture | Part du prix de vente |
|---|---|---|
| Auteur | 500 F | 8,3 % |
| Impression | 590 F | 9,8 % |
| Papier | 1 188 F | 19,8 % |
| Couverture | 70 F | 1,1 % |
| Brochure | 495 F | 8,2 % |
| Publicité | 200 F | 3,3 % |

27. La remise accordée dépend des quantités commandées.

En 1887, le volume revient à 28 centimes, droits d'auteur compris [28], pour un prix de vente de 60 centimes. Le prix de revient des autres livres de la collection oscille entre 24 et 29 centimes. Dans ce décompte, seul, le prix du papier va baisser pour ne plus représenter que 11 % du prix de vente. À la différence des livres à 3,50 F, cette baisse ne sera pas compensée par une hausse du budget publicitaire ; cependant, le bénéfice ne changera guère car les tirages initiaux vont baisser avec le temps. En revanche, pour les premiers titres, le prix de revient brut des retirages descend à 20-24 centimes, rémunération de l'auteur comprise. Le bénéfice de Flammarion s'accroît donc avec les retirages et l'on sait que, pour les premiers titres, ils furent nombreux.

Le prix de revient est encore susceptible de varier en fonction des illustrations et, à cette époque, elles sont très en vogue. Alors que les frais précédents sont incompressibles, les illustrations sont liées à la politique de l'éditeur ; leur coût dépend de leur nombre et de l'artiste choisi.

Deux dessins de Bonnard pour les *Histoires naturelles* de Jules Renard coûtent 1 000 F, soit 14 % du prix de vente et 24 % du prix de revient, alors que l'auteur ne touche que 800 F pour le premier tirage de 2 000 exemplaires. De même, Vallotton touche 1 000 F pour l'illustration de *Poil de carotte*. En revanche, Styka fait 50 dessins de tête de chapitre et autant de culs-de-lampe destinés à *Quo vadis ?* pour toucher 10 000 F. Des dessinateurs comme Duez, Hanriot ou Kauffmann touchent entre 100 et 200 F par dessin. Certains touchent même moins, ainsi Riou touche 2 000 F pour les 20 grands et 40 petits dessins de *Sur l'eau*.

À la dépense des dessins, il faut ajouter celle de la gravure qui est confiée à un spécialiste : 148 F pour les dessins des *Histoires naturelles* mais 11 566 F pour *Quo vadis ?*.

Toutefois, ces frais sont fixes, quel que soit le tirage. Seul, Montégut et, occasionnellement, Fraipont demandent une prime en cas de retirage. Il y a donc intérêt à amortir les illustrations sur de gros tirages.

Si certains postes sont incompressibles, celui des illustrations, comme celui de la publicité, résulte d'un choix. Pour Flammarion, l'économie réalisée sur le papier qui n'est pas investie dans la publicité est consacrée à des illustrations : un dessin sur la couverture, quelques culs-de-lampe... Il préfère stimuler la vente que retirer immédiatement un bénéfice sur les premiers exemplaires vendus. Ainsi, le prix de revient moyen des livres vendus 3,50 F reste autour de 1,40 F (de 1,35 F en 1900 à 1,50 F en 1910). Le tirage initial joue peu sur cette moyenne, Flammarion établissant intuitivement la dépense finale en fonction des droits d'auteur versés et de l'ensemble du devis. Un retirage abaisse le prix de revient de 20 centimes en moyenne, mais la baisse est d'autant plus importante que les frais d'illustration étaient élevés.

Pour le reste de la production, collections populaires ou grandes collections illustrées, la politique de Flammarion est autre. Il cherche à abaisser le prix de vente

28. Dans cette collection, les droits d'auteur ne varient pas en fonction des retirages.

en réduisant prix de revient et marge. Ainsi, la collection des Auteurs célèbres a un prix de revient qui atteint 45 % du prix de vente. La collection des Meilleurs Auteurs classiques, vendue 95 centimes, revient à 35 centimes pour les premiers titres mais certains textes étrangers reviennent à 65 centimes (Flammarion souligne ainsi d'un point d'exclamation significatif le coût des œuvres de Leibniz), ce qui ne laisse plus de bénéfice à l'éditeur. Plusieurs titres aussi lui coûtent 50 centimes, ce qui est à la limite de la rentabilité. L'essentiel, ici, est de créer une image de la collection et de gagner sur le nombre d'exemplaires vendus.

Pour les premières éditions illustrées comme celles de Zola, on a vu que le budget était très serré afin de permettre à l'éditeur de vendre peu cher et beaucoup. Il est certain qu'il a réduit sa marge. Il a aussi fait des économies sur les postes qui étaient compressibles.

Malgré le coût des illustrations, Flammarion a jugé qu'elles étaient un argument de vente suffisamment puissant pour en faire la dépense. Toutefois, ses dessinateurs sont rarement des artistes chers. Les Bonnard, Vallotton, Steinlen ont travaillé à la demande des auteurs. Sinon, dans l'ensemble, Flammarion emploie des dessinateurs de seconde catégorie. Ainsi, pour illustrer *La Terre*, il recrute Duez auquel il donne 225 F par dessin, Rochegrosse auquel il donne 100 F ; les six autres illustrateurs, plus obscurs, ne demandent que 50 F par dessin. Flammarion possède ainsi des dessinateurs attitrés, qui ne sont pas les meilleurs mais pratiquent des tarifs modestes. On ne sait combien il paya Renoir puisque les comptes de *L'Assommoir* ont disparu mais, comme c'était l'époque où Charpentier en était réduit à distribuer le catalogue de son exposition aux passants du boulevard des Italiens, Flammarion n'a pas dû le payer beaucoup plus de 50 ou 100 F. Par la suite, il ne l'employa plus.

Un exemple de prix d'une édition illustrée est donné par le compte des *Premières Civilisations* qui se présente ainsi :

| | | |
|---|---|---|
| Droits d'auteur | 10 000 | Gustave Le Bon |
| | 10 000 | C. Flammarion |
| Dessins | 4 514 | |
| Gravure | 8 313 | |
| Impression | 16 564 | |
| Papier | 33 544 | |
| Clichés | 3 074 | |
| Brochage | 4 526 | |
| Publicité | 10 791 | |
| Total | 101 326 | |

Chaque exemplaire revient donc à 5,10 F alors qu'il est vendu 10 F. Si on considère les sommes investies et le prix du stockage pour un tel livre, on voit bien que la marge de Flammarion est faible. En revanche, une réédition aurait été particulièrement rentable. Le livre aurait coûté aux environs de 3,80 F. Malheureusement, un retirage ne fut pas nécessaire. Daudet est plus heureux : sa

*Belle-Nivernaise* en grande édition illustrée est deux fois rééditée et son prix de revient passe de 4,65 F à 3,20 F pour un prix de vente de 10 F aussi.

Avec quelques principes commerciaux simples, Ernest Flammarion modifia l'économie habituelle de l'édition. Peut-être sa production n'avait-elle pas toujours la qualité de celle de ses concurrents mais Flammarion avait compris que si le prix était bas, il gagnerait un nouveau public. Donc, dans la catégorie du livre à 3,50 F, il cherche à gagner une part du marché grâce à la publicité et aux illustrations ; avec les autres collections, il joue la carte du moindre prix pour attirer une nouvelle clientèle.

## *Bilans financiers*

Alors que, jusqu'en 1882, on connaît le chiffre d'affaires de la Librairie Marpon et Flammarion, les activités d'édition et de librairie ne peuvent plus être chiffrées, après cette date, les comptes ayant disparu. La prospérité de l'entreprise Flammarion se déduit du volume global des tirages, des agrandissements successifs et de la multiplication des succursales. Trois registres permettent toutefois de reconstituer quelques pans de la comptabilité jusqu'en 1914 et de discerner quelques ombres dans l'expansion de l'entreprise.

Les comptes de la société « E. Flammarion et A. Vaillant » sont consignés dans un registre ouvert en 1905. Ils sont établis entre le 1er juillet d'une année et le 30 juin de la suivante.

| Exercice | Bénéf. | Prélèv. | Stocks | Capital |
|---|---|---|---|---|
| 1904-05 | 140 000 | 140 000 | 704 945 | 1 256 827 |
| 1905-06 | 136 234 | 136 234 | 748 818 | 1 335 700 |
| 1906-07 | 100 000 | 100 000 | 753 609 | 1 420 492 |
| 1907-08 | 100 000 | 100 000 | 747 448 | 1 428 860 |
| 1908-09 | 100 000 | 100 000 | 800 075 | 1 553 340 |
| 1909-10 | 159 767 | 159 767 | 911 375 | 1 713 006 |
| 1910-11 | 400 406 | 144 952 | 1 166 830 | 2 188 461 |
| 1911-12 | 252 719 | 132 984 | 1 286 565 | 2 309 081 |
| 1912-13 | 173 213 | 155 000 | 1 408 919 | 2 431 000 |
| 1913-14 | 291 608 | 229 015 | 1 427 306 | 2 559 139 |

Comptes de la société de librairie

Le capital est composé des marchandises en magasin, des avances (loyers, gaz et électricité des succursales), de la valeur des fonds. Cette dernière est plusieurs fois recalculée, la valeur de chaque fonds variant sans doute en fonction des chiffres d'affaires respectifs — qui ont été perdus. Globalement, le stock représente toujours environ 55 % du capital.

La société s'auto-finance entièrement. Elle n'a pas de dettes à long terme. Elle n'a que des dettes à court terme envers les éditeurs. Durant les exercices 1905-1906 et 1909-1910, la totalité des prélèvements est réinvestie dans l'achat du fonds de Marseille pour le premier, dans les opérations des succursales de province (Lyon et Le Havre) et des ateliers parisiens de reliure pour le second [29]. Ce que les deux associés ne prélèvent pas est affecté aux marchandises générales.

Pour les exercices allant de 1906 à 1909, les bénéfices affichés sont des sommes trop uniformes et trop rondes pour ne pas attirer l'attention. Comme, durant la même période, le capital continue d'augmenter grâce à une réévaluation sensible des fonds [30], on peut penser à quelques années difficiles. La stagnation des stocks durant cette même période pourrait corroborer cette hypothèse.

Les chiffres du dernier exercice sont à rapprocher de ceux que l'administration des Finances a conservés dans ses archives et oppose, en 1919, à Ernest Flammarion, pour le calcul des bénéfices réalisés pendant la guerre [31]. Le chiffre d'affaires de l'exercice 1913-1914 est de 3 624 513 F, celui des bénéfices — légèrement supérieur à celui des registres — de 302 042 F. Cela permet de calculer, pour cet exercice, la marge du libraire : un peu plus de 8 %. Ce chiffre marque une nette régression par rapport à ceux des années 1875-1882 qui s'établissaient autour de 16 %. En revanche, la rotation des stocks s'est plutôt accélérée puisque le ratio entre le chiffre d'affaires et le montant des stocks est de 2,53 pour l'exercice 1913-1914 alors que, trente-cinq ans auparavant, il était de 1,8 environ.

Les comptes de la maison d'édition sont encore plus difficiles à établir.

Dans aucun des deux livres de comptes retrouvés ne figure le chiffre d'affaires de la maison d'édition. Pour la période allant de 1892 à 1908, le registre « Inventaires » présente les bilans de la nouvelle société « Librairie Ernest Flammarion », issue du règlement de la succession Marpon. À cette époque, la librairie n'est pas encore séparée de l'édition et leurs comptes se mêlent ; la constitution de la société de librairie « E. Flammarion et A. Vaillant », en 1895, ne clarifie pas autant qu'on le souhaiterait la situation puisque Flammarion ne transfère pas à la nouvelle société le capital que représentent les succursales. Il ne le fera qu'en 1905, date d'ouverture du registre utilisé plus haut. Quant aux livres stockés dans les librairies, ils sont, en principe, exclus des bilans, sauf en 1903 et 1904, années où ils sont intégrés dans l'actif pour une raison qui reste obscure. À partir de 1905, « à la suite de diverses fluctuations antérieures enregistrées à leur date dans la comptabilité E. Flammarion, les maisons de vente au détail dénommées "succursales" étant devenues la propriété par moitié (voir l'acte d'association en date du 1er juillet 1895) à capital variable de MM. Flammarion et Vaillant, il convient de tenir une comptabilité spéciale sous le titre : "Société E. Flammarion et A.

29. Ils sont ouverts en 1909, rue des Canettes.

30. Estimés 550 000 F en 1906, ils sont comptés pour 630 000 F en 1907 (dont 15 000 F pour la nouvelle succursale du Havre), et 700 000 F en 1909 (dont 40 000 F pour la succursale qui vient d'ouvrir à Lyon).

31. Voir le chapitre « Les années de guerre ».

Vaillant" [32] » ; le registre « Inventaires » ne répertorie donc plus que les mouvements de capitaux de l'édition.

Les comptes de l'édition sont encore compliqués par la confusion que Flammarion opère entre ses dettes personnelles et celles qui ont un rapport direct avec son entreprise. Ainsi, l'emprunt à Darblay, fait pour aider Michel Engel, n'a pas de lien direct avec l'édition alors qu'il figure dans les dettes de l'inventaire. Enfin, le plus gros défaut de ces « inventaires » est de s'arrêter en 1908. Six mois plus tard, Ernest Flammarion fait entrer ses fils dans le capital de la maison d'édition ; la comptabilité de cette nouvelle société a disparu. Il ne subsiste, après 1909, que l'inventaire des dettes et biens immobiliers d'Ernest.

Dans le registre d'« Inventaires », les valeurs d'actif sont divisées en trois rubriques : les immeubles, les stocks, les valeurs réalisables et disponibles.

Pour les immeubles, leur valeur qui était nulle, est devenue 750 000 F, entre 1892 et 1908, grâce à l'acquisition du terrain et la construction de l'immeuble de la rue Racine et de celui de la rue Roli.

Les stocks de la maison d'édition seule diminuent nettement sur la période considérée :

| | |
|---|---|
| 1892 | 1 894 151 F |
| 1893 | 1 833 128 F |
| 1894 | 2 337 242 F |
| 1895 | 2 234 312 F |
| 1896 | 2 236 622 F |
| 1897 | 2 272 825 F |
| 1898 | 2 050 501 F |
| 1899 | 2 020 976 F |
| 1900 | 2 143 536 F |
| 1901 | 2 201 073 F |
| 1902 | 1 956 337 F |
| 1903 | 1 496 258 F |
| 1904 | 1 416 839 F |
| 1905 | 1 479 924 F |
| 1906 | 1 517 093 F |
| 1907 | 1 422 299 F |
| 1908 | 1 350 731 F |

Cette constatation d'une hausse de la valeur du stock dans les années 90, puis d'une nette décroissance, rejoint les remarques faites concernant la politique éditoriale de ces années-là [33]. On a constaté un ralentissement de la production qui correspond à l'augmentation des stocks telle que l'ont enregistrée les bilans.

32. Première page du Journal de la société E. Flammarion et A. Vaillant. A.F.
33. Voir le chapitre « Vingt millions de livres ».

Cela montre que, par prudence, Flammarion a limité l'augmentation inconsidérée de son stock en réduisant les nouvelles éditions.

Le dernier poste de l'actif n'est guère exploitable car il mêle toutes les activités de Flammarion, y compris certaines avances au compte des bibliothèques de gare.

Il est intéressant de constater que, à la veille de la naissance de la société Vaillant-Flammarion, en 1895, l'actif de la Librairie Ernest Flammarion se monte à 3 785 976 F. Si on le compare à l'estimation de 1875, qui chiffrait le fonds de librairie et les stocks, ainsi qu'à celles de 1882 et 1890 qui y ajoutaient le fonds d'édition, on mesure la progression de l'entreprise avant sa division.

| | |
|---|---|
| 1875 | 103 800 F |
| 1882 | 1 200 000 F |
| 1890 | 2 826 447 F |
| 1895 | 3 785 976 F |

Valeurs d'actif de la société

L'étude du passif de ces bilans montre que, si la société de librairie s'auto-finance entièrement, la société d'édition, elle, finance ses investissements par un recours systématique à l'emprunt. Parmi les chiffres que présentent les bilans, il faut encore trier car on y trouve aussi bien les 200 000 F de dot donnés à Sylvie puis à Albert et Charles, que le reliquat de la succession Marpon ou le capital de la société de librairie jusqu'en 1905. Ces précautions prises, on peut établir ainsi l'endettement de la société d'édition :

| Année | Endettement | Actifs |
|---|---|---|
| 1894 | 300 000 F | |
| 1895 | 395 000 F | |
| 1896 | 385 000 F | |
| 1897 | 485 000 F | |
| 1898 | 305 000 F | |
| 1899 | 400 000 F | |
| 1900 | 710 000 F | |
| 1901 | 650 000 F | |
| 1902 | 765 000 F | |
| 1903 | 605 000 F | |
| 1904 | 670 000 F | |
| 1905 | 510 000 F | |
| 1906 | 650 000 F | 3 571 156 F |
| 1907 | 590 000 F | 3 323 627 F |
| 1908 | 605 000 F | 2 941 863 F |
| 1909 | 490 000 F | |

On voit qu'Ernest Flammarion n'a pas hésité à recourir à l'emprunt et que ses charges sont suffisamment importantes de 1900 à 1904 pour que l'emprunt souscrit en 1902 soit à remboursement différé, mais qu'il n'a pas reculé pour autant devant la demande d'Engel d'un prêt de 950 000 F.

Reste à évaluer la fortune personnelle d'Ernest Flammarion. Longtemps elle a été constituée par son fonds de librairie et d'édition et son imprimerie. Il prélevait dans la caisse ce qui lui était nécessaire pour ses dépenses quotidiennes et réinvestissait ses bénéfices dans l'entreprise.

Au moment de la constitution de la société « E. Flammarion et fils », Ernest garde la propriété entière de l'immeuble de la rue Racine ainsi que le bâtiment de la rue Roli. Dans son compte personnel, il évalue ses immeubles à 750 000 F, ce qui compte tenu du prix d'achat du terrain et de la construction semble une évaluation raisonnable. Il détient aussi, à la veille de la guerre de 14, les 3/5<sup>e</sup> du capital de la société d'édition « E. Flammarion et fils », évalué à 1 million de francs et les 2/5<sup>e</sup> du capital de la société de la librairie « Flammarion, Vaillant & Cie », évalué à 2 millions. Son capital se monte donc à 2 150 000 F.

Les capitaux investis dans les deux sociétés lui sont rémunérés au taux de 5 % l'an ; d'autre part, les locaux qu'il possède rue Racine et rue Roli sont loués pour la somme de 43 429 F [34] à la société d'édition et à divers particuliers. Sans tenir compte des bénéfices répartis au prorata du capital investi dans les deux sociétés, Ernest Flammarion touche donc annuellement la somme minimale de 120 000 F, comme rémunération de son capital, dans les années qui précèdent la guerre.

En 1918, ses biens immobiliers et ses participations n'ont pas changé mais, comme il a remboursé le prêt de Darblay alors que la succession Engel lui doit encore plus d'un million de francs, il peut considérer que son capital s'est considérablement accru.

Enfin, on possède une dernière estimation de sa fortune dans le règlement de la succession de sa femme, décédée en février 1928. Sylvie Monprofit-Flammarion ayant contesté l'estimation, le règlement définitif n'intervient qu'en 1933, après bien des discussions entre la fille d'Ernest et le bloc formé par le père et les deux fils. Les biens du couple Flammarion se composent des éléments suivants :

| | |
|---|---:|
| Immeuble rue Racine | 4 000 000 F |
| Immeuble rue Roli | 166 045 F |
| Mobilier de Paris | 62 635 F |
| Mobilier de Monte Carlo | 30 080 F |
| Valeurs en portefeuille | 500 000 F |
| Compte en banque | 435 000 F |

Si l'on tient compte de la dévaluation de l'argent entre 1914 et 1928 [35], ces

34. Chiffre de 1910.

35. D'après les tables établies par l'INSEE, il faut multiplier les francs de 1914 par 0,48 et 0,18 pour obtenir leur équivalent en francs de 1918 et de 1928.

chiffres tendraient à prouver que la fortune du couple Flammarion a diminué de près de moitié en 14 ans. En fait, comme le soutient Sylvie, il est bien improbable que son père ait dilapidé le remboursement de la dette Engel, même très dévalué, et le produit de la vente de ses parts dans les sociétés d'édition et de librairie. C'est pourquoi elle soupçonne son père d'avoir aidé ses frères et demande que soit reconstitué l'avoir de ses parents avant la retraite d'Ernest. À partir de cette estimation, les deux partis transigent et acceptent le chiffre de 6 millions [36].

## *Politique financière*

Ernest Flammarion n'utilise jamais les services des établissements bancaires pour emprunter de l'argent. Son compte au Comptoir d'escompte ne lui sert que pour sa trésorerie courante.

Pour ses emprunts, il se tourne vers des particuliers, en les choisissant dans son proche entourage. Les liens familiaux sont les premiers mis à profit. Ainsi, ses premiers bailleurs de fonds sont Lucien Marpon, le frère de Charles ; Alfred Monprofit, son gendre ; Mme Monprofit, mère de son gendre ; Alfred Fasquelle, père du gendre de Marpon. Quand les emprunts sont plus importants et que le cercle familial ne peut y pourvoir, Flammarion fait appel à des confrères qu'il connaît bien comme le papetier Darblay.

Pour rémunérer les capitaux engagés dans ses sociétés d'édition ou de librairie — et, par conséquent, ses propres capitaux — nous avons vu que Flammarion a toujours fixé le taux à 5 %. En revanche, quand il emprunte de l'argent à des particuliers, il rémunère ces emprunts au taux de 4 ou 4,5 %. Ce dernier taux est celui appliqué au prêt consenti par Mme Monprofit et à tous ceux consentis par Paul Darblay. Ce taux d'intérêt est normal pour l'époque, puisque, pour les emprunts officiels, il n'est le plus souvent que de 3 %. Cela explique que des particuliers aussi bien qu'une importante société comme Darblay prêtent volontiers à Flammarion : comme ils ont confiance en la solvabilité de Flammarion, l'opération est intéressante. Seul, parmi ces créanciers, Lucien Marpon a obtenu un taux d'intérêt de 6 % ; c'était pour le prêt qu'il avait accordé en 1883 à la société Marpon et Flammarion pour le rachat de Charpentier. Outre les intérêts versés, Lucien Marpon touche la moitié de la part qui revient à la société Marpon et Flammarion dans les bénéfices nets de la Librairie Charpentier. Ainsi augmentée, la rémunération de ce prêt approche les 8 %. Aussi les deux éditeurs s'empressèrent-ils de rembourser par anticipation une partie du capital (à raison de 100 000 F par an à partir de 1885) de façon à se débarrasser d'un prêt jugé trop onéreux.

Les modalités de remboursement du capital varient suivant les prêts. Il est habituellement prévu que le capital sera remboursé par versements trimestriels

36. Certaines lettres d'Ernest à ses fils, datant de 1928, laissent penser qu'il n'a peut-être pas déclaré toutes ses valeurs mobilières.

réguliers. Sinon, le capital est remboursé en totalité à la fin du prêt ; c'est le cas du prêt Darblay de 1908 et de ceux des Monprofit. Flammarion ne fait jamais usage de la clause de remboursement anticipé quand elle existe. Bien au contraire. Ainsi, Mme Monprofit ne sera pas remboursée de son prêt de 100 000 F par trimestrialités de 25 000 F, comme il en était prévu la possibilité. Flammarion préfère lui servir pendant 11 ans un intérêt de 4 %. De fait, Flammarion ne s'empresse de rembourser un créancier que dans le cas où la créance limite sa souveraineté dans la direction de sa maison. Nous venons de le voir dans le cas du prêt de Lucien Marpon qui se trouva donc rapidement écarté des affaires Charpentier. Ce fut le cas aussi dans les affaires de la succession Marpon. Sinon, Ernest s'en tient strictement aux termes du contrat. Son attitude résulte d'une analyse très simple de sa situation. Les capitaux qu'il engage dans ses librairies ou dans sa maison d'édition lui rapportent plus que la rémunération qu'il verse à ses créanciers. Il n'a donc aucun intérêt à financer avec ses capitaux propres ses investissements. Il n'a aucun intérêt non plus à rembourser par anticipation les prêts qui lui ont été consentis.

Les principaux emprunts effectués par Ernest Flammarion sont les suivants :

| Date de l'emprunt | Créanciers | Sommes | Fin |
|---|---|---|---|
| 05-83 | Marpon | 400 000 F | 1888 |
| 01-08-93 | Darblay | 220 000 F | 1899 |
| 09-07-94 | Darblay | 165 000 F | 1898 |
| 01-04-97 | Monprofit | 150 000 F | 1913 |
| 01-04-97 | Monprofit | 100 000 F | 1908 |
| 06-98 | Darblay | 600 000 F | 1908 |
| 29-01-02 | Darblay | 200 000 F | 1904 |
| ?-04 | Darblay | 200 000 F | 1908 |
| 12-07-06 | Darblay | 100 000 F | 1918 |
| 03-08 | Darblay | 850 000 F | 1918 |

Certains contrats font mention de l'utilisation des fonds prêtés ; d'autres n'en disent rien mais il est aisé d'en reconstituer l'emploi.

Lucien Marpon a financé pour les 4/5e l'entrée de Marpon et Flammarion dans la société Charpentier en 1883, d'où son mode particulier de rémunération. Le 5 juillet 1888, le veuve de Lucien Marpon signe le dernier reçu de remboursement. Les Monprofit, mère et fils, à peine entrés dans la famille [37], ont prêté leur argent sans précision de son emploi mais il probable, au vu de la date, qu'il a été fait appel à eux pour financer les investissements nécessités par les bibliothèques de gare.

37. Alfred Monprofit a épousé Sylvie Flammarion le 22 mars 1897.

Pour les prêts de Darlay, celui de 1894 correspond à l'achat des magasins de la rue Roli et « plus tard l'installation d'une imprimerie probablement [38] ». Ce dernier projet ne sera jamais réalisé. Le prêt de 1893, lui, permit l'achat du terrain et de l'immeuble de la rue Racine [39] avant que celui de 1899 ne paie les frais de construction du nouveau bâtiment [40]. On ne sait rien de l'utilisation des derniers prêts de 1902, 1904 et 1906. Peut-être sont-ils déjà liés aux difficultés d'Engel [41], avant la catastrophe de 1908 et le geste généreux de Flammarion. Cet emprunt de 1908 mérite une attention particulière par l'énormité de la somme en jeu. Pour la première fois, Paul Darblay a demandé qu'il soit garanti par une inscription hypothécaire sur l'immeuble de la rue Racine [42]. Outre l'intérêt annuel de 4,5 %, le remboursement combine deux systèmes : le remboursement échelonné du capital, à raison de 60 000 F par an jusqu'en 1914, puis le remboursement de la totalité du capital restant, soit 600 000 F, en 1918. Mais Ernest Flammarion demande un arrangement et, d'abord, croit l'obtenir :

« Nous avons à payer en sus 5 000 F à Darblay. Marquet a fait rétablir l'ancien système, ce qui est plus commode pour nous. Dans 10 ans, les 600 000 F d'Engel seront remboursés... [43]. »

Espoir déçu : « Les La Rochefoucauld, héritiers de Darblay, refusent le remboursement à 5 000 F par mois. Il faudra donc mettre cela de côté pour le faire par sommes de 100 000 F comme l'an dernier pour Alfred [44]. »

Ernest va donc mettre de côté les sommes économisées pour le remboursement final et les placer. Il achète à partir de cette date des bons de caisse du Comptoir d'escompte, puis, quand la guerre est déclarée, des Bons de la Défense nationale [45], enfin de la rente à 5 %, souscrite, au prix de 88,25 F le titre de 100 F. Ainsi, au 30 juin 1916, il a déjà mis en réserve 383 700 F. Le prêt est totalement remboursé le 26 juillet 1918. À défaut de bilan précis, cela donne une idée des sommes gagnées par Flammarion pendant la guerre.

En échange de ces endettements énormes, Michel Engel rembourse lentement Ernest Flammarion, sur la base de 60 000 F par an. Cette somme représente des intérêts de 5 % augmentés d'un remboursement partiel du capital. Malheureusement, en 1915, Michel Engel ne peut plus payer, à cause, dit-il, de la conjoncture [46]. Dorénavant, il cesse de rembourser du capital et ne paie plus que la moitié des intérêts dus. Après sa mort en 1916, la dette est remboursée par ses héritiers, ses fils Paul et Henri Engel, ses filles Madeleine et Berthe Flammarion.

38. Lettre inédite d'Ernest Flammarion à Darblay, ? 1894. A.F.
39. Lettres inédites de Darblay et d'Ernest Flammarion, 2 et 3 mai 1893. A.F.
40. Lettre inédite de Darblay, 13 juin 1898. A.F.
41. Lettres inédites de Darblay, 29 août 1902 et 12 juillet 1906, A.F.
42. Inscription le 13 juillet 1908, vol. 153, n° 40, 1er bureau de la Seine.
43. Lettre inédite d'Ernest Flammarion à ses fils, 19 janvier 1914. A.F.
44. Lettre inédite d'Ernest Flammarion à son fils Charles, ? février 1914. A.F.
45. Créés par décret du 13 septembre 1914, les Bons de la Défense sont des bons à 3 mois, 6 mois ou un an dont les intérêts de 5 % sont payés par anticipation. Ils sont admis en règlement des souscriptions suivantes avec un droit de préférence. Les coupures vont de 100 à 10 000 F.
46. Lettre inédite de Michel Engel à Ernest Flammarion, 6 août 1915. A.F.

En 1918, l'atelier, estimé 300 000 F, est dissocié de l'ensemble et attribué à Paul et Henri Engel qui le rachètent à Ernest Flammarion pour une somme de 100 000 F versée immédiatement, le reste étant avancé par Flammarion au taux de 5 %. La dette globale de l'indivision Engel est ainsi ramenée à 720 000 F. À cette date, Ernest Flammarion a fini de rembourser à la comtesse de La Rochefoucauld la dette de 1908.

Même s'il a prêté à 5 % la somme qu'il avait empruntée à 4,5 %, Flammarion n'a rien gagné que, peut-être, la reconnaissance de ses brus. En effet, l'irrégularité des remboursements d'Engel aurait pu le mettre dans une situation embarrassante quand il fallut rembourser le capital de Darblay en 1918 puisque Flammarion n'avait récupéré que 10 % environ du capital prêté. La différence des taux d'emprunt n'était qu'une infime compensation. De plus, le remboursement final pâtit de la dévalutation de l'argent après la guerre de 14. Enfin, sans l'aide d'Ernest, Michel Engel n'aurait pu sauver son entreprise : qui d'autre aurait hypothéqué ses biens pour renflouer une affaire qui, depuis plusieurs années, donnait des signes d'essouflement ?

On voit donc que les emprunts d'Ernest Flammarion n'ont jamais correspondu à des trous dans sa comptabilité, comme c'était le cas pour Charpentier. Flammarion emprunte pour financer tous ses grands projets d'extension. C'est toute une politique d'investissement. De plus, il ne cherche pas à limiter au plus juste le montant de ses emprunts ; au contraire, il demande des sommes qui souvent dépassent le montant des factures à régler. Ainsi, des 600 000 F empruntés pour la construction de l'immeuble de la rue Racine, qui ne coûtera que 560 000 F, ou des 220 000 F destinés à l'achat du terrain valant 219 000 F. Différences minimes, certes, qui montrent, néanmoins, que Flammarion préfère emprunter trop que pas assez.

Marpon et Flammarion, puis Flammarion seul, ont fait preuve d'une hardiesse commerciale qui explique en partie leur réussite. Pour cela, ils se sont inspirés des entreprises d'autres novateurs dans ce domaine, les propriétaires de grands magasins. Leurs initiatives allaient dans le sens de l'évolution des mœurs commerciales mais, sur le moment, elles leur valurent de solides oppositions et inimitiés.

Leurs méthodes de gestion, entre autres moyens, leur ont permis de bâtir une fortune rapide à partir d'un capital très modeste. C'est sans doute dans ce domaine que les qualités d'Ernest trouvent le mieux à s'employer : administrateur avisé, il sait mieux que certains confrères plus dilettantes, surveiller l'évolution des coûts et des stocks, et utiliser à bon escient l'emprunt.

Audacieux dans bien des aspects de leur politique commerciale et financière, Marpon et Flammarion restent très conservateurs dans leur attitude face au système bancaire. Certes, Ernest Flammarion possède deux comptes, ouverts tardivement, l'un au Crédit Lyonnais, l'autre au Comptoir d'Escompte. Toutefois, il ne se laisse pas tenter par les frissons de la spéculation, rendu méfiant peut-être par les scandales financiers ; il préfère réinvestir dans son fonds qui lui offre, il est vrai, une rémunération satisfaisante. Jamais, non plus, il ne recourt aux possibilités du crédit bancaire. Pour tous ses emprunts, il fait appel à ses proches ou à des membres de la profession. On connaît la solidité de l'entreprise, on connaît l'honnêteté de l'homme. Bailleurs et débiteurs vivent encore dans un système fondé sur la confiance personnelle.

# PORTRAIT D'UN ÉDITEUR

Bien qu'Ernest Flammarion ait été un personnage discret et peu enclin aux confidences, son action pendant 40 ans à la tête de la Librairie Flammarion permet de dresser un portrait de lui, tant il fut présent derrière chaque décision importante : il n'est pas un chef d'entreprise tourmenté ; il obéit à quelques principes forts qui sont restés inchangés tout au long de sa carrière et mêlent étroitement morale et pragmatisme.

## *L'esprit de famille*

La faillite de Jules Flammarion et les conditions de vie difficiles que connaît la famille dans les années qui suivent, apprennent à ses enfants, s'il en était besoin, la nécessité de la solidarité familiale. Chacun doit apporter son concours pour le salut de tous, et les enfants contribuent dans la mesure de leurs moyens au redressement de la fortune familiale. Dans sa réussite, Ernest Flammarion n'oublie pas sa famille et lui donne une place privilégiée dans son entreprise.

Le premier de tous les devoirs est l'aide aux parents. Dès qu'ils le peuvent, Ernest et Camille soulagent le sort des leurs. Nous avons vu que Camille, dès qu'il connut une petite notoriété avait aidé ses grand-parents, restés en Haute-Marne ; en 1871, il donnera les terres ainsi rachetées, une vigne surtout, à ses parents afin qu'ils en assurent l'exploitation. Il leur avance même les premiers fonds nécessaires à la mise en exploitation [1]. Pour compléter, il négocie le rachat d'une

1. Acte sous seing privé, signé le 23 juin 1871. Archives Camille Flammarion.

maison ayant appartenu au grand-père Lomon [2] de façon à leur donner la sécurité d'un toit. Par la suite, Françoise Flammarion fait souvent appel à ses enfants pour obtenir une aide financière qu'ils ne lui refusent jamais [3]. De même, les parents d'Eugénie Flammarion sont jusqu'à leurs morts, survenues en 1889 et 1896, aidés par leurs enfants.

Ernest ne porte pas moins d'affection à ses frère et sœurs. On a vu comme, dans sa jeunesse, il était lié avec Camille, jeune frère dans l'ombre de son glorieux aîné, appliqué à suivre son exemple dans les domaines où il le pouvait, puis éditeur confiant dans le succès de l'*Astronomie populaire.* Au fil des années, leurs rapports se détendent un peu parce que Camille est très occupé et voyage beaucoup, mais ses pas le portent encore souvent de la rue Cassini aux arcades de l'Odéon.

Avec ses sœurs, Ernest se montre tout aussi attentif et prêt à les associer à sa réussite.

Sa sœur aînée, Berthe, a épousé un photographe, Alexandre Martin, et vit à Moulins. Elle a plusieurs enfants dont une fille, Zélie, filleule de Charles Marpon, et un fils, Ernest. Son oncle fait venir ce dernier à Paris et l'embauche pour travailler à la librairie de l'Odéon. Après cette formation, il est nommé gérant de la librairie de la rue Auber, puis de celle du boulevard des Italiens, ce qui est le poste le plus important pour les librairies. En 1896, Ernest Martin se lance : son oncle lui cède pour le prix « familial » de 10 000 F la succursale de la rue du faubourg Saint-Honoré. Cet accord les arrange certainement tous deux ; pour une somme assez modique, Ernest Martin gagne son indépendance et Ernest Flammarion, qui vient d'acquérir le magasin de l'avenue de l'Opéra, se défait d'une succursale moins rentable [4].

Par la suite, les relations entre l'oncle et le neveu se gâtent. Ernest Martin exploitant une ancienne librairie Flammarion, il est facile de faire une confusion entre Ernest Martin et Ernest Flammarion, d'autant que tous les papiers, tampons, enseignes portent en gros caractères gras : E. FLAMMARION & A. VAILLANT, et en petits caractères minces : Ernest MARTIN, Succ[r]. Cette pratique est courante mais Ernest Martin en abuse, négligeant de modifier les inscriptions au nom de son oncle. L'éditeur doit se fâcher pour obtenir que son neveu fasse cesser l'équivoque et leurs relations en souffrent [5].

Plus fructueux seront les rapports établis avec les Vaillant. Auguste Vaillant est commis chez le libraire Laisné, passage Vivienne, quand, à son accent haut-marnais, Ernest Flammarion reconnaît un compatriote et lie connaissance avec lui. Dix ans plus tard, Vaillant, après sept ans de service en Algérie dans les spahis, est à la recherche d'un travail et se présente chez Flammarion qui l'embauche. Il va faire plus encore pour lui.

2. Lettre inédite d'Ernest Flammarion à sa sœur Berthe, 10 mai 1871. A.F.

3. Voir parmi les lettres conservées à Juvisy, celles de 1877, par exemple, demandant une aide pour payer l'huissier chargé de défendre les droits des parents Flammarion dans un conflit local.

4. Voir le chapitre « Les combats de la librairie ».

5. Voir à ce sujet la correspondance échangée par l'oncle et le neveu, entre le 8 et le 10 février 1901. A.F.

Depuis quelques temps, Jules et Françoise Flammarion cherchent un « établissement » pour leur dernière fille, Marie, qui, depuis 1871, est demoiselle de magasin à Langres. Quand elle devient première, ils prennent espoir car, comme le dit Ernest, « il est certain que notre petite sœur trouvera à Langres un brave commerçant qui la demandera en mariage » puisque « celle qu'elle remplace, qui n'est ni jolie ni supérieure, a bien trouvé un confiseur *établi* [6] ».

Ils mandatent à cet effet Camille et Ernest :

« Nous voudrions bien pour elle quelqu'un de sérieux et bon caractère et surtout pas de tache de famille. Nous pensons surtout que si Ernest avait un employé bien convenable, qu'il connaisse bien et le mettre en société avec lui se serait une position (sic) [7]. »

De son côté, Marie se plaint depuis longtemps à son frère de la monotonie de son travail et du manque de perspectives d'avenir dans ce magasin de confection :

« Plus je vais, plus je réfléchis et plus je vois que je perds mon temps, voyons, pense donc que j'ai bientôt 19 ans et que je n'ai pas de position ! Il y a longtemps que je devrais être dans une grande maison, au courant d'un commerce sérieux et gagner de l'argent. Tant que je serai ici, je ne ferai rien et n'aurai toujours rien. Ce n'est pas en ourlant les torchons et en raccommodant les bas, en faisant l'ouvrage de femme de chambre que je deviendrai une grande commerçante [8]. »

Ernest sonde donc les intentions de sa sœur sur un éventuel mariage. Elle lui répond aussitôt :

« Tu me parles d'épouser un négociant, je suis bien de ton avis et je trouve que c'est une belle et bonne position mais lorsqu'on n'a pas ce qu'il faut pour cela, il faut que l'intelligence y supplée alors, si par hasard tu rencontrais un commerçant dans ton genre, je m'en contenterais, tu ne le lâcherais pas car ils sont bien rares. (Tu sais, prends ton temps, je ne suis pas pressée.) [9]. »

La quête d'Ernest dure plus d'un an mais, en 1878, il peut exaucer les vœux de toute la famille en proposant à Marie un époux et un travail à Paris.

« L'honorable parti » est Auguste Vaillant pour qui Marie quitte la Haute-Marne, à l'automne 1878. Son expérience de la vente lui sera utile puisque Ernest va l'employer, elle aussi, pour tenir la caisse sous les arcades de l'Odéon.

De l'aveu d'Ernest, Auguste Vaillant est « travailleur et d'une honnêteté scrupuleuse [10] ». Aussi n'hésite-t-il pas à lui confier rapidement la direction des librairies, puis à en faire son associé, en 1895, quand il sépare les activités d'édition de celles des librairies. À ce titre, le beau-frère de Flammarion sera un membre actif du Syndicat des Libraires.

6. Lettre inédite d'Ernest Flammarion à sa sœur Berthe, 6 février 1875. A.F.

7. Lettre inédite de Françoise Flammarion à Camille Flammarion, 20 janvier 1877. Archives Camille Flammarion.

8. Lettre de Marie Flammarion à son frère Ernest, 9 août 1874. A.F.

9. Lettre inédite de Marie Flammarion à son frère Ernest, 3 septembre 1876. A.F.

10. Note manuscrite inédite. A.F. Camille, dans ses *Mémoires biographiques et philosophiques d'un astronome*, confirme qu'il était « un actif et intelligent employé ».

Plus tard, la famille d'Auguste Vaillant trouve, elle aussi, à s'employer dans l'entreprise. Jean Vaillant, son fils, prend la direction de l'atelier de reliure ouvert en 1909, et son gendre, Paul Delloue, dirige la papeterie ouverte en 1912, au 22, rue de Vaugirard. Puis, en 1913, au moment où les deux fils d'Ernest sont financièrement associés à leur père, les fils de Vaillant, Georges et Jean, et son gendre, Paul Delloue, le sont également. La société, qui est constituée pour vingt ans, a pour objet l'exploitation des fonds de librairie, reliure et papeterie, sous la raison sociale « Flammarion, Vaillant et Cie ». Son capital est de deux millions, divisé en vingt parts. Albert et Charles Flammarion, Jean et Georges Vaillant ainsi que Paul Delloue en reçoivent une chacun [11].

En effet, la solidarité familiale s'étend aussi à la jeune génération. Les deux fils d'Ernest sont évidemment les premiers à en profiter.

Albert et Charles, nés en 1877 et 1884, sont venus travailler avec leur père. Albert s'occupe plus particulièrement des rapports avec les libraires et fait souvent la tournée des librairies pour présenter les nouveautés. Charles devrait veiller aux questions d'édition mais, jusqu'au début de la guerre de 14, il est souvent en villégiature pour soigner sa santé.

Le 2 juillet 1909, Ernest Flammarion associe officiellement ses fils à la société d'édition. Ainsi naît la société en nom collectif « E. Flammarion & fils ». Elle est constituée pour une durée de trente ans, avec faculté d'en demander la dissolution au bout de dix ou vingt ans. Son capital est fixé à 1 000 000 F, dont 600 000 F apportés par Ernest et 200 000 F par chacun des fils. Toutes les sommes et les apports de capital seront rémunérés au taux de 5 %. Chacun des associés doit tout son temps à la société ; toutefois, Ernest Flammarion se réserve le droit de donner une part de son temps à la société « E. Flammarion et A. Vaillant » et tous trois à la maison Engel. Ernest touchera une rémunération mensuelle de 1 000 F et chacun de ses fils 500 F. Les bénéfices seront répartis à raison de 3/5$^{e}$ pour Ernest et 1/5$^{e}$ pour chacun de ses fils.

En fait, Ernest Flammarion donne à ses fils une partie de son entreprise puisque les 600 000 F de capital qu'il apporte dans la société sont constitués par la clientèle, le matériel, les traités et les stocks de la maison d'édition. La part apportée par Albert et Charles est constituée, elle, par « diverses marchandises se trouvant dans les mêmes endroits que ceux ci-dessus désignés où se trouvent celles apportées à la société par Monsieur Flammarion père [12] ». C'est dire que cet apport est fictif.

Une très longue partie de l'acte est consacrée à régler les cas de dissolution de la société par suite du départ ou du décès de l'un des associés. Tous les cas de figure sont prévus, ce qui montre le désir d'Ernest d'éviter les querelles éventuelles qui pourraient s'élever par la suite. Il semble redouter tout particulièrement les agissements des nouveaux venus dans la famille. Ainsi une clause précise que « les

11. Acte signé le 14 janvier 1913. A.F.

12. Article 5 de l'acte d'association signé le 2 juillet 1909, enregistré à Paris le 9 septembre 1909, Tribunal de commerce, f° 59 c5.

filles et femmes ne pourraient être que commanditaires [13] ». S'il n'est pas question de les priver de leurs droits financiers, il ne semble pas souhaitable à Ernest qu'elles deviennent gérantes et exercent un pouvoir dans la société. Cette attitude ne lui est pas propre ; le réglement des successions Hachette ou Baillière montre la même méfiance à l'égard des femmes [14]. Conformisme, misogynie et désir d'éviter un morcellement du capital entrent à des degrés divers dans ces attitudes. Ernest, lui, paraît surtout soucieux d'empêcher qu'un jour la maison ne soit plus gouvernée par des Flammarion. À moins qu'il n'ait des raisons particulières de se méfier des femmes de la famille...

En préparant ainsi sa succession et transmettant déjà une partie de son capital, Ernest Flammarion donne l'exemple de cette fermeture des sociétés françaises à l'apport extérieur qu'a mise en lumière David Landes. En effet, de nombreuses entreprises en dehors du secteur de l'édition fonctionnent sur des principes semblables ; même quand il n'y a plus d'héritier direct, comme dans le cas du Bon Marché, on voit des dispositions prises pour que le capital ne sorte pas d'une « famille » constituée par un petit nombre d'actionnaires. Dans le cas d'Ernest Flammarion, ce refus de s'associer à des « étrangers » ne stérilise pas pour autant son dynamisme commercial. On peut seulement s'interroger sur les dangers que représente, à terme, le fait de ne recruter que sur un critère familial ses principaux collaborateurs [15].

Gestes inspirés par une politique commerciale et financière, mais aussi par l'affection. Ernest Flammarion n'en a-t-il pas déjà donné une preuve éclatante à ses fils en renflouant l'entreprise Engel ?

Albert et Charles Flammarion ont épousé Berthe et Madeleine Engel [16], les filles d'un important relieur industriel établi 91, rue du Cherche-Midi. L'entreprise a été fondée par leur grand-père, Jean Engel, un ancien apprenti qui, après avoir travaillé chez divers relieurs et avoir épousé la sœur de son dernier patron, créa sa propre maison en 1838. Il fut l'un des plus novateurs dans le mouvement d'industrialisation qui toucha la reliure au milieu du XIX^e^ siècle, soit qu'il mît au point lui-même des procédés nouveaux (laminoir remplaçant le battage, machine à grecquer), soit qu'il les importât d'Angleterre (presse à genouillère) [17].

Les affaires étant prospères, d'agrandissements en agrandissements, il finit par venir s'installer rue du Cherche-Midi, où, « sur un terrain de 3 000 $m^2$, il fit construire un atelier spécial mesurant 900 mètres de plain-pied, auquel furent annexées des galeries d'une étendue de 300 mètres [18] ». En 1881, l'atelier employait 275 ouvriers [19] et travaillait pour les plus grands éditeurs : Hachette, Larousse...

13. Acte sous seing privé, signé le 2 juillet 1909, art. 10. A.F.
14. Jean-Yves Mollier, *L'Argent et les lettres*. Paris : Fayard, 1988, p. 187 et 290.
15. Ses successeurs suivront son exemple. Quand Ernest abandonnera complètement les librairies à ses fils, ceux-ci rachèteront leurs parts aux héritiers de Vaillant, évitant ainsi un émiettement du capital. Et la génération suivante procédera de même.
16. Mariage célébré le 14 janvier 1907.
17. Sophie Malavieille, *Histoire de l'édition française*, op. cit., t. III, p. 64.
18. *Bibliographie de la France*, juillet 1892, p. 152.
19. *Moniteur de la librairie et de l'imprimerie*, juin 1881, p. 3.

Le 20 novembre 1901, un incendie détruit non seulement les ateliers mais aussi les stocks de livres que lui avaient confiés les éditeurs pour reliure. Le préjudice est énorme [20] ; un conseil judiciaire est mis en place pour traiter avec les assureurs.

La situation, temporairement redressée, redevient critique en 1906, puis se dégrade encore en 1908 [21]. En mars, Michel Engel est aux abois et Berthe, sa fille, s'entremet auprès d'Ernest pour qu'il trouve un arrangement avec les créanciers. Sinon, c'est la faillite c'est-à-dire le déshonneur, le suicide peut-être. Ernest se laisse circonvenir : d'une part, le mot « faillite » le ramène aux jours sinistres de son enfance, quand il fallut quitter Montigny pour venir travailler durement à Paris ; d'autre part, Ernest Flammarion a un honneur de commerçant qui ne peut supporter que ses fils soient gendres d'un failli. Ses parents avaient tout vendu pour éponger leurs dettes. Ernest, lui, emprunte à Darblay la somme énorme de 950 000 F, assortie d'une hypothèque sur ses biens, pour sauver Michel Engel. Ses finances se trouvent ainsi grevées par les remboursements jusqu'en 1918.

Michel Engel meurt en mai 1916. La dette est donc reportée sur ses héritiers, ses fils Paul et Henri, ses filles Madeleine et Berthe. Son règlement s'étale jusqu'en 1926 mais, l'argent s'étant dévalué, il ne satisfera personne, ce qui créera certaines rancœurs.

Ce sauvetage d'Engel tout comme les actes d'association signés en 1909 et 1913, montrent la générosité d'Ernest Flammarion envers ses fils, mais ce sentiment ne s'étend pas à sa fille Sylvie avec qui il est fâché.

Sylvie Flammarion a épousé, le 22 mars 1897, Alfred Monprofit. Fils d'un brocheur fournisseur de la Librairie, le prétendant travaillait déjà comme commis à l'Odéon et ce choix, bien dans la tradition, ne peut que réjouir, a priori, Ernest Flammarion. Pourtant, des dissensions apparaissent. Le nouveau gendre, qui continue de travailler chez son beau-père comme secrétaire de la maison d'édition, aimerait se voir confier des fonctions plus importantes. Il semble même qu'un projet d'association soit préparé à la fin de 1901, regroupant Ernest Flammarion, Auguste Vaillant, Alfred Monprofit et Albert Flammarion. Charles, le cadet qui n'a que 17 ans, en est écarté. L'acte serait rédigé sur le modèle de l'accord conclu en 1883 entre Charpentier, Marpon et Flammarion. La société aurait pour objet l'exploitation de la maison d'édition Ernest Flammarion, des bibliothèques de gare et de la société des librairies Flammarion et Vaillant. Le capital estimé à 2,5 millions serait réparti pour 12,5 parts à Ernest Flammarion, pour 7 parts à Vaillant, 3,5 parts à Monprofit et 2 parts à Albert Flammarion, et les bénéfices seraient partagés au prorata des parts. Les rémunérations mensuelles seraient calculées à peu près sur les mêmes bases [22].

---

20. Pour Flammarion seul, il se monte à 7 697 F.

21. Berthe Flammarion, dans sa lettre de remerciement, après l'intervention d'Ernest, laissera entrevoir quelques explications à ces difficultés financières : « Papa s'est-il engagé vis à vis de vous, cher père, à réformer son organisation intérieure ?? A-t-on des chances de voir l'aisance et la prospérité revenir à la maison ? Vous savez comme est Papa ?? Il y a huit jours, c'était une lettre désespérée, maintenant, grâce à vous, il voit les affaires se faire comme par enchantement et l'or couler à flots dans ses caisses ??? » Lettre inédite, 30 mars 1908. A.F.

22. Exemplaire du contrat passé entre Charpentier, Marpon et Flammarion le 11 mai 1883, annoté de la main d'Ernest Flammarion pour servir de modèle à un traité associant Alfred Monprofit. A.F.

Étienne et Françoise Flammarion en 1857
avec leurs enfants : Berthe, Camille et Ernest.

Ernest Flammarion

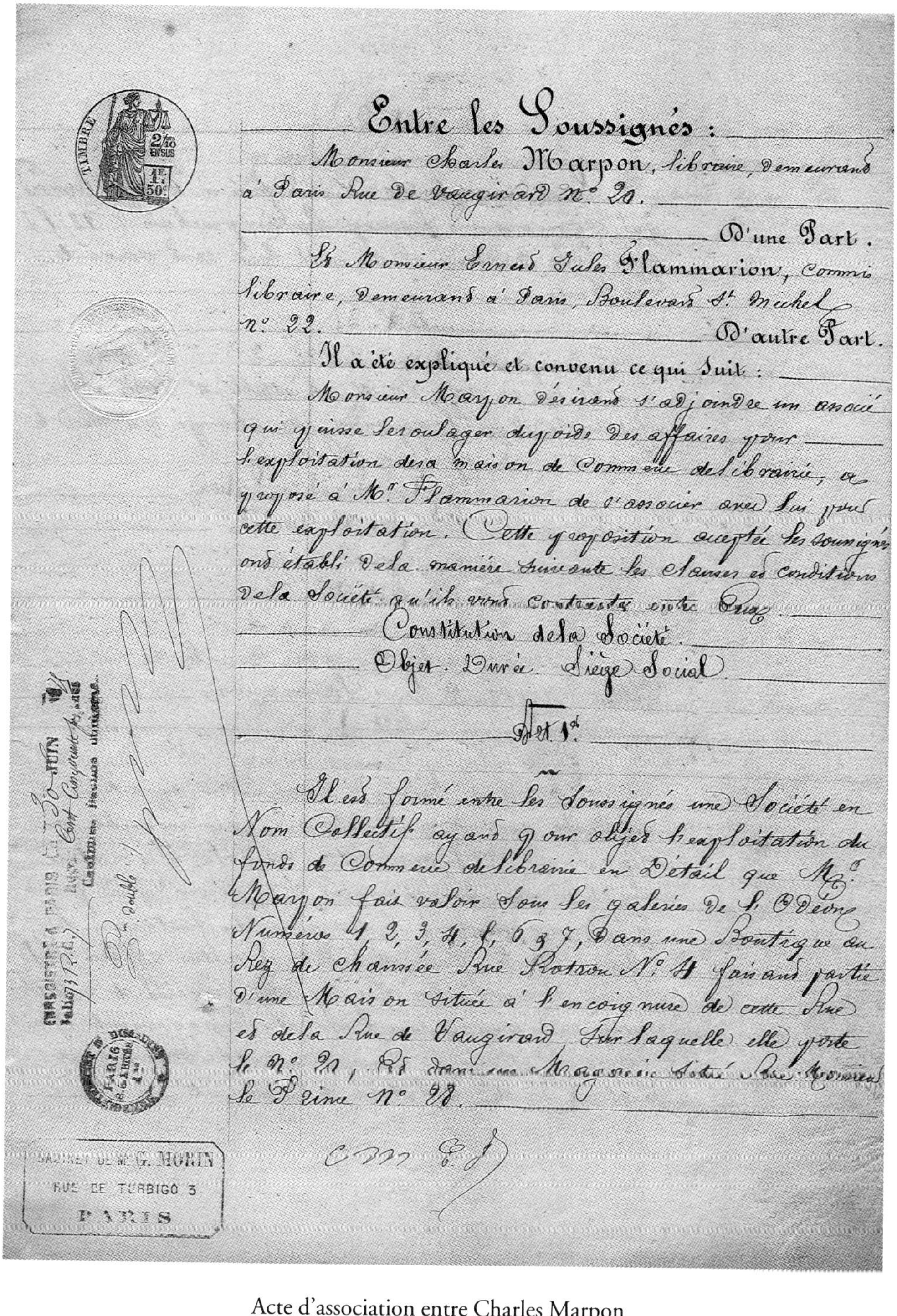

Entre les Soussignés :

Monsieur Charles Marpon, libraire, demeurant à Paris Rue de Vaugirard n° 20. — D'une Part.

Et Monsieur Ernest Jules Flammarion, commis libraire, demeurant à Paris, Boulevard St Michel n° 22. — D'autre Part.

Il a été expliqué et convenu ce qui suit :

Monsieur Marpon désirant s'adjoindre un associé qui puisse le soulager du poids des affaires pour l'exploitation de sa maison de commerce de librairie, a proposé à Mr Flammarion de s'associer avec lui pour cette exploitation. Cette proposition acceptée les soussignés ont établi de la manière suivante les clauses et conditions de la Société qu'ils vont contracter entre eux.

Constitution de la Société.

Objet. Durée. Siège Social

Art. 1er

Il est formé entre les soussignés une Société en Nom Collectif ayant pour objet l'exploitation du fonds de Commerce de librairie en Détail que Mr Marpon fait valoir sous les galeries de l'Odéon Numéros 1, 2, 3, 4, 5, 6 & 7, dans une Boutique au Rez de Chaussée Rue Rotrou N° 4 faisant partie d'une Maison située à l'encoignure de cette Rue et de la Rue de Vaugirard sur laquelle elle porte le N° 20, et dans un Magasin situé Rue Monsieur le Prince N° 28.



Acte d'association entre Charles Marpon et Ernest Flammarion, le 24 juin 1875.

La Librairie Marpon et Flammarion
sous les galeries de l'Odéon.

Le siège de la Librairie Flammarion
au 26-28, rue Racine.

Une bibliothèque des chemins de fer
de la concession Flammarion.

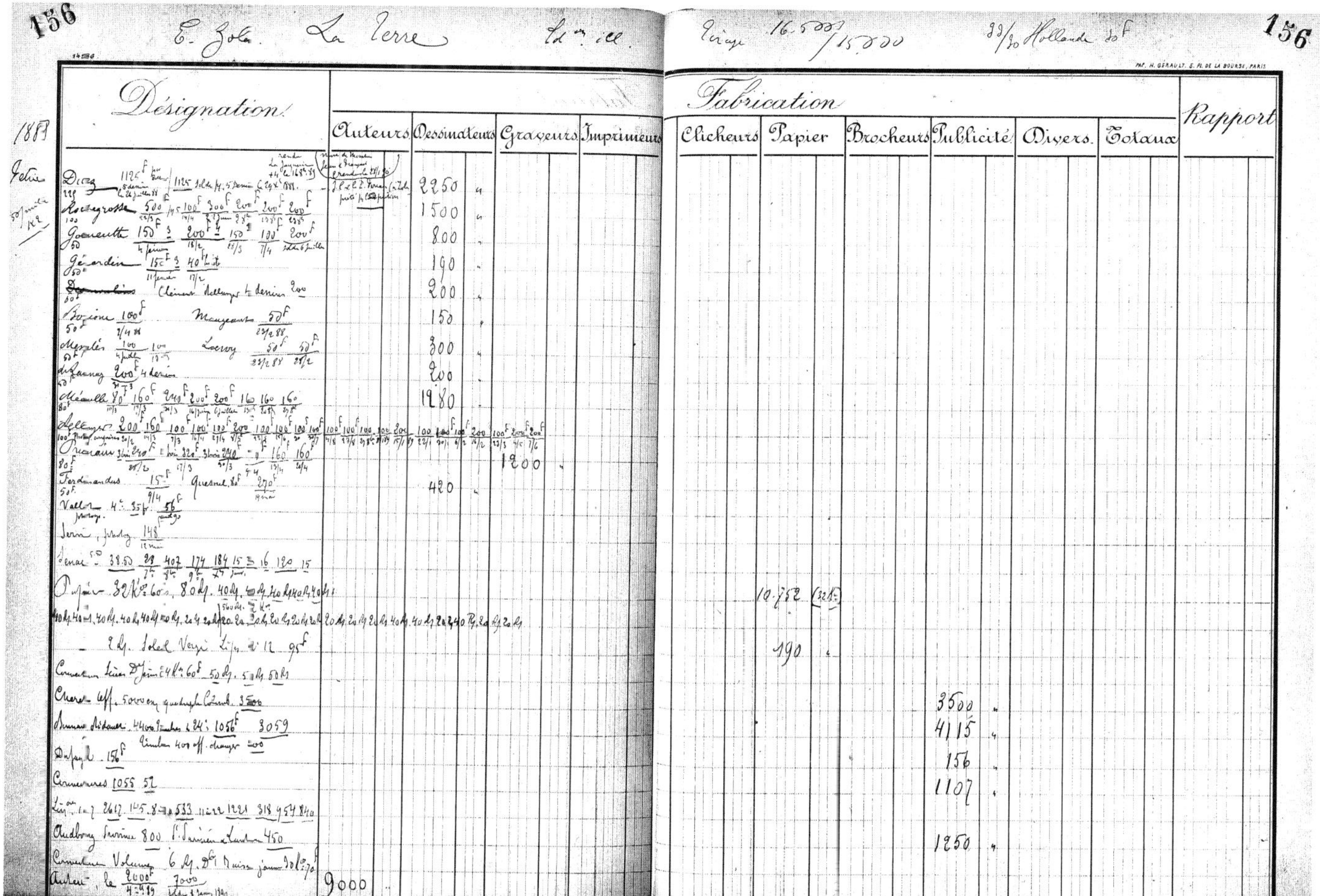


Comptes de fabrication de *La Terre* d'Émile Zola, 1888.

CAMILLE FLAMMARION

ASTRONOMIE
POPULAIRE

DESCRIPTION GÉNÉRALE DU CIEL

ILLUSTRÉE DE 360 FIGURES, PLANCHES EN CHROMOLITHOGRAPHIE
CARTES CÉLESTES, ETC.

PARIS
C. MARPON ET E. FLAMMARION, ÉDITEURS
Galeries de l'Odéon, 1 à 7, et rue Rotrou, 4

1880
(Tous droits réservés)

Page de titre de
l'*Astronomie populaire*, 1880.

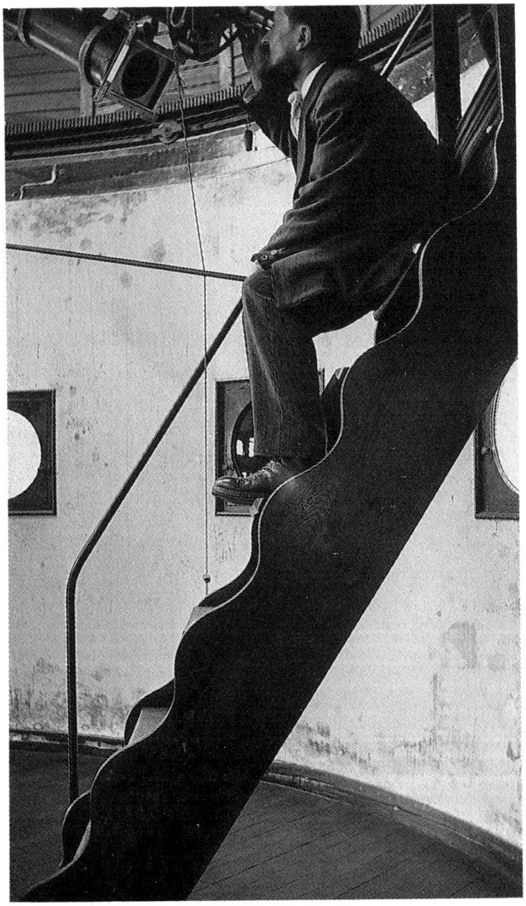

Camille Flammarion dans
son observatoire de Juvisy.

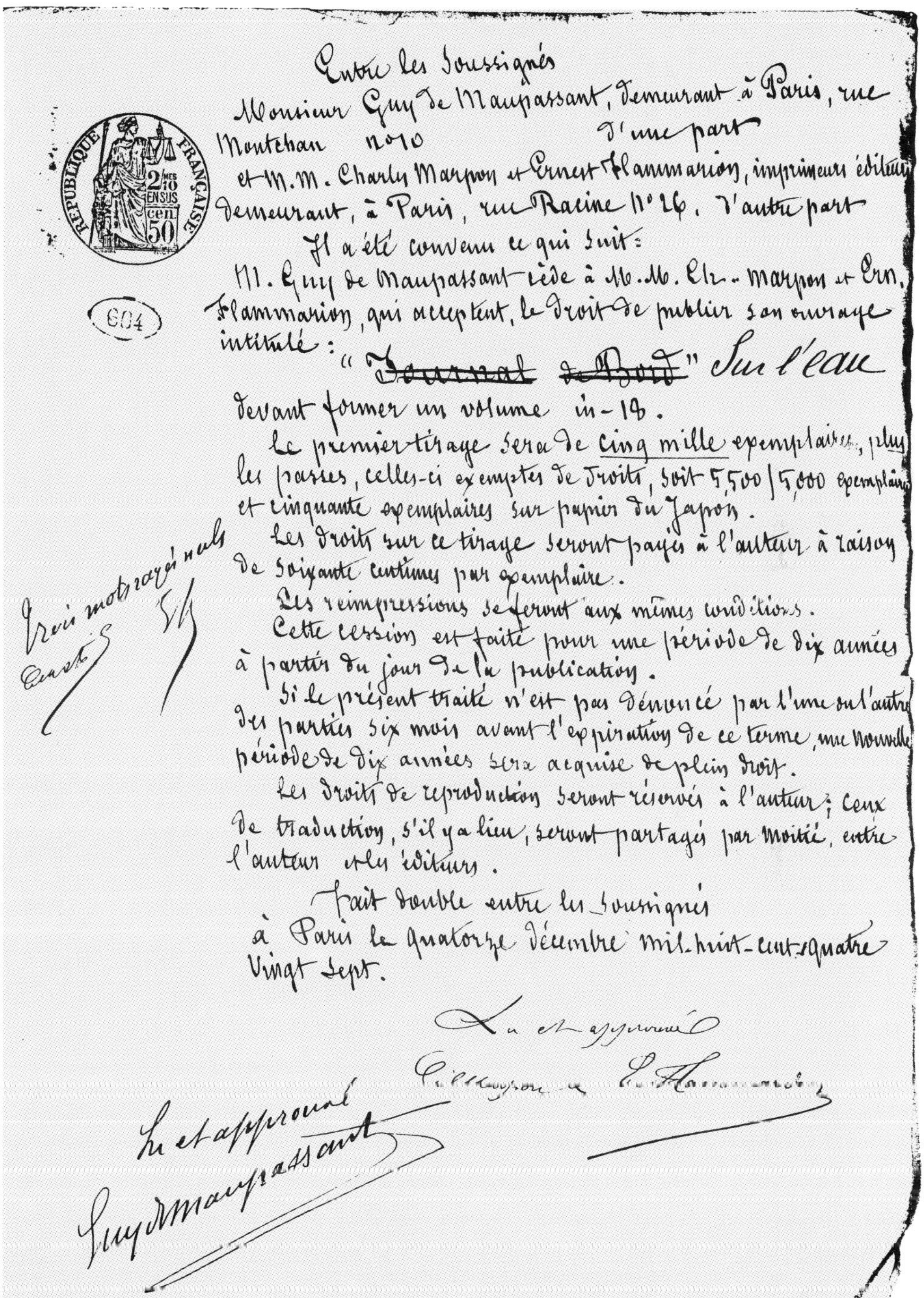

Entre les Soussignés

Monsieur Guy de Maupassant, demeurant à Paris, rue Montchanin n° 10 d'une part

et M.M. Charles Marpon et Ernest Flammarion, imprimeurs éditeurs demeurant, à Paris, rue Racine n° 26. d'autre part

Il a été convenu ce qui suit :

M. Guy de Maupassant cède à M.M. Ch. Marpon et Ern. Flammarion, qui acceptent, le droit de publier son ouvrage intitulé : « ~~Journal de Bord~~ » Sur l'eau

devant former un volume in-18.

Le premier tirage sera de cinq mille exemplaires, plus les passes, celles-ci exemptes de droits, soit 5,500/5,000 exemplaires et cinquante exemplaires sur papier du Japon.

Les droits sur ce tirage seront payés à l'auteur à raison de soixante centimes par exemplaire.

Les réimpressions se feront aux mêmes conditions.

Cette cession est faite pour une période de dix années à partir du jour de la publication.

Si le présent traité n'est pas dénoncé par l'une ou l'autre des parties six mois avant l'expiration de ce terme, une nouvelle période de dix années sera acquise de plein droit.

Les droits de reproduction seront réservés à l'auteur ; ceux de traduction, s'il y a lieu, seront partagés par moitié entre l'auteur et les éditeurs.

Fait double entre les soussignés à Paris le quatorze décembre mil-huit-cent-quatre vingt sept.

Lu et approuvé

C. Marpon E. Flammarion

Lu et approuvé

Guy de Maupassant

Trois mots rayés nuls

Traité entre Guy de Maupassant et la société Marpon-Flammarion, pour l'ouvrage *Sur l'eau*, 1887.

9e volume. N° 454. — 10 c. Un an : 5 fr.

LES HOMMES D'AUJOURD'HUI

Texte de CH. DONOS

DESSIN DE Émile COHL

Bureaux : Librairie Vanier, 19, quai Saint-Michel, Paris

# ERNEST FLAMMARION

Marque de Marpon et Flammarion.

le 19

VIENT DE PARAITRE

ARISTIDE BRUANT

# Dans la Rue

CHANSONS ET MONOLOGUES

Les Loupiots.
A la Bastoche.
Sous les Ponts.
Pour les Fortifs.
Rose Blanche.
A Pantruche.
Jalouse.
Paillasse.
Baryton.
Tzigane.
Vache.
Nini-Peau-d'Chien.
La Terreur des Fortifs.
Chant d'Apaches.
La Lionne.
Les Chi'-dans-l'Eau.
Galvaudeux.
Sous la Pluie.
Réveillon des Gueux.
Le Dimanche du Trimardeur.
Jean du Cogno.
Pili.
Les Braves Gens.
Statuophobe.
Ta Gueule!
Pestailles.
Ah! les Salauds!
Alleluia!
Mercuriale.
Ma Rosse de Gosse.
P'tit-Gris.
Les Culs gelés.
Sur le Tas.

Cher monsieur Flammarion,

Voici l'épreuve de l'affiche dont je vous ai parlé, dans ma dernière lettre.

Veuillez, s.v.p. me dire, le plus tôt possible, combien vous en désirez d'exemplaires.

Bien cordialement à vous

Aristide Bruant

9 février 1909.

Veuillez aussi me dire combien je dois vous faire [illegible] d'exemplaires du volume

DESSINS DE POULBOT

UN VOLUME IN-18. PRIX : 3 FR. 50

*Publié par l'Auteur. Librairie Ernest Flammarion, 26, rue Racine*

PARIS

IMP. PAIRAULT & Cie. PARIS

N° 1 Prix exceptionnel de ce numéro : 5 centimes. DIMANCHE 26 AVRIL 1883

# Le Bon Journal

ABONNEMENTS :
PARIS ET DÉPARTEMENTS { Six Mois . . . . . 4 Fr. 50.
{ Un An . . . . . . 8 — » »
LE BON JOURNAL paraît le Dimanche.

ADMINISTRATION ET RÉDACTION
Rue Racine, 26
10 centimes.

SOMMAIRE. — H. Escoffier : Causerie. — Guy de Maupassant : La Roche aux Guillemots. — Hector Malot : Micheline. — Paul Ginisty : Le Roi des lutteurs. — Xavier de Montépin : Jean Vanbaron. — H. Sérignan : Troppmann.

## JEAN VAUBARON par XAVIER DE MONTÉPIN

ELLE EST MORTE!... DIEU M'ABANDONNE!... (*Voir page 11*).

GUIDE FLAMMARION
ILLUSTRÉ
Prix 1f.50
EXPOSITION UNIVERSELLE
PARIS -1900-
Publié sous la Direction de Mr A. SAUVERT Ing. E.C.P.
PARIS. E. FLAMMARION, ÉDITEUR.

LES AUTEURS GAIS
PARIGOTES
PAR
Jules Lévy
Ernest FLAMMARION Editeur
26, Rue Racine PARIS

COLLECTION ARTISTIQUE GUILLAUME ET Cie
ALPHONSE DAUDET
Tartarin
de
Tarascon
PARIS
C. MARPON ET E. FLAMMARION
26, RUE RACINE, 26
1887

NOUVEAUX
EXPLOITS
PAR
CHARLES
LEROY
DU
Colonel
RAMOLLOT
Illustrations
de
A. Bertrand
Draner
C. MARPON ET E. FLAMMARION
26, RUE RACINE, PRÈS L'ODÉON
ÉDITEURS
PARIS

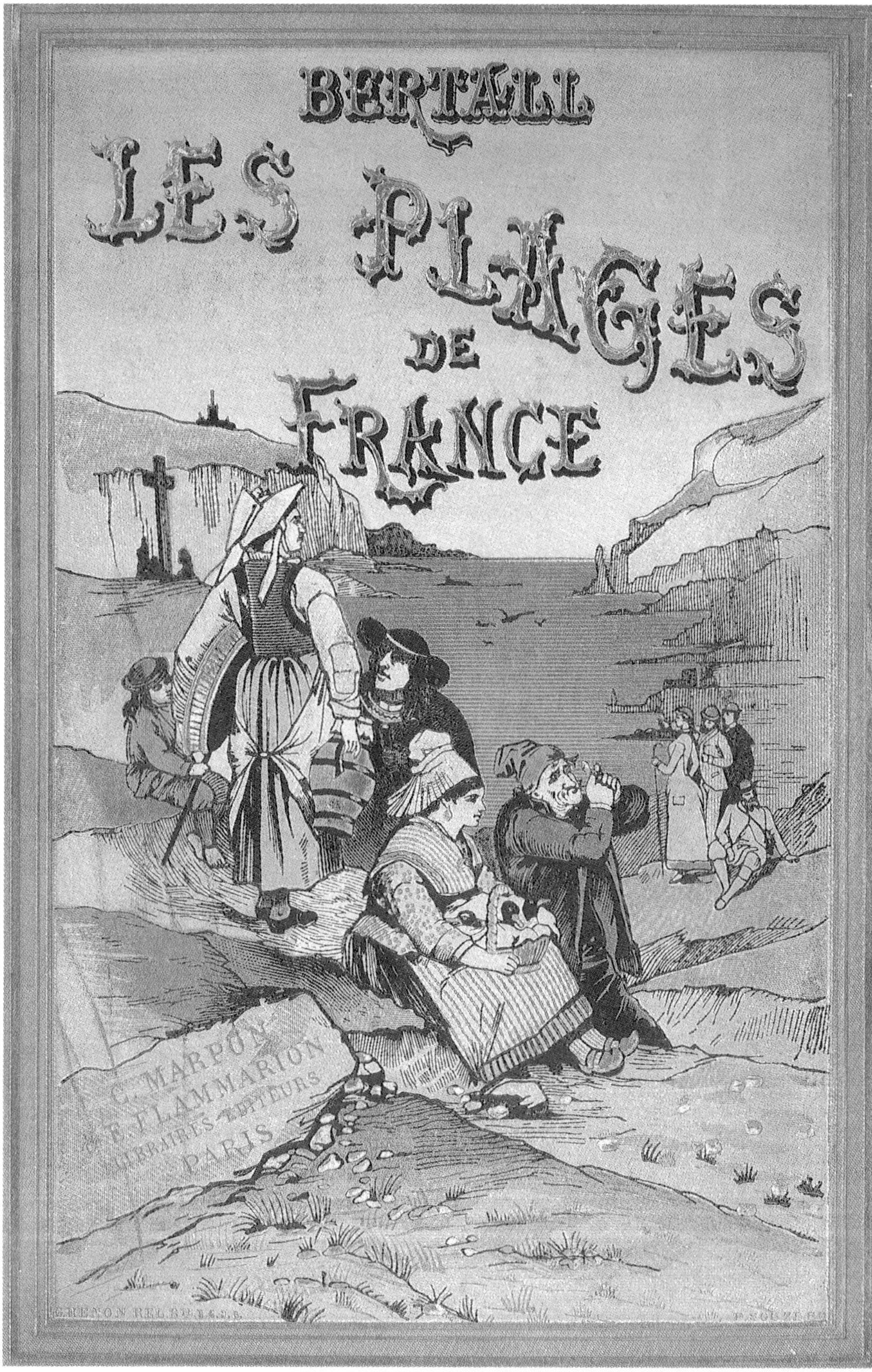
BERTALL
LES PLAGES
DE
FRANCE
C. MARPON
& E. FLAMMARION
LIBRAIRES-ÉDITEURS
PARIS

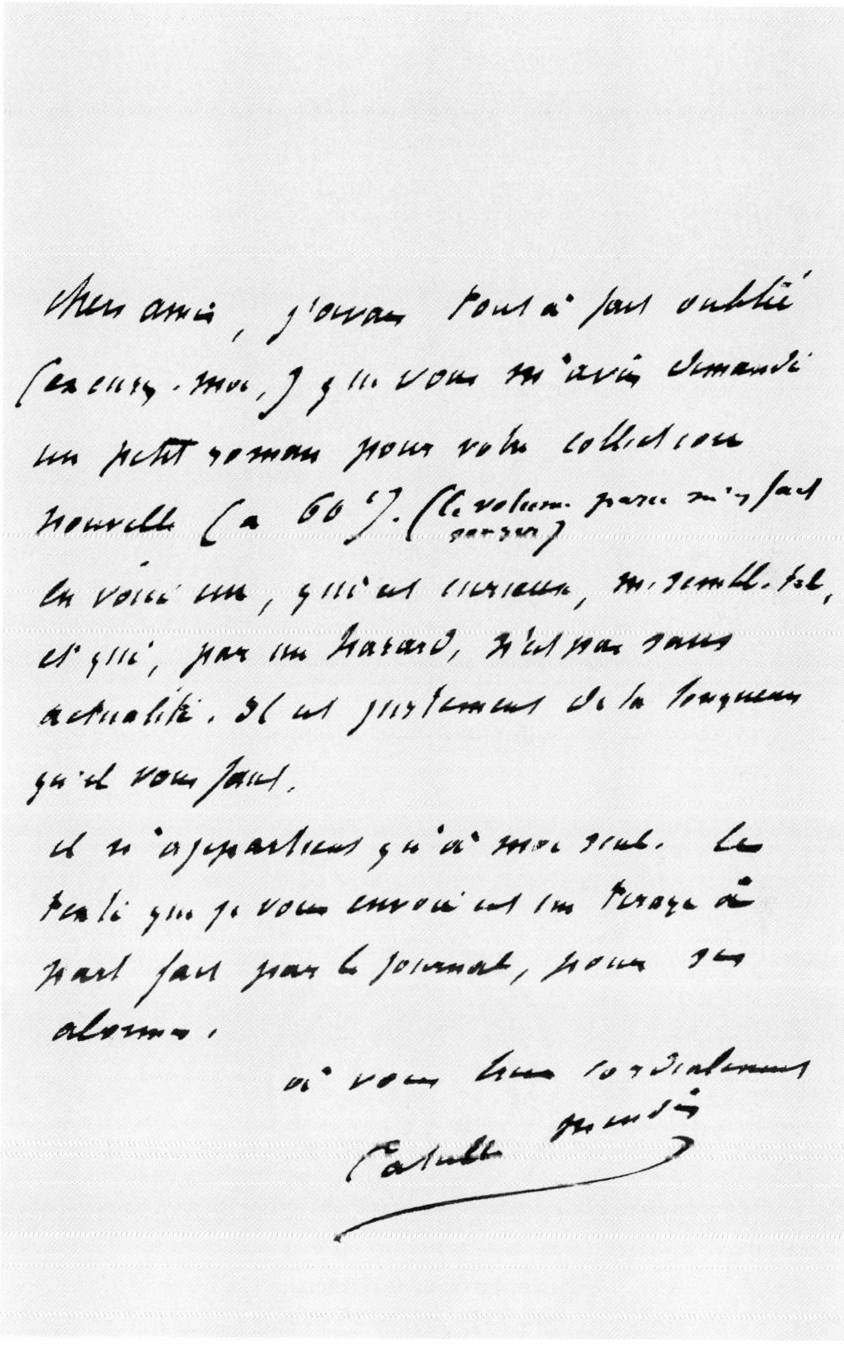

Cher ami, j'avais tout à fait oublié (excusez-moi,) que vous m'aviez demandé un petit roman pour votre collection nouvelle (à 60 c). (Le volume paru m'y fait penser.)

En voici un, qui est curieux, me semble-t-il, et qui, par un hasard, n'est pas sans actualité. Il est justement de la longueur qu'il vous faut.

Il n'appartient qu'à moi seul. Le texte que je vous envoie est un tirage à part fait par le journal, pour ses abonnés.

À vous bien cordialement

Catulle Mendès

Lettre de Catulle Mendès adressée à Ernest Flammarion.

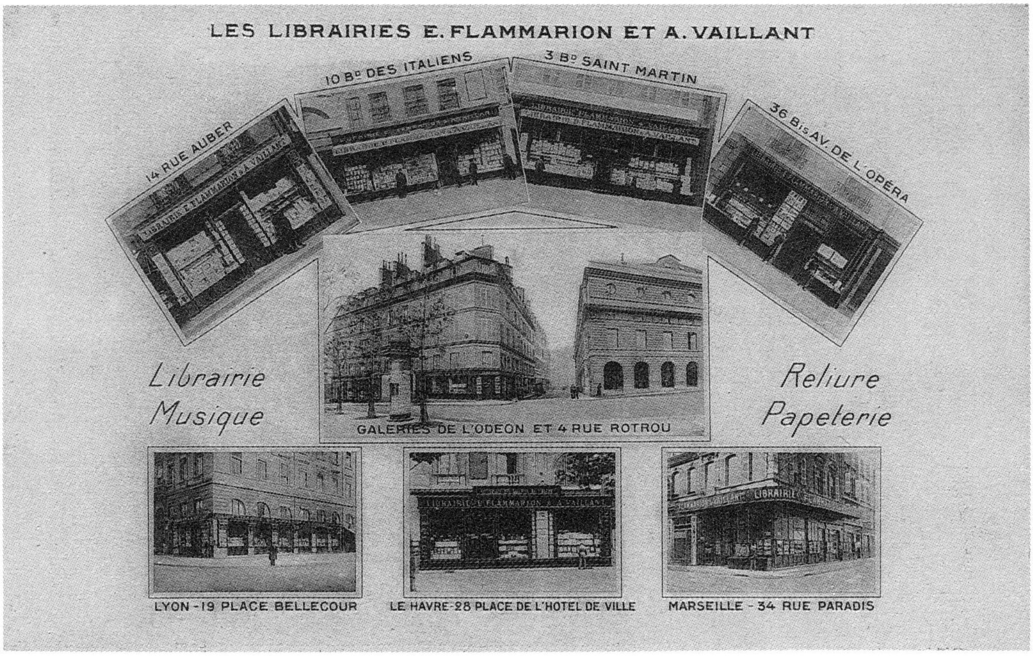


Carte postale des librairies Flammarion.

Marque des éditions Flammarion
dessinée par Georges Auriol.

Ce projet qui réunit pour les repartager les maisons de librairie et d'édition n'a pas de suite ; Ernest ne peut se décider à signer un traité qui lèse Charles et, dans une moindre mesure, Albert. Si les Monprofit mère et fils lui ont prêté de l'argent, il ne veut pas que, par ce biais, son gendre s'empare d'une partie du capital de sa maison. La zizanie s'installe dans la famille et, après des tentatives de rapprochement, la rupture définitive entre Ernest et son gendre a lieu en 1904 :

« M. Flammarion n'a pu admettre qu'un semblable trouble soit apporté aussi bien à son foyer qu'à ses affaires et il a fait comprendre à M. Monprofit qu'il était préférable qu'il cherchât sa voie dans d'autres affaires [23]. »

À partir de ce moment, le couple va nourrir une rancune tenace qui éclatera publiquement à l'heure du règlement des successions d'Eugénie, puis d'Ernest Flammarion. Quant à Ernest, cette rupture le rend malheureux. Jules Renard le rencontre à cette époque sur les boulevards et rapporte la scène :

« Flammarion tire le pied sur le trottoir boueux.

— Non, ça ne va pas, dit-il.

— À la campagne ?

— Je suis resté à Paris.

— Pour travailler ?

— Toujours, et puis, je suis fâché avec mon gendre. Oh ! J'ai bien vieilli. La vie me dégoûte.

— Voyons, dis-je.

— Si ! si ! Et vous, qu'est-ce que vous faites ?

— Ma foi, rien.

— J'ai lu votre interview. Vous n'avez rien dit. Au revoir.

— Au revoir. Mais il ne faut pas vous désoler, lui dis-je.

Pourquoi ne se désolerait-il pas ? Il est bien libre [24] ! »

Ce n'est plus l'éditeur dynamique et affable que l'on connaissait. En même temps qu'elle le sépare de sa fille, cette brouille pour des questions d'intérêts entame son idéal d'unité et de solidarité familiale. Il est écœuré, désenchanté, et ne le pardonnera pas à sa fille [25].

De son côté, Sylvie Monprofit-Flammarion s'estimera, non sans raison, lésée par son père dans le règlement de sa succession. En effet, l'acte d'association de Charles et Albert à l'entreprise est une façon de donner déjà aux deux frères une part de leur héritage, portant intérêt à 5 %, sans compter le partage des bénéfices.

Toutefois, ces actes d'association n'ont pas pour seul but de privilégier les deux fils au détriment de Sylvie. Sa finalité est, avant tout, d'éviter la dispersion du capital et Ernest Flammarion a prévu pour sa fille une contrepartie au partage de sa société. Il lui attribue une somme de 200 000 F, nommée « dot » dans ses

---

23. Plaidoirie de M^e^ Desforges, 1933. A.F.

24. Jules Renard, *Journal*, 16 octobre 1904.

25. Il la reverra de temps à autre quand il aura pris sa retraite à Monte-Carlo mais, à la mort de sa mère, Sylvie enverra son notaire dresser l'inventaire des biens du couple et notamment de son mobilier, ce qui ravivera la rancune de son père. Quant à Alfred Monprofit, il n'apparaît dans la correspondance d'Ernest que pour s'attirer une remarque malveillante.

comptes, qui équivaut à la part donnée à chaque fils dans la maison d'édition. Il lui en verse les intérêts au taux de 4 %, à partir de 1909. Malgré tout.

Un attachement aussi vif à la famille va souvent de pair avec la fidélité au pays natal. Or, Ernest Flammarion ne semble pas y être sensible. Seuls, les liens familiaux l'ont ramené périodiquement à Montigny. Il vient y voir ses parents et grands-parents. Plus tard, il y envoie ses enfants en vacances. Il y assiste aux cérémonies organisées en l'honneur de Camille, en 1891, et il y prononce même un discours à la gloire de son frère. Mais il ne cherche à y acquérir ni terres ni maison. A-t-il quitté trop jeune ce village de la Haute-Marne pour en garder la nostalgie ? Est-il resté lié, dans son souvenir, à un épisode trop triste de la saga familiale ? Montigny semble évoquer toujours pour lui des images de vie étriquée, vouée à l'économie. Les difficultés qu'éprouvent ses parents à vivre de l'exploitation de leur petit domaine et les plaintes de sa mère ne peuvent que renforcer cette image du pays natal. Il n'est qu'une circonstance où Ernest trouve à chanter les charmes de son pays natal : en mai 1871, les affaires sont très ralenties et Alexandre, le mari de sa sœur Berthe, ne gagne plus rien comme photographe à Moulins. Ernest lui déconseille de venir à Paris, à cause de la cherté des produits alimentaires et lui propose de se retirer quelques temps à Illoud où l'on peut vivre à moindres frais des produits du terroir. Pour achever de la convaincre, il lui vante la modicité et le charme de la soupe au lard [26] !

Après la mort de ses parents, Ernest Flammarion perd toute raison de fréquenter la Haute-Marne et, quand il se retire, il choisit de séjourner à Monte-Carlo.

Néanmoins, Ernest Flammarion garde le sens de la solidarité locale. Il embauche toujours volontiers ses concitoyens. Le premier a été Auguste Vaillant, comme on l'a vu. Il n'hésite pas non plus à prendre avec lui le jeune Albin Michel que lui envoie son père, médecin à Chaumont. D'abord employé à l'Odéon, le jeune commis est rapidement envoyé à la succursale de l'Opéra dont il prend la direction. En 1897, il décide de se mettre à son compte et ouvre une librairie de soldes, rue des Mathurins. Il reste néanmoins en bons termes avec Flammarion qui devient l'un de ses fournisseurs réguliers. À partir de 1903, il se lance dans l'édition, suivant ainsi les traces de son compatriote et signe quelques contrats encore avec la maison de la rue Racine, dont celui concernant l'édition du *Dictionnaire encyclopédique portatif.*

### *La respectabilité bourgeoise*

Les deux frères Flammarion croient fermement aux possibilités d'ascension sociale pour ceux qui sont décidés à ne pas ménager leur peine. Gros travailleur, Ernest l'est. Il n'a pas reculé devant les 14 heures de travail quotidien que

26. Lettre inédite d'Ernest Flammarion à sa sœur Berthe, 16 mai 1871. A.F.

demandaient les librairies quand il fallait tenir la librairie de l'Odéon, surveiller les nouvelles succursales du Château d'eau et du boulevard des Italiens où, après la fermeture, il y avait les étalages à préparer, les soldes à décider, etc.

En 1885, des gérants ont été mis en place mais Flammarion est toujours surchargé de travail :

« Les deux grands lancements que nous venons de faire du *Monde* et du *Bon Journal* m'ont harassé et j'en ai perdu le sommeil et l'appétit. J'aurais bien voulu pouvoir aller vous embrasser quelques jours mais il me faut préparer l'exposition d'Anvers et les quatre jours que j'aurais pu distraire pour aller à Moulins seront pris par la Belgique. Quel diable de métier que d'être libraire [27] ! »

Vingt ans plus tard, quand Jules Renard le rencontrera sur les boulevards, il se plaindra encore de toujours travailler beaucoup, bien qu'il ait organisé sa journée de façon stricte : le matin, il s'occupe d'édition et reçoit les auteurs ; l'après-midi, il fait la tournée des librairies. Ce n'est que vers 1910, quand ses fils et des collaborateurs plus nombreux le déchargent d'une partie du travail, qu'il s'accorde un peu de repos. Il a près de 65 ans.

La somme de travail fourni légitime donc une réussite financière et sociale dont Flammarion est fier.

En acceptant les conditions de l'acte d'association de 1875, Flammarion parie sur l'avenir et cela ne va pas sans sacrifice. Un salaire de 300 F, s'il est supérieur à celui de représentant chez Didier, ne permet pas encore de mener grande vie mais le couple est prêt à vivre chichement pour réussir. Ainsi, ils quittent le petit appartement du boulevard Saint-Michel pour venir habiter dans l'arrière-boutique de la boutique de la rue Rotrou en avril 1876. Cela les oblige à se débarrasser des meubles superflus, à commencer par le piano [28], dont la valeur symbolique avait jusque-là triomphé des considérations pratiques. La proximité du jardin du Luxembourg où ils peuvent promener la petite Sylvie, née le 29 juillet 1874, ne compense pas l'exiguïté des lieux, quoi qu'en dise cinquante ans plus tard Ernest Flammarion. Seulement, le logement a l'avantage d'être gratuit et situé sur le lieu de travail même. Or, ce travail absorbe toutes les journées du couple, puisque Ernest emmène souvent Eugénie avec lui quand, à dix heures, il part faire les étalages à l'Opéra, après la fermeture. Au moment des fêtes, Sylvie est même confiée à la garde de sa grand-mère maternelle afin qu'Eugénie puisse aider à la librairie [29].

Après la naissance d'Albert, né le 22 mars 1877, le couple se sent à l'étroit. Le salaire d'Ernest, 500 F par mois depuis 1878, leur permettrait de payer un loyer ; pourtant, ils ne se décident à déménager qu'en juillet 1880, quand se libère un appartement au 16 de la rue de Vaugirard, dominant le Luxembourg. Il compte

27. Lettre inédite d'Ernest Flammarion à sa sœur Berthe, 29 avril 1885. A.F.

28. Lettre inédite d'Eugénie Flammarion à Berthe Martin, 8 janvier 1876. A.F.

29. À propos de Sylvie, Eugénie Flammarion écrit : « Pour le moment, nous en sommes bien privés ; elle n'est plus chez nous ; c'est Maman qui la garde car je suis à la librairie avec Ernest. » Lettre à Berthe Martin, 8 janvier 1876. A.F.

cinq pièces et son loyer est de 1 650 F par an. Un luxe que Flammarion peut se permettre car il a le sentiment d'être en train de réussir.

Enfin, en août 1887, alors que la famille s'est agrandie avec la naissance de Charles, en 1884, Ernest pend la crémaillère dans sa maison de Saint-Mandé. Il y donne des réceptions pour les auteurs. Ce n'est plus l'atmosphère des dimanches parisiens qu'évoque avec nostalgie le fidèle ami Prioux :

« Je me souviens du premier déjeuner que je fis chez vous dans la maison Hachette. C'était un dimanche. Maman Conty faisait cuire les côtelettes dans la cuisine vitrée, Sylvie dans son berceau et Blanche de noir habillée la surveillant ; et puis toutes nos réunions : dans votre salle à manger, rue Rotrou, dans celle plus grande de la rue de Vaugirard ; et notre oie traditionnelle de la Noël ; nos soupes aux choux chez Maman Conty qui étaient bonnes parce qu'elles avaient bien bouilli, le père Conty nous chantant la chanson de Mimi, l'oncle Polyte *L'Île d'amour*, Vaillant le (illisible), Albert *La Marseillaise*[30]. »

À Saint-Mandé, l'atmosphère n'est plus aussi familiale mais elle n'a rien de guindé ou d'intellectuel. Les auteurs y viennent en famille et amènent leurs jeunes filles car, parfois, on y danse. Le style de ces réunions reste bon enfant.

Enfin, l'installation en 1900 rue Racine est le couronnement de cette ascension d'Ernest Flammarion. L'immeuble réunit siège de la société et appartement personnel d'Ernest, de même que travail et famille sont indissolublement liés dans sa vie. Par sa taille, par son style imposant, il symbolise la réussite financière et professionnelle de celui qui, vingt-cinq ans plus tôt, entassait ses meubles et sa famille dans une arrière-boutique de la rue Rotrou.

Les domiciles successifs d'Ernest Flammarion permettent de suivre les différentes étapes de sa fortune qui, sinon, reste difficilement chiffrable [31]. Il puise au fur et à mesure dans sa caisse les sommes qui lui sont nécessaires pour ses dépenses quotidiennes. Cependant, son train de vie n'est pas particulièrement fastueux et, outre ses biens immobiliers (maison de Saint-Mandé, puis immeuble de la rue Racine, appartement à Monte-Carlo, enfin), on peut considérer que l'essentiel de sa fortune est constitué par ses sociétés. Le goût des folles dépenses lui est étranger.

Il se plaît à raconter, sans acrimonie, les souvenirs de son enfance pauvre. Il aime rappeler le temps où, revenant à pied du Jardin des Plantes, il allait acheter, boulevard Saint-Denis, deux sous de galette qu'il faisait couper en quatre parce qu'il devait partager avec ses camarades [32]. Il confie à ses fils : « À propos de Potel et Chabot, nous allions voir son étalage, avec de belles praires en février ! (...) On m'aurait dit que mes fils seraient propriétaires de cette belle maison que j'aurais haussé mes petites épaules. Je regardais les *riches* mais sans envie. Qu'est-ce que je vous raconte là [33] !! » Attitude logique pour qui est convaincu que, dans la société

30. Lettre inédite de Jules Prioux à Ernest Flammarion, 28 décembre 1900, A.F.

31. Pour l'estimation de la fortune d'Ernest Flammarion à la fin de sa vie, voir le chapitre « Politique commerciale et financière ».

32. Ernest Flammarion, *Quelques types de libraires et éditeurs...*, op. cit., p. 13.

33. Lettre inédite d'Ernest Flammarion, 24 février 1925. A.F.

française, l'argent récompense le travail et la valeur personnelle. En conséquence, l'argent acquis est entouré d'un respect qui conforte l'esprit d'économie inculqué pendant l'enfance.

La seule dépense non productive que s'autorise Ernest Flammarion concerne les voyages d'agrément. Il a pris jeune l'habitude des tournées professionnelles et, quand son travail et ses moyens le lui permettent, il étend son habituel rayon d'action : ainsi, cette croisière en Égypte pendant que Vaillant négocie, en 1895, l'achat du fonds de l'Opéra. Toutefois, ces occasions sont rares. Dans l'ensemble, ses dépenses sont celles d'un bourgeois aisé qui ne répugne pas à faire « un bon petit déjeuner chez Foyot pour le retour de Charles » et à « ouvrir une bouteille de vieux Pommard [34] » mais qui conclut à propos du dîner donné chez Prunier à l'occasion des 80 ans d'Alfred Fasquelle : « Très beau dîner mais ce que je n'aime pas ces plats compliqués [35] ! » C'est une question de prix et d'habitude, à la fois. Pour le reste, il donne l'impression d'un homme économe qui a gardé ses habitudes de jeunesse, utilisant ses cahiers de compte jusqu'aux pages de garde, profitant au maximum des services gratuits des journaux, des permis de circulation dans les trains, etc.

Pourtant, la réussite a créé à Ernest Flammarion des obligations mondaines auxquelles il ne peut se soustraire. Ainsi, le mariage de Sylvie à Saint-Sulpice « fut l'occasion d'une manifestation des plus cordiales de la part des nombreux amis des familles des deux nouveaux époux. Le défilé à la sacristie dura plus de deux heures. Toutes les notabilités du Livre et de la Presse y prirent part [36] ».

De même, pour entretenir de bonnes relations avec les auteurs, il doit recevoir le dimanche à Saint-Mandé, organiser quelques fêtes, et, pour ceux des auteurs que ces dimanches bourgeois rebuteraient, il y a toujours les déjeuners du mercredi, entre hommes, où les propos sont plus lestes et les rires plus sonores. Toutefois, Ernest ne fut jamais un mondain. Alors que sa belle-sœur Sylvie tenait salon rue Cassini et que Camille recevait les plus hautes personnalités dans son observatoire de Juvisy, Ernest semble être resté fidèle à l'idéal que décrivait sa sœur Marie :

« Travailler est pour moi un bonheur mais il faut qu'il soit complété par quelques satisfactions et la seule pour moi, c'est la famille ; comme ce serait agréable si toute la semaine travaillant chacun de son côté on passait tous les dimanches ensemble, comme on serait heureux et comme on aurait du courage en pensant que le dimanche suivant on se reverrait [37]. »

C'est pourquoi les dimanches de Saint-Mandé, bien que commandés par les obligations professionnelles, ont ce caractère simple. Ernest Flammarion ne veut pas sacrifier au snobisme et renoncer à ses plus anciennes amitiés.

Jeune, il n'a pas l'habitude, comme Camille, des réunions où se mêlent la presse, le monde politique, le monde savant et les passionnés de spiritisme... Ses

34. Lettre inédite d'Ernest Flammarion à sa belle-fille Madeleine, 9 janvier 1914. A.F.
35. Ibid.
36. Charles Donos, « Ernest Flammarion ». *Les Hommes d'aujourd'hui*, n° 454.
37. Lettre inédite de Marie Flammarion à son frère Ernest, 8 juillet 1877. A.F.

amis sont des commis-libraires ou des employés de chez Dècle avec qui il est resté en bons termes. Ensemble, ils sortent le dimanche après-midi et vont aux concerts Pasdeloup, par exemple [38], car ces jeunes gens ne perdent aucune occasion de se cultiver. Ernest qui passe certains de ses soirs et son dimanche matin souvent, aux cours du Conservatoire des Arts et Métiers, a encore envie d'apprendre.

Quand vient l'âge du mariage, il ne cherche pas à faire un mariage d'intérêt en épousant une fille de libraire, comme c'est souvent l'habitude dans la profession. Il épouse une ouvrière et se justifie ainsi auprès de sa sœur qui avait rêvé « mieux » :

« Je reconnais le premier que la personne en question n'a pas le degré d'instruction que j'aurais désiré [39]. Mais, est-ce là tout ? Oui, si j'en excepte le côté matériel. Le caractère me plaît à tous les points de vue ; l'esprit d'ordre qui règne chez elle me flatte encore davantage. Serait-ce donc cette raison seule qui me retiendrait ? La bonne volonté y est et je t'assure que si mon rêve se réalise nous aurons une bonne mère de famille à ajouter à la nôtre. Je n'aurais pour cela qu'à conduire ce caractère qui m'est tout dévoué sur tes traces, je serais sûr d'en obtenir les meilleurs résultats. Combien de femmes instruites se croyant de beaucoup supérieures à leur mari sont-elles désagréables dans leurs relations quotidiennes ? Dans cette loterie qu'on appelle le mariage, l'appât d'un gros lot en fait choir beaucoup. Je n'agis pas du reste en enfant. J'ai mis assez de temps pour laisser mûrir cette idée [40]. »

Eugénie Conty ne lui apporte ni argent ni relations intéressantes professionnellement, et le couple continue à fréquenter un monde de jeunes employés comme ces Arnould, garçon et demoiselle d'honneur à leur mariage, qui se marieront à leur tour, s'installeront libraires et seront présents à la fête célébrant les 40 ans de mariage d'Ernest et Eugénie.

En revanche, l'entrée d'Ernest Flammarion chez Marpon élargit le cercle de ses amis car celui-ci a beaucoup de relations dans le milieu de la presse et de la librairie. Une grande intimité liant Marpon et Flammarion, les amis de l'un deviennent rapidement les amis de l'autre. Par la suite, la liste des amis véritables d'Ernest ne s'allongera guère. Flammarion fréquente donc surtout des gens du métier : Charles Marpon avec qui il part en vacances à Trouville, puis à Pornichet où ils retrouvent l'éditeur Taride ; Lacroix qui les invite à Dinard ; Prioux, le papetier ; le photographe Carjat, un vieil ami de Marpon, qui veut vendre son fonds à Alexandre Martin, le beau-frère d'Ernest [41] ; les Aubertin, le couple qui géra la librairie de Marseille et que les Flammarion retrouveront, la retraite venue,

38. Voir la lettre de Saillant, un employé de Dècle proposant des places à Ernest pour un concert Pasdeloup, 6 novembre 1868. A.F.

39. La seule lettre d'Eugénie Conty-Flammarion qui subsiste dans les archives Flammarion montre que, à la différence d'Ernest, elle s'exprimait assez maladroitement, en faisant un grand nombre de fautes d'orthographe.

40. Lettre inédite d'Ernest Flammarion à sa sœur Berthe, 1er décembre 1871. A.F.

41. « Ce pauvre Carjat ne fait guère d'affaires et il veut toujours te vendre son fonds mais, entre nous, le moment n'est guère propice et la boîte Carjat n'est pas tentante. » Lettre inédite d'Ernest Flammarion à Alexandre Martin, 29 avril 1885. A.F.

sur la Côte d'Azur et quelques autres parmi lesquels on trouve peu d'auteurs, à l'exception de Daudet et, surtout, Courteline.

En fait, Flammarion a davantage des fréquentations de libraire que d'éditeur. Il se sent sans doute plus à l'aise dans un milieu de commerçants souvent d'origine modeste, comme lui, que dans un milieu plus brillant et mondain. Il lui manque ce vernis culturel que donne soit une famille privilégiée soit une éducation secondaire. Ses goûts artistiques sont révélateurs aussi de ces lacunes.

La conception de son appartement dans l'immeuble de la rue Racine dénote un goût du confort mais son luxe reste raisonnable. Quant à la décoration, elle reste d'un grand conformisme : vitraux, bronzes et moulures de style... Le faux XVIII<sup>e</sup> y triomphe. Quelques toiles ornent les murs, notamment un grand portrait d'Ernest à sa table de travail. Le peintre, qui a déjà fait à plusieurs reprises son portrait, est Jan Styka, l'illustrateur embauché pour la grande édition de *Quo Vadis ?*. Ses toiles sont d'un honnête conformisme. Que n'a-t-il choisi plutôt Bonnard qui travaillait à la même époque à des illustrations des *Histoires naturelles* !

Quant aux goûts littéraires de Flammarion, ils ne semblent pas avoir été plus hardis que ses goûts artistiques. Sa correspondance ne nous en donne une idée que pour les années 20, quand Flammarion, retiré officiellement des affaires, ne peut s'empêcher de s'intéresser toujours à la marche de la Librairie et fait part de ses remarques à ses fils. Les romans qu'il apprécie sont dans l'ensemble d'une grande banalité et ses jugements sont assez pauvres, mêlés de considérations commerciales. Pour la période antérieure, on ignore dans quelle mesure on peut assimiler ses choix d'éditeur et ses goûts personnels bien qu'ils semblent globalement liés et que l'orientation vers la littérature amusante paraisse répondre à une prédilection.

Flammarion n'est donc pas sensible aux mouvements artistiques nouveaux qui agitent les années de l'avant-guerre. Il est parfaitement représentatif de cette bourgeoisie à laquelle, jeune, il rêvait d'appartenir, et ceci jusque dans son conformisme moral.

Ernest Flammarion a déjà reçu diverses récompenses professionnelles : médaille d'argent à l'Exposition de 1889 pour la collection des Auteurs célèbres, médaille d'or de l'Exposition de Lyon en 1894, diplôme d'honneur à Bordeaux en 1895, etc. mais il lui en manque une, qui serait la garante de son honorabilité et le signe de sa réussite sociale : la Légion d'honneur. Il semble qu'une tentative, au moins, ait été faite pour lui faire attribuer cette décoration mais elle a échoué, à cause de l'hostilité de la profession [42].

Enfin, Ernest Flammarion est fait chevalier de la Légion d'honneur par décret du 10 juin 1896, sur proposition du ministre du Commerce [43]. Cette distinction donne lieu à un banquet offert à l'instigation de Daniel Riche par les auteurs de la maison, le 25 juin. Les agapes se déroulent à la Tour Eiffel. Le mois suivant, lors d'une réception à Champrosay, Alphonse Daudet, son « parrain », lui remet

42. Voir le chapitre « Politique commerciale et financière ».
43. Archives nationales, LH 980/19, dossier n° 52 586.

officiellement les insignes de sa distinction. Ernest Flammarion est un homme comblé.

## *L'homme public*

Ernest Flammarion n'a jamais pris de position politique publique et on a vu qu'il est bien difficile de trouver dans sa production d'éditeur des signes de ses sympathies politiques : brochures anticléricales, livres théoriques radicaux ou socialistes mais aussi succès de la propagande antisémite...

Qu'il fût républicain dans sa jeunesse, c'est certain. Par la suite, il semble qu'il ait été plus modéré que Marpon. Alors que celui-ci avouait des sympathies pour la Commune, Ernest, comme Camille, s'en était tenu à l'écart. Tandis que son associé hantait les salles de rédaction des journaux de gauche, il se plongeait dans les comptes de fabrication.

Après la mort de Marpon, il semble s'être approché — discrètement — du parti radical et de Clemenceau. L'affaire des bibliothèques de gare a été l'occasion de resserrer ces liens. En effet, Pascal Olivieri s'est chargé d'organiser la campagne contre Hachette et de faire agir aux moments opportuns Camille Pelletan et ses collègues. Ernest Flammarion, quant à lui, est en rapport direct avec deux membres importants du parti radical, Vigné d'Octon et Fleury-Ravarin. Le premier lui écrit en 1896 :

« J'ai eu ce matin avec M. le Ministre des Travaux publics une longue entrevue au sujet des bibliothèques de gare. J'aurais besoin de certains renseignements que vous pourriez probablement me donner. Voulez-vous donc être assez aimable pour me fixer un rendez-vous dans le plus bref délai [44]. »

Cela ne prouve pas que le député radical, à cette date, serve les intérêts de Flammarion mais comme, dans les mois qui suivent, il devient un auteur de la maison [45], on peut penser que, lors de ses rendez-vous ultérieurs au ministère, il aurait eu mauvaise grâce à ne pas défendre son éditeur.

La complaisance de Fleury-Ravarin est encore plus évidente. Il écrit à Ernest, sans doute à propos de l'adjudication des bibliothèques de gare du réseau de l'Ouest :

« Cher ami,

Malgré toute la diplomatie dont j'ai usé je n'ai pas pu avoir le renseignement que tu demandais. Les grands chefs sont muets et les sous-ordres se retranchent derrière le secret professionnel — je parle de la compagnie — Je vais essayer de savoir quelque chose par le ministère. Espérons que je serai plus heureux. Bien affectueuse poignée de mains [46]. »

---

44. Lettre inédite de Vigné d'Octon à Ernest Flammarion, 25 novembre 1896. A.F.

45. Il signe en juin 1897 le contrat pour l'édition du *Journal d'un marin*, en juillet 1898 celui de *Siestes d'Afrique*, en mai 1899 celui de *Martyrs lointains*.

46. Lettre de Fleury-Ravarin à Ernest Flammarion, 25 juillet 1899. A.F.

Flammarion ne s'est donc pas contenté d'encourager Olivieri dans ses efforts pour politiser l'adjudication des concessions. À l'évidence, il l'a secondé en utilisant ses relations au parti radical.

Une des façons les plus banales de manifester sa sympathie à un parti est d'aider financièrement son journal. Pour un éditeur, cela se fait facilement par le biais de la publicité. On a vu que, au temps où Charles Marpon était administrateur de *La Justice*, la Librairie y faisait des annonces pour les œuvres de Michelet. De la même façon, *Le Radical* reçoit des annonces de Flammarion alors que son tirage est faible et que les retombées de sa publicité sont modestes. Des accords sont aussi passés entre ce journal et le *Bon Journal* : la revue de lectures sert de prime au *Radical*, ce journal « avec qui vous avez je crois des liens », comme lui dit prudemment Georges Ohnet [47].

Ces deux actions publicitaires sont les formes visibles d'une aide au parti radical. Elles n'ont rien de tapageur. Peut-être y en eut-il d'autres plus discrètes. Ernest Flammarion n'est pas homme à afficher ouvertement son soutien à un parti, encore moins à faire une carrière politique. Ses amis du parti radical vont l'éprouver.

Ils sont induits en erreur par le fait qu'il ait accepté des fonctions municipales. En effet, depuis le 23 août 1893, Ernest Flammarion est maire-adjoint du VI^e^ arrondissement, en remplacement de Jules Hetzel, et président de la Caisse des Écoles et du Patronage laïque [48]. À lui les cérémonies de mariage, les distributions de prix..., obligations auxquelles il se plie volontiers.

Il est donc sollicité, en 1896, pour être le candidat radical du VI^e^ arrondissement. Il refuse. Le secrétaire du comité local revient à la charge et tente de le fléchir :

« Plusieurs amis et moi avions parlé depuis longtemps de votre candidature comme étant la seule qui aurait un succès certain dans le quartier de l'Odéon, et j'en avais avisé mon ami Pétrot.

J'ai appris par lui que vous refusiez de vous présenter.

Je regrette vivement votre détermination. Veuillez réfléchir car mes collègues et moi, nous croyons fermement que vous réuniriez les voix de tous les républicains de notre quartier.

Je vais convoquer le comité républicain radical dont je suis le secrétaire le 6 février prochain, je vous adresserai une lettre d'avis et vous serez bien aimable de donner votre réponse définitive [49]. »

Flammarion maintient son refus. Il veut garder son image d'éditeur et libraire indépendant. S'il ne répugne pas à utiliser ses amitiés au parti radical pour

47. Lettre inédite de Georges Ohnet à Ernest Flammarion, s.d., A.F.
48. Il donnera sa démission de ces fonctions en 1900 car il a été nommé juré à l'Exposition universelle.
49 Lettre inédite de Léon Mourtiller à Ernest Flammarion, 25 janvier 1896. A.F.

favoriser ses entreprises, il refuse d'abandonner son métier pour une carrière parlementaire [50].

Cette sensibilité politique proche du radicalisme n'influence guère son attitude de patron. Bien que l'on sache peu de choses des rapports de Flammarion avec ses employés, il semble qu'il ait fait preuve du même paternalisme que beaucoup de patrons de l'époque. Comment aurait-il pu en être autrement quand, encore commis-voyageur, il affirme déjà la nécessité de la solidarité entre patrons et employés ? Charles Marpon lui en a donné l'exemple en léguant 500 F à tout employé de l'entreprise pouvu qu'il y travaille depuis plus de six ans [51]. De son côté, Ernest Flammarion reste très attaché à la Société de Secours mutuel qu'il a contribué à créer et s'occupe d'administrer l'association des villégiatures du Travail féminin. De façon générale, les œuvres laïques trouvent en lui un bienfaiteur assez généreux.

Avec ses employés, il semble avoir été un patron sévère — quelques fiches portent la trace de retenues pour des erreurs ou des retards — mais attentif et soucieux d'organiser la promotion des meilleurs. Adressant ses remerciements aux employés des librairies et des ateliers qui lui ont témoigné leur sympathie, à l'occasion de la mort de sa femme, leur « vieux patron » leur écrit :

« Ces fleurs, ces couronnes sont l'expression presque filiale de votre affection... Que la grande famille qui nous unit tous continue sa belle tradition de travail et de solidarité [52]. » Et on a l'impression ici qu'il ne s'agit pas seulement de phrases de circonstances, de même que son émotion n'est pas feinte quand il reçoit, en 1926, pour ses 80 ans, le Livre d'or contenant les signatures de tous ses employés : il y en a 400.

« Des allures de jeune homme aux tempes blanchies avant l'heure, des prunelles aiguës d'antiquaire derrière des lunettes de myope et une barbe aux tons de palissandre dont les deux pointes achevées en tire-bouchonnements de cigarettes roulées à la maison, se tournent le dos comme deux jumelles qui auraient eu des mots ensemble [53]. »

Tel se présente Ernest Flammarion en 1896 et le talent de Georges Courteline ne réussit pas à en faire un personnage extraordinaire. Au physique comme au moral, Ernest est un bourgeois comme il s'en rencontre beaucoup à cette époque.

---

50. L'âge semble avoir renforcé sa méfiance à l'égard de l'extrême-gauche. Dans une curieuse lettre à Poincaré (qu'il connaît assez peu), il écrit :

« Lisez, je vous prie, et faites lire à M. Barthou et aussi aux alliés le livre de Mlle Odette Keun, *Sous Lénine. C'est saisissant.* Voilà un livre qui peut vraiment donner une idée de la *psychologie* et de la *mentalité* bolcheviques. *C'est vécu.* (...) Chaque personne honnête qui aura lu ce livre dira avec ces fous fanatiques, avec ces monstres, avec ces brutes, il n'y a rien à faire ! Les conversations sont oiseuses ! Il n'y a qu'une chose qui prévaudra, c'est la guerre, et si on ne les attaque pas, c'est eux qui attaqueront... L'Allemagne est mauvaise mais à côté d'eux, c'est la vertu même ! Si l'Europe n'oublie pas ses querelles, gare à elle !
Un ami de la civilisation. »

51. Testament de Charles Marpon, 26 juin 1890. A.F.

52. Lettre d'Ernest Flammarion à ses employés, 9 février 1928. A.F.

53. Charles Donos, *Ernest Flammarion*, Les hommes d'aujourd'hui, n° 454.

Conformiste dans ses goûts, dans son comportement, il ressemble à beaucoup d'entrepreneurs de la fin du siècle.

Son respect du travail et son attachement à la famille sont sincères. C'est en toute bonne conscience qu'il jouit de sa fortune car il l'a bâtie à la force du poignet.

TROISIÈME PARTIE

# QUARANTE ANS D'ÉDITION

# VINGT MILLIONS DE LIVRES

Il serait fastidieux de passer en revue, année par année, toute la production de la Librairie Flammarion, entre 1876 et 1914. Aussi l'étudiera-t-on de façon globale et, d'abord, quantitative. Puis, on verra les grands axes de la politique éditoriale suivie par Marpon et Flammarion.

## *La mesure du développement*

Pour rendre compte du développement de l'activité éditoriale, en l'absence de comptes de la société, le nombre de titres publiés par an fournit une première indication sur le dynamisme de l'entreprise. Cependant, il doit être complété par une estimation du volume de la production ; sinon, une maison d'édition savante, par exemple, se confondrait avec un éditeur de romans populaires.

En outre, dans l'ensemble de la production, il peut être intéressant d'isoler les collections populaires ; en effet, à la fin du XIX^e^ siècle, leurs tirages ont augmenté plus vite que ceux des autres ouvrages. Leur présence dans la production de Flammarion pourrait donc fausser l'appréciation du développement de la maison. Pour cette estimation, on considérera comme collections populaires celles dont le prix est inférieur à 1 F et dont le tirage initial est de 10 000 exemplaires au moins, indépendamment de leur contenu (lecture romanesque, livre pratique ou œuvre classique).

Les chiffres ont été établis à partir des comptes de fabrication. Après comparaison avec les catalogues, ils semblent complets pour les livres courants et relativement fiables pour leurs rééditions. En revanche, les collections font l'objet de comptes spéciaux, portés sur de petits cahiers dont certains sont incomplets, de sorte que les rééditions sont parfois difficiles à évaluer. En outre, quelques ouvrages — peu nombreux — ont été édités en collaboration avec d'autres éditeurs et leur comptabilité n'apparaît pas dans les livres de fabrication. Pour ces raisons, il se peut donc que les chiffres soient un peu sous-estimés.

Dans le chapitre consacré aux « Premiers succès », on a vu comment la production s'est rapidement développée entre 1876 et 1882. Cette dernière année, avec 69 titres nouveaux et une production de 130 000 exemplaires, voit ses chiffres gonflés par un recours massif aux comptes d'auteur. L'année 1883 marque un retour à la normale et ses résultats sont une meilleure référence. Elle constitue donc le point de départ des statistiques, les résultats de 1878 étant rappelés pour mémoire.

| | Nombre de nouveautés | Volume des nouveautés | Volume des réimpressions | Total |
|---|---|---|---|---|
| 1878 | 6 | 29 000 | 0 | 29 000 |
| 1883 | 46 | 152 000 | 42 000 | 194 000 |
| 1888 | 58 | 213 000 | 64 000 | 277 000 |
| 1893 | 51 | 139 000 | 36 000 | 175 000 |
| 1898 | 84 | 215 000 | 67 000 | 282 000 |
| 1903 | 62 | 229 000 | 59 000 | 288 000 |
| 1908 | 50 | 168 000 | 120 000 | 288 000 |
| 1913 | 53 | 155 000 | 109 000 | 264 000 |

Ces chiffres montrent que, après la forte augmentation de la première décennie, la courbe de la production accuse un fléchissement au début des années 90, qu'il faut mettre en rapport avec le développement des collections populaires, comme nous le verrons. Elle reprend, ensuite, une croissance plus lente et régulière.

La comparaison de la courbe des nouveautés en volume avec celle du nombre de titres montre qu'elles n'évoluent pas simultanément. Une étude des tirages permet de préciser les raisons de leurs mouvements.

| | T>10 000 en % | 10 000>T>5 000 | 5 000>T>2 000 | T<2 000 |
|---|---|---|---|---|
| 1878 | 16 | 0 | 0 | 84 |
| 1883 | 8 | 8 | 8 | 73 |
| 1888 | 12 | 5 | 15 | 67 |
| 1893 | 6 | 4 | 29 | 60 |
| 1898 | 3 | 9 | 14 | 72 |
| 1903 | 5 | 30 | 17 | 46 |
| 1908 | 4 | 18 | 40 | 31 |
| 1913 | 0 | 9 | 53 | 37 |

Jusqu'en 1890, la production est surtout composée de tirages inférieurs ou égaux à 2 000 exemplaires et de tirages supérieurs ou égaux à 10 000 exemplaires. Marpon et Flammarion vivent soit de gros succès d'édition, comme les éditions illustrées, soit d'éditions à compte d'auteur et d'ouvrages à petite audience. Les forts tirages ont ensuite tendance à diminuer lentement ; cela correspond à la régression des éditions populaires illustrées. De même, les petits tirages se font moins nombreux, remplacés par des tirages plus importants. Les tirages moyens ont donc tendance à augmenter, de 1878 à 1913, au fur et à mesure que les deux éditeurs se constituent une équipe d'auteurs connus.

À l'intérieur de la production globale, il faut encore distinguer les réimpressions. On est frappé par le niveau élevé qu'elles atteignent au début des années 80 : il est lié au succès de Zola et de Camille Flammarion dont les œuvres donnent lieu à de nombreux retirages. Ensuite, on assiste à une relative stagnation jusqu'en 1908, date à laquelle elles se rapprochent des nouveautés. Cette faiblesse du chiffre des réimpressions dans les années 90 s'explique par plusieurs raisons. C'est d'abord le signe d'une maison jeune qui ne s'est pas encore constitué un fonds. Chez un éditeur déjà installé comme Calmann Lévy en 1878, le nombre des réimpressions atteint 1 269 000 volumes pour 455 000 volumes de nouveautés. Flammarion est d'autant plus loin de cette proportion que, à l'exception de quatre grands auteurs (Zola, Malot, Camille Flammarion, Daudet), il n'a pas suffisamment accueilli d'auteurs susceptibles de lui constituer un fonds. C'est particulièrement visible si l'on considère la part de ces auteurs à forts tirages dans les réimpressions.

| | Volume total des réimpressions | Part des 4 auteurs à forts tirages |
|---|---|---|
| 1883 | 42 000 | 71 % |
| 1888 | 64 000 | 70 % |
| 1893 | 36 000 | 25 % |
| 1898 | 67 000 | 64 % |
| 1903 | 59 000 | 54 % |
| 1908 | 120 000 | 56 % |
| 1913 | 109 000 | 10 % |

Très forte pendant les dix premières années, la part de ces auteurs diminue lentement avec le temps et le fonds finit par s'étoffer.

La seconde raison qui explique la faiblesse du nombre des réimpressions est la croissance rapide de l'entreprise qui a accumulé des stocks importants.

Toutefois, on ne peut comprendre la courbe des ventes courantes si on ne connaît celle des collections populaires dont les premiers volumes apparaissent en avril 1887 dans le catalogue.

| | Nombre de nouveautés | Volume des nouveautés | Volume des réimpressions | Total |
|---|---|---|---|---|
| 1888 | 54 | 679 000 | 153 000 | 832 000 |
| 1893 | 14 | 86 000 | 106 000 | 192 000 |
| 1898 | 41 | 326 000 | 51 000 | 377 000 |
| 1903 | 10 | 33 000 | 32 000 | 65 000 |
| 1908 | 13 | 107 000 | 188 000 | 295 000 |
| 1913 | 18 | 257 000 | 284 000 | 541 000 |

Les résultats contenus dans ce tableau sont nécessairement irréguliers car le lancement d'une collection nécessite la production massive de titres nouveaux dans la première année de façon à créer l'image de la collection. Les années suivantes voient généralement un ralentissement, puis une stabilisation du nombre des nouveautés.

Les chiffres de 1888 montrent le formidable développement de la collection des Auteurs célèbres, commencée au printemps 1887. La Bibliothèque pour tous, lancée en 1891, pèse d'un poids insignifiant à côté d'elle. La remontée des chiffres en 1898 correspond à l'arrivée des Meilleures pièces à 60 centimes. Ceux de 1908 englobent les titres des Meilleurs classiques français et étrangers, collection inaugurée en 1905, et 1913 ceux de la Collection illustrée à 95 centimes, commencée en 1910.

Toutefois, les forts tirages de l'année 1888, venant après ceux de 1887 qui avaient été aussi importants, sont suivis d'une longue accalmie : après un tirage massif pour lancer la collection et abaisser les coûts, il est normal que la production diminue très vite, le temps d'écouler les stocks. Ici, il semble que les répercussions aient été particulièrement importantes pour l'ensemble de la production. En effet, le tassement observé dans la production des ouvrages courants en 1888-1893 correspond au moment où les investissements nécessités par la collection des Auteurs célèbres puis les stocks accumulés demandent un ralentissement des autres productions.

En additionnant les chiffres des collections populaires et de la production traditionnelle, on obtient les résultats suivants :

| | Nombre de nouveautés | Volume des nouveautés | Volumes des réimpressions | Volume total |
|---|---|---|---|---|
| 1878 | 6 | 29 000 | 0 | 29 000 |
| 1883 | 46 | 152 000 | 42 000 | 194 000 |
| 1888 | 112 | 892 000 | 217 000 | 1 109 000 |
| 1893 | 65 | 225 000 | 142 000 | 367 000 |
| 1898 | 125 | 541 000 | 118 000 | 659 000 |
| 1903 | 72 | 262 000 | 91 000 | 353 000 |
| 1908 | 63 | 275 000 | 308 000 | 583 000 |
| 1913 | 71 | 412 000 | 393 000 | 805 000 |

ou, en dissociant les deux types de production :

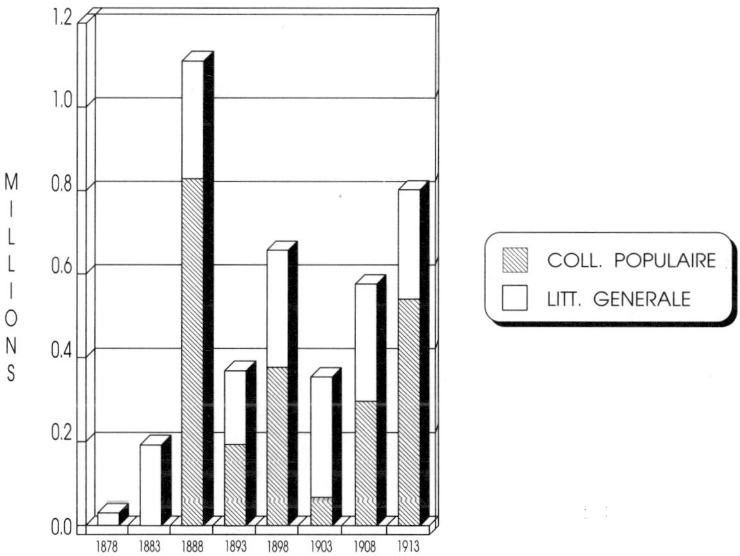


La production de la maison d'édition se caractérise donc par une croissance rapide dans la première décennie dont l'apogée est le lancement de la collection des Auteurs Célèbres : en 1888, la production passe le cap du million d'exemplaires. Ensuite commence une période plus chaotique, avant le retour à une croissance régulière au début du XXe siècle. Alors, les rééditions prennent de l'ampleur, signe que le fonds s'est enrichi, et le tirage moyen des nouveautés s'élève : les affaires reprennent et les livres édités trouvent plus facilement un public.

Les à-coups de la production sont liés à la vie des collections populaires. Les gros tirages initiaux de la collection des Auteurs célèbres, tombant au début d'une période de repli, ont rendu inutiles pendant plusieurs années les retirages de sorte que la production s'en est trouvée gravement déséquilibrée. Pour les collections suivantes, les lancements ont été plus mesurés et les réimpressions ont permis de retrouver une plus grande régularité dans les tirages.

## *Un parti-pris de diversification*

Le choix des livres à éditer est la seconde partie du travail de l'éditeur avec la définition du volume d'édition. Dans ce domaine Marpon et Flammarion ont obéi à quelques principes simples qui n'ont pas empêché qu'une évolution soit perceptible. La première des règles est celle de la diversité des sujets, des prix, des publics...

En commençant par éditer les ouvrages figurant dans le fonds Lacroix, Marpon et Flammarion se sont constitué, dès le départ, un catalogue varié : littérature (Hugo, Zola, Sue, Shakespeare), histoire (Michelet, Louis Blanc, Quinet), philosophie politique (Proudhon). Ensuite, les œuvres éditées à compte d'auteur ont renforcé cette diversité. Dans les premières années de la maison d'édition, on peut donc considérer que ce sont des considérations financières qui ont guidé ces choix, mais on constate dans les années suivantes que les choix personnels des deux éditeurs ont prolongé cette orientation. Un examen des catalogues annuels fait apparaître la répartition suivante des titres [1] :

| | 1880 | 1891 | 1900 | 1914 |
|---|---|---|---|---|
| Litt. romanesque (1877) | 22 | 505 | 1 059 | 1 358 |
| Théâtre (1876) | 2 | 3 | 35 | 72 |
| Classiques (1880) | | 31 | 67 | 132 [2] |
| Vulgarisation scient. (1879) | 2 | 17 | 23 | 136 |
| Géographie (1881) | 1 | 3 | 13 | 15 |
| Histoire (1879) | 2 | 18 | 62 | 92 |
| Essais (1879) | 3 | 12 | 30 | 32 |
| Livres pratiques (1884) | | 19 | 68 | 130 |
| Dictionnaires (1885) | | 1 | 5 | 7 |
| Médecine (1889) | | 10 | 15 | 22 |
| Guides touristiques (1898) | | | 12 | 13 |
| Livres sur l'art (1885) | | 2 | 4 | 11 |
| Documents (1885) | | 6 | 11 | 26 |
| Philosophie politique (1877) | 1 | 10 | 23 | 25 |
| Jeunesse (1884) | | 30 | 51 | 88 |

Malgré la prédominance écrasante du secteur romanesque, avec notamment les collections populaires, les autres domaines sont bien représentés et la Librairie est très tôt considérée comme une maison de littérature générale. Ce désir de diversification dépasse, d'ailleurs, le choix des sujets : tous les publics doivent trouver des livres qui leur conviennent dans le catalogue, jeunes et vieux.

En marge du livre scolaire, la littérature enfantine a pris un grand essor au milieu du XIX$^{e}$ siècle. Il a permis, d'abord, le développement de Mame qui s'illustre, à partir de 1845, dans l'impression de livres édifiants, d'inspiration catholique. Dix ans plus tard, Hachette le rejoint dans cette spécialité avec, notamment, la Bibliothèque rose et, bientôt, les succès de la comtesse de Ségur.

Puis, en 1860, au retour de son exil à Bruxelles, Hetzel donne un nouvel élan à la littérature pour la jeunesse, en renouvelant ses thèmes et en l'orientant vers un modèle laïc d'éducation. C'est la grande époque du *Magasin d'éducation et de récréation* et des premiers livres de Jules Verne.

Parmi les livres publiés par Hachette et Hetzel, il y en a de bon marché, comme la Bibliothèque rose ou les éditions in-18 des œuvres de Jules Verne, toujours publiées avant la grande et belle collection in-8° illustrée. Pourtant, le livre pour

1. La date figurant entre parenthèses indique l'année où ce genre apparaît dans le catalogue.
2. À ces chiffres, il faut ajouter les livres de la Collection Jouaust, soit 300 titres environ en 1891, dont le tiers sera réédité jusqu'en 1914.

la jeunesse est, avant tout, livre de prix ou livres d'étrennes. C'est pourquoi les lois scolaires sont d'une grande importance pour l'édition de la littérature enfantine. D'abord, elles ouvrent un immense marché aux éditeurs. La distribution des prix est la grande fête de l'école républicaine qui met son point d'honneur à faire aussi bien, sinon mieux, que les institutions privées qui distribuaient, depuis longtemps, des livres à leurs meilleurs élèves. Elle réclame donc, du moins pour les premiers prix, de beaux livres reliés et illustrés, se distinguant nettement des habituels livres scolaires. Ainsi pénètrent dans les foyers populaires des livres comme il n'en était jamais entré. Le livre de luxe pour enfants, dont la clientèle était restreinte et la vente concentrée au mois de décembre, trouve de cette manière de vastes débouchés. D'autre part, le livre édifiant d'inspiration catholique se trouve écarté au profit d'un livre plus en accord avec l'idéal républicain : distrayant mais souvent moralisateur, lui aussi, et instructif, exaltant souvent les héros de notre histoire et les progrès de la science. En effet, par le biais des listes de livres recommandés, l'administration influence fortement la production. Qualitativement et quantitativement donc, le marché du livre pour la jeunesse est dominé par le livre de prix.

Bien que Hetzel et Hachette occupent déjà solidement le terrain et figurent en tête des listes d'éditeurs recommandés par l'Instruction publique, beaucoup d'autres éditeurs éditent de la littérature enfantine et spécialement des livres de prix : Delagrave, Hennuyer, Henry May, Alcide Picard et Kaan, Charavay, Jouvet, Lecène, les Librairies-imprimeries réunies, Armand Colin, Larousse, etc.

Flammarion n'est pas en reste. Il se lance dans ce domaine avec un auteur de poids, Hector Malot. Celui qui a été salué comme un nouveau grand romancier pour ses *Victimes d'amour* en 1866, a ensuite réorienté sa production et, en 1879, remporté un immense succès avec *Sans famille*, publié par Dentu. Depuis cette date, ses romans s'adressent tantôt aux adultes, tantôt aux enfants. En attendant de récupérer les droits de ce premier succès, Flammarion publie en 1884 *La Petite sœur*, tiré d'emblée à 6 000 exemplaires [3] ; puis, le contrat avec Dentu arrivant à expiration, il peut éditer *Sans famille* dont le succès n'est pas encore épuisé puisqu'il en vend 43 000 exemplaires à 12 F entre 1896 et 1914, et 11 000 exemplaires dans l'édition non illustrée en deux volumes. Enfin, il suscite *En famille* en 1893. Il en vend 16 000 exemplaires dans l'édition illustrée à 12 F et 30 000 dans l'édition en 2 volumes à 3,50 F chacun. Dans la même veine moralisatrice et attendrissante, il recrute, en 1884, Mme Robert-Halt dont *La Petite Lazare* et l'*Histoire d'un petit homme* dépasseront les 9 000 exemplaires chacun, en deux éditions.

Puis, il cherche des auteurs susceptibles de lui fournir des romans d'aventures dans le goût de Jules Verne puisqu'il est inimaginable d'arracher celui-ci à Hetzel. C'est ainsi que Louis Boussenard et Louis Jacolliot vont se charger d'alimenter la Bibliothèque de la Jeunesse. Le premier écrit des romans qui relèvent tantôt de la

3. Il s'en vendra 18 000 exemplaires avant 1914. Pour le détail de ces publications, voir le paragraphe consacré à Hector Malot dans le chapitre « Flammarion et ses auteurs ».

science-fiction (*Les Secrets de M. Synthèse*), tantôt de l'exotisme (*Aventures d'un gamin de Paris au pays des lions, Aventures périlleuses de trois Français au pays des diamants, Robinsons de la Guyane*). Le second, ancien magistrat colonial, auteur de nombreuses études indianistes publiées par Lacroix et passionné d'occultisme, utilise ses souvenirs et ses passions pour écrire des aventures exotiques ou fantastiques comme *Les Mangeurs de feu, Le Coureur des jungles, Les Ravageurs de la mer...* Beaucoup de ces romans font écho aux grandes expéditions dont le public lit les récits dans la presse périodique ; l'Afrique et les pôles sont donc les décors privilégiés de ces aventures imaginées pour la jeunesse, qui se rapprochent parfois du documentaire ; ce sont *Les Français au pôle nord, L'Enfer de glace...*

Comme pour la littérature s'adressant aux adultes, la littérature pour la jeunesse est répartie en collections diversifiées, tant par leur prix que par leur contenu. La Bibliothèque des enfants, vendue 2 F, est composée de 9 titres dévolus aux jeunes lecteurs depuis la fin du XVIIIe siècle : *Contes de Madame d'Aulnoy, Contes de Perrault, Robinson Crusoé, Voyages de Gulliver...* pour un seul titre « moderne », *La Case de l'oncle Tom.* Un peu plus chère (3,50 F), une petite collection dont la présentation se rapproche de la Bibliothèque rose de Hachette, avec tranches dorées, plaques, reliure en toile, propose quatre titres de romans d'aventures (*Tueurs de daims* de Fenimore Cooper, *Le Robinson des Alpes* de Gustave Aimard...). Ensuite, on aborde des collections qui, par leur prix, sont destinées aux récompenses de Noël ou de fin d'année scolaire. Elles se caractérisent par leurs illustrations abondantes, leurs tranches dorées ainsi que les plaques et, à l'exception de la collection des œuvres d'Hector Malot (in-18 à 7 F), par leur grand format : nouvelle collection illustrée in-8° raisin à 5,50 F, collection grand in-8° ou in-4° à 12 F et 13 F. Cette production est de loin la plus importante et offre un large choix de cadeaux, surtout si l'on y joint les livres de la Bibliothèque Camille Flammarion. Conçue d'abord comme une prolongation de l'*Astronomie populaire*, cette collection a vite perdu son étiquette de Bibliothèque « populaire » au profit de la seule caution de la gloire de Camille. Ainsi, elle pouvait aussi bien passer pour une collection de vulgarisation auprès des adultes que pour une collection d'initiation pour les jeunes. Elle offre donc une série de beaux livres, semblables par la présentation à l'*Astronomie populaire* et accessibles à des adolescents intéressés par les sciences (physique, sciences naturelles, paléontologie).

Après 1900, le domaine de la littérature pour la jeunesse a tendance à se réduire chez Flammarion. C'est la conséquence d'une crise qui frappe surtout le livre de prix. En effet, sa valeur symbolique fait que l'attention se porte davantage sur sa présentation que sur son contenu ; de plus, le nombre de prix distribués se multiplie. Toutes les communes souhaitent donc trouver de beaux livres pas chers. Un certain nombre de libraires va se spécialiser dans le commerce de tels livres : avec un stock de livres achetés au rabais et quelques couvertures tape-à-l'œil, ils font un choix de livres de prix. Flammarion lui-même, en tant que libraire, propose dans son catalogue une sélection de « soldes d'ouvrages pour la jeunesse », en précisant que « ces volumes, de toute fraîcheur, peuvent être offerts soit comme livres d'étrennes ou bien comme livres de Prix [4] » ; suit une liste d'ouvrages parfois vieux de vingt ans, allant du livre pratique au livre d'histoire, en passant par *Les Plages de France* et les *Chansons des soldats de France.*

Ces pratiques ne poussent pas à l'éclosion de nouveaux talents. Depuis la révolution effectuée par les éditions Hetzel, les romancières qui écrivaient à la chaîne pour les éditeurs d'inspiration catholique, comme Mame, ont été remplacées par des épigones de Jules Verne, dont l'inspiration se renouvelle peu, malgré quelques incursions dans des domaines nouveaux. Chez Flammarion, Paul de Sémant en est le type même. Illustrateur devenu romancier, il produit huit romans pour la jeunesse entre 1899 et 1911 : aventures exotiques, militaires, futuristes, policières, historiques, il peut tout faire, mais cette disponibilité ne suffit. La véritable nouveauté, les adolescents la trouveront dans les livres du capitaine Danrit, les récits illustrés de documents de Charcot ou simplement les beaux livres destinés aux adultes. S'ils veulent pourtant des frissons et des aventures, Flammarion a fait passer pour eux dans des collections bon marché, comme la collection à 60 centimes, les œuvres de Boussenard, Jacolliot, Maël, Louis Noir...

Ce mouvement d'appauvrissement général touche aussi l'illustration. La richesse des grandes éditions Hetzel est remplacée par un dessin grossièrement expressif. Flammarion apporte deux belles exceptions avec l'album *Des chats*, images sans paroles de Steinlen et un livre de Jeanne Leroy-Allais, *Chez les bêtes* (1908), illustré de 180 dessins de Benjamin Rabier. Les tout-petits, à qui étaient déjà destinés le splendide *Album magique*, à surprises et changements à vue (1888), et *Les Rondes du valet de carreau*, illustré par Steinlen, ont plus de chance que leurs aînés pour les illustrations. Malheureusement les albums qui leur sont destinés sont rares.

Sans atteindre jamais l'ampleur de la production de Hachette ou Hetzel dans le domaine de la littérature pour la jeunesse, celle de Flammarion ne néglige pas ce secteur en expansion et y tient une place honorable. Son relatif déclin, dans les années 1900, ne prélude pas à un abandon définitif. Au contraire, ce secteur connaîtra un durable regain de vitalité, dans l'entre-deux guerres, avec les albums du Père Castor.

Dans le domaine de la littérature pour la jeunesse, Flammarion offre, on l'a vu, des ouvrages à tous les prix. C'est un principe qu'il applique à l'ensemble de sa production.

Après avoir cherché l'audience des classes populaires grâce à des éditions illustrées et des ouvrages de vulgarisation vendus à des prix raisonnables, inférieurs à ceux couramment pratiqués, Marpon et Flammarion se lancent dans des collections véritablement populaires par leur prix. Ce seront successivement la Collection des Auteurs célèbres à 60 centimes (1887), la Bibliothèque pour tous à 75 centimes (1891), les Pièces à succès à 60 centimes (1896), les Meilleurs Classiques français et étrangers à 95 centimes (1905), la Collection illustrée à 95 centimes

4. Catalogue mensuel de livres d'étrennes et livres de luxe, décembre 1901, p. 13. A.F.

(1910), la Bibliothèque de Culture générale à 1,50 F, la Select-Collection à 50 centimes (1914). Cette production dont le volume est écrasant, ne doit pas toutefois faire oublier que Flammarion a toujours été attentif à maintenir une production de prestige.

Jusqu'en 14, il conserve à l'intérieur de son catalogue celui des « Classiques Jouaust publiés par la Librairie des Bibliophiles ». Damase Jouaust, aidé du bibliophile Paul Lacroix, s'était spécialisé dans les éditions de textes du XVI^e^ au XVIII^e^ siècle, sur de beaux papiers, avec une typographie soignée. Il répondait à la demande d'une nouvelle bibliophilie née sous le Second Empire qui, faute de pouvoir collectionner les éditions originales et en réaction contre la production de masse, recherchait les textes bien imprimés, à l'ancienne. Délaissant le livre illustré romantique pour des présentations plus sobres, ces nouveaux amateurs redécouvraient, à la suite des Goncourt, les textes du XVIII^e^ siècle, qui représentent plus du tiers du catalogue Jouaust. Ces « livres d'amateurs, tirés à petit nombre [5], imprimés en caractères elzéviriens, avec des encres de qualité supérieure, sur papiers à la forme » composent un ensemble de plus de 300 titres quand Jouaust doit vendre son fonds à Flammarion, en 1891. Celui-ci solde les livres les plus chers dans ses librairies où ils s'écouleront lentement. Ceux d'un prix plus modique, 3 F en général, sont regroupés au sein d'une collection, la Nouvelle Bibliothèque classique et des mémoires relatifs à l'histoire de France, dont les volumes vont être régulièrement réédités. Entre 1892 et 1914, Flammarion édite 65 000 volumes de cette collection dont Chénier, Diderot, La Rochefoucauld, Molière, Racine et Rabelais sont les vedettes. Enfin, il crée à partir des textes qui restent une nouvelle collection, pour laquelle il conserve caractères et format elzéviriens, puisque la mode le veut : les Conteurs du XVIII^e^ siècle à 2,50 F. La Collection Jouaust cesse donc d'être chère, mais Flammarion lui garde son nom et son indépendance car le nom de l'éditeur est encore chargé de prestige.

En revanche, plusieurs catégories de livres, chez Flammarion, restent d'un prix élevé. Il y a d'abord ceux qui sont abondamment illustrés de documents, cartes, plans, dessins, gravures et bientôt photographies reproduites en héliogravure. C'est le cas des livres d'histoire, de géographie, d'art, de décoration, d'animaux... Livres prestigieux aux couvertures illustrées, livres de cadeaux souvent, ils sont vendus entre 15 et 25 F reliés.

À côté de ces livres dont les illustrations nombreuses justifient un prix élevé, Flammarion maintient l'habitude prise à ses débuts des éditions illustrées de romans à succès. L'idée n'est plus de toucher un public populaire avec une édition qui lui donne l'illusion du luxe mais de faire, pour des ouvrages à succès, une édition qui se distingue de la masse de la production. C'est le cas de *Quo vadis ?* qui, illustré par Styka, donne lieu à une édition in-folio à 7,50 F et, plus modestement, des « Éditions de luxe et définitive de nos Grands Romanciers modernes », commencée en 1913. Vendues 5 F, elles offrent « des tirages entièrement numérotés » in-8°, sur papier vergé, c'est-à-dire une image un peu naïve du luxe.

5. De 300 à 500 exemplaires, le plus souvent. Catalogue de la Librairie des Bibliophiles, 1892, A.F.

Ces éditions de luxe ne représentent qu'une faible part des ventes : 2 000 exemplaires pour *La Retraite sentimentale* de Colette [6], 5 000 exemplaires pour *Les Roquevillard* d'Henry Bordeaux, mais elles sont importantes pour l'image de la Librairie. Aussi Flammarion est-il allé chercher chez des concurrents des auteurs prestigieux : Colette, par exemple, au Mercure de France. Cependant, tous les éditeurs ne sont pas accueillants. Ainsi, « chez Calmann-Lévy, rien à faire ni pour Loti, ni pour les autres. Ils nous offrent généreusement du George Sand ou du Dumas ! » rapporte Ernest Flammarion à son fils Charles [7]. « Ils feront peut-être aussi une collection à 5 F. Il faudrait prendre des brevets sur les idées. » Pour être juste, il faut dire que l'idée n'était pas d'une grande originalité !

Bien qu'ils cherchent en général à s'adresser au plus grand nombre, il serait faux de croire que la production de Marpon et Flammarion est seulement une production « moyenne » ; au contraire, ils cherchent toujours à équilibrer leur production de façon à ce que la vulgarisation et l'approfondissement, l'éphémère et le fondamental cohabitent dans leur catalogue.

La vulgarisation scientifique a été une de leurs premières entreprises et elle a remporté le succès que l'on sait. Les œuvres de Camille, puis la Bibliothèque Camille Flammarion ont tenté de mettre à la portée de tous les principales notions d'astronomie, de physique, d'anthropologie. Ensuite, l'effort de vulgarisation s'est porté vers d'autres domaines.

Il s'attaque à l'histoire en 1897. Hérités de Lacroix, Louis Blanc (*Histoire de la Révolution française, Histoire de la Révolution de 48*), Mommsen (*Histoire romaine*, en sept volumes), Buckle (*Histoire de la civilisation en Angleterre*, en cinq volumes), Laurent (*Histoire du droit des gens*), Weber (*Histoire universelle* en treize volumes) suffisent longtemps à représenter l'histoire dans le catalogue Flammarion. Seules, les œuvres de Michelet, dans leur nouvelle édition complète illustrée, sont d'un abord moins rébarbatif et d'une lecture plus facile. Cela reste tout de même un monument imposant. Flammarion va chercher à faire pour l'histoire ce qu'il a fait pour d'autres sciences, la vulgariser. Il faut, pour cela, abaisser le prix des livres [8] en même temps que le niveau de leurs ambitions historiques. L'évolution des techniques aidant, l'abondance des documents reproduits doit les rendre attrayants. Ainsi, naît en 1897 l'*Histoire de France complète par l'image.* Sa réalisation est confiée à Armand Dayot, inspecteur général des Beaux-Arts et auteur de nombreux ouvrages sur l'art ; c'est le signe que l'importance est donnée à l'illustration avant tout. L'ensemble, dont la publication s'échelonne sur dix ans, est composé de dix volumes, vendus en fascicules à 60 centimes. Complet, chaque volume broché vaut 15 F. *La Révolution française* s'enorgueillit de « 2 000 planches d'après les documents du temps », *Le Second Empire* de 1 000 gravures, *La Restauration* de « 534 figures d'après l'image du temps », *Louis XIV* de 600 illustrations... Chaque volume est tiré à 10 000 exemplaires. Le succès n'est pas

6. Le même ouvrage, vendu en édition ordinaire à 3,50 F, est tiré simultanément à 5 000 exemplaires.
7. Lettre inédite d'Ernest Flammarion à son fils Charles, 24 octobre 1913. A.F.
8. L'*Histoire de France* de Michelet, en 26 volumes, coûtait 286 F en 1914.

aussi grand qu'au beau temps de l'*Astronomie populaire*, mais il se maintient sur dix ans, ce qui n'est pas négligeable et prouve que Flammarion a atteint son but.

Le commandant Driant se charge, lui, d'une autre fonction : vulgariser la stratégie. Ce gendre de Boulanger, dont il fut aussi l'officier d'ordonnance, s'est voué à la littérature militaire. Il n'est pas le seul officier à s'être laissé tenter par l'écriture mais il a trouvé un genre original, la fiction militaire. La page publicitaire écrite pour *La Guerre de demain* rend ainsi compte des intentions de l'auteur :

« Sous le pseudonyme de capitaine Danrit, le commandant Driant a écrit avec tout son cœur de bon Français et de soldat ardent l'histoire de la guerre telle qu'elle peut avoir lieu DEMAIN. Toutes les phases, toutes les péripéties de la Guerre Prochaine sont mises en œuvre dans ce puissant récit dramatique qui empoigne absolument le lecteur. L'auteur ne dissimule ni la valeur ni la force de notre redoutable adversaire. Son récit est à la fois simple et plein de grandeur. Les scènes pittoresques et amusantes y abondent. Cette œuvre sera lue avec avidité par tous : jeunes gens, hommes et femmes de France. »

*La Guerre de demain* se divise en trois parties de deux volumes chacune : La Guerre en rase campagne, La Guerre de forteresse, la Guerre en ballons. Danrit y imagine ce que seront l'attaque de l'Allemagne, alliée à l'Italie, et la riposte française. Sa force est d'avoir placé un récit romanesque traditionnel, avec des personnages militaires qui n'échappent pas aux stéréotypes, dans un contexte très réaliste et précis, s'appuyant au besoin sur des dessins et des précisions techniques. Pour le lecteur, cela sonne vrai. En même temps, il se familiarise avec les finesses de la stratégie militaire et les innovations les plus récentes dans le domaine des armes : la mélinite, le fusil Lebel, le dirigeable... Ce n'est pas dépourvu d'arrière-pensée. En insistant sur la modernisation des armées et en donnant au lecteur l'impression de dominer ce progrès, Danrit veut lui redonner confiance, lui montrer que la France peut prendre sa revanche. Il ne cache pas que le plus tôt sera le mieux.

Cette vulgarisation de la stratégie remporte un immense succès. *La Guerre de demain*, paru en 1892 en édition à 3,50 F, atteint le 20e mille en 1914 et poursuit sa carrière pendant et au-delà de la guerre de 14. Puis, *L'Invasion noire* ayant été publié en livraisons et tiré à 20 000 exemplaires en 1893, l'idée en est reprise, en 1906, pour *La Guerre de demain* : « Dans le but de répandre auprès du grand public, cette nouvelle édition en gros volume de bibliothèque a été établie à un prix extrême de bon marché, 75 centimes le volume illustré. 1 volume tous les 15 jours. Le premier volume 50 centimes [9]. » Il y a en tout 24 « volumes » ou plutôt fascicules, système qui remplace les anciennes livraisons.

Driant imagine encore un conflit entre la France et l'Angleterre dans *La Guerre fatale*, une alliance sino-japonaise contre l'Occident pour *L'Invasion jaune* (1905), une extension de la guerre sur les océans dans *La Guerre maritime et sous-marine* (1908). Tous ces livres, vendus en fascicules ou en grand in-8°, sont tirés à 15 000 exemplaires.

9. Page publicitaire dans *La Guerre de demain.*

Parallèlement, Danrit se lance dans la littérature pour adolescents avec *Les Robinsons sous-marins* (1907), *Les Robinsons de l'air* (1908) et *Ordre du Tsar* (1907) ; ces livres se rapprochent du roman d'aventures classique mais gardent, en toile de fond, les problèmes militaires (espionnage, utilisation d'engins sophistiqués...). Édités d'abord en édition de luxe à 13 F reliés, ces livres sont ensuite édités en collection ordinaire à 3,50 F ; chaque édition atteint les 6 000 exemplaires, preuve que la jeunesse est sensible, elle aussi, au talent de Driant.

La dernière tentative de vulgarisation avant la guerre, a lieu en 1913, avec le lancement de la Bibliothèque de Culture générale. Placée sous la direction d'un professeur à la Faculté des Sciences, Louis Matruchot, et d'un professeur à la faculté des lettres de Neufchâtel, Van Gennep, elle est constituée de petits volumes de 200 pages, vendus 1,50 F. Chacun des livres, confié à un spécialiste, doit faire le point des connaissances sur un sujet scientifique, esthétique ou littéraire. Des illustrations doivent aider le lecteur dans son intelligence du texte et une bibliographie lui permet de compléter sa documentation. Les premiers titres donnent une idée de la diversité des sujets abordés : *La « Mécanique » de la vie, Le Problème de Jésus, Les Explorations et les voyages des fourmis...*

On voit que, trente-cinq ans après l'*Astronomie populaire*, Ernest Flammarion n'a pas renoncé à aider les Français à s'instruire.

Vulgariser les connaissances est sans doute une entreprise qui tient particulièrement à cœur aux frères Flammarion, pour des raisons à la fois personnelles et commerciales. Toutefois, Ernest n'a pas voulu s'en tenir là et deux de ses collections, au moins, témoignent de son désir de toucher le public cultivé. La première est la Bibliothèque de philosophie scientifique qui, sous la houlette de Gustave Le Bon, prend son essor en 1902. Tous les auteurs sont des grands noms de l'Université et chacun doit tenter de dégager les problèmes moraux et philosophiques que posent les dernières découvertes, dans sa spécialité. Il ne s'agit pas de vulgariser des connaissances, mais de réfléchir sur elles. Cela suppose un lecteur déjà averti, sans être spécialiste. Cette Bibliothèque, qui aura une longue carrière, jouira d'une flatteuse réputation [10].

Bien qu'elle s'adresse à une clientèle plus nombreuse que la précédente, la collection des Meilleurs Classiques français et étrangers prouve aussi que Flammarion ne souhaite pas se cantonner à la littérature populaire. Par son prix, 95 centimes, cette collection est à la portée de tous mais, par le choix de ses titres, elle s'adresse à une clientèle cultivée, estudiantine, vraisemblablement. La philosophie y tient une place importante avec Malebranche, Kant, Spinoza, Leibniz et Schopenhauer. L'histoire y est représentée par Mommsen, la culture allemande par Kleist, Lessing, Goethe, Schiller, la culture grecque par Aristophane, Eschyle et Sophocle, etc.

Cette collection dont l'idée lui a été apportée par Tancrède Martel, est une

10. Voir à ce sujet le chapitre « Les Livres scientifiques ».

bonne affaire pour Ernest Flammarion. En 1913, il peut se réjouir : « Il y a 50 000 volumes classiques à réimprimer, tant mieux [11] ! »

Si l'on ajoute à ces collections quelques entreprises comme la réédition des Épopées nationales (*Chanson de Roland*, *Niebelungen*...) héritées de Lacroix, la poursuite des éditions rares de Jouaust, l'édition de l'*Histoire générale du théâtre en France* (1905) ou une nouvelle traduction du théâtre de Shakespeare (1911), on voit que la vulgarisation n'a pas totalement exclu la culture universitaire du catalogue Flammarion.

Enfin, si les connaissances fondamentales ont les honneurs du catalogue, l'éphémère des sujets à la mode y trouve aussi sa place.

Sous l'influence de la presse, l'édition devient sensible à l'événement. N'ayant pas sa souplesse, sa rapidité, elle ne peut rivaliser avec elle, mais elle peut exploiter les retombées des événements qui passionnent l'opinion. Flammarion a saisi cette évolution et s'efforce de répondre à la curiosité du public. Ainsi, il va donner un large écho aux expéditions polaires.

Après avoir racheté une partie du stock de Maurice Dreyfous [12], dont les récits de Brazza, Tissandier, Stanley, Nordenskjold... , Flammarion se lance à son tour dans le récit de voyage, genre qui fait alors la fortune des revues de géographie et des journaux de lectures. Il publie les récits de Nansen, Sverdrup et surtout de Charcot, avec un grand succès. Chacun des livres de l'explorateur français est illustré de 300 photos et constitue un album de luxe à 15 F qui dépasse largement en qualité tout ce que la presse avait pu montrer.

Un autre genre d'exploit passionne le public, la conquête du ciel. Le 25 juillet 1909, Louis Blériot traverse la Manche ; le 30 juillet paraît *La Traversée de la Manche en aéroplane, de Blanchard à Blériot* !

Ce genre de publication ne peut être encore qu'exceptionnel car les délais de fabrication exigent, pour réussir de tels « coups », de prendre des paris audacieux. Plus couramment, Flammarion se contente d'être à l'affût des modes, des nouveautés, en quelque domaine que ce soit. Histoire immédiate ? *La Guerre russo-japonaise* de Tolstoï (1905), *Essai sur l'Histoire de Nicolas II et les débuts de la Révolution russe* (1907). Inventions ? *Le Phonographe, son passé, son présent, son avenir*, *Premier dictionnaire de l'automobile*... Se passionne-t-on pour la spéléologie, voici *L'Évolution souterraine. Abîmes, cavernes et eaux souterraines.* Le japonisme est-il à la mode, Flammarion publie une très curieuse édition des *Fables* de Florian, illustrée par des artistes japonais.

À plus forte raison, si l'engouement est littéraire, Flammarion aussitôt tente de l'exploiter. Ainsi, le triomphe littéraire incontesté de l'année 1900 est la traduction de *Quo Vadis ?* Le roman, paru en 1895 à Varsovie et traduit en plusieurs langues, n'avait guère retenu l'attention en France jusqu'à ce que Natanson demande à Félix Fénéon d'en laïciser et peaufiner une traduction pour

11. Lettre inédite d'Ernest Flammarion à son fils Charles, 12 octobre 1913. A.F.
12. Voir le chapitre « Prospérité de l'édition ».

la *Revue blanche*. Le succès est immédiat : 170 000 exemplaires vendus en 15 mois. « Quo vadis ? » est la question qui court sur toutes les lèvres. Tous les éditeurs français veulent avoir leur édition du roman. Flammarion n'y manque pas et commande à Jan Styka des illustrations. Elles serviront à faire une luxueuse édition à 75 F, tirée à 2 000 exemplaires en 1901 et, de moitié avec Fasquelle, une édition à 3,50 F en 1903, tirée à 20 000 exemplaires.

L'exemple des œuvres de Sienkiewicz montre bien les limites de ces opérations. Flammarion a cru bon d'acheter les droits d'autres œuvres de l'auteur polonais. Or, à l'exception de *Suivons-le*, paru en 1901, dans la foulée de *Quo vadis ?*, les autres romans n'obtiennent qu'un succès relatif. La mode est versatile et expose l'éditeur à des déconvenues.

La diversité, c'est donc l'impression qui domine en feuilletant les catalogues. Pourtant, il y a quelques secteurs que Flammarion n'a pas abordés. Le plus tentant parce qu'il a fait la fortune de certains de ses concurrents, est celui du livre scolaire. Mais la position de Hachette, dans ce domaine, est si forte qu'elle semble inexpugnable. De plus, Flammarion arrive dans l'édition au moment où la maison Hachette a déjà entamé sa diversification, consciente que le marché scolaire après une période d'expansion rapide, va atteindre une phase de stabilisation. Cela ne peut que le conforter dans l'idée qu'il arrive trop tard. D'autre part, il se sent peut-être moins à l'aise dans le domaine du livre scolaire que dans celui du livre populaire ou même de la vulgarisation. La Librairie Marpon et Flammarion est, pendant une quinzaine d'années, une maison dont tous les choix dépendent d'Ernest Flammarion et, dans une moindre mesure, de Charles Marpon. Or, ni l'un ni l'autre n'ont fait d'études très longues ; ils n'ont pas la connaissance du corps enseignant et des milieux universitaires d'un Louis Hachette ou d'un Pierre Larousse. Ce n'est pas un hasard si les deux plus grands éditeurs scolaires sont issus du milieu enseignant. Flammarion n'a ni les compétences ni les relations qui seraient utiles. Il se contente donc d'instruire par le biais des livres de vulgarisation scientifique pour lesquels il a le soutien de Camille et le souvenir de sa propre expérience d'autodidacte.

Le livre savant comme le livre scolaire est un domaine trop spécialisé aussi pour que Flammarion s'y aventure. Avec les études indianistes de Jacolliot (18 volumes) ou les œuvres de Proudhon, héritées de Lacroix, Marpon et Flammarion auraient pu fonder une maison d'édition toute différente, proche de ce que sera Alcan, par exemple. Or, ils ont écoulé le stock, fait pour certains, comme Proudhon, une prudente réédition, mais ils n'ont pas poursuivi dans cette voie. Leurs goûts, leur formation, leur métier de libraires les éloignent du livre savant. Propriétaires de magasins achalandés, ils songent à produire ce qui alimentera les ventes de leurs magasins. Le livre d'érudition, de vente lente, ne fait pas partie de leur monde.

Pour des raisons semblables, Flammarion ne s'est pas davantage intéressé à la poésie. Elle constitue un secteur en déclin régulier à partir de 1890. Sa part dans la production totale est en baisse constante : après 1898, elle ne dépassera plus jamais le seuil de 3 % des titres publiés alors que, dans ses années glorieuses, elle approchait les résultats obtenus par le roman. Encore ce chiffre ne rend-il pas compte de l'évolution des tirages. Il semble que, après l'épuisement de la veine symboliste, la poésie n'ait plus su toucher le public. Quelques noms comme ceux d'Henri de Régnier, Paul Fort ou Charles Péguy attirent encore un petit public mais la poésie, de façon générale, se vend mal. Il faudra la guerre de 14 et les déchirements affectifs qu'elle entraînera pour que la poésie retrouve de fortes ventes, grâce à Paul Géraldy.

Les maisons d'édition qui ont fait de la poésie leur spécialité connaissent de sérieux déboires en cette fin de siècle. Souvent liées à une école poétique, elles survivent difficilement à son déclin. Ainsi, Léon Vanier qui a soutenu les Décadents en finançant leurs revues [13] et en éditant leurs recueils, connaît des difficultés croissantes. Être l'éditeur (et souvent le créancier) de Verlaine qu'il a enlevé à Lemerre alors qu'il commence à être célèbre, ne suffit pas à compenser l'essoufflement du mouvement décadent. Après la mort de Vanier, sa veuve doit renoncer à l'édition en 1903 [14]. De son côté, la maison Lemerre dont la gloire a été d'éditer tout le Parnasse, entre dans une période sombre avec le déclin de ce mouvement. Quand Alphonse Lemerre laisse les rênes à son fils, le prestige de « l'homme à la bêche » a considérablement diminué et l'activité de la célèbre maison du passage Choiseul se réduira lentement à celle de simple librairie jusqu'à sa disparition en 1927. Enfin, les maisons qui ont un catalogue lourdement chargé en recueils de poésie, comme Calmann-Lévy qui édite une poésie académique et patriotique, connaissent souvent des difficultés qui ne sont pas seulement imputables à cette production, mais qu'elle contribue à aggraver. À la fin du siècle, seul, le Mercure de France conjugue réussite et édition de poésie ; encore ses vrais succès commerciaux sont-ils romanesques !

Si l'on excepte les textes classiques de la collection Jouaust, les poésies de Victor Hugo et un recueil de Jean Aicard (comment refuser cela à l'auteur de *Maurin des Maures* ?), Flammarion n'a pas édité de poésie, pas même à compte d'auteur. Ce genre littéraire n'est pas assez rentable pour que Flammarion s'y hasarde. S'il est évident que l'image de la maison n'est pas assez intellectuelle pour attirer certains auteurs d'avant-garde, on peut imaginer que des auteurs moins dérangeants, tels que ceux qu'édite Calmann-Lévy, soient venus demander que Flammarion édite leurs textes. L'absence totale de ce genre de livres est la marque d'un choix délibéré d'Ernest.

Enfin, dans un autre domaine, le dénombrement ci-dessus ne doit pas faire illusion ; le nombre des pièces de théâtre publiées peut sembler particulièrement élevé. Or, il recouvre une série de 50 minces publications qui ne contiennent qu'une courte pièce chacune, Les Pièces à succès. Bien qu'imprimée sur papier

13. Il avait d'abord soutenu la revue *Paris moderne* qui réunit tous les poètes d'un « dernier Parnasse militant » comme Coppée, Banville, Mendès, puis *Le Décadent* qui publia des textes de Verlaine, Rimbaud, Mallarmé, Paterne Berrichon, Tailhade, Rachilde...

14. Élisabeth Parinet. — « Léon Vanier », in : *Histoire de l'édition française.*, op. cit., t. III, pp. 166-167.

glacé et illustrée de simili-gravures, cette série n'est pas faite pour la lecture : elle est destinée à servir de texte pour des représentations privées. C'est un divertissement très apprécié en société, des enfants comme des adultes, et il suscite une abondante production dont Stock est le spécialiste : en 1895, on compte 608 titres de pièces et 176 monologues à son catalogue. Flammarion est très loin d'offrir le même choix ! Les textes sont classés par catégories de public. Ainsi, le catalogue Flammarion distingue les pièces qui « peuvent être jouées dans les institutions », de celles qui « peuvent être jouées dans tous les salons, intégralement ou avec de légères modifications », et de celles qui « conviennent plus spécialement aux théâtres libres ». Souvent, ces répertoires sont d'une grande médiocrité, constitués d'anciennes pièces de boulevard édulcorées ou d'adaptations maladroites de nouvelles sentimentales et édifiantes. Flammarion échappe à cette banalité grâce à ses « auteurs gais » : Courteline, Alphonse Allais, Tristan Bernard donnent une certaine qualité au rire de cette collection. En dehors de cette collection, le théâtre ne tient qu'une place restreinte ; encore la doit-il surtout aux classiques. Le théâtre contemporain de qualité, hormis les trois auteurs cités, est absent du catalogue.

Le désir de fonder une maison de littérature générale semble bien avoir habité les deux éditeurs dès l'origine de l'entreprise. C'est pourquoi la diversification fut menée de front dans tous les domaines. Venus de la librairie générale, il leur semblait naturel d'aborder l'ensemble de l'édition à l'exception des domaines trop spécialisés qui demandent des compétences particulières et un mode de gestion différent. Le souci de la rentabilité n'était pas absent de cette décision : diversifier, c'était équilibrer les risques ; c'était aussi aller au-devant du plus grand nombre.

En commerçant avisé, Ernest Flammarion fait donc la part belle aux lectures des classes populaires mais il cherche, en même temps, à conquérir les publics cultivés, plus restreints mais gros consommateurs de livres. À chaque fois qu'il perçoit une demande dans le public, Flammarion s'efforce de la satisfaire, livre d'actualité ou classique, peu lui importe. Il est donc normal, dans ces conditions, qu'il se soit aussi lancé dans le livre pratique.

## *Le livre pratique*

Le livre pratique a toujours été bien représenté dans les lectures populaires. Ainsi, on trouve dans la Bibliothèque bleue beaucoup de livres de cuisine, de jardinage, de médecine, d'astrologie aussi... La décision que prennent Marpon et Flammarion de s'ouvrir au livre pratique est donc liée à leur politique de diversification de la production, mais aussi à leur désir de toucher le public populaire.

Pourtant, les premières publications non littéraires de Marpon et Flammarion ne sont pas destinées à un public populaire puisqu'elles s'adressent à ceux qui pratiquent l'escrime et le tir. Il est vrai que ce public s'est considérablement étendu au-delà du monde aristocratique, depuis quelques temps. Le monde de la presse, des lettres, en général, et de la politique a pris l'habitude de régler ses affaires d'honneur sur le pré. Comme on ne craint pas l'outrance verbale et la diffamation, on ne s'est jamais tant battu en duel que dans les années 1880. Par goût d'un loisir jadis aristocratique ou par prudence, les gens de lettres ont pris le chemin des salles d'armes. C'est sans doute à leur intention que le baron de Vaux, ami de Marpon et lui-même collaborateur du *Gil Blas*, écrit, en 1883, *Les Tireurs au pistolet*, préfacé par Maupassant. C'est un livre luxueux, abondamment illustré, dont l'auteur a réservé 85 exemplaires (sur 500) à ses amis journalistes. Tout aussi luxueux mais plus techniques sont les ouvrages d'Adolphe Tavernier et Claude Lamarche, parus en 1884-1885 et consacrés à *L'Art du duel*, aux *Amateurs et salles d'armes à Paris* et au maniement de l'épée. Puis le baron de Vaux apporte aux deux éditeurs *Les Femmes de sport* (1885), bientôt suivi des *Hommes de sport*, et James Fillis un manuel d'équitation et de dressage. Ainsi se constitue petit à petit un noyau de livres consacrés au sport, au dressage, aux armes dont le couronnement sera, en 1913, un grand livre de Gustave Le Bon, *L'Équitation actuelle et ses principes*, illustré de 178 « photographies cinématographiques » et vendu 7,50 F. Née d'une opportunité et d'une mode, cette section « Escrime-Équitation » du catalogue s'est renforcée avec le temps, formant la section aristocratique au point d'accueillir un *Traité complet de la science du blason.*

Parallèlement, Marpon et Flammarion se lancent dans les publications réellement pratiques, s'adressant à un autre public. Ils publient d'abord, en 1884, *La Cuisine des ménages bourgeois et des petits ménages* du baron Léon Brisse dont la première édition date de 1868. Le livre, à couverture cartonnée et illustrée d'une gravure représentant une ménagère chapeautée, panier au bras, vaut 3,50 F et son titre annonce ses ambitions. Il est bientôt suivi d'un *Guide du chasseur*, d'un *Guide du photographe amateur* (1888) et d'un *Guide du jardinage* (1889). Ils sont le point de départ de la Collection d'Ouvrages utiles qui va désormais s'étendre des loisirs (pêche, bains de mer, billard, jeux de société) à la vie quotidienne en général avec la cuisine, la décoration et le bricolage, le courrier, le droit. Ces ouvrages, à couverture cartonnée solide, sont faits pour être consultés souvent, à la manière de petits dictionnaires. Bien qu'épais (372 pages pour la *Cuisine des ménages bourgeois...*) et illustrés, ils ne coûtent que 3,50 F car ils sont destinés à une clientèle relativement modeste.

Au même moment, Marpon et Flammarion rachètent à Jules Taride, qui se retire, son fonds d'édition. Il y a dedans une Collection rose et une Bibliothèque des salons qui ne diffèrent guère dans leur présentation que par la couleur de leur couverture en papier. L'ensemble comporte 36 titres s'intéressant à l'hygiène, à la cuisine, aux loisirs (sports, jeux de société, danse), au savoir-vivre, à la voyance. Ce sont de petits livres et brochures à 1 F ou 50 centimes, dont la première publication est déjà ancienne. Ainsi, le *Guide complet de la danse* par Gawlikowski date de 1858.

Trois mois après le rachat du fonds, les deux associés mettent en chantier une réédition de 23 des titres de la Collection Taride, ainsi que de cinq « ouvrages du docteur Clément » (*L'Hygiène conjugale, Les Maladies vénériennes*, etc.) de présentation similaire. Sur les 80 000 exemplaires retirés entre 1887 et 1899, ils en écoulent environ la moitié avant de revendre les stocks et les clichés au fils de Taride. En effet, à l'exception des œuvres du docteur Clément dont ils vendent 4 à 6 000 exemplaires de chaque titre, ces livres ne trouvent que peu d'acheteurs ; ils sont par trop démodés, avec leur gravure de couverture vieillotte et leur typographie ancienne. Marpon et Flammarion l'ont compris et décident de lancer une nouvelle collection pratique, ce qui précipitera encore le déclin de la Collection Taride.

Le titre de cette nouvelle collection n'est pas très explicite sur son contenu : la Bibliothèque pour tous pourrait tout aussi bien être une collection de romans. Dans un article complaisamment publié par le *Petit Journal* au moment du lancement de la collection, Ernest Flammarion s'explique de ce choix :

« Vous avez vu dans les campagnes passer, un ballot sur le dos, les colporteurs des petits livres à bon marché ? Ou bien vous avez vu ces mêmes livres s'étaler aux vitrines des petits papetiers et marchands de journaux avec leurs couvertures d'un jaune criard, leur papier à chandelle et leur littérature ?... C'est là surtout qu'est le mal, car le papier à chandelle et la couverture n'ont aucun inconvénient par eux-mêmes. Mais la littérature ! Le chef d'œuvre de ces publications à bas prix est, je crois bien, *La Clef des Songes* ou quelque chose d'approchant. Et toujours, depuis 50 ans, *La Clef des songes* parcourt grâce au colporteur et au petit débitant de papeterie, nos campagnes auxquelles elle donne, il va sans dire, une triste idée de l'esprit moderne.

Par ces temps d'instruction obligatoire et professionnelle, où la plus petite ville a son cours du soir, M. Flammarion s'est dit que les campagnes n'avaient rien en ce genre et qu'il leur fallait quelque chose pour apprendre, à leur tour, d'autres sciences que celle de *La Clef des songes*. Il s'est mis alors en tête de publier une série de volumes où le format déjà grand, les dessins innombrables, le papier et la typographie se combinent pour être livrés au public, moyennant 75 centimes — quinze sous. (...) La couche des lecteurs est immense qui peut être touchée par un renouveau du livre populaire, utile au lieu d'être quelconque, instructif au lieu d'être benêt, surtout quand le prix en est aussi modique.

La nouvelle série qui s'en va ces jours-ci inonder la France pour lutter à prix égal contre la littérature chiromancienne des vieux âges, se composera d'une centaine de volumes qui tous auront trait à quelque besoin de la vie, à quelque métier, à quelque usage social.

Il suffit de feuilleter ceux qui sont déjà parus pour s'en convaincre : *Qu'est-ce que le ciel ?*, près de 300 pages d'une science profonde et en même temps si familière qu'on croit la connaître déjà car elles sont signées de Camille Flammarion. (...)

Donner les trois cents pages qui font chacun de ces volumes pour 15 sous, c'est faire œuvre de propagande intelligente. Qu'on se jette dans les campagnes sur ces petits manuels avec la même fièvre que sur le *Million de calembours* et l'instruction publique fera un grand pas dans nos villages. Car c'est là qu'est toujours le but [15]. »

15. *Petit Journal*, 10 septembre 1891, p. 1.

Puis, il présente les premiers titres de la collection :

« La *Petite cuisine des familles*, ou l'art de faire soi-même une variété de plats, par le baron Brisse ; le *Guide complet de la danse*, avec une préface, s.v.p., sur l'origine de la danse et son histoire jusqu'à nos jours ; le *Manuel du serrurier*, guide pratique de l'artisan en serrurerie, avec 300 figures, l'ABC illustré de la profession ; le *Nouveau guide pour se marier* — autre ordre d'idées — avec l'énoncé de toutes les formalités du début jusqu'à la fin ; le *Manuel complet des jeux de cartes* ; celui de l'*Architecte-maçon,* celui du *Menuisier-modeleur*, etc. Viendront ensuite l'apprenti-typographe, le chasseur, le pêcheur, le vélocipédiste ! Car bientôt, en France, il y aura, grâce au *Petit Journal*, autant de vélocipédistes que de menuisiers. »

Les fins publicitaires de l'entretien sont évidentes et Flammarion ne craint pas de surestimer les vertus pédagogiques de sa collection, alors que, contrairement à ses dires, la littérature de colportage est en complet déclin. Cependant, se mêle comme toujours dans ses propos une part de sincérité et de désir d'éducation populaire avec une astucieuse étude de marché. L'allusion à l'influence du *Petit Journal* le prouve.

Sur le modèle de la littérature de colportage, la Bibliothèque pour tous traite de cuisine (*Petite cuisine des familles*, *Les Boissons de ménage*), médecine (*Hygiène de la femme*), savoir-vivre (*La Politesse pour tous*, *La Distinction et l'élégance chez la femme*, etc.) mais elle s'éloigne assez vite de l'esprit dans lequel, selon Ernest, elle avait été conçue. Ses plus grosses ventes, le *Manuel de photographie* et *L'électricité chez soi* (12 000 exemplaires), montrent que son public est plutôt petit-bourgeois et citadin, que rural. Ce sont les grandes nouveautés scientifiques auxquelles il est confronté qui suscitent le plus d'intérêt. La collection s'adapte donc à son public, en s'ouvrant à la baronne Staffe, puis en proposant des titres tels que *Le Moyen de savoir parler en public* et *100 façons d'augmenter ses revenus pendant ses loisirs*.

Avec la Collection illustrée d'ouvrages utiles et la Bibliothèque pour tous, Flammarion possède un fonds d'ouvrages pratiques qui lui permettent, pendant vingt ans, de répondre à deux types de demande, en fonction des prix. Toutefois, la Bibliothèque pour tous remporte un succès médiocre, faute d'un ciblage précis du public. Une partie de la collection finira donc sa carrière en glissant dans celle des Auteurs célèbres à 60 centimes. Le reste sera abandonné au profit de nouveaux livres mieux adaptés à leur public.

Parmi les principaux best-sellers du XIX^e^ siècle, Martyn Lyons place *La Cuisinière bourgeoise*, ouvrage anonyme qui, selon ses estimations, aurait atteint un tirage de 72 000 exemplaires au minimum, entre 1816 et 1830. L'adjectif contenu dans le titre n'indiquait pas que les bourgeoises cuisinaient elles-mêmes mais qu'elles avaient la responsabilité des domestiques et de la cuisine [16].

Dans la seconde moitié du siècle, les livres de cuisine prennent un essor remarquable, comme le montre le tableau suivant établi à partir du *Catalogue général de la librairie française* [17].

16. Martyn Lyons, *Le Triomphe du livre*, op. cit., p. 102.
17. Les chiffres de la période 1900-1905 sont gonflés par les 22 titres de la collection de Mademoiselle Rose.

| Période | Nombre de titres | Moyenne annuelle | Part dans la production totale % |
|---|---|---|---|
| 1840-1875 | 73 | 2 | 0,2 |
| 1876-1885 | 37 | 3,7 | 0,3 |
| 1886-1890 | 33 | 6,6 | 0,5 |
| 1891-1899 | 78 | 8,6 | 0,6 |
| 1900-1905 | 98 | 16,3 | 1,3 |
| 1906-1909 | 53 | 13,2 | 1,2 |
| 1910-1912 | 37 | 12 | 1 |

Flammarion participe à ce mouvement avec 33 titres, publiés entre 1884 et 1911, qui se répartissent nettement en deux catégories, selon leur prix.

Il y a d'abord les grands livres de cuisine bourgeoise, dont les prix varient de 7 à 35 F. L'auteur de ces gros livres illustrés que Flammarion rachète à Dentu en déconfiture, est Urbain Dubois. La cuisine y est présentée comme un art. En effet, si *L'École des cuisinières* se présente comme « le plus complet, le plus précis des livres de ménage » et donne quelques « méthodes économiques », il s'attarde longuement sur l'art de trancher la viande et les volailles, présenter les poissons, etc. Quant à *La Cuisine classique*, elle « embrasse d'une part toutes les prescriptions théoriques, d'après l'ordre et les principes de la Grande Cuisine » et « renferme, d'autre part, l'ensemble des études pratiques raisonnées et démonstratives de l'École française ». Les cinq autres titres ont des ambitions comparables. Ces livres se veulent des livres de référence, d'usage quasi-professionnel. Cela n'empêche pas leur diffusion ; *La Cuisine classique* en est à sa 18e édition en 1914, *L'École des cuisinières* à sa 12e édition.

Le dernier venu dans cette catégorie, Ali-Bab, alias Henry Babinski, publie en 1907 une *Gastronomie pratique. Études culinaires suivies du traitement de l'obésité des gourmands* qui connaît suffisamment de succès pour qu'une édition augmentée et plus luxueuse soit refaite en 1911. Son prix passe alors de 5 à 12 F, ce qui n'empêche qu'il s'en vende 2 000 exemplaires comme pour le précédent.

À côté de ces livres luxueux et chers, on trouve des livres de cuisine bien moins onéreux. L'évolution se fait même dans le sens d'un abaissement rapide des prix. Ainsi, les livres du baron Brisse coûtent 3,50 F dans la Collection des Ouvrages utiles, en 1884, et 0,75 F dans la Bibliothèque pour tous, en 1891. Entre-temps, en 1887, la collection Taride avait proposé *La Cuisine de la mère Marianne* à 1 F.

À partir de 1901, une nouvelle série pratique apparaît : les 22 volumes des œuvres de Mademoiselle Rose. Rachel de Kerven, sous ce pseudonyme, explique aux ménagères *Cent façons de préparer* les potages, les plats froids, les entremets, les pommes de terre... Avec leur couverture de papier jaune illustrée d'une petite gravure et leur format in-16, les volumes ressemblent assez à ceux de la collection populaire des Auteurs célèbres. Ils coûtent 75 centimes et, tirés à 3 000 exemplaires, ils atteignent, en général, les 5 000 exemplaires avant 1914.

La collection s'adresse à un public populaire, par son prix mais aussi par le choix de certains sujets : *Cent façons de préparer les plats bon marché*, *Cent façons d'accommoder les restes*, *Cent façons de préparer un plat en quelques minutes* et, Mademoiselle Rose se permettant une incursion dans un autre domaine que le sien, *Cent façons d'être élégante à bon marché*. Chaque recette, écrite en gros caractères, tient en une page et toutes appartiennent au répertoire de la cuisine familiale : purées, ragoûts... Il n'y est plus question de l'art de la présentation ni de l'ordonnance des services.

À travers cette production, on voit apparaître plusieurs phénomènes. Le premier, qui survit encore aujourd'hui, est la séparation des livres de cuisine en deux groupes que distingue facilement leur prix. Auparavant, il existait une littérature culinaire populaire comme la Bibliothèque bleue en donne l'exemple et une littérature culinaire plus recherchée s'adressant à un public aisé et gourmet, dans les collections traditionnelles. Dans les années 90, ce dernier genre de livre devient cher, illustré, savant. Au moment où le personnel domestique spécialisé va commencer à se faire rare, il proclame le sérieux de la cuisine et éblouit par sa technicité. Il consacre la cuisine comme un art et un critère auquel on reconnaît les grandes maisons. En même temps, il est acheté par un public qui n'est pas celui des cuisinières mais celui de petits-bourgeois pour qui il représente un idéal.

Le second phénomène est le développement des collections bon marché qui accompagne celui d'une presse populaire, féminine ou familiale avec qui elle partage ses auteurs. Tel le baron Brisse qui, avant d'être édité par Flammarion, était diffusé par *La Liberté* puis le *Petit Journal*. Les lectrices des unes et des autres appartiennent aux classes populaires et cherchent les recettes d'une cuisine simple, économique et plus variée, au moment où, avec l'élévation du niveau de vie, les habitudes alimentaires évoluent [18]. Les nouveaux livres de cuisine s'adaptent à cette demande et l'annoncent dès leur titre : ce sont *La Petite Cuisine des familles*, *La Cuisine de la mère Marianne*, *La Cuisine des ménages bourgeois et des petits ménages* du baron Brisse, et bien d'autres. Leurs recettes sont en rapport avec les revenus de leurs lectrices. Ainsi, *La Cuisine des ménages bourgeois...* comprend « la manière de servir à nouveau tous les restes » et tous font une large place aux potages, viandes bouillies et entremets simples. Enfin, leur prix suit le mouvement de celui des collections romanesques populaires. Ainsi, Fayard intègre deux livres de cuisine dans sa collection du Livre populaire : *2000 plats pratiques et pas chers* et *La Pâtisserie et la confiserie pour tous*, dès 1906 ; il ne fait que suivre l'exemple de Flammarion qui avait inscrit la *Petite cuisine des familles* dans la collection des Auteurs célèbres en 1900.

---

18. Maurice Lévy-Leboyer a montré que l'élévation du niveau, à la fin du XIXe siècle, a longtemps correspondu, dans les budgets des ménages populaires, à une augmentation du poste « alimentation », à cause de l'évolution des produits consommés.

Deuxième domaine où la demande du public est forte : les manuels de savoir-vivre.

Le modèle aristocratique a toujours fasciné la bourgeoisie et le retour du régime républicain n'a pas mis de frein, au contraire, à ce désir d'imitation. Les manuels de savoir-vivre sont d'origine très ancienne : sous le nom de manuels de civilité, ils édictent depuis près de trois siècles les règles de la politesse. Or, dans ce domaine dont la stabilité des règles est le fondement, la production s'accélère vers 1890. La progression est moins importante que pour les livres de cuisine car le sujet se prête à moins de variété, mais elle est nette. Entre 1840 et 1890, il paraît en moyenne deux livres de savoir-vivre par an ; de 1891 à 1910, cette moyenne annuelle passe à quatre. La comtesse Anaïs de Bassanville qui, grâce à l'autorité de Madame Campan dont elle disait être l'élève, régnait sur les codes de politesse [19], se voit concurrencée par une escouade de femmes du monde vraies ou — le plus souvent — fausses : la marquise de Pompeillan, la vicomtesse Nacla, la comtesse de Lennery, Marie de Grandmaison, L. de Nogent, Louise d'Alcq, la comtesse Berthe... Plus encore que leur nombre, c'est la progression des tirages atteints par ces livres qui montre l'engouement dont leurs livres sont l'objet. Le plus vendu dans cette catégorie, est, sans conteste, celui de la baronne Staffe, les *Usages du monde* qui en est à son 163$^{e}$ mille en 1914. Flammarion en est l'heureux éditeur après maintes péripéties.

Sentant la nécessité d'un tel livre, Flammarion avait fait appel, pour sa Bibliothèque pour tous à 75 centimes, à sa sœur Berthe Martin qui publia *La Politesse pour tous*, sous le pseudonyme de comtesse Berthe. Cependant, ce livre, tiré à 5 000 exemplaires, ne pouvait rivaliser avec les *Usages du monde*, le livre de la baronne Staffe publié chez Victor Havard, qui atteignait au même moment sa 72$^{e}$ édition. Flammarion ne pouvait deviner que l'« Éducatrice de la femme moderne » — comme l'appellent ses préfaciers — entrerait quelques années plus tard dans sa maison.

Mlle Soyer « qui a pris le nom et le titre de sa grand-mère, baronne Staaf [20] » a d'abord collaboré à divers journaux comme le *Paris-Club-Gazette*, *L'Agriculture moderne* et surtout le Supplément du *Petit Journal* où, sous le pseudonyme de dame Catherine, elle tient chronique de savoir-vivre, en 1888-1889. Puis, elle rassemble ses articles et en fait la matière d'une série de livres dont le fameux *Usages du monde* qui connaît un très grand succès. En 1892, Victor Havard « oublie » de prévenir l'auteur de la vente des droits de son *Cabinet de toilette* à un éditeur anglais. Brouille, réconciliation et reprise de la collaboration avec Victor Havard. Quatre ans plus tard, l'éditeur est en faillite ; après arrangement avec le syndic, la baronne reprend la propriété de ses œuvres et traite avec Havard fils qui mène les *Usages du monde* à son 130$^{e}$ mille en 1897. Pas plus qu'à son père, ce succès ne permet à Gustave Havard de surmonter ses difficultés financières. En septembre 1899, après

19. Elle a publié une quinzaine de livres concernant la politesse et le savoir-vivre, et collaboré à plusieurs journaux dont le *Journal des jeunes filles* et le *Dimanche des familles*.

20. Renseignements tirés du questionnaire imaginaire préparé pour le procès en contrefaçon (assignation du 17 juillet 1901). A.F.

avoir saisi la justice parce qu'elle ne parvenait pas à toucher ses droits, la baronne Staffe résilie sans indemnité tous ses traités avec Havard fils qui est déclaré en faillite quelques jours plus tard. Elle signe alors un traité avec Rouveyre qui doit lui-même demander l'aide de Flammarion. C'est ainsi qu'entrent dans le catalogue Flammarion : les *Usage du monde* (163e mille en 1914), *Le Cabinet de toilette* (58e mille), *La Maîtresse de maison et l'art de recevoir chez soi* (38e mille), les *Traditions culinaires* (18e mille), *La Correspondance dans toutes les circonstances de la vie* (50e mille), *Mes secrets* (32e mille). En 1902, la baronne ajoute à cette liste *Pour augmenter son bien-être* et *Les Hochets féminins.* Chacun des livres est vendu 3,50 F, et 4 F cartonné. Puis, Flammarion lui demande trois titres pour sa Bibliothèque pour tous et les *Indications pratiques pour réussir dans le monde, dans la vie, La Distinction et l'élégance chez la femme* et les *Indications pratiques concernant l'élégance du vêtement féminin* donnent enfin aux lectrices qui n'ont que 75 centimes à dépenser les clés de la réussite dans la société. Édités de 1906 à 1908, ces trois livres rendent inutile la présence dans la collection de la comtesse Berthe dont la *Politesse pour tous* passe dans la collection des Auteurs célèbres à 60 centimes.

L'entrée chez Flammarion ne marque pas, pour la baronne Staffe, la fin de ses aventures éditoriales puisque, en 1902, elle doit demander à Flammarion d'intenter un procès à Gustave Havard. En effet, celui-ci édite depuis peu un *Usages mondains. Guide du savoir-vivre moderne dans toutes les circonstances de la vie*, signé de la baronne d'Orval, qui plagie ouvertement les *Usages du monde. Règles du savoir-vivre dans la société moderne* de la baronne Staffe. Derrière le pseudonyme de baronne d'Orval se cacherait une énigmatique marquise de Villefort, mal connue de l'état-civil, dont l'écriture ressemble étrangement à celle de Gustave Havard lui-même... La contrefaçon est évidente, Havard et son mystérieux auteur sont condamnés à 5 000 F de dommages et intérêts et à la destruction du livre incriminé. La baronne Staffe reste seule à régner sur le savoir-vivre.

Le succès de la baronne Staffe est lié à l'évolution que subissent les guides de savoir-vivre. En introduction à la 33e édition de son *Code du cérémonial. Guide des gens du monde dans toutes les circonstances de la vie*, la comtesse de Bassanville écrivait :

« En dehors des règles de la politesse essentielle, il est certaines conventions adoptées par la bonne société et qui, érigées en obligations absolues, ne doivent, sous aucun prétexte, être négligées par l'homme comme il faut [21]. »

Son *Code* est donc strictement normatif et rédigé au présent de vérité générale : « on doit... il faut... on donne... » Aucune liberté n'est laissée à ceux qui vont rencontrer un ministre ou — pourquoi pas ? — le Pape, quitter un grand dîner pour une soirée avec bal, etc.

Les buts poursuivis, dans ses ouvrages, par la baronne Staffe sont autres :

« Former des mères, des épouses, des femmes capables de tenir leur place dans toutes les classes de la société, telle est son ambition. Tous les cas difficiles, épineux

---

21. Comtesse de Bassanville, *Code du cérémonial.* Paris : Duquesne, 1888, p. 1.

qui se rencontrent dans la vie et réclament une décision sûre, y ont été prévus. Des avis qui ont force de loi, y sont donnés à la femme pour lui faire acquérir cette grâce simple, ce charme voilé qui l'enveloppent comme d'un parfum pour lui inculquer cette politesse exquise qui est, au bonheur du genre humain, plus nécessaire qu'on ne pense. »

Elle ne s'adresse donc pas nécessairement à la femme noble ou riche ; d'ailleurs, « une femme chic peut être une religieuse, une paysanne, une ouvrière ; mais possédant l'élégance morale à son plus haut degré, elle n'a pas d'effort à faire pour obtenir les autres élégances sous l'habit le plus simple, dans la plus modeste situation. Et, si la destinée le veut, pour devenir du premier coup une parfaite femme du monde... [22]. » On peut rêver... En attendant le coup de baguette magique, la femme chic et pauvre sera d'une « adorable simplicité », sachant « se composer un intérieur en rapport avec ses ressources » et, « si sa situation de fortune l'oblige à l'économie, renonçant aux sauces coûteuses, inférieures souvent au simple jus [23] ». Avec ça, gracieuse, modeste, courageuse, sincère, religieuse, réservée, sachant écouter et taisant ses opinions.

Le succès de la baronne Staffe et de ses émules [24] n'est pas dû, on le voit, à ses idées novatrices sur la condition féminine et la société en général ; mais en donnant à toutes ses lectrices l'illusion que la situation sociale n'est qu'accessoire, elle amoindrit leur sentiment de frustration et leur donne l'impression de participer un peu à cette vie mondaine dont elles lisent les échos dans les journaux. Au public bourgeois traditionnel des guides de savoir-vivre s'ajoute un nouveau public composé essentiellement de femmes des classes populaires, lectrices du *Petit Journal*, par exemple. Cela explique les forts tirages des *Usages du monde* et de quelques autres.

Dans la balle du colporteur, avec les livres de cuisine et de civilité, il y avait toujours un traité de médecine pratique ; l'augmentation du nombre des officiers de santé et des médecins au XIX^e^ n'a pas fait disparaître ce besoin. Au contraire, la *Médecine sans médecin* reste un best-seller de la première moitié du siècle [25] et Octave Uzanne note, en 1890, que « les ouvrages qui ont le plus rapporté aux éditeurs de notre époque sont la *Grammaire* de Noël et Chapsal chez Hachette ; *Notre-Dame de Lourdes* de M. Lasserre chez Palmé ; les opuscules de Mgr de Ségur chez je ne sais quel éditeur ; les romans de M. Zola chez Charpentier ; ceux de M. Ohnet chez Ollendorff et un livre de *Médecine à l'usage des gens du monde* chez

---

22. Baronne Staffe, *Mes secrets. Pour plaire et être aimée.* Paris : Havard, 1896, p. 11.

23. Ibidem.

24. Marie Dufour, veuve Melchior, alias Marie de Grandmaison tient un discours semblable dans son *Savoir-vivre et ses usages dans la société actuelle* : « Aujourd'hui tout le monde doit savoir bien vivre puisque tout le monde est plus ou moins exposé à des changements de situation rapides : les uns à une élévation parfois inespérée à des coups de fortune prompts et inattendus ; les autres, hélas ! à des revirements du sort non moins précipités. Aux premiers, le savoir-vivre permettra de faire bonne figure à la chance favorable ; de ne pas se trouver empruntés et comme dépaysés au sein d'une position supérieure, de ne pas mériter la dénomination de parvenus, si blessante quand elle vise l'éducation première. Aux autres, il conservera cette dignité personnelle qui inspire le respect de tous et met une sorte d'auréole au front le plus courbé par les revers ou le malheur. » Paris : Bernardin-Béchet et fils, 1892, pp. 5-6.

25. Martyn Lyons, *Le Triomphe du livre*, op. cit., p. 102.

Dentu [26] ». Marpon et Flammarion ne pouvaient négliger un domaine aussi populaire.

Dès 1885, ils publient le *Dictionnaire populaire de médecine usuelle* du docteur Labarthe, en 2 volumes de 2 000 pages chacun, qui peut être acquis en 100 livraisons à 50 centimes puis à 70 F relié. Comme le dit l'auteur dans sa préface, la publication de ce dictionnaire s'inscrit dans l'effort de vulgarisation scientifique entrepris par les deux éditeurs :

« Ce qui a été tenté pour la vulgarisation (...) par Figuier, Flammarion, Guillemin, Viollet-le-Duc, j'ai tenté de le réaliser pour la vulgarisation de la médecine et de l'hygiène. (...) S'il existe d'excellents livres qui vulgarisent les autres sciences, on ne possédait pas jusqu'à ce jour un ouvrage sérieux et complet de vulgarisation de la médecine et de l'hygiène si bien que le public en était réduit à consulter les dictionnaires de médecine exclusivement écrits pour les médecins, les uns très volumineux, les autres trop résumés... »

L'ouvrage est tiré à 20 000 exemplaires en livraisons, puis vendu en volume à partir de 1887.

À côté de ce dictionnaire d'usage familial qui atteint le 45e mille en 1914, Marpon et Flammarion créent une Bibliothèque physiologique consacrée aux problèmes sexuels : *Bréviaire de l'amour expérimental*, *L'Art d'avoir des enfants*, *Traité pratique des maladies des femmes*, *L'Homme et la femme à tous les âges de la vie*... L'idée semble leur en venir de Taride qui éditait ou prenait en dépôt beaucoup d'ouvrages de ce genre. La collection semble d'abord strictement médicale bien qu'elle n'évite pas certaines ambiguïtés comme le montre l'assignation du 28 janvier 1890 : la couverture de *La Grande Névrose* du docteur Gérard, illustrée par José Roy est jugée obscène. « C'est un dessin purement allégorique, représentant la névrosée jouant avec le cerveau, marotte aux banderilles des cinq sens, et assise sur le cœur humain. Ce dessin est absolument exclusif de toute idée pornographique », plaide l'avocat de la défense [27]. L'intention allégorique nécessite-t-elle que la névrosée soit seulement vêtue de ses bas noirs et ressemble autant à l'héroïne des *Amours de Paris*, ouvrage dont la couverture, due aussi à Roy, est assignée le même jour ? Le tribunal ne s'en laisse pas convaincre.

Cette condamnation n'empêche pas la collection de continuer à s'enrichir de nouveaux titres. Les médecins y côtoient curieusement des auteurs qui se sont précédemment illustrés dans la grivoiserie comme Armand Silvestre. Ainsi *Le Médecin de l'enfance. À l'usage des mères de famille et des instituteurs*, voisine avec *Pour les amants*. Cette Bibliothèque ne dépasse pourtant pas la vingtaine de titres et comme, à l'exception du *Bréviaire de l'amour expérimental* qui aurait atteint les 22 000 exemplaires en 14, les ventes ne dépassent guère les 3 000 exemplaires, Flammarion cesse de l'enrichir après 1900. Elle ne lui a pas fait perdre d'argent puisque le scabreux des sujets permettait de vendre 5 F de petits volumes qui, autrement, auraient été vendus 3,50 F.

---

26. Octave Uzanne, *Le Livre moderne*, janvier 1890, p. 60.
27. Plaidoirie de Me Pouillet. A.F.

À côté de ces trois domaines, somme toute, traditionnels, est apparu un nouveau créneau éditorial, lié à l'engouement pour les voyages, celui des guides touristiques. En la matière, Hachette possède une avance considérable avec les guides Joanne. Depuis leur création, ils ont couvert toutes les régions de France et se sont diversifiés. Certains sont des guides-itinéraires qui, partant généralement de Paris, décrivent minutieusement toutes les localités situées sur le trajet. Les renseignements sont d'ordre géographique, historique, administratif, touristique, et forment un commentaire très complet. D'autres proposent des commentaires semblables à propos d'une région dont ils organisent la visite systématique. Plans différents, présentation différente : in-16 à couverture bleue rigide pour les guides-itinéraires, in-32 à couverture verte souple pour les Guides Diamant.

Chez Flammarion, la série des *Plages de France* n'entrait pas exactement, on l'a vu, dans la catégorie des guides. L'ouvrage donnait plutôt à rêver à ceux qui ne fréquenteraient pas ces plages. L'incursion de Flammarion dans la gestion des bibliothèques de gare semble avoir relancé l'idée de posséder une collection de guides. En 1898, l'ingénieur Sauvert se voit confier la réalisation des Guides Flammarion. Ce sont des guides-itinéraires couvrant d'abord la région parisienne, puis, l'année suivante, ils s'étendent à la Normandie et à la Côte d'Azur. Ils coûtent 1 F et comptent 32 pages, ce qui est très mince comparé aux guides Hachette. L'atout des guides Flammarion est, pense Sauvert, de s'adresser à tous les voyageurs qu'ils utilisent le train, l'auto ou le vélo. Chaque guide contient donc, outre les cartes de la région, les horaires des trains, mais aussi le profil des routes, étape par étape, et la liste des « mécaniciens vélocipédiques ». Un commentaire technique complète ces renseignements. Par exemple, celui-ci :

« À partir du carrefour Pompadour, les bas-côtés cyclables deviennent nuls jusqu'à la fin du pavé. Le cycliste roulera tout de même au bord de la route, là où l'herbe poussée entre les pavés et la poussière offriront moins de rugosités. L'automobiliste roulera sur le pavé, d'ailleurs en très bon état [28]. »

Le second avantage des guides Flammarion sur leurs concurrents est d'être illustrés. La couverture est ornée d'une illustration vivement colorée et, surtout, chaque étape est illustrée de cinq ou six « vues photographiques », de très petit format mais claires, représentant les principales curiosités du trajet. Leur légende constitue l'essentiel du commentaire artistique.

Ces guides s'adressent surtout aux promeneurs du dimanche et randonneurs à vélo. Pour les touristes plus fortunés, une seconde série de guides est mise en chantier en 1909. Elle s'intéresse aux principaux sites de villégiature : Alpes, Bretagne, Côte d'Argent, Côte méditerranéenne, Auvergne (et surtout Vichy), Vosges, Normandie... Chaque volume coûte 2,50 F et s'apparente aux guides Hachette.

28. Albert Sauvert, *Guide de Paris à Étampes, par route et par chemin de fer*. Paris : Flammarion, 1898; p. 6.

Ce développement du livre pratique est le signe d'une évolution de la société. Il montre d'une part la diffusion de nouvelles formes de loisirs : le vélo dont la fabrication industrielle commence dans les années 90, la photographie dont la pratique se répand chez les amateurs, les excursions avec leurs directions privilégiées (bords de mer, villes de cure, montagne). D'autre part, il correspond à un changement des mentalités : une petite-bourgeoisie attirée par le modèle des classes supérieures cherche dans le livre les moyens de cette imitation. C'est particulièrement sensible pour les livres de cuisine et de savoir-vivre.

Traditionnellement, le livre pratique était l'affaire d'éditeurs assez obscurs, souvent spécialistes de collections populaires. Toutefois, vers 1890, ils sont une dizaine, et non des moindres, à se partager le marché. Pour Fayard, Dentu, Gautier, c'est une extension de leurs collections populaires, de même que la Bibliothèque de la bonne ménagère, chez Firmin-Didot, est un prolongement de sa Bibliothèque (romanesque) des mères de famille, et la Petite encyclopédie familiale d'Hennuyer celui de ses lectures familiales. Pour d'autres, la collection de livres pratiques découle des fonctions éducatives auxquelles se consacre l'éditeur comme Larousse, Hetzel, Cornély ou Hachette. Ainsi, chez ce dernier, les livres pratiques sont regroupés sous le titre de « connaissances utiles ».

Fidèle à sa politique générale, Flammarion ne s'est pas enfermé dans un seul type de production : tous les sujets qui rencontraient la faveur du public ont été traités, de l'art du duel à la photographie, en passant par le savoir-vivre et la cuisine, et tous les budgets peuvent trouver un ouvrage qui leur convienne. Cependant, la clientèle pour le livre pratique se situant dans les classes moyennes et populaires, Flammarion orienta sa production de façon à les satisfaire en priorité. D'où quelques beaux succès comme celui de la baronne Staffe.

### *La folie de l'illustration*

Durant le dernier quart du siècle, l'engouement général pour l'image, né vers 1830, connaît son apogée quand l'invention de la photographie et l'amélioration rapide de ses techniques révolutionnent l'illustration. Les grands illustrateurs romantiques ont vaillamment défendu les droits de l'imagination. La richesse foisonnante des images de Gustave Doré a défié le réalisme des reproductions photographiques avant d'abandonner la lutte : le public a hâte de voir entrer le train en gare de La Ciotat. Il s'est habitué au portrait, à la photo d'événements familiaux pour lesquels il fait encore appel au photographe qui est devenu un personnage important du commerce citadin ; et, bientôt, il s'essaiera lui-même à la prise de vue. Déjà, là où ses prédécesseurs ont fait des croquis, Maxime Du Camp fait des photos.

L'illustration, restée traditionnellement gravée d'après dessins, voit ses techniques évoluer brutalement, pour satisfaire le goût du public. Toutes les recherches tendent à la reproduction de photos et dans ce domaine, la presse joue un rôle moteur. En effet, son évolution fait qu'elle sacrifie la réflexion au profit de l'événementiel, et même du sensationnel ; elle veut donner à voir plus qu'à penser. Le public, qui fait un succès à *L'Illustration*, l'y pousse. Il veut des images qui soient les plus fidèles possible à la réalité pour rendre compte des événements. Et plus il est populaire, plus il a besoin d'un support imagé au texte qui, s'il était seul, le rebuterait. La féroce concurrence que se font les journaux les pousse donc à stimuler les innovations techniques.

Toutefois, la presse n'est pas la seule à avoir pris conscience du pouvoir de l'image : d'un moyen d'information, elle a fait de l'image un moyen de dramatiser l'événement ; dans le même temps, la publicité a découvert la force de persuasion de l'image publicitaire qui va envahir la ville, sous forme d'affiches, et jusqu'aux cuisines familiales, avec les boîtes illustrées.

Dans le domaine de l'édition, on assiste à deux mouvements différents. L'évolution des techniques de reproduction ouvre un vaste champ à tous les livres pour lesquels l'illustration a d'abord une valeur démonstrative : livres pratiques ou techniques, qui sont des catégories en expansion, livres de géographie, livres d'art... Les nouvelles illustrations démodent les gravures traditionnelles et Quantin dont la fierté était les livres consacrés aux grands peintres et aux villes pittoresques, voit ses ventes s'écrouler et fait faillite en 1896. La poésie de ses gravures ne touche plus un public fasciné par les prodiges de la photographie.

Pour la littérature, la nécessité des illustrations est moindre mais, depuis le début du siècle, la mode est aux éditions illustrées dans toutes les catégories de prix. L'engouement pour la photographie vient encore renforcer cette mode et la concurrence des journaux qui proposent un supplément illustré persuade les éditeurs de la nécessité d'offrir des images pour résister à la presse. L'illustration va envahir les livres au point de susciter des réactions violentes des intellectuels qui y voient une dévalorisation du texte, et non un enrichissement [29].

Ce reproche vise, entre autres, Flammarion qui n'a pas manqué de jouer cette carte.

Les premières grandes éditions illustrées, telles l'*Astronomie populaire*, et ses compléments, les cinq volumes de la Bibliothèque Camille Flammarion [30] ou le *Dictionnaire de médecine usuelle* du docteur Labarthe (1885), utilisant l'image à des fins didactiques. De même, les illustrations des *Plages de France* ou des *Voyages* de Victor Tissot donnent à voir les côtes françaises ou les villes d'Allemagne mieux que ne le feraient des mots [31].

Tout différent est le rôle de l'image dans les éditions romanesques. Elle enjolive, souligne les moments importants du récit, fixe les traits des personnages. Elle marque aussi une pause dans le texte et sert de repère. Utilisée pour des éditions destinées à une clientèle relativement populaire, elle se rapproche, par son style,

29. *L'Intransigeant* se fait l'écho de cette mauvaise humeur : « Arrêtez-vous devant l'étalage d'un libraire, presque plus un livre maintenant qui n'ait sa couverture illustrée. Ouvrez un volume au hasard : encore des dessins, des gravures, des photographies qui parfois n'ont aucun rapport avec le texte. »

30. Voir le chapitre « Les Livres scientifiques ».

31. Voir sur ces ouvrages le chapitre « Premiers succès ».

des illustrations des revues de lectures ou des suppléments de quotidiens : elle a tendance à forcer le trait et accuser le caractère mélodramatique des situations.

On a vu quel avait été le succès des éditions illustrées de *L'Assommoir* en 1878 ; il inaugure une série de publications semblables. Celle des œuvres de Zola, s'achèvera en 1892 avec *La Faute de l'abbé Mouret* ; il y aura eu huit ouvrages édités. À leur exemple, Marpon et Flammarion ont édité encore trois œuvres de Malot et deux de Daudet dans les années 1880.

Toutes ces illustrations utilisent les procédés traditionnels de gravure. Le dessin original est donc confié à un graveur qui le recopie sur une plaque qui est intégrée lors de la composition ou même tirée à part quand il s'agit d'illustrations pleine page, comme dans le cas des éditions romanesques illustrées.

Cependant, Flammarion renonce avant 1890 à ce type d'illustrations qui deviennent démodées face aux techniques nouvellement mises au point [32] ; les quelques illustrations de ce genre postérieures à cette date, le doivent à la nécessité de constituer un ensemble cohérent à l'intérieur d'une collection ou à une opportunité particulière : le *Dictionnaire encyclopédique* de Camille Flammarion, par exemple, est une refonte d'un dictionnaire ancien dont Ernest a acheté les plaques d'illustration en même temps que le texte ; il les réutilise donc.

Pour les livres scientifiques ou pratiques, la gravure laisse la place à la reproduction de type photographique, de plus en plus fidèle. Ainsi, bien que l'essentiel des illustrations de l'*Astronomie populaire* soit encore des gravures, déjà, Marpon et Flammarion ont inséré sept chromolithographies qui sont d'ailleurs un argument publicitaire largement exploité. Le mouvement va s'amplifiant par la suite. Quant aux grandes éditions romanesques illustrées, elles disparaissent, concurrencées par des éditions plus courantes, illustrées elles aussi, d'un style plus moderne. Seule, la littérature enfantine conserve encore pour quelques années les gravures traditionnelles.

Le goût pour l'image est si vif, en effet, que l'illustration n'est plus réservée aux grandes éditions. Dès 1884, Marpon et Flammarion créent une Bibliothèque illustrée destinée à recevoir contes et nouvelles. Ce sont de beaux volumes in-18, avec eau-forte et illustrations dans le texte pour le prix de 5 F. Armand Silvestre, Charles Leroy, Guy de Maupassant, Catulle Mendès y paraissent avant de passer en édition à 3,50 F. Puis, ils accueillent les livres d'Édouard Guillaume, imprimeur à qui ils ont confié des travaux de gravure et d'impression d'eau-forte. Il imprime pour son propre compte des livres qu'il confie ensuite à des éditeurs pour diffusion. La Petite Collection Guillaume à 3,50 F est réputée pour sa qualité : couverture d'un blanc satiné, illustrations de goût utilisant les meilleures techniques grâce à un équipement ultra-moderne. Cela représente 11 titres dont 8 de Daudet, 1 de Zola, 1 de Camille Flammarion et 1 de Victor Hugo. Après la faillite de Guillaume, Flammarion continue à donner des éditions illustrées qui sont souvent une façon

32. Dans ce mouvement de désaffection envers les grandes éditions illustrées de gravures, il y a une exception : les œuvres de Michelet, dernière grande entreprise de ce genre lancée par Flammarion en 1893. La gravure y est signe de noblesse. Les illustrations « reproduiront toutes les scènes principales de la nation française et constitueront ainsi un véritable musée artistique », promet la feuille publicitaire.

de récupérer un auteur ou un titre publié avec succès chez un autre éditeur. Ainsi, il édite les *Histoires naturelles*, illustré par Bonnard, et *Poil de Carotte*, illustré par Vallotton. Toutefois, la recherche artistique et le prix (hormis la Petite Collection Guillaume vendue à la limite de la rentabilité) de ces éditions en font des livres qui sortent de l'ordinaire. C'est dans la production courante que l'on prend la véritable mesure de cette invasion des images.

À défaut d'illustrations dans le texte, la couverture de la majorité des livres de littérature est illustrée. Elle sert à retenir l'attention de l'acheteur. Ainsi, la couverture de la collection des Auteurs gais est ornée d'une illustration en couleurs pleine page qui annonce la gaieté du contenu tandis que les couleurs vives des guides Flammarion tranchent sur l'austérité de présentation des guides Joanne. Mais comment justifier la couverture racoleuse de la Bibliothèque physiologique ? se demandent les juges...

Malgré leur bas prix, les collections populaires ont été touchées aussi par cette inflation d'images. La collection des Auteurs célèbres à 60 centimes se contentait d'une couverture ornée d'une gravure à ses débuts en 1887. Le lancement par Fayard de la Modern Bibliothèque et, dans une moindre mesure, du Livre populaire situe la concurrence en grande partie sur le terrain des illustrations. En effet, les livres de la Modern-Bibliothèque à 95 centimes ont une couverture illustrée en deux couleurs et le texte est abondamment illustré. Le Livre populaire, lui, n'a que la couverture illustrée, mais elle est particulièrement voyante puisque l'illustration envahit toute la page d'un dessin quadrichrome sur papier vernissé. En 1904, Flammarion doit rajeunir sa collection des Auteurs célèbres en lui donnant une couverture en quadrichromie. Ensuite, toutes les collections populaires lancées par les concurrents sont conçues sur le modèle des collections Fayard. Flammarion, à leur exemple, fait donc de ses deux nouvelles collections populaires des collections illustrées avec la Collection illustrée à 95 centimes (1910) et la Select-Collection (1914).

Enfin, l'illustration triomphe jusqu'à devenir à elle seule le sujet du livre. Ainsi apparaissent de nombreux albums qui profitent de l'amélioration des techniques de reproduction : livres d'art, d'histoire [33], de voyages... Flammarion prévoit aussi des albums moins culturels avec *Les Animaux vivants du monde* ou *Les Plus Grandes Entreprises du monde* consacrés aux paquebots géants, aux ponts et viaducs, etc. Enfin, les livres de Charcot, *Le « Français » au pôle sud* et *Le « Pourquoi pas » dans l'Antarctique* auraient moins d'intérêt s'ils n'étaient illustrés de photos.

À lire cette longue énumération de livres illustrés, on peut se demander ce qui échappe à cette mode dans la production Flammarion. Les livres d'idées sont dans ce cas, car l'illustration est jugée incompatible avec le sérieux et la réflexion. Ainsi, la Bibliothèque de philosophie scientifique l'ignore car elle s'adresse à un public cultivé qui n'est pas celui de la vulgarisation populaire : le nom de l'auteur est pour lui la meilleure recommandation du livre. De même, les collections

33. Parmi ceux-ci, une série de livres consacrés à Paris par Georges Cain, conservateur du musée Carnavalet. Chacun est tiré à 5 000 exemplaires minimum malgré un prix de 5 F.

classiques évitent les illustrations quand elles se présentent comme des éditions savantes ou d'études, mais, pour les amateurs, Flammarion a aussi une Petite Bibliothèque portative illustrée d'eaux-fortes consacrée à quelques classiques français et étrangers, que complètent les Conteurs du XVIII$^{e}$ et du XIX$^{e}$ siècle.

Flammarion a largement utilisé la mode des illustrations en comptant souvent sur son pouvoir attractif auprès d'un public populaire. Certains lui en ont fait grief, lui reprochant de dévaloriser la littérature. On peut au moins lui savoir gré d'avoir fait travailler des artistes comme Steinlen (*Des chats*, *Chansons rouges* de Boukay, *Dans la rue* de Bruant et de nombreuses couvertures pour Courteline surtout), Bonnard (*Histoires naturelles*), Vallotton (*Poil de Carotte*), Léandre (*Nouveaux mémoires des autres* de Jules Simon), Rabier (*Chez les bêtes*), Capiello (*La Dame très blonde* de Max et Alex Fischer), Willette (*Montmartre*, *Nouvelles chansons* de Maurice Boukay), et Rochegrosse, Laurens, Renoir pour Zola ou Camille Flammarion. Il faut dire aussi que ces grands noms de l'illustration sont minoritaires dans l'ensemble de la production Flammarion et qu'ils vinrent souvent rue Racine, entraînés par l'auteur.

### *L'esprit à la gaieté*

Malgré la dureté des conflits sociaux et la gravité des crises politiques, malgré la morosité économique, malgré le ton mélodramatique de la littérature romanesque populaire et la noirceur du constat naturaliste, malgré l'intérêt trouble porté aux formes de la névrose et de l'hystérie, malgré tout ce qui porte au pessimisme ou à cause de lui, le rire fait pleinement recette. Il y a toutes sortes de rire, suivant les publics : le rire grinçant de Toulouse-Lautrec ou, plus indulgent parfois, des caricaturistes, les Sem, Capiello, Léandre, Robida, Gill... ; le sourire humoristique d'Alphonse Allais, des Hydropathes et de la bande du Chat Noir ; le rire grivois et vulgaire des comiques de revues ; le rire décapant des chansonniers de Montmartre ; le rire complice du Boulevard...

La presse quotidienne suit ce mouvement en ouvrant largement ses colonnes aux bons mots, billets humoristiques et dessins satiriques. La presse hebdomadaire n'est pas en reste et les revues satiriques se multiplient ; on en compte plus de 200, apparues entre 1870 et 1914. Elles s'appellent *Le Rire* (publié par Juven), *Le Sourire*, *La Risette*, *La Caricature*, *Le Chat noir*, *Fantasio*, etc. ou *Le Frou-frou*, *Le Fêtard*, *La vie en rose* quand elles se teintent de polissonnerie, à moins qu'elles ne soient tournées vers la politique comme *Le Grelot*, *La Silhouette* ou *L'Assiette au beurre*. Caricatures en pleine page et portraits-charges attirent partout l'œil du client aux devantures des marchands de journaux.

Marpon et Flammarion s'emparent très tôt de cette mode. Dès leurs débuts, le rire fait une entrée remarquable, mais sans suite immédiate, dans leur catalogue. En effet, le premier auteur édité par Marpon et Flammarion en 1876 est André Gill, dessinateur humoristique, auteur de nombreux portraits-charges qui font la couverture des revues satiriques. C'est un ami de Marpon et de Flammarion. Cette édition n'est pas marquante autrement, car il s'agit d'une petite pièce amusante, *La Corde au cou*, comme il s'en écrit beaucoup. La suite de la collaboration de Gill avec les deux éditeurs se limite à quelques dessins faits pour l'édition illustrée de Zola.

En 1882, après quelques années de publications sérieuses, l'esprit gai réapparaît sous les arcades de l'Odéon avec la réédition des œuvres de Chavette qui se trouvaient dans le fonds Lacroix (*Les Bêtises vraies*, *Les Comédies du vice*), puis la publication du *Colonel Ramollot* de Charles Leroy. Ce comique troupier assez laborieux remporte un succès inattendu ; les 2 000 exemplaires tirés à la fin de 1882 ne suffisent pas. Il faut réimprimer 31 000 exemplaires dans l'année qui suit. Pendant ce temps, l'auteur s'est remis au travail et produit les *Nouveaux exploits du colonel Ramollot*, dès l'été 83. Il s'en vend encore plus de 10 000 exemplaires dans l'année mais le filon s'épuise et *Guibollard et Ramollot*, en 1885, ne trouvera plus que 5 000 acheteurs.

La même année, Marpon et Flammarion acceptent aussi de publier un recueil de contes d'Armand Silvestre, réunis sous le titre : *Pour faire rire. Gauloiseries contemporaines*, tiré à 2 000 exemplaires, mais réédité l'année suivante à 1 500 exemplaires, puis encore à 1 000, en 1884. Encouragés par ce début, les deux éditeurs publient, en 1883, les *Contes grassouillets* et les *Histoires belles et honnêtes* ; les tirages initiaux à 3 000 exemplaires sont encore insuffisants et demandent à être doublés dans l'année.

Ces trois auteurs vont former les piliers de la Bibliothèque illustrée (car le rire s'accommode volontiers de l'image licencieuse), bientôt rejoints par Jules Moinaux avec ses *Tribunaux comiques* (1884), et une vingtaine d'auteurs dont les œuvres ont des titres peu équivoques : *Par-dessus les moulins*, *Les Cocottes de mon grand-père*, *Pour rire à deux*, *Péchés capiteux*, *Les Audacieuses*, *Celles qui osent*... Charles Leroy, Armand Silvestre, Jules puis Georges Moinaux, Olympe Audouard, Chavette, Paul Ginisty, Catulle Mendès, Octave Pradels, Théo-Critt sont désormais des auteurs attitrés.

Leurs livres sont généralement des recueils d'histoires drôles, de saynètes, de courtes nouvelles, de contes fantaisistes, de monologues de cabaret... Beaucoup de ces textes ont déjà paru dans des journaux humoristiques ; d'autres ont été rodés sur la scène de cabarets car, tout en restant fidèle à ses premiers auteurs, Flammarion ouvre sa maison au monde des chansonniers et à l'esprit montmartrois : Xanrof, l'auteur du *Fiacre*, Bruant, Salis publient chez lui.

En 1892, la Collection des Auteurs gais rassemble les meilleurs de tous ces auteurs auxquels viennent se joindre quelques nouvelles recrues. À cette occasion, Alphonse Allais fait ses débuts chez Flammarion, avec *Vive la vie* et *Pas de bile* ; il y retrouve Willy, Tristan Bernard, Pierre Veber, Jules Lévy, Georges Auriol... L'arrêt assez rapide de la collection ne marque pas pour autant le départ des auteurs amusants de chez Flammarion. D'une part, la collection des Pièces à succès réunit, à partir de 1898, les vaudevillistes de la maison ; d'autre part, de nouveaux auteurs comme Henri Lavedan et les frères Fischer continuent à faire régner la gaieté dans le catalogue. Cependant, la véritable vedette de la maison est Georges Courteline.

La correspondance de Georges Courteline avec Ernest Flammarion n'ayant pas été retrouvée, on ne peut retracer ici que les rapports professionnels qu'ils entretinrent. Signalons toutefois qu'ils étaient des amis très proches, des voisins aussi, à Saint-Mandé, et qu'après la mort de Georges Courteline, sa veuve resta encore en relations intimes avec les Flammarion.

Quand, en 1885, Courteline propose son premier livre à Marpon et Flammarion, il n'est pas un inconnu puisque son père Jules Moinaux est édité depuis 1884 chez eux. *Les Gaietés de l'escadron* sera bientôt suivi du *Train de 8 h 47*, de *Potiron*, de *Messieurs les Ronds-de-cuir*, etc. Georges Courteline donne la plupart de ses œuvres à Flammarion qui ne peut s'en plaindre, au vu des tirages obtenus [34] :

| | | |
|---|---|---|
| *Les Gaietés de l'escadron* | 1886-1903 | 18 500 |
| *Les Femmes d'amis* | 1887-1914 | 8 000 |
| *Le Train de 8 h 47* | 1888-1901 | 30 000 |
| *Le Train de 8 h 47* (in -8°) | 1896 | 10 000 |
| *Potiron* | 1890-1895 | 3 500 |
| *Messieurs les Ronds-de-cuir* | 1890-1906 | 10 500 |
| *Lidoire* | 1891-1917 | 4 000 |
| *Lidoire et la Biscotte* | 1892-1896 | 4 500 |
| *Ah, Jeunesse !* | 1894-1909 | 8 500 |
| *Un client sérieux* | 1897-1918 | 19 000 |
| *Lidoire et Potiron* | 1898-1899 | 10 000 |
| *Boubouroche* | 1900-1901 | 8 000 |
| *Les Marionnettes de la vie* | 1901-1909 | 14 000 |
| *Les Balances* | 1901-1908 | 3 000 |
| *La Conversion d'Alceste* | 1903-1905 | 4 000 |
| *La Paix chez soi* | 1904-1917 | 12 500 |
| *Les Linottes* | 1912 | 9 000 |

Il faut y ajouter les titres parus dans la Collection des Auteurs célèbres :

| | | |
|---|---|---|
| *Le 51^e^ Chasseurs* | 1887 | 64 000 |
| *Madelon, Margot et Cie* | 1889 | 28 000 |
| *Les Facéties de Jean de la Butte* | 1892 | 31 000 |
| *Boubouroche* | 1893 | 26 000 |
| *Ombres parisiennes* | 1894 | 22 000 |

Ces chiffres montrent que Courteline est un auteur de bonne vente mais il n'atteint pas, et de loin, la vogue des romanciers. Le rire fait mieux vendre la presse que les livres. Le public a maintes occasions de lire des textes satiriques dans les

34. Certains titres furent cédés à Calmann-Lévy, puis récupérés dans les années 20.

hebdomadaires et il n'éprouve pas le besoin de garder sous forme de livre ce qui lui semble trop entaché de légèreté. De plus, le comique s'accommode bien de la brièveté : conte, nouvelle, chronique, billet, couplet sont ses formes habituelles, en dehors du théâtre. Ces textes trouvent facilement leur place dans les journaux et l'activité principale d'un grand nombre d'« Auteurs gais » est le journalisme. Le livre est donc souvent un recueil constitué d'articles déjà parus dans les journaux et le public se lasse vite de ce type d'ouvrages [35].

Plusieurs éditeurs ont imité Flammarion et lancé des collections consacrées aux textes amusants : Simonis-Empis et ses albums illustrés, Juven et la Petite Collection du *Rire*, Ollendorff et La Vie pour rire, etc. Ils n'ont guère réussi. En dépit de la présence de Willy dans sa Collection des humoristes, Simonis-Empis ne réussit pas à s'imposer comme éditeur ; Juven qui espérait que son journal, *Le Rire*, entraînerait les ventes de sa petite Collection à 60 centimes, doit y renoncer assez vite ; la collection d'Ollendorff n'a pas plus de succès. Flammarion est celui qui a le mieux réussi puisque, à l'exception de Georges Feydeau dont l'œuvre va à des éditeurs spécialisés dans le théâtre [36], les meilleurs auteurs satiriques de l'époque sont passés rue Racine : Courteline, Tristan Bernard dont il fut le premier éditeur, Alphonse Allais, Aurélien Scholl, Willy... Cependant, la presse profite davantage de cette mode que la librairie.

Le catalogue de la Librairie Flammarion frappe par sa diversité : sujets, prix, ambitions... Le meilleur et le pire s'y côtoient puisque Marpon et Flammarion s'étaient fixé comme objectif de satisfaire tous les publics.

Partant d'un fonds de livres en majorité sérieux, ils ont orienté d'abord leur production vers des publications populaires, dans le domaine romanesque ou pratique. Puis, ayant réussi à toucher le public populaire, qu'aurait rebuté le fonds Lacroix, grâce à des formes d'édition spécifiques, Flammarion est revenu, à partir de 1900, à des publications plus sérieuses, de façon à ne pas s'enfermer dans un type de production et à suivre l'évolution du public.

Confrontée à la concurrence de la presse, la Librairie Flammarion a résisté en tâchant de comprendre ce qui faisait le succès de sa rivale et en l'imitant, si nécessaire. Ernest Flammarion a compris que le développement de la presse était lié à l'émergence d'un nouveau public qu'il ne tenait qu'à lui d'exploiter. Il a vu aussi que la presse était en train de donner de nouveaux goûts, de nouvelles habitudes au lecteur et qu'il était nécessaire pour l'édition de s'y adapter. Ainsi s'expliquent ses grands choix d'édition et, parfois, ses échecs.

35. Voir au chapitre « Les Lectures populaires romanesques » les causes du déclin de la collection des Auteurs célèbres.

36. Il aurait souhaité venir chez Flammarion mais il semble qu'il en ait été empêché par ses éditeurs antérieurs. Dans une lettre sans date, il demande à Flammarion si, « le cas échéant, il vous conviendrait d'éditer mes pièces, celles encore à publier comme celles que je pourrais faire dans un avenir à établir. Je dis "le cas échéant" car un traité me lie encore à la maison Ollendorff et je ne sais si je pourrai arriver à ce qu'on me rende ma liberté. Mais je compte sur l'amitié que me porte Ollendorff pour y faire appel afin qu'il intervienne dans le sens que je désire ». Paul Ollendorff n'étant plus maître de la maison qui porte son nom, son intervention auprès de ses successeurs n'a pas permis à Feydeau d'entrer chez Flammarion. A.F.

## LES LIVRES SCIENTIFIQUES

Bien que l'*Astronomie populaire* soit à l'origine de leur maison d'édition, les deux éditeurs n'ont pas cherché à faire des publications scientifiques leur spécialité. Néanmoins, l'influence de Camille Flammarion a maintenu un secteur scientifique dans la production de la maison. Puis, le filon s'épuisant, Ernest Flammarion choisit une toute autre approche du progrès scientifique avec la Bibliothèque de philosophie scientifique, confiée à Gustave Le Bon.

### *Sous l'égide de Camille Flammarion*

Après le succès de l'*Astronomie populaire*, Camille Flammarion s'est aussitôt remis au travail. En effet, dans ce premier volume « consacré à la théorie, à la description littéraire des connaissances acquises sur la constitution de l'univers, il a été impossible d'entrer dans aucun détail technique et de donner les éléments nécessaires à l'étude directe du Ciel [1] ». Aussi, pour les personnes « instruites ou amies de l'instruction qui aimeraient à connaître les étoiles par leurs noms, à trouver facilement les constellations qui, de mois en mois, s'élèvent au-dessus de nos têtes, à se rendre compte de l'origine des noms donnés aux configurations célestes [2] », Camille Flammarion écrit-il, en 1880, *Les Étoiles et les curiosités du ciel*. Un troisième volume, *Les Terres du ciel*, complète cette exploration du cosmos avec

1. Camille Flammarion, *Les Étoiles et les curiosités du Ciel*. Paris : Marpon et Flammarion, 1880, p. 1.
2. Ibid.

une description des planètes et des « conditions actuelles de la vie à leur surface ». Il est repris d'un ouvrage que Camille avait publié sous le même titre, en 1877, chez Didier. Bien que le contenu en soit semblable et que certains passages aient été textuellement recopiés, l'ensemble a été considérablement développé et remanié, de façon à lui donner une unité de ton avec les deux premiers ouvrages de la série. Ces trois volumes ont une présentation semblable et, si l'on peut en faire la dépense, luxueuse : reliure rouge, aux plats ornés d'une plaque bleue et or ; ils forment un ensemble prestigieux que l'on peut toujours, néanmoins, acquérir par fascicules.

Puis, Camille publie un nombre impressionnant de livres de genres différents : ouvrages de vulgarisation, études scientifiques, romans, mémoires, réflexions... inspirés par ses deux passions, l'astronomie et le spiritisme. *Uranie*, qui évoque, à travers trois récits, les mystères de l'électro-magnétisme, de la télépathie et de la vie sur d'autres planètes, a même les honneurs de la collection Guillaume. La Librairie Flammarion est désormais son éditeur attitré, sinon exclusif. Hachette obtient de lui deux livres de vulgarisation en 1902 et 1905, *Initiation astronomique* et *Atmosphère et grands phénomènes de la nature*, Gauthier-Villars un ouvrage plus spécialisé sur la planète Mars et un éditeur de Verviers deux petits ouvrages de vulgarisation. C'est peu, comparé à tout ce que publie la Librairie Flammarion.

Ainsi, tous les cinquante titres [3], la Collection des Auteurs célèbres s'ouvre à l'une des œuvres de Camille ; il s'agit généralement d'ouvrages déjà publiés dans une édition à 3,50 F, mais simplifiés et abrégés dans le désir de vulgariser auprès d'un public moins instruit les connaissances en astronomie : *Qu'est-ce que le ciel ?*, *Les Caprices de la foudre*, *Excursions dans le ciel*... À cela s'ajoute, à partir de 1894, la publication d'un annuaire astronomique, tiré à 3 000 exemplaires, en moyenne, chaque année. Enfin, la Librairie Flammarion réédite des livres plus anciens, repris à Didier, comme *La Pluralité des mondes habités*, le premier ouvrage de Camille, qui atteint son 41 000$^{e}$ exemplaire en 1914, et les ouvrages suivants, publiés avant la naissance des éditions Marpon et Flammarion : *Les Forces naturelles inconnues* (1866), *Contemplations scientifiques* (1870), *Copernic* (1872), *Lumen* (1873).

En tout, ce sont 31 titres (dont 10 dans la collection des Auteurs célèbres) que la Librairie Flammarion inscrit à son catalogue entre 1880 et 1914. Ils représenteront plus de 700 000 volumes édités, dont le total [4] se décompose ainsi :

| | |
|---|---|
| *Astronomie populaire* | 125 000 |
| *Les Étoiles du ciel* | 60 000 |
| *Autres titres* | 303 000 |
| *Annuaire astronomique* | 56 600 |
| *Coll. Auteurs célèbres* | 165 000 |
| Total | 709 600 |

3. Ils portent les numéros 1, 51, 101, 151...
4. Pour le détail des tirages des œuvres de Camille Flammarion, se reporter à l'annexe I.

Ernest Flammarion a donc largement ouvert sa maison à son frère et il en est récompensé car l'astronome est un auteur rentable. Ce succès autorise Ernest à rémunérer son frère de façon généreuse : 80 centimes par exemplaire vendu 3,50 F. Ces conditions sont assez exceptionnelles et généralement consenties pour les réimpressions au-dessus de 50 000 exemplaires. Camille jouit donc d'un traitement de faveur de la part de son frère qui doit parfois négocier serré avec lui. Ainsi, pour la réédition de *La Fin du monde* in-18, Camille demande 1 F de droits ; Ernest en propose 75 centimes et les deux frères tombent d'accord sur le chiffre de 80 centimes. La fraternité n'exclut pas la négociation [5] !

Dans cette vaste production, chacun peut trouver l'ouvrage d'astronomie qui lui convient : il y en a pour toutes les bourses, du beau livre-cadeau à 15 F au petit livre broché à 60 centimes, et pour tous les niveaux d'instruction. La politique commerciale rejoint ici la volonté pédagogique et les deux frères peuvent être satisfaits.

Parallèlement aux œuvres de Camille, l'*Astronomie populaire* a une seconde postérité chez Marpon et Flammarion. En effet, ce best-seller et les deux volumes qui le complètent, forment un ensemble tant par leur contenu que par leur présentation ; bientôt naît l'idée d'en faire le noyau d'une collection qui prendra le nom de Bibliothèque scientifique populaire. Chaque volume sera vendu, comme pour les trois premiers volumes, en livraisons à 10 centimes, publiées au rythme de deux par semaine, ou par séries à 50 centimes, à moins qu'on ne préfère les acquérir directement pour 10 F. Une édition somptueusement reliée et dorée sur tranches est aussi prévue.

Les Flammarion restent fidèles à l'esprit des trois premiers livres. Populaire, la collection le sera par son effort pour s'adapter aux moyens financiers de chacun ; elle le sera aussi par son esprit car il s'agit « d'exposer sous une forme accessible à tous l'ensemble des connaissances humaines [6] . Vaste programme.

Camille Flammarion se charge du premier volume, *Le Monde avant l'apparition de l'homme* (1886), qui est la refonte de deux ouvrages dont les droits ont été achetés à un éditeur belge : *Le Monde fossile* de Henri Le Hon et *Le Monde avant l'apparition de l'homme* de Zimmermann [7]. Puis paraissent *La Création de l'homme et les premiers âges de l'humanité* (1887) d'Henri Raison du Cleuziou, *Les Premières civilisations* (1889) de Gustave Le Bon, *La Physique populaire* d'Émile Desbeaux, et *L'Histoire naturelle populaire* (1892) de Charles Brongniart, auxquels sera joint, de façon assez artificielle, *Le Monde végétal* de Gustave Fraipont.

Les auteurs choisis n'appartiennent pas, à l'exception de Brongniart [8], au monde universitaire, ce qui importe peu, pour les Flammarion, car il ne s'agit pas de faire œuvre de spécialistes mais de vulgarisateurs. Ainsi, en confiant à Émile Desbeaux le soin d'écrire une *Physique populaire*, Ernest Flammarion ne fait certes pas appel à un chercheur puisque, ancien journaliste puis auteur dramatique,

5. Lettre inédite d'Ernest Flammarion, 18 septembre 1893. Arch. Camille Flammarion.

6. Prospectus pour la *Physique populaire* d'Émile Desbeaux.

7. Contrat signé le 20 novembre 1884. Arch. Camille Flammarion.

8. Charles Brongniart (1859-1899) est nommé assistant de zoologie au Museum en 1892 et devient docteur ès sciences naturelles en 1894. Il s'est fait connaître par des communications et publications sur la paléontologie, la zoologie et l'entomologie.

Desbeaux est, depuis 1884, secrétaire général de l'Odéon et en deviendra le directeur en 1892, mais il utilise les qualités didactiques de celui qui, depuis 1880, écrit avec grand succès des ouvrages instructifs pour les enfants : *Le Jardin de Mademoiselle Jeanne, Les Pourquoi de Mademoiselle Suzanne, Les Découvertes de Monsieur Jean*... Ses ouvrages ont été par deux fois « couronnés par l'Académie et choisis par le ministère de l'Instruction publique pour les bibliothèques scolaires et populaires ». Puisqu'il sait expliquer aux enfants « pourquoi il neige, pourquoi il pleut, pourquoi il grêle, pourquoi il faut manger, l'histoire du cœur et du sang, l'histoire du feu et de la glace, de la vapeur et de l'électricité... [9] », il saura bien faire comprendre aux adultes les mystères du téléphone, du phonographe, de l'énergie lumineuse ou calorifique... D'ailleurs, pour convaincre les lecteurs potentiels qu'il s'agit d'une initiation distrayante à la physique, au dos de chaque fascicule est décrite une expérience amusante de physique à réaliser « sans appareil ».

À la tête de cette Bibliothèque, Camille doit jouer un rôle de directeur de collection. Ainsi, les auteurs s'engagent, par contrat, à s'entendre avec lui « sur la meilleure forme et la plus populaire à donner à l'ouvrage ainsi que sur les illustrations, dans le but d'assurer à la publication un succès analogue à celui qui a couronné l'*Astronomie populaire* [10] ». De plus, Camille est rémunéré comme le sont les directeurs de colllection ; il touche 5 % du prix de vente du volume, soit 50 centimes, à égalité avec l'auteur. Néanmoins, sa participation à la collection semble avoir été assez faible.

Cette collection, devenu Bibliothèque Camille Flammarion à partir du troisième volume, n'a pas su conserver la qualité des deux premiers volumes. La responsabilité en incombe à Camille qui n'a pas joué son rôle de directeur de collection avec la rigueur et la cohérence nécessaires pour le choix des auteurs comme pour la définition même de cette collection. En choisissant des auteurs qui n'avaient ni sa notoriété ni, parfois, son talent pédagogique, il a fait de cette collection une série semblable à beaucoup d'autres. De plus, les ambitions n'ont pas été clairement définies et certains des volumes semblent se rapprocher de la vulgarisation telle que la concevait la génération précédente. Le recours à la description d'aspects « amusants » de la science pour éduquer le public rappelle, en effet, une forme de vulgarisation dont Louis Figuier avait été l'un des initiateurs. Il ne s'agissait pas tant d'expliquer au public les découvertes scientifiques que de lui en présenter les résultats, en les lui rendant les plus simples et attrayantes possible. Ce type de vulgarisation, qui rapprochait le livre scientifique des romans de Jules Verne, avait déjà trouvé une place chez Flammarion avec la publication, en 1884, des *Nouvelles conquêtes de la science* de Louis Figuier. Cependant, il n'avait pas eu de suite. En revenant à cette forme de vulgarisation, qui fait encore le succès de *La Science amusante*, de Tom Tit, chez Larousse, Flammarion régresse par rapport aux ambitions de l'*Astronomie populaire.*

Les ventes de la collection se ressentent de cette baisse de qualité. En effet, alors que le premier de la série, *Le Monde avant l'apparition de l'Homme*, qui porte

9. Émile Desbeaux, *Les Parce que de Mademoiselle Suzanne.* Paris : P. Ducrocq, 1882, p. 7.
10. Contrats Brongniart, Desbeaux, Le Bon... Arch. Camille Flammarion.

la signature de Camille Flammarion, est tiré à 30 000 exemplaires dans l'année de sa parution, le tirage des *Premières civilisations* de Gustave Le Bon et de la *Physique populaire* d'Émile Desbeaux est de 20 000 exemplaires et celui de l'*Histoire naturelle populaire* de Charles Brongniart, de 15 000 ; quant à l'ouvrage de Gustave Fraipont, *Le Monde végétal*, il n'est plus tiré qu'à 10 000 exemplaires. Et il n'est pas besoin de faire de retirages avant 1914.

La Bibliothèque Camille Flammarion ne joue donc pas le rôle d'encyclopédie dont avaient rêvé les deux frères. C'est pourquoi ils vont essayer alors d'aborder une autre forme d'ouvrage qui semble devoir réussir, celle du dictionnaire. En effet, Larousse remporte dans ce domaine, depuis dix ans, un éclatant succès avec son *Dictionnaire du XIXe siècle*. Quant à Louis Hachette, il n'a pas vu l'achèvement du dictionnaire qu'il avait commandé à Émile Littré, mais ses héritiers peuvent être fiers de voir figurer ce monument à leur catalogue. Outre ces deux grands succès, nombre de dictionnaires sont nés depuis 1840.

En 1890, les frères Flammarion décident, à leur tour, de proposer au public un dictionnaire. En adoptant cette forme nouvelle, Flammarion ne renonce, pour autant, ni à son idée d'encyclopédie ni à sa conception de la vulgarisation. Il l'annonce dans la préface de son dictionnaire. Les connaissances évoluent rapidement et nombre de lecteurs ressentent le besoin de posséder une encyclopédie. Toutefois, un ouvrage comme celui de Diderot prendrait de telles proportions qu'il serait inaccessible à la majorité des lecteurs ; c'est pourquoi Camille Flammarion se propose de former un dictionnaire qui soit accessible à tous [11]. De plus, ce dictionnaire, composé de huit volumes et illustré de 20 000 figures, est divisé en 800 livraisons qui peuvent être acquises par séries à 50 centimes et reliées par la suite. Aussi une clientèle populaire peut-elle en faire l'achat.

Toutefois, pour répondre à ces nobles intentions, il faudrait une somme considérable de travail et un lourd investissement préalable. Pour éviter l'un et l'autre, les frères Flammarion ont une solution : ils vont reprendre un dictionnaire encyclopédique paru en 1855-56, en collaboration avec Michel Lévy, le *Dictionnaire français illustré et encyclopédie universelle* de Dupiney de Vorepierre ; il suffira de le réactualiser.

Un premier contrat est établi en mai-juin 1890, qui sera remplacé par un nouveau, signé en mars 1893. Ernest Flammarion « s'engage à publier, sous le nom de Camille Flammarion, une nouvelle édition, entièrement refondue et mise au niveau des connaissances actuelles, du *Dictionnaire encyclopédique universel* de Dupiney de Vorepierre qui portera le titre de *Dictionnaire encyclopédique universel* ». Camille Flammarion, lui, « a chargé M. Fouché [12] du soin de revoir les articles de l'ancien dictionnaire, de les modifier et compléter, et de leur ajouter ceux qui sont rendus nécessaires par le cadre du nouvel ouvrage ». Camille Flammarion se réserve toutefois de « rédiger lui-même ou de faire rédiger plusieurs articles qu'il indiquera ».

11. Camille Flammarion, *Dictionnaire enyclopédique*. Paris : Flammarion, 1894, p. 2.

12. Professeur à Sainte-Barbe et astronome lui aussi, il a publié chez Delagrave, en 1884, un *Livret des tableaux astonomiques, simples explications sur le système du monde.*

De plus, « des collaborateurs spécialistes seront adjoints à M. Fouché pour la vérification et la rédaction nouvelle des sujets dont M. Fouché ne se chargerait pas. » Les droits de Camille sont de 5 % du prix du dictionnaire, fixé à 80 F, avec un minimum garanti de 25 000 F. Maurice Fouché reçoit exactement la même somme. Cependant, les frais d'achat de livres nécessaires à la rédaction ainsi que la rétribution de ses collaborateurs sont à sa charge, à concurrence de 10 000 F [13]. Cette dernière clause explique sans doute pourquoi ce nouveau dictionnaire est si semblable au précédent. En effet, un très petit nombre d'articles, seulement, a été réécrit ou complété ; pour l'essentiel, le texte est exactement celui de Dupiney de Vorepierre. Le seul ajout véritable est celui des noms propres ; or, c'est le point faible de ce dictionnaire car les notices biographiques y sont peu nombreuses, lapidaires et sans illustration. Cela n'empêche pas Camille Flammarion de citer dans sa préface les personnalités qui ont collaboré au dictionnaire : Duruy, Sardou, Garnier, Brongniart, Bartholdi, France... dont la liste écrase, par sa masse, une modeste incidente précisant que le dictionnaire est écrit « d'après le plan et avec les données fondamentales du *Dictionnaire* de Dupiney de Vorepierre ».

L'ouvrage, de qualité décevante pour le texte, souffre aussi de la mauvaise qualité du papier utilisé car les illustrations de Dupiney de Vorepierre, qui étaient d'excellente qualité, notamment pour l'architecture et la zoologie, ont été intégralement reproduites mais sortent mal.

Enfin, l'utilisation que fait ici de son nom Camille Flammarion semble un peu abusive car sa contribution paraît avoir été modeste, bien qu'il en retire un revenu intéressant. Son nom fait vendre, il le monnaye...

Le tirage des premières livraisons est fixé à 10 000 exemplaires : elle partent mal et les suivantes [14] sont tirées à 6 000. Malgré une certaine publicité, elles s'écoulent difficilement encore, mais la vie du dictionnaire ne s'arrête pas là. D'une part, il donne naissance au *Dictionnaire encyclopédique complet*, version condensée en un volume de 1 000 pages in-16 qui, tiré à 5 000 exemplaires, paraît en 1913. D'autre part, ses droits sont cédés en décembre 1904 à Albin Michel qui en fait une édition portative, in-8°, en trois volumes. Une redevance de 6 centimes par exemplaire est versée à Ernest Flammarion, à charge pour lui d'en verser un tiers à Camille et un tiers à Fouché [15]. Enfin, en décembre 1925, Aristide Quillet, qui s'est spécialisé dans la vente à domicile de dictionnaires et encyclopédies, fait une proposition de rachat du texte seul. Ernest, mélancolique, proteste faiblement : « Cependant, il me semble que les anciennes planches gravées du Dupiney de Vorepierre qui m'ont décidé à publier cet ouvrage, méritent un meilleur sort [16]. » Mais, cette fois-ci, elles sont trop démodées : elles ne resserviront plus.

13. Contrat signé le 1er mars 1893. Archives Camille Flammarion.
14. La publication s'échelonne entre 1894 et 1898.
15. Contrat signé le 24 décembre 1904. Archives Camille Flammarion.
16. Lettre d'Ernest Flammarion à ses fils, 27 décembre 1925. A. F.

*Naissance d'une nouvelle collection scientifique*

La Bibliothèque Camille Flammarion a maintenant vingt ans ; elle est essouflée et il est temps pour Flammarion de penser à renouveler sa production scientifique. Le choix semble être limité à deux domaines : l'édition savante et la vulgarisation.

L'édition savante est entre les mains d'éditeurs spécialisés qui s'adressent à un public restreint. Pendant les années de crise de la librairie, ces maisons restent assez stables grâce à l'augmentation de la clientèle universitaire et leur recours quasi-systématique au compte d'auteur ; ainsi leur catalogue continue de s'enrichir et certains possèdent, en 1900, un fonds très important.

Leur regroupement géographique prouve que leur clientèle est presque exclusivement universitaire. Autour de la faculté de médecine sont regroupés Asselin et Houzeau, J.B. Baillière, Doin, Maloine, Reinwald (repris par Schleicher), que rejoint, en 1890, Vigot, un ancien employé de Flammarion ; de la même façon, autour de la faculté de droit, on trouve regroupés Marescq, Larose et Delamotte. Chapelot et Charles-Lavauzelle vivent des publications militaires, Charles-Schmid et Thézard de l'architecture, Émile Bouillon, Alphonse-Picard, Klincksieck, Lechevalier, Champion, Firmin-Didot de la philosophie, de l'archéologie et autres ouvrages d'érudition. Enfin, dans le domaine des sciences exactes et des techniques, Gauthier-Villars (le père, puis le fils), Hermann, Charles Berger, Dunod offrent des catalogues de plusieurs centaines de titres. À tous ces noms, il faudrait ajouter ceux de beaucoup d'autres maisons de moindre importance, dont certaines installées en province.

Seules deux maisons consacrées à l'édition savante échappent à une étroite spécialisation. Masson, dont le fonds était essentiellement constitué d'ouvrages médicaux, s'intéresse au droit, à la philosophie, aux sciences économiques, à la littérature, étendant ainsi sa clientèle universitaire. Quant à Alcan, qui a pris la succession de Germer-Baillière en 1883, il a maintenu la diversité du catalogue : philosophie, histoire, médecine... et l'a même étendue au secteur scolaire et à la vulgarisation.

Dans ce monde de l'édition savante, Flammarion n'a que faire. Sa place semblerait plus naturellement dans le domaine de la vulgarisation. Au tournant du siècle, celle-ci prend surtout la forme d'encyclopédies, de dictionnaires, de livres luxueux. Ce sont des livres de référence, livres de bibliothèque aussi. Leur présence sur des rayonnages rassure leur propriétaire autant qu'elle proclame l'étendue de ses curiosités auprès des autres. La prospérité de ces livres coïncide avec l'essoufflement de l'éducation populaire et des bibliothèques populaires.

Pour répondre à cette demande, de nouveaux éditeurs ont rejoint Hachette, Larousse et Flammarion qui dominaient jusqu'ici le marché. Il s'agit d'éditeurs esentiellement scolaires, comme Colin ou Delagrave, parmi lesquels Flammarion ne semble plus si bien placé. Il n'a pas cette image d'éditeur scolaire qui semble profiter à ses concurrents. De plus, la vente en livraisons, qui était l'un de ses atouts, n'est plus aussi populaire. Les techniques de vente évoluent, elles aussi. La vente par démarchage direct du particulier, par exemple, va faire la fortune d'Aristide Quillet. Après avoir vendu de cette façon des livres pratiques, il diffuse dès 1906 *L'Homme et la terre* d'Élisée Reclus, en accord avec la Librairie universelle, puis ses propres publications : *Mon professeur*, encyclopédie autodidactique (1907), l'*Histoire universelle illustrée des pays et des peuples* (1912)... La guerre interrompt momentanément son expansion qui connaît son apogée entre les deux guerres. Cette réussite est le signe d'une évolution que Flammarion a constatée, sinon analysée. Il est donc condamné à innover. Pour cela, il se tourne vers un nouveau public, plus cultivé et plus exigeant, quoique non spécialiste, qui est en train de naître.

En effet, la fin du siècle voit, sur plusieurs plans, l'essor de l'Université. Quantitativement d'abord : le nombre des étudiants et des élèves des grandes écoles scientifiques s'accroît [17]. De plus, la réforme de l'Université (en 1893, puis en 1896) favorise le développement de la recherche pure avec le développement de l'assistanat, et l'adaptation aux besoins de l'industrie avec la création des instituts universitaires. Cette époque voit aussi grandir le prestique des savants — dont certains sont liés à l'Université — avec de grandes figures, comme Pasteur ou Poincaré. Cette évolution a plusicurs conséquences pour l'édition. La première est évidemment le développement du marché des publications scientifiques, profitant directement aux éditeurs spécialisés. La seconde est l'élargissement d'un public cultivé, désireux d'étendre à d'autres domaines que celui de sa spécialité, sa réflexion scientifique. Enfin, bien que les débats autour du positivisme s'estompent, le succès remporté en 1898 par *L'Avenir de la science* de Renan atteste non seulement la popularité de son auteur, mais aussi l'intérêt que suscitent toujours les ouvrages mêlant philosophie et science. Il existe donc un public pour de tels ouvrages, surtout s'ils ont la caution de grands noms de la science contemporaine.

Seul, Alcan tente jusqu'ici de toucher ce public. Avec sa Bibliothèque scientifique internationale, « œuvre dirigée par les auteurs même, en vue de l'intérêt de la science, pour la populariser sous toutes ses formes et faire connaître immédiatement dans le monde entier les idées originales, les directions nouvelles, les découvertes importantes qui se font chaque jour dans tous les pays », il aborde les sciences sociales, l'anthropologie, la zoologie, la botanique, la physiologie, la chimie, les beaux-arts aussi, et l'on relève dans le catalogue les noms de Berthelot, Binet, Le Dantec, Spencer, Wurtz... Créée en 1879, cette Bibliothèque, pour laquelle Alcan travaille en collaboration avec des éditeurs anglais et américains, compte 93 volumes en 1900. Chaque volume coûte 6 F et s'adresse à une clientèle relativement fortunée et cultivée. À côté de cette collection de vulgarisation scientifique, se développe la Bibliothèque de philosophie contemporaine qui, outre la morale et la métaphysique, accueille psychologie, psychologie physiologique, sociologie et philosophie scientifique [18]. C'est dans cette collection qu'a paru la

17. Les étudiants scientifiques sont 1 350 en 1888, plus de 6 000 en 1914.
18. Catalogue Alcan 1895.

*Psychologie des foules* de Gustave Le Bon qui y côtoie Bergson, Fouillée, Janet, Lombroso, Spencer...

À travers cette Bibliothèque d'Alcan, on perçoit l'arrivée des sciences humaines dans l'édition. Le projet de Flammarion, à l'origine, reste plus traditionnel et néglige ces perspectives nouvelles ; il cherche à se situer entre les deux collections d'Alcan, dans le domaine de la philosophie scientifique.

L'esprit dans lequel a été conçue la Bibliothèque de philosophie scientifique est exposé en quatrième de couverture :

« Les faits scientifiques se multiplient tellement qu'il devient impossible d'en connaître l'ensemble. Les savants sont confinés dans des spécialités très circonscrites. (...) Pour se tenir au courant des connaissances scientifiques, philosophiques et sociales actuelles, il faut s'attacher surtout à connaître les principes qui sont l'âme de ces connaissances et constituent en même temps leur meilleur résumé. C'est dans le but de présenter clairement la synthèse philosophique des diverses sciences, l'évolution des principes qui la dirigent, les problèmes généraux qu'elle soulève, que la Bibliothèque de philosophie scientifique a été fondée. S'adressant à tous les hommes instruits, elle est destinée à prendre place dans toutes les bibliothèques. »

Le but poursuivi n'est donc pas la vulgarisation des connaissances. Il s'agit plutôt de prendre de la hauteur par rapport à la masse des connaissances scientifiques et de dégager des idées générales qui permettent à l'homme « instruit » d'assimiler l'apport des découvertes scientifiques et de l'intégrer à sa vision du monde. D'où le titre ambitieux de Bibliothèque de philosophie scientifique. Cette Bibliothèque se démarque donc, dans son projet, de la Bibliothèque scientifique internationale d'Alcan. Bien que faisant appel parfois aux mêmes auteurs, les deux collections ne devraient pas faire double emploi.

Le principe de la collection peut sembler faciliter le recrutement des auteurs. En effet, si l'avantage de la collection, pour le lecteur, est de rassembler dans un même projet des auteurs qui sont disséminés chez de nombreux éditeurs, pour l'éditeur, le cadre de la collection permet d'attirer chez lui des auteurs intéressants, sans leur donner l'impression d'être infidèles à leur éditeur habituel, puisqu'il s'agit d'une collaboration exceptionnelle. Encore faut-il savoir qui recruter. Ernest Flammarion ne peut en prendre la charge car il ne connaît pas assez bien le monde scientifique. Quant à Camille, déjà occupé par son œuvre personnelle, il n'entretient pas de très bons rapports avec le monde universitaire dans lequel il va falloir puiser les auteurs. L'éditeur a donc fait appel à Gustave Le Bon.

### *Gustave Le Bon, directeur de collection*

Quand Gustave Le Bon prend la direction de la Bibliothèque de philosophie scientifique, il a 61 ans, et les ouvrages divers qu'il publie depuis une vingtaine d'années l'ont rendu célèbre.

Médecin de formation, il s'est d'abord intéressé à l'anthropologie (*L'Homme et les sociétés*, 1881) puis, à l'occasion de ses voyages au Proche-Orient, en Inde et au Népal, à l'histoire des civilisations, d'où la publication de *La Civilisation des Arabes* (1884), *La Civilisation de l'Inde* (1887), *Premières civilisations* (1889), *Monuments de l'Inde* (1893). À partir de 1894, il entreprend sa série d'études fondées sur la psychologie : *Les Lois psychologiques de l'évolution des peuples* (1894), *La Psychologie des foules* (1895) qui connaîtra 14 rééditions en 15 ans, *La Psychologie du socialisme* (1898). Parallèlement, il s'intéresse aux dernières découvertes de la physique, notamment à celles de Becquerel, et développe l'idée d'une généralité de la radioactivité de la matière dans une série d'articles publiés par la *Revue scientifique* ; il en fera la synthèse, en 1905, dans *L'Évolution de la matière* puis, deux ans plus tard, dans *L'Évolution des forces*, qui est une histoire des origines du monde.

Cette abondante production et le retentissement de *La Psychologie des foules* [19] ont valu une notoriété certaine à Gustave Le Bon. Bien qu'il n'ait pas de fonctions universitaires et que certains scientifiques, comme Becquerel, lui dénient la priorité des thèses qu'il soutient, il a un réseau de relations très étendu qu'il cultive, notamment, grâce à l'organisation de banquets. Il a d'abord fondé avec Théodule Ribot, professeur de philosophie au Collège de France [20], les dîners des XX, qui ont lieu le dernier vendredi de chaque mois depuis 1892. S'y rencontrent les Poincaré, Henri et Raymond, Ernest Carnot, le fils du président, le prince Roland Bonaparte, le prince d'Orléans... Plus tard, en complément, il organisera avec Albert Dastre, physiologiste, professeur à la Sorbonne, un déjeuner hebdomadaire de 15 convives, ouvert à une cinquantaine de personnalités, parmi lesquelles Aristide Briand, le général Mangin, Fernand Widal, Camille Saint-Saëns, la princesse Bibesco, Eugène d'Eichtal, la princesse Marie Bonaparte, Gabriel Hanotaux... Ces repas ont parfois les honneurs de la presse et plus d'un se sent flatté d'y être invité occasionnellement [21]. Ils permettent de lier d'utiles amitiés. Le Bon possède donc toutes les qualités que l'on demandera par la suite à un directeur de collection : une curiosité et des connaissances scientifiques étendues, des relations mondaines et universitaires.

Les premiers contacts entre Gustave Le Bon et Ernest Flammarion datent de 1887. Camille Flammarion demande à Gustave Le Bon, ordinairement édité par Firmin-Didot, un volume pour sa Bibliothèque scientifique populaire : ce sera *Les Premières civilisations*, illustré par Montadet et Rochegrosse, et tiré à 20 000 exemplaires [22]. Il s'agit, comme pour tous les volumes de cette collection, d'une publication de prestige pour laquelle une affiche a été commandée à Chéret et un

19. Gustave Le Bon y étudie la spécificité du comportement des foules, en montrant qu'il n'est pas la somme de réactions individuelles. Cette étude doit une partie de son succès au fait qu'elle répond à une inquiétude qui se développe à la fin du XIXe siècle dans les démocraties. Pour une autre part, elle le doit à son annonce prémonitoire des régimes fascistes.

20. Le Bon avait été parmi les premiers à collaborer à la *Revue philosophique* de Théodule Ribot ; il fut profondément influencé par les écrits de ce philosophe qui, dans les années 70, fit connaître la psychologie anglaise et allemande.

21. Ce post-scriptum à une lettre adressée à Ernest Flammarion est révélateur de ce snobisme : « Amitiés à Camille si vous le voyez quelquefois. Dites-lui que son portrait très bien réussi a paru avec celui de tous les ministres du banquet des XX dans un journal. Je n'ai qu'un exemplaire du journal mais j'ai pour lui un exemplaire du groupe fait au magnésium pendant le banquet avec le prince d'Orléans et le général Février ; il est le mieux réussi. » Lettre inédite, ? 1896. A. F.

22. Contrat signé le 25 août 1887. Archives Camille Flammarion.

fort budget publicitaire engagé [23]. Échange de bons procédés, Gustave Le Bon a tenté d'intervenir pour obtenir qu'Ernest soit décoré de la médaille d'or à l'Exposition de 1889, mais sans aucun succès, comme nous l'avons vu [24]. Puis, il a retrouvé ses éditeurs habituels, Firmin-Didot puis Alcan, pour ses *Psychologie,* tout en restant en bons termes avec les Flammarion, et surtout avec Camille dont il partage la passion pour le spiritisme.

Aucune lettre ne subsiste dans les archives Flammarion qui permette de déterminer à la suite de quels débats Ernest Flammarion et Gustave Le Bon décidèrent de collaborer à nouveau. Il semble que Gustave Le Bon ait cherché à entretenir des relations suivies avec l'éditeur car il caressait des projets de réédition pour certains de ses ouvrages, comme en témoigne cette invitation :

« J'ai de la place pour le banquet des XX du 29 et je vous ai fait envoyer une convocation. Pourrez-vous y venir ? nous causerions des bouquins. Vous vous souvenez que nous n'avons pas réédité les Arabes parce que en l'an 1900 nous n'avons pas pu ajuster un seul rendez-vous pour en causer.

P.S. *Les Premières civilisations, La Civilisation de l'Inde* et *La Civilisation des Arabes* forment une histoire complète des civilisations de l'Orient et il est fâcheux que cet ensemble soit disséminé chez deux éditeurs différents [25]. »

C'est sans doute à l'occasion d'une de ces rencontres que le projet prit forme. Gustave Le Bon se chargea ensuite de définir les modalités de sa collaboration. Au début d'avril 1902, il expose à l'éditeur sa conception de la future collection :

— quatre volumes par an, pendant trois ans, tirés à 1 500 exemplaires chacun ;

— un maximum de 300 pages imposé aux auteurs ;

— une rémunération de 500 F par tirage pour l'auteur, 250 F pour le directeur de collection (Gustave Le Bon lui-même) et 150 F pour le secrétaire de publication.

Conscient de la hardiesse de ses prétentions financières, Gustave Le Bon ajoute modestement :

« Si vous désirez répartir autrement ces chiffres, je m'en rapporte absolument à vous. Le seul point sur lequel je serai rigide, c'est qu'aucun volume ne puisse être publié dans cette collection sans mon assentiment. C'est d'ailleurs dans votre intérêt car vous êtes si aimable que par bonté, vous accepteriez des choses de qualité secondaire [26]. »

Si Flammarion ne s'offusque pas de la façon dont Gustave Le Bon met en doute sa capacité à choisir de bons auteurs scientifiques [27], en revanche, il est

---

23. 3 912 F, soit 5 % du coût total, dont 30 lignes dans le *Petit Parisien.*

24. Voir les chapitres « La Politique commerciale et financière » et « Publicité ».

25. Lettre inédite de Gustave Le Bon à Ernest Flammarion, 19 janvier 1901. A. F.

26. Lettre sans date de Gustave Le Bon à Ernest Flammarion. A. F.

27. Cette méfiance, où il entre, certes, un peu de vanité personnelle, ne vise pas seulement Ernest Flammarion mais aussi toute personne qui n'aurait pas une formation scientifique de haut niveau. Près de trente ans plus tard, il n'a pas changé d'attitude : « Quand je ne serai plus là », écrit-il à Ernest, votre intérêt évident sera de maintenir sur les volumes mon nom avec l'indication : Bibliothèque fondée par le docteur Gustave Le Bon. Mais qui sera chargé de l'opération si difficile de choisir les livres et d'obtenir des auteurs les corrections qui ont figuré dans la presque totalité des volumes de la collection ? Consentiriez-vous à accepter Paul Gaultier, directeur de la *Revue scientifique*? votre « bureau littéraire » ne vaudrait absolument rien pour ce travail. » Lettre à Ernest Flammarion, 1er janvier 1928. A. F.

choqué par la rémunération réclamée par ce dernier. Le 5 avril 1902, il lui propose un autre arrangement ; il n'est pas question de diminuer les droits touchés par l'auteur, mais il ramène à 125 F ceux perçus par le directeur et le secrétaire de la collection. Gustave Le Bon donne immédiatement son accord, essayant d'obtenir en compensation que le rythme de publication passe à six volumes par an [28]. Ce rythme n'est pas immédiatement atteint mais Gustave Le Bon voit tout de même sa rémunération augmenter car « le secrétaire ayant donné sa démission, et M. Gustave Le Bon en remplissant les fonctions, c'est à ce dernier que reviennent maintenant les droits primitivement accordés au secrétaire [29] ». Dorénavant, il touche donc 250 F pour un tirage de 1 500 exemplaires. Cependant, en 1907, fort du succès de la collection, il renégocie son contrat. À partir de cette date, il touche 15 centimes sur chaque exemplaire jusqu'au 1 500e, puis 25 centimes sur les suivants. Les tirages initiaux variant, suivant la notoriété de l'auteur, entre 3 000 et 5 000 exemplaires, chaque titre nouveau lui rapporte entre 600 et 1 100 F [30]. Les conditions faites aux auteurs, elles, n'ont pas changé...

L'entrée de Gustave Le Bon chez Flammarion marque l'arrivée d'un nouveau personnage dans la maison d'édition, le directeur de collection [31], Camille n'ayant tenu ce rôle qu'imparfaitement. Il se distingue des autres collaborateurs autant par son mode de rémunération original que par l'indépendance dont il jouit dans son travail.

Les tâches de Gustave Le Bon sont multiples. Il se charge du recrutement des auteurs ; c'est une prérogative à laquelle il est très attaché et il n'admet aucune ingérence extérieure dans le choix des auteurs. Il en faisait une affaire de principe, on l'a vu, dès le début des négociations avec Ernest Flammarion et le contrat signé en 1902 précise que les auteurs seront « choisis exclusivement par M. Gustave Le Bon [32] » tandis que celui de 1907, à son tour, stipule que « aucune œuvre ne peut paraître (dans la collection) sans son assentiment ». Puis, il surveille la rédaction des ouvrages [33], leur publication et met à profit ses précieuses relations pour assurer le lancement de la collection. Pour un peu, il se transformerait en commis-voyageur. N'écrit-il pas à son éditeur : « Je déjeune demain avec le Président à l'Élysée. Envoyez-moi aujourd'hui, s. v. p., notre première série complète pour que je la lui remette [34] ». Ce travail de représentation, parfois ingrat, n'est pas vain. L'État dispense distinctions, recommandations, commandes, crédits... comme ces 10 000 F offerts par le ministre de l'Instruction publique pour aider à la publication des planches de

28. Lettres échangées par Gustave Le Bon et Ernest Flammarion, 5 avril 1902. A. F.
29. Traité signé le 1er décembre 1903. A. F.
30. Traité signé le 23 février 1907. A. F.
31. Voir le chapitre « Flammarion et ses auteurs ».
32. Contrat signé le 1er mai 1902. A. F.
33. Ainsi tenant Flammarion au courant de ses activités, il lui écrit : « J'espère obtenir de Poincaré qu'il ajoute à la fin une conclusion qui manque au livre, ce qui permettra de mettre Éd. augmentée. » Lettre inédite de Gustave Le Bon, 13 septembre 1902. A. F.
34. Lettre inédite de Gustave Le Bon à Ernest Flammarion, s. d., A. F.

*l'Inde monumentale*, un livre de luxe auquel Gustave Le Bon renoncera, persuadé, a posteriori, qu'il n'a aucune chance de vente [35].

Comme son apport à la maison Flammarion ne peut se mesurer qu'au succès des livres publiés (comment sinon estimer a priori l'influence d'un réseau de relations ?), Gustave Le Bon est rémunéré, comme le sont tous les directeurs de collection, par un pourcentage sur les livres publiés. Cependant, les termes de son contrat sont particulièrement avantageux. Pour le premier tirage, Flammarion consent à verser, globalement, des droits de 50 centimes par volume, ce qui est supérieur à la moyenne, pour un tirage de 1 500 exemplaires. Néanmoins, l'auteur est peu payé : il touche 33 centimes. Il lui faut dépasser les 5 000 exemplaires pour les voir s'élever à 35 centimes, ce qui est faible pour des ouvrages qui atteignent parfois les 20 000 exemplaires. Quant à Gustave Le Bon, il semble bien rétribué avec ses 17 puis 22 centimes au delà du 1 500$^{e}$, si on compare ces conditions à celles faites de nos jours à ses homologues. Cependant, à cette époque où les tirages sont plus faibles qu'aujourd'hui, de telles conditions ne sont pas exceptionnelles, du moins pour celles définies par le contrat de 1902 : avec 17 centimes par volume, Gustave Le Bon se voit attribuer 4,8 % du prix de vente. Or, Édouard Charton, par exemple, touche à peu près le même pourcentage sur les ventes de la Bibliothèque des merveilles, chez Hachette : alors que l'auteur est payé forfaitairement 800 F, le directeur de la collection touche 10 centimes sur chaque exemplaire édité, vendu 2,25 F [36], c'est-à-dire 4,4 %. Et il faut se souvenir que Camille touchait 5 % sur les ventes de sa Bibliothèque Camille Flammarion. En revanche, les conditions du traité de 1907, en accordant à Gustave Le Bon 7 % du prix de vente, lui font une situation nettement privilégiée. Ernest prend la situation avec philosophie : « Le Bon vient de venir faire une saignée (2 200 F !) », plaisante-t-il, après lui avoir payé ses droits [37].

Plus encore que Flammarion dont le bénéfice croît avec le tirage, ce sont donc les auteurs qui sont les plus mal rétribués et contribuent ainsi à payer le directeur de collection. S'agissant d'hommes de science célèbres, cela peut sembler étonnant ; sans doute ont-ils accepté de telles conditions en se référant non pas à celles en vigueur dans l'édition générale, mais à celles en pratique chez les éditeurs spécialisés ; chez eux, le compte d'auteur était la règle et, les tirages étant faibles, les publications peu rémunératrices.

Ce système de rémunération qui lèse peu l'éditeur a l'avantage de lui assurer un directeur intéressé au succès des ouvrages qu'il publie. Gustave Le Bon en est une bonne preuve. On le voit toujour très attentif à la bonne marche des ventes ; ainsi s'inquiète-t-il, en 1902 :

« Votre frère trouve trop pessimiste mes dernières lignes. Ayez donc l'obligeance de les lire et me dire si c'est votre avis et si ça peut nuire à la vente [38]. »

Voilà qui est clair. À quoi tient une conclusion...

35. Lettre inédite de Gustave Le Bon à Ernest Flammarion, s. d., A. F.

36. Ce sont les conditions qui figurent dans les contrats de Camille Flammarion pour sa contribution, sous son propre nom ou sous un pseudonyme, à la Bibliothèque des Merveilles. Archives Camille Flammarion.

37. Lettre inédite d'Ernest Flammarion à ses fils, 27 janvier 1914. A. F.

38. Lettre de Gustave Le Bon à Ernest Flammarion, sans date. A. F.

### *La Bibliothèque de philosophie scientifique*

La Bibliothèque de philosophie scientifique doit être à la portée de tous. Les livres se présenteront comme des ouvrages de « consommation courante » : format in-18, couverture brochée rouge brique ; leur prix de vente est fixé à 3,50 F, pour un maximum de 300 pages [39]. À la différence d'Alcan [40], Flammarion ne perd pas de vue l'avantage commercial de la collection : il sait l'effet publicitaire que peut avoir une présentation originale et uniforme ; quant au prix, il le fixe à un niveau tel que le livre soit facilement accessible au plus grand nombre.

Cela n'empêche pas que la politique d'auteurs se veuille ambitieuse : « Je ne vous aurai que des auteurs de tout premier ordre. C'est la condition du succès » promettait Gustave Le Bon à son éditeur [41] et, l'année suivante, il lui déclare encore avec franchise : « Plus tard je baisserai la qualité mais pour les premiers volumes, je ne peux prendre que des ouvrages de toute première marque ce qui est, je pense, aussi votre avis [42]. » Et Gustave Le Bon tient parole. Il met en coupe réglée les institutions universitaires et, sur 85 auteurs, ils seront une quinzaine seulement à ne pouvoir faire suivre leur nom d'un titre académique ou universitaire. Encore ces « obscurs » ne font-ils pas partie des premiers édités. Les autres sont professeurs à la Sorbonne (15), membres de l'Institut (12), académiciens (4), professeurs au Collège de France (2), docteurs ès sciences...

Gustave Le Bon a pleinement utilisé son réseau de relations : beaucoup de convives de ses banquets se retrouvent parmi les premiers auteurs de la collection. Ensuite, il a été facile de convaincre les autres universitaires de prêter leur collaboration à une collection déjà prestigieuse.

Toutefois, Gustave Le Bon s'est réservé l'honneur du premier titre de la collection. D'ailleurs, l'embauche de Gustave Le Bon comme directeur de collection n'a pas fait l'objet d'un contrat spécial ; elle est entérinée par un simple article supplémentaire au traité signé pour l'édition de la *Psychologie de l'éducation* car « ce volume est le premier d'une collection qui paraîtra sous le titre de Bibliothèque de philosophie scientifique [43] ». Il entre donc chez Flammarion comme auteur et directeur de collection en même temps.

Tiré à 2 000 exemplaires, la *Psychologie de l'éducation* paraît en juillet 1902. Puis la collection se poursuit en décembre avec le livre de Henri Poincaré, *La Science et l'hypothèse*, prudemment tiré à 1 650 exemplaires. Les ventes sont si encourageantes que Gustave Le Bon peut, dès septembre, envisager une réimpression et programmer la suite de la collection :

---

39. Limite fixée par Gustave Le Bon dans son projet. Lettre du ? avril 1902. A. F.

40. La Bibliothèque de philosophie contemporaine et la Bibliothèque scientifique internationale d'Alcan comportaient des in-12 à 2,50 F et des in-8°, plus nombreux à 5, 7 et 10 F.

41. Lettre inédite de Gustave Le Bon à Ernest Flammarion, 13 septembre 1902. A. F.

42. Lettre inédite de Gustave Le Bon à Ernest Flammarion, 12 septembre 1903. A. F.

43. Contrat signé le 1er mai 1902. Les conditions faites à l'auteur se distinguent des autres : les droits y sont fixés à 50 centimes par volume pour le premier tirage, 60 centimes pour les réimpressions. A. F.

« Bravo ! cette collection qui m'inspirait de fortes craintes et pour laquelle je ne vous ai pas fait l'article a l'air de fort bien marcher. Il y a décidément un public pour les livres sérieux.

Le succès du livre de Dastre [44] m'a l'air certain, vu le titre. J'espère avoir la fin dans quelques jours. Envoyez-moi les épreuves de la couverture des nouveaux tirages pour que j'annonce les nouveaux livres de la collection. (...) Les négociations avec les auteurs sont très longues. Ne pensez-vous pas que dès maintenant je puis m'occuper de deux volumes de plus pour la collection, soit huit volumes au lieu de six [45] ? »

Le livre d'Albert Dastre, qui paraît en mai 1903, bénéficie de cet optimisme : il est tiré à 2 000 exemplaires, comme celui de Gustave Le Bon. Et l'estimation était trop modeste : il faut bientôt prévoir des rééditions si bien que Le Bon décide de tirer directement à 3 000 exemplaires les volumes suivants.

Devant ces résultats très encourageants, Gustave Le Bon recrute de nouveaux auteurs et, après les mathématiques, la psychologie et la physiologie, aborde de nouvelles sciences : histoire naturelle (*Nature et sciences naturelles* de F. Houssay), biologie (*Les Théories de l'évolution* d'Yves Delage), psychologie infantile (*Les Idées modernes sur les enfants* d'Alfred Binet)... Mais trouver des auteurs n'est pas toujours tâche aisée et, en novembre 1903, après s'être enquis du succès du livre de Houssay, Gustave Le Bon se plaint à son éditeur :

« Les bons livres se vendent toujours mais j'arrive bien près du bout de mon rouleau. J'aurais bien voulu 4 volumes par an mais je m'estimerai heureux si j'en puis avoir 2 [46]. »

En effet, alors que Gustave Le Bon envisageait, à l'origine, de publier quatre, voire six titres par an, le rythme des publications de 1902 à 1906 n'est que de trois titres par an. Sans doute avait-il vu trop grand au départ car pour que l'effet de collection joue, auprès des auteurs comme auprès du public, il faut qu'elle comporte suffisamment de titres. Il est donc normal que le démarrage de la Bibliothèque de philosophie scientifique soit plus lent que ne le prévoyait son directeur. De plus, sa recherche de nouveaux auteurs entraîne Gustave Le Bon vers des spécialités déjà bien représentées dans le catalogue d'Alcan. Il hésite encore à entrer en franche concurrence.

À partir de 1906, toutefois, le rythme de publication monte à six titres dans l'année. Il ne descendra plus au dessous de ce chiffre et atteindra les 18 titres en 1910. C'est le signe que la collection s'est fait connaître et a trouvé son public ; cela montre aussi que Gustave Le Bon a réussi à mettre au travail de nombreux auteurs, en étendant délibérément le champ de ses curiosités.

Quand la collection aura pris de l'extension, le catalogue, pour plus de commodité, regroupera les titres en trois sections : sciences physiques et naturelles, psychologie et philosophie, histoire. Si grossière que soit cette classification, elle

44. *La Vie et la mort.*
45. Lettre inédite de Gustave Le Bon à Ernest Flammarion, 13 septembre 1902. A. F.
46. Lettre inédite de Gustave Le Bon à Ernest Flammarion, 11 novembre 1903. A. F.

permet d'observer la constitution de la collection. Jusqu'en 1907, les deux premières sections se développent concurremment, mais les sciences physiques et naturelles tiennent une place prépondérante. Gustave Le Bon semble vouloir élucider le mystère des origines du monde en mettant à contribution ces diverses sciences. Puis, une tentative est faite en 1906 pour aider le lecteur à mieux comprendre le monde qui l'entoure, par le biais de l'histoire contemporaine ; le livre d'André Lichtenberger, *L'Allemagne moderne*, rencontre le succès et, désormais, une troisième section, historique, se développe, avec notamment une série de livres sur les grandes puissances (Russie, États-Unis, Italie, Angleterre, Japon...). Ainsi, en 1914, la collection compte 112 titres et 650 000 volumes environ ont été vendus. Encore certains titres poursuivront-ils une belle carrière après la guerre, car il s'agit d'ouvrages de fonds.

Les dates de publications s'échelonnant sur douze ans, il est difficile de comparer les tirages de chacun des auteurs. Néanmoins, il apparaît que le « best-seller » de la collection est *La Science et l'hypothèse* d'Henri Poincaré qui atteint le 24e mille en 1914 et le 50e en 1938 ; ses autres livres se vendent bien aussi, notamment *La Valeur de la science*, paru en 1906 (18 000 exemplaires). Ensuite, parmi les vedettes de la collection, il faut citer Gustave Le Bon lui-même dont les livres dépassent régulièrement les 10 000 exemplaires (*Psychologie de l'éducation* (1902) : 16 000 exemplaires ; *L'Évolution de la matière* (1905) : 24 000 exemplaires ; *L'Évolution des forces* (1907) : 13 000 exemplaires...), ainsi que Félix Le Dantec (*L'Athéisme*, *Les Influences ancestrales*), Lucien Poincaré (*L'Électricité*, *La Physique moderne*), Alfred Binet (*Les Idées modernes sur les enfants*), Henri Lichtenberger (*L'Allemagne moderne*)...

Ces tirages peuvent sembler modestes en regard des chiffres obtenus dans le domaine romanesque, par exemple. Cependant, la Bibliothèque de philosophie scientifique marque une étape importante dans la vie de la Librairie Flammarion. Outre des résultats très satisfaisants pour ce type de publications, elle suscite de nouvelles méthodes de travail, appelées à se développer.

Le mode de recrutement des auteurs de la collection n'est pas tout à fait nouveau mais c'est sans doute la première fois qu'il est appliqué aussi systématiquement. Louis Hachette, quand il s'était lancé dans l'édition, avait fait appel à ses anciens condisciples de l'École Normale. Ainsi, la jeune maison Hachette avait publié les fameux dictionnaires de Quicherat, son ancien condisciple, et, parmi les fondateurs associés de son journal *Le Lycée*, figuraient nombre de normaliens [47]. Gustave Le Bon renoue avec cette tradition et va même plus loin, en exploitant méthodiquement les ressources de toute l'Université.

Cette politique est remarquable car elle permet de constituer la première collection scientifique méthodique et homogène. De plus, cette collection témoigne de la clairvoyance de Gustave Le Bon qui profite du prestige grandissant des universitaires. Et contrairement à ce qu'il avait craint au lancement de la collection, Gustave Le Bon n'a pas eu à engager d'auteurs médiocres. Au prix d'une

47. Jean Mistler, *La Librairie Hachette de 1826 à nos jours*, op. cit., p. 60.

ouverture vers des disciplines comme la psychologie et l'histoire, il a réussi à constituer une collection de haut niveau.

Les qualités indéniables de Gustave Le Bon ont reçu leur rétribution. En effet, si la Bibliothèque de philosophie scientifique a été un succès pour la Librairie Flammarion, elle n'a pas été la seule à tirer un profit de cette réussite. On peut en effet estimer qu'en 1914, soit douze ans à peine après la sortie du premier titre, Gustave Le Bon a gagné, en tant que directeur de collection, la somme de 168 000 F, droits de traduction compris [48]. On comprend, dans ces conditions, que la guerre ne ralentisse pas le zèle de Gustave Le Bon. N'écrit-il pas de Bordeaux où il s'est réfugié au début de la guerre :

« La guerre actuelle, unique dans l'histoire soulève des problèmes qui ne peuvent être traités par un seul homme en un seul volume. Diplomatie, armement, finances, combats, tactique, conséquences économiques, etc, etc... 20 volumes, en effet, sont nécessaires et pendant les quelques jours où je resterai ici, je tâterai les spécialistes. Mon ami Briand, qui va rentrer, m'aidera fort. (...) Par curiosité, combien de livres avez-vous vendus en août et septembre, en dehors des cartes ? Quels livres avez-vous le plus vendus ? *Les Transformations de la guerre* de J. Colin a dû se vendre ???

P.S. Si je claquais, n'oubliez pas que vous pouvez faire retirer la *Psychologie de l'éducation.* Toutes les corrections sont terminées [49]. »

La Bibliothèque de philosophie scientifique continue donc de s'enrichir pendant la guerre et au-delà, survivant même à son fondateur. Par sa rentabilité et son prestige, elle était devenue l'une des collections les plus solides de Flammarion.

Si les livres scientifiques ne représentèrent, en nombre de titres publiés, qu'une petite partie de la production de Flammarion, par leur réussite, ils participèrent beaucoup à la renommée de la maison. Dès qu'il le put, Ernest mit au service de son frère sa jeune maison d'édition et le succès de l'*Astronomie populaire* le récompensa largement de sa confiance. Par la suite, cette coopération se poursuivit à la grande satisfaction des deux frères. Cependant, Ernest comprit à temps qu'il ne pouvait se contenter de la simple exploitation du succès de Camille et sut s'en dégager avec la Bibliothèque de philosophie scientifique. Grâce à cette collection de haut niveau, cautionnée par les plus grands noms de l'Université, il ajoutait une nuance supplémentaire à l'image de sa maison, celle du sérieux et de la réflexion, tout en évitant une spécialisation qui n'était ni de sa compétence ni de son goût.

---

48. Cette estimation se fonde sur les tirages des 112 titres de la Bibliothèque de philosophie scientifique, tels qu'ils ont été reconstitués à partir des registres de fabrication ou du catalogue de 1914, dont les indications se sont toujours avérées fiables. Le montant des droits a été calculé en se fondant sur les conditions générales des contrats de la collection. Ne font exception que les livres dont Gustave Le Bon est lui-même l'auteur : ils sont rémunérés sur la base de 50c. pour les 2 000 premiers exemplaires, 60c. pour les suivants.

49. Lettre inédite de Gustave Le Bon, ? octobre 1914. A. F.

# POLITIQUE ET LITTERATURE

À l'heure des souvenirs et des bilans, Ernest Flammarion écrit : « La Librairie Ernest Flammarion est absolument éclectique ; toutes les opinions sont admises quand elles sont présentées clairement et de bonne foi. Elle a toujours la hardiesse de publier les idées avancées [1] ! » Et l'éditeur renvoie à l'examen du catalogue où Pierre-Joseph Proudhon et Louis Blanc côtoient Édouard Drumont et Léon Daudet.

Toutefois, cette assertion d'Ernest Flammarion ne doit pas nous abuser : d'une part, les livres politiques ne constituent qu'une part très faible de sa production et certains courants de pensée importants à la fin du XIX^e siècle en sont totalement absents ; d'autre part, les écrits politiques d'un certain retentissement qui figurent au catalogue le doivent, souvent, aux hasards de l'édition plus qu'à une volonté délibérée de l'éditeur. Enfin, certains n'ont pas manqué de mettre en doute cette neutralité éclectique dont se targue Ernest Flammarion.

## *Les proscrits de Lacroix*

En rachetant le fonds Lacroix et Verboevkhoven, Marpon et Flammarion acquéraient des œuvres de Victor Hugo, de Lamartine et d'Eugène Sue qui, à elles seules, lui donnaient sa valeur. Par la même occasion, les deux éditeurs se trouvaient propriétaires des exemplaires non écoulés de nombreux livres de philosophie politique ou d'histoire et, bien souvent, des droits qui leur étaient liés. En effet,

1. Note manuscrite inédite d'Ernest Flammarion. A.F.

Lacroix, installé à Bruxelles, avait accueilli sous le Second Empire beaucoup de livres d'opposants au régime. Ainsi, Louis Blanc, émigré en Angleterre, publie chez Lacroix son *Histoire de la Révolution de 48* et Edgar Quinet, réfugié en Belgique puis en Suisse, lui donne à éditer *Les Révolutions d'Italie* (1852), *La Révolution* (1865). Chez Lacroix aussi, ont paru, du vivant de l'auteur, les *Œuvres complètes* de Proudhon, puis ses *Œuvres posthumes*. Dans le fonds Lacroix encore, se trouvaient les œuvres d'un autre opposant à Napoléon III, qui, lui, n'avait pas eu à s'exiler : Jules Michelet. Ce dernier avait d'abord pris en charge l'édition de ses livres, les vendant ensuite à des éditeurs comme Hachette ou Chamerot. L'opération ne s'était guère révélée rentable pour l'auteur et, en 1869, sollicité par Lacroix, il lui cède, après d'âpres négociations, les droits sur l'*Histoire de France* et l'*Histoire de la Révolution*, pour une durée de vingt ans. Le fonds s'enrichit ainsi de deux ouvrages prestigieux. Enfin, Lacroix laissait tout un stock de brochures à caractère politique, de moindre intérêt, et une vingtaine d'ouvrages consacrés à la guerre de 70 et à la Commune.

À leurs débuts, Marpon et Flammarion ont pour politique, on l'a vu, d'exploiter systématiquement les ressources des fonds rachetés. Pour ce qui est des brochures et des livres concernant les événements récents, ils sont écoulés, mais non réédités. Ils donnent temporairement au catalogue de 1881 une coloration politique qui s'estompera vite. En revanche, pour les œuvres monumentales — tant par la taille que par la qualité — dont ils se sont rendus propriétaires, Marpon et Flammarion ne se contentent pas d'écouler les exemplaires acquis, mais ils rééditent l'*Histoire de la Révolution de 48* de Louis Blanc, en 1880, et les *Œuvres complètes* de Proudhon, à partir de 1881. De plus, ils tirent de ces dernières, en 1896, une version abrégée en trois volumes. Ce sont des rééditions prudentes : le livre de Louis Blanc est tiré à 1 500 exemplaires, ceux de Proudhon à 500 exemplaires chacun [2]. D'autre part, profitant de la propriété temporaire des droits sur certaines œuvres de Michelet, ils rééditent en 1879 l'édition illustrée de Lacroix, à 2 000 exemplaires chaque volume. C'est l'époque où Charles Marpon est administrateur de *La Justice* ; il en profite pour y faire paraître de nombreuses publicités pour les œuvres de l'historien, pensant, non sans raison, que les lecteurs de ce journal sont des acheteurs potentiels des livres de Michelet.

Ces rééditions, et principalement celle des œuvres de Michelet, constituent des opérations prestigieuses. Néanmoins, cela ne suffit pas pour faire de Marpon et Flammarion des éditeurs de livres politiques ; en effet, la sympathie qu'éprouve Charles Marpon pour ces auteurs a certainement pesé dans la décision de les rééditer, mais l'argument financier l'a précipitée : les œuvres de Blanc, de Proudhon, de Michelet reviennent en moyenne à 80 centimes le volume, grâce à l'économie faite sur les frais de composition. En 1879-1880, quand les deux

2. La mise en fabrication de la *Philosophie de la misère* est entreprise en octobre 1881, puis suivent, en décembre, la *Théorie de l'impôt* et l'*Avertissement aux propriétaires*. En 1882, c'est le tour de *Amour et mariage*, la *Solution au problème social*, et l'*Idée générale de la Révolution au XIXe siècle*. Puis viendront, en 1883, *Césarisme et christianisme*, la *Révolution sociale* ; en 1884, la *Philosophie du progrès*, *De la justice* dont la publication des quatre volumes s'étendra jusqu'en 1889 ; en 1886, *La Pornocratie*, etc.

associés font leurs débuts dans l'édition, cette perspective d'une moindre mise de fonds est un argument suffisant pour entraîner les rééditions. Par la suite, les deux éditeurs pourront constater que Louis Blanc et Proudhon sont des auteurs de vente assez lente ; seuls, *Qu'est-ce que la propriété ?* et l'*Idée générale de la Révolution au XIXe siècle* connaîtront une réédition [3] de 500 exemplaires avant 1914 !

En revanche, Michelet est, semble-t-il, un auteur plus rentable, d'où l'entreprise de 1893.

La réédition de 1879 n'est pas totalement épuisée mais le contrat signé jadis par Lacroix vient à expiration. La veuve de l'historien, qui a déjà vendu [4] à Flammarion des souvenirs, *Mémoires d'une enfant*, entrés dans la collection des Auteurs célèbres [5], insiste pour signer un nouveau contrat portant sur l'intégralité de l'œuvre de Michelet. Elle use tour à tour de la flatterie et de l'apitoiement pour convaincre l'éditeur :

« Ma préoccupation (...) est toute pour cette édition des *Œuvres complètes* que je voudrais faire et qui est indispensable.

Voilà ce qui me rend malade. L'obsession de cette même pensée est de me sentir dans une impasse, voilà ce qui me mine. Ma vie sera abrégée si je ne fais point cela et j'en traînerai la fin misérablement.

À mon retour, il faudra que vous me prêtiez assistance, cher Monsieur. (...)

À l'occasion surtout de son centenaire, je voudrais vous voir recueillir cette gloire de rattacher votre nom à cette édition, avec la grande place que vous avez prise dans la librairie, cela doit vous tenter.

En ce qui me concerne, c'est une question d'humanité ; vous m'allégeriez d'une indicible souffrance [6]. »

Ce qu'elle oublie de dire, c'est que la propriété juridique des œuvres de son mari est dans une situation très embrouillée : Rouff, Calmann-Lévy, Hachette ont signé jadis des contrats pour l'exploitation partielle des œuvres de Michelet [7]. L'un interdit la vente par livraisons, l'autre fixe un prix de vente minimum de 6 F par volume, le troisième s'est réservé le droit de publier *L'Insecte* et *L'Oiseau*...

Flammarion est bien convaincu de l'intérêt d'une réédition, d'autant qu'Albert Lacroix, avec qui il est resté en bons termes, est prêt à lui céder les clichés qu'il a gardés. Les derniers exemplaires de l'*Histoire de France* et de l'*Histoire de la Révolution* sont donc soldés et Flammarion engage les négociations avec Mme Michelet. Pourtant, la véritable situation juridique des droits est bientôt découverte et l'éditeur rompt. Albert Lacroix, qui a tout intérêt à ce que l'affaire se fasse et qui, par ailleurs, reviendrait volontiers à l'édition en s'associant avec Marpon et Flammarion, se désole : il considère Michelet comme « une des

3. Le premier, réédité par Flammarion en 1890, est réimprimé en 1902, le second en 1906, soit vingt-quatre ans après sa première édition Flammarion.

4. Elle s'est déjà montrée une redoutable négociatrice : « Puisque vous ne voulez tirer qu'à 3 000, il faut me donner des droits plus élevés (!). Mon livre aura plus de 300 pages. (...) C'est une chose nouvelle et de valeur ; il y a là une année complète de labeur assidu. » Lettre à Ernest Flammarion, 7 janvier 1885. A. F.

5. Contrat signé le 1er août 1887. A. F.

6. Lettre de Mme Michelet à Ernest Flammarion, 1er mars ?. A. F.

7. Une note, conservée dans les archives Flammarion, fait la synthèse, à l'intention d'Ernest, de ces différents contrats.

meilleures propriétés à exploiter pendant longtemps, avec développement possible même, car Michelet grandira encore comme renom et restera classé parmi les premiers du siècle avec 3 ou 4 autres. Or, bien exploité, il y a là un fonds d'avenir pour un éditeur [8] ». Il se propose alors comme intermédiaire entre les éditeurs et la veuve qui lui a demandé conseil, et se fait fort d'obtenir d'elle les meilleures conditions. De son côté, celle-ci gémit, se plaint « des éditeurs qu'*on* aurait refroidis [9] » et offre, en attendant un accord plus général, une édition de *Ma jeunesse* car elle est à court d'argent [10].

L'affaire finit par se faire pour une édition des œuvres complètes, cette fois en 40 volumes. Mme Michelet cède à l'éditeur, « pour la durée de la propriété littéraire », le droit de publier les œuvres complètes de son mari. En retour, elle touchera la somme de 30 000 F, payable par trimestrialités de 750 F pendant dix ans, à compter du 15 octobre 1893. Le 40e volume composé des lettres de l'historien à sa femme lui est payé 2 000 F supplémentaires. Les volumes paraîtront au rythme de six, au moins, par an et seront vendus à un prix librement fixé par l'éditeur mais compris entre 6 et 7,50 F [11]. Sur la base d'un tirage de 50 000 volumes, la somme versée représente des droits de 60 centimes par volume, ce qui, en raison de l'importance de la publication, est une rémunération très correcte. Mme Michelet peut être satisfaite. Flammarion, lui, reste sur ses gardes : une dernière clause du contrat stipule prudemment que « Mme Michelet garantit l'éditeur contre toutes les réclamations qui pourraient se produire relativement à la publication des ouvrages ». Preuve que Flammarion, sans doute instruit par l'expérience, n'accorde pas une entière confiance aux dires de la veuve. Celle-ci, indignée, proteste : « J'ai aplani les difficultés avec Hachette et Rouff. (...) Le traité Lévy a passé sous vos yeux. De quoi puis-je encore être responsable [12] ? » L'éditeur lui donne satisfaction et supprime la clause.

Les *Œuvres complètes* de Michelet peuvent paraître. Les neuf premiers volumes [13] sont tirés à 1 500 exemplaires mais pour le dixième, *Luther*, le tirage tombe à 1 000 exemplaires. Ce chiffre devient la règle pour les tomes suivants, à l'exception des volumes de l'*Histoire de France* dont le tirage est maintenu à 1 500 exemplaires. Le tome 40 paraît en 1899 ; le rythme de la publication a été respecté. Il s'agit maintenant d'écouler les 50 000 volumes imprimés. Ce sera lent : seuls, les volumes de l'*Histoire de la Révolution* connaîtront, avant 1914, un petit retirage à 500 exemplaires et *Le Peuple* un tirage à 2 000 exemplaires, directement vendu aux Écoles normales.

Ainsi, Flammarion se voit rappeler une fois de plus que l'entreprise prestigieuse n'est pas toujours la plus directement rentable. Pourquoi s'être lancé dans cette aventure ? Est-ce par souci de l'image de marque de Flammarion ? Est-ce par fidélité à Michelet et à son idéal politique ? À moins que ce ne soit erreur de

8. Lettre inédite d'Albert Lacroix à Ernest Flammarion, 25 avril 1890. A. F.
9. Lettre de Mme Michelet à Ernest Flammarion, 16 juin 1891. A. F.
10. Lettre de Mme Michelet à Ernest Flammarion, 2 janvier 1892. A. F.
11. Traité signé le 1er juin 1893. A. F.
12. Lettre de Mme Michelet à Ernest Flammarion, 3 juin 1893. A. F.
13. 6 volumes de l'*Histoire de France*, *Vico*, l'*Histoire romaine* et *L'oiseau*. *La Mer*.

jugement commercial... En effet, l'exploitation systématique du fonds Lacroix est riche d'enseignements pour les deux éditeurs : les faibles résultats obtenus leur ont fait comprendre la spécificité de ce genre de livres. D'ailleurs, le livre politique est un domaine dans lequel s'aventurent peu les éditeurs de littérature générale.

Théorique, il n'intéresse qu'un public restreint ; il est de vente lente et relève d'éditeurs spécialisés qui le prennent à compte d'auteur ; dans ces conditions, il est parfois plus rentable d'avoir recours à la presse politique qui prend alors en charge publicité et diffusion [14] et touche plus facilement les sympathisants. Plus directement en prise avec l'actualité et plus polémique, il est en concurrence avec une presse en pleine expansion ; et s'il parvient à retenir l'attention, sa vente est alors très conjoncturelle.

La politique de Marpon et Flammarion est d'avoir une rotation relativement rapide des stocks car le stockage a un coût non négligeable. Les ouvrages de vente lente relèvent donc d'une autre organisation que la leur. Quant aux ouvrages d'actualité, ils présentent deux inconvénients. Le premier est d'attacher au nom de l'éditeur une étiquette politique, et les deux éditeurs veulent, pour des raisons commerciales, préserver leur indépendance. Le second est le danger de saisie. La Troisième République est, certes, plus libérale que ne l'était l'Empire. Pourtant, les procès visant les livres se multiplient dans les années 1880 ; diffamation et outrage aux grands corps de l'État sont les motifs les plus fréquemment invoqués. En effet, l'époque est à la violence verbale et certains auteurs et journalistes en usent systématiquement, dans l'espoir de s'attirer de la publicité ou quelque avantage moins avouable, comme en témoigne *Bel-Ami*. Le plus souvent, l'affaire se termine sur le pré ou devant les tribunaux. Loin de se plaindre de ces procès, nombre d'auteurs s'en réjouissent donc, guettant les retombées commerciales de cette publicité souvent efficace ; il est vrai que, par exemple, *Les Sous-offs* de Descaves a largement tiré profit de son procès : la vente a aussitôt atteint les 30 000 exemplaires. C'est toutefois une arme dangereuse car plus d'un éditeur s'est trouvé en difficulté à la suite de condamnations répétées. Plus que les amendes, les saisies sont redoutables car elles condamnent à détruire un stock. Ainsi, Albert Savine, condamné en 1899 à détruire les 50 000 exemplaires des *Dossiers* du député Gilly [15], puis condamné à nouveau en 1891 pour le *Comment on a vendu la mélinite* d'Eugène Turpin, ne doit sa survie (très provisoire) qu'au succès de la littérature nordique qu'il a, le premier, découverte.

Toutes ces raisons expliquent la politique prudente de Marpon et Flammarion. Ils ne prendront pas d'ouvrages politiques à moins que des circonstances particulières ne garantissent leur rentabilité ou que des liens privilégiés les unissent à leurs auteurs. Encore les accepteront-ils souvent sans enthousiasme.

---

14. Certains auteurs utilisent les services des journaux et revues dans lesquels ils écrivent habituellement pour assurer la diffusion de leurs œuvres : *La Révolte* et *Les Temps Nouveaux* pour Kropotkine, *L'Œuvre Nouvelle*, *La Revue socialiste* pour Engels et Lafargue.

15. Albert Savine, *Mes procès*. Paris : Nouvelle Librairie Parisienne, 1890, 578 p.

*Quelques nouveaux auteurs de gauche*

La présence au catalogue de nouveaux auteurs de gauche s'explique toujours par les liens qui unissent l'auteur à Camille Flammarion ou à Charles Marpon.

Les amis de Camille ont la caractéristique commune d'être républicains sous l'Empire et, après la chute de Napoléon III, gens de gauche, au sens large. Ainsi, ami des frères Reclus, il sert d'intermédiaire à Élisée qui veut aider Kropotkine à se faire éditer et propose de préfacer les *Paroles d'un révolté*[16]. L'ouvrage est imprimé en juillet 1885 ; tiré initialement à 1 500 exemplaires, il sera retiré à 1 000 exemplaires tous les cinq ans environ. Ernest Flammarion entretient avec l'auteur de bons rapports[17] mais ne comprend pas toujours les réactions de ces idéalistes qui refusent, comme Élisée Reclus, de se plier aux règles élémentaires de la publicité. Sollicité par l'éditeur d'aider au lancement du livre en lui fournissant une liste de noms pour établir le service de presse, Reclus lui répond :

« Quant à la petite réclame dont vous me parlez, je ne saurais vous donner d'indications. C'est là une mission dont je ne me suis jamais occupé et vous m'approuverez, je l'espère, de rester fidèle à ce principe de conduite. Ainsi, je puis bien présenter mon ami au public mais il me semble que je ne puis faire davantage[18]. »

Néanmoins, en dehors de sa propre collaboration pour les collections scientifiques, Camille ne semble guère avoir influencé les choix de son frère. Kropotkine est le seul auteur politique qu'il lui ait adressé, alors qu'il lui recommanda plusieurs spécialistes du spiritisme[19].

De son côté, Charles Marpon est amené à côtoyer le monde politique dans les bureaux du *Voltaire* et de *La Justice*. Or, de cette fréquentation, si féconde pour traiter avec Zola, Marpon ne rapporte que peu d'ouvrages politiques.

Ainsi, Yves Guyot, ancien rédacteur politique du *Voltaire* fait appel à son ancien administrateur pour faire paraître, en 1880, les *Doctrines sociales du christianisme*, en 1884, *Un drôle* et, en 1885, *Un fou*. Plus tard, il apportera à Flammarion quelques brochures contre l'impôt sur le revenu. La façon dont Guyot choisit ses éditeurs est, d'ailleurs, assez intéressante. Ce radical, violemment anticlérical, s'est fait remarquer par les campagnes virulentes qu'il a menées à partir

---

16. « Un de mes amis, maintenant emprisonné pour crime d'opinions politiques, M. Pierre Kropotkine, a publié à diverses époques des articles dans les journaux qui pourraient parfaitement être ordonnés de manière à former une exposition complète des idées qui lui ont valu la captivité. (...) Mon intention serait de faire précéder l'ouvrage d'une courte préface dans laquelle je résumerais l'histoire de mon ami. » Lettre inédite d'Élisée Reclus, 24 février 1885. A. F.

17. Flammarion est prêt à payer la totalité des droits d'auteurs, par anticipation, pour venir en aide à Kropotkine, comme en témoigne cette lettre expédiée de Clairvaux, le 14 janvier 1886 : « On vient de m'annoncer que je peux quitter Clairvaux. Je suis embarrassé pour ce départ imprévu, et je vous serais très obligé si vous pouviez m'envoyer par retour du courrier — encore mieux par mandat télégraphique — le montant de la nouvelle édition de *Paroles d'un révolté*.

Je me permets de vous adresser cette demande parce que Reclus m'a dit que vous seriez disposé à m'envoyer dès maintenant cette somme. (...) » A. F.

18. Lettre inédite d'Élisée Reclus à Ernest Flammarion, 29 septembre 1885. A. F.

19. En 1900, la Bibliothèque des Sciences occultes compte 23 titres dont quatre sont dus à Camille Flammarion.

de 1876 pour faire abolir la réglementation de la prostitution et obtenir la suppression de la brigade des mœurs. À la suite de ces campagnes, il écrit un *Traité de physiologie* dont l'un des volumes est consacré à la prostitution. Pour cet ouvrage particulièrement d'actualité en 1882 [20], Guyot choisit Charpentier pour éditeur alors que, pour ses nombreux traités d'économie politique, plus théoriques, il est édité par Alcan. Quant à Flammarion, après l'essai de 1880, il renonce à lui donner les ouvrages sérieux ; il lui destine plutôt ses romans et ses pochades comme *Voyages et découvertes de M. Faubert*, comme si l'éditeur de l'Odéon était surtout désormais celui des œuvres divertissantes ou destinées au grand public. Sous une forme romanesque, *Un fou* présente une peinture sans complaisance des hôpitaux psychiatriques et dénonce le caractère abusif de certains internements. Les malheurs de M. Faubert sont moins graves : il n'a à affronter que le code des impôts et les fonctionnaires chargés de l'appliquer ; mais la législation de l'impôt sur le revenu est si absurde qu'il risque bien de se retrouver, lui aussi, chez les fous. Aucune de ces publications ne connaît un grand succès de librairie et Flammarion n'en tire pas d'autre bénéfice que la reconnaissance de l'auteur.

Sans doute faut-il attribuer aussi à Charles Marpon l'édition d'un certain nombre d'ouvrages à compte d'auteur comme les *Portraits politiques contemporains* de Louis Blanc et Georges Clemenceau (1881-1882), *L'Anarchie bourgeoise* (1887), un petit livre du député Laisant, qui développe les principaux thèmes chers aux radicaux, et quelques autres brochures. Ces publications à compte d'auteur sont sans lendemain et disparaissent vite du catalogue. On peut imaginer que les amis de Charles Marpon sont venus lui proposer leurs textes de préférence à d'autres éditeurs mais les sympathies politiques ne leur ont pas valu un traitement de faveur particulier : ils ont dû se résigner à l'édition à compte d'auteur.

Comme pour les amis de Camille, la porte n'est guère ouverte aux amis politiques de Marpon. Quand la maison est suffisamment développée, les deux éditeurs renoncent à prendre des œuvres à compte d'auteur et, ipso facto, des brochures politiques. Seuls, quelques députés, comme Fleury-Ravarin et Vigné d'Octon réussissent à se faire éditer rue Racine, mais cet accueil bienveillant n'est peut-être pas sans rapport avec les débats à la Chambre sur les bibliothèques de gare [21].

Reste une publication étonnante dans ce contexte, celle d'une version résumée du *Capital*, en 1887. La première édition en français a paru en 1872, chez M. Lachâtre. Gabriel Deville, un guesdiste qui séjourna à Sainte-Pélagie pour avoir voulu organiser le Congrès international ouvrier malgré l'interdiction gouvernementale, fait un résumé, suivi d'un commentaire, du texte de Marx. Il le donne, en 1883, à un petit éditeur, H. Oriol, qui le fait entrer dans sa Bibliothèque socialiste. En 1886, devenu rédacteur au *Cri du peuple*, il apporte à Marpon et Flammarion les empreintes de la première édition pour faire un retirage. Ceux-ci

20. Ce volume connut un grand retentissement et se vendit bien : 6 000 exemplaires. Voir Alain Corbin, *Les Filles de noce*. Paris : Aubier, 1978, p. 325 et sq.

21. Voir le chapitre « Les combats de la librairie ».

lui versent 350 F pour 1 000 exemplaires et, pendant plus de dix ans, ils sont les seuls éditeurs du *Capital*, en français ; le livre atteindra le 7e mille en 1909. Comment Marpon et Flammarion devinrent-ils ses éditeurs, c'est ce que l'on ignore. Est-ce Marpon qui rencontra Deville dans les salles de rédaction ? Est-ce Séverine, qui était l'amie de Sylvie Flammarion, qui lui conseilla l'éditeur ? Peut-être Deville choisit-il seul Marpon et Flammarion parce qu'il lui semblait que les sympathies de la Librairie, à cette époque, allaient à la gauche, ce qui était vrai, même si les préoccupations commerciales primaient sur les inclinations personnelles.

### *Éditeurs de Drumont*

L'édition de *La France juive* fut-elle un signe de cet « éclectisme » revendiqué par Ernest Flammarion ou une preuve de sa sympathie pour l'antisémitisme ? Il semble bien qu'elle ne fut ni l'un ni l'autre. En effet, les conditions de publication du livre de Drumont montrent que Marpon et Flammarion accueillirent sans déplaisir le succès que rencontra le livre, mais qu'ils n'avaient rien fait pour le susciter.

En 1885, Édouard Drumont est un journaliste qui écrit dans *Le Monde*, quotidien conservateur de petite audience, après avoir collaboré à l'*Univers*, au *Bien Public*, au *Gaulois*, au *Nain jaune*. Ses articles ne lui valent pas plus de célébrité que les deux livres qu'il a déjà publiés : un livre nostalgique de souvenirs historiques, *Mon vieux Paris*, paru en 1878 chez Charpentier, puis un roman, *Le Dernier des Trémolin*, publié en 1879 par Palmé.

Il cherche un éditeur pour son nouveau livre, *La France juive* et essuie plusieurs refus. Alphonse Daudet dont il est un grand ami depuis plus de dix ans [22], décide de s'entremettre auprès de Charles Marpon.

« Mon père », se souvient Léon Daudet [23], « croyait au succès, en dépit des dimensions de l'ouvrage qui comportait deux forts volumes [24]. Il finit par emporter la décision de Marpon qui avait confiance en son jugement. »

Ce ne fut pas sans difficultés ni conditions :

« Cet excellent Marpon avait une façon funèbre de prononcer : "Deux volumes" Il demandait ce qui allait nous arriver et il insistait d'un air inquiet "Vous répondez des procès, n'est-ce pas ?" [25]. »

Puisque Daudet, auteur à succès depuis la publication de *Fromont jeune et Rissler aîné*, se porte garant pour son ami, l'affaire est conclue : Marpon et Flammarion se chargeront de la distribution du livre dont tous les frais (impression,

---

22. Selon Lucien Daudet, ils se rencontrèrent pour la première fois en 1874, dans les bureaux du *Bien Public*, puis ils prirent l'habitude de faire de l'escrime chaque semaine ensemble. Lucien Daudet, *Vie d'Alphonse Daudet*. Paris : Gallimard, 1914, p. 101 et 125.
23. Léon Daudet, *Quand vivait mon père*. Paris : Grasset, 1940, p. 149.
24. 579 et 601 pages dans l'édition publiée en 1886 par Flammarion.
25. Édouard Drumont, *La France juive devant l'opinion*, Paris : Flammarion, 1886, p. 2.

publicité, etc.) seront supportés par Drumont. La concession faite à Daudet est mince !

L'auteur se met aussitôt en quête d'un imprimeur et demande conseil à Octave Uzanne dont les confidences sont rapportées par Edmond de Goncourt :

« C'est Uzanne qui a trouvé à Drumont un éditeur à Dijon, un certain Darantière. Ça faisait d'abord 4 volumes que Uzanne affirme avoir corrigés et réduits à deux [26]. »

Les propos sont ambigus et peuvent laisser croire à une participation d'Uzanne à la composition du livre ; or, s'il a bien joué un rôle actif d'intermédiaire entre Drumont et Darantière, ses conseils semblent être restés purement techniques ; mais, une fois le succès venu, les rapports s'étant considérablement détériorés entre les trois intéressés, Uzanne est peut-être enclin à surestimer le rôle qu'il a joué.

Le premier devis qu'obtient Uzanne est sans doute trop élevé pour les finances de l'auteur puisque, dans une lettre du 2 décembre 1885, l'imprimeur expose comment « on pourrait encore baisser, s'il était absolument nécessaire » en jouant sur la qualité du papier [27] et, quinze jours plus tard, Uzanne donne à Drumont une dernière estimation à 5 000 F, assortie de conseils de mise en page pour économiser le papier [28]. Drumont donne son accord, et commencent ses angoisses :

« Beaucoup de politiciens et de financiers étaient mis en cause, des procès en diffamation étaient à craindre et Drumont n'avait pas un sou. Il alla mettre des cierges à Sainte-Clotilde, sa paroisse. (...) Le livre parut enfin. Pendant une dizaine de jours, silence complet [29]. »

Drumont a beau morigéner son éditeur [30], personne ne semble remarquer « ces deux volumes qu'on se préparait à descendre dans les caves puisqu'on en avait vendu pendant la première semaine 25 exemplaires sous les galeries de l'Odéon [31] » et Drumont considère ses « chétives économies » comme définitivement perdues. Alors, « Alphonse Daudet qui voyait son ami se désoler, alla trouver Magnard, directeur du *Figaro*. (...) Quelques jours après paraissait un article de tête, bref et cinglant. » Ce « papier », comme on dit, fit un bruit énorme, comparable à celui de la trompette de Jéricho. Des piles de *France juive* s'écoulèrent d'abord sous l'Odéon, puis dans toutes les librairies de Paris, notamment chez Achille, boulevard des Italiens, qui donnait le mouvement aux nouveautés. Les uns criaient au chef d'œuvre. D'autres, les amis d'Israël, criaient : « C'est affreux. C'est le Bottin de la diffamation [32]. »

---

26. Edmond de Goncourt, *Journal*, 17 avril 1891.
27. Lettre inédite de Darantière à Drumont, 2 décembre 1885. A. F.
28. Lettre inédite d'Octave Uzanne à Édouard Drumont, 17 décembre 1885. A. F.
29. Léon Daudet, *Quand vivait mon père*, op. cit., p. 149.
30. « Je viens de recevoir 100 exemplaires du tome II. J'ai 50 exemplaires dans une caisse à votre disposition. Ayez l'obligeance de les faire prendre aujourd'hui. Je vous en prie, occupez-vous un peu de tout cela vous-même car rien ne vaut l'œil du maître. » Lettre inédite sans date à Ernest Flammarion. A. F.
31. Édouard Drumont, *La France juive devant l'opinion*, Paris : Flammarion, 1886, p. 18.
32. Léon Daudet, *Quand vivait mon père* , op. cit., p. 149.

L'article de Francis Magnard, paru le 19 avril, a entraîné la publication de nombreux comptes rendus dans les journaux de toute tendance politique, parmi lesquels Drumont distinguera plus tard *La Croix* « qui a tant contribué à faire connaître (son) livre [33] ». Mais, si décisif qu'ait été l'article du *Figaro*, il semble que le bouche-à-oreille avait commencé à fonctionner avant sa publication puisque les archives Flammarion conservent deux lettres de collaborateurs du *Gaulois*, l'une de Louis Teste, l'autre d'Yveling Rambaud, réclamant dès le 18 avril un exemplaire du livre pour en faire le compte rendu.

Le 22 avril, Drumont peut triompher : « Il n'y a plus un seul exemplaire, les deux mille sont partis. Marpon me presse de retirer... on va mettre huit machines [34] ! »

Enfin, le duel avec Arthur Meyer, le 27 avril, et la polémique qui le suit amplifient encore le mouvement d'intérêt, comme le rapporte *La France*, qui se montre ici bien informé :

« M. Drumont a fait tirer tout d'abord de son ouvrage 2 000 exemplaires. En douze jours, il en a vendu 500. Il a fallu que les intéressés protestassent pour que le public apprît l'existence du pamphlet et l'achetât.

Le jour où *Le Matin* annonça que M. Édouard Drumont avait reçu deux provocations, les 1 500 exemplaires de *La France juive* qui étaient restés sur les rayons de MM. Marpon et Flammarion et qu'on se préparait à descendre dans les caves, les 1 500 exemplaires furent enlevés. Pendant les journées suivantes, les commandes affluèrent. Aujourd'hui, plus de 20 000 volumes sont achetés à l'avance et à chaque heure il arrive de nouveaux ordres de Paris, de province, de l'étranger [35]. »

Les 2 000 exemplaires imprimés par Darantière [36] ne suffisant plus, Marpon et Flammarion se sont aussitôt montrés prêts à prendre en charge la réédition du livre. L'imprimerie Lahure va reprendre la tâche ; c'est l'imprimeur attitré de Flammarion et sa situation à Paris évite les problèmes de transport à un moment où il faut produire et livrer très vite, tant la demande est forte mais (peut-être) passagère. Le 23 avril, Sénac accuse réception des empreintes que lui a fait parvenir Darantière :

« J'ai le regret de vous annoncer qu'elles sont mauvaises. Je vais cependant faire fondre mais j'entends de ne pas être rendu responsable soit du mauvais tirage soit du peu de service que feront les clichés [37]. »

Il faut néanmoins régler la facture de Darantière qui n'a pas été encore payée. Or, Drumont conteste la note que lui présente l'imprimeur, épisode dont Edmond de Goncourt donne une version quelque peu partisane, sur la foi du récit d'Uzanne :

« Le livre paru, le livre vendu avec le succès qu'il a eu, Drumont, sans aucune reconnaissance de la confiante avance faite par l'éditeur, l'aurait marchandé ignoblement et lui aurait imposé une réduction qui lui imposait une perte dans la

33. Lettre inédite sans date d'Édouard Drumont. A. F.
34. Edmond de Goncourt, *Journal*, 22 avril 1886.
35. *La France*, 27 avril 1886, p. 1.
36. Archives nationales, F 18* IX, n° 96, 7 avril 1886.
37. Lettre inédite de l'entreprise Sénac, 23 avril 1886. A. F.

composition des quatre volumes primitifs. Au fond, cet éreinteur de la juiverie serait le plus terrible des Juifs [38]. »

L'évidente acrimonie du chroniqueur, qui prend l'hypocrite précaution d'utiliser le conditionnel, le pousse à prêter une oreille complaisante à des propos qui déforment un peu la réalité. En effet, le 24 avril, Darantière, qui vient de transmettre les clichés du livre à Flammarion, envoie sa facture à Drumont et y joint un mot dont le ton ne dénote encore aucune rancœur :

« Je vous accuse réception de votre lettre, je croyais, en effet, devoir faire la seconde édition de votre vol. mais puisque vous en décidez autrement c'est sans doute pour d'excellentes raisons, je n'en suis pas moins très heureux de voir que vous êtes dans la nécessité de la faire aussi rapidement ; cela constate le très grand et très légitime succès de votre œuvre [39]. »

Il semble que, au vu de la facture, d'un montant de 7 506 F, Drumont ait été surpris et se soit fâché, arguant que les empreintes effectuées par Darantière sont de si mauvaise qualité que le nouvel imprimeur doit majorer ses prix [40]. À partir de ce moment, les uns et les autres ont étalé des griefs dont il est difficile de déterminer le bien-fondé. Tout juste peut-on dire que Darantière ne fut sans doute pas aussi lésé que le suggère Goncourt et que le succès ne faisait pas perdre à Drumont le sens des réalités financières ! Finalement, Drumont abandonna le règlement de l'affaire aux soins d'Ernest Flammarion :

« Darantière écrit à Uzanne qu'il est prêt à donner quittance contre un chèque de 6 325 F sur Dijon. Faites si vous voulez un dernier effort pour transiger à 6 000 ; si Darantière refuse envoyez le chèque et finissons-en. Je compte sur vous pour terminer cette affaire d'ici 2 à 3 jours [41]. »

Ce qui est fait, à la satisfaction de Drumont qui se plaint que Darantière leur « ait tenu la dragée un peu haute [42] ». Désormais, Flammarion a pris en main la destinée de *La France juive* et les intérêts de son auteur, qui ne cesse pas pour autant d'être actif, comme nous le verrons.

De même que les péripéties de ces premiers tirages, la suite de la carrière du livre nous est bien connue. Alors que le dossier de *La France juive devant l'opinion* figure normalement parmi les dossiers de fabrication conservés dans les archives Flammarion, celui de *La France juive* est résumé dans un petit cahier spécial où sont consignées les publications un peu en marge des affaires courantes. *La France juive* y est inscrite sous le titre « Réimpression », ce qui explique sa présence dans ce cahier ; les indications concernant l'édition, quoique présentées de façon plus désordonnée et condensée que dans les grands livres, permettent de mesurer son succès.

38. Edmond de Goncourt, *Journal*, 22 avril 1886.
39. Lettre de Darantière à Édouard Drumont, 24 avril 1886. A. F.
40. Deux lettres de Lahure datées du 24 et du 30 avril 1886, justifient la hausse du prix convenu par la mauvaise qualité des empreintes et la nécessité de travailler de nuit. Lettres inédites. A. F.
41. Lettre inédite d'Édouard Drumont à Ernest Flammarion, s. d., A. F.
42. Lettre inédite d'Édouard Drumont à Ernest Flammarion, s. d., A. F.

| | |
|---|---|
| 24 avril 1886 | 5 000 |
| mai | 15 000 |
| juin | 15 000 |
| juillet | 5 000 |
| août | 5 000 |
| septembre | 5 000 |
| novembre | 5 000 |
| janvier 1887 | 5 000 |
| avril | 2 000 |
| octobre | 3 000 |
| décembre 1888 | 2 000 |
| juin 1891 | 1 000 |
| août 1893 | 1 000 |
| mai 1898 | 1 000 |
| 1902 | 1 000 |
| 1903 | 1 000 |
| 1912 | 500 |

*La France juive* a incontestablement remporté un grand succès qui ne s'est ralenti qu'au début de 1887. Avec 65 000 exemplaires vendus en un an, si l'on inclut les premiers exemplaires imprimés par Darantière, Drumont égale les très grosses ventes, celles d'un Zola ou d'un Ohnet ; c'est donc une exceptionnelle réussite puisque l'ouvrage n'appartient pas au genre romanesque, qui, seul, à cette époque, atteint vite de tels tirages. Ces chiffres montrent,par ailleurs, qu'il ne faut pas ajouter foi aux mentions portées sur les couvertures. En effet, les livres de fabrication le prouvent, les éditeurs ont joué sur le fait que le livre comportait deux volumes ; ainsi, un tirage de 10 000 livres fait passer la mention de la couverture de « 35e édition » à « 54e édition [43] ». De plus, cette mention tient compte des éditions réalisées par d'autres éditeurs, notamment de l'édition illustrée [44]. Ce ne sont donc pas 200 000 exemplaires qui ont été vendus avant 1914, comme le suggère la mention « 200e édition » qui figure sur les couvertures et dans les catalogues, mais la moitié environ, dont 80 000 par Flammarion [45], ce qui reste considérable.

Par ailleurs, on remarque que, après l'emballement des années 1886-1887, la courbe des ventes s'infléchit inexorablement. L'affaire Dreyfus n'a guère d'effet de relance : à l'évidence, il s'agit d'un autre débat.

---

43. Pour susciter chez le lecteur un effet d'entraînement et l'inciter à acheter les livres à succès, les éditeurs avaient pris l'habitude d'imprimer sur les couvertures « xe mille » ou, ce qui était plus vague, « xe édition ». De là naquit la confusion et l'on prit l'habitude de considérer qu'une édition représentait au moins 1 000 exemplaires mais on vit, chez certains éditeurs, des éditions de 250 exemplaires... qui prirent ensuite le nom de « mille » !

44. Une édition populaire, condensée en 554 pages, parut chez Palmé en 1888 et une édition illustrée, par livraisons, chez Gautier. L'habitude étant de ne faire paraître d'édition populaire qu'après essoufflement des ventes de l'édition normale, cela confirme que le succès de *La France juive* s'étendit sur l'année 87.

45. En tenant compte de la passe de 10 %.

Avec le brusque succès de son livre, Drumont évite la catastrophe financière qu'il redoutait tant, et même s'assure de confortables revenus. En effet, Marpon et Flammarion lui ont signé un contrat avantageux puisqu'il touche 4 000 F pour les 3 000 premiers exemplaires, puis 75 centimes par volume, soit 1,50 F par livre vendu. En décembre 1888, alors que *La France juive* atteint les 67 000 exemplaires, les droits passent à 1,75 F pour les deux volumes. Ces conditions sont exceptionnelles car, s'il est vrai que certains auteurs à succès touchent 70, voire 75 centimes par volume, leur contrat prévoit généralement une progressivité des droits qui n'atteignent ces sommes qu'à partir du 20e mille le plus souvent ; les frais fixes ayant été amortis sur les premiers tirages, on considère alors comme normal de répartir entre l'auteur et l'éditeur les bénéfices supplémentaires. Dans le cas de Drumont, tout se passe comme si le travail de Darantière représentait une économie importante pour l'éditeur et lui permettait de dégager un bénéfice suffisant pour payer des droits élevés à l'auteur. Ces conditions avantageuses supposent aussi que les deux éditeurs croyaient à la persistance du succès de *La France juive.*

Ainsi, entre avril 1886 et juin 1891, Drumont toucha 100 500 F de Flammarion pour ce livre [46]. L'éditeur, de son côté, fit un bénéfice brut de 165 000 F environ [47].

Toutefois, la publication réserve quelques émotions. Outre le duel de Drumont avec Arthur Meyer, la publication de *La France juive* a donné lieu à un procès intenté par Marcel Deprez « ingénieur électricien,membre de l'Institut et officier de la Légion d'Honneur ». Drumont a écrit à son sujet [48] :

« Savant de quinzième ordre, ce Deprez a la spécialité de s'approprier les découvertes des autres. Dans sa profonde ignorance de la science contemporaine, l'Institut l'a couronné pour deux appropriations de ce genre, l'une (l'intégrateur) aux dépens d'Ausler de Schaffouse, l'autre (l'indicateur de vitesse) aux dépens de Hirn. Ausler et Hirn avaient publié leurs travaux depuis sept ans quand Deprez les copia textuellement et les présenta en son nom. »

L'ingénieur a obtenu, en première instance, le 28 février 1887, une condamnation à 50 F d'amende pour chacun des éditeurs et 250 F pour Drumont, au versement de 1 000 F de dommages et intérêts, et la saisie du livre. En appel, le 14 mars 1888, les amendes sont maintenues et seules les pages incriminées seront supprimées. Flammarion en a été quitte pour la peur mais, en juin 1888, Drumont doit encore le rassurer :

---

46. Et encore 9 625 F, entre 1891 et sa mort.

47. D'où un échange de correspondance montrant la vigilance — et l'âpreté — de l'auteur. Ainsi, il écrit de Lion-sur-mer, où il passe des vacances chez Gyp :

« Mon cher Flammarion,

J'ai touché aujourd'hui et je vous en donne reçu par la présente la somme de 15 000 F pour solde de mes droits d'auteurs de *La France juive* jusqu'à la 74e édition comprise. La somme de 22 500 F que vous tenez à ma disposition pour le 15 septembre prochain comprendra le tirage de la 75e à la 104e édition. Cordialement à vous. »

Or, ce dernier tirage ne sera mis en chantier qu'en septembre ; Flammarion le lui réglera donc à la mi-octobre, après que le solde de la facture de Darantière, soit 325 F, eut fait l'objet de négociations. Lettre inédite de Drumont à Ernest Flammarion, 26 août 1886.

48. Édouard Drumont, *La France juive*, op. cit., pp. 99-100.

« Du moment que vous pouvez prouver que vous n'avez rien tiré depuis le jugement, vous pouvez être parfaitement tranquille et écouler paisiblement ce que vous avez en magasin. Gardez donc vos couvertures si elles existent dès à présent.

Il est plus que probable d'ailleurs que Marcel Deprez qui somme toute n'a pas à se louer de ce procès aura d'autres chats à fouetter que de recommencer un procès à propos d'un chiffre d'édition sur une couverture [49]. »

Ce dernier argument est le meilleur car il aurait sans doute été difficile de cacher à la Justice les 12 000 exemplaires imprimés entre janvier et octobre 1887, même si le Dépôt légal n'en avait pas été averti. Aucune autre poursuite n'est engagée et *La France juive* quitte lentement le devant de la scène politique.

Pourtant, Drumont n'est pas décidé à s'en arrêter là ; il va essayer, au contraire, d'amplifier par tous les moyens le succès de son livre. Déjà, pendant l'été 1886, il a repris la plume, préparant une édition définitive de *La France juive.* Il lui apparaît bientôt qu'il est plus simple de faire de ce qui devait être une nouvelle introduction, un nouvel ouvrage indépendant et, en novembre 1886, paraît *La France juive devant l'opinion.* Le premier tirage est de 5 000 exemplaires et, en tout, 33 000 exemplaires sont imprimés entre novembre 86 et avril 87. Cela représente une vente très honorable pour un livre qui n'apporte pas grand chose que les lecteurs ne connaissent déjà. En effet, Drumont y répond aux critiques qui lui ont été adressées, fait le point sur les attaques personnelles contenues dans *La France juive* et consacre un long chapitre, « L'escrime sémitique », à son duel avec Arthur Meyer, le directeur du *Gaulois.* Or, tout cela, le duel du 24 avril, le procès de Meyer et sa condamnation à 200 F d'amende pour avoir enfreint les règles du duel, la presse l'a déjà abondamment rapporté. Certes, comme tout ce qui entretient la polémique, *La France juive devant l'opinion* fait de la publicité à l'ouvrage contesté, mais on voit bien dans ce domaine la supériorité de la presse. Cela apparaîtra encore plus nettement avec l'affaire Dreyfus.

Cependant, Drumont ne veut pas se contenter de cette célébrité soudaine ; il veut continuer à propager ses idées. Aussi tente-t-il de persuader Flammarion de publier d'autres livres antisémites dès l'été 1886, à commencer par un livre de Jacques de Biez, *La Question juive,* qui est, à l'origine, une conférence sur Drumont « pour défendre l'œuvre d'un confrère qu'il n'avait jamais vu. (...) La conférence est devenue un livre (...) où de grandioses images font valoir des maximes vigoureusement frappées [50] ». Marpon et Flammarion se laissent fléchir, le livre paraît. De la même façon, il leur paraît opportun de rééditer un ouvrage vieux de quarante ans, auquel Drumont se réfère plusieurs fois dans son livre, *Les Juifs, rois de l'époque,* de Toussenel. Encouragé, Drumont propose un autre livre :

« Un journaliste de talent, M. Paul Devaux, m'a fait lire une jolie étude intitulée *Esther et Mardochée.* C'est très réussi, très parisien et très savant à la fois, plein de mots charmants. C'est de l'exégèse avec une pointe de boulevardisme.

---

49. Lettre inédite d'Édouard Drumont à Ernest Flammarion, ? juin 1888. A. F.
50. Édouard Drumont, *La France juive devant l'opinion,* p. 16.

Cela fera une brochure d'environ 25 pages qui pourra se vendre 1 F. Éditez-la, je réponds des frais ou nous les supporterons ensemble pour moitié comme vous voudrez. L'auteur ira vous voir aujourd'hui ou demain. Voyez si vous ne pourriez pas prendre un format piquant un peu la curiosité. Il n'y a absolument pas une ligne là-dedans qui puisse prêter à procès.

Il est absolument essentiel pour *La France juive* elle-même de maintenir la question à l'ordre du jour et vous ne pouvez que gagner à vous faire une spécialité d'une question qui dans quelques années sera la préoccupation de l'Europe entière.

Quant au reproche qu'on pourrait vous faire à ce sujet vous n'avez qu'à répondre que vous vendez ce qui intéresse le public et qu'à moins d'attaques contre une personne vous êtes disposé à éditer toutes les réfutations qu'on voudra publier de mon livre. Cordialement à vous [51]. »

Malgré l'argumentation prévoyante de Drumont, Flammarion ne se décide pas : on comprend à travers ces lignes que l'éditeur se soucie peu d'être catalogué comme l'éditeur spécialisé de l'antisémitisme. L'auteur de *La France juive* ne se décourage pas pour autant et revient à la charge quelques temps après :

« Envoyez-moi si vous le voulez en le recommandant à la poste le manuscrit des *Juifs en Russie*. Je suis d'avis que pour ceci, il faut attendre un peu. Il est préférable pour tenir l'opinion en haleine d'avoir une brochure courte et d'un caractère parisien comme la brochure de M. Paul Devaux [52]. »

Tentative infructueuse [53]. L'auteur et l'éditeur raisonnent de façons trop différentes. Le premier est (peut-être) prêt à faire des sacrifices financiers pour aider à la diffusion des idées antisémites et amplifier le succès de son livre. Le second a le souci de la santé financière et de la réputation de sa maison. Il ne souhaite visiblement pas que son nom revienne trop souvent dans les chroniques judiciaires et ne veut pas qu'il soit attaché à des idéologies. Par conséquent, ni *Esther et Mardochée* ni *Les Juifs en Russie* ne paraîtront chez Marpon et Flammarion [54]. La règle de conduite que s'est fixée Flammarion vaut aussi bien pour Drumont lui-même. Aussi doit-il s'adresser à d'autres éditeurs pour ses ouvrages suivants : Dentu (*La Dernière bataille*, 1890 ; *Testament d'un anti-sémite*, 1891), La Librairie antisémite (*Les Juifs contre la France*, 1893 ; *Nos maîtres : la tyrannie maçonnique*, 1899) et Savine (*La Fin d'un monde*, 1889 ; *Le Secret de Fourmies*, 1892). Ce dernier est ouvert à tous les courants, fussent-ils extrémistes, sans souci des répercussions financières ou judiciaires. Sa boutique de la rue des Pyramides voit passer beaucoup de nihilistes russes, de réfugiés polonais, d'antisémites, aussi, pour qui il crée une Collection antisémite dans laquelle figurent notamment les œuvres d'Auguste Chirac. Il est devenu un ami personnel de Drumont qui a pris l'habitude de venir

51. Lettre inédite d'Édouard Drumont à Ernest Flammarion, août 1886 ? A. F.

52. Lettre inédite sans date d'Édouard Drumont à Ernest Flammarion. A. F.

53. En dehors de toute autre considération, Flammarion se méfiait peut-être, en l'occurrence, de cet auteur passé de l'art de jouer aux courses à un manuel de l'éleveur de lapins, puis d'une étude sur le demi-monde à la croisade antisémite.

54. Le premier, devenu *Joseph et Mardochée*, sera publié, précédé d'une lettre-préface de Drumont, par l'Union des Bibliophiles en 1887.

lui déclamer, au retour de sa promenade matinale quotidienne, son prochain article pour *La Libre Parole* [55].

Malheureusement, Savine fait faillite en 1896 [56] et Drumont se tourne à nouveau vers Flammarion avec qui il est resté en bons termes et qui a réédité, dans l'intervalle, ses deux premiers ouvrages, *Mon vieux Paris* et *Le Dernier des Trémolin.* Il lui demande de racheter les droits de *La Fin d'un monde* qui se trouve dans le fonds Savine.

« Je ne veux pas, croyez-le bien, essayer de vous entraîner par de fallacieux discours à faire une mauvaise affaire. C'est une entreprise qui n'aurait aucune chance de réussir auprès d'un homme aussi pratique que vous. *La Fin d'un monde* est, selon moi, mon meilleur livre. C'est une bonne propriété littéraire et je souhaiterais qu'elle fût chez vous. Voyez s'il n'y aurait pas moyen d'arriver à ce résultat. Je suis prêt à faire toutes les concessions sur les droits d'auteur dans l'intérêt de la propagande de mes idées (...) [57]. »

Suit une discussion des conditions financières de ce rachat dans laquelle il apparaît que Drumont touchait 1 F par volume chez Savine, ce qui en fait l'un des auteurs les mieux payés de son époque... L'affaire ne se fait pas, peut-être pour des raisons financières justement, mais Flammarion se charge d'éditer ses livres suivants, *De l'or, de la boue et du sang* en 1896, *Les Tréteaux du succès* en 1900, et *Vieux portraits, vieux cadres* en 1903. Dans le vacarme de l'affaire Dreyfus, la voix de Drumont passe plus inaperçue et les conditions du contrat sont plus raisonnables [58], deux raisons qui expliquent peut-être ce retour chez Flammarion. Aucune poursuite judiciaire, des tirages juste honorables (8 000 et 4 000 exemplaires pour les deux derniers titres) : Drumont est redevenu un auteur comme un autre.

Une lettre de Drumont, s'excusant de n'avoir pu assister au banquet offert à Ernest Flammarion lors de sa décoration de la Légion d'honneur, illustre bien ce que furent les relations entre les deux hommes :

« Mon cher Flammarion,

Vous savez à quel point je suis absorbé par mon journal et combien je vis retiré. Il m'a donc été impossible d'assister au banquet qui vous a été offert et où ma présence, d'ailleurs, aurait peut-être gêné quelques-uns de vos amis.

Nous avons eu cependant de trop aimables rapports ensemble pour que j'aie besoin de vous dire que c'est de grand cœur que je m'associe à ceux qui ont bu hier soir à votre santé à l'occasion de votre décoration. Cordialement à vous [59]. »

Il s'agit de relations cordiales entre un éditeur et son auteur, non d'une communauté de pensée ; la lettre de Drumont laisse plutôt supposer que les amis d'Ernest seraient dreyfusards. Le succès de *La France juive* n'avait pas transformé

55. Voir Paul Lombard, *Au berceau du socialisme français*, Paris : Éditions des Portiques, 1932, pp. 241-253.
56. L'essentiel de son fonds sera repris en 1900 par Stock.
57. Lettre inédite d'Édouard Drumont à Ernest Flammarion, 24 septembre 1896. A. F.
58. 50 c. pour les 4 000 premiers exemplaires, 60 c. pour les 10 000 suivants et 75 c. au-delà.
59. Lettre inédite d'Édouard Drumont à Ernest Flammarion, 24 juin 1896. A. F.

Ernest en propagandiste de l'antisémitisme pour autant. Il avait fait passer avant tout les préoccupations commerciales.

### *Flammarion et l'affaire Dreyfus*

L'affaire Dreyfus n'a pas eu sur l'édition française les mêmes répercussions que sur la presse. Même si la brochure de Bernard Lazare [60], rédigée à la demande de Mathieu Dreyfus et publiée d'abord à Bruxelles, le 6 novembre 1896, puis quelques jours plus tard à Paris, a joué un rôle déterminant, c'est la presse qui a le mieux profité des développements de l'Affaire, jusqu'à en devenir parfois l'élément moteur. Par sa souplesse, sa rapidité de parution, elle répond mieux, en effet, aux nécessités de la polémique.

Néanmoins, en l'espace de dix ans, 180 livres au moins auront été suscités par l'Affaire [61], dont une grande majorité entre 1896 et 1902. L'éditeur le plus important pour les publications dreyfusardes est Stock : pièces du procès, comptes-rendus des audiences, témoignages..., sa production représente, en tout, 40 % de l'ensemble des publications recensées et les noms des dreyfusards les plus célèbres s'inscrivent à son catalogue : Clemenceau — avec sept volumes —, Lazare, Reinach... De plus, il collabore à l'édition et la diffusion des livres de la Ligue des droits de l'Homme et prend en dépôt de nombreuses publications dues à de très petits éditeurs. Il agit essentiellement par conviction [62]. C'est un sportif amateur de boxe et d'aviron à qui les défis ne font pas peur. Depuis une dizaine d'années, il est lié avec beaucoup d'auteurs dont le dénominateur commun est une certaine révolte : antimilitaristes (ce qui lui a valu un procès retentissant pour *Les Sous-offs* de Descaves), anticapitalistes, antisémites parfois. Pourtant, convaincu par Lazare de la justesse de la cause dreyfusarde, il s'y dévoue alors totalement. Il n'y gagne que des menaces, des calomnies et surtout des dettes. Il doit vite abandonner la publication du *Sifflet*, le journal qu'il avait lancé en 1897 pour répondre au *Pstt!*, opposant les dessins d'Ibels à ceux de Forain et Caran d'Ache. En 1900, il est à la recherche de créanciers. S'il est d'autres explications à la ruine de Stock, notamment sa passion du jeu et l'incendie de son magasin du Palais-Royal, il est certain que la littérature dreyfusarde a contribué à sa faillite.

Les autres livres en rapport avec l'affaire Dreyfus sont éparpillés dans les catalogues de multiples éditeurs, en tête desquels on trouve Fasquelle avec huit titres, parce qu'il est l'éditeur attitré de Zola, puis Ollendorff avec six titres, Calmann-Lévy avec quatre titres, etc. C'est dire que, Stock excepté, les grands éditeurs se sont montrés prudents. Sans doute craignaient-ils de s'aliéner une partie

60. Bernard Lazare, *Une erreur judiciaire. La vérité sur l'affaire Dreyfus*, Paris : Stock, 1896.
61. Ce recensement figure dans l'ouvrage de Louis Leblois, *L'Affaire Dreyfus*. Paris : Quillet, 1929, p. 1076.
62. Voir Pierre-Victor Stock, *Memorandum d'un éditeur*. Paris : Delamain et Boutelleau, 1935-1938.

de leur clientèle pour des œuvres dont la rentabilité n'était pas évidente, tant la concurrence de la presse était forte. Les auteurs de pamphlets prêts à quelques sacrifices financiers ont dû alors se tourner vers des éditeurs beaucoup plus obscurs, comme L. Hayard, qui n'avaient rien à perdre et pouvaient tirer quelque profit d'éditions à compte d'auteur.

Flammarion, dans la circonstance ne se distingue pas de ses confrères : la maison ne publie que deux livres ayant un rapport direct avec l'Affaire : *L'affaire Dreyfus par l'image* et *Y a-t-il deux morales ?*

L'ouvrage de John Grand-Carteret [63] reproduit 266 caricatures françaises et étrangères. L'auteur ne porte pas de jugement sur le fonds de l'affaire, se contentant de juger de la qualité artistique des dessins :

« Ce n'est point ici un plaidoyer pour ou contre Dreyfus, pour ou contre Esterhazy, pour ou contre Zola ; c'est seulement la réunion de caricatures parues à l'occasion de ces différentes affaires ; ce sont des documents graphiques destinés à montrer au public français les motifs qui ont fait agir les crayons étrangers, au public étranger les productions de la caricature française [64]. »

Le livre se situe donc clairement en dehors de la polémique et reste, d'une certaine façon, dans la tradition gaie de la maison. D'ailleurs, John Grand-Carteret est un spécialiste de ce genre d'ouvrages. Il a déjà publié chez d'autres éditeurs des recueils de caricatures, composés autour d'un personnage (Napoléon, Bismarck, Wagner...) ou d'un événement politique comme l'alliance franco-russe. L'affaire Dreyfus lui offre une plus ample matière encore. Tiré à 3 000 exemplaires, le livre s'épuise vite ; un second tirage à 2 000 exemplaires en est fait dans la même année, ce qui est un résultat honorable si l'on considère que le public est abreuvé quotidiennement de caricatures par la presse.

En revanche, à la lecture de la brochure de Maurice Bouchor, *Y a-t-il deux morales ?*, nul ne peut ignorer les opinions dreyfusardes de l'auteur ; pas même son éditeur. En effet, Maurice Bouchor qui a déjà eu recours à Marpon et Flammarion pour la diffusion de quelques œuvres, a loyalement prévenu ce dernier :

« Je tiens à vous demander si vous auriez une objection à me faire en ce qui concerne une brochure que je vais publier et que je voudrais déposer chez vous dans les conditions habituelles [65]. Elle est adressée aux universitaires et intitulée : *Y a-t-il deux morales ?* C'est un petit ouvrage de philosophie morale à propos de l'affaire Dreyfus. Il n'y a aucun nom propre ; mais je fais directement allusion à cette affaire et ne cache pas mon sentiment personnel (qui est que Dreyfus est innocent). J'ai donc pensé, avant de faire mettre votre nom sur la couverture de cette brochure, que je devais vous demander si vous y voyiez un inconvénient [66]. »

---

63. John Grand-Carteret, *L'affaire Dreyfus par l'image.* Paris : Flammarion, 1898. 352 p.
64. John Grand-Carteret, op. cit., pp. 1-2.
65. L'auteur se charge de l'impression de la brochure et la met en dépôt chez Marpon et Flammarion.
66. Lettre inédite de Maurice Bouchor à Ernest Flammarion, 15 septembre 1897. A. F.

L'éditeur a donné son accord puisque la brochure paraît, posant dès les premières lignes une question oratoire peu ambiguë :

« Un mensonge, une perfidie, un déni de justice peuvent-ils devenir légitimes (d'autres disent louables) lorsqu'ils sont commis pour sauvegarder ce que l'on considère comme l'intérêt supérieur de la patrie ou de la société [67] ? »

L'auteur s'emploie à démontrer qu'on ne peut substituer une morale de circonstance à la morale ordinaire ni distinguer morale individuelle et morale d'État. Cette mince brochure de 24 pages, qui évite soigneusement le sensationnel, a dû passer bien inaperçue dans le flot des textes suscités par les événements et elle n'engageait guère la maison Flammarion.

Pendant cette période où il est si difficile de ne pas prendre parti, l'édition française réussit à rester remarquablement neutre, redoutant sans doute les déboires de Maurice Dreyfous qui attribue — à tort ou à raison — sa ruine à l'hostilité des libraires anti-dreyfusards [68]. Flammarion ne fait pas exception, on le voit à ce maigre bilan. Toutefois, le pamphlet politique n'est pas la seule forme littéraire qui permette de diffuser des idées. Deux auteurs édités par Flammarion l'avaient bien compris, qui choisirent la forme romanesque pour gagner des lecteurs à l'antisémitisme : Gyp et Léon Daudet.

## *Les romans de Gyp*

La comtesse de Martel de Janville, née Sibylle de Riqueti de Mirabeau, est de ces femmes du monde qui, à la fin du siècle, se lancent en grand nombre, dans la littérature.

Elle avoue volontiers qu'elle n'a pas cédé à une vocation mais, en 1882, « lorsque je me trouvai brusquement obligée de travailler », confie-t-elle à un de ses amis [69], « je pensai à *La Vie parisienne* [70]. Je ne pouvais faire que ça ou le cirque [71]. Je choisis ce que la famille devait accepter le plus facilement, si elle venait à le découvrir. » Elle reconnaît, de plus, qu'elle n'a pas de talent et fait preuve à cet égard d'une sympathique lucidité :

« Je suis sans illusion sur la valeur intellectuelle d'une succession de tableaux bâclés et galopés comme tout ce que je fais. Je n'ai ni amour-propre ni grande considération pour les lecteurs puisque je vois ce qui leur plaît. Ma seule force fut d'avoir ce que ma tante Vieilcastel appelait avec envie « une santé terrible ». Je n'avais que ça. Le côté intellectuel, ainsi qu'il a été facile de s'en apercevoir, ne m'a jamais donné de mal et a vécu sur le velours [72]. »

---

67. Maurice Bouchor, op. cit., p. 5.
68. Il abandonna l'édition en 1898. Sur cet éditeur, voir le chapitre « Prospérité de l'édition ».
69. Michel Missoffe, *Gyp et ses amis*. Paris : Flammarion, 1932, pp. 61-62.
70. Revue à laquelle collabore son ami Charles Haas.
71. Elle était très bonne cavalière.
72. Michel Missoffe, *Gyp et ses amis*, op. cit., p.64.

Admiratrice de Balzac et de Maupassant, amie d'Anatole France et Maurice Barrès, elle est des premières à s'enthousiasmer pour Proust. À défaut de talent littéraire, elle a du jugement.

Après avoir publié des récits de dîners mondains dans *La Vie parisienne*, elle connaît le succès dès ses premiers romans dialogués avec *Petit Bob*, en 1882, et *Autour du mariage*, en 1883 (94 éditions en seize ans !), édités par Calmann-Lévy. Cent autres titres suivront...

Toutefois, la véritable passion de Gyp n'est pas, comme on l'a vu, la littérature, mais la politique. Elle fait ses premières armes en organisant la campagne électorale du candidat boulangiste à Lion-sur-mer, expérience rapportée dans *Une élection à Tigre-sur-mer* (sic). Ensuite, elle collabore à *La Libre Parole* de Drumont dont elle est une amie de longue date. Violemment anti-dreyfusarde, elle ne manque aucun procès, recrute des « apaches » pour les sorties d'audience toujours houleuses, et, appelée à témoigner, elle se fait remarquer en répondant au président qui lui demande sa profession : « Antisémite. » Durant cette période, elle continue de donner à Calmann-Lévy ses petits romans de mœurs mais, pour ses deux romans inspirés par le scandale de Panama, *Journal d'un philosophe*, paru en 1894, et *Le Baron Sinaï*, publié en 1897, elle se tourne vers Charpentier-Fasquelle. Ensuite, il lui devient sans doute difficile de solliciter l'éditeur de Zola ; elle s'adresse alors à Flammarion qui est redevenu l'éditeur de Drumont et entretient de bons rapports avec la famille Daudet.

En 1898, Gyp vient donc proposer deux livres violemment antisémites à Ernest Flammarion : l'un porte un titre explicite, *Israël* ; l'autre cache sous un titre plus anodin, *Journal d'un grinchu*, des attaques plus précises et plus liées à l'actualité.

*Israël* reprend sous forme de tableaux les poncifs de la littérature antisémite. Gyp semble avoir voulu illustrer ligne à ligne le chapitre V de *La France juive* publié douze ans plus tôt. Le château de Ferrières, propriété des Rothschild, est devenu le Parc aux Cerfs du comte de Cayenne de Rio ou les Quatre-Tours de Mac Chabée de Clairvaux. Une noblesse française ruinée — mais portant des titres authentiques — vient y chasser et s'y prostituer, pour le plus grand plaisir de banquiers juifs, dreyfusards et internationalistes, avides de fréquenter une aristocratie qu'ils singent avec grossièreté. Seuls sont sympathiques un jeune noble pauvre et fier, qui refuse les compromis, et quelques personnages populaires épisodiques, qui clament leur haine du Juif exploiteur.

Comme d'habitude avec Gyp, le récit est d'une constante médiocrité, la plaisanterie d'un comique laborieux — la comtesse Mac Chabée n'a-t-elle pas pour amant le noble vicomte d'Ebrouillar! — et son antisémitisme reste dans la ligne de *La Libre Parole*. La ruine des valeurs morales françaises par l'action de Juifs grossiers et apatrides, la responsabilité d'une aristocratie qui renonce à sa mission exemplaire par goût de l'argent, la possibilité de réconcilier les classes populaires et une petite noblesse rurale attachée aux valeurs chrétiennes, autant de thèmes chers à Drumont. Toutefois, l'expérience de *La France juive* a servi. Même si les allusions sont transparentes, aucun nom n'étant cité, l'ouvrage est inattaquable.

Gyp récidive avec le *Journal d'un grinchu*, dédié à Maurice Barrès. Les idées sont les mêmes mais, ici, l'auteur les intègre dans une véritable trame romanesque. Jean de Maillane, petit noble ruiné, va peu à peu découvrir que sa femme, qu'il aime d'un amour purement physique, a des amants : un certain Château-Landon, image de la noblesse dévoyée, et surtout un comte Klebrig, juif richissime qu'elle supporte pour l'argent qu'il lui donne. L'affront est tel pour ce parlementaire antisémite qu'il justifie le recours à une solution extrême : le divorce !

À la différence d'*Israël*, ce roman est situé dans l'actualité immédiate : candidature de Zola à l'Académie, incendie du Bazar de la Charité, mort du duc d'Aumale, procès de Zola... L'épouse adultère, entretenue par un juif, est dreyfusarde tandis que le héros, farouchement anti-dreyfusard et porte-parole de l'auteur, prononce quelques jugements audacieux sur les événements, tel celui suscité par la publication du fameux « J'accuse... » de Zola dans *L'Aurore* : « Je suis désolé que la lettre de ce pauvre Zola soit aussi magistralement ratée, car, il n'y a pas à dire, elle l'est jusqu'au ridicule[73] ! »

Toutefois, emportée par son élan, Gyp ne s'est pas contentée de ces jugements de valeur ; elle s'est laissée aller à écrire que « M. Trarieux, autrefois catholique, s'était converti au protestantisme en vue d'un mariage avantageux ». L'ancien ministre de la Justice [74] réclame aussitôt devant la première Chambre civile du tribunal de la Seine une condamnation pour diffamation assortie de 50 000 F de dommages et intérêts. Considérant que « Trarieux a pu très justement se trouver blessé par une imputation qui le donnait pour un vulgaire renégat et le désignait en même temps comme un homme sans conscience, faisant trafic dans un but de lucre de ses intimes convictions », le tribunal condamne Gyp et son éditeur à 5 000 F de dommages et intérêts et ordonne que le passage incriminé soit supprimé [75].

Avant même l'insertion du jugement dans quatre journaux parisiens et six autres de province, l'affaire a un certain retentissement à cause de la notoriété et de l'engagement politique des protagonistes. *La Libre Parole* ne se fait pas faute de soutenir sa collaboratrice tandis que le diffamé, qui s'est assuré les services de Maître Labori, est soutenu par les dreyfusards.

Quoique condamnée, Gyp ne renonce pas pour autant à ses romans « engagés » ; simplement, elle se montre plus prudente et déguise dorénavant les noms des personnes attaquées. Dans *Les Femmes du colonel*, publié l'année suivante, Dreyfus, Trarieux, Scheurer-Kestner... deviennent ainsi Judassfruss, Trahidieux, Schummer-Foster... Elle y ridiculise le colonel Picquart (devenu Flamand) par l'admiration que lui vouent, sans distinction d'âge, de condition sociale ou de vertu, des dreyfusardes fanatiques.

73. Gyp, *Journal d'un grinchu*. Paris : Flammarion, 1898, p. 367.

74. Jacques Trarieux avait siégé au tribunal qui avait condamné Boulanger et il était le président de la Ligue des droits de l'Homme, deux raisons qui expliquent l'animosité de Gyp à son égard.

75. Jugement rendu le 4 janvier 1899. Voir les comptes-rendus dans *Le Figaro* du 5 janvier 1899, *La Libre parole* du 22 décembre 1898 et du 5 janvier 1899, etc.

La même année voit encore la publication d'un roman de la veine d'*Israël*, *Les Cayenne de Rio*, puis l'affaire Dreyfus atteint son dénouement. Gyp s'assagit mais continue à beaucoup publier ; Calmann-Lévy, à l'occasion, Per Lamm, Juven et, surtout, Flammarion se partagent sa production. Le choix des trois derniers montre bien que si Gyp commence à passer de mode et à voir ses premiers tirages diminuer, elle touche encore le public populaire puisque Per Lamm et Juven produisent surtout des livres à bas prix ; et c'est à ce titre aussi que Flammarion continue de l'éditer fidèlement. Outre quelques volumes à 3,50 F, il fait figurer dans ses collections à bon marché sept de ses livres, dont *La Ginguette* pour ouvrir, avec succès [76], la Select-Collection.

## *Les pamphlets de Léon Daudet*

À l'affût d'auteurs à succès, Marpon et Flammarion ont, dès janvier 1885, pris contact avec Alphonse Daudet pour faire des éditions illustrées de ses œuvres les plus populaires [77]. En douze ans, ils firent affaire pour une dizaine d'entre elles. S'autorisant de la cordialité née de ces négociations, Alphonse Daudet envoya Drumont à Marpon et l'éditeur n'eut pas à s'en repentir ; puis, il lui adressa son frère Ernest. En 1887, Marpon et Flammarion signent donc le premier contrat d'Ernest Daudet pour la collection des Auteurs célèbres et *Jourdan Coupe-tête* devient le numéro 50 de cette collection de poche. Dans les années qui suivent, Ernest Daudet publie encore, chez Flammarion, *Fils d'émigrés* (1890), *Le Gendarme excommunié* (1891) et *Mœurs du temps* (1892), auxquels il faut ajouter cinq autres titres de la collection des Auteurs célèbres ; ce n'est qu'une très faible partie de l'œuvre de cet auteur extrêmement prolifique ! Flammarion aurait, d'ailleurs, pu éditer davantage d'œuvres d'Ernest Daudet car leur correspondance montre que l'auteur a fait des offres régulières à l'éditeur, ne se cachant pas de mettre différents éditeurs en compétition [78] ; Flammarion n'était sans doute pas suffisamment intéressé pour enchérir sur les offres de ses confrères [79]...

Après la mort d'Alphonse Daudet, en 1897, Ernest Flammarion continue d'entretenir d'étroites relations avec sa famille. L'auteur de *Tartarin* a encore un public fidèle et les réimpressions vont bon train. Julia reçoit donc des droits substantiels qu'elle augmente encore en passant des contrats nouveaux avec Flammarion [80] car Alphonse Daudet est de toutes les collections nouvelles : il est

---

76. 160 000 exemplaires vendus entre 1914 et 1918.

77. Voir le chapitre « Flammarion et ses auteurs ».

78. « Seriez-vous disposé à imprimer *Un Drame parisien*, avec ses deux actes inédits, une préface et en supplément le quatrième acte tel qu'il est joué au Gymnase ? Je ne dois pas vous dissimuler (...) que je suis déjà en présence de deux propositions d'éditeur et que j'irai, ce que vous ne sauriez trouver mauvais, à qui me fera les meilleures. » Lettre inédite d'Ernest Daudet à Flammarion, 1er octobre 1892. A. F.

79. Flammarion lui payait déjà des droits élevés : 50 centimes par volume, jusqu'à 3 000 exemplaires, 60 centimes au-delà.

80. Entre 1897 et 1914, Julia Daudet signe une douzaine de contrats avec Ernest Flammarion, en vue de nouvelles éditions, illustrées ou populaires, des œuvres de son mari.

le seul auteur, avec Zola, dont les tirages dépassent toujours les 100 000 ! À travers ces contacts financiers, on peut imaginer que se perpétuent les rapports amicaux noués du vivant d'Alphonse entre la famille Daudet et Flammarion. C'est sans doute pourquoi Léon Daudet, édité par Charpentier-Fasquelle depuis 1892 et ne pouvant cohabiter avec Zola dans le catalogue de l'éditeur, s'adresse à Flammarion. Après Alphonse et Ernest, avant Lucien, c'est le troisième membre de la famille à entrer dans la maison.

En juillet 1901, Léon Daudet qui, depuis un an, s'est rapproché de Drumont et écrit dans la *Libre Parole*, apporte à Flammarion *Le Pays des parlementeurs*. C'est un ouvrage de « politique-fiction » violemment antisémite et antiparlementaire : avec l'aide de parlementaires veules ou pourris, francs-maçons le plus souvent, le pouvoir juif occulte, incarné par Warmeschwein, y déclare une guerre sans merci à l'Armée et à l'Église. L'antisémitisme confine ici au délire, ce qui ôte toute crédibilité et toute chance de succès au livre. Le lecteur attiré par le jeu de mots du titre découvre vite que c'est encore le meilleur du livre. Puis, en 1904, il lui confie *La France en alarme*, un recueil de 60 chroniques inspirées par l'actualité politique, littéraire, scientifique. L'inspiration politique est la même que pour le livre précédent mais le propos est plus sérieux. Cependant, il n'a pas plus de succès [81].

Ensuite, Léon change d'éditeur et se tourne vers Fayard (et occasionnellement Fasquelle) pour ses romans, et vers la Nouvelle Librairie Nationale pour ses pamphlets politiques. Il ne revient chez Flammarion qu'en 1916, pour *L'Amour et l'absence* [82]. À partir de ce moment, la coopération de Léon Daudet et de Flammarion s'intensifie. De nombreux titres entrent dans la Select-Collection des frères Fischer et, par un traité signé en 1917, l'éditeur s'engage à prendre *Dans la lumière* et les sept romans qui suivront [83]. Plus tard, ce traité est renouvelé, étendu, et Flammarion rachète même les romans de Léon Daudet qui ont cessé d'être la propriété de Fasquelle. Léon Daudet et la maison Flammarion entretiennent alors les meilleurs relations : la majeure partie de l'œuvre de Daudet, essentiellement romanesque, est désormais publiée par Flammarion, le reste revenant généralement à Grasset.

## *Politique et considérations commerciales*

Les grands éditeurs de littérature générale n'aiment guère les livres politiques et se tiennent dans l'ensemble à l'écart des grands courants politiques qui agitent la fin du siècle. Il ne reste plus aux auteurs qu'à se tourner vers de petits éditeurs, comme Savine, spécialistes du compte d'auteur, ou vers des maisons d'édition créées pour soutenir un courant de pensée comme cette Librairie antisémite qui accueillit Drumont.

81. Voir la note 85.
82. Traité signé le 21 octobre 1916. A. F.
83. Traité signé le 20 novembre 1917, dont les termes sont repris en 1926 pour une série de huit autres romans. A. F.

Au moment de l'affaire Dreyfus, ils restent très circonspects. Seul, Stock a le courage de sacrifier son souci de la rentabilité à ses convictions et fait preuve d'un engagement clair aux côtés des dreyfusards. Quant à Fasquelle, il est difficile de dire s'il refusa les auteurs antisémites ou si sa qualité d'éditeur de Zola écartait de lui, d'office, ces auteurs. Pour les autres, il semble que les exigences du commerce aient primé sur la préoccupation idéologique.

Si l'on dresse un bilan de l'activité de Marpon et Flammarion dans ce domaine, on serait tenté de dire que, globalement, ils se distinguèrent peu de leurs confrères. Leur catalogue ignora beaucoup des courants politiques importants de l'époque. Ils firent toutefois exception pour trois auteurs d'extrême-droite antisémites et la notoriété — plus que le nombre — de ces auteurs donne à croire qu'ils ne tinrent pas toujours la balance égale entre toutes les opinions et qu'ils partageaient cet antisémitisme. En effet, être l'éditeur de *La France juive*, publier en même temps Gyp, Drumont et Léon Daudet, comme le fit Ernest Flammarion au tournant du siècle, ne semble pas tout à fait innocent.

Pourtant, voir dans ces publications une marque de sympathie pour les idées défendues se heurte à un certain nombre de remarques.

Au vu des tractations concernant l'édition de *La France juive*, rien ne permet de penser que Marpon ait partagé les convictions de l'auteur : il paraît plutôt avoir cédé à l'amicale pression d'Alphonse Daudet. Ses préoccupations commerciales prennent visiblement le pas sur ses préoccupations idéologiques. Drumont et Daudet rapportent combien il hésita mais ils ne font pas mention d'une quelconque sympathie de l'éditeur pour l'antisémitisme du livre ; ni, non plus, d'une violente réprobation. Dans ces années 1885-1890, l'antisémitisme, que l'on rencontre à droite comme à gauche, choque moins qu'aujourd'hui. L'attitude de Marpon est donc explicable.

En revanche, l'accueil fait à Léon Daudet et à Gyp est plus troublant. La renommée des auteurs et la violence des textes publiés ne permettent pas de plaider l'ignorance. L'affaire Dreyfus a-t-elle entraîné Ernest Flammarion — alors que Charles Marpon est mort — vers l'extrême-droite et l'antisémitisme ?

La première raison qui pousse à répondre par la négative est de poids : rien dans les papiers personnels d'Ernest ne permet de penser qu'il partageait ces opinions. Quand on sait la fureur qui s'empara de certains Français à propos de l'affaire Dreyfus, cette modération est remarquable. Une seconde raison vient conforter la première : on ne lui connaît aucun lien avec une organisation politique de droite ; les seuls qu'il ait noués — très discrètement — l'ont été avec le parti radical.

Pour comprendre pourquoi il a publié les livres de Léon Daudet, il faut remarquer d'abord que tous les membres de la famille Daudet furent un jour ou l'autre édités par Flammarion [84]. Or, ni Ernest ni surtout Lucien ne partageait les idées de Léon. De plus, aucun des ouvrages de la famille Daudet, ceux d'Alphonse

84. Seule Julia fit exception. Elle partagea ses œuvres entre Fasquelle, l'éditeur habituel de son mari, et Lemerre parce qu'il était l'éditeur traditionnel des poètes.

exceptés, n'étant très rentables [85], il faut donc admettre qu'Ernest Flammarion les accueillit surtout par amitié, puis par fidélité à la mémoire d'un auteur à qui il devait beaucoup. Il ne lui était donc pas nécessaire de nourrir des sympathies particulières pour les thèses de Léon pour être son éditeur. En revanche, il n'a sans doute pas marqué un enthousiasme excessif à l'être puisque, entre 1904 et 1916, aucun livre de Léon Daudet ne paraît chez Flammarion. Son changement d'attitude, à partir de 1917, tient peut-être au fait qu'il s'agissait de romans et non d'œuvres polémiques. Que Léon Daudet ait été membre de l'académie Goncourt dont le prix prenait une valeur commerciale grandissante n'a-t-il pas été déterminent aussi ? Quant à Gyp, son succès semble avoir été sa meilleure recommandation. Pour que Flammarion déroge en sa faveur à la règle de neutralité qu'il s'est fixée, alors que, de plus, les risques de se retrouver en justice sont réels [86], il faut qu'il ait un intérêt puissant à publier le *Journal d'un grinchu*. Or, Gyp n'est pas une recrue à négliger. Depuis *Autour du mariage*, elle a connu de nombreux succès, notamment avec le récent *Mariage de Chiffon* (1894), qui a été traduit en plusieurs langues. Elle obtient des tirages régulièrement supérieurs à 10 000 exemplaires, ce qui, avec un auteur qui écrit en moyenne trois romans par an, est une source appréciable de revenus pour l'éditeur. De plus, le style ordinaire de ses livres convient bien à la Librairie Flammarion. En accueillant Gyp, Ernest fait donc une bonne affaire d'un point de vue éditorial, même si sa vogue va aller diminuant [87].

De plus, il connaît Gyp de longue date. Ce serait même dans son bureau qu'elle aurait fait la connaissance de Drumont, dix ans plus tôt. Depuis lors, il a

---

85. Qu'on en juge par leurs tirages :

| | | | | |
|---|---|---|---|---|
| Ernest Daudet | *Fils d'émigrés* | 1890 | 4 000 | |
| Ernest Daudet | *Le gendarme excommunié* | 1891 | 2 000 | |
| Ernest Daudet | *Mœurs du temps* | 1892 | 1 650 | 500 soldés en 1896 |
| Léon Daudet | *Le pays des parlementeurs* | 1901 | 11 000 | 1 500 soldés en 1905 |
| Léon Daudet | *La France en alarme* | 1904 | 3 300 | 1 500 soldés en 1908 |
| Lucien Daudet | *Le Chemin mort* | 1908 | 2 200 | en stock en 1914 |
| Lucien Daudet | *La Fourmilière* | 1909 | 3 300 | 1 500 soldés en 1914 |
| Lucien Daudet | *Le Prince des cravates* | 1910 | 2 200 | 1 000 soldés en 1914 |

86. Il en est si persuadé qu'il demandera au maire du VI^e^, son collègue Herbet, de lire les épreuves des *Femmes du colonel* pour qu'il lui donne son avis sur les risques d'une saisie.

87. Tirages des principaux livres de Gyp publiés par Flammarion avant 1914 :

| | | |
|---|---|---|
| *Israël* | 1898 | 12 000 |
| *Journal d'un grinchu* | 1898 | 12 000 |
| *Les Femmes du colonel* | 1899 | 12 000 |
| *Le Friquet* | 1899 | 10 500 |
| *Les Cayenne de Rio* | 1899 | 8 000 |
| *Un ménage dernier cri* | 1903 | 10 500 |
| *L'Âge du toc* | 1903 | 8 000 |
| *Les Froussards* | 1904 | 8 000 |
| *L'Amoureux de Line* | 1909 | 7 000 |
| *La Chasse de Blanche* | 1909 | 4 000 |
| *La Ginguette* | 1909 | 7 000 |
| *Le Grand coup* | 1912 | 7 500 |

À ces tirages il faut ajouter ceux de quatre titres parus dans la collection illustrée à 95 c. : *Le Friquet* (70 000), *L'Amoureux de Line* (70 000), *Sœurette* (40 000), *Pervenche* (40 000), et trois titres parus dans la Select-Collection : *La Ginguette* (160 000), *Geneviève* (100 000), *Miche* (130 000), chiffres arrêtés en 1918.

eu souvent l'occasion de la revoir car elle fait partie du Tout-Paris. En lui ouvrant sa maison, Ernest Flammarion a donc été guidé par l'amitié et l'intérêt professionnel.

On voit qu'il est difficile de soutenir que Flammarion eut des sympathies pour l'extrême-droite ; en revanche, tout montre qu'il était soucieux de rentabilité commerciale et qu'il se défiait des ouvrages politiques. Mais, dans cette période d'effervescence, il était difficile qu'il échappât complètement aux débats politiques ; l'ironie du sort a fait de lui l'éditeur, en même temps, du *Capital* et de *La France juive*, et, avec ce dernier livre, l'un des rares éditeurs à qui un livre politique ait fait gagner beaucoup d'argent.

# LES LECTURES POPULAIRES ROMANESQUES

Avec leurs premières grandes publications, les éditions illustrées de Zola et l'*Astronomie populaire* en livraisons, Marpon et Flammarion ont montré leur intention de s'adresser, avant tout, à une clientèle populaire et petite-bourgeoise. Même si, par la suite, ils essaient de diversifier leur production de façon à élargir leur public et se démarquer d'une image trop réductrice, ils ne reviennent jamais sur ce choix. Ce n'est que sagesse puisque cette clientèle, en pleine expansion, est prête à assurer leur fortune pourvu qu'ils prennent en compte ses limites financières, ses préoccupations, ses goûts.

La préférence du public populaire va, sans conteste, au genre romanesque, comme l'a montré l'immense succès qu'il a fait au feuilleton sous la Monarchie de Juillet. Depuis, cette passion ne s'est pas démentie [1], même si ses goûts en la matière ont un peu évolué, et elle suscite une énorme production. Cette masse de romans populaires se répartit entre quatre formes de publications : le rez-de-chaussée des quotidiens, la revue de lectures, le livre traditionnel et la collection populaire qui tient du livre par son mode de production et se rapproche souvent de la revue par sa présentation. Entre eux, la concurrence est vive et le livre traditionnel s'en sort mal à cause de son prix trop élevé. En revanche, la presse quotidienne gagne chaque jour de nouveaux lecteurs sensibles à deux innovations : la baisse du prix à 5 centimes ; le développement du fait divers. Raconté comme un épisode romanesque, il ajoute aux deux feuilletons du rez-de-chaussée un poids d'émotions nouvelles.

---

1. Martyn Lyons a montré que 51,5% des livres empruntés dans les bibliothèques municipales de Paris, entre 1882 et 1894, étaient des romans. In *Le Triomphe du livre*, op.cit., p.190.

Comme tous leurs contemporains, Marpon et Flammarion n'ont pu qu'être frappés par l'éclatante réussite du *Petit Journal*, initiateur du genre. Certains y voient un danger mortel pour le livre. Plus confiants, les deux éditeurs vont relever le défi de la concurrence et, plutôt que de traiter la presse en ennemie irréductible, tirer des leçons de son succès, en essayant d'utiliser à leur profit ses recettes. Ils sont en effet persuadés que presse et édition peuvent jouer, auprès du public populaire, des rôles qui se complètent.

### *Romanciers populaires et édition traditionnelle*

La vogue des feuilletons a fait apparaître une catégorie d'auteurs rompus à la technique du « à suivre » et prêts à fournir au public les émotions qu'il demande, tel Eugène Sue modifiant son intrigue en fonction du courrier de ses lecteurs. Leurs romans se retrouvent ensuite dans des collections à très bon marché, ce qui, en l'absence de critères littéraires indiscutables, permet de définir ceux que l'on appellera « romanciers populaires ».

Bien qu'un prix de 3,50 F soit un obstacle à l'achat par une clientèle populaire, Marpon et Flammarion ne renoncent pas à éditer certains de ces auteurs de façon traditionnelle et à les faire voisiner, dans leur catalogue, avec des auteurs réputés sérieux.

Le fonds Lacroix comprenait quelques fleurons du roman populaire avec l'œuvre d'Eugène Sue : *Les Mystères du peuple*, en 12 volumes à 5 F pièce, et 36 autres titres, représentant 53 volumes à 1,25 F, dont *Les Mystères de Paris* et *Le Juif errant*. Lacroix en avait acquis les droits après bien d'autres, comme Gosselin, Charlieu et Huillery, etc. En outre, les contrats n'avaient rien d'exclusif. Si l'on ajoute à toutes ces éditions les nombreuses reproductions dans les journaux, on voit que l'œuvre d'Eugène Sue était abondamment diffusée, depuis plus de trente ans. Cela ne décourage pas Marpon et Flammarion, qui ont racheté à Lacroix, pour une somme forfaitaire de 25 000 F, les droits de l'ensemble de ces titres.

Les clichés de la collection à 1,25 F sont vite réutilisés. L'opération commence dès octobre 1878 : deux des *Péchés capitaux*, *La Paresse* et *La Colère*, sont tirés à 1 500 exemplaires. Puis, c'est le tour d'*Atar-Gull*, des *Mystères de Paris* et, en 1882, tous les titres ont été réédités. Ce sont dans l'ensemble des tirages modestes, compris entre 500 et 1 500 exemplaires, à l'exception des *Mystères de Paris* et du *Juif errant* qui atteignent 2 000 exemplaires. Les cinq années qui suivent, voient le retirage de quatre titres en moyenne par an. À partir de 1888, cette moyenne tombe à deux rééditions à peine et, en 1905, l'ensemble des clichés et la propriété des titres sont cédés à Albin Michel.

Si l'on n'est pas surpris de la faiblesse des premiers tirages car les deux éditeurs avaient montré la même prudence dans leurs retirages des œuvres de Zola et Hugo en 1878, il est plus étonnant de constater que les chiffres atteints par les retirages restent médiocres. En effet, chaque titre aura été réédité à 3 500 exemplaires en moyenne, à l'exception de *Mathilde* (9 000), du *Juif errant* (16 500) et des *Mystères de Paris* (24 000). Bien qu'il faille tenir compte de la publication parallèle de ces deux derniers titres, chez Rouff et Charpentier, force est de constater que l'intérêt pour Eugène Sue semble s'émousser ; il est vrai qu'il durait depuis 50 ans ! Une première décantation s'est opérée : elle sauvegarde trois titres qui resurgiront encore dans les collections populaires. Puis, par éliminations successives, seuls *Les Mystères de Paris* survivront.

La lente désaffection du public pour Eugène Sue n'explique pas seule la faiblesse des tirages ; le prix y contribue aussi. La collection à 5 F des *Mystères du peuple* n'a été rééditée qu'une fois, à 1 000 exemplaires [2], preuve que, après un vaste engouement, il n'y a plus de clientèle prête à dépenser 60 F pour 12 volumes d'Eugène Sue. Même à 1,25 F, cela semble encore cher. Sue ne retrouvera un certain public qu'avec des éditions à moins de 1 F.

Marpon et Flammarion se sont adaptés à la situation, programmant leurs retirages de façon à pouvoir répondre toujours à la demande, mais, devant l'importance du stock que cela exige et le ralentissement des ventes, ils ne prennent jamais le risque de retirages importants [3]. Cela permet, néanmoins, aux 44 volumes des œuvres d'Eugène Sue de figurer au catalogue jusqu'en 1914.

Cependant, tout en rentabilisant l'achat du fond Lacroix, les deux associés ont pris conscience de l'essoufflement de la première vague de grands feuilletonistes. Aussi ne cherchent-ils pas davantage à éditer les Féval, Ponson du Terrail, Soulié... Ils préfèrent parier sur des auteurs plus récents.

La presse publiant chaque jour un feuilleton, et même deux pour la presse populaire, il ne manque pas d'auteurs spécialisés. Les plus réputés font éditer leurs textes, après publication dans les journaux, dans l'espoir de les rentabiliser une dernière fois. Même si l'on trouve des romans populaires chez Calmann-Lévy ou Charpentier, certains éditeurs sont plus orientés vers ce type de littérature. C'est le cas de Dentu qui est l'éditeur habituel du plus grand nombre d'entre eux : Xavier de Montépin, Adolphe Belot, d'abord édité par Michel Lévy puis passé chez l'éditeur du Palais-Royal, Mérouvel, Pont-Jest, Richebourg... mais c'est aussi la spécialité de Havard, Rouff, Roy, La Librairie des publications à 5 centimes et quelques autres.

Marpon et Flammarion arrivent donc sur un marché bien organisé alors que l'image de marque de leur maison n'est pas encore affirmée et il leur est difficile de débaucher des auteurs. Les deux premiers feuilletonistes à venir chez eux ont, pour cela, des raisons particulières.

Alexis Bouvier, ancien ouvrier ciseleur devenu librettiste et vaudevilliste, puis reconverti, à partir de 1870, dans le roman-feuilleton, n'a pas d'éditeur attitré ; il donne ses romans à Dentu, à Dreyfous, à Rouff parfois. Ami de Carjat et, par son entremise, de Marpon puis de Flammarion, il accepte de leur confier, dès 1881, *Le Bel Alphonse*. Six mois plus tard, les 5 000 exemplaires sont écoulés ; le succès autorise à faire un retirage et les droits d'une édition illustrée sont vendus à Fayard.

2. La réédition des 12 volumes est échelonnée entre 1883 et 1888, date à laquelle le contrat vient à expiration.

3. Cela représente tout de même 125 000 livres d'Eugène Sue, édités entre 1879 et 1905.

Puis, Marpon et Flammarion éditent une quinzaine de ses romans : *Petite Duchesse, La Sang-brûlé, Le Fils de l'amante* et *Veuve et vierge*, qui sont les deux volets du *Mari de sa fille, Les Baisers mortels*, qui regroupe *les Yeux de velours* et *Les Amours de sang, La Grande Iza...*

Hector Malot, la seconde recrue, est régulièrement édité par Dentu qui lui a même acheté d'avance un certain nombre de romans. Pourtant, en 1883, il cède à une proposition alléchante de Marpon et Flammarion : faire une édition illustrée de ses œuvres. Le précédent des œuvres illustrées de Zola est une référence suffisante pour obtenir son accord. Dans la foulée, il leur accorde le droit d'éditer dans des éditions non illustrées ses œuvres à venir qui ne sont pas déjà la propriété de Dentu [4]. Puis, il étend les clauses du précédent traité en confiant aux deux associés la possibilité de rééditer les titres pour lesquels son contrat avec Dentu [5] vient à expiration. Ainsi, entre 1884 et 1891, Flammarion édite 28 de ses romans et, à la suite de nombreuses péripéties et révisions de contrat [6], le catalogue de 1914 pourra offrir 60 volumes d'Hector Malot, dont quatre seulement écrits pour la jeunesse.

Ces deux auteurs particulièrement féconds suffisent pendant quelques années pour représenter la littérature populaire dans les publications à 3,50 F. Seul, René Maizeroy vient les y rejoindre avec trois livres. Il ne faut pas en conclure pour autant que Marpon et Flammarion se détournent de ce type de littérature. Au contraire, le public populaire est alors la cible privilégiée de leurs efforts, avec le lancement d'une revue de lectures et d'une collection populaire. Pour l'une comme pour l'autre, ils sont amenés à signer de nombreux contrats avec des feuilletonistes. Les liens qu'ils nouent ainsi ne sont pas immédiatement mis à profit pour les éditions à 3,50 F ; ce n'est que dans les années 90 que Flammarion propose à certains de ces auteurs d'éditer leurs œuvres dans une édition normale. C'est un demi-succès dont le tableau suivant permet de présenter quelques explications.

| Auteurs | Nombre de titres | Années de publication | Droits | Tirages |
|---|---|---|---|---|
| Bouvier | 8 | 81-88 | 50 c | 3/5 000 |
| Dubut de Laforest | 2 | 1901 | 50-60 c | 5 000 |
| Lano | 13 | 98-03 | 50 c | 2/3 000 |
| Maël | 20 | 91-09 | 50 c | 3/5 000 |
| Maizeroy | 3 | 84 | 50 c | 2/3 000 |
| Malot | 18 | 84-96 | 60-70 c | 4/15 000 |
| Mary | 5 | 01-03 | 40 c | 3 000 |
| Pont-Jest | 1 | 93 | 50 c | 2 000 |
| Richebourg | 4 | 98-99 | 50 c | 2/3 000 |
| Sales | 38 | 91-11 | 50 c | 2/4 000 |
| Zaccone | 1 | 1889 | 35 c | 1 500 |

4. Contrat signé le 1er août 1883. A.F.
5. Contrat signé le 29 mai 1885. A.F.
6. Voir le chapitre « Flammarion et ses auteurs ».

Cette liste des principaux feuilletonistes édités par Flammarion n'est pas exhaustive mais elle permet de constater que ces auteurs, qui sont les vedettes du roman-feuilleton, vendent relativement mal leurs livres à 3,50 F. À l'exception d'Hector Malot que le succès distingue nettement des autres, ils n'obtiennent que des tirages très faibles en regard de leur notoriété. Aucun retirage n'est fait de leurs livres sauf pour Malot, bien sûr, et un livre de René Maizeroy réédité à 500 exemplaires ; Flammarion devra même solder avant 1910 certains romans de Pierre Maël ou Pierre Zaccone. La vente en volume est donc une vente immédiate, qui fait suite à la publication du feuilleton et qui retombe immédiatement après. L'abondance des titres et la monotonie de la production contribuent à la rapidité de cet oubli : un roman chasse l'autre. Toutefois, le prix reste l'élément déterminant car cet effet de lassitude, pour ces mêmes auteurs, est bien moins perceptible dans les collections à 60 centimes.

Pour Flammarion, ce sont des auteurs à qui il verse des droits relativement élevés car leurs ventes et leur production sont régulières, sans grand risque. Sans grand profit non plus.

Après 1901, il n'embauche plus aucun nouveau feuilletoniste populaire ; le retour du roman d'aventures, souvent policières, ne passe pas par les collections Flammarion. À Zevaco, Leroux, Souvestre, Leblanc..., il préfère Conan Doyle et Goron, ancien chef de la Sûreté tandis qu'il remplace les Maizeroy, Richebourg, Mary par des auteurs plus bourgeois (certains, même, académiciens) comme les frères Margueritte, Marcel Prévost, Henry Bordeaux...

Enfin, à mi-chemin entre l'édition courante et les collections à très bas prix, on trouve chez Flammarion les collections d'œuvres complètes à 1,25 F : une couverture de papier mince ornée du portrait gravé de l'auteur, un texte sans illustration sur papier de mauvaise qualité, mais une présentation générale de livre traditionnel.

L'exemple d'une telle édition à bas prix des œuvres complètes d'un romancier populaire leur a été donné par la collection Lacroix des œuvres d'Eugène Sue. Quand, en 1888, Alexis Bouvier est frappé de paralysie, l'idée vient à Marpon et Flammarion de lui racheter l'ensemble de son œuvre [7] et d'en faire une édition complète sur le modèle de la précédente collection. La publication des 46 volumes à 1,25 F s'échelonne sur huit ans, à petits tirages de 1 000 exemplaires qui ne sont pas tous épuisés en 14 ; quelques rééditions sont faites jusqu'en 1904, puis, clichés et droits sont cédés à Albin Michel, en même temps que la collection similaire d'Eugène Sue. La même idée est reprise pour les *Œuvres complètes* d'Hector Malot, en 1892 : en tout, 58 volumes tirés en moyenne à 5 000 exemplaires dont les clichés seront fondus en 1918. Les ventes sont régulières et lentes, comme pour les deux autres collections, malgré leur prix modique.

La conclusion s'impose : à 3,50 F comme à 1,25 F, les feuilletonistes populaires, Malot excepté, ont du mal de trouver des lecteurs. Le savoir-faire commercial

7. Contrat signé le 21 octobre 1890. A.F.

de Flammarion n'y peut rien. Après vingt ans d'une collaboration indécise, sans échec ni réussite spectaculaire, il les abandonne pour des auteurs à l'image plus bourgeoise. Pour la nouvelle génération de feuilletonistes des années 1905-1910, avec ses Rouletabille, Arsène Lupin, Chéri-Bibi, Fantômas, etc., Flammarion laisse le champ libre à Fayard, Lafitte, Tallandier. Flammarion semble vouloir, au début du XX^e siècle, donner une image plus sérieuse de sa maison.

## *Le Bon Journal*

La mort du livre, tué par la presse ! Le sujet fournit maintes prophéties alarmistes, au moment où la librairie est en crise [8]. Les éditeurs ne manquent pas de faire chorus bien qu'ils aient, pour certains, déjà établi des liens étroits avec la presse. La meilleure façon de lutter contre son influence grandissante n'est-elle pas de lancer ses propres journaux ? Plusieurs éditeurs l'ont bien compris. Ainsi sont nés, derrière un antagonisme de façade, des rapports complexes entre presse et édition.

Certaines revues ou journaux ont des activités éditoriales. En effet, quelques revues littéraires sont amenées à éditer les auteurs qu'elles ont découverts ; ainsi, Jules Laforgue doit ses premières éditions à *La Vogue* et à la *Revue indépendante.* Malheureusement, ces petites revues ont souvent une existence éphémère et leur production éditoriale est très épisodique et restreinte en volume. Seules, trois revues ont une activité d'une certaine ampleur. *La Plume*, fondée en 1889 par Léon Deschamps, prend en charge l'édition de quatre des dernières œuvres de Verlaine (*Dédicaces*, *Épigrammes*, *Chair*, *Femmes*), publie quelques œuvres de Moréas (*Stances*, *Cantilènes*) et disparaît sur un dernier coup d'éclat, le premier prix Goncourt : *Force ennemie* de John-Antoine Nau. Plus remarquable encore est le succès que remporte la *Revue blanche* des Natanson avec les 170 000 exemplaires vendus en 15 mois de *Quo vadis.* Enfin, la revue du *Mercure de France*, après quatre ans d'existence, se lance elle aussi dans l'édition et, seule de ces trois revues, donne naissance à une maison d'édition d'un grand et durable rayonnement.

Quant aux journaux, ils diffusent occasionnellement, depuis longtemps déjà, des ouvrages de leurs collaborateurs, imprimés à compte d'auteur, en général. Malgré quelques exceptions importantes, comme la diffusion des œuvres d'Eugène Sue par *Le Siècle*, cela reste une activité marginale.

Inversement, plusieurs éditeurs ont lancé des revues souvent complémentaires de leur production d'éditeurs. Le plus actif dans ce domaine est Hachette. Il publie des revues aussi diverses que *Le Tour du monde* (1860), *Lectures pour tous* (1877), *La Mode pratique* (1891) et plus tard, *Je sais tout* (1905). Larousse édite

8. Dès 1867, les Goncourt ont annoncé : « Ce temps-ci, c'est le commencement de l'écrasement du livre par le journal, de l'homme de lettres par le journalisme des lettrés. » In *Journal*, 22 juillet 1867. Ce thème est repris abondamment par la presse en 1891.

des revues pédagogiques et Masson des revues scientifiques tandis que Calmann-Lévy reste dans la tradition des revues culturelles avec la *Revue de Paris*, fondée en 1894.

S'inspirant de l'exemple de Hetzel et de son *Magasin d'éducation et de récréation*, les éditeurs tiennent aussi une grande place dans le domaine de la presse enfantine [9]. Hachette publie le *Journal de la Jeunesse* (1872) et *Mon Journal* (1881), Colin le *Petit Français illustré* avec les bandes dessinées de Christophe (1889), Delagrave *Saint-Nicolas* (1880) et *L'Écolier illustré* (1890). Le mouvement se poursuit au début du siècle quand Gauthier-Languereau lance la *Semaine de Suzette* (1905) avec Bécassine en vedette, après *Les Belles Images* de Fayard (1904), le *Noël* de Mame (1904), *Jeunesse* de Lafitte (1905)...

Cette incursion dans le monde de la presse est provoquée par le désir des éditeurs de diversifier leurs activités, tout en restant dans un domaine proche de leur activité principale. Ainsi, les éditeurs scolaires ont un faible pour la presse enfantine et ceux de littérature générale pour les revues culturelles. En effet, leurs journaux leur procurent un support publicitaire intéressant et peuvent être utilisés comme banc d'essais pour des publications nouvelles.

Marpon et Flammarion vont les imiter et choisissent d'abord, pour leur entrée dans le monde de la presse, le créneau des journaux de lectures, un genre qui n'a rien de nouveau.

En effet, la Monarchie de Juillet a vu le succès des romans publiés en feuilletons au rez-de-chaussée des quotidiens et l'éclosion d'une littérature populaire dont les ténors sont Alexandre Dumas, Paul Féval, Eugène Sue, Frédéric Soulié, etc. Parallèlement à la publication en épisodes dans les journaux, leurs romans complets sont publiés en livraisons à 10 centimes. De ces deux types de publications naît, à l'initiative de Charles Lahure, en 1855, un nouveau genre de journal, le journal de lectures. Au départ, le *Journal pour tous* doit publier « sous un mince volume et pour le prix le plus minime —10 centimes—, assez de matière pour charmer pendant une semaine tous les loisirs de la famille, et des renseignements assez nombreux et assez exacts pour tenir lieu, au besoin, de toutes les publications non politiques [10] ». Rapidement, les diverses rubriques pratiques, éducatives ou d'actualité disparaissent pour ne laisser que les feuilletons.

Le succès de ce premier journal est tel que Lahure peut multiplier les titres : *Le Journal de la semaine*, *Les Délassements illustrés*, *Les Feuilletons illustrés* et bientôt apparaissent des journaux concurrents : *Les Cinq centimes illustrés*, puis *L'Écho du monde* de Paul Boizard, *L'Omnibus* du libraire Boisgard, *Les Bons Romans*, *Le Juif errant*, *Les Veillées parisiennes*, *Le Passe-temps*, *Le Roger-Bontemps*, *L'Ouvrier*, *Le Siècle illustré*, *Le Conteur*, *Le Journal du jeudi*...

9 Voir Jean Glénisson. « La presse des jeunes ». *Histoire de l'édition française*, tome III, p.428 , Élisabeth Parinet et Valérie Tesnière. « Une entreprise : la maison d'édition ». *Histoire de l'édition française*, tome IV, pp. 127-130.

10. Cité par Jean Watelet, « Le Second Empire ou l'âge d'or des feuilletons illustrés ». *Les Mystères du rez-de-chaussée.* Paris : Bibliothèque nationale, 1987, p.5.

Tous ces hebdomadaires offrent pour 5 centimes (parfois 10) les épisodes à suivre de quatre ou cinq romans-feuilletons. Édités sur un papier de mauvaise qualité et illustrés en première page d'une gravure au sujet toujours dramatique, ils préfigurent dans leur présentation le *Petit Journal* et son supplément. Les romans choisis ne diffèrent d'ailleurs pas de ceux publiés par les quotidiens. Les mêmes auteurs, les mêmes dessinateurs aussi, sont mis à contribution et parfois les mêmes romans sont réutilisés d'un journal à l'autre.

Ces journaux sont très florissants sous le Second Empire, atteignant des tirages importants quand l'un des romans publiés connaît un succès particulier, comme ce fut le cas du *Journal de la semaine* quand il publia *Les Étrangleurs de Paris* en 1862 et tira à 60 000 exemplaires. Après la guerre de 70, les journaux de lectures subissent la concurrence de la presse véritablement populaire comme le *Petit Journal*, la *Petite Presse* puis le *Petit Parisien*, le *Matin*... Outre la publication de feuilletons pour lesquels ils s'arrachent Ponson du Terrail, Xavier de Montépin, Jules Mary, Émile Richebourg, Pierre Sales..., ils offrent à leurs lecteurs chaque jour une chronique des faits divers et, bientôt, des reportages qui les tiennent en haleine tout aussi bien. Par ailleurs, la presse hebdomadaire se développe, offrant de plus en plus de titres visant une clientèle spécialisée : adolescente, féminine, rurale, sportive... Si l'on ajoute à cela que le niveau de vie va s'élevant et que, on l'a vu, le prix des livres va baisser, les journaux de lectures sont condamnés à disparaître. Jusqu'à la guerre de 14, pourtant, malgré leur lent déclin, ils sont encore nombreux.

Dans le domaine des journaux de lectures, un éditeur s'est déjà fait une place : Gauthier-Languereau avec les célèbres *Veillées des chaumières* et Montgredien, autre éditeur populaire, prépare la sortie du *Journal des romans* (1887). L'entreprise de Marpon et Flammarion n'a donc rien d'exceptionnel et si le genre semble condamné à terme, la personnalité de celui qui est à l'origine du projet doit balayer les réticences.

Quelques vers de mirliton composés pour le premier anniversaire du *Bon Journal* racontent comment, en 1884, Henri Escoffier vint exposer son projet et quel accueil enthousiaste il reçut [11]. Ne promettait-il pas aux deux éditeurs, avec

11. Escoffier se présente. Il apporte une idée. (...)
Mon projet, le voici : les journaux à romans
Que Paris voit éclore, ainsi que des serments,
Au cœur des abonnés ne disent rien qui vaille. (...)
La vieille école est morte et l'école moderne
Cache des pages d'or dans sa giberne. (...)
Saluons du passé l'imposante défroque
Et parlons maintenant des gens de notre époque.
Le but est là. Je touche au plan du grand journal
Que nous devons créer, superbe, original.
Daudet, Malot, Theuriet frapperont sur l'enclume,
Claretie, en voisin, nous prêtera sa plume ;
Montépin, d'Hervilly, de Maupassant, Ohnet
Ne refuseront pas d'opiner du bonnet...
Georges Bouret, *Le Bon Journal, boutade en vers.* Texte inédit. A.F.

un journal tel qu'il le concevait : « Vous aurez en main une double puissance [12] ! » Et Henri Escoffier savait de quoi il parlait.

Entré en 1863 au *Petit Journal*, lors de sa création, il a vécu au sein de la rédaction toutes les étapes du prodigieux développement de ce quotidien. Il a été notamment le témoin privilégié des répercussions de l'affaire Troppmann sur les ventes du journal. Cette affaire criminelle défraya la chronique pendant plusieurs mois par ses rebondissements : la découverte, dans la plaine de Pantin, des cadavres d'une mère et de ses cinq enfants, la mystérieuse disparition du père et du fils aîné, les péripéties de l'enquête, l'arrestation (par hasard) du coupable sont autant d'épisodes qui tinrent l'opinion en haleine ; les tirages du *Petit Journal* passèrent, grâce à ses reportages sensationnels, de 287 000 exemplaires en mars 1869 à 594 000 le jour de l'exécution du meurtrier, qui eut lieu six mois plus tard [13]. Après le départ de Léon Lespès, Escoffier est le principal auteur des célèbres chroniques signées du pseudonyme de Thomas Grimm et, en 1873, il devient rédacteur en chef du *Petit Journal*. Il est en même temps rédacteur en chef de la *Revue pour tous*, un journal de lectures à 10 centimes. Ce sont de sérieuses références pour un projet tel que le sien.

L'idée qu'il soumet à Marpon et Flammarion s'inspire de son expérience ; il veut appliquer à un journal de lectures les recettes qui ont fait le succès du *Petit Journal* comme quotidien. Il en avertira aussi les lecteurs dès le premier numéro :

« Je l'avoue sans détours, nous avons été guidés par le précédent du *Petit Journal*, porté à son plus haut degré de développement, grâce à son directeur actuel, M. Marinoni ; non que nous ayons l'ambition d'arriver au tirage fantastique de notre grand confrère, 850 000 exemplaires ! Le titre a été une partie du succès, mais le titre si simple et sonore qu'il soit n'eût rien été sans la ligne de conduite et le mode de procéder.

Le *Petit Journal* est d'une lecture facile et agréable, les articles y sont écrits d'un style simple, sans prétention, compréhensible par tout le monde. Les idées exprimées sont celles de la moyenne du public. Point de système préconçu ; point d'école absolue ; point de parti pris d'enthousiasme ou de haine. (...) Et nous avons pris ce titre : *Le Bon Journal* afin qu'il n'y ait pas de doute possible. Nous voulons que tout le monde puisse nous lire, jeunes et vieux, hommes et femmes ; nous respectons tous les sentiments honorables et toutes les susceptibilités, sans repousser le mot pour rire. La vieille gaîté française est saine, franche et bonne ; elle donne à l'intelligence le coup de fouet qui est le stimulant du travail utile [14]. »

L'idée de démarquer le titre du célèbre quotidien n'a rien d'original puisque *Le Bon Journal* est un titre qui a déjà été déposé trois fois : la première, en 1869, par Marinoni qui voulait le donner à un quotidien, puis deux fois encore avant 1880, notamment pour un journal qui devait être imprimé par Larousse [15]. Aucun

12. Ibidem.
13. Henri Escoffier, *Troppmann, l'assassin de la famille Kinck*. Paris : Marpon et Flammarion, 1887, p.228.
14. Henri Escoffier, *Le Bon Journal*, 26 avril 1885, p.2.
15. Archives nationales, F 18 321, pièces 46-52.

de ces projets ne s'était concrétisé. En revanche, il existe un journal nommé *Les Bons Feuilletons*. L'adjectif garantit, dès l'abord, la moralité du journal qui vise, comme la majorité de ses confrères, un public familial.

Ce souci de la moralité est même à l'origine d'un incident qui faillit compromettre le lancement du journal. En effet, l'idée d'Escoffier pour assurer, dès les premiers numéros, le succès du journal était de s'assurer la publication d'un roman à succès. Or, le *Gil Blas* annonce la publication en feuilleton de *Germinal* ; le premier épisode paraîtra le 26 novembre 1884, alors que Zola n'a pas fini de corriger les épreuves pour l'édition Charpentier qui ne sera mise en vente qu'en mars 1885. Ce serait donc une bonne opération publicitaire que d'obtenir de Zola l'autorisation de reproduire le roman dans les premiers numéros du *Bon Journal*.

Henri Escoffier est en bons termes avec l'écrivain et celui-ci lui répond favorablement, au début de novembre [16]. Reste à fixer le montant des droits de reproduction ; l'accord est vite trouvé puisque, le 9 décembre, Zola écrit à Marpon et Flammarion :

« Il est donc convenu que je vous cède le droit de reproduire *Germinal* dans le nouveau journal que vous allez créer à la condition que la publication commencera seulement un mois après que le roman aura paru en volume à la Librairie Charpentier. En outre, le prix de cette reproduction est fixé à la somme de 3 000 F [17]. »

Ces conditions sont acceptées mais, bientôt, surgit une difficulté : Escoffier souhaiterait pratiquer dans le roman quelques coupures, jugeant le roman parfois trop cru et choquant pour un public familial. Il est vrai que la lecture de Zola est interdite par l'Église. Zola refuse :

« J'ai le regret, mon cher confrère, de ne pouvoir vous autoriser à pratiquer dans *Germinal* les suppressions que vous me demandez. L'idée de ces amputations m'irrite même un peu parce que sans doute l'habitude me manque ; je ne me suis jamais fait pour le public, il a fallu que le public se fît pour moi.

Remarquez que *La Vie populaire* a reproduit plusieurs de mes romans, entre autres *Pot-Bouille*, sans changer un mot. *L'Assommoir* et *Nana* sont couramment publiés, tels qu'ils sont par beaucoup de journaux à un sou. Je ne comprends donc pas bien vos scrupules. Laissez les œuvres dans leur vérité. C'est encore ce qu'il y a de plus simple et de plus honnête. D'autant plus que lorsqu'on se met à couper un mot, il n'y a point de raison pour qu'on ne coupe pas la phrase. Tout ceci, bien entendu, est dit en général. C'est un parti pris de ma part et je suis désolé de ne pouvoir vous être personnellement agréable [18]. »

Malgré l'agacement déjà perceptible dans cette lettre, le journaliste ne renonce pas et tente de plaider la cause du *Bon Journal*. Bien que désireux de ne pas s'aliéner l'homme important qu'est, dans le monde de la presse, Henri Escoffier, Zola ne se laisse pas fléchir :

16. Émile Zola, *Correspondance*, op.cit., t.IV, p.177.
17. Émile Zola, ibid., p.197.
18. Émile Zola, *Correspondance*, op.cit., t.IV, p.206.

« Il est vrai que j'autorise les journaux qui publient mes romans inédits à remplacer par des lignes de points les passages qui les inquiètent [19]. Rien de plus naturel, il peut y avoir là pour eux des ennuis, même un danger. Mais une fois que le texte du roman est fixé, une fois qu'il a paru chez Charpentier, que tout le monde le connaît et l'accepte, je refuse et refuserai toujours d'y laisser pratiquer des coupures, car ce serait une sorte de reculade, un démenti à mon œuvre, autorisé par moi.

Encore un coup, mon cher confrère, cela passe par-dessus votre tête. Je serais désespéré que vous missiez en doute mon désir de vous être agréable. Les coupables sont MM. Marpon et Flammarion, s'ils ont eu réellement l'idée singulière d'inaugurer un journal destiné aux familles, par un roman de moi, par *Germinal* surtout, dont ils n'ignoraient pas les audaces [20]. »

L'affaire ne peut donc se faire et, bientôt, Zola traite aux mêmes conditions avec *La Vie populaire* qui publiera le roman du 2 avril au 23 juillet [21].

Escoffier en veut à Zola de cette rigueur qui lui fait manquer un joli coup publicitaire. Est-ce sa rancune qui explique que, le 3 mars 1885, paraisse un article non signé dans le *Petit Journal*, soutenant que, dans *Germinal*, « le parti pris de tout dire, et même davantage, sans ménagement, attriste et parfois écœure » ? Zola, du moins, le pense ; aussi écrit-il aussitôt à Escoffier :

« Vous avez certainement voulu m'être agréable, mon cher confrère, et je vous remercie. Mais décidément nous n'avons pas le crâne fait de même. Ce qui m'écœure moi, c'est la prétendue littérature du *Petit Journal* et pourtant je ne me suis jamais permis de vous le dire [22]. »

Après cet échange, il n'est plus question de publier une œuvre de Zola dans le *Bon Journal*. Reste à trouver une autre idée pour le premier numéro. C'est alors qu'Escoffier décide de ressortir une enquête qui a fait, près de vingt ans plus tôt, les preuves de sa popularité : l'affaire Troppmann. Escoffier espère que l'affaire qui a si bien réussi au *Petit Journal* assurera le succès du *Bon Journal*. Aussi les premiers numéros contiendront-ils un récit du « crime de Pantin » et de l'enquête qu'il déclencha. H. Sérignan, pseudonyme qui cache Henri Escoffier, n'évite pas une certaine complaisance morbide, n'oubliant ni les scènes d'autopsie, ni les confrontations à la morgue. Toutefois, il reste en deçà des excès d'une certaine presse de l'époque et ne choque pas un public qui lira, sans sourciller, des nouvelles de Masoch dans les numéros à venir.

Le reste du journal est constitué de deux romans à suivre, d'une nouvelle complète et d'un texte fantaisiste. Faits divers, feuilletons, larmes, frissons et rires : Escoffier pense avoir tiré l'essentiel de ce qui fait le succès des journaux populaires.

Le premier numéro du *Bon Journal* sort le 26 avril 1885. Il paraît ensuite au

19. Allusion sans doute au *Gil Blas* qui publiait *Germinal*.
20. Émile Zola, *Correspondance*, op.cit., pp.219-220.
21. Voir les lettres, datées du 3 et 8 février 1885, de Zola à Paul Ginisty, directeur de *La Vie populaire*, citées in Zola, *Correspondance*, op.cit., p.220.
22. Émile Zola, op.cit., p.237.

rythme de deux fois la semaine, en format folio, jusqu'en octobre 1905, puis en format in-4° jusqu'en 1914. Son prix passe alors de 10 centimes à 15 centimes. Son tirage initial est de 100 000 exemplaires, puis, il semble qu'il ait lentement diminué, mais cette évolution est mal connue.

Le *Bon Journal* a d'abord une vie tout à fait indépendante de la maison d'édition dans la mesure où Ernest Flammarion n'a pas voulu le mettre à son service, en l'utilisant, par exemple, pour des pré-publications. Il laisse son directeur en faire un journal de lectures traditionnel. Mais Henri Escoffier meurt en 1892 et sa place est, en partie, reprise par Ernest Flammarion. Le journal devient alors plus proche de la maison d'édition. Flammarion profite des reproductions dans la revue pour nouer des liens avec des auteurs nouveaux ; inversement, la perspective d'une reproduction peut attirer certains auteurs ou compenser la faiblesse d'un contrat [23].

De plus, sous l'influence d'Ernest Flammarion, la part des auteurs de la Librairie augmente. En effet, après quelques années, il apparaît que la formule vieillit. Le *Bon Journal* cherche alors son salut dans une timide diversification des rubriques, revenant à ce qu'étaient, à leur création, les journaux de lectures. Flammarion tente de faire profiter le journal de son expérience d'éditeur en l'ouvrant à des domaines qui rencontrent le succès en librairie : le rire et les guides pratiques. Jeux, bons mots, conseils de savoir-vivre et recettes font leur apparition dans les pages du *Bon Journal*. Pour animer ces nouvelles pages drôles ou pratiques, il fait appel presque exclusivement à des auteurs de sa maison, au succès éprouvé : Paul Ginisty, Jules puis Georges Moinaux, la vicomtesse Nacla...

Cependant, la rénovation est trop discrète : les nouveaux sujets ne sont abordés que par le biais d'extraits de livres déjà publiés (comme pour les romans) alors qu'ils demanderaient à être rattachés à l'actualité. L'image du journal ne s'en trouve pas vraiment transformée. La reproduction de photographies, la modernisation de la présentation, la multiplication des rubriques courtes (conseils financiers, hygiène, belles pages, billet d'actualité), l'introduction d'une page entière consacrée à la mode sont autant de tentatives, après 1900, pour enrayer le mouvement de désaffection des lecteurs. Elles sont vaines. En avril 1911, Ernest Flammarion transforme le *Bon Journal* en une société anonyme. C'est une occasion pour lui d'associer ses fils puisque 250 actions leur sont attribuées ainsi qu'à l'administrateur Joseph Poulalion. 4 000 autres actions de 100 F sont offertes à la souscription, le capital social étant de 500 000 F [24]. En sus de ses actions, Ernest Flammarion touche 10 000 F, pour prix de son journal.

Le *Bon Journal*, qui était en sérieuse perte de vitesse, s'arrête le 30 juin 1912. On ne peut que rapprocher cette carrière de celle de la collection des Auteurs célèbres dont il partage l'esprit et les auteurs, et qui connaît le même destin. Le

---

23. C'est ainsi que se console Pierre Maël dont les tirages des *Écumeurs de mer*, et par conséquent les droits, ont été révisés en baisse :

« La reproduction dans le *Bon Journal* me dédommagera de la réduction à 3 000 pour le deuxième volume. » Lettre inédite de Pierre Maël à Ernest Flammarion, 6 février 1898. A.F.

24. *Journal Officiel*, 10 avril 1911, p.362.

*Bon Journal* correspondrait donc à un moment des lectures populaires. Faute de renouvellement, il s'est démodé face à une concurrence féroce.

Aucune révélation littéraire n'est donc à attendre de la lecture du *Bon Journal* ; en revanche, plonger dans la correspondance échangée entre éditeur et feuilletonistes permet d'intéressantes observations sur les pratiques des uns et des autres.

Les feuilletonistes sollicités par Escoffier sont, pour moitié, des auteurs éprouvés du genre : Hector Malot, Xavier de Montépin, Chavette, Jules Mary, Émile Gaboriau, Charles de Mérouvel, Jules Claretie, Alphonse Daudet, Émile Richebourg... Certains sont des auteurs publiant habituellement chez Flammarion, d'autres, au contraire, sont liés à différents éditeurs pour leurs publications en volumes et traitent temporairement ici avec Flammarion. C'est une pratique courante et très rentable. En effet, certains titres sont déjà anciens et publiés de nombreuses fois dans des journaux de lectures comme *L'Affaire Lerouge* dont la première édition date de 1866, *Sans famille* dont le succès remonte à 1879, *Monsieur le Ministre* de Claretie, qui en est à sa 60e réédition, *Jack*, paru en 1876... En cela, le *Bon Journal* ressemble à ses concurrents qui n'hésitent pas à reprendre les succès confirmés et font preuve dans leurs choix d'un grand conservatisme.

Cela n'exclut pas (surtout après 1892) que de nouveaux venus, récemment publiés par Flammarion, puissent aussi profiter d'une reproduction dans le *Bon Journal*. Au contraire, nombreux sont ceux qui, après avoir épuisé la vente du volume, se voient offrir la chance d'en tirer encore des revenus et de toucher un public qui n'a pas eu la curiosité d'acheter leur livre, par le biais d'une reproduction dans le journal de lectures.

Inconnus ou célèbres, tous accueillent avec empressement les propositions de reproduction. Le tarif habituel est de 5 centimes la ligne, ce qui fait entre 600 et 1 000 F environ pour un roman, mais un romancier en vogue peut espérer tripler cette somme ; cela justifie la convoitise des auteurs [25]. Beaucoup jugent donc plus efficace de devancer les propositions, en sollicitant une reproduction dans le *Bon Journal*, depuis le vieil auteur qui espère tirer encore un peu d'argent de ses œuvres de jeunesse jusqu'au jeune écrivain désireux de se faire connaître [26].

Pour certains, cela ne constitue pas seulement un appoint, une rentabilisation supplémentaire ; c'est devenu leur principale source de revenu et ils doivent, pour vivre, enchaîner les publications. Il faut donc savoir placer sa prose et, éventuellement, faire des concessions. La correspondance de Daniel Lesueur avec Flammarion en fournit de savoureux exemples :

« Je viens vous offrir avant tout autre journal parisien la reproduction de mon

25. En effet, beaucoup de romans vendus en librairie ne rapportent guère plus à leur auteur.

26. Chavette souhaiterait voir reproduire *L'Héritage d'un pique-assiette*, Michel Corday formule la même demande pour *Mariés jeunes* et beaucoup d'autres, comme eux, assaillent Flammarion de lettres dont le contenu diffère peu de celle de Mathilde Alanic : « Laissez-moi vous adresser une petite requête au sujet de la reproduction de *Ma cousine Nicole*, promise depuis si longtemps par le *Bon Journal* et qui cède le pas à une foule d'œuvres nouvelles. (...) Je ne serais pas fâchée de toucher quelques appoints de la Société des gens de lettres (qui redistribue les droits de reproduction). » Lettre inédite, 4 octobre ?, A.F.

dernier roman *À force d'aimer.* (...), il est très mouvementé surtout dans la deuxième partie et il a produit beaucoup d'effet dans *L'Illustration* qui l'a publié ce printemps [27]. »

« Mouvementé », le roman de Daniel Lesueur l'était trop pour les lecteurs du *Bon Journal.* Qu'importe ! la romancière a de la ressource et, comme tout bon feuilletoniste, peut fournir à la demande :

« Je vous adresse mon nouveau roman *Lèvres closes.* Nous ne risquons aucun malentendu avec celui-là car il est beaucoup trop passionné pour les lecteurs du *Bon Journal* et vous ne leur offrirez pas ce régal poivré. Mais j'espère que nous nous entendrons pour le suivant, *Comédienne,* qui est en cours de publication dans le *Figaro.* Quant à *Invincible charme,* il paraît encore en livraisons. Je vais m'informer de l'époque exacte où il sera terminé pour vous en avertir [28]. »

D'ailleurs, il suffit parfois d'une simple retouche du titre, par exemple, pour adapter un texte au journal qui le reproduit :

« Vous serez bien aimable de me dire s'il vous serait agréable de publier *Nietzschéenne* dans le *Bon Journal,* sous ce titre peut-être plus attrayant pour les reproductions : *L'Inspiratrice.* (...) Je ne vous l'ai pas proposé plus tôt car le *Bon Journal* publiait mon roman *Mortel secret.* Mais aujourd'hui je viens vous rappeler que le *Bon Journal* est le fidèle reproducteur de mes romans dits psychologiques en un volume. *Nietzschéenne* rentre dans cette catégorie [29]. »

À côté de cette masse d'auteurs qui vivent médiocrement de la littérature, il y a une petite minorité d'auteurs à succès qui dictent leur loi aux directeurs de journaux. Il en est ainsi de Georges Ohnet qui, depuis *Serge Panine,* obtient des tirages sensiblement égaux à ceux de Zola. Il est donc en position de force pour traiter avec Flammarion, qu'il s'agisse de *La Grande Marnière* [30] ou de tel autre de ses romans :

« La priorité de reproduction du *Docteur Rousseau* m'était demandée de trois côtés différents. Mais j'ai tenu à vous la conserver à cause des excellentes relations que j'ai toujours eues avec vous. Vous pourrez donc reproduire mon roman un mois après qu'il aura paru en librairie. Mais entendons-nous bien, pour qu'il n'y ait pas d'équivoque, sur ce que sera cette priorité.

Vous avez paru croire, pour *Volonté,* que la priorité vous assurait le monopole de la reproduction et que personne ne pouvait publier, ni à Paris ni en province, avant que vous ayez terminé la reproduction. Il ne saurait en être ainsi. La priorité constituera une avance d'un mois de tout votre recueil. Mais en cours de publication, j'autoriserai, s'il y a lieu, d'autres reproductions. Vous aurez une grosse avance sur vos concurrents et tout l'avantage réside pour vous en cela. Quant aux conditions pécuniaires, elles seront, si vous le voulez bien, le paiement de cinq

27. Lettre inédite de Daniel Lesueur à Ernest Flammarion, 28 septembre 1895. A.F.

28. Lettre inédite de Daniel Lesueur à Ernest Flammarion, 10 mars 1898. A.F.

29. Lettre inédite de Daniel Lesueur à Ernest Flammarion, 11 juin 1909. A.F.

30. Dans une lettre à Henri Escoffier, Paul Ollendorff réclame l'argent dû à son auteur pour la reproduction de *La Grande Marnière.* Des sommes demandées on peut déduire que les conditions étaient les mêmes que pour le *Docteur Rousseau.* 22 juin 1885. A.F.

centimes par ligne à la Société des gens de lettres, plus une prime de quinze cents francs, payés à moi, le jour où la reproduction commencera [31]. »

Par la suite, Georges Ohnet remplace ce système de prime par un autre plus conforme aux usages mais, quoi qu'il en dise, équivalent pour l'éditeur :

« Si les ressources du *Bon Journal* sont faibles, comme vous le dites dans votre lettre à Ollendorff, je le traiterai donc avec une exceptionnelle douceur. Je vous autorise à reproduire le *Brasseur d'affaires*, au mois de novembre prochain, moyennant un prix total de 15 centimes par ligne [32]. »

Dans les deux cas, Flammarion accepte les conditons d'Ohnet : le monde des feuilletonistes n'échappe pas à la loi du marché [33] et le *Bon Journal* a besoin d'auteurs à succès que la gravure de couverture mettra en vedette. Son sommaire proposera donc un savant dosage d'auteurs aux tarifs élevés et d'auteurs plus raisonnables.

## *Les autres tentatives journalistiques*

Tandis que le *Bon Journal* perd lentement ses lecteurs, Flammarion tente deux autres expériences, en direction de publics très différents.

Les années 80 voient fleurir les hebdomadaires légers, satiriques, polissons parfois. Cette vogue donne à Flammarion, déjà spécialisé dans la littérature gaie et légère, l'idée de lancer un nouveau journal. Son originalité serait d'être un « hebdomadaire humoristique de la famille ». Ce caractère familial exclut, dans l'esprit d'Ernest, la gauloiserie et... la politique. Le titre choisi pour cette publication amusante, *Le Polichinelle*, n'a rien de nouveau : une douzaine de journaux satiriques ont porté ce titre depuis 1839. Mais il annonce clairement l'esprit amusant et inoffensif de la publication.

*Le Polichinelle* paraît pour la première fois le 13 décembre 1896. Il coûte 15 centimes et offre sur douze pages des dessins humoristiques, des bons mots, des histoires drôles et de courts textes amusants. Parmi les noms des illustrateurs, on relève celui de Steinlen pour les dessins de chats. Les autres illustrateurs n'ont guère laissé de souvenirs. En revanche, le nombre des auteurs connus est important puisqu'on peut noter ceux de Jules Renard, Georges Courteline, Alphonse Allais, Willy ainsi qu'un certain nombre d'auteurs de moindre renommée déjà publiés par Flammarion comme Georges Auriol, Octave Pradels, Xanrof, etc.

Malgré la présence de ces noms au sommaire, le niveau du journal est assez bas. Aucun des dessins ni des textes ne sont originaux. En effet, comme pour les revues de lectures, le journal se contente de racheter des œuvres déjà publiées, et parfois anciennes, et d'en présenter des fragments. Pour les dessins, il est fait appel

31. Lettre inédite de Georges Ohnet à Ernest Flammarion, s.d., A.F.
32. Lettre inédite de Georges Ohnet à Ernest Flammarion, 3 août 1903. A.F.
33. Notons tout de même que les conditions faites à Georges Ohnet sont très exceptionnelles et qu'un Montépin ou un Claretie se contente de 5 centimes par ligne pour des œuvres, il est vrai, déjà reproduites.

à divers journaux, souvent même à la presse étrangère ; *Punch*, notamment est mis à contribution. Il résulte de cet assemblage une grande impression de disparate : chaque texte, chaque dessin relève d'un esprit différent ; les sujets traités sont très hétérogènes. De plus, à vouloir faire un journal à mettre entre toutes les mains, Flammarion a fait du *Polichinelle* un journal insignifiant.

Le public ne s'y trompe pas et le journal n'a pas grand succès. Flammarion décide alors de s'en débarrasser, d'autant que la collection des Auteurs gais disparaît, elle aussi. Or, dans l'esprit de l'éditeur la collection et le journal devaient s'épauler [34], un peu comme le *Bon Journal* et la collection des Auteurs célèbres. Aux alentours de 1900, Flammarion cède donc *Le Polichinelle* à Bauche qui n'en améliore pas le niveau. Au contraire, les quelques auteurs de Flammarion qui en égayaient les pages, en ont disparu. Ne subsistent plus que de laborieuses plaisanteries. Le journal disparaît définitivement vers 1910 [35].

Bien différent doit être l'esprit de la revue de lecture que, au printemps 1908, Ernest Flammarion se voit proposer. Les auteurs du projet sont Pierre Corrard, ancien critique littéraire du *Gil Blas*, Édouard Petit, inspecteur de l'Instruction publique, membre de la Ligue de l'enseignement et Léon Robelin, secrétaire général de la Ligue. Flammarion accepte et signe un acte d'association pour l'exploitation d'une « revue populaire hebdomadaire à 10 centimes l'exemplaire » [36]. Il s'engage à mettre dans l'affaire 75 000 F, à l'instar de Corrard. Il se charge de la fabrication de la revue et de toute la partie commerciale de l'entreprise, pour lesquelles il met à disposition ses locaux et son personnel ; Corrard, Petit et Robelin se chargent de la partie littéraire. Flammarion recevra une indemnité annuelle de 5 000 F, ses associés respectivement 6 000 et 3 000 F.

Le contrat d'association est très prudent, comme si Flammarion craignait d'être entraîné dans une aventure trop dispendieuse. La vente du journal doit rapporter 12 000 F par an au minimum pour un tirage d'au moins 50 000 exemplaires. En dessous, le journal cesserait de paraître mais il est prévu un an d'essai. Le traité est de 10 ans, avec révision possible au bout de 5 ans. La dissolution est prévue aux 3/4 de perte du capital social.

Le titre de la revue n'est pas encore choisi mais il devra mettre l'accent sur l'idée de lectures choisies. *Pages pour tous* ? *Mes lectures* ? *Nos lectures* ? En attendant d'avoir choisi le titre, Flammarion signe un contrat de distribution avec le *Petit Journal* à qui il concède, de plus, la régie des annonces [37]. Puis, il embauche Joseph Poulalion, ancien administrateur des *Annales politiques et littéraires*, pour s'occuper spécialement de la revue [38].

Le journal paraît chaque dimanche, à partir d'octobre 1908. Pour 10 centimes, il offre 24 pages de courtes nouvelles, contes, chroniques : histoire, sciences,

---

34. Les livres de la Collection des Auteurs gais servaient de prime d'abonnement au *Polichinelle*.
35. Les collections du *Polichinelle* n'ayant pas survécu en totalité, il est difficile de préciser ces deux dernières dates.
36. Acte sous seing privé, 20 mai 1908. A.F.
37. Acte sous seing privé, 15 mai 1908. A.F.
38. Acte sous seing privé, 3 juillet 1908. A.F.

finances, sports, cuisine... Une couverture illustrée en couleurs et quelques photos lui donnent un air moderne.

Les collaborateurs ont été choisis de façon à assurer une certaine tenue à la revue ; Camille Flammarion et Gabrielle Renaudot signent des articles scientifiques ; Alfred Capus, les frères Fischer, Christophe sont chargés de faire sourire ; les extraits d'œuvres romanesques sont tirés de Jules Renard et Alexandre Dumas. Il est évident que les directeurs de la publication assignent à leur journal une fonction éducative, même si la volonté didactique reste très discrète.

Malgré ces bonnes intentions, le journal ne fait pas de bonnes affaires et « mange » de l'argent ; la preuve en est qu'en décembre 1908 Léon Robelin met dans l'affaire 10 000 F qui doivent être affectés à la publicité [39]. Ernest s'inquiète : « Ma fin de mois va être épouvantable. Le *Petit Journal* me règle la moitié de la somme que je pouvais escompter sur la vente de *Nos Lectures* [40]. » Puis, Flammarion envisage de transformer son association en société anonyme. Enfin, le 30 juin 1909, Flammarion et Corrard, sans attendre le délai fixé par le contrat, vendent la revue à la Société des librairies-imprimeries réunies (les anciennes maisons May et Motteroz). Ils toucheront 50% du produit net de la publicité au-dessus de 25 000 F et 0,5 centime au-dessus de 100 000 exemplaires, c'est-à-dire qu'ils ne toucheront rien. D'ailleurs, en mai 1911, la Société des librairies-imprimeries réunies revend *Nos Lectures* au propriétaire d'une autre revue proche, *La Famille.* Pour sauvegarder leur droit moral, le traité stipule que le nouveau propriétaire ne pourra en faire avant trois ans un journal léger. Mince satisfaction qui ne peut compenser les sommes perdues. De l'aventure, Flammarion ne garde que Joseph Poulalion qui abandonne *Nos Lectures* pour rejoindre l'équipe du *Bon Journal*, comme administrateur [41].

Après cet échec, Flammarion renonce à lancer de nouveaux journaux. En accueillant le projet de Corrard, il pensait sans doute compenser l'essoufflement du *Bon Journal* : *Nos Lectures* devait être mieux adapté aux goûts nouveaux du public, en étant plus proche de l'actualité et en offrant des illustrations photographiques. Les liens entretenus par les rédacteurs avec la Ligue de l'enseignement et leurs intentions pédagogiques réveillaient peut-être aussi en Flammarion son désir d'éducation populaire. Or, c'est là que réside son erreur. *Nos Lectures* n'est pas une revue véritablement populaire. Quand Escoffier avait lancé le *Bon Journal,* il s'appuyait sur une connaissance approfondie des lecteurs du *Petit Journal* ; il avait fourni à ce public des lectures qui lui convenaient. Corrard et ses amis font une revue telle qu'ils la souhaitent pour un public populaire. Le résultat est une revue sans caractère très marqué, sérieuse dans son esprit sans être de haut niveau. Elle n'a rien qui lui permette de se faire remarquer parmi ses concurrentes et ne trouve pas son public.

---

39. Acte sous seing privé, 15 décembre 1908. A.F.
40. Lettre inédite d'Ernest Flammarion à son fils Charles, 15 décembre 1908. A.F.
41. Acte sous seing privé, 11 août 1909. A.F.
Poulalion devient administrateur du *Bon Journal* aux appointements de 600 F par mois, plus une commission de 25% sur les affaires de publicité qu'il aura traitées.

Des trois journaux [42] lancés par Flammarion, seul le *Bon Journal* a connu un certain succès, insuffisant toutefois pour réaliser une réelle diversification des activités de Flammarion. Sur ce point, l'éditeur n'a pas atteint la réussite de Hachette. Toutefois, ce journal a certainement eu un effet bénéfique indirect sur la maison d'édition, en matière de publicité, tant auprès du public qu'auprès des auteurs. De plus, la création et la réussite, dans un premier temps, d'un journal de lectures inspiré directement par le *Petit Journal*, a encouragé Marpon et Flammarion à lancer une seconde offensive en direction du public populaire : deux ans après le lancement du *Bon Journal*, ils attaquent le marché des collections à quelques sous.

## *Les Auteurs célèbres*

Portraituré par Émile Cohl pour la série des portraits-charges « Les Hommes d'aujourd'hui », publiée en 1897 par Vanier, Ernest Flammarion est représenté les bras chargés d'une immense pile de livres. Un écriteau attaché au sommet de la pyramide précise : « Tout à 60 centimes au choix. » Le caricaturiste se fait ainsi l'écho de la dernière création d'Ernest Flammarion : la collection des Auteurs célèbres, qui doit être, dans l'esprit de l'éditeur, la collection populaire par excellence.

À côté du livre traditionnel, longtemps cher (7,50 F en moyenne), il a toujours existé des livres populaires, très bon marché, canards ou livres de la Bibliothèque bleue. Ils avaient leur public, leurs auteurs et leurs propres circuits de distribution. Vers 1840, sous l'impulsion des journaux et du roman-feuilleton, la demande de lectures populaires, surtout romanesques et à bas prix, se met à croître. Quelques éditeurs saisissent cette opportunité, en s'inspirant du modèle des journaux. Gustave Havard, le premier, en 1848, lance une publication à *quatre sous*, de format in-4°, imprimée en caractères serrés, très proche par sa qualité du supplément littéraire des journaux. D'autres l'imitent bientôt : Bry et ses *Veillées populaires*, Barba et son *Roman populaire illustré*, etc. Parallèlement se développent, comme on l'a vu, les revues de lecture. Sous le Second Empire, le marché des lectures populaires, composé essentiellement de cahiers imprimés de mauvaise qualité, est donc très important.

Le livre traditionnel, dans le même temps, a vu son prix baisser sérieusement grâce à l'initiative de Gervais Charpentier, en 1838 ; le volume courant se vend maintenant 3,50 F. De plus, tous les éditeurs se sont mis à offrir, depuis longtemps, des collections à 2 F ou 1,50 F, voire 1 F comme l'imposante Collection Michel Lévy. Cependant, à ce prix, le livre traditionnel est encore trop cher pour la clientèle populaire. Moins chère, il n'y a guère que la traditionnelle « littérature à quatre

42. En 1904, Flammarion accueillit aussi la *Nouvelle Revue* dans ses locaux de la rue Racine. Ce ne fut que temporaire, Flammarion n'appréciant guère la gestion de Gheusi.

sous » qui subsiste chez Rouff et Roy ; malheureusement, leur catalogue se renouvelle peu et ils se contentent trop souvent de republier des succès vieux d'une trentaine d'années et parfois davantage. Eugène Sue, Ponson du Terrail, Frédéric Soulié, Paul Féval, Émile Gaboriau, Paul de Kock sont inlassablement réédités. Le public populaire cherche donc un renouvellement de ses lectures dans les feuilletons des journaux populaires dont le prix, tombé à 10 centimes, va encore diminuer de moitié à la suite du *Petit Journal*.

L'idée de Marpon et Flammarion est de faire une collection qui offre des auteurs populaires *à la mode*, de ceux que l'on trouve dans les journaux, tout en restant d'un prix accessible à une large clientèle [43].

Pour un prix fixé à 60 centimes, la collection des Auteurs célèbres propose donc de petits volumes brochés, de 200 à 300 pages maximum, assez semblables au livre de poche actuel, sauf pour la couverture qui est illustrée en monochromie sur fond crème. Encore cette couverture évoluera-t-elle pour devenir blanche à partir de 1894, puis illustrée en quadrichromie à partir de 1904.

Quant aux cinq auteurs choisis pour ouvrir la collection, ils sont « populaires » dans tous les sens du mot : ce sont Camille Flammarion, Daudet, Zola, Malot et Theuriet. De plus, ils sont modernes, même si Daudet et Malot ont déjà écrit l'essentiel de leur œuvre.

Cependant, la réalisation d'une telle collection se heurte à plusieurs difficultés. La modicité du prix de vente oblige l'éditeur et l'auteur à faire des sacrifices financiers, en comptant sur l'importance des tirages pour compenser la perte unitaire. Le prix de revient brut varie de 25 à 29 centimes selon les droits d'auteur, pour un premier tirage à 10 000 exemplaires. Les rééditions reviennent, en moyenne, à 23 centimes. On voit que la marge de l'éditeur est un peu moindre que pour les livres à 3,50 F. Mais le sacrifice est plus grand pour les auteurs. En effet, un contrat-type leur est proposé. Les droits sont fixés à 50 F par mille, le premier tirage étant de 10 000 exemplaires. Une clause prévoit, en outre, que « l'auteur s'interdit toute cession ayant pour but la publication du roman dans un format semblable et à un prix inférieur à celui des volumes de la collection des Auteurs célèbres. » Ce sont les conditions faites à Zola, Maupassant, Camille Flammarion, Theuriet, Malot... aussi bien qu'à des auteurs moins connus. Pour ces derniers, toutefois, un premier tirage de 15 000 exemplaires est rétribué comme s'il était de 10 000. Enfin, ceux qui sont encore moins connus abandonnent pour 500 F la propriété de leur œuvre à l'éditeur.

Ces droits sont évidemment assez faibles puisqu'ils ne représentent, dans le meilleur des cas, que 8% du prix de vente du livre et il faut en vendre 20 000 exemplaires pour que l'auteur gagne autant que pour une reproduction dans un journal. La modestie de cette rémunération a des répercussions importantes sur la

43. « Le but de la collection des Auteurs célèbres à 60 centimes est de mettre entre toutes les mains de bonnes éditions des meilleurs écrivains modernes et contemporains sous un format commode et pouvant en même temps tenir une belle place dans toute bibliothèque. Il paraît chaque quinzaine un volume. » (Quatrième de couverture des livres de la Collection.)

composition de la collection. Pour un auteur à succès, elle n'est guère attirante. De plus, la proposition de Flammarion s'adresse souvent, dans les premiers temps, à des auteurs extérieurs à sa maison. Or, les éditeurs renâclent à autoriser une édition économique d'ouvrages qui se vendent bien dans une édition à 3,50 F. Flammarion lui-même hésite parfois à y faire figurer des titres très demandés dans d'autres collections. La tentation est alors forte, pour les auteurs connus surtout, de donner à Flammarion des textes mineurs. Si l'on ajoute à cela que les textes doivent être courts pour former un volume in-16 de 300 pages, à la présentation aérée, on comprend pourquoi la plupart des livres de la collection est constituée de contes et nouvelles, souvent écrits en vue d'une publication dans les journaux, ou de petits romans oubliés.

Dans ces conditions, les auteurs ne voient plus que les aspects positifs de l'opération : la chance de figurer dans une collection à forte diffusion, pour les moins connus, et l'occasion offerte aux autres de rentabiliser une fois encore un texte mineur. Si mince que soit, par exemple, l'apport de *Nantas* (1 600 F) dans les revenus de Zola, pouvait-il trouver un autre éditeur qui le paie mieux pour ce recueil ? C'est pourquoi certains auteurs proposent spontanément leurs œuvres comme Jules Mary [44], Jean Reibrach [45] ou Paul Alexis demandant qu'on lui « donne un tour de faveur » [46]. Ils sont d'ailleurs prêts à bien des accommodements pour entrer dans la collection. Trois lettres, choisies parmi beaucoup d'autres, donnent le ton.

Aurélien Scholl ne se soucie pas trop de l'homogénéité du volume quand il propose :

« Je vous adresse le roman ci-joint publié en 1872 par le *Constitutionnel.* Si, par hasard, il était trop court, je tiens à votre disposition une nouvelle pour grossir le volume [47]. »

À l'inverse, Jules Mary a déjà retranché 5 500 lignes à ses textes « pour faire deux volumes convenables » et il craint encore que *La Nuit maudite* ne fasse pas l'affaire mais ses scrupules littéraires ne seraient pas trop embarrassants s'il fallait encore opérer des modifications :

« Si le roman vous semble un peu long, veuillez me dire combien il faudrait retrancher *de lignes,* le moins possible naturellement [48]. »

René Maizeroy, lui, pense pouvoir fournir une copie de bonne longueur, mais s'embrouille dans sa répartition entre deux éditeurs :

« C'est vrai que j'ai tous les torts du monde envers vous, que je suis absolument en retard et que j'aurais dû depuis des siècles vous donner la copie finale de notre livre. (...) Dentu avait le livre depuis deux ans environ dans ses cartons. Pour l'achever, j'ai pris quelques chroniques dans *Gil Blas* et je ne me suis plus rappelé

44. Lettre inédite de Jules Mary à Ernest Flammarion, 3 mars 1888. A.F.

45. « Vous irait-il de publier dans votre collection à 60 c. un recueil de contes que je choisirais parmi les plus gais. Au train dont va mon éditeur, je n'arriverai jamais à publier la 10$^{e}$ partie de mes contes si je ne m'en occupe pas et j'ai pensé à vous. » Lettre inédite, s.d., A.F.

46. Lettre inédite de Paul Alexis à Ernest Flammarion, 6 janvier 1892. A.F.

47. Lettre inédite d'Aurélien Scholl à Ernest Flammarion, 14 avril (1887 ?). A.F.

48. Lettre inédite de Jules Mary à Ernest Flammarion, 1$^{er}$ février 1895. A.F.

en effet que la *Femme en noir* devait faire partie de notre volume à nous. Mais cela ne fait rien, puisque je ne veux pas faire un livre de « coupures » mais de sérieuses nouvelles. La première de 60 à 80 pages, les autres tirées de la *Vie parisienne* où elles paraîtront en tête (la première la semaine prochaine, signée Francillon) donnera (sic !) au moins 30 pages chacune. Il y en aura cinq, avec « Lalie Spring » qui ouvre le volume et quelques autres qui sont déjà composées, cela nous fera un bon et amusant volume. Et je vous donne ma parole d'honneur que vous serez prêt pour paraître au plus tard dans trois mois, après l'été, car maintenant je trouve que c'est un peu bien avancé dans la saison [49]. »

Cette dernière lettre, surtout, donne bien idée de l'esprit qui règne dans la littérature populaire et des préoccupations des feuilletonistes. Il s'agit de produire beaucoup et vite, d'où les affaires traitées avec plusieurs éditeurs en même temps, les confusions et les retards, la réutilisation d'articles déjà payés par les journaux et signés de pseudonymes pour mieux tromper le lecteur, la programmation des publications aux moments les plus favorables à la vente, etc.

Maupassant lui-même ne désavouerait pas cette lettre (au style près !), lui qui se prête à une manœuvre encore plus douteuse : reprendre des contes déjà parus et abuser le lecteur en baptisant le recueil d'un nom nouveau. En effet, les contes contenus dans *Histoire d'une fille de ferme* et *L'Héritage* ont déjà paru chez Havard, mélangés à d'autres, sous les titres plus connus de *La Maison Tellier* et *Miss Harriet* [50]. Il n'est d'ailleurs pas le seul à procéder ainsi, la preuve en est cette lettre de Catulle Mendès :

« Voici un petit roman pour lequel j'ai une assez vive amitié, *Siméon Charlerié*, publié dans la *République des lettres* de 1875. Il est demeuré assez et même tout à fait inconnu. Il ferait environ 120 pages de votre petite bibliothèque à 60 c. mais je veux en changer le titre. Je l'appellerais de ce titre meilleur : *Le Cruel Berceau* en ajoutant à cette étude les deux autres contes — dans le même caractère — que j'y joins et qui n'ont pas été édités depuis quinze ans. L'ensemble dépassera 240 pages [51]. »

Toutefois, il est juste de dire que Marpon et Flammarion n'ont pas délibérément choisi de fonder leur collection des Auteurs célèbres sur de telles combinaisons, comme le montrent les premiers numéros, textes de qualité honorable ; ce fut plutôt une conséquence — acceptée, certes — des présupposés de la collection. Le développement de ce monde des feuilletonistes, imputable à l'essor de la presse, est certainement le phénomène le plus marquant de la production littéraire au XIX^e^ siècle ; il n'en est pas toujours le plus glorieux.

Si, pour le lancement de la collection, les deux éditeurs ont apparemment l'embarras du choix, ils sont, en fait, tenus de choisir des noms qui aient la faveur du public. Et ils ont réussi à convaincre les cinq auteurs les plus populaires du moment. Ensuite, il faut trouver d'autres auteurs : pour les 492 titres que compte

49. Lettre inédite de René Maizeroy à Ernest Flammarion, 16 mai 1887. A.F.
50. Voir, dans le chapitre « Flammarion et ses auteurs », la note 67.
51. Lettre inédite de Catulle Mendès à Ernest Flammarion, 20 juillet 1888. A.F.

la collection en 1914, 271 auteurs différents ont été mis à contribution. Les deux éditeurs ont donc été forcés d'élargir le champ de leur recrutement et de choisir parfois parmi les auteurs de moindre réputation.

La littérature populaire traditionnelle a été reprise avec Alexandre Dumas, Adolphe Belot, Alexandre Bouvier, Jules Claretie... Elle représente à peine 10% des titres. La littérature classique tient une place équivalente, si on y fait figurer Balzac avec ses 32 titres, publiés surtout en 1902 et 1903. C'est dire que la collection des Auteurs célèbres est, pour l'essentiel, composée d'auteurs contemporains. Parmi ceux-ci, on distingue deux groupes. Le premier est constitué par ceux qui ont été débauchés temporairement d'autres maisons d'édition ; ce sont surtout des feuilletonistes à succès du *Petit Journal* : Jules Mary, Charles Mérouvel, Émile Richebourg, Louis Noir... Le second groupe, le plus important, est formé d'auteurs-maison. En effet, après l'appel fait, pour commencer et assurer le lancement de la collection, à des auteurs étrangers à la maison, Flammarion revient à un recrutement parmi les auteurs qu'il édite régulièrement. Certains d'entre eux sont privilégiés comme Camille Flammarion qui a un titre édité tous les cinquante numéros, Georges Courteline, Émile Zola, Catulle Mendès, Ernest Daudet, le capitaine Danrit, Armand Silvestre, Théodore Cahu...

Enfin, la collection s'est largement ouverte à la littérature étrangère. Si les auteurs ne sont pas toujours contemporains (Swift, Goldsmith, Pouchkine), du moins leur vogue — et parfois leur traduction — est-elle très récente. En effet, à partir de 1885, sous l'influence, en particulier, de Voguë, la France a découvert la littérature russe ; puis, la mode s'est emparée de la littérature nordique et, dans la foulée de ce succès, les éditeurs se sont intéressés à l'ensemble de la littérature étrangère. Parmi les Auteurs célèbres, on compte donc Tolstoï, Tourgueniev, Dostoïevski, Gogol, Pouchkine, et aussi Sienkiewicz, Dickens, Heine... pour une quarantaine de titres en tout.

En avril 1887, les quatre premiers volumes sont mis en fabrication. Dans les mois qui suivent, sont lancées quatre fabrications en moyenne par mois, si bien que l'année 1887 se termine avec le numéro 36. Les années 1888, 1889 et 1890 voient encore paraître respectivement 54, 57 et 40 nouveaux titres. À cette date, avec près de 200 titres, l'effet de collection est déjà assuré. Puis à partir de 1891 et jusqu'en 1905, le rythme des publications varie entre 13 et 30 par an [52], puis diminue régulièrement jusqu'au dernier titre paru en 1912. En tout, la collection compte 492 titres.

Dès les premiers volumes, le succès paraît assuré. En effet, *Lumen*, le numéro 1, tiré à 10 000 exemplaires en avril, fait l'objet de cinq retirages à 3 000 exemplaires en un an. Pour *La Belle-Nivernaise*, il faut faire huit retirages durant la même période, ce qui fait au total 34 000 exemplaires. Le numéro 3, *Thérèse Raquin*, n'est pas en reste : 33 000 exemplaires imprimés entre avril 87 et avril 88. Les deux titres suivants, *Une Bonne Affaire* d'Hector Malot et *Le Mariage de Gérard*

52. Ce chiffre varie en fonction du nombre des réimpressions programmées en même temps.

d'André Theuriet, seront tirés l'un et l'autre à 25 000 exemplaires dans l'année [53]. Ces résultats montrent que, dès la mise en place, la collection a trouvé un public.

Devant le succès, les tirages initiaux, fixés à 10 000 exemplaires pour les tout premiers titres, passent à 15 000 et les vingt numéros suivants atteindront, au total, des tirages moyens de 40 000 exemplaires ; puis, la moyenne diminue lentement. L'effet de nouveauté s'émousse. Les auteurs connus ne donnent plus que des œuvres secondaires : après *Thérèse Raquin* et *Mademoiselle Férat*, Zola ne propose que des recueils de nouvelles et, malgré le succès de *La Belle-Nivernaise*, Daudet ne confie plus qu'un livre peu connu, *Les Débuts d'un homme de lettres*. Par ailleurs, la notoriété moyenne des auteurs diminue et le lecteur se lasse peut-être aussi, de retrouver sous un titre alléchant des textes qu'il a déjà lus ailleurs. En conséquence, les tirages initiaux tombent à 8 000, voire 6 000, et même 5 000 dans les années 1900.

Ainsi le tirage moyen de l'ensemble de la collection, calculé sur 25 ans d'existence, s'établit autour de 12 000 exemplaires, avec de brillantes exceptions, comme le montre cette liste des auteurs ayant obtenu les plus forts tirages :

| | |
|---|---|
| Plus de 100 000 exemplaires | Daudet |
| Plus de 80 000 exemplaires | Zola |
| Plus de 50 000 exemplaires | Courteline, Flammarion, Robert-Halt, Sandeau, Theuriet, Zola. |
| Plus de 40 000 exemplaires | Bernardin de Saint-Pierre, Claretie, Gautier, Malot, Mendès, Silvestre (2), Tolstoï (2), Zola. |
| Plus de 30 000 exemplaires | Belot (2), Bouvier (2), Chavette, Courteline (2), Escoffier, Flammarion, Jacolliot, Maizeroy, Maupassant, Mendès, Noir, abbé Prévost, Richepin, Theuriet, Tourgueniev, Zola. |

Ce palmarès permet quelques constatations intéressantes comme la permanence du succès de *Paul et Virginie*, la fidélité du public à Zola, même pour ses œuvres les plus mineures, la percée de la littérature russe, la réussite de Courteline... Néanmoins, s'agissant de textes secondaires dans l'œuvre des auteurs importants, il ne permet pas de tirer de conclusions générales sur la lecture populaire.

53. Preuve que les premiers numéros étaient bien choisis, la belle carrière qu'ils poursuivront jusqu'en 1918 :

| | | |
|---|---|---|
| Flammarion | *Lumen* | 54 000 |
| Daudet | *La Belle-Nivernaise* | 119 000 |
| Zola | *Thérèse Raquin* | 87 000 |
| Malot | *Une Bonne Affaire* | 40 000 |
| Theuriet | *Le Mariage de Gérard* | 52 000 |

Au bout de vingt ans, la collection est essoufflée. Flammarion est embarrassé pour trouver des auteurs et la publication des œuvres de Balzac, opportunément tombé dans le domaine public, lui permet d'alimenter la collection dans les dernières années, tout en répondant aux critiques [54] qui lui sont adressées... Mais il est trop tard ; les lecteurs commencent à se raréfier et la concurrence se fait redoutable.

En tout 6 millions de volumes ont été vendus. La collection peut disparaître.

Quelles que soient les critiques que l'on puisse lui adresser, la collection des Auteurs célèbres a marqué une date dans l'histoire des collections populaires. Avec ses millions d'exemplaires vendus, elle annonce l'ère des collections à fort tirage ; de plus, elle amorce une évolution en ouvrant les collections populaires à des auteurs contemporains.

Comme pour le *Bon Journal*, Marpon et Flammarion semblent guidés par l'exemple du *Petit Journal* ; ils tentent de lui emprunter son esprit, ses méthodes, ses auteurs. Cependant, l'effet de nouveauté passé, la collection pâtit de cette ressemblance. Les pratiques douteuses du monde de la presse ont certainement nui à sa qualité. Or, les lecteurs exigent plus, semble-t-il, d'un livre que d'un journal.

Sans être un échec, la collection n'a pu répondre exactement aux espérances commerciales nées dans les années 1887-1888 ; les tirages importants effectués durant ces années-là, dans l'euphorie, ont mis longtemps à fondre et les ambitions ont dû être réduites. La formule du livre populaire demandait à être améliorée.

### *Les ripostes*

Le succès de Flammarion avec sa collection à 60 centimes n'a pas manqué d'inspirer les concurrents, surtout chez les éditeurs de littérature populaire. Ainsi, en 1891, les successeurs de Dentu lancent une collection, Les Maîtres du roman, reprise d'une autre plus ancienne :

« Les Maîtres du roman ne s'est proposée qu'un but, celui de vulgariser par des publications faites dans de bonnes conditions matérielles — au meilleur marché possible — les œuvres de nos romanciers les plus distingués et de constituer ainsi une Bibliothèque populaire digne de ce nom. »

Ils reprennent quelques-uns des auteurs qui ont fait le succès de la maison : Theuriet, Assolant, Dubut de Laforest, Jacolliot, Noir, Belot, Stapleaux, Mendès, Mary, Mérouvel, Bouvier... et pourraient constituter une concurrence sérieuse pour Flammarion si leur présentation n'était si mauvaise. Le papier est de très mauvaise qualité et la couverture, très mince, est de papier rose foncé, illustrée d'un dessin noir, assez charbonneux. Cela ne donne guère l'envie de les collectionner.

54. Certains attribuent la crise du livre à la lassitude du public qui trop souvent a été trompé : croyant acheter un livre nouveau, il s'est retrouvé avec un recueil d'articles ou de nouvelles déjà parus ailleurs. Aucun nom d'éditeur n'est cité mais Flammarion aurait des raisons de se sentir visé !

Le plus dangereux concurrent de Flammarion est Arthème Fayard. Depuis ses débuts, la Librairie Arthème Fayard se consacre à la littérature populaire avec des publications, souvent par livraisons, très bon marché et de mauvaise qualité.

Succédant à son père en 1894, Arthème Fayard II poursuit sa politique de publications populaires. Il a, par exemple, l'idée en 1897 d'éditer toute l'œuvre d'Alphonse Daudet en fascicules à 10 centimes. Lucien Daudet raconte ainsi comment Arthème Fayard et son père ont traité :

« Nous avions fait ensemble une partie de nos études à Louis-Le-Grand. Celles-ci terminées, il (Arthème Fayard) avait pris la direction de la maison paternelle, consacrée aux œuvres dites populaires. Un jour, il vint trouver mon père et lui confia son projet qui séduisit tout de suite Alphonse Daudet. « Il n'y a aucune raison qu'une œuvre comme la vôtre ne soit pas mise à la portée, par le prix et la présentation, de ceux qui viennent immédiatement après la classe moyenne. Elle vous assurera la très grande diffusion avec la popularité. Vous avez, entre autres, le don de l'émotion et celui de la clarté. Je réponds de tout et je me lance dans une opération qui, j'en suis certain, sera fructueuse, au grand blâme de mes auteurs et fournisseurs ordinaires. C'est une question de lancement et de publicité. »

Le calcul est juste. Et Lucien de conclure :

« Le résultat obtenu avec Alphonse Daudet à bon marché dépassa toutes les espérances et je me rappelle la joie de mon père dès qu'il connut les premiers chiffres [55]. »

Après ce coup d'audace, en mai 1904, Arthème Fayard lance une collection qui fait date, la Modern-Bibliothèque. Le volume de format in-8°, vendu 95 centimes, a une présentation élégante, sous une couverture illustrée. À l'intérieur, le texte, imprimé en deux colonnes, est illustré de reproductions d'aquarelles. Quant aux auteurs, ils ne sont pas de ceux que l'on trouve habituellement dans les collections populaires. Avec le numéro 1, *Cruelle énigme* de Paul Bourget [56], Fayard cherche à attirer une clientèle nouvelle, moins populaire, bien que le titre qui inaugure la collection ressemble beaucoup à ceux de la littérature à quatre sous ! Et c'est bientôt Theuriet mais aussi Hervieu, emprunté au très estimable Lemerre, et Barrès !

L'année suivante, Fayard lance une autre collection, plus populaire, le Livre populaire. Le volume est vendu 65 centimes. Il est exactement semblable à ce que sera le Livre de poche, à ses débuts : imprimé sur du très mauvais papier, il attire pourtant le lecteur par sa couverture vernissée, ornée sur toute sa surface d'un dessin en couleurs d'un dramatique réalisme, et par son prix, inouï pour des volumes qui atteignent parfois 600 ou 700 pages. Pour les auteurs, Fayard a fait appel aux classiques du roman populaire : Ponson du Terrail, Eugène Sue, Belot, Chavette,

55. Lucien Daudet, *Vie d'Alphonse Daudet*, op.cit., p.279.

56. In-8°, 128 p., avec illustrations d'après les aquarelles d'A. Calbet. *Bibliographie de la France*, 10 mai 1904.

Gaboriau, Zevaco, Decourcelle, Féval, Mérouvel qui a l'honneur du premier numéro avec *Chaste et flétrie*...

Ces deux collections remportent un immense succès : Fayard garantissait à ses auteurs un tirage à 100 000 exemplaires et l'on dit que le titre le plus vendu de la collection du Livre populaire, *Fantômas*, atteignit les cinq millions d'exemplaires [57] ! En créant ces deux collections, Fayard a opéré un astucieux chassé-croisé éditorial. Pour la Modern-Bibliothèque, il emprunte à la littérature populaire la vieille formule du cahier souple, imprimé sur deux colonnes et l'ennoblit par une amélioration de la présentation et du choix des auteurs. À l'inverse, il choisit pour le Livre populaire le format et la présentation générale du livre à 3,50 F mais ni le papier ni les auteurs ne brillent par leur qualité.

L'exemple de Fayard est bientôt imité par de nombreux éditeurs si bien que Fayard doit prévenir ses lecteurs : « Le Livre populaire ne paraît qu'une fois par mois. Méfiez-vous des nouvelles imitations. » Chez Juven, c'est les Meilleurs Romans (1906), chez Méricant l'Actual-Bibliothèque (1907), chez Pierre Lafitte l'Idéal-Bibliothèque (1910), chez Tallandier la Bibliothèque de Lisez-moi (1911)... Certains ont opté pour le cahier souple (Lafitte, Tallandier), d'autres pour l'in-16 classique (Méricant) ; tous ont fixé le prix de leur collection à 95 centimes ; tous puisent dans un fonds commun d'auteurs : Theuriet, Mary, Richepin, Daudet, Claretie...

La collection des Auteurs célèbres ne peut que pâtir de leur concurrence. Flammarion rénove donc la présentation de sa collection des Auteurs célèbres en donnant à ses volumes une couverture plus moderne en quadrichromie. Cependant, pour retenir le public, il faut aller plus loin. C'est pourquoi en 1910 naît la Collection illustrée à 95 centimes.

Cette collection doit concurrencer directement la Modern-Bibliothèque : même prix, même place donnée à l'illustration. Le livre se présente comme un cahier in-8°, imprimé sur deux colonnes, d'une centaine de pages. La couverture est entièrement occupée par une illustration en couleurs. De nombreuses illustrations en noir et blanc agrémentent le texte.

Pour le choix des auteurs, la tactique est la même que pour le lancement de la collection des Auteurs célèbres : Flammarion fait appel aux succès éprouvés et d'abord à Daudet. *Tartarin de Tarascon* ouvre la collection, bientôt suivi de *Tartarin sur les Alpes* (n°15), *Sapho* (n°27), *Port-Tarascon* (n°37). Puis viennent les vedettes du roman sentimental ou du roman d'aventures, dans une moindre proportion : Gyp (5 titres), Georges d'Esparbès (4 titres), Conan Doyle (4 titres), André Theuriet, Pierre Maël, Paul de Sémant, le capitaine Danrit, Jean Aicard, Abel Hermant... Enfin, une assez large place est faite aux « auteurs gais » : Alphonse Allais, Georges Courteline, Pierre Wolff, Charles Leroy...

Ce choix ne fait pas preuve d'une grande imagination. Tous ces auteurs ont déjà été publiés chez Flammarion qui a puisé dans sa liste personnelle d'auteurs à

57. Jean Villetay, « Un nom illustre de l'édition, Arthème Fayard ». *Le Journal du XIV*$^{e}$, 1984, p.8.

succès. Pour les titres, il a suivi deux voies différentes. Parfois, il a repris des titres déjà souvent édités comme les romans de Daudet, de Gyp ou l'inépuisable *Colonel Ramollot* de Leroy, en s'autorisant de leur succès. Sinon, il a demandé à ces auteurs de lui fournir un texte inédit ou oublié qui convienne à la collection. Certains, se sont crus revenus au temps des Auteurs célèbres. Ainsi, quand Flammarion lui demande un texte pour sa nouvelle collection, Jules Mary lui répond :

« Dans mes anciens romans datant de l'époque où Dentu était encore installé Galerie d'Orléans (vieux souvenirs), je trouve deux récits formant chacun le volume de 300 à 350 pages que vous semblez désirer pour votre collection à 0,95. Ils sont intitulés : *La Bien-aimée. La Nuit maudite.*

Il me semble que cela pourrait vous convenir. Ce sont deux romans concentrés, dramatiques et rapides. *La Bien-aimée* a été réédité il y a une douzaine d'années par Fayard dans son ancienne collection mais il m'en a rendu la libre disposition ne pouvant plus l'exploiter depuis la perte de son matériel lors de l'incendie [58].

L'autre, *La Nuit maudite*, n'a pas été réédité [59]. »

L'affaire ne se fait pas ; Jules Mary semble avoir oublié que Flammarion lui a déjà refusé *La Nuit maudite*, pour la collection des Auteurs célèbres. Pas plus qu'hier, ce roman ne le séduit. S'il a bien saisi les ambitions de la collection telles que Flammarion a dû les lui expliquer, Mary n'a pas compris que l'éditeur cherche à se démarquer d'une image trop populaire. Il ne prend plus modèle, comme par le passé, sur le *Petit Journal* pour choisir ses romans mais s'oriente vers des œuvres d'un esprit plus « bourgeois ».

Les premiers volumes à 95 centimes paraissent à partir de juin 1910, au rythme de treize titres la première année, quatorze titres la seconde ; ensuite, le rythme des nouvelles publications tombe à six, puis quatre, entre juillet 1913 et juin 1914, compensé en nombre, mais pas en volume, par les réimpressions. Cette diminution brutale s'explique par le fait que Flammarion vient de récupérer quelques titres de Juven. Vingt-trois d'entre eux, proches de la Collection illustrée par leur esprit — leurs auteurs sont parfois les mêmes —, reçoivent une nouvelle couverture et sont intégrés dans cette Collection. Toutefois, pour la moitié d'entre eux, aucun cliché n'est fait, preuve que Flammarion n'envisage pas de les réimprimer ; leur entrée dans la Collection illustrée est seulement le moyen d'écouler un stock. Le dernier titre de la Collection illustrée à 95 centimes paraîtra en 1916.

Les premiers tirages sont d'emblée à 60 000 exemplaires pour Daudet, mais 30 000 pour les autres (Aicard, Gyp, Courteline, d'Esparbès, Wolff...). Par la suite, ils tombent à 20 000 exemplaires et même 10 000 pour les auteurs peu connus.

Les contrats signés avec Julia Daudet échappent à ce mouvement de baisse. Pour *Tartarin sur les Alpes* et *Port-Tarascon* sont prévus par contrat des tirages de 60 000 exemplaires et même 100 000 exemplaires pour *Sapho*, mais Flammarion

58. Le bâtiment de la rue du Saint-Gothard avait brûlé en 1903 ; les empreintes du roman de Jules Mary avaient probablement disparu dans l'incendie et Arthème Fayard n'avait pas jugé rentable de faire les frais d'une nouvelle composition.

59. Lettre inédite de Jules Mary à Ernest Flammarion, 13 avril 1910. A.F.

n'utilise pas immédiatement cette possibilité : il préfère faire des premiers tirages de 40 000 à 50 000 exemplaires et procéder à des réimpressions périodiques de 10 000 exemplaires. Ainsi, le premier tirage de *Sapho* n'est que de 50 000 exemplaires et les 100 000 exemplaires ne seront intégralement tirés qu'en 1918. Ernest Flammarion agit de même avec André Theuriet [60]. Pourquoi ? L'échelonnement des réimpressions a un intérêt évident : il évite les frais de stockage et une immobilisation des frais de fabrication. En revanche, l'avance des droits d'auteur ne profite pas à l'éditeur mais elle lui est imposée par la compétition des éditeurs auprès des auteurs à succès. C'est, semble-t-il, le succès de Fayard qui est à l'origine de cette pratique. En effet, le jeu de la concurrence oblige à abaisser le prix des livres tout en améliorant leur qualité. Pour cela, il ne suffit pas de compter sur les économies d'échelle ; il faut aussi diminuer la rémunération des auteurs et la ramener à 5% environ du prix de vente. Pour convaincre des auteurs traditionnellement édités dans des collections à 3,50 F, comme Paul Bourget ou Maurice Barrès, de donner certains de leurs textes à sa Modern-Bibliothèque, Arthème Fayard leur fait donc valoir que, en compensation de la faiblesse des droits versés, il leur garantit un tirage à 100 000 exemplaires. De ce fait, l'auteur y gagne tout de même financièrement : il empoche 5 000 F alors que, avec une édition à 3,50 F, il n'aurait gagné, pour un tirage moyen de 10 000 exemplaires, que 3 500 à 4 000 F. Surtout, il profite d'une plus large diffusion, avec les retombées morales et financières qu'on peut en attendre. Comme, d'autre part, Arthème Fayard s'engage à donner à la collection une couverture élégante et un papier de qualité convenable, les auteurs les plus sérieux ont accepté. À partir de 1904, donc, les auteurs à succès sont habitués à se voir garantir de forts tirages.

Si Flammarion veut attirer quelques-uns de ces auteurs à succès qui ne se lient par aucun contrat d'exclusivité, il doit lui aussi leur offrir des tirages suffisants. D'où les contrats signés avec la veuve de Daudet ainsi qu'avec les héritiers d'André Theuriet. Bien qu'elle anticipe sur les tirages, cette formule est évidemment préférable à une augmentation des droits par volume tiré : une rémunération de 5 centimes semble bien le maximum que l'éditeur puisse offrir [61]. En effet, seuls les auteurs les plus connus touchent cette somme ; les autres vendent la propriété de leur œuvre pour 1 000 F.

Ainsi, Georges d'Esparbès se plaint :

« Je suis obligé de vous demander d'en faire au moins un tirage de 37 500 pour m'assurer un premier versement de 1 500 F. Il y a quelques années tous les tirages des volumes à 0,95 étaient de 50 000 et m'étaient payés 2 000 F ; je puis bien descendre à 37 500 mais il m'est impossible de faire plus [62]. »

Cette lettre prouve que les écrivains se battent pour une augmentation non plus de leurs droits, mais de leurs tirages initiaux.

---

60. Le contrat signé en 1911 pour *Mon Oncle Flo* est conclu pour 40 000 exemplaires qui seront tirés pour les trois quarts en 1911 et pour le dernier quart en 1916. Livres de comptes. A.F.

61. Fayard n'offre que 4 centimes pour sa Modern-Bibliothèque.

62. Lettre inédite de Georges d'Esparbès à Ernest Flammarion, 22 juillet 1913. A.F.

En voulant répondre à la concurrence de Fayard, Flammarion s'est trouvé obligé d'appliquer les mêmes règles que lui, alors que les résultats de la Collection illustrée ne prenaient pas l'ampleur de ceux de la Modern-Bibliothèque. Le coût de fabrication des tirages initiaux s'en est trouvé alourdi : le volume courant revient à 47 centimes et monte à 50 centimes pour les auteurs à qui un fort tirage a été garanti ; il atteint même 55 centimes pour *Sapho*. C'est avec les retirages, dont le prix de fabrication est de 10 centimes environ inférieur, que l'éditeur gagne de l'argent. Or, plusieurs titres se vendent difficilement et la rentabilité de la collection reste faible.

La Collection à 95 centimes ne se démarque des autres collections concurrentes ni par son prix ni par sa présentation ni par ses auteurs et elle se fond dans la masse des collections bon marché. Malgré la vente de 1 600 000 exemplaires en quatre ans, elle ne répond donc pas à l'attente de Flammarion. Il se décide alors à frapper un grand coup pour vaincre la concurrence : la Select-Collection va naître.

Pour Ernest Flammarion, la meilleure façon de reconquérir une clientèle reste l'action sur les prix mais ce ne sera pas le seul intérêt de la nouvelle collection car, après le demi-échec de la Collection illustrée, il va essayer de mettre tous les atouts dans son jeu pour réussir son lancement.

Le titre marque déjà un désir de rajeunissement : clairement imité de celui de la collection Fayard, il reprend un adjectif à la mode. « Select », la collection le sera par sa présentation attrayante, sa couverture en couleurs, et par le choix des auteurs. Elle ne doit pas être confondue avec une collection populaire... Pourtant, son prix pourrait le laisser croire : 50 centimes !

La volonté de vaincre Fayard, dont la Modern-Bibliothèque a maintenant dix ans, est nette. Si la Select-Collection se distingue de la Collection illustrée à 95 centimes et de la Modern-Bibliothèque par son absence d'illustration à l'intérieur du livre, en revanche, elle adopte, pour le reste, une présentation tout à fait semblable : cahier souple imprimé sur deux colonnes, couverture illustrée. La différence de prix, 45 centimes, n'en est que plus remarquable et doit séduire le public.

Encore faut-il proposer au lecteur des auteurs qui l'intéressent. Or, à première vue, le choix n'est guère différent de celui proposé par les collections précédentes. Une fois de plus, Flammarion fait appel aux succès éprouvés. Gyp ouvre la collection avec la *Ginguette,* puis viennent Daudet (*Rose et Ninette, Tartarin de Tarascon*), Zola (*Thérèse Raquin, Madeleine Férat*), Courteline (*Les Gaîtés de l'escadron*), Claretie, Richepin, Theuriet, Goncourt...

Ensuite, pour fournir la collection en auteurs célèbres, les frères Fischer, directeurs de la collection, puisent dans le fonds Flammarion (Gyp, Zola, Courteline...) mais aussi chez d'autres éditeurs. Fasquelle, notamment, conclut de nombreux accords avec la Select-Collection. Ainsi, *Le Rêve* de Zola, l'un des deux « Rougon-Macquart » contre lesquels l'Église n'ait pas fait de mise en garde, apparaîtra sous le numéro 44. Il vend aussi ses droits sur des œuvres de Capus, Aicard, Daudet, Margueritte, Mendès, Sandeau tandis que Colette, Régnier sont cédés par le Mercure, Rosny par Ollendorff... C'est la nouveauté de cette collection [63]. Les Fischer proposent à des éditeurs « littéraires » qui n'ont pas le désir de créer des collections populaires à fort tirage de leur acheter des titres. Cela permet à l'un d'élargir le catalogue sans recourir à des œuvres tombées dans le domaine public et aux autres de rentabiliser un ouvrage qui a épuisé la demande pour l'édition à 3,50 F.

De plus, on remarque que, à la différence de la collection des Auteurs célèbres, les œuvres de Daudet ou de Zola proposées sont des œuvres importantes, et non des productions mineures, « des romans complets » précise la publicité. Enfin, un désir de « respectabilité » imprègne la collection : cinq académiciens figurent parmi les dix premiers auteurs de la collection, les cinq autres (Gyp, Zola, Goncourt, Courteline et Daudet) n'ayant plus besoin de se faire une réputation. Ce choix qui doit permettre de rivaliser avec les Bourget, les Barrès de la Modern-Bibliothèque, marque la volonté de rompre avec le vieux roman populaire, même si le catalogue de 1914 propose encore un roman de Claretie ou de Sandeau, et annonce pour bientôt des œuvres de René Maizeroy. Avec la Select-Collection, Flammarion se tourne vers la nouvelle génération de romanciers : Rosny, Lorrain, les frères Margueritte, Prévost, Farrère...

Abaisser le prix à 50 centimes est un pari audacieux car la marge de l'éditeur se trouve réduite et il est condamné à vendre beaucoup s'il ne veut pas perdre d'argent. Il faut faire un tirage à 50 000 exemplaires minimum pour que le prix de revient du volume oscille entre 20 et 25 centimes. Aussi, dans les mois qui précèdent le lancement de la collection, Flammarion est-il anxieux. L'importance des mises de fonds l'inquiète, car, comme pour la collection précédente, il a dû signer des contrats garantissant des tirages élevés :

« La collection Fischer s'augmente de traités tous les jours et déjà 5 000 F d'avances bien entendu, pour cinq auteurs — malheureux ! — Mais cela ne fait rien. Nous aurons de quoi faire de beaux lancements au début de 1914 [64]. »

Autre motif d'inquiétude : la concurrence.

En janvier 1914, par exemple, il avertit son fils : « Gilquin annonce sa Collection in-extenso *illustrée*, pour nous concurrencer. Le premier volume est de Mme Bertheroy [65]. » Pourquoi s'inquiète-t-il de l'initiative de la Renaissance du livre, un éditeur mineur ? Que craint-il de Jean Bertheroy, ou plutôt Berthe Le Barillier, l'auteur du *Tourment d'aimer*, du *Chemin de l'amour* et autres romans pour jeunes filles ? Sa nervosité n'est pas seulement imputable à son âge ; il est conscient que les frais engagés sont lourds et qu'un échec serait grave. Heureusement, la Select-Collection est un succès.

Le premier titre, *La Ginguette*, paraît au début du mois de février 14, *Rose et Ninette* quinze jours plus tard et les titres suivants, *Le Million* de Claretie et *Thérèse Raquin*, à même intervalle, en mars. Les tirages initiaux sont fixés selon le succès escompté et varient de 50 000 exemplaires pour Gyp à 80 000 pour Daudet.

---

63. Toutefois, *Le Rêve* de Zola avait déjà paru dans l'Idéal-Bibliothèque de Lafitte.
64. Lettre inédite d'Ernest Flammarion à son fils Charles, 21 octobre 1913. A.F.
65. Lettre inédite d'Ernest Flammarion à son fils Charles, 19 janvier 1914. A.F.

Rapidement, il faut réimprimer car la collection marche bien ; la fabrication a du mal à suivre et Albert Flammarion devient nerveux :

« Il faut se chamailler avec tous les fournisseurs car le succès de la Select dépasse toutes les prévisions, nous sommes à 100 000 de la *Ginguette* et les 66 000 de *Rose et Ninette* fondent à vue d'œil ; aussi avons-nous demandé à Darblay de faire du papier semblable à celui de Prioux de façon à avoir deux sources sous la main. De même, avec Charaire j'ai dû crier, il est vrai qu'ils ont eu un accident à leur machine à vapeur qui s'est complétement démolie et les a laissés en panne [66]. »

Plus tard, il doit reconnaître :

« Les Charaire nous ont rendu de grands services pour la Select (...) ; sans eux et leur complaisance, nous aurions été bien ennuyés, ils ont depuis près de 3 semaines de 6 à 9 machines pour notre collection ; ils ont relevé de sous presse (Lebreton l'a vu) des ouvrages en train, pour nous donner satisfaction [67]. »

Nous sommes désormais entrés dans l'ère des gros tirages populaires. Les résultats obtenus par Flammarion confirment ceux obtenus, dix ans plut tôt, par Fayard. En quatre ans, Flammarion vend plus de 6 millions d'exemplaires de sa Select-Collection alors qu'il lui avait fallu quinze ans pour atteindre le même chiffre avec les Auteurs célèbres à 60 centimes. En 1918, 80% des 50 premiers titres auront dépassé les 100 000 exemplaires.

Les auteurs-vedettes restent Zola et Daudet, devant Gyp, Theuriet et Courteline, mais ils n'étouffent pas pour autaut les auteurs nouveaux chez Flammarion comme les frères Margueritte, Colette ou Henri de Régnier [68] :

| | | | |
|---|---|---|---|
| Daudet | *Sapho* | 175 000 | ** |
| Daudet | *Rose et Ninette* | 160 000 | |
| Daudet | *Tartarin de Tarascon* | 155 000 | |
| Zola | *Thérèse Raquin* | 160 000 | |
| Zola | *Madelein Férat* | 150 000 | |
| Zola | *Le Rêve* | 130 000 | ** |
| Zola | *Contes à Ninon* | 110 000 | ** |
| Gyp | *La Ginguette* | 160 000 | |
| Gyp | *Miche* | 130 000 | ** |
| Gyp | *Geneviève* | 100 000 | |
| Richepin | *Madame André* | 160 000 | |
| Theuriet | *La Petite dernière* | 140 000 | |
| Theuriet | *Les Amours d'Estève* | 130 000 | * |

66. Lettre inédite d'Albert à Charles Flammarion, 18 février 1914. A.F.
67. Lettre inédite d'Albert à Charles Flammarion, 28 février 1914. A.F.
68. Ce tableau indique, pour les auteurs les plus importants, les chiffres des tirages arrêtés en 1918. La présence d'une astérisque signale que le livre a été publié en 1915, celle de deux astérisques qu'il a été publié en 1916. Les autres datent de 1914.

| | | | |
|---|---|---|---|
| Régnier | *Les Vacances d'un jeune homme sage* | 140 000 | |
| Courteline | *Les Gaîtés de l'escadron* | 120 000 | |
| Courteline | *Le Train de 8 h 47* | 110 000 | * |
| P. Margueritte | *Maison ouverte* | 110 000 | * |
| V. Margueritte | *Les Frontières du cœur* | 110 000 | ** |
| Renard | *Poil de carotte* | 100 000 | * |
| Colette | *La retraite sentimentale* | 60 000 | ** |

Après la guerre de 14, la Select-Collection continue sa carrière, remettant périodiquement au goût du jour sa couverture illustrée. Flammarion a de nouveau une grande collection populaire.

Au travers des initiatives d'Ernest Flammarion, on voit l'évolution décisive des collections populaires, autour de 1900. Avec l'élévation du niveau de vie, le public se détourne des revues de lecture et des publications à quelques sous, mal imprimées, ne résistant pas à des lecteurs successives. Il demande de vrais livres qui, malgré leur prix modique, se rapprochent le plus possible des livres à 3,50 F. Toutefois, la forme définitive du livre populaire n'est pas encore fixée : après les petits formats de la collection des Auteurs célèbres et du Livre populaire, il semble que le cahier souple illustré triomphe, avant 14. Pour le choix des auteurs, les éditeurs suivent des politiques différentes. Marpon et Flammarion ont innové en s'inspirant des choix du *Petit Journal* pour toucher la clientèle populaire ; l'idée est bonne mais se heurte à des difficultés de réalisation. Arthème Fayard, lui, préfère offrir deux collections, l'une fidèle à la tradition des lectures populaires, l'autre plus ouverte aux auteurs bourgeois. Ces romanciers semblent s'adresser plus particulièrement aux femmes tandis que naissent des collections plus orientées vers un roman d'aventures destiné à un public masculin [69]. La Select-Collection combine un bas prix et un choix d'auteurs susceptibles de plaire aux femmes ; c'est sans doute une raison de son succès.

Dans ces années-là, on assiste aussi à une augmentation rapide des tirages moyens qui modifie l'économie de l'édition. Les conditions de fabrication et les rapports avec les auteurs doivent évoluer. Tous ces mouvements trouveront leur aboutissement, cinquante ans plus tard, avec le Livre de poche.

Cette période de transformations a valu à Flammarion des échecs, des renoncements, des réussites aussi, car son dynamisme le pousse à jouer un rôle important dans l'évolution qui se dessine. Battu par Fayard, il sait lui emprunter ses recettes et les adapter à sa maison pour renouer avec le succès. La diffusion de millions de livres populaires portant la marque de Flammarion renforce l'image populaire de la Librairie. De là vient le dédain d'un Uzanne ou d'un Goncourt, que n'auraient pas justifié à elles seules les éditions illustrées de Zola et l'*Astronomie*

69. Voir l'enquête d'Anne-Marie Thiesse, in *Le Roman du quotidien*. Paris : Le Chemin vert, 1984.

*populaire.* Ils ne peuvent approuver la place faite au roman populaire dans le catalogue, ni les méthodes de démocratisation choisies par les deux associés. Le succès que remportent ces initiatives aigrit leur critique. Le bibliophile et l'amateur d'art ne sont pas prêts à accepter le livre de poche... ce qui est pardonnable puisque, 70 ans plus tard, il suscite encore la même hostilité. Mais, entre le mépris d'une poignée d'intellectuels et la clientèle de millions de lecteurs, le choix de Flammarion est vite fait. La création du *Bon Journal*, la constitution des collections populaires et l'accueil fait aux feuilletonistes prouvent qu'il a délibérément visé un public précis, celui des journaux populaires, qui, à défaut d'être riche, était nombreux.

## FLAMMARION ET SES AUTEURS

Les rapports entre les éditeurs et les auteurs sont souvent orageux, bien qu'ils aient des intérêts communs : assurer le succès des ouvrages édités. L'éditeur doit, en se chargeant d'éditer un volume, faire une estimation de ses ventes futures. Toute erreur dans ses prévisions est source de rancœur, soit que l'auteur lui impute un échec, soit qu'il l'accuse d'avoir sous-estimé la valeur du livre afin de limiter ses risques. Or, les aléas de l'édition sont tels que les erreurs sont fréquentes. L'acrimonie des auteurs est d'autant plus grande que, quoi qu'ils en disent, à travers leur réussite financière, ils jugent de leur valeur personnelle. Il y a ainsi des exemples célèbres de brouilles entre auteur et éditeur. George Sand et Gustave Flaubert n'ont pas toujours tenu des propos élogieux à l'égard de leur éditeur... Inversement, certains auteurs sont reconnaissants à leur éditeur de les avoirs débarrassés de soucis matériels et de les aider dans leur création. Renan voue une fidélité sans faille à Michel Lévy, comme Zola à Georges Charpentier. L'éditeur est alors un ami, parfois même un conseiller littéraire, comme Hetzel pour Jules Verne.

Parmi les quelques 1 000 auteurs édités par Flammarion en 40 ans, il n'y en a eu aucun qui ait laissé trace de récriminations violentes contre son éditeur. La correspondance échangée témoigne de relations cordiales et d'invitations courtoises. Cependant, il ne semble pas que ces bons rapports soient allés jusqu'à des liens profonds d'amitié ou de complicité littéraire, sauf dans le cas de Georges Courteline. Jamais Ernest Flammarion ne se permet le moindre commentaire sur la valeur littéraire des écrits qu'il publie. Ce n'est pas un éditeur avec qui parler de littérature, sans doute parce qu'il se sent peu qualifié pour cela, n'ayant eu une instruction générale que primaire. Aussi le contenu de ses lettres est-il consacré à des questions financières et commerciales. Leur étude ainsi que celle des contrats permet d'apprécier ce qu'a pu être la politique de Flammarion ainsi que la valeur marchande de ces auteurs que la postérité a consacrés ou dédaignés. Elle permet aussi de saisir les rapports que les écrivains entretenaient avec l'argent et l'image qu'ils se faisaient de leur propre valeur.

### *Les contrats*

Objet, parfois, d'âpres négociations préalables, le contrat est établi en fonction du renom de l'auteur autant que de l'œuvre proposée. Une connaissance globale des contrats signés chez Flammarion peut donc donner une idée précise de la production de la maison et de ses auteurs.

Ils sont faciles à connaître puisque chaque contrat a été rédigé en deux exemplaires signés de l'auteur et de l'éditeur. La plupart de ceux intéressant un auteur de quelque importance a été conservée. Pour les autres, il suffit de se reporter aux comptes de fabrication puisque, en tête de chaque compte, Ernest Flammarion a résumé les principales clauses du contrat.

À l'exception des lois de 1791 et 1793 sur la propriété littéraire et de la loi du 14 juillet 1866, réglant la durée d'usufruit pour les ayants droit de l'auteur, il n'existe pas de loi réglant les rapports entre éditeur et auteur. Aucun texte ne définit la forme ni le contenu du contrat d'édition. Les grands éditeurs comme Hachette ont néanmoins adopté très tôt des formes standardisées de contrats. Il en est de même chez Marpon et Flammarion ; dès l'arrivée des premiers auteurs, Ernest Flammarion rédige des contrats en bonne et due forme, abordant :

— forme de l'édition envisagée : format, illustration, prix...
— durée de la cession du droit d'édition
— tirage, passe et exemplaires spéciaux, s'il y a lieu.
— montant des droits d'auteur pour le tirage initial, pour les réimpressions
— répartition des droits annexes, traduction et reproduction dans les journaux.

Les contrats sont, en général, signés à la remise du manuscrit ; il n'y a donc pas lieu de prévoir des contraintes pour l'auteur, concernant les corrections ou les délais de remise du texte [1]. Rien n'est dit non plus des conditions de paiement. Pour les petits tirages, ils sont payés en une seule fois, à la signature du contrat-remise du manuscrit. Pour les tirages plus importants, le paiement est fait moitié à la signature, moitié à la mise en vente. Enfin, pour les entreprises lourdes et longues comme les éditions illustrées, les paiements sont échelonnés tout au long de la fabrication et soldés à la mise en vente. Cette avance faite à l'auteur n'est pas amputée d'un intérêt, comme c'était la pratique chez certains éditeurs.

1. Le contrat signé pour l'*Astronomie populaire* fixe toutefois des limites à la longueur du texte.

Dans ce cadre, toujours le même, les conditions accordées aux auteurs varient beaucoup : entre 1876 et 1914, on dénombre pas moins de 25 modalités d'application différentes. Toutefois, après un examen, elles peuvent être regroupées en quelques catégories moins nombreuses car certaines rubriques varient peu d'un contrat à l'autre.

Jusqu'au milieu du XIXe siècle, les contrats étaient le plus souvent à durée déterminée : 3, 5, 10 ans... au gré des contractants. Cette pratique est en train de disparaître et, chez Flammarion, elle n'est plus appliquée que de façon très exceptionnelle, pour Malot, Maupassant et Daudet. Quant aux droits annexes (traduction, reproduction dans les journaux), ils sont généralement partagés entre auteur et éditeur. Pour les auteurs souvent sollicités par les journaux et tirant de la reproduction en feuilleton une grande partie de leurs revenus, comme Zola ou Malot, l'auteur se réserve généralement l'intégralité des droits de reproduction. Enfin, la passe est dans tous les contrats fixée à 10% du tirage.

La question de la rémunération, elle, donne lieu à un grand nombre de combinaisons. Deux formules évitent le paiement de droits d'auteur. La plus prudente pour l'éditeur est celle de l'édition à compte d'auteur : celui-ci paie les frais de fabrication et de publicité ; l'éditeur se charge de la diffusion du livre. Ensuite vient la formule de l'édition sans droits : l'éditeur prend en charge tous les frais mais ne paie aucun droit à l'auteur. Le plus souvent, elle n'est appliquée qu'aux mille premiers exemplaires, les suivants donnant lieu à rémunération. Plus gratifiant pour l'auteur est l'achat de la propriété de son ouvrage pour une somme forfaitaire. Elle assure à l'auteur un gain immédiat, mais elle exclut la fortune subite liée au succès. Flammarion l'utilise pour les ouvrages de fonds, à vente très lente. C'est l'avantage de la rémunération sur les ventes de dépendre de la réalité du succès et non de sa prévision. Ces droits peuvent être fixés en pourcentage du prix de vente : il est de 10% chez Flammarion. Plus élevés, ils ne sont plus calculés en pourcentage mais une redevance par exemplaire vendu est fixée : 40 centimes parfois, 50 centimes, le plus souvent, pour un livre vendu 3,50 F. Quelques auteurs, enfin, touchent une rémunération plus importante mais ce sont des cas particuliers qui font l'objet d'un contrat spécial. Tous ces droits sont ceux versés pour le tirage initial que prévoit le contrat. Pour les réimpressions, ils augmentent en fonction du volume du retirage. L'échelonnement et l'importance de ces majorations est très variable ; elles peuvent atteindre 75 et 80 centimes, autour de 15 000 exemplaires.

À côté de ces contrats, il existe encore ceux proposés pour la constitution des collections. Ils ne sont guère différents, quoique certains incluent une rémunération du directeur de collection.

Pour mieux rendre compte de la politique suivie par Marpon et Flammarion, les divers contrats ont été regroupés en six catégories, suivant le type de rémunération versée pour les tirages initiaux. La dernière ligne rassemble tous les contrats pour lesquels la rémunération est supérieure à 17% du prix de vente. Les collections populaires ne sont pas prises en compte.

| | 1880 [2] | 1883 | 1888 | 1893 | 1898 | 1903 | 1908 | 1913 |
|---|---|---|---|---|---|---|---|---|
| Compte d'auteur | 34 | 20 | 2 | 0 | 6 | 1 | 0 | 0 |
| Éd. sans droits | 0 | 20 | 21 | 3 | 10 | 11 | 11 | 3 |
| Propriété | 0 | 6 | 7 | 3 | 1 | 1 | 11 | 0 |
| Droits = 10 % | 52 | 23 | 26 | 40 | 34 | 35 | 41 | 41 |
| Droits = 50 c. | 0 | 23 | 25 | 41 | 43 | 47 | 26 | 34 |
| Droits > 50 c. | 14 | 5 | 15 | 10 | 3 | 3 | 7 | 3 |
| Total | 100 | | | | | | | |

Ce tableau met en évidence plusieurs constantes de la politique de Flammarion vis-à-vis de ses auteurs :

— la faible proportion d'auteurs ne touchant pas de droits proportionnels à leurs ventes ;

— la diminution des trois premières formes de rémunération avec le temps ;

— l'importance des droits payés aux auteurs : la rémunération par 10% du prix de vente cst la formule la plus courante mais les fortes rémunérations sont très nombreuses. En effet, la rémunération de 35 centimes est réservée aux petits tirages inférieurs à 3 000 exemplaires. Au-dessus, l'auteur touche 40, et plus souvent 50 centimes, par exemplaire. Encore y a-t-il des passe-droits. La notoriété d'un auteur, le désir de se concilier une personnalité influente ou particulièrement chère à un auteur important peut amener des entorses à la règle. Ainsi, le député Fleury-Ravarin touche 40 centimes sur un tirage de *Notre défense maritime et coloniale* à 1 500 exemplaires qu'il faudra solder deux ans plus tard. De plus, parmi les auteurs qui touchent 10% du prix de vente, se sont trouvés comptabilisés les auteurs bénéficiant d'éditions illustrées : pour eux, cela représente souvent une somme de 1 F par volume, ce qui est une rémunération intéressante.

En l'absence d'études systématiques de la comptabilité d'éditeurs de la même période, il est difficile d'apprécier le niveau de rémunération accordé par la Librairie Flammarion. Seul, Aubier a fait l'objet d'une telle recherche, pour la période de l'entre-deux guerres : la rémunération de 10% y est la règle [3]. Les études sur les éditeurs de la fin du XIXe siècle privilégient les auteurs célèbres, ce qui limite les possibilités de comparaison. On sait que Jules Verne touche 50 centimes par volume in-18, un peu plus de 5% (et 10% au delà de 20 000 exemplaires) sur les in-8°, en 1875. George Sand obtient 15% de Calmann Lévy, en 1870, pour ses derniers romans mais Flaubert touche forfaitairement 16 000 F pour *L'Éducation sentimentale*, tirée à 3 000 exemplaires [4].

2. L'année 1880 a été choisie de préférence à 1878, année dont la production était trop faible pour être significative.

3. Valérie Tesnière, *Les Éditions Aubier*. Paris : thèse de l'École des Chartes, 1985, pp. 255-262.

4. Jean-Yves Mollier, *Michel et Calmann Lévy ou la naissance de l'édition moderne*, op. cit, p. 403.

De plus, les droits sont calculés sur les exemplaires tirés et non, comme l'habitude va s'en répandre à la fin du siècle, sur les exemplaires vendus. Globalement, il semble que Flammarion soit un bon éditeur qui paie bien ou qui, du moins, écarte ceux qu'il ne peut rémunérer correctement. Peut-être est-ce là l'explication de ses bons rapports avec ses auteurs.

## *Le choix des auteurs*

Qui sont les auteurs qui publient chez Flammarion, les inconnus qui paient pour avoir la joie d'être lus, les auteurs fortunés dont les éditeurs s'arrachent les manuscrits et tous ceux à qui une honnête notoriété permet de vivre ?

À l'opposé de quelques écrivains très bien rémunérés dont la fortune est réelle, il y a tous ceux qui paient pour être édités. Si minoritaire qu'ils soient chez Flammarion, leur cas mérite qu'on s'y attarde car l'édition à compte d'auteur est au centre d'une polémique dans les années 1900. En effet, l'édition à compte d'auteur est une pratique très répandue dans l'édition française. Certaines maisons ne fonctionnent que grâce à elle. D'autres y ont recours dans des proportions variables. Ainsi, le compte d'auteur était à peu près de rigueur au Mercure de France, se souvient André Billy [5], et il en était certainement de même dans beaucoup de petites maisons. L'auteur débutant, s'il ne jouit de solides recommandations — et encore ! — y est résigné.

Quand la polémique s'engage sur les causes de la crise de la librairie, certains mettent en cause les éditeurs qui vivent de ces publications à compte d'auteur :

« On édite trop de volumes », explique Juven au journaliste venu l'interroger [6], « trop de romans surtout, sans même avoir l'excuse d'y être poussé par la valeur de ces livres, car la plupart sont déplorablement médiocres. Certains éditeurs se sont laissés aller à publier sans aucune circonspection des ouvrages à compte d'auteur. Ils se sont trouvés tentés par cette combinaison qui leur évitait les frais en cas d'échec. Ils n'ont point vu qu'en encombrant le marché de productions sans mérite, ils nuisaient à la vente des œuvres pour lesquelles eux-mêmes avaient engagé leur argent et qu'en revêtant de leur estampille des livres dont ils n'auraient pas voulu assumer la dépense, ils dépréciaient ceux qu'ils jugeaient dignes d'être édités sous leur responsabilité pécuniaire.

L'édition à compte d'auteur se comprend pour les ouvrages scientifiques d'un genre tellement spécial que, malgré leur haute valeur, il est difficile de savoir s'ils trouveront une clientèle suffisante. Mais pour le roman, cette pratique doit être aussi restreinte que possible et l'éditeur ne doit accepter les propositions financières des auteurs que pour des œuvres qu'il ne craindrait pas de publier à ses propres frais. »

---

5. Voir Gabriel Boillat, *La Librairie Bernard Grasset et les lettres françaises.* Paris : Champion, 1974, p. 209.
6. Paul Gsell, « La crise du livre en France ». *La Revue*, 15 octobre 1903, p. 151. La même explication est donnée par Henri Baillière in *La Crise du livre.* Paris : J. -B. Baillière, 1904.

L'accusation est un peu exagérée car, s'il y a surproduction, les publications à compte d'auteur ont d'autant moins de chances de se faire remarquer ; elles sont les premières victimes de leur abondance et nuisent peu aux auteurs connus. S'il y a mévente du roman, on ne peut leur en imputer toute la responsabilité.

Chez Flammarion, comme on l'a vu, l'édition à compte d'auteur a été souvent utilisée jusqu'en 1884, puis abandonnée. Dès que la maison d'édition a une production suffisante pour alimenter leur imprimerie, Marpon et Flammarion renoncent à cette forme de contrat qui, s'il ne coûte pas cher, ne rapporte guère non plus. Il est plus rentable d'accueillir des auteurs exigeant de toucher des droits, mais entraînant des ventes. Les quelques auteurs édités dans ces conditions se répartissent à peu près également entre essayistes et romanciers. L'inspiration des premiers est très diverse : souvenirs, essais historiques ou artistiques, traités pratiques (droit, graphologie...), pamphlets dirigés contre le système judiciaire ou l'administration, réflexions politiques... *La France juive* et le *Traité pratique de graphologie*, qui atteint les 10 000 exemplaires en 1916, sont les seuls de ces ouvrages qui aient retenu l'attention du public. Pour les romanciers, la situation n'est pas meilleure. Un seul d'entre eux réussira à placer ensuite, chez Flammarion, un roman dont l'édition soit rémunérée [7].

La composition de ce groupe d'auteurs appelle deux remarques. La majorité des auteurs de romans est composée de femmes : Gina Saxebey, Marie de Saverny, Mme Stanislas Meunier, Bernard Douay, André Surville (des pseudonymes masculins, comme souvent)... Les femmes sont nombreuses, à cette époque, à tenter leur chance dans la littérature qui leur paraît un moyen décent de gagner leur vie. L'exemple de Flammarion tendrait à prouver qu'elles ont plus de mal que leurs confrères à trouver un éditeur qui croie en elles, à moins qu'elles ne songent plus facilement à écrire, même en absence de talent, que leurs homologues masculins. Le second fait remarquable est le passage de certains auteurs du statut d'auteur rémunéré à celui d'auteur payant pour être édité : c'est le cas de Roger-Milès, Jules Roche, Pierre-Barthélémy Gheusi, Pierre Corrard.... C'est sans doute à tous ces auteurs que pense Ernest Flammarion quand il décrit à Paul Gsell les cas de conscience d'un éditeur :

« Il faudrait être d'une circonspection extrême. Moi, je refuse dix volumes par jour en moyenne et j'en accepte encore trop. Nous n'avons pas le temps de les discuter. Nous les prenons parce qu'ils nous sont apportés par les auteurs de la maison qui ont eu des succès, qui en ont encore, mais qui, tout de même, se nuisent réciproquement par leur trop grande fécondité. Nous ne pouvons pas non plus nous dérober aux recommandations de ces mêmes auteurs qui patronnent de jeunes écrivains : nous nous laissons pousser par des considérations sentimentales et c'est un grave tort [8]. »

---

7. Robert Nolès touche 35 centimes sur chaque exemplaire de son deuxième roman, *Mirage d'amour*, mais, pour le troisième, il doit revenir à la formule du compte d'auteur.

8. Paul Gsell, « La Crise du livre en France », op. cit., p. 148.

Il semble, quoi qu'il en dise, qu'il réussisse assez bien à dominer ses sentiments ; on verra qu'il peut refuser d'éditer un écrivain nanti d'une recommandation de Zola, par exemple. D'ailleurs, sa « circonspection » fait qu'il préfère décourager l'auteur plutôt que de l'éditer à compte d'auteur, sachant trop bien le sort que connaîtra le livre ainsi édité :

« Savez-vous combien je reçois quotidiennement de volumes nouveaux sous les galeries de l'Odéon ? Vingt en moyenne ! Avec la meilleure volonté du monde, pour les exposer convenablement aux yeux de la clientèle, nous sommes forcés, chaque jour, de pousser d'un cran ceux de la veille et au bout de cinq à six jours, c'est fini, il faut qu'ils disparaissent de la devanture pour faire place aux livres plus jeunes. Seuls, les succès se maintiennent un peu plus longtemps [9]. »

Les ouvrages à compte d'auteur sont voués plus rapidement que les autres à l'obscurité et, au bout de deux ans maximum, Flammarion prie l'auteur de reprendre son stock. Ce triste sort ne décourage pas pour autant le candidat à l'édition. Il existe suffisamment d'écrivains parmi les plus grands qui ont commencé par publier à compte d'auteur pour entretenir l'espoir. Quotidiennement, les éditeurs reçoivent donc des auteurs persuadés de leur talent et s'autorisant de l'exemple de grands incompris pour réclamer d'être édités. Le cas d'Hemma Prosbert, si caricatural qu'il soit, est néanmoins assez représentatif de cette catégorie.

Pierre-Élie Halary, ancien notaire à Saint-Yrieix, a décidé de consacrer sa retraite à la littérature et choisit pour cela le pseudonyme d'Hemma — référence à l'ennui provincial ou à la médiocrité de certaine héroïne ? — Prosbert. Chaque année, de 1899 à 1915, il apporte fidèlement à Flammarion un volume à éditer à compte d'auteur. Aucun genre ne le rebute. Ainsi, il publie cinq volumes de pièces de théâtre, neuf romans (du roman paysan au roman historique) [10], deux volumes de réflexions [11] et un recueil de nouvelles [12].

Le contrat du premier volume stipule que les 1 000 F remis par l'auteur pour l'impression de son livre seront remboursés après la vente de 700 exemplaires sur les 1 650 tirés. Malheureusement, le chiffre des ventes reste très bas et l'auteur méconnu se contente de tirages moindres par la suite : 1 000 exemplaires pour certains romans, 500 le plus souvent. Cela n'empêche pas les invendus de s'accumuler. En 1908, Flammarion lui présente le compte suivant [13] qui met en évidence la faiblesse des tirages et le coût de cette vanité littéraire pour l'auteur :

9. Paul Gsell, « La Crise du livre en France », op. cit., p. 148.

10. *La Chasse* au mariage, *La Ville de Pozidon*, *Le Château de Reilland*, *Vocations perdues* (1899), *Toinon et Marguy* (1901), *Almodis* (1902), *Limoges* (1907), *Jean et Jeanne, idylle limousine* (1909), *L'Auberge des Trois-Anges* (1913).

11. *La Vision de Paris* (1905), *Choses et autres* (1911).

12. *Histoires invraisemblables* (1903).

13. Lettre inédite d'Ernest Flammarion à Pierre-Élie Halary, 1908. A.F.

| | Tirage | Coûtant | Reçu | Vendu |
|---|---|---|---|---|
| *Almodis* | 600 | 994 | 500 | 100 |
| *Histoires invraisemblables* | 500 | 986 | 500 | 100 |
| *Vision de Paris* | 1 500 | 1 600 | 1 000 | 75 |
| *Théâtre I* | 1 500 | 1 161 | 1 000 | 75 |
| *Théâtre II* | 500 | 870 | 1 000 | 75 |
| *Théâtre III* | 500 | 1 062 | 1 000 | 50 |
| *Limoges* | 1 000 | 1 214 | 1 000 | 200 |
| Total | 6 100 ex. | 7 887 F | 6 000 F | 675 ex. |

Sur les 675 exemplaires vendus, Flammarion reverse à l'auteur 2,10 F par exemplaire, soit 1 417,50 F qui viennent en déduction des 1 887 F encore dus. Si l'on tient compte de la remise faite aux libraires, les œuvres du notaire ont fait gagner 236 F à Flammarion, comme éditeur. On comprend pourquoi il n'aime pas les éditions à compte d'auteur.

Les livres invendus lui appartenant, Hemma Prosbert décide de les récupérer car « il se propose de les offrir à des amis et à des bibliothèques ». Ils lui reviennent cher !

Ce genre d'auteur est assez fréquent pour que certains éditeurs aient pu vivre de cette douce manie. Pour faire fortune, ce n'était pas une production suffisante. Aussi Hemma Prosbert est-il un cas presque unique chez Flammarion.

La majorité des auteurs de chez Flammarion touche entre 35 et 50 centimes par exemplaire. Cela représente, pour un premier tirage, un revenu de 525 F, pour 1 500 exemplaires, à 1 500 F, pour 3 000 exemplaires, voire 2 500 F, pour 5 000 exemplaires, ce qui est plus rare. Hier comme aujourd'hui, la majorité des auteurs ne peut vivre de sa plume. Pour les romanciers, il reste la ressource de vendre leurs droits de reproduction à des journaux. À condition d'être prolifique et d'écrire des romans dans le style demandé par les journaux, un auteur peut se constituer un revenu honnête de cette façon. Pour les autres, il faut exercer un métier complémentaire. Le journalisme est un domaine dans lequel beaucoup d'auteurs trouvent traditionnellement à s'employer. Chez Flammarion, la proportion de journalistes est particulièrement élevée. Ils appartiennent à la rédaction du *Gil Blas* (d'Esparbès, Hermant, Montégut...), du *Petit Journal*, du *Journal* (Hepp, Montégut, Corday), du *Gaulois* (Duquesnel), du *Cri de Paris* (Mitty, Jouy), du *Temps* (Brisson, Carrière), de *L'Événement* (Théo Critt), du *Chat Noir* ( Jouy, Auriol, Allais) et de beaucoup d'autres. À l'exception du *Temps*, il s'agit plutôt de journaux populaires ou légers. Cela montre une communauté de style entre ces journaux et la maison d'édition, qui va donc au-delà des choix romanesques déjà étudiés. Cette familiarité avec les journalistes ne manque pas d'intérêt ; outre le fait que ce sont des auteurs dont le nom est déjà connu du public et qui peuvent obtenir pour eux-mêmes une publicité peu onéreuse, par leur intermédiaire, Flammarion se crée des appuis nécessaires pour la publicité des autres auteurs de la maison.

Tous ces auteurs vivent dans l'espoir d'entrer un jour dans le cercle des auteurs célèbres. Toutefois, chez Flammarion, ils sont moins nombreux que ne le laisserait croire le tableau ci-dessus. En effet, les grands auteurs de la Librairie sont aussi des auteurs particulièrement féconds de sorte que le nombre des auteurs touchant plus de 50 centimes par exemplaire, dès le premier mille, est de neuf seulement : Camille Flammarion, Zola, Maupassant, Malot, Daudet, Gyp, Aicard, Bordeaux, Colette. À l'exception de Camille, tous sont romanciers. Les trois derniers, entrés chez Flammarion en 1904, pour l'un, et 1913, pour les deux autres, représentent, pour Flammarion, la relève de la génération de 1880, dans laquelle Aicard reprendrait avec son *Maurin des Maures* la tradition provençale, Bordeaux et Colette poursuivant l'exploitation de la veine sentimentale ou légère. Les résultats des ventes montrent que ce sont des auteurs populaires, mais qu'ils sont encore loin de leurs prédécesseurs. Les livres de Jean Aicard se vendent régulièrement à 3 000 exemplaires quand *Maurin des Maures*, en 1907 et *L'Illustre Maurin*, l'année suivante, créent la surprise avec des ventes supérieures à 15 000 exemplaires. Enfin, *Tata* et *L'Ibis bleu* peuvent être tirés à 30 et 20 000 exemplaires respectivement, dans la Collection illustrée à 95 centimes, et *Benjamine* à 60 000 dans la Select-Collection. Colette y connaît le même succès avec *La Retraite sentimentale* tandis qu'en édition courante, Flammarion édite 5 000 exemplaires de *L'Envers du music-hall* et de *La Retraite sentimentale,* auxquels il faut ajouter 2 000 exemplaires d'une édition de luxe. Enfin, Henry Bordeaux est un auteur suffisamment demandé pour que l'on puisse tirer Annette et Philibert, d'emblée, à 5 000 exemplaires en édition de luxe à 5 F et 15 000 exemplaires en édition courante. De plus, Bordeaux est chargé d'une mission : attirer chez Flammarion d'autres accadémiciens. Cela fait beaucoup de raisons pour lui payer des droits élevés. L'après-guerre confirmera la justesse de ces choix.

Dès que sa maison a pris un développement suffisant et qu'il est libre de ses choix, la politique d'Ernest Flammarion, en matière de recrutement des auteurs, est donc d'éviter les éditions à compte d'auteur. Comme il n'est pas éditeur à engager de jeunes auteurs, en pariant sur l'avenir, comme le font des maisons plus littéraires et attachées à défendre une esthétique, il réserve le compte d'auteur à ceux envers qui il a, d'une façon ou d'une autre, une dette. Il préfère engager des auteurs qui sont déjà connus, soit par des publications antérieures, soit par d'autres activités, quitte à les payer cher pour les attirer chez lui. Flammarion n'est pas un découvreur de talents ; il laisse ce soin à d'autres. Sa force est, avant tout, commerciale. C'est pourquoi les auteurs les plus importants par le volume de leurs ventes n'hésitent pas à traiter avec lui. Les négociations qui s'engagent mettent alors en présence deux partenaires d'égale puissance.

## *Émile Zola*

Émile Zola a porté chance à la jeune maison d'édition. Marpon et Flammarion ne demandent qu'à poursuivre la collaboration avec un auteur aussi rentable. Malheureusement pour eux, Zola est d'une scrupuleuse fidélité à Charpentier et ils ne peuvent éditer que la part de la production de Zola que ne revendique pas l'éditeur de la rue de Grenelle.

Les premières éditions illustrées avaient donné satisfaction aux deux parties ; Marpon et Flammarion sont donc désireux de poursuivre l'entreprise mais aucun nouveau roman des Rougon-Macquart n'est prêt à prendre la suite de *Nana*, publié au long de l'année 1881 dans la collection illustrée. Il faut donc puiser dans la production antérieure. *Thérèse Raquin* dont Marpon et Flammarion possèdent les droits et qu'ils avaient réédité avec succès en 1877, 1878, 1880 et 1882, va donc faire l'objet d'une édition illustrée. Cependant, les éditeurs font part de leur problème à l'auteur :

« L'édition illustrée de Raquin fera un volume par trop mince pour aller dans une collection de *L'Assommoir, Nana*, etc... Voudriez-vous nous autoriser à y ajouter quelque chose : *L'Attaque du moulin*, par exemple qui aurait un beau succès de popularité ? Nous aurions de la sorte un volume semblable au *Ventre de Paris* [14]. »

La réponse est négative :

« Je ne puis vous autoriser à joindre *L'Attaque du moulin* à *Thérèse Raquin* car je me suis engagé à ne pas publier cette nouvelle à part. Mais s'il vous faut absolument une nouvelle pour compléter le volume, je vous permets de prendre *Le Capitaine Burle* que j'ai publié dans *La Vie Moderne* et qui vaut mieux que l'autre [15]. »

En effet, *L'Attaque du moulin* faisait partie des *Soirées de Médan*, publié chez Charpentier. Marpon et Flammarion ne peuvent que reprendre l'idée de Zola. La publication en livraisons commence en mars 1882, mais le succès ne répond pas à l'attente et les éditeurs reviennent à la charge :

« Nous avons tiré *Le Capitaine Burle* au même nombre que *Raquin* [16]. Les trois-quarts des acheteurs n'en ont pas voulu sous prétexte que ce n'était plus le même ouvrage ! Impossible de faire entendre raison à l'acheteur à deux sous !

Pour égaliser à peu près le chiffre de livraisons qui nous reste, voulez-vous nous autoriser à leur vendre sous la forme que nous vous adressons ?

L'ouvrage *ne sera pas annoncé*. Ce sera une vente inconnue à la librairie sérieuse puisqu'elle ne s'adressera qu'aux marchands en gros de feuilles et de séries illustrées [17]. »

On ne sait ce que fut cette manœuvre ni si elle reçut l'aval de Zola. De toute façon, cette mévente ne dut pas avoir de conséquences tragiques puisqu'il ne s'agissait guère que des six dernières livraisons. Elle met toutefois en lumière l'extrême vulnérabilité des ventes par livraisons, quand le public n'est pas attiré par un titre déjà populaire.

Entre-temps, Zola s'est remis à écrire et *Pot-Bouille* est publié depuis janvier 1882 dans *Le Gaulois*. Le livre paraît chez Charpentier en avril et, dès juillet,

14. Lettre de Marpon et Flammarion à Émile Zola, 6 janvier 1882, B.N., n.a.f. 24 552 f°23.
15. Lettre d'Émile Zola, 12 janvier 1882, in *Correspondance*, op. cit., t. III, p. 255.
16. *Thérèse Raquin*, illustrée par le seul Castelli, fut tiré à 10 000 exemplaires.
17. Lettre de Marpon et Flammarion, 30 octobre 1882, B.N., n.a.f. 24 552 f° 25.

l'édition illustrée est entreprise chez Marpon et Flammarion [18]. Les 55 livraisons paraissent de juin à novembre de l'année suivante. L'édition en volume est proposée pour les étrennes de janvier 1884.

Ensuite, les publications illustrées vont marquer un temps d'arrêt chez Marpon et Flammarion. *Germinal* paraît en édition illustrée chez un autre éditeur, la Librairie illustrée, en 1885. La même année, *Une page d'amour* connaît une édition luxueuse et illustrée par Édouard Dantan à la Librairie des bibliophiles de Damase Jouaust. *Les Contes àNinon*, en 1886, sont donnés à Conquet. À cette situation, une explication : Zola et les deux éditeurs sont fâchés à la suite de leur différend concernant la publication de *Germinal* dans le *Bon Journal* [19]. L'affaire s'est terminée sur un échange de propos aigres entre Henri Escoffier, le directeur du journal de lectures lancé par Marpon et Flammarion, et Zola qui a refusé de transiger avec ses principes. Il est alors en pleine gloire ; il n'est donc pas en peine de trouver un éditeur. Pourtant, il est curieux de noter qu'il n'a traité, entre 1885 et 1887, que pour des éditions illustrées ponctuelles. Se ménageait-il une possibilité de retour chez Flammarion ? Voulait-il se dégager des éditions populaires — pour lesquelles il aurait trouvé, à n'en pas douter, des éditeurs —, et tenter des éditions illustrées de qualité ? On ne sait, mais cette incursion dans le monde des bibliophiles n'eut pas de suites immédiates.

La réconciliation se fait en 1887, à propos de l'entrée de Zola dans la collection des Auteurs célèbres. Les éditions illustrées, dès lors, peuvent reprendre, à commencer par *La Terre*. Les conflits passés semblent oubliés ; chacun s'affaire à rendre les publications le plus rentable possible. La correspondance échangée au sujet de ces éditions montre que l'auteur n'est pas moins intéressé que les éditeurs à leur publication. Ainsi, Zola écrit, en 1888, à son éditeur qu'il juge trop peu empressé ou trop prudent :

« Mon avis n'est pas du tout de retarder la publication de l'édition illustrée de *La Terre*, à moins que vous n'ayez des raisons spéciales. Il vaut mieux ne pas laisser se calmer complètement l'émotion produite par l'apparition de l'œuvre [20]. J'ai été tellement bousculé tous ces temps-ci, que je n'ai pu faire les corrections dont je vous ai parlé. Mais ces corrections ne portent que sur le milieu du roman et vous pouvez commencer la composition. Dans quinze jours, dès que je serai à la campagne, je ferai le petit travail promis et je vous enverrai l'exemplaire [21]. »

Les éditeurs suivent cet avis et *La Terre*, en édition illustrée par Duez, Gérardin, Gœneutte, Rochegrosse..., paraît de février à septembre 1889. Les premières livraisons ont été tirées à 15 000 exemplaires mais, par la suite, les ventes se stabilisent à 9 000, signe que les éditions illustrées commencent à s'essouffler.

---

18. Dans une lettre datée du 22 juillet, Flammarion écrit : « Nous avons vu Scott. Il va commencer les dessins de *Pot-Bouille* et s'entendra avec Joannot et Kauffmann » et un post-scriptum à une lettre du 30 octobre précise : « *Pot-Bouille* est commencé. » B.N., n.a.f. 24 552 f 24-25.
19. Voir, à ce sujet, le chapitre « Lectures populaires romanesques ».
20. *La Terre* a paru chez Charpentier le 15 novembre 1887.
21. Lettre inédite d'Émile Zola à Ernest Flammarion ou Charles Marpon, 16 avril 1888. A.F.

L'année 1890 voit une autre tentative. Une édition illustrée de *La Faute de l'abbé Mouret* est publiée dans la petite Collection Guillaume. Édouard Guillaume est un ancien graveur sur bois qui s'est lancé dans l'édition en 1885 et qui a connu de gros succès avec Daudet [22]. Ce qui l'intéresse, c'est la fabrication de livres ; l'aspect commercial de l'édition ne retient son attention que dans la mesure où un succès lui permet de poursuivre son œuvre. Aussi confie-t-il la diffusion de ses livres à d'autres éditeurs : Calmann-Lévy, Dentu, Lemerre... Il a déjà été en relation avec Marpon et Flammarion pour les éditions des œuvres de Daudet et, en juillet 1889, un projet réunit Guillaume, Marpon et Flammarion, et Zola. Il s'agit de faire entrer *La Curée* dans la Petite Collection Guillaume [23]. Après discussion, le choix se porte finalement sur *La Faute de l'abbé Mouret* qui paraîtra en avril 1890. C'est une toute autre entreprise que celle des précédentes éditions illustrées. Le format est celui d'un livre de poche, vendu 3,50 F ; le papier et la typographie sont de qualité ; la couverture est illustrée en couleurs et des dessins de Bieler, Conconi et Gambard émaillent le texte. Marpon et Flammarion s'engagent à commander 12 500 exemplaires à Édouard Guillaume. Chaque exemplaire lui sera payé 1,15 F auxquels s'ajouteront 45 centimes pour Zola et 20 centimes pour Charpentier [24]. C'est donc un livre qui revient assez cher à Marpon et Flammarion qui n'auront pas, de toute manière, l'occasion de renouveler cette expérience : les difficultés financières se sont amoncelées et Guillaume doit renoncer à sa collection. Flammarion revient donc, ensuite, aux éditions illustrées traditionnelles.

En 1891, il s'agit de l'édition du *Rêve*, roman paru en 1888 chez Charpentier, et Zola se montre toujours aussi actif :

« Vous occupez-vous des illustrations du *Rêve* ? La pièce a admirablement marché à l'Opéra-Comique [25], les dernières recettes ont été très fortes, et il est certain que la reprise sera brillante, à la rentrée. De plus, on parle de monter partout l'œuvre, en province et à l'étranger. Je vous prie donc de hâter votre affaire le plus possible, de façon à ce que le volume soit prêt dès les premiers jours de décembre. Est-ce possible, et tout est-il entendu avec M. Carloz, auquel je tiens beaucoup ? Je suis certain que nous aurons avec lui une œuvre très artistique et très originale [26]. »

Et, prenant l'initiative de l'organisation, il reprend sa plume dès le lendemain :

« Voulez-vous prier M. Carloz de venir me voir mercredi matin 15 juillet, à dix heures, rue de Bruxelles 21 bis ; et, si vous êtes libre, accompagnez-le donc. Nous causerons de tous les détails de la publication [27]. »

---

22. Voir infra.
23. Voir les trois lettres de Zola citées in *Correspondance*, op. cit., pp. 404-405.
24. Contrat signé le 6 août 1889. A.F.
25. Le drame lyrique inspiré du *Rêve* a été représenté pour la première fois le 18 juin 1891. Le livret était de Louis Gallet et la musique d'Alfred Bruneau.
26. Lettre inédite d'Émile Zola à Ernest Flammarion, 8 juillet 1891. A.F.
27. Lettre inédite d'Émile Zola à Ernest Flammarion, 9 juillet 1891. A.F.

On comprend l'empressement de Zola puisque le roman a remporté un grand succès [28] qui le placera dans les meilleures ventes pendant longtemps, et que, à défaut d'un effet de nouveauté, l'édition illustrée peut profiter du regain de publicité dû aux représentations à l'Opéra-Comique. Pour la première fois, sa correspondance fait état de sa participation active au choix des artistes. Cette initiative est sans doute liée au relatif déclin des éditions illustrées traditionnelles. Il pense sans doute qu'en choisissant des illustrations plus modernes, il va pouvoir reconquérir un public lassé des illustrations mélodramatiques habituelles. *Le Rêve* aura des illustrations modern-style de Carloz, Schwabe et Métivet. La publication en livraisons à laquelle Flammarion est revenu s'étale sur le second semestre de 1892 et l'édition en volume est prête pour les étrennes en 1893. Le tirage initial est de 5 000 exemplaires [29], ce qui est encore une nette diminution par rapport aux éditions précédentes. Le renouvellement du style des illustrations n'a pas joué. Il est vrai que le volume est vendu 10 F.

*La Débâcle*, publié en feuilleton de février à juillet 1892 et en volume en juin, connaît un succès foudroyant puisqu'il atteint le 100e mille en un mois. Flammarion signe, dès le mois d'août, un contrat aux conditions financières habituelles, soit 10% de droits d'auteur calculés sur le prix de vente des livraisons ou du volume. Néanmoins, le tirage définitif ne sera fixé qu'à la 25e livraison, « l'excédent tiré en sus pour le lancement étant considéré comme service de publicité [30] ». Que Flammarion ne garantisse aucun tirage minimum à Zola, prouve qu'il est conscient d'une certaine désaffection du public pour ce type de publication. Pourtant, l'extraordinaire succès de *La Débâcle* profitera à l'édition illustrée qui sera finalement tirée à 20 000 exemplaires. Elle paraît en 1893. Les dessins sont dus au seul Jeanniot. Formée de 14 séries à 50 centimes, elle est donc vendue 7 F en volume.

Pour le lancement, comme d'habitude, une campagne d'affichage a été prévue sur laquelle Zola veille :

« Je vous avoue que la première affiche m'inquiète. J'aimerais mieux qu'on ne l'employât nulle part, car elle pourrait nous attirer des ennuis. Pourquoi donc insistez-vous ? En avez-vous donc des exemplaires tirés que vous tenez à utiliser ? Si ce n'est pas cela, il est bien plus simple de n'avoir qu'une affiche [31]. »

Avec cet avant-dernier volume de l'histoire des *Rougon-Macquart*, se termine quinze ans de collaboration de Zola avec Flammarion, pour les éditions illustrées. Par deux fois, tout de même, Flammarion revient aux anciens succès. En 1894, il fait une nouvelle mise en vente de 4 000 exemplaires de *L'Assommoir* et, en 1896, il rachète à Vizetelly 500 exemplaires de l'édition de 1886 et ses clichés dont il fera un tirage de 5 000 exemplaires.

28. 110 000 exemplaires édités par Charpentier avant 1902. Ce succès s'explique par le fait que, avec *La Joie de vivre*, *Le Rêve* soit un des deux romans de Zola que l'on puisse mettre entre les mains des femmes et des jeunes filles.

29. Contrat signé le 23 juin 1891. A.F.

30. Contrat signé le 20 août 1892. A.F.

31. Lettre d'Émile Zola à Ernest Flammarion, 8 janvier 1893. A.F.

Dans l'intervalle, une œuvre de Zola est entrée dans la collection des Auteurs Célèbres : *Thérèse Raquin* qui porte le numéro 3. Le contrat a été signé le 11 mars 1887. Zola touche 50 F pour 1 000 exemplaires, le premier tirage étant de 10 000 F. Le choix a été heureux ; cela vaut à l'auteur la lettre reconnaissante suivante :

« Votre parrainage pour notre petite collection nous a porté bonheur. Les 10 000 exemplaires de *Thérèse Raquin* ont été enlevés et actuellement nous mettons sous presse une réimpression de 3 000. (...)

Nous tenons à votre diposition le montant de vos droits pour ces deux tirages, soit 600 F, plus 180 F. Total : 780 F. À l'occasion, on pourra vous régler à la librairie Charpentier.

Si vous voyez quelque chose à mettre dans nos séries suivantes et aux mêmes conditions, je n'ai pas besoin de vous dire que nous l'accueillerons avec joie [32]. »

Malgré cette invite, Zola, fidèle à Charpentier puis à son successeur Fasquelle, ne fera pas d'exception pour Flammarion ; la collection des Auteurs célèbres n'accueillera plus que six titres : *Jacques Damour* (n°45), *Nantas* (n°103), *La Fête à Coqueville* (n°122), *Madeleine Férat* (n°181), *Jean Gourdon* (n°255), *Sidoine et Méderic* (n°263). À l'exception de *Madeleine Férat,* ce sont des recueils de trois ou quatre contes chacun, parus dans divers journaux au début de la carrière littéraire de Zola. Certains avaient déjà été regroupés dans les *Contes à Ninon* et les *Nouveaux contes à Ninon.* Les autres, publiés notamment dans le *Messager de l'Europe*, souvent repris dans le *Voltaire*, regroupés pour certains, figurent dans les recueils portant le titre *d'Anaïs Micoulin* et *Le Capitaine Burle.*

Marpon et Flammarion auraient préféré pouvoir mettre dans leur collection des titres plus prestigieux mais Zola leur avait défini des limites strictes comme en témoigne cette lettre :

« Je vous renvoie les tables des deux volumes qui sont possibles et que je vous autorise à publier. Pour le troisième, vous ne pouvez y mettre l'*Attaque de moulin* parce que j'ai pris l'engagement vis-à-vis de mes collaborateurs des *Soirées de Médan* de ne jamais publier cette nouvelle ailleurs. D'autre part, le *Vœu d'une morte* est un roman et il me faudrait l'autorisation de Charpentier.

Commençons toujours par les deux autres, *Le Grand Michu* et *Sidoine et Médéric.* Vous tâcherez ensuite d'en trouver un troisième [33]. »

Ils durent donc se contenter d'œuvres mineures pour lesquelles Zola n'était pas lié à Charpentier. Cela n'empêcha pas le succès, tant le nom de Zola faisait vendre. Outre les 87 000 exemplaires de *Thérèse Raquin* vendus entre 1887 et 1906, les autres volumes sont tirés, en moyenne, à 40 000 exemplaires entre leur première publication et 1918, ce qui était inespéré pour des recueils de nouvelles et contes.

La Collection illustrée à 95 centimes ne reprit pas d'œuvres de Zola : il y avait

32. Lettre d'Ernest Flammarion à Émile Zola, 14 mai 1887, B.N., n.a.f. 24 552 f° 28.
33. Lettre inédite d'Émile Zola à Ernest Flammarion, 22 octobre 1893. A.F.

eu assez d'éditions illustrées comme cela. En revanche, la Select-Collection vit réapparaître *Thérèse Raquin* et *Madeleine Férat*, comme s'il ne pouvait y avoir de collection réussie sans Zola.

À cette production, il faut ajouter une publication un peu surprenante : Flammarion prend l'initiative, en 1899, d'une édition en anglais de cinq volumes des *Rougon-Macquart*. Les tirages sont modestes, de 1 000 à 2 000 exemplaires mais régulièrement réédités jusque dans les années 30. Ainsi dans une lettre du 20 décembre 1925, Ernest écrit encore : « Les libraires ne comprennent pas que les Zola en anglais se vendent 5 ou 7 F. Au prix du change, ils paient donc *The Soil* un franc ! ce qui est ridicule. Comme il n'y a que des Anglais ou des Américains qui achètent ces ouvrages, défendus chez eux, mettez-les donc à 9 F. »

Ce fut la dernière occasion de traiter avec Zola. La mort de l'écrivain mit fin à vingt-cinq ans de collaboration commercialement fructueuse. Sur le plan humain, elle fut sans gros orages ni élans particuliers.

Les rapports qu'entretint Zola avec Charles Marpon étaient marqués d'une cordialité due à leur commune collaboration au *Voltaire*. Après la disparition du journal, Charles Marpon resta l'interlocuteur privilégié de l'écrivain qui l'utilisera parfois comme intermédiaire pour ses négociations avec les journaux [34]. Puis survinrent l'incident du *Bon Journal* et l'éloignement progressif de Marpon qui obligea Zola à traiter dorénavant avec Flammarion. Les relations entre les deux hommes furent toujours courtoises mais restèrent sur le plan commercial : l'écrivain ne figura pas aux réceptions de Saint-Mandé alors qu'il entretenait d'étroites relations d'amitié avec les Charpentier.

Ainsi, Flammarion ne se sent pas d'obligations particulières quand l'écrivain lui adresse un jeune auteur :

« Je me permets de vous recommander d'une façon chaude et toute particulière un jeune écrivain de talent, M. Georges Loiseau qui vient d'épouser une de mes parentes. Je m'intéresse infiniment à lui et je vous aurai la plus grande gratitude de tout ce que vous pourrez faire en sa faveur.

Il désire vous proposer un volume de nouvelles. Veuillez causer avec lui, il plaidera sa cause et je ne doute pas de votre bienveillance pour un débutant qui sera un maître un jour [35]. »

Flammarion n'est convaincu ni par l'auteur ni par son parrain littéraire : les nouvelles de Georges Loiseau [36] ne sont pas plus éditées que ne

34. En témoigne cette lettre d'Ernest Flammarion, datée du 22 juillet 1882 :

« M. Marpon a vu Dumont du *Gil Blas*. Ce dernier l'a prié d'être son intermédiaire pour vous dire que son budget ne pouvait pas dépasser 20 000 F pour votre nouveau roman. Si vous acceptez dans ces conditions, veuillez envoyer une dépêche dimanche soir ou lundi matin, rue Racine, 26. Marpon ira aussitôt transmettre votre acceptation. Dans le cas où vous voudriez que Marpon aille à Médan avant de vous décider, il est à votre disposition mardi matin. » B.N., n.a.f. 24 552 f° 24.

35. Lettre inédite sans date d'Émile Zola à Ernest Flammarion. A.F.

36. Quelques années plus tard, Georges Loiseau traduisit plusieurs pièces de Strindberg, qui parurent précédées d'une lettre-préface de Zola, et consacra une étude au dramaturge suédois. Flammarion avait peut-être laissé passer l'occasion d'acquérir des droits intéressants !

l'avait été la brochure du docteur Smester, lui aussi recommandé précédemment par Zola [37].

En revanche, Flammarion aurait aimé traiter plus souvent avec Zola lui-même. Ainsi, à en croire Goncourt [38], « Xau [39], ayant derrière lui Flammarion, était venu proposer 50 000 F pour la propriété de ses trois volumes, *Lourdes, Paris, Rome.* Zola n'avait pu accepter parce qu'il avait vendu *Lourdes* au *Gil Bas.* » Ni les Trois Villes ni les Quatre Évangiles n'apparurent jamais dans le catalogue Flammarion.

Autant Zola fut un écrivain averti de sa valeur, de ses droits et des meilleurs moyens de les rentabiliser, autant il fut un auteur honnête et scrupuleux. En 1897, par exemple, il écrit à Ernest Flammarion :

« Mon cher éditeur,

Monsieur Arbonin, à qui j'ai donné l'autorisation de publier *Nana* dans les « Romans d'amour » me demande l'autorisation d'accompagner cette publication de quelques illustrations. J'ai tenu à vous en parler auparavant. Est-ce que ça vous gênerait ? Je ne veux l'autoriser que si vous l'y autorisez vous-même [40]. »

Les dangers d'une concurrence avec l'édition illustrée de 1880 étaient faibles mais Zola tenait à agir correctement avec un éditeur dont il n'avait jamais eu à se plaindre, à l'exception de l'incident du *Bon Journal.* De son côté, Flammarion était un éditeur soucieux de la rentabilité de son entreprise mais parfaitement honnête aussi avec ses auteurs. Ils ne pouvaient que s'entendre.

Sérieux en affaires, Zola était aussi attentif au choix des illustrations. La correspondance échangée entre l'auteur et l'éditeur d'une part, l'éditeur et l'un de ses illustrateurs, d'autre part, à l'occasion de la publication de *La Terre,* permet de reconstituer les étapes de l'illustration. Ernest Duez, contacté par Flammarion, lui donne aussitôt son accord et s'enquiert de la marche à suivre :

« Comment dois-je m'y prendre pour choisir les sujets de mes dessins ? Il ne doit en paraître que 10 dans le courant des 60 livraisons. Voulez-vous m'indiquer dans quels chapitres je dois choisir afin que le dessin soit en rapport avec le texte qu'il accompagne ? Il est probable que je ne suis pas le seul illustrateur ! Quelles sont les dimensions des dessins ? Aurai-je Bellenger [41] pour tous les dessins ? Je voudrais bien le voir. Voilà donc ce qui est entendu : je vous fais 10 dessins pour *La Terre* au prix de 2 250 F et je vous en donne quatre et rentre en possession des six autres [42]. »

Ernest Flammarion répond à ses questions et l'envoie chez Zola : « J'ai vu M. Zola qui m'a confirmé ce que vous m'aviez dit : il choisit 60 sujets parmi lesquels je dois moi-même en choisir 10 [43]. » De son côté, Zola confirme à

37. Voir la lettre de Zola datée du 10 décembre 1884 in *Correspondance,* op. cit., t. V., p. 199.
38. Edmont de Goncourt, *Journal,* op. cit., 15 octobre 1892. A.F.
39. Fernand Xau, directeur de *L'Écho de Paris.*
40. Lettre inédite d'Émile Zola à Ernest Flammarion, 28 octobre 1897. A.F.
41. Graveur qui exécute les planches d'après les dessins des illustrateurs.
42. Lettre d'Ernest Duez à Ernest Flammarion, s.d., A.F.
43. Lettre inédite d'Ernest Duez à Ernest Flammarion, 12 janvier 1888. A.F.

Flammarion : « Ainsi que je vous l'ai promis, je vous adresse une liste de dessins pour *La Terre*. Après y avoir réfléchi, je n'y ai mis aucun type car les scènes sont préférables, et les types pourront parfaitement se trouver dans les scènes. Commencez à distribuer les sujets aux dessinateurs. Dès ma rentrée à Paris, vers la fin du mois, j'irai causer avec vous car je désire attirer votre attention sur certains détails. Bien à vous.

J'ai vu Duez. Faites-lui choisir les dessins qu'il préférera. Et marquez en face de chaque sujet le nom de l'artiste auquel vous le confierez [44]. »

Et Zola joint à sa lettre la liste des soixante scènes choisies, accompagnées des lignes du texte qui s'y rapportent [45].

Après avoir choisi ses sujets, l'artiste rentre chez lui et se met au travail, ce qui pose parfois des problèmes de coordination :

« Je fais faire un dessin pour *La Terre* dans lequel doivent figurer Jésus-Christ et le père Fouan. Je ne voudrais pas trop m'éloigner des types choisis par les autres artistes. Soyez donc assez aimable pour m'envoyer des dessins qui pourraient me renseigner. Si vous avez aussi la fille de Jésus-Christ, envoyez moi la (sic) [46]. »

Ou cette autre question :

« Buteau a-t-il une tête rasée ou avec barbe ? Je n'ai pas encore eu à le faire. Avez-vous des spécimens où il soit représenté [47] ? »

À la fin de l'année 1888, Duez a terminé ses dessins qui ont été remis au graveur. Comme convenu, quatre des dessins originaux sont choisis par Flammarion qui en offre deux à Zola et se réserve d'offrir les autres [48]. Puis, les épreuves sont envoyées à Zola pour contrôle, en mars 89 pour une publication fin avril [49].

Plus tard, Jeanniot se trouvera dans une situation analogue pour *La Débâcle* : « Voici une lettre de M. Zola qui me dit ce qu'il désire. Mais ce qu'il désire est littéraire et moi j'agis par le dessin [50]. »

À travers cette correspondance, on voit comment Zola intervient dans l'illustration de ses romans : il semble que, dès les premières publications illustrées, il ait indiqué à Flammarion les noms des artistes qu'il souhaitait voir travailler [51]. Cependant, son intérêt se concentre, avant tout, sur l'efficacité et la cohérence des

44. Lettre d'Émile Zola à Ernest Flammarion, 8 janvier 1888. A.F.
45. Émile Zola, *Correspondance*, op. cit., t. VI., p. 238, note 1.
46. Lettre inédite d'Ernest Duez à Ernest Flammarion, s.d., A.F.
47. Lettre inédite d'Ernest Duez à Ernest Flammarion, s.d., A.F.
48. « Les quatre dessins originaux que vous me renvoyez sont-ils ceux que vous choisissez ? Sur lesquels dois-je mettre une dédicace à M. Zola et à qui dois-je adresser les autres dédicaces ? » Lettre inédite d'Ernest Duez à Ernest Flammarion, s.d., A.F.
49. Voir la lettre d'Ernest Flammarion, datée du 20 mars 1889, citée in *Correspondance*, p. 238 : « Nous pourrions commencer la composition de *La Terre*, édition illustrée. Voulez-vous nous envoyer votre exemplaire corrigé ou une partie si tout n'est pas terminé ? Le lancement se fera à la fin d'avril, ou au commencement de mai, au plus tard. »
50. Lettre inédite de G. Jeanniot à Ernest Flammarion, 24 juillet 1892. A.F.
51. « Quand le puissant romancier nous autorisa la publication de ses ouvrages en livraisons illustrées, il a désiré une collaboration des principaux artistes de l'époque. (...), il était curieux de voir un dessin de Clairin ou de Gervex à côté d'un Renoir ; une composition du peintre réaliste Goeneutte voisinant avec Bertall », raconte Ernest Flammarion in *Tous les livres*, mars 1929, p. 447.

illustrations. Malgré sa connaissance du milieu artistique, il s'abstient de toute réelle ingérence dans le travail des artistes, une fois le cadre défini. De plus, on peut remarquer que le choix de ses illustrateurs témoigne d'un grand conformisme. Peut-être pensait-il que la clientèle des éditions illustrées de Flammarion n'apprécierait pas à leur valeur les peintres qu'il aimait le plus.

## *Guy de Maupassant*

Alors que, après la guerre de 14, il sera présent dans toutes les grandes collections de la Librairie Flammarion (Une heure d'oubli, Select-Collection, Nouvelle bibliothèque Flammarion), de son vivant, Maupassant n'a été qu'occasionnellement édité par Marpon et Flammarion. Cela n'a rien d'étonnant puisque, à l'inverse de Zola, Maupassant souhaitait ne pas se lier à un seul éditeur. Si Victor Havard et Ollendorff furent ses principaux éditeurs, il utilisa aussi les services de Charpentier, Tresse, Quantin, Kistemaeckers, Rouveyre et Blond, E. Monnier... Pourquoi cette instabilité ?

On a souvent dit de Maupassant qu'il était âpre au gain à cause de ses goûts dispendieux, pour certains, de sa générosité, pour d'autres, et qu'il changeait souvent d'éditeur pour faire monter les enchères. Ce jugement doit être nuancé.

À cause de ses liens avec les Naturalistes, Maupassant semble destiné à devenir un auteur de Charpentier chez qui il fréquente depuis 1877. Éditeur habituel de Zola, celui-ci a été tout naturellement choisi pour publier *Les Soirées de Médan*. Dans ce recueil, le public distingue immédiatement *Boule de suif* et Maupassant est lancé. Ce succès n'assure pas pour autant à l'éditeur la fidélité de son auteur. En effet, l'année suivante, *La Maison Tellier* paraît chez Havard. Deux raisons semblent expliquer ce changement. La première tient aux difficultés financières chroniques de Charpentier, dont les échos sont perceptibles dès 1880 [52]. La seconde est liée à l'expérience personnelle de Maupassant. En effet, en même temps qu'il remet à Charpentier le manuscrit de *Boule de suif*, il lui confie, en janvier 1880, ses *Vers*, souhaitant qu'ils paraissent en avril, au moment où il compte proposer une pièce au Théâtre Français ou à l'Odéon. Or, il a beaucoup de mal à obtenir de l'éditeur qu'il fasse avancer l'impression du recueil. Las d'écrire lui-même des lettres de relance, il doit demander à Flaubert d'intervenir. Ses poèmes paraissent finalement quelques jours après *Les Soirées de Médan*, à la fin du mois d'avril. Bien qu'il ait obtenu satisfaction, Maupassant garde de Charpentier l'image d'un éditeur peu efficace, distrait — ce qui n'est pas faux —, se désintéressant des auteurs secondaires. Son impatience de néophyte le rend de mauvaise foi et il soupçonne l'éditeur de mauvais goût littéraire :

« Charpentier n'a jamais été très emballé à mon endroit (...) les vers qu'il

52. « Je redoute beaucoup les lenteurs de cet éditeur de plus en plus enfoncé dans des embarras d'argent. (Il n'a pu payer à Huysmans 800 francs qu'il lui devait et ne lui a donné que 400 francs en acomptes). » Lettre à Gustave Flaubert, 5 janvier 1880, in *Correspondance*. Genève : Edito-Service, 1973. t. I, p. 254.

publie d'ordinaire sont peu dans la note de ce que je lui ai soumis. Il aime les choses dites poétiques et les fadeurs sentimentales, persuadé que le domaine de la poésie va des étoiles à la rosée et de la rosée aux étoiles, et que, si l'on veut chanter quelque chose de matériel, on choisit les roses et leur parfum (jamais leurs feuilles, par exemple). Les grands hommes de sa maison sont Theuriet et d'Hervilly [53]. » Cette mauvaise impression ne s'effacera pas.

Le succès de *Boule de suif* a ouvert à Maupassant les portes des journaux : *Le Gaulois* lui demande une chronique hebdomadaire qu'il lui paie 500 francs par mois et ses confrères lui réclament des nouvelles. L'auteur heureux, qui ne gagnait que 200 F au ministère, se trouve brutalement maître de ses tarifs ; pris au dépourvu, il écrit à Zola : « Lafitte m'a demandé une nouvelle que je lui fais. J'ai refusé de fixer le prix, voulant vous consulter à ce sujet [54]. » Il ne peut choisir meilleur conseiller ! Zola loyalement l'engage à réclamer les mêmes droits que ceux qu'il touche lui-même, ce qui horrifie le directeur du *Voltaire* [55]. Qu'importe ! il ne manque pas de revues intéressées par ses contes.

Une fois prise l'habitude des négociations avec la presse, Maupassant n'éprouve plus aucune gêne à défendre ses intérêts auprès des éditeurs. Il se comporte avec eux comme avec les directeurs de journaux. Il entend rester indépendant et négocier à chaque fois les conditions financières : il signe des contrats à durée limitée dans le temps, pour un type précis d'édition (illustrée, populaire...). Sur ce point, il ne participe pas à l'évolution qui se dessine vers des contrats de propriété définitive pour chaque titre. Ainsi, à Charpentier qui, ayant eu vent de l'accord passé entre Havard et Maupassant, envoie à l'auteur un projet de traité, il définit sa politique :

« En principe, je suis résolu à ne jamais signer de traité défintif. Je n'ai, d'ailleurs, avec M. Havard que des conventions verbales. Mais, si je devais signer un traité avec vous, je ne le ferais que dans les conditions que j'ai trouvées ailleurs. Les voici.

Jusqu'au troisième mille, je reçois 0,40 F par exemplaire. À partir du troisième mille, 1 F par exemplaire. La main de passe n'est que de 100.

Au bout de six ans, je redeviens libre de disposer de mon œuvre comme je l'entends.

J'ai toujours le droit de faire, quand il me plaît et où il me plaît des éditions de luxe et illustrées de mes livres.

Ces conditions m'ayant été jusqu'ici très avantageuses, je n'ai pas le désir de les modifier. »

Et de conclure, après avoir refusé la proposition trop modeste de Charpentier : « N'étant liés l'un à l'autre par aucun écrit, je cherche mon plus grand avantage, comme auteur, de même que vous cherchez le vôtre, comme éditeur. Rien de plus naturel [56]. »

---

53. Lettre de Guy de Maupassant à Gustave Flaubert, janvier 1880, op. cit., p. 255.

54. Lettre de Guy de Maupassant à Émile Zola, mai 1880 (?), op. cit., t. I, p. 279.

55. « Vous m'avez engagé à exiger 50 centimes ; ce que je viens de faire. Il a poussé de grands cris, disant : « C'est ce que je paye Zola » et me laissant même entendre que vous pourriez trouver mauvais que je fusse payé autant que vous !!!!! » Lettre à Émile Zola, 1881 ?, op. cit., t. II, p. 36.

56. Lettre de Guy de Maupassant à Georges Charpentier, 28 novembre 1882, op. cit., t. II, p. 60.

Fidèle à ces principes, Maupassant traite donc avec Victor Havard pour *La Maison Tellier*, publié en 1881, et Henry Kistemaeckers pour *Mademoiselle Fifi*, publié en 1882, puis revient chez Havard avec *Une vie*, en 1883. Malgré quelques incursions chez d'autres éditeurs, Havard reste pendant plusieurs années son éditeur principal. Puis, l'éditeur connaît des difficultés financières et cesse de donner satisfaction à Maupassant. Il faut dire que l'auteur, averti de la situation, ne lui témoigne plus la confiance des premières années et devient particulièrement pointilleux. Il surveille ses stocks ; ainsi, à propos de *La Maison Tellier*, il lui écrit :

« Le volume manque chez vous depuis le mois de septembre. Il a été demandé trois fois d'Angleterre, une fois de Nice, et depuis quinze jours, je l'ai fait demander moi-même, par des intermédiaires, deux fois chez vous. Or, comme j'ai un volume qui paraît le 8, (...) je ne peux pas admettre qu'un éditeur chargé de mes intérêts laisse manquer *La Maison Tellier*, au moment de l'apparition d'un autre volume (*Pierre et Jean*) et je prends mes dispositions en conséquence [57]. » Et de le menacer de reprendre le livre pour le donner à un autre éditeur [58].

Maupassant est aussi très attentif à ses comptes, exigeant un relevé dans les premiers jours de chaque mois pour un paiement au 15. Chaque manquement suscite une vive réaction, comme celle-ci :

« Vous venez de me mettre une fois de plus dans l'embarras et cette fois je trouve que c'est trop. Je vous ai dit que je voulais mon compte chez moi à Paris le 8, afin de pouvoir prendre mes dispositions pour le 15. Or, nous sommes au 20 et je n'ai encore rien reçu. J'ai dû demander 2 000 francs à Ollendorff par le télégraphe. Non seulement vous vendez très mal les livres, mais vous n'arrivez pas à être exact pour les comptes, ce à quoi je tiens essentiellement, comme je vous l'ai dit souvent [59]. »

Ces démêlés avec Havard profitent largement à Ollendorff qui devient progressivement l'éditeur privilégié de Maupassant, en remplacement du premier. Entre temps, Marpon et Flammarion ont réussi à traiter pour quelques recueils de contes.

La signature de Maupassant apparaît pour la première fois chez eux, en 1883, à l'occasion de la publication des *Tireurs au pistolet* du baron de Vaux : il en a écrit la préface. Il ne pouvait refuser ce service à l'échotier du *Gil Blas* qui est au courant de nombre de ses aventures féminines et en nourrit parfois ses chroniques [60].

57. Lettre de Guy de Maupassant à Victor Havard, 6 janvier 1888, op. cit., t. III, p. 7.

58. Lettre de Guy de Maupassant à Me Jacob, octobre 1891, op. cit., t. III, p. 254.

59. Lettre de Guy de Maupassant à Victor Havard, 20 octobre 1887, op. cit., t. II, p. 264.

60. Une lettre de Guy de Maupassant à Ludovic de Vaux, sans doute de 1883, témoigne de leur amicale complicité :

« Tu viens de me créer de gros ennuis avec un écho déjà ancien. Quand il s'agit de moi seulement, tout cela m'est absolument égal mais il y avait là une histoire de femme ; et cela a failli tourner tout à fait mal. Je t'en parlerai d'ailleurs pour t'expliquer de quoi il s'agit.

Il est très facile de parler de ton livre dans *Le Gaulois*, mais s'agit-il des *Tireurs au pistolet*, ou d'un nouveau volume ? Venant d'Étretat, je ne suis au courant de rien... » in *Correspondance*, op. cit., t. II, p. 87.

L'année suivante, semble-t-il [61], les éditeurs de l'Odéon proposent à Maupassant l'édition illustrée d'un recueil de contes. L'auteur accepte, puisant, à son habitude, dans son stock de nouvelles déjà parues dans les journaux.

« Je vous adresse en même temps que cette lettre 4 nouvelles pour notre volume :

— L'ami

— Souvenir

— Le Lit 29

— La dot

Vous m'en avez demandé 10. Voulez-vous faire prendre au *Gil Blas*, les numéros du 24 juin 1884 contenant *Le Crime du père Boniface* et du 22 juillet contenant *L'Aveu*. J'ai envie d'appeler le volume *Poivre et sel* à moins que le titre n'existe déjà. Croyez, cher Monsieur, à mes sentiments très dévoués et très cordiaux [62]. »

Au rythme auquel Maupassant écrit, les éditeurs peuvent espérer recevoir bientôt les quatre derniers textes nécessaires pour composer le livre. Ils vont être déçus, car l'auteur a plusieurs fers au feu. En effet, il a déjà en cours de composition chez Havard un autre recueil de contes, *Yvette*, et il juge plus intéressant commercialement d'échelonner les publications. Aussi écrit-il à Victor Havard, le 6 octobre 1884 :

« Hâtez-vous le plus possible car Marpon prépare son volume à 5 F et il faut que nous paraissions avant lui. Je m'arrangerai d'ailleurs pour retarder ses épreuves et hâter les vôtres [63]. »

Actif comme l'était Ernest Flammarion, on doute que Maupassant ait pu le leurrer longtemps avec de simples problèmes de composition. Pour obtenir un délai, il a dû faire une proposition plus avantageuse à l'éditeur : la publication de deux recueils au lieu d'un. Cela explique alors que les pourparlers engagés durant l'été 1884 n'aboutissent à une publication qu'en mars 1885 et que les contes prévus pour figurer dans *Poivre et sel* soient répartis entre deux recueils publiés par Marpon et Flammarion à quelques mois d'intervalle. Ainsi, les *Contes du jour et de la nuit*, illustrés par Cousturier, paraissent en mars 1885 ; ils regroupent 21 contes dont *Souvenir*, *L'Aveu* et *Le Crime du père Boniface*. En janvier 1886, c'est la publication de *Toine*, illustré par Mesplès, avec *La Dot* et *Le Lit 29* parmi 17 autres contes. Il sera réimprimé, l'année suivante, légèrement modifié.

Cette seconde publication a bien failli être, elle aussi, retardée car Maupassant, une fois encore, s'est engagé envers deux éditeurs en même temps : Marpon et Ollendorff. Il doit donc sacrifier un dîner avec Hermine Lecomte du Noüy à une entrevue conciliatrice :

61. Il est souvent difficile d'établir une chronologie précise de la composition des œuvres de Maupassant car ses lettres sont rarement datées et beaucoup d'entre elles sont perdues ou inédites. Il n'en subsiste que quatre dans les archives Flammarion.

62. Lettre inédite de Guy de Maupassant à Charles Marpon, s.d., A.F.

63. Lettre de Guy de Maupassant à Victor Havard, *Correspondance*, op. cit., t. II, p. 161.

« J'ai mon volume *Parent* qui va paraître et Marpon veut mettre en vente *en même temps*, un autre livre de moi, *Toine*.

Il faut absolument que j'empêche cela ; et je dîne demain avec mes deux éditeurs pour les mettre d'accord [64]. »

Marpon obtient gain de cause auprès de l'auteur et c'est la publication de *Monsieur Parent* par Ollendorff qui est repoussée de quelques mois.

Ces péripéties n'empêchent pas Marpon et Flammarion de poursuivre leur collaboration avec Maupassant. En 1887, il leur donne encore *Sur l'eau*, illustré de dessins de Riou, gravés par Guillaume [65]. Puis en janvier 1888, Maupassant signe son entrée dans la collection des Auteurs célèbres [66]. Ses deux titres, *L'Héritage* (n°64) et l'*Histoire d'une fille de ferme* (n°111), paraissent en juillet 1888 et en mai 1889.

Maupassant accorda donc à Marpon et Flammarion une place non négligeable parmi ses éditeurs et il ne tenait qu'à lui pour qu'elle devînt plus grande. En effet, les deux éditeurs semblent avoir été très désireux de travailler pour lui. Outre l'épisode de 1885 qui montre l'efficacité de Marpon et Flammarion et leur ardeur à publier *Les Contes du jour et de la nuit* et *Toine*, une lettre adressée à Victor Havard en 1888 évoque encore l'impatience de Marpon à publier le second volume des Auteurs célèbres [67]. C'est que Maupassant est le type même d'auteur que les deux éditeurs recherchent : un écrivain amusant, léger (du moins est-ce l'image que l'on s'en fait à l'époque [68], lié au monde de la presse et remportant un succès teinté de scandale depuis *Boule de suif* et *La Maison Tellier*. Bref, Maupassant est un auteur qui, par son talent littéraire ou par ses relations, doit connaître les grosses ventes. Le calcul n'est pas faux, comme le montrent les chiffres suivants [69] :

| | | |
|---|---|---|
| *Contes du jour et de la nuit* | 84-99 | 17 500 |
| *Toine* | 85-00 | 14 500 |
| *Sur l'eau* | 88-98 | 23 000 |
| *L'Héritage* | 88-14 | 55 000 |
| *Histoire d'une fille de ferme* | 89-14 | 52 000 |

Maupassant est un auteur de vente régulière, qui n'atteint pas les tirages obtenus par Zola ou Ohnet, mais figure néanmoins parmi les auteurs à succès. Marpon et Flammarion n'ont donc qu'à se féliciter de traiter avec lui.

64. Lettre de Guy de Maupassant à Hermine Lecomte du Noüy, fin 1885, *Correspondance*, op. cit., t. II, p. 197.

65. Contrat signé le 14 décembre 1887. A.F.

66. Contrat signé le 23 janvier 1888. A.F.

67. « Dites-moi si vous voyez un inconvénient à ce que je fasse pour l'*Histoire d'une fille de ferme* ce que j'ai fait pour *L'Héritage* ; c'est-à-dire que je la donne comme titre à un volume de 0.60 F de chez Marpon. Répondez vite à cette question car il me presse... » Lettre à Victor Havard, janvier 1889, op. cit., t. III, p. 70.

68. Les illustrations des livres publiés chez Flammarion insistent sur le côté frivole et même coquin du contenu. Ainsi, un lit largement ouvert et défait orne la couverture des *Contes du jour et de la nuit*.

69. Ollendorff racheta à Flammarion les trois premiers titres, ce qui explique l'arrêt des retirages. Le détail de ces chiffres est donné en annexe IV.

Inversement, que pense Maupassant de ses éditeurs ? Pourquoi se tourne-t-il de préférence vers Ollendorff quand Victor Havard ne lui donne plus satisfaction ? Deux de ses lettres nous renseignent à ce sujet.

Maupassant sait gré à Marpon et Flammarion de leur dynamisme commercial et il ne se fait pas faute de les citer en exemples à Havard :

« Je viens de recevoir avis de Marpon que *Toine* et les *Contes du jour et de la nuit* sont l'un au dixième mille, l'autre au onzième. Or ce sont mes deux plus mauvais livres, lancés à 5 F sans aucune réclame. (...) Quand je compare cela à mes meilleurs livres, *La Maison Tellier, Melle Fifi, Yvette, La Petite Roque*, je suis obligé de constater que votre vente est tout à fait inférieure [70]. »

Dans une autre lettre à un ami qui l'interroge sur le choix d'un éditeur, il passe en revue les éditeurs dont il a l'expérience et précise, en termes plus sincères, son opinion sur Marpon et Flammarion :

« En principe, il ne faut jamais faire une affaire avec Calmann-Lévy [71] — Havard ne vaut plus rien — Marpon très adroit, très marchand, paye bien, mais très boutique à treize. Charpentier honorable, bien posé, *vend mal* les auteurs de second plan. Reste Ollendorff dont je suis fort content [72]. »

Que Marpon « paye bien » s'entend de deux façons également justes. À la différence de Charpentier et Havard, la maison de l'Odéon n'est jamais en retard dans le paiement des droits d'auteur, l'ensemble de la correspondance dépouillée l'atteste. De plus, Maupassant touche chez Marpon et Flammarion des droits assez élevés : 60 centimes par volume. C'est moins que ce que lui donne Havard, mais ce sont les conditions que lui fait Ollendorff [73]. Elles peuvent sembler normales pour un tel auteur ; il faut toutefois considérer qu'il s'agit ici de nouvelles et non de roman, que ces droits sont calculés dès le premier volume, sur des premiers tirages faibles et que les autres conditions du contrat sont très favorables à l'auteur. En effet, celui-ci se réserve la totalité des droits de reproduction dans la presse — qui sont considérables —, ne partageant avec l'éditeur que les droits de traduction — qui sont bien moindres —. De plus, Maupassant ne consent à céder la propriété de ses œuvres que pour dix ans. Pour toutes ces raisons, on peut dire que Maupassant est un auteur bien payé par Marpon et Flammarion. Son contrat pour la collection des Auteurs Célèbres le confirme : 750 F pour un premier tirage de 15 000 exemplaires, ce sont les conditions faites aux plus grands auteurs de la collection.

Pourtant, Maupassant préfère Ollendorff à Marpon qu'il trouve « trop boutique à treize », c'est-à-dire « bazar », « magasin populaire ». Il n'a pas l'image flatteuse d'un Charpentier ; ce n'est pas un intellectuel, c'est un marchand... Le reproche est connu. Toutefois, sous la plume d'un auteur qu'on dit avant tout

70. Lettre de Guy de Maupassant à Victor Havard, 20 octobre 1887, op. cit., t. II, p. 265.

71. Sans doute Maupassant se souvient il ici des démêlés de Flaubert avec son éditeur.

72. Lettre de Guy de Maupassant à Jean Bourdeau, octobre 1889 ?, op. cit., t. III, p. 109.

73. Voir la lettre à Henry Kistemaeckers, op. cit., t. II, p. 161 : « Vous comprendrez qu'ayant chez Havard 1 franc par volume et 60 centimes chez Ollendorff avec une vente de 4 000 garantie (mes volumes de nouvelles se vendent à 6 000 environ) il m'est tout à fait impossible de consentir à des conditions moindres. »

intéressé, il étonne. C'est sans doute que l'attitude de Maupassant est plus complexe qu'on ne le dit parfois.

Plongé dans le milieu du journalisme, Maupassant apprend vite toutes les recettes qui aident au succès : la nécessité d'obtenir des articles dans les principaux journaux de Paris et de province [74], de se concilier les meilleurs agents de vente [75], d'échelonner les publications à un rythme qui permette de ne pas se faire oublier sans donner l'impression au lecteur de l'accabler sous le nombre [76], etc... mais à la différence de Bel-Ami, Maupassant garde toujours un fond d'honnêteté et même d'élégance.

Certes, il écrit beaucoup et vite, mais il préfère renoncer à une publication si elle est trop imparfaite, comme ce fut le cas en juin 1886 par son *Salon* dont Georges Decaux avait fait une si mauvaise impression qu'il lui retira le texte [77]. Il peut aussi être un comptable exigeant et cynique envers ses éditeurs. Néanmoins, cette attitude se double d'une parfaite correction dans les rapports entretenus avec l'éditeur qui respecte exactement son contrat. Maupassant fait d'abord confiance : un engagement verbal lui suffit pour traiter en 1881 avec Havard et il signe le contrat avec Marpon, laissant le soin à l'éditeur d'y rajouter les clauses convenues verbalement [78]. De plus, il ne réclamc jamais d'argent qui ne lui soit dû. Encore fait-il preuve avec un éditeur « sûr » comme Marpon d'une grande modération quand il lui demande à toucher une partie de ses droits, après correction des épreuves des *Contes du jour et de la nuit* :

« Je fais réinstaller en ce moment un yacht que je viens d'acheter. Cela me coûte fort cher. J'ai déjà vendu quelques actions des Chemins de fer et je voudrais n'en pas vendre davantage. (...)

PS. Si vous préférez me payer les tirages des *Contes* qu'au moment de la mise en vente, ne vous gênez nullement, les questions d'argent n'ayant pour moi qu'une valeur très relative [79]. »

Même s'il a conscience que les raisons qui le poussent à faire cette demande ne sont pas impérieuses, il la présente avec une discrétion qui dément sa légende

74. Par exemple, il prend soin d'adresser à Henry Kistemaeckers une liste détaillée des noms et adresses des journalistes les plus influents pour le service de presse de *Mademoiselle Fifi*. (Lettre du 7 mai 1882, op. cit., t. II, p. 54.)

75. « Je réponds de la vente à la Librairie nouvelle. Vous verrez. (...) Il est indispensable d'offrir un exemplaire (de *Mademoiselle Fifi*) à chacun des employés de la Librairie nouvelle — Je passerai à la librairie écrire un mot pour chacun d'eux — Dans cette seule maison on a vendu 900 exemplaires de la *Maison Tellier*. Aucun journal ne vaut ces trois employés comme publicité. » Lettre à Henry Kistemaeckers, 7 mai 1882, ibid.

76. « Comme je ne recevais plus rien de vous et comme je vous avais prévenu que j'étais pressé de paraître, j'ai dû, pour ne pas perdre mon printemps, donner un volume à Ollendorff, volume qui sera en vente dans 8 jours. Or, le volume de Marpon, retardé aussi à cause du vôtre qui n'est pas prêt, paraîtra le 30 juin. Voyez si vous pouvez paraître entre ces deux volumes. Celui de Marpon est important et vous coupera le vente. » Lettre à May, mai 1888, op. cit., t. III, p. 37.

77. Voir dans la *Correspondance*, op. cit., t. II, p. 210.

78. « J'avais complètement oublié de vous renvoyer les deux traités ; les voici signés de façon à ce que vous puissiez me renvoyer l'un d'eux après adjonction de la clause convenue avec M. Flammarion. Je vous retourne de la même façon l'ex. du traité des *Contes* sur lequel vous pourrez ajouter cet article. » Lettre inédite de Guy de Maupassant à Charles Marpon, janvier 1886. A.F.

79. Lettre inédite de Guy de Maupassantr à Ernest Flammarion, 30 (?) septembre 1886. A.F.

de rapace. Marpon et Flammarion lui font, d'ailleurs, aussitôt parvenir les 1 200 F dus pour ce tirage [80].

Maupassant fut donc un auteur conscient de sa valeur financière et attentif à défendre ses intérêts. Il avait suffisamment observé les mœurs des milieux littéraires pour ne pas en être lui-même la dupe. Rencontrant des éditeurs aussi réalistes que lui, et honnêtes, il ne pouvait entretenir avec eux que des rapports cordiaux. Les affinités n'allaient guère plus loin, Maupassant nourrissant un peu de mépris intellectuel à leur égard ; c'est pourquoi leur correspondance et leurs rapports restèrent purement commerciaux.

## *Hector Malot*

En 1859, muni d'un mot de recommandation de Sainte-Beuve, dont le secrétaire est son ami, Hector Malot soumet à Michel Lévy son premier roman, *Les Amants*, début d'une trilogie au titre prometteur, *Victimes d'amour*. L'éditeur met comme condition à sa publication de pouvoir opérer des coupes qui le garantissent contre toute poursuite. Ulcéré, l'auteur reprend son manuscrit, puis, ne trouvant pas d'autre éditeur, acquiesce aux conditions de Lévy : 400 F le volume pour cinq ans. L'accueil de la presse est très favorable : Taine lui consacre un article élogieux dans le *Journal des débats* et l'enthousiasme fait écrire à Antony Méray, dans la *Revue moderne* : « M. Malot chatouille avec une plume d'or les narines de la réalité » ! Malot voit aussitôt s'ouvrir à lui les colonnes des journaux, à commencer par *Le Constitutionnel* qui publie le roman. Cela a « pour effet immédiat de révolter les abonnés, ce qui est un symptôme excellent en France », suivant le mot de Zola [81]. Malgré ces débuts encourageants, la publication du roman suivant, *Les Amours de Jacques* (1861), suscite autant de réserves de la part de l'éditeur ; il prend en charge sa publication mais s'irrite de constater que, malgré les efforts de Malot pour faire intervenir ses relations, la Commission de colportage refuse son estampille à l'ouvrage. Malot finit d'honorer son contrat avec Lévy, puis, se tourne vers Hetzel à qui il donne *Victimes d'amour* pour une réédition en version intégrale, et surtout, *Romain Kalbris* en 1869, un roman « tous publics » qui connaît un triomphe. Bientôt, pourtant, il revient chez Lévy tandis que ses romans nourrissent le feuilleton de nombreux journaux comme *Le Siècle* ou *Le Temps* [82]. Il produit beaucoup, consultant préalablement les directeurs des journaux, il l'avoue, pour leur fournir ce qu'ils croient convenir à leur clientèle. La qualité de ses romans s'en ressent, la vente en volumes aussi. Peut-être est-ce la raison pour laquelle Calmann Lévy le laisse partir, définitivement cette fois : en 1875, Dentu rachète tous ses contrats. Désormais, ses romans sont publiés par deux canaux différents : l'éditeur

80. Maupassant leur en accuse réception le 12 octobre 1886. A.F.
81. Émile Zola, « Les Romanciers contemporains ». *Le Messager de l'Europe*, septembre 1878.
82. Voir : Hector Malot, *Le Roman de mes romans*. Paris : Flammarion, 1896.
Jean-Yves Mollier, *Michel et Calmann Lévy ou la naissance de l'édition moderne*, op. cit., pp. 335-336.

du Palais-*Royal et la librairie du Siècle.* Cela ne suffit pas à relancer les ventes. L'auteur reprend alors un vieux projet : après la réussite de *Romain Kalbris,* il s'était engagé auprès de Hetzel à faire un autre roman dans le même genre et diverses péripéties (guerre, perte d'un manuscrit) ou occupations l'avaient empêché de remplir son engagement. Il se remet donc à *Sans famille.* Il le destine à Hetzel mais, une fois encore, Malot se heurte à la sensibilité offensée d'un éditeur. « Des larmes dans les paupières, oui, très bien, mais qu'elles coulent au milieu d'une crise de souffrances, c'est plus qu'il n'en faut : de la pitié, pas d'horreur ! » proteste Hetzel [83]. C'est donc Dentu qui achète à Hetzel ses droits sur le roman et qui aura la chance de le publier, après sa publication dans *Le Siècle,* au printemps de 1878. Les six premières éditions s'enlèvent en six mois. La septième, en deux volumes, part aussi vite et la 17e édition est atteinte en décembre 1879. Les droits sont vendus à l'étranger, notamment en Angleterre où le roman se vend également bien, tandis que journaux de province et revues de lectures s'arrachent les droits de reproduction.

Ce succès doit faire rêver Marpon et Flammarion, d'autant que Malot est de ces auteurs populaires consacrés par le feuilleton, tels qu'ils souhaitent en éditer. Toutefois, il est lié à Dentu et la célébrité ne peut que le rendre exigeant. Cela ne les décourage pas.

Le succès des œuvres illustrées de Zola est une solide référence qui permet aux deux associés d'aborder Malot avec une proposition alléchante : une édition illustrée de ses œuvres, vendue par livraisons. Le contrat est signé le 1er août 1883 ; jamais Flammarion n'a signé ni ne signera de contrat semblable. Zola lui-même, qui était si pointilleux dans ses contrats avec Albert Lacroix, n'a pas pris tant de précautions. Le contrat fait sept pages et comporte 24 articles, prévoyant tout : la qualité des illustrations et du papier utilisé ; l'importance, la place et l'ordre des publicités contenues dans les livraisons ; la qualité et le nombre des exemplaires remis à l'auteur ; l'importance et le rythme des publicités dans les journaux ; les conditions de soldes éventuels, la fréquence des comptes rendus faits à l'auteur sur l'état des ventes, etc.

Les conditions sont à la mesure de la notoriété de l'auteur. *Les Victimes d'amour, L'Auberge du monde* et *Les Batailles du mariage* paraîtront en 100 livraisons à 10 centimes, 20 séries à 50 centimes ou trois livres à 10 F. Les droits sont fixés à 10% du prix de vente et le contrat est signé pour dix ans. Ce sont des conditions semblables à celles faites à Zola, à quelques détails près, plus avantageux (durée, droits de traduction).

La seconde partie du traité envisage la possibilité d'éditions non illustrées, mais il est clair qu'elle est secondaire puisque Malot est encore engagé avec Dentu pour cinq romans auxquels il faut ajouter un roman promis à Delagrave. C'est tabler sur une grande fécondité romanesque... dont l'auteur a donné, il est vrai, des gages. Le nombre de romans ainsi réservé à Flammarion est de neuf puisqu'il

83. C'est du moins ainsi que le rapporte Hector Malot in *Le Roman de mes romans,* op. cit., p. 120.

doit être égal au nombre de romans déjà publiés en édition illustrée [84], ce qui donne lieu à cette clause très embrouillée :

« Le nombre des volumes ainsi cédés pour être publiés in-18 sera égal à celui des anciens romans de M. Malot que MM. Marpon et Flammarion éditeront en volumes illustrés, c'est-à-dire de neuf volumes si MM. Marpon et Flammarion s'en tiennent à la série dont il est question dans l'article 1 ; de dix-huit s'ils publient la seconde série et de plus si le nombre des volumes illustrés est encore augmenté ; étant bien expliqué que M. Malot devra donner un volume nouveau à MM. Marpon et Flammarion pour chaque volume ancien que ceux-ci feront entrer dans leur édition illustrée et l'édition illustrée renfermant deux ou trois volumes in-18. »

Pour ces livres, le contrat est de cinq ans et les droits de 60 centimes sur les six premiers mille, et 70 au-dessus. Une prime de 1 000 F marquera le dépassement des 25 000 exemplaires. Les droits de reproduction et de traduction restent la propriété de l'auteur.

Bien que Malot soit un auteur très prolifique, cette édition in-18 est remise à un futur d'autant plus lointain que l'auteur se réserve le droit de publier ses romans d'abord dans les journaux. Avant même de pouvoir être appliqué, ce contrat aura été modifié. En effet, à force de vouloir trop prévoir, il est irréaliste. Sa seconde partie est donc complétée en 1885. Plutôt que d'attendre la future production, Marpon et Flammarion obtiennent le droit d'éditer les titres précédemment donnés à Dentu au fur et à mesure qu'expirent les traités [85]. Cette addition permet d'éditer une vingtaine de romans, anciens ou nouveaux, en six ans, mais Marpon et Flammarion le font en compte chez Charpentier où Malot se retrouve en compagnie des Naturalistes avec qui il n'a cessé de proclamer sa parenté.

Puis, le 26 mars 1889, la première partie du contrat de 1883, relative aux publications illustrées, est abrogée. Flammarion ne l'a guère utilisée car l'édition illustrée de *Victimes d'amour* a été un échec : pour une mise de fonds de 56 750 F, Flammarion n'a récupéré que 24 000 F. Mauvais début. L'éditeur renonce donc à profiter de ses droits et se rabat sur un livre pour un public plus large, *La Petite sœur*, pour lequel il engage moins de frais et qui se vend mieux. Une troisième édition illustrée est faite, en 1887, avec *L'Auberge du monde*. C'est peu, en regard de ce que prévoyait le contrat de 1883. Dorénavant, Marpon et Flammarion renoncent à leurs droits sur les éditions illustrées mais continuent d'éditer les romans non illustrés chez Charpentier, aux mêmes conditions.

En 1892, nouveau traité. Malot décide de confier à Flammarion l'édition de ses *Œuvres complètes*, à l'exception de *Sans famille* qui peut être rentabilisé autrement. Toutes les autres œuvres de Malot, soit 58 volumes, devront être publiées au rythme d'une ou deux par mois, dans une édition à 1,25 F non illustrée, semblable à celles des œuvres de Sue et Bouvier. Les droits sont fixés à 1 000 F le volume. Malot garde cependant le droit de vendre à d'autres éditeurs les mêmes

84. Les trois premiers titres cédés sont des trilogies.
85. Acte sous seing privé, 29 mai 1885. A.F.

volumes, pourvu que leur prix soit supérieur à 1,50 F. De plus, par le même traité, il vend sa production future puisque Flammarion s'engage à la faire entrer dans la même collection au même prix. Dans le même temps, les œuvres qui étaient chez Dentu et dans la même collection des Auteurs célèbres de Flammarion se trouveront regroupées chez Charpentier [86].

Flammarion exécute scrupuleusement son contrat : chaque année, de 1893 à 1897, au 31 mai, il verse 12 000 F à Malot pour les 12 romans qu'il a édités dans cette nouvelle collection. Il apparaît vite que ce n'est pas une très bonne affaire : si les trois premiers romans édités ont été tirés à 5 000 exemplaires, pour les suivants, le tirage descend à 3 000, puis à 2 000 exemplaires. Les droits d'auteur étant ici forfaitaires, le prix de revient grimpe à 85-90 centimes ; pour un prix de vente de 1,25 F, le seuil de rentabilité est loin d'être atteint. En revanche, Malot s'est assuré une rente.

Pourtant, Flammarion ne sort pas vraiment perdant de l'aventure car il n'a signé ce traité des *Œuvres complètes* qu'avec l'espoir de voir réussir une autre entreprise : éditer un nouveau *Sans famille.*

Les circonstances dans lesquelles *En famille* fut conçu ne sont pas rapportées de la même façon, selon qu'on en croit l'auteur ou l'éditeur. Pour le premier, recommencer *Sans famille*, « cela pouvait être très rémunérateur mais, d'autre part, cela aurait été d'une monotonie extrême » : aussi repoussa-t-il longtemps le projet, mais, exaspéré d'être plagié, il finit par penser qu'il ferait mieux de se mettre lui-même au travail. Un jour, il fut frappé par le titre d'un des chapitres de *Sans famille* et, aussitôt, « l'idée se présenta d'un roman qui serait le développement même de ce titre, et tout de suite ce développement se déroula avec ses personnages nécessaires, sa fable et son milieu [87]. »

À la manière d'un Zola, il se met à étudier « par les livres aussi bien que par la visite de certains établissements industriels, des améliorations qui se sont réalisées dans la condition des ouvriers — pour leur travail, leur bien-être, leur vie matérielle et morale, et même leurs plaisirs ». Puis, dans le décor d'une usine textile du Nord et des tourbières environnantes, il imagine « ce que pourrait accomplir une enfant douée de volonté, isolée dans une île de ces tourbières, et comment elle y pourrait vivre, sans autre appui que l'effort constant de cette volonté ».

Pour l'éditeur, les motivations de l'auteur étaient moins désintéressées :

« Je lui ai demandé de faire une suite à cet ouvrage sous le titre de *En famille.* Un peu surpris de mon audace, il me dit qu'il y réfléchirait et, quelques jours après, il me donnait un avis favorable à condition de placer son roman futur dans un journal à grand tirage. Fort de cette promesse, j'allai trouver Cassigneul, le gendre de Marinoni et directeur du *Petit Journal.* Il consentit à payer la forte somme et j'eus le plaisir de publier plus tard les deux volumes d'*En famille* lesquels suivirent la vogue de leurs aînés [88]. » Sans doute la générosité des idées n'exclut-elle pas le réalisme en affaires.

86. Acte sous seing privé, 21 mars 1892. A.F.
87. Postface d'*En famille.*.
88. Ernest Flammarion, « Quelques auteurs célèbres ». *Rives d'azur,* 31 janvier 1925, p. 267.

Le traité est signé en février 1893 pour un grand in-8° illustré à 11 F qui sera tiré à 10 000 exemplaires. Les droits sont de 15 000 F pour le premier tirage et, pour les suivants, Malot touchera 2,50 F par exemplaire [89]. La version in-18 lui rapportera 1,60 F pour les deux volumes. Ces droits d'auteur sont énormes et jamais Zola ni Camille Flammarion n'en ont touché de tels. Ce traité va donc plus loin encore que les précédents. Ce n'est pas sans répercussion pour l'éditeur. Le livre in-8°, fabriqué à ces conditions, revient à 5 F en feuilles, pour un prix de vente fixé à 10 F broché et 12 F relié. La marge de l'éditeur sur le premier tirage est donc assez faible. Or, les retirages qui auraient dû amortir les frais d'illustration et de composition, ne sont pas immédiatement nécessaires : le premier n'a lieu qu'en 1900, pour 2 000 exemplaires. Flammarion sollicite alors une réduction des droits qui, de 2,50 F, sont ramenés à 1,50 F [90]. L'in-18 à 7 F est plus rentable puisqu'il évite les frais d'illustration ; son prix de revient est de 2,25 F pour la première édition en 1894, 2,15 F pour la deuxième en 1897. Ses 35 000 exemplaires, tirés entre 1894 et 1911, permettent donc à Flammarion de faire des bénéfices. De plus, en 1896, Flammarion achète 5 000 F à Hetzel le droit de faire une édition illustrée in-18 de *Sans famille* de façon à faire un pendant à *En famille* [91]. À cause de ces frais supplémentaires, Malot touche « seulement » 10 000 F pour les 10 000 premiers exemplaires, puis 1,40 F sur les suivants. Tirée à 43 000 exemplaires en douze ans, cette entreprise est, elle aussi, bénéficiaire. Le traité signé par Flammarion et Malot pour *Sans famille* s'applique aux mêmes conditions à une édition semblable de *La Petite Sœur*. Mais Flammarion a été rendu méfiant par l'expérience ; aussi prend-il l'engagement de tirer 5 000 exemplaires (et il paie les 5 000 F correspondant) mais il se réserve le droit d'étaler le tirage sur plusieurs années [92]. En 1896, il met en vente 3 000 exemplaires et n'imprime les 2 000 restant qu'en 1905. Grâce aux éditions in-18, Flammarion réussit donc à équilibrer les conditions consenties à Malot.

Les bons rapports avec l'auteur à succès passent aussi par une certaine complaisance envers le talent littéraire de sa femme. Entre 1887 et 1911, Flammarion édite sept de ses ouvrages. Le premier, *Folie d'amour*, publié en 1888, atteint les 4 000 exemplaires. Les quatre suivants ne sont tirés qu'à 2 000 et les deux derniers à 1 500. Malgré ces petits tirages, l'épouse touche 50 centimes par exemplaire. Elle ne fera pas fortune pour autant : tous devront être soldés. Éditer Hector Malot est un privilège qui se paie cher.

Celui qu'Ernest Flammarion considérait comme un « romancier consciencieux » fut celui qu'il rémunéra le plus. Zola, Camille Flammarion, Daudet, auteurs très bien payés, n'atteignirent pas les droits demandés par Malot. Et Jules Verne chez Hetzel venait loin derrière.

Au fil du temps, les conditions posées par Malot se font de plus en plus

89. Acte sous seing privé, 16 février 1893. A.F.
90. Il y aura encore deux retirages de 2 000 exemplaires avant 1914, l'un en 1905, l'autre en 1910.
91. Acte sous seing privé, 28 janvier 1896. A.F.
92. Acte sous seing privé, 15 février 1896. A.F.

exorbitantes. Seuls, les contrats pour la collection des Auteurs célèbres, signés en 1887 [93], suivent la règle commune. Et Malot fera revenir ces titres dans la collection Charpentier dès 1892 ! On peut évaluer les sommes versées par Flammarion, entre 1884 et 1914, à Hector Malot puis à ses héritiers, à 235 000 F, au minimum. Il est plus difficile d'évaluer ce qu'il rapporta à son éditeur. L'opération pour Flammarion ne fut pas toujours rentable immédiatement. Il semble notamment qu'il ait surestimé le succès probable d'*En famille*. Néanmoins, à long terme, le calcul était juste : *Sans famille*, *En famille* et, dans une moindre mesure, *La Petite sœur* connurent de nombreux retirages.

Malot est un redoutable négociateur, qui ne néglige rien : pour ses exemplaires d'auteur, par exemple, il est, encore une fois, le plus exigeant des auteurs de la maison. Et l'âge n'entame pas son âpreté ; ainsi, en 1901, alors qu'il vient d'être malade, il engage avec Flammarion une négociation pour un ouvrage inédit à publier après sa mort :

« Vous me dites que les droits d'auteur donnés par vos confrères sont de 10%. Ça dépend de l'auteur ; à celui qui a une clientèle assurée et dont la vente est certaine et établie sur un succès exceptionnel dans ce genre de livres, ils peuvent donner plus puisqu'ils m'offrent ce plus alors qu'ils n'ont pas pour me prendre les mêmes avantages que vous, n'ayant comme vous dans leur fond (sic) un ensemble d'ouvrages pour la jeunesse qui profiteraient des annonces faites pour un ouvrage nouveau de moi qui, ajouté aux anciens avec certitude qu'il ne sera suivi d'autres formeraient un groupe qui s'enlèveraient (sic) dans certaines occasions d'un seul coup.

Cependant ces confrères dans nos conditions exceptionnelles m'attribuent une valeur supérieure qui se traduit par des offres au-dessus des vôtres. Voyez si vous devez m'obliger à les écouter. Puisque pendant l'exécution du traité que nous discutons, je ne serai plus là, la question de vos relations n'est rien ; il ne reste à considérer que celle de la sécurité commerciale et elle est telle que je ne puis en souhaiter une plus solide.

Ceci dit, je veux bien pour l'in-8° à 10 F accepter 1,5 F avec un tirage à 5 000 ex. à condition que pendant la durée du traité les nouveaux tirages seront faits à 3 000 ex. avant l'épuisement au prix de 1,5 F. Pour l'in-18, les conditions seront celles de mes romans ordinaires.

J'arrive à vos objections pour le délai de la mise en vente après ma mort, il me semble que voici une combinaison qui pourrait vous donner satisfaction en même temps qu'à moi. Publier l'in-18 en première édition non illustrée à 10 000 ex. dans un délai qui n'excédera pas trois mois après ma mort, alors que par là-même, je serai encore un peu vivant. Publier l'in-18 illustrée trois mois après l'édition ordinaire non illustrée ; elles ne se feraient pas concurrence ne s'adressant pas au même public. Publier l'in-18 illustrée aussitôt après l'épuisement de l'in-18 non illustrée, en tous cas dans les trois mois de la mise en vente de l'in-18 non illustrée [94]. »

93. Contrats signés pour *Une bonne affaire*, *Les Millions honteux* et *Séduction* le 17 février et le 15 juin 1887. Cinq autres titres furent édités dans cette collection, aux mêmes conditions, avant 1892. A.F.

94. Lettre inédite d'Hector Malot à Ernest Flammarion, 14 février 1901. A.F.

L'affaire ne se fera pas et Malot ne mourra que six ans plus tard...

Cette lettre montre toute l'attention que porte Malot à la négociation de ses contrats et à la commercialisation ; beaucoup de ses confrères, et des plus illustres, font de même, mais cette fièvre de la rentabilisation maximale va chez Malot jusqu'à l'incohérence et l'embrouillamini. Qu'il fasse jouer la concurrence, est dans l'ordre des choses ; cependant, ces changements perpétuels d'éditeurs (en 1898, il vend ses œuvres complètes *illustrées* à un nouvel éditeur : Fayard), ces contrats révisés aussitôt que signés, ces romans programmés et vendus longtemps à l'avance, tout cela traduit un désir forcené de faire fortune, cocasse chez ce contempteur des turpitudes bourgeoises (du moins, dans ses premiers romans !).

Pour cela, Malot n'a pas hésité à faire de la littérature commerciale. Zola résume ainsi, en 1878, son évolution littéraire :

« Monsieur Hector Malot a donné de grandes espérances. Quand il débuta par les *Victimes d'amour* vers 1864, on crut à la venue d'un fils direct de Balzac. (...). Malheureusement, après plusieurs autres œuvres telles qu' *Un beau-frère* et *La belle Madame Donis*, où il y a encore des qualités d'observation précieuses, M. Hector Malot a peu à peu glissé à la production facile. Depuis quelques années, il s'est mis à bâcler des feuilletons pour le journal *Le Siècle*, produisant des romans interminables où tout se délaie, le style, l'observation, la charpente. C'est un écrivain qui se noie [95]. »

Jugement cruel mais juste, que Malot n'a pu ignorer et dont il connaissait la vérité. Il en souffrit sans doute car il ne paraît pas avoir eu assez de cynisme pour assumer jusqu'au bout ses choix littéraires. On est, en effet, frappé par l'insistance qu'il met à exposer ses intentions et ses méthodes de travail : en plus de longues dédicaces et de post-faces, il éprouve le besoin d'écrire, à la fin de sa carrière littéraire, *Le Roman de mes romans* qui ne semble pas s'être proposé comme but l'exactitude historique. Il s'y présente comme un écrivain voué à la défense de la morale, du progrès social et dénonçant les défauts de la bourgeoisie. Inconscience ou roublardise ? Il est difficile de trancher car il n'y a pas que du calcul, sans doute, dans le désir d'être reconnu comme un grand auteur réaliste. Le mépris affiché d'un Zola a dû lui être cuisant.

### *Alphonse Daudet*

En l'absence de toute correpondance, l'étude des rapports entre Daudet et son éditeur est limitée à celle des traités qui les ont liés. C'est dommage car Daudet et Flammarion ont entretenu des rapports amicaux et l'on vit souvent l'éditeur à Champrosay.

Le premier contrat signé avec Alphonse Daudet l'est dès 1885. À leur habitude, Marpon et Flammarion attirent l'écrivain déjà célèbre par la proposition

95. Émile Zola, « Les romanciers contemporains ». *Le Messager de l'Europe*, septembre 1878.

d'une édition illustrée. Il s'agit de *La Belle-Nivernaise* en format grand in-8°, à 10 F. L'auteur touche 10% du prix de vente sur un tirage de 6 000 exemplaires, bientôt complété par un second de 2 000 exemplaires [96]. Ce n'est qu'une première approche de l'écrivain de Champrosay. Ce qui tente les deux éditeurs, ce sont, bien sûr, les *Tartarin* dont le succès semble inépuisable. Or, l'imprimeur-graveur Guillaume a conclu des accords avec Dentu et Charpentier pour des éditions illustrées. Flammarion, à son tour, traite avec Guillaume pour la vente d'un certain nombre d'exemplaires illustrés qu'il imprime : 40 000 exemplaires de *Tartarin sur les Alpes* et vraisemblablement autant de *Tartarin de Tarascon*, 25 000 exemplaires de *Sapho*, 25 000 exemplaires de *Jack* et autant des *Souvenirs d'un homme de lettres* [97]. Puis, Guillaume a des ennuis d'argent dont Rosny nous donne l'explication :

« Le succès avait exalté Guillaume. Il prétendit se libérer de la servitude de l'imprimerie et ayant acheté un terrain, boulevard Brune, il y fit bâtir un grand atelier. Plein d'enthousiasme, il annonçait l'ère des millions ! Les projets dansaient la sarabande dans sa cervelle : il annonçait l'éclosion de dix collections nouvelles. (...). Durant cette période d'enthousiasme, Guillaume errait dans la littérature universelle comme dans une sylve et les jolis petits volumes satinés se vendaient triomphalement [98]. »

Matériel ultra-moderne, uniformes seyants pour les ouvrières, qualité de l'impression, tout cela coûte cher et Guillaume ne parvient pas, malgré le succès, à équilibrer ses comptes. Ces difficultés financières vont profiter à Marpon et Flammarion. Il doit leur céder, avec faculté de réméré pour certains, les droits et les clichés des œuvres de Daudet : d'abord, fin 87, ceux de *Tartarin sur les Alpes*, puis, durant l'été 88, ceux de *Tartarin de Tarascon*, *Sapho* et *Trente ans de Paris*, en 1890, ceux de *Jack* et, en 1891, ceux de *Port-Tarascon* et des *Souvenirs d'un homme de lettres* [99]. Les deux *Tartarin* ont été payés 10 000 F chacun, les autres titres 5 000. Les éditeurs mettent aussitôt à profit ces traités et, jusqu'en 1914, obtiennent les tirages suivant [100] :

| | |
|---|---|
| *Tartarin de Tarascon* | 116 000 |
| *Tartarin sur les Alpes* | 109 000 |
| *Jack* | 70 000 |
| *Sapho* | 68 000 |
| *Port-Tarascon* | 22 000 |
| *Souvenirs d'un homme de lettres* | 19 000 |
| *Trente ans de Paris* | 18 000 |

96. Acte sous seing privé, 1er février 1885. A.F.
97. Tous ces contrats sont signés entre juin 1886 et mai 1888. A.F.
98. J. -H. Rosny, *Mémoires de la vie littéraire*. Paris : Crès, 1927, pp. 212-213.
99. Contrats signés les 17 janvier 1890 et 5 octobre 1891. A.F.
100. Voir le détail de ces tirages en annexe III.

Avec ces éditions, les œuvres de Daudet atteignent le 218e mille pour *Tartarin de Tarascon*, le 231e mille pour *Tartarin sur les Alpes*, le 137e mille pour *Jack* et le 220e mille pour *Sapho.*

Flammarion signe encore deux contrats avec Alphonse Daudet, avant sa mort : *La Menteuse* (1893), pièce écrite avec Hennique, sera tirée à 10 000 exemplaires avant 14 et *La Fédor* (1896) à 29 000.

La mort de Daudet n'entraîne pas d'arrêt dans l'exploitation de ses œuvres. La collaboration se poursuit immédiatement avec Julia, sa veuve. Ainsi, Flammarion éditera les livres suivants :

| | Année 1re éd. | Tirage avant 14 |
|---|---|---|
| *Les Rois en exil* | 1898 | 29 000 |
| *Premier voyage* | 1900 | 18 000 |
| *La Belle-Nivernaise* in-18 | 1903 | 9 000 |
| *La Petite Paroisse* | 1905 | 15 000 |
| *L'Évangéliste* | 1908 | 5 000 |
| *Robert Helmont* | 1913 | 2 000 |

Pour les *Lettres de mon moulin*, autre best-seller, Flammarion tente, en 1900, d'acheter les droits à Fayard pour une édition de grand luxe : 600 exemplaires vendus 60 F. C'est un fiasco, il perd 7 000 F dans l'affaire. Un tirage de 5 000 exemplaires in-8° l'en dédommagera partiellement mais, surtout, il pourra se consoler avec les résultats obtenus dans les collections populaires.

La collection des Auteurs célèbres avait commencé brillamment en prenant, comme numéro 2, *La Belle-Nivernaise* qui s'était vendu à 119 000 exemplaires. Daudet sera donc à nouveau présent dans les premiers numéros de la Collection illustrée à 95 centimes (*Tartarin de Tarascon*, *Tartarin sur les Alpes*, *Sapho*, *Port-Tarascon*) et de la Select-Collection (*Rose et Ninette*, *Tartarin de Tarascon* et plus tard *Sapho*, *Le Nabab*, *Le Petit Chose...*) ainsi que dans la collection de luxe, à 5 F, des Grands Romanciers modernes. À l'exception de cette dernière, toutes les autres éditions atteindront rapidement et dépasseront les 100 000 exemplaires.

Alphonse Daudet, comme Zola, est un auteur qui se vend bien, quel que soit le prix du volume. Dans chaque catégorie de clientèle, il a des lecteurs en grand nombre. Il est donc normal qu'il soit un auteur bien payé. Pour les volumes à 3,50 F directement cédés à Flammarion, il touche 60 centimes sur les 10 000 premiers exemplaires, 75 centimes au-delà. Pour les autres, la rémunération oscille entre 40 et 60 centimes, selon le montant des droits versés à l'éditeur initial (Dentu ou Charpentier), mais elle revient dans la plupart des cas à 60 centimes ; c'est le cas pour les *Tartarin* notamment.

Julia Daudet est une veuve consciente de la valeur marchande des œuvres de son mari. Depuis longtemps associée à la vie littéraire de celui-ci, elle n'ignore rien des négociations avec les éditeurs. Ils sont d'ailleurs suffisamment nombreux à lui faire des offres pour qu'elle puisse dicter ses conditions. Ainsi, pour l'édition à 5 F, elle touche 1 F par volume et, pour les collections populaires, elle vend ses droits pour dix ans et 100 000 exemplaires minimum [101]. Ces conditions sont rudes mais correspondent à la place de Daudet dans l'édition.

Daudet présente beaucoup de points communs avec Zola dans son comportement face à son éditeur. Il ne semble pas qu'il y ait eu de contestations ni de heurts entre eux. Les négociations se placent à un niveau élevé mais justifié par l'importance des tirages attendus. Et Daudet est, de ce point de vue, un auteur qui ne déçoit pas. Le seul regret que puisse avoir Flammarion est de ne pas avoir précédé Fayard pour l'édition populaire de ses œuvres complètes.

Cette étude des quatre grands auteurs de Librairie rappelle que la valeur littéraire n'est pas toujours en rapport avec les exigences financières ; Malot en est l'exemple, lui qui fut de loin le mieux payé des quatre et qui ne survit plus que grâce au larmoyant *Sans famille*.

Tous quatre traitaient en professionnels avec un éditeur dont ils considéraient le sérieux et, selon le mot de Malot, la « solidité » commerciale. Entrés chez Flammarion alors qu'ils étaient déjà célèbres, ils attendaient de leur éditeur qu'il les aidât à rentabiliser au mieux leur succès. Ce qu'il fit. Cependant, le rôle de Flammarion ne se limite pas à une fonction commerciale, comme pourrait le donner à supposer ses rapports avec ces quatre auteurs. Même s'il ne joue pas un rôle dans la création littéraire, l'éditeur n'est jamais un employeur comme les autres, il n'est qu'à lire l'importante correspondance que Flammarion reçoit.

## *L'évolution des fonctions*

À défaut des liens qui naissent du partage d'une passion littéraire, Marpon et Flammarion sont liés à leurs auteurs par les soucis éditoriaux, les problèmes financiers des auteurs mais aussi par la convivialité de leurs dîners et de leurs fêtes. Ces trois sujets forment l'essentiel des lettres reçues par les deux éditeurs, si l'on exclut celles qui demandent la faveur d'une édition.

Quelle que soit la notoriété des auteurs, tous surveillent avec attention la carrière de leurs œuvres. Ils sont persuadés de l'importance d'un bon lancement et tâchent d'obtenir de leur éditeur de paraître aux meilleures périodes de l'année, l'automne et le printemps. Leur seconde préoccupation concerne la publicité faite autour de leur livre, soit qu'ils essaient de persuader Flammarion d'engager un fort budget publicitaire, soit qu'ils se fassent forts d'obtenir de leurs amis un grand nombre d'articles dans les journaux pour pousser la vente. À travers ces lettres, on voit donc se dessiner un marché de l'édition très proche de celui que nous connaissons. Les auteurs croient aveuglément au pouvoir tout nouveau d'une presse souvent complaisante et liée étroitement au monde de l'édition.

101. Voir le chapitre « Lectures populaires romanesques ».

Autre sujet de correspondance : l'argent. En dehors de la stricte application des clauses du contrat, l'éditeur est souvent mêlé aux affaires financières de son auteur et parfois plus qu'il ne le voudrait.

Certains auteurs et éditeurs entretiennent des rapports de confiance et d'intimité tels que les seconds deviennent les banquiers des premiers. L'exemple le plus connu est celui de Zola dont Charpentier réglait les factures, lui adressant ensuite le solde de ses droits. Chez Marpon et Flammarion, Alexis Bouvier, Camille Flammarion, Marie Colombier procèdent de même : l'un fait acquitter son loyer, ses abonnements aux journaux, l'autre son approvisionnement en vin, ses places de théâtre, ses achats de rentes, la troisième les factures de son bijoutier... toute dépense soigneusement notée, au franc près, dans les livres de comptes. Plus banalement, quelques auteurs profitent du vaste achalandage des librairies pour se fournir en livres et papeterie, en faisant porter la note à leur débit. Ainsi, Marpon et Flammarion rassemblent « tous les ouvrages récents sur l'exploitation des mines » quand Zola travaille à la rédaction de *Germinal* et les derniers livres de médecine sur les accouchements pour *Pot-Bouille* [102]. Avec le développement des affaires de la Librairie, ces pratiques disparaissent ; même les achats de livres sont réglés directement.

En revanche, les auteurs ne perdront jamais l'habitude de faire des dettes. Les archives contiennent une centaine d'oppositions au paiement des droits d'auteur, émanant de créanciers divers. Les demandes de prêts constituent aussi une bonne part de la correspondance que reçoit Flammarion. Aucun auteur n'atteint la déchéance et la mendicité pathétique d'un Verlaine quémandant auprès de son éditeur Vanier de quoi s'acheter un pantalon. Certains sont, néanmoins, d'incorrigibles solliciteurs. Ainsi, Chincholle avait déjà touché 500 F d'acompte en octobre 1884 quand paraît *La Ceinture de Clotilde*. Le solde de 25 F qu'il touche alors, est si mince que, le mois suivant, il vient solliciter une nouvelle avance de 100 F. Puis, c'est le silence, rompu en septembre 1885 :

« Me prendriez-vous, comme ça, sur le pouce, un roman de 9 000 lignes qui, je crois, ne déshonorera pas votre maison. Prix 525 les 1 500. J'ai déjà reçu 100 F, vous vous en souvenez bien. Vous n'auriez donc que 425 à me remettre mais il me les faudrait tout de suite. La chose est-elle possible [103] ? »

Flammarion prend *Femmes et rois* et l'auteur toucherait son argent s'il n'était aussitôt employé à lever une opposition faite par un créancier lassé d'attendre son argent. Et, seize ans plus tard, Chincholle n'est pas guéri de sa prodigalité :

« Ce que je voudrais vous demander et obtenir mercredi matin avant le déjeuner c'est une nouvelle avance de 500 F. N'ayez nulle crainte, je crois que ce roman (*Le Fils des rois*) se vendra. J'ai même imaginé un truc qui fera que peut-être on vous en demandera avant la mise en vente. Par malheur, le truc ne sera bon qu'une fois. Je prépare une telle publicité qu'il serait impossible d'en avoir une plus efficace. Vous verrez [104]. »

---

102. Témoignage d'Ernest Flammarion in *Tous les livres*, mars 1929, p. 447.
103. Lettre inédite de Charles Chincholle à Ernest Flammarion, 15 septembre 1885. A.F.
104. Lettre inédite de Charles Chincholle à Ernest Flammarion, 6 mai 1901. A.F.

Flammarion, qui lui avait avancé, trois mois plus tôt, 300 F, verse les 500 F demandés. *Le Fils des Rois* paraît mais le « truc » infaillible ne marche pas : il faudra solder les volumes à Albin Michel.

En règle générale, Flammarion n'accorde pas d'à-valoir, sauf pour les éditions illustrées car l'illustration demande un assez long délai et il est juste que l'auteur qui a remis son manuscrit ou une partie de celui-ci soit rémunéré. Il lui arrive parfois d'aider un auteur, comme on l'a vu avec Chincholle, sans en attendre un bénéfice immédiat mais il le fait d'autant plus facilement que le solliciteur est influent. Les journalistes le savent bien. Paul Bonnetain ne suggère-t-il pas à Flammarion de lui verser une pension en échange de sa production [105] ?

Enfin, une grande partie de la correspondance reçue par Flammarion concerne des invitations diverses ; Montépin, Chavette, Theuriet, Bouvier... lui font les honneurs de leur campagne. Et nombreux sont les fidèles des déjeuners chez Foyot, puis au Voltaire, et des réceptions à Saint-Mandé [106].

Recevoir les auteurs, traiter avec eux, les réunir, les stimuler aussi, longtemps Charles Marpon s'en est chargé, tandis que Flammarion faisait la part plus administrative du travail. Par la suite, la maladie ayant forcé Marpon à réduire son activité puis à chercher la guérison en Algérie, Flammarion se trouve obligé d'assumer l'ensemble de ces fonctions. Or, comme le réseau des librairies se développe parallèlement à la maison d'édition, il apparaît vite qu'Ernest doit déléguer ses pouvoirs.

L'accord signé avec Vaillant en 1895 le libère pour une part du souci des librairies. Quant aux bibliothèques de gare, il n'a jamais envisagé d'en assurer seul la direction ; dès le début de l'entreprise, il nomme Olivieri à leur tête. Lui reste la charge entière de la maison d'édition.

Le temps est loin où il pouvait tout administrer du fond de la guérite sous les arcades. Il s'est d'abord transporté, en 1880, dans une partie de l'imprimerie, rue Racine. Vingt ans plus tard, il prend possession, dans l'immeuble tout nouvellement construit, d'un grand bureau dans lequel se succéderont, jusqu'aujourd'hui, ses descendants. Quatre bureaux le jouxtent pour ses principaux employés. Toutefois, Ernest Flammarion n'a pas attendu cette date pour s'adjoindre des collaborateurs.

Il n'est pas possible de reconstituer précisément la façon dont se sont étoffés les effectifs du personnel administratif car aucun dossier le concernant n'a été retrouvé. Seuls, quelques points de repère subsistent.

Les tâches que Flammarion délègue en premier sont celles de la publicité — qu'il confie temporairement à son gendre —, de la comptabilité générale [107],

105. « Je serais donc tranquille si mon rêve se réalisait, à savoir si j'arrivais à traiter avec un éditeur m'assurant par mois une somme fixe. Une de vos authoress m'a écrit dans le temps que vous seriez disposé à m'aider à y réussir. Si la chose est vraie, si votre obligeance s'en mêle, l'affaire est faite. » Lettre inédite de Paul Bonnetain à Ernest Flammarion, 18 juin ?. A.F.

106. Voir le chapitre « Publicité ».

107. Les grands registres comptables, postérieurs à 1903, sont tenus d'une autre main que celle d'Ernest.

de la surveillance de la fabrication [108]. Il se réserve la tenue complète des comptes de fabrication, ce qui lui permet de surveiller la fabrication des livres et leur coût [109] ainsi que les négociations avec les auteurs. Il répond lui-même par retour du courrier aux lettres de ses auteurs. De plus, il se charge, autant par devoir professionnel que par plaisir, des « relations publiques ». Les auteurs ont donc un unique interlocuteur, longtemps après la mort de Marpon : Ernest Flammarion.

Cependant, malgré sa répugnance à déléguer cette fonction, il est obligé de recourir à l'aide de collaborateurs : il n'y a pas de comité de lecture institué mais, occasionnellement, il utilise les compétences de tel ou tel journaliste ou auteur-maison pour lire un manuscrit, et, dans des domaines précis, il doit embaucher des directeurs de collection.

Le directeur de collection se distingue des autres employés d'une maison d'édition par ses fonctions et son mode de rémunération. Il prend en charge la vie d'une collection, depuis le recrutement des auteurs jusqu'au lancement des livres, en surveillant tous les stades de la fabrication. Pour ce travail qui lui prend une part de son temps, variable avec l'importance de la collection, il perçoit une rémunération sous la forme d'un pourcentage du prix des livres vendus.

Avant l'apparition des directeurs de collection, existaient déjà des employés à qui leur patron déléguait telle ou telle de ses tâches, sans que, pour cela, ils jouissent d'un statut particulier. L'arrivée des directeurs de collection est donc liée à l'expansion des maisons d'édition et à la nécessité de diviser les responsabilités, mais ce n'est pas la seule raison de leur présence. Elle correspond toujours au moment où les maisons de littérature générale diversifient leur catalogue ; il faut alors des responsables spécialistes de tel ou tel domaine, qui sachent juger de la valeur des auteurs et de leurs ouvrages. Le directeur de collection fait profiter l'éditeur d'une expérience et d'une compétence particulières, ainsi que d'un réseau de relations utiles. C'est lui qui lui permet de trouver les bons auteurs mais aussi d'assurer une promotion efficace des ouvrages de la collection. Dans le domaine du livre pour enfants et du livre scolaire, par exemple, cet apport est d'un intérêt considérable.

La maison Hachette a depuis longtemps compris l'utilité d'employer des directeurs de collection. Le développement de sa maison ne permettait plus à Louis Hachette de passer commande lui-même aux auteurs, comme il le faisait à ses débuts avec ses anciens condisciples de l'École normale ; la disparition du fondateur entraîne l'apparition d'une direction multicéphale et les successeurs, avant tout des gestionnaires, préfèrent déléguer les tâches plus littéraires. Ainsi, Édouard Charton, par exemple, dirige plusieurs collections populaires. La signature des contrats reste l'apanage d'Émile Templier mais il est évident que le véritable interlocuteur des auteurs est Charton.

108. Le chef de fabrication se voit adjoindre un aide en 1913, chargé uniquement de la relecture d'épreuves.

109. Tous les registres de fabrication sont entièrement de la main d'Ernest Flammarion. Après sa retraite, son fils Charles continue de les tenir à jour selon les mêmes principes. Il n'abandonne cette tradition qu'au début des années 30.

L'inconvénient majeur du recours à un directeur de collection est de distendre les liens qui unissent les auteurs à leur éditeur. Or, les exemples sont nombreux, au XIXe siècle, d'éditeurs intimement liés à leurs auteurs. Ils vont parfois au devant d'eux. Ainsi, Michel Lévy alla chercher dans sa mansarde le jeune Ernest Renan en qui il pressentait un auteur d'avenir. Reconnaissant, l'auteur de la *Vie de Jésus* resta toute sa vie fidèle à son éditeur. On a vu aussi comment Charpentier eut l'idée de recruter Zola et lui dépêcha son associé Dreyfous. De là naquit une indéfectible amitié qui survécut à la débâcle financière de l'éditeur. L'intérêt n'est jamais absent de ces relations et l'on peut sourire de l'assiduité des éditeurs autour d'un auteur à succès comme Daudet. Son fils Lucien se souvient que Georges Charpentier venait dîner à Champrosay « craignant qu'un éditeur plus entreprenant ne retint d'avance le prochain roman, comme cela s'était produit pour *L'Évangéliste* [110] », tandis que son frère Léon garde le souvenir d'un voyage en Suisse où Alphonse Lemerre les accompagna « pour être sûr que *L'Immortel* en prévision ne lui échapperait pas [111] ».

L'éditeur a souvent un rôle de conseiller littéraire. On connaît l'influence de Pierre-Jules Hetzel sur Jules Verne ; Léon Daudet rapporte un autre exemple du même ordre : « J'ai connu un éditeur, mon cher Arthème Fayard, qui ne se fiait à personne pour le choix de ses romans et qui avait lu par exemple sans désemparer tous les manuscrits de la série Fantômas en prenant des notes et faisant à Pierre Souvestre ses observations [112] ».

Même lorsque les rapports sont orageux comme ceux de Flaubert ou Sand avec leur éditeur, c'est à l'éditeur lui-même que sont adressés les reproches et parfois même les invectives et les injures. C'est ce lien personnel, et quasi-passionnel pour certains, avec l'éditeur qui disparaît avec l'arrivée du directeur de collection. L'éditeur devient un personnage plus lointain qui perd le contrôle direct de ses auteurs.

Le directeur de collection qui existait déjà chez Hachette est apparu chez Flammarion avec Camille Flammarion et sa Bibliothèque Camille Flammarion, dès 1886. En échange d'une rémunération fixée à 5% du prix de vente [113], Camille s'est engagé à recruter des auteurs et surveiller leur production. Les deux frères sont si proches que la rémunération accordée semble naturelle et l'entrée dans la maison d'un collaborateur jouissant d'un tel statut passe presque inaperçue. Cependant, elle rend plus banale l'embauche, par la suite, de trois directeurs de collection venus de l'extérieur. En effet, Flammarion embauche Gustave Le Bon pour la Bibliothèque de philosophie scientifique en 1902 et les frères Fischer pour la Select-Collection en 1913. Les raisons qui ont présidé à l'embauche des uns et des autres sont assez différentes.

Ernest Flammarion ne se sentait pas personnellement capable de diriger une

110. Lucien Daudet, *Vie d'Alphonse Daudet.* Paris : Gallimard, 1914, p. 171.
111. Léon Daudet, *Quand vivait mon père.* Paris : Grasset, 1940, p. 75.
112. Ibid., p. 198.
113. Voir au chapitre « Les livres scientifiques ».

collection scientifique aux ambitions de la Bibliothèque de philosophie scientifique. C'est pourquoi il s'en remet à Gustave Le Bon. Le monde universitaire ne lui est pas assez familier, à lui qui n'a pas dépassé le niveau du certificat d'études. D'ailleurs, il n'entretiendra guère de rapports avec les universitaires ainsi recrutés, malgré les invites de Le Bon [114].

L'entrée de Gustave Le Bon chez Flammarion a certainement été facilitée par le fait qu'il prenait en quelque sorte la succession de Camille et de sa Bibliothèque. Le recrutement des frères Fischer est dicté par d'autres préoccupations.

Alex et Max Fischer sont connus pour la publication de nombreux ouvrages légers, écrits en collaboration. Depuis 1904, il sont édités par Flammarion. Ils remportent un succès sans éclat : leurs tirages varient de 2 à 5 000 exemplaires.

En 1913, Ernest Flammarion, poussé par son fils Albert, est décidé à déléguer ses fonctions pour créer des collections littéraires nouvelles, notamment une nouvelle collection populaire et une collection de luxe à 5 F. Pour trouver des idées et des auteurs, puis diriger les collections créées, Dupuy-Mazuel et Paul Reboux sont pressentis, mais l'éditeur est peu satisfait des propositions de ce dernier. Il confie sa déception à son fils :

« La collection Reboux, par contre, ne va pas. Il propose un Level (je lui ai écrit que nous en avions 3 par traité), un Cami. Je lui ai répondu que pour son volume avec Muller, nous étions prêts à le prendre ainsi que celui de Duvernois ; quant aux autres, nous en causerons quand il viendra rue Racine [115]. »

Dans le même temps, il a aussi engagé Alex et Max Fischer qui mettent sur pied la future Select-Collection. Dans ce travail comme dans la création littéraire, les deux frères travaillent en si étroite collaboration que les contrats ne distinguent pas les fonctions de chacun d'eux. En tout, cela fait donc quatre candidats et, après l'échec de Paul Reboux, Ernest trouve encore que, avec Dupuy-Mazuel, « il est impossible d'avoir autant de directeurs littéraires [116] ». Un arrangement est finalement trouvé :

« Dupuy-Mazuel est nommé rédacteur en chef du *Monde illustré* avec Frappa ; ainsi, il ne s'occupera plus que de la collection Prévost et touchera 500 F par volume qui paraîtra. Tout cela est convenu mais sans traité... Nous allons donc pouvoir entrer en pourparlers définitifs avec les Fischer mais eux veulent un traité, il faudra l'examiner avec soin. (...) Je suis persuadé que ce sera une très bonne combinaison. Ils sont très débrouillards et ont une valeur critique.

Ils vont nous avoir les Tharaud et peut-être Barrès (en tout cas à 5 F, sûrement). Naturellement, Papa trouve qu'ils vont trop vite, que nous allons être submergés. Je ne crois pas, et si tout répond aux espérances, l'année 1914 sera superbe [117] ».

---

114. « Vous avez vu qu'on se dispute un peu au banquet des XX mais qu'on y rencontre des gens intéressants. Si vous pouviez y revenir régulièrement... » écrit Gustave Le Bon à Ernest Flammarion. Lettre inédite, s.d., A.F.

115. Lettre d'Ernest Flammarion à son fils Albert, 14 octobre 1913. A.F.

116. Lettre inédite d'Ernest Flammarion à ses fils, 15 novembre 1913. A.F.

117. Lettre inédite d'Albert Flammarion à son frère Charles, 21 novembre 1913. A.F.

Albert emporte donc la décision et, le 27 décembre 1913, le premier contrat des Fischer est étendu à des fonctions de directeurs littéraires.

Par ce traité, ils « consentent à devenir directeurs littéraires de la maison d'édition connue sous le nom de Librairie Ernest Flammarion.

Ils seront en rapport avec les écrivains — au point de vue littéraire — et les recevront soit chez eux, soit à la Librairie. Ils apporteront à la maison d'édition le concours moral de leur importance littéraire et le concours effectif de leur sens critique.

Ils recevront une indemnité de 9 000 F par an qui leur sera payée par mensualités.

Indépendamment de l'indemnité annuelle fixée ci-contre, ils toucheront un pourcentage sur les ouvrages d'imagination (romans et contes publiés par leur soin dans le format in-18 à 3,50 F). Ce pourcentage sera de 0.05 F pour les deux premiers mille et 0,10 F pour les suivants, les passes de 10% exemptes de droits. Il est également entendu que sur les volumes de la Nouvelle Collection in-8° à 5 F, ils toucheront 0,10 F par exemplaire tiré [118] ». Le traité est signé pour une durée de 15 ans.

En fait, le titre outrepasse un peu leurs véritables fonctions dont le traité ne donne pas une définition très claire. L'essentiel de leur travail est d'amener chez Flammarion des auteurs connus en échange d'un pourcentage sur les livres ainsi publiés mais, rétrospectivement, les magistrats jugeront que leur rôle a été plus commercial que littéraire [119].

Ernest et ses fils se trouvent déchargés d'une partie de leur travail mais ils perdent un peu du contrôle de leur maison. C'est si vrai que Alex et Max Fischer refusent de quitter le bureau qu'ils occupent 34, rue Drouot depuis 1909. Désormais, certains auteurs édités par Flammarion ne passent plus par la rue Racine. Les Flammarion se repentiront amèrement, par la suite, de cet arrangement [120].

La juxtaposition des deux pouvoirs ne va pas, d'ailleurs, sans anicroche. Ainsi, le lancement de la Select-Collection donne bien des émotions à Ernest et l'oblige à quelques gestes spectaculaires :

« J'ai déchiré le traité Valdagne et Mme Mardrus. Les Fischer lui avaient promis quatre volumes à 50 centimes, à mille francs chaque. C'était fou, elle se vend à peine à 2 ou 3 mille ! Il va falloir aussi se défendre d'eux et je leur ai dit d'arrêter les frais. Nous voici embobinés avec tous ces paiements. (...) Bref, il va falloir s'arrêter ou chercher des commanditaires [121] ».

Il a toujours montré des réticences à engager les deux frères et il a finalement cédé devant l'insistance de son fils Albert qui, en l'absence de Charles, cherchait à

118. Clauses citées dans le contrat signé le 1er janvier 1917. A.F.

119. Attendus du jugement rendu le 7 octobre 1929, *Gazette du Palais*, 25 octobre 1929, p. 3.

120. Deux procès opposeront les Flammarion à Max et Alex Fischer en 1928, à Max Fischer seul en 1946. Ils manqueront y perdre leur maison.

121. Lettre inédite d'Ernest Flammarion à son fils Charles, 30 mai 1913. A.F.

se décharger du travail littéraire. Tandis qu'Albert répète : « Ils sont très débrouillards et je continue à croire qu'ils seront une bonne affaire pour nous [122] », Ernest ronchonne : « Il faudra tout de même se défendre de ces gars-là [123] ». Toutefois, il semble que l'arrangement conclu en 1913 ait globalement donné satisfaction à tous les intéressés puisque, en 1917, le contrat est révisé : sa durée est prorogée de 10 ans et la liste des ouvrages à la vente desquels les Fischer sont intéressés est considérablement étendue.

Qu'Ernest Flammarion ait ainsi accepté de se séparer d'une partie de ses attributions traditionnelles peut étonner. Il faut néanmoins noter qu'il ne s'y décide qu'au moment où il prépare sa retraite, alors que son fils Charles, qui aurait dû prendre en charge la maison d'édition comme son frère Albert s'occupe des librairies, est souvent en Suisse pour y soigner une santé et un moral fragiles. Sans doute pense-t-il aussi que cette répartition des tâches est inévitable et que la Librairie Flammarion, à l'exemple de Hachette, de Calmann-Lévy, d'Ollendorff, a atteint la taille des entreprises dans lesquelles la direction générale ne peut plus être confondue avec la direction littéraire. La première étant réservée à ses fils, la seconde doit être déléguée à des employés.

Ernest Flammarion est un éditeur honnête avec ses auteurs, parfaitement organisé et payant bien ; son professionnalisme fait qu'ils n'ont pas à se plaindre de ses services. Mais les intellectuels ne peuvent s'empêcher de lui reprocher d'être, avant tout, un commerçant, ce qui n'est pas faux. Il n'est pas Vallette mais il paie mieux que le Mercure de France. Même Jules Renard, qui ne lui consacre que deux mentions dans son *Journal* dont l'une est la description d'un dîner où les convives se distinguent par leur vulgarité, leur suffisance et leur médiocrité [124], est sensible à cet argument : il n'hésite pas à lui confier ses *Histoires naturelles* et *Poil de Carotte* car il sait que les éditions illustrées, lourdes financièrement, et de grande diffusion ne sont pas l'affaire d'un Vallette. De même qu'il faut des éditeurs attachés à découvrir et encourager les jeunes auteurs de qualité, il en faut de capables de fournir à la masse des lecteurs les livres qu'elle attend. Ce sont des fonctions complémentaires et Flammarion remplit bien la sienne. À la différence de ses prédécesseurs, comme Dentu, cantonnés dans un type de littérature, il attire des auteurs à succès pour amplifier leur réussite. C'est ainsi que Maupassant, Zola, Renard, Colette figurent à son catalogue.

La rançon de cette politique est que, éditeur de grands auteurs de la fin du XIXe siècle, Flammarion ne peut s'enorgueillir d'en avoir découvert aucun et l'arrivée de directeurs de collection l'éloigne encore un peu plus du contact avec la création littéraire.

---

122. Lettre inédite d'Albert à Charles Flammarion, 28 février 1914, A.F. Précédemment, à Charles qui s'offusquait des échos parus dans la presse à propos de l'entrée en fonction des Fischer, Albert écrivait : « J'ai *tout à fait* confiance en eux et je répète qu'ils rendront de grands services. » 10 janvier 1914. A.F.

123. Lettre inédite d'Ernest Flammarion à son fils Charles, 3 mars 1914. A.F.

124. Jules Renard, *Journal*, op. cit, pp. 100-101.

## LES ANNÉES DE GUERRE

L'acte d'association de 1909 prévoyait qu'Ernest pourrait se retirer au bout de cinq ans, ce qui lui semblait une limite raisonnable de sa carrière. La guerre dont on ne peut prévoir, en 1914, qu'elle sera si longue, lui fait reporter sa décision à plus tard.

Il va donc rester quatre années encore à la tête de ses sociétés et attendre la fin du conflit pour réduire son activité.

### *La pousuite des activités éditoriales*

La maison Flammarion, comme toutes les autres, voit partir une grande partie de son personnel, mobilisé. Certains ne reviendront pas, comme Grandjean, le gérant de la succursale de Lyon, comme Georges Vaillant, le fils aîné d'Auguste Vaillant et de Marie Flammarion, et bien d'autres. Toutefois, la maison d'édition continue de tourner.

Malgré la présence de Charles, réformé, les frères Fischer voient leur rôle grandir pendant cette période. Après un coup d'arrêt, la prospection d'auteurs nouveaux, qu'ils avaient entamée en 1913, commence à porter ses fruits. Ils inaugurent un nouveau type de rapports avec les auteurs, en leur signant des contrats pour un nombre déterminé de romans ou pour tous les romans écrits dans une période donnée. Henri Duvernois, Abel Hermant, Jean Richepin, Léon Daudet bénéficient de tels contrats. L'expérience prouvera que les liens ainsi noués sont moins étroits que prévu et plus contraignants, à tout prendre, pour l'éditeur que pour l'auteur. Toutefois, à cette époque, l'éditeur peut croire s'être attaché durablement des auteurs en renom.

En reconnaissance du travail accompli, le contrat des frères Fischer est révisé. Le 1er janvier 1917, le traité de 1913 qui leur donnait le statut de directeurs littéraires est prorogé de 10 ans, ce qui fait 25 ans depuis 1913. De plus, l'article leur accordant un pourcentage sur la vente de certains livres de fiction est étendu et son effet est rétroactif depuis 1913. Leur intéressement porte désormais sur l'exploitation, sous quelque forme qu'elle se produise, de tous les ouvrages d'imagination publiés par Flammarion. Ils toucheront 0,10 F pour la collection à 3,50 F [1] comme pour la collection à 5 F et 0,02 F pour la collection à 0,95 F. En outre, ils toucheront 1/4 des droits de traduction et 1/3 des cessions ou reproductions. La hausse des prix décidée six mois plus tard entraînera une revalorisation de ces rémunérations.

Les événements ont aussi des répercussions tant qualitatives que quantitatives sur la production.

La déclaration de guerre interrompt brutalement la publication de livres traditionnels à 3,50 F. Aucun titre nouveau ne paraît entre août 1914 et janvier 1915 : après *La Baronne de Portejoie*, de Pierre Wolff dont le contrat est signé en juin 1914, les livres de fabrication sont muets jusqu'à la signature du contrat de Paul d'Ivoi, au début de 1915, pour *Femmes et gosses héroïques.* Tous les projets qui agitaient Albert Flammarion et les frères Fischer, toutes les négociations avec Marcel Prévost, Henry Bordeaux et Pierre Loti sont en suspens. Puis, l'activité reprend durant l'été 1915 : les publications prévues avant la guerre sont reportées à des temps meilleurs et la littérature de guerre triomphe. Pas un livre publié en 1915 et 1916 qui n'ait trait aux circonstances ; qu'ils soient romans ou, plus rarement, essais : *Mariée en 14*, *Chacun son devoir*, *Les Contes de la guerre*, *Contre les Barbares*, *L'Immense Effort*, *Civilisés contre Allemands*, *À travers l'Europe sanglante*, *Un Grand Blessé*, *Perdus ?*... tous les titres renvoient à l'actualité. Richepin (*Propos de guerre*, 1915) et Margueritte (*Contre les Barbares*, 1915 ; *L'Embusqué*, *L'Immense effort*, 1916) ont été les plus prompts à se lancer dans la littérature de guerre. Puis, tous ont suivi leur exemple : Rosny aîné, Esparbès, Aicard, Loti, Lavedan, Prévost... Pourtant, à partir de 1917, une timide diversification s'amorce, qui se poursuit en 1918. Mademoiselle Rose a complété sa série des *Cent façons d'accommoder...*, et, dans un autre genre, quelques romans d'aventure ont fait la transition entre les récits de guerre et la littérature romanesque traditionnelle. Puis, Flammarion se hasarde à publier le *Théâtre* de Francis de Croisset, *Risquetout* de Lucien Guitry, les *Meilleures Histoires* des frères Fischer [2]... Quand paraît le *Tu enfanteras* de Raymonde Machard, c'est l'heure où les combattants rentrent chez eux.

1. Leur précédent contrat prévoyait que, sur les 2 000 premiers exemplaires, leurs droits n'étaient que de 0,05 F. Voir le chapitre « Flammarion et ses auteurs ».

2. Le contrat a été signé en 1916 mais il n'est utilisé que l'année suivante. Les contrats des deux autres livres datent de 1918. A.F.

Quantitativement, la guerre correspond d'abord à une diminution des titres publiés puis, à partir de 1916, la situation se redresse, comme en témoignent ces chiffres concernant les livres de littérature à 3,50 F :

| | Nombre de titres | Volume des nouveautés | Volume des réimpressions |
|---|---|---|---|
| 1914 | 29 | 95 000 | 12 000 |
| 1915 | 15 | 45 000 | 8 000 |
| 1916 | 27 | 108 000 | 48 000 |
| 1917 | 49 | 361 000 | 63 000 |
| 1918 | 44 | 199 000 | 152 000 |

Les répercussions de la guerre sur la production sont encore plus sensibles si on la mesure, comme le fait Ernest Flammarion, du 1er juillet d'une année au 30 juin de l'année suivante.

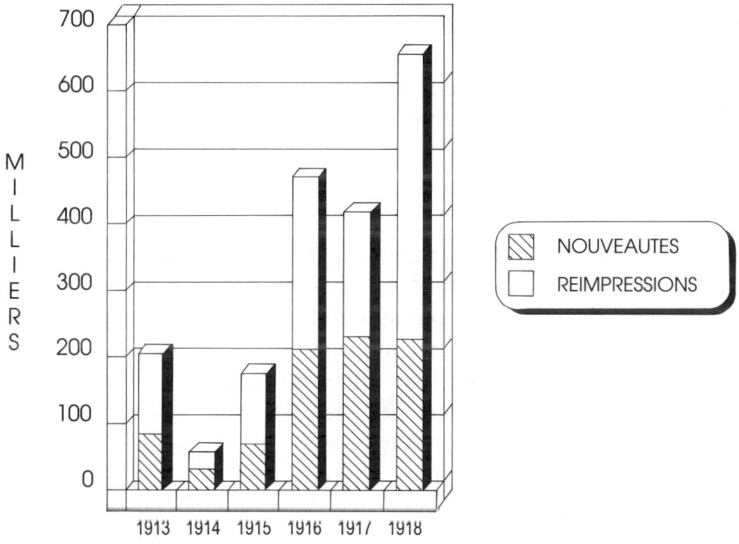


Comparés à ceux de 1913 (50 nouveautés représentant 135 000 volumes, plus 109 000 volumes réimprimés), ces chiffres montrent un effondrement de la production dans le second semestre de 1914 et en 1915, puis un redressement en 1916. Les deux dernières années de la guerre, la production dépasse le volume qu'elle avait atteint en 1913.

À volume de production égal, on constate une diminution du nombre de titres et une augmentation des tirages initiaux. Le mouvement, amorcé avant la guerre [3], s'amplifie brutalement. Les tirages inférieurs ou égaux à 2 000 exemplaires, qui concernaient en moyenne 35 % des titres depuis 1900, deviennent l'exception : leur part tombe à 2 % en 1918. Les tirages compris entre 2 000 et 10 000 exemplaires, qui n'avaient jamais représenté plus de 50 % jusqu'ici, forment l'essentiel de la production (plus de 80 %, entre 1915 et 1918) et, à l'intérieur de cette catégorie, les tirages supérieurs ou égaux à 5 000 exemplaires ne sont pas exceptionnels (23 % en 1916, 25 % en 1918). Il y a donc une nette élévation du tirage moyen.

L'année 1917 connaît des résultats exceptionnels à cause de la publication du *Feu* d'Henri Barbusse. Tiré à 20 000 exemplaires en décembre 1916, il nécessite 14 retirages dans l'année 1917 et atteint alors son 171ᵉ mille. En 1918, il faut encore en tirer 45 000 exemplaires et, à la fin de 1919, le livre arrive à son 300 000ᵉ exemplaire. Le prix Goncourt qui lui est attribué en décembre 1917 consacre un succès mais ne le suscite pas.

Si Barbusse connaît un triomphe avec ces « carnets d'un bataillon », plusieurs auteurs remportent aussi de beaux succès [4] :

| | | | |
|---|---|---|---|
| Margueritte | *L'Embusqué* | 40 000 | 1916 |
| Margueritte | *Jouir* | 40 000 | 1917 |
| Daudet | *Le Cœur et l'absence* | 25 000 | 1917 |
| Loti | *Quelques aspects du vertige mondial* | 17 000 | 1916 |

Parmi les forts tirages, il faut encore citer l'*Almanach* de Mme de Thèbes régulièrement tiré à 40 000 exemplaires pendant les années de guerre, malgré quelques difficultés d'approvisionnement en papier.

Enfin, deux publications retiennent l'attention. L'une, *Nuits de guerre* (1917), marque l'entrée chez Flammarion d'un auteur d'avenir, Maurice Genevoix. L'autre marque le retour d'un auteur ancien, Eugène Sue. Pour distraire le soldat dans la tranchée ou la femme esseulée, Flammarion parie encore sur la littérature populaire en rééditant les œuvres d'Eugène Sue les plus célèbres : *Les Mystères de Paris* et *Le Juif errant.* Pour cela, les clichés, cédés en 1905 à Albin Michel, lui sont empruntés et un tirage à 1 000 exemplaires des 4 volumes du premier et à 500 exemplaires des deux volumes du second est effectué. Ces tirages, échelonnés sur les quatre années de guerre sont venus compléter ce qui restait en stock et l'ensemble s'est sans doute bien vendu puisque, après la guerre, Flammarion fera une nouvelle édition tirée, cette fois, à 20 000 exemplaires. Eugène Sue fait encore recette.

Dans les collections, l'évolution n'est guère différente.

3. Voir au chapitre « Vingt millions de livres ».
4. Chiffres atteints en 1918.

Gustave Le Bon, nous l'avons vu, avait compris le premier la nécessité de publier des ouvrages en rapport avec les événements : livres d'histoire militaire (*Les Grandes Batailles de l'Histoire, de l'Antiquité à nos jours*), d'histoire politique (*L'Allemagne pendant la guerre*), de psycho-sociologie (*Les Enseignements psychologiques de la guerre européenne*), etc.

Ainsi, la Bibliothèque de philosophie scientifique, en s'accrochant à l'actualité, s'accroît d'un titre dans le second trimestre de 1914 et de deux en 1915 ; puis, elle reprend dès 1916 un rythme normal de publication : six titres, puis onze en 1917 et six en 1918. Il faut alors remarquer que si le dernier titre de l'année 1914 et ceux de 1915 sont en relation avec la guerre, par la suite, les livres traitant de ce sujet ne représentent plus que la moitié de la production. Les autres traitent de biologie, géologie, mécanique... La Bibliothèque de philosophie scientifique retrouve donc vite ses spécialités.

Parallèlement, les rééditions, après avoir marqué une pause en 1915 (trois seulement !), reprennent à un rythme soutenu : 16 en 1916, 18 en 1917, 23 en 1918 (ce qui est anticiper un peu sur la paix).

Dans les collections populaires, la collection des Auteurs Célèbres s'étiole lentement ; le mouvement était amorcé depuis longtemps et la guerre ne fait que précipiter le mouvement de fonte des clichés, en 1916, pour les titres les moins demandés.

Quant aux autres collections, le rythme des publications est certes marqué par la déclaration de guerre, mais l'évolution du nombre des nouveautés varie en fonction des caractéristiques propres de la collection [5] :

| | 1914 | 1915 | 1916 | 1917 | 1918 |
|---|---|---|---|---|---|
| Coll. illustrée | 4 | 1 | 1 | 1 | 0 |
| Select-Collection | 6 | 21 | 17 | 10 | 20 |
| Meilleurs auteurs | 3 | 0 | 0 | 0 | 0 |

La Collection des Meilleurs Auteurs classiques date de 1905 ; elle est donc constituée et ne s'enrichit plus que lentement. Quant à la Collection illustrée qui n'a pas remporté le succès escompté, elle est déjà dans un demi-sommeil au moment où la guerre éclate. En revanche, la Select continue à progresser à un rythme que la guerre n'a véritablement réduit qu'en 1914. Pendant les premiers mois de son existence, la collection s'accroissait au rythme de deux titres par mois. À partir d'août 14, les contrats signés sont mis en réserve, les lancements arrêtés. En janvier 15, les publications reprennent prudemment (4 titres durant le premier semestre) puis à un rythme normal. S'il n'atteint pas les 24 titres par an comme l'auraient souhaité les directeurs de la collection, c'est surtout que les Flammarion

5. Le dénombrement est fait entre le 1er juillet et le 30 juin de l'année suivante.

freinent leurs initiatives : Ernest a toujours craint, on l'a vu, leur témérité financière.

Ainsi à Fernand Vandérem qui se plaint que, en dépit d'un traité passé, aucune de ses œuvres ne paraisse dans la Select-Collection, Max Fischer répond :

« Vraiment nous ne sommes en rien responsables — oh non ! — si Select qui devait être bi-mensuel n'a paru depuis trois ans qu'à raison de huit ou dix numéros par an [6] ».

La guerre peut expliquer la situation mais elle n'en est sans doute pas la seule cause. De plus, Max Fischer noircit à dessein la situation pour répondre à un auteur mécontent ; en effet, si, pour deux des trois collections, les titres nouveaux ont été peu nombreux, les réimpressions ont été importantes, même pour la Collection illustrée. Quant à la Select-Collection qui est pourtant très récente, son succès est tel que les réimpressions vont déjà bon train en 1915 et qu'elle dépasse le chiffre de 2 millions de volumes cette année-là [7].

La production globale des quatre années de guerre, estimée au 1er juillet de chaque année au 30 juin de l'année suivante, a donc connu les variations suivantes :

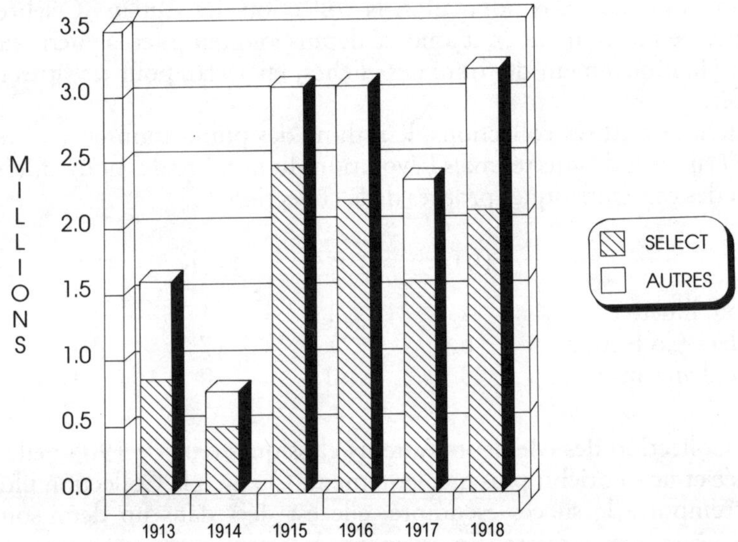


La Select-Collection pèse d'un poids considérable dans cette production et explique les records atteints par les années 1915 et 1916 : 3 013 075 et 3 087 815 livres imprimés. Cela prouve la réussite de la collection et la demande qui existe en France, dans ces années-là, de lectures peu chères (50 centimes), aux sujets éloignés du contexte historique. En effet, comme les œuvres qui entrent dans les collections populaires sont, en général, des œuvres déjà publiées antérieurement

6. Lettre de Max Fischer à Fernand Vandérem, 11 septembre 1918, B.N., n.a.f. 16880 f°. 31.

7. Pour le détail des tirages de chacune de ces collections, voir Élisabeth Parinet, *La Librairie Flammarion, 1875-1914*. Thèse pour le doctorat de l'Institut d'Études Politiques de Paris, 1989, pp. 530-531.

ailleurs, elles ne ressortissent pas à la littérature de guerre. Colette, Theuriet, Alphonse Daudet dans la première, Courteline, les Fischer, Conan Doyle dans la seconde aident à oublier l'horreur de la guerre. Du coup, le succès de la littérature de guerre se trouve relativisé.

Toutefois, cette réussite spectaculaire de la Select-Collection ne doit pas cacher que, pour tout l'ensemble de la production, Flammarion obtient des résultats satisfaisants. La guerre est une période de forte production pour un éditeur comme Flammarion.

*Les résultats de la librairie*

Les prix marqués abandonnent leur ancienne stabilité et la tendance à la baisse qui s'était développée, en pratique, à la fin du siècle, s'inverse rapidement. Le 15 juin 1917, les prix augmentent « provisoirement » ; Flammarion révise successivement tous ses prix. Les Auteurs célèbres coûtent désormais 75 centimes au lieu de 60, la Select-Collection 1,20 F au lieu de 50 centimes, les Meilleurs classiques français et étrangers 1,95 F. La Collection à 95 centimes passe à 1,15 F et, de façon générale, les livres à 3,50 F sont payés dorénavant 4,75 F.

On voit que la hausse appliquée est loin d'être uniforme : la Select-Collection, la collection populaire à succès, subit une hausse très importante de 140 % [8] tandis que des collections vieillies, comme les Auteurs célèbres ou l'ex-Collection à 95 centimes, se contentent d'un réajustement de 20 % environ. Ces disparités sont le fruit d'une politique délibérée. En effet, l'examen des comptes de fabrication pour la Select-Collection montre que le coût brut moyen d'un volume est passé de 21 centimes en 1914 à 27 centimes en 1917. L'essentiel de la hausse de ce prix de revient est dû à la hausse du prix du papier. Même si l'on tient compte d'une hausse vraisemblable des frais généraux (à commencer par la rémunération des frères Fischer), il est évident que le prix de revient net d'un volume de la Select-Collection n'atteint pas les 140 % de hausse décidés pour le prix de vente. Flammarion a choisi d'augmenter notablement sa marge sur une collection qui se vendait bien. Pour les autres livres, les comparaisons sont moins faciles, faute de documents détaillés. Toutefois, il faut remarquer que l'augmentation des droits d'auteur sur les livres à 3,50 F n'est pas proportionnelle à celle du prix de vente : elle est de 10 centimes pour Gyp, de 15 pour Claude Farrère... Ainsi, l'éditeur profite du réajustement des rémunérations pour opérer un reclassement des auteurs.

8. Cette hausse assez importante a donné matière à discussion. Albert Flammarion écrit à ce sujet à son frère Charles : « J'ai vu Papa et je lui ai fait part de notre conversation. Il est d'avis de mettre les Select à 1,20 F avec 6 centimes pour les auteurs, 4 centimes pour les Fischer et 5 pour la publicité des nouveautés. Je crois qu'il faudra s'en tenir là et ce sera une assez bonne affaire. Il n'y a pas de raison pour mettre à 1,15 F plutôt qu'à 1,20 F, au contraire on pourrait mettre 1,25 qui représente quelque chose. » 7 décembre 1917. A.F.

Ces divers éléments autorisent à conclure que Flammarion s'est contenté de répercuter la hausse de ses frais sur les collections essoufflées, mais, à la faveur de la hausse générale des prix, il a augmenté sa marge sur les livres de bonne vente.

Cette décision n'était pas sans risque. Les ventes n'allaient-elles pas s'effondrer ? Ernest est conscient de ce danger et veille. Avec six mois de recul, son fils le rassure :

« Pas de changement dans la vente du 3,50 F depuis son augmentation ; le courrier est toujours bon. (...) Il faut compter en février 189 000 de plus qu'en 17[9]. »

Cette lettre optimiste donnerait à penser que les affaires de la librairie ont été assez florissantes, du moins à la fin de la guerre. Traquant en 1920 les bénéfices exceptionnels réalisés pendant la guerre[10], l'Administration des impôts a tenté de déterminer si la période de la guerre avait été une période d'enrichissement pour la société Flammarion, Vaillant et Cie.

Ces données se présentent ainsi :

| Période | Chiffre d'affaires | Bénéfices |
|---|---|---|
| juil. 13 - juin 14 | 3 624 513 F | 302 042 F |
| juillet 14 | 221 049 F | 21 552 F |
| août 14-déc. 15 | 1 921 836 F | 212 125 F |
| janv. - déc. 16 | 1 956 360 F | 215 936 F |
| janv. - déc. 17 | 2 375 073 F | 262 152 F |
| janv. - juin 18 | 1 221 165 F | 134 654 F |
| juil. 18 - juin 19 | 3 416 292 F | 502 604 F |
| janv. - déc. 19 | 4 660 819 F | 822 712 F |
| août 14 - juin 18 | 7 474 434 F | 1 130 002 F |

Les chiffres qui remplissent ce tableau n'ont pas tous la même origine ; certains sont fournis par l'Administration, les autres par Ernest Flammarion. Cela explique l'hétérogénéité des périodes de référence. Comme ils ne sont contestés par aucune des deux parties, il est possible, en les rapportant à une moyenne mensuelle, de suivre l'évolution des finances de la société.

9. Lettre inédite de Charles Flammarion à son père, 12 mars 1918. A.F.

10. Rapport de la commission chargée de la contribution extraordinaire sur les bénéfices exceptionnels réalisés pendant la guerre. A.F.11. Pour raisonner en francs constants à partir de 1914, il faut multiplier les chiffres présentés par un coefficient allant de 0,88 en 1915 à 0,39 en 1919. (Table établie par l'INSEE.)

| Période | Chiffre d'affaires mensuel | Bénéfices mensuels |
|---|---|---|
| juil. 13 - juin 14 | 302 042 F | 30 590 F |
| juillet 14 | 221 049 F | 21 552 F |
| août 14 - déc. 15 | 113 050 F | 12 477 F |
| janv. - déc. 16 | 163 030 F | 17 994 F |
| janv. - déc. 17 | 197 922 F | 21 846 F |
| janv. - juin 18 | 203 527 F | 22 442 F |
| juil. 18 - juin 19 | 284 691 F | 41 883 F |
| janv. 19 - déc. 19 | 388 401 F | 68 559 F |
| août 14 - juin 18 | 159 030 F | 24 042 F |

Le chiffre de juillet 1914 n'est guère représentatif, ainsi isolé, car juillet pour la librairie est traditionnellement un mois très creux. C'est donc avec raison que Flammarion proteste quand l'Administration, pour calculer son bénéfice mensuel moyen avant la guerre, fait le calcul sur treize mois, du début de juillet 1913 à la fin de juillet 1914 ; elle estime alors ce bénéfice « normal » mensuel, après divers réajustements, à 30 285 F, quand Flammarion le chiffre à 29 958 F.

Quoi qu'il en soit, les conclusions à tirer ne s'en trouvent pas différentes. Si l'on tient compte de l'inflation [11], il est clair que la période de guerre correspond à une diminution importante des chiffres d'affaires et des bénéfices. Le début de la guerre a été la période la plus difficile, avec une baisse brutale de 60 % des bénéfices. Ensuite, les résultats continuent de baisser régulièrement en francs constants. Malgré la hausse du prix des livres en juin 1917, la tendance ne s'inverse pas : le chiffre d'affaires mensuel, cette année-là, ne représente que 30 % de celui observé en 1913. Avec la paix, les affaires reprennent mais les résultats restent inférieurs en 1919 à ce qu'ils étaient en 1914 ; la seule consolation de Flammarion est de voir sa marge augmenter : elle passe de 11 % en moyenne pendant — et juste avant — la guerre à 17 % en 1919. L'Administration doit reconnaître que le fonds de librairie évalué à 1 065 000 F en 1914 n'a pas augmenté de valeur ; au contraire, sa valeur est ramenée à 1 000 000 F et Flammarion échappera finalement à l'impôt dont il était menacé.

Pour Flammarion, la période de guerre a suscité deux mouvements contraires : la librairie connaît un repli brutal ; l'édition, en revanche, retrouve, en un an, un rythme de production rapide et dépasse ses résultats de 1913. Flammarion a-t-il accru sa part du marché de l'édition pendant la guerre ou bien cette prospérité est-elle un phénomène général dans l'édition ? Faute d'autres études, il est difficile de trancher. Ce qui est certain, c'est que, l'édition compensant la librairie, Ernest n'a pas eu trop à souffrir de la situation historique.

11. Pour raisonner en francs constants à partir de 1914, il faut multiplier les chiffres présentés par un coefficient allant de 0,88 en 1915 à 0,39 en 1919. (Table établie par l'INSEE.)

*Les dernières années*

Le 2 janvier 1919, Ernest prend officiellement sa retraite d'éditeur puisqu'il abandonne la société d'édition « E. Flammarion et Fils » à Albert et Charles.

« Aux termes de l'article 10 de l'acte constitutif de la société, Monsieur Flammarion père s'est réservé la possibilité de se retirer de la société quand bon lui semblerait, à partir de la cinquième année de la société (...). Monsieur Flammarion père a décidé de faire application de cette clause de l'acte de société et, en conséquence, de se retirer de la société et de laisser la part qu'il possède dans ladite société à ses deux fils, entre lesquels la société continuera de subsister et de fonctionner [12]. »

Aux termes de cet acte, Albert et Charles deviennent seuls propriétaires de la société appelée maintenant « Librairie Ernest Flammarion ». La part d'Ernest dans l'ancienne société est estimée à 1 469 199 F, qui lui seront payés par versements trimestriels de 20 000 F, la somme totale portant intérêt au taux de 3 %.

Il fait de même pour la société de librairie. Il cède ses parts à ses fils. Ensuite, après quelques contestations, ceux-ci rachètent aux héritiers d'Auguste Vaillant leurs parts dans la société de librairie, à raison de 262 000 F chacune, augmentée d'une prime de 1 million pour les directeurs, c'est-à-dire Jean Vaillant et Paul Delloue. Ainsi, la maison d'édition et celle de librairie sont de nouveau réunies entre les mêmes mains. Albert et Charles sont maîtres de leur entreprise.

L'esprit tranquille, Ernest Flammarion peut prendre sa retraite sur la Riviera, à Monte Carlo. Son éloignement ne l'empêche pas de continuer à s'intéresser à la marche de la Librairie. Il suit l'évolution du chiffre et se fait envoyer les résultats annuels « pour son petit carnet [13] ». Il flâne dans toutes les librairies de la Côte et ne manque pas de signaler les défauts d'approvisionnement des librairies qu'il peut constater lors de ses excursions. Il continue aussi de lire beaucoup et fait part de ses jugements et de ses idées à ses fils. Il est notamment très attentif aux débouchés que peut offrir le cinéma, suggérant de profiter d'une adaptation cinématographique pour faire des retirages du livre qui a inspiré le scénariste, ou proposant des idées d'adaptation. Enfin, de temps à autre, il signe une chronique de souvenirs dans une revue locale, *Rives d'azur*.

Vieillir, ce n'est pas seulement couler des jours tranquilles sur la Riviera ; c'est aussi voir disparaître ceux qui vous ont aidé, encouragé, accompagné dans vos entreprises. Le 24 juin 1921, Auguste Vaillant, le fidèle associé, meurt des suites d'une opération puis, le 3 juin 1925, disparaît Camille pour qui Ernest avait toujours nourri une admiration que sa propre réussite n'avait pas entamée. En 1928, c'est au tour d'Eugénie Flammarion de mourir, à Monte Carlo. Depuis quelques années, elle déclinait et entravait un peu le dynamisme d'Ernest. Cependant, le choc est rude : ils étaient mariés depuis 55 ans.

12. Acte modificatif de la société constituée le 2 juillet 1909, signé le 2 janvier 1919. A.F.
13. Lettre inédite d'Ernest Flammarion à ses fils, 5 août 1926. A.F.

Si les deuils attristent les dernières années d'Ernest Flammarion, il a néanmoins la satisfaction de voir qu'à Paris ses fils restent fidèles aux orientations qu'il avait prises. Ils poursuivent leur politique d'expansion du réseau de librairies, tant à Paris qu'en province. En effet, ils ouvrent une succursale à Bordeaux en 1924 et, en 1925, deux succursales parisiennes viennent compléter l'ensemble, l'une au 140, rue du faubourg Saint-Honoré et l'autre, 59, avenue Victor Hugo. D'autre part, la maison Flammarion continue de s'étendre autour de l'Odéon, puisque, au 7 rue Corneille, s'installe un magasin de manutention générale.

Ernest Flammarion meurt le 21 janvier 1936, alors que son petit-fils Henri, après un doctorat en droit et un stage chez Engel, travaille depuis quatre ans déjà avec son père. La relève est assurée pour plusieurs décennies.

# CONCLUSION

Cherchant à résumer d'un mot son jugement sur Ernest Flammarion, Octave Uzanne le traite de « Boucicaut du livre », ce qui, dans sa bouche, n'a pas valeur de compliment. En bibliophile amoureux de la tradition, il méprise l'éditeur d'éditions populaires, le soldeur de livres à bon marché. Encore n'a-t-il pas tout le recul nécessaire pour juger de la justesse de sa métaphore. En effet, entre Aristide Boucicaut et Ernest Flammarion, les points communs sont nombreux car tous deux sont des incarnations de l'esprit d'entreprise à la fin du XIX$^{e}$ siècle.

N'était son éclatante réussite professionnelle, Ernest Flammarion n'attirerait pas l'attention car il est un bourgeois fin de siècle très banal, conformiste dans son mode de vie comme dans ses goûts. Il mène une vie paisible, familiale. Il n'est pas l'homme des dépenses ostentatoires à moins qu'elles n'aient une valeur symbolique et pratique à la fois, comme l'immeuble de la rue Racine. Il a le goût de l'ordre, de l'économie, du travail et de la famille. Politiquement, il est de sensibilité radicale ; ses opinions servent ses affaires mais il n'a pas eu à se renier : elles sont dans le droit fil de ses idées de jeunesse. Il ne tient d'ailleurs pas à afficher ses convictions ; ses fonctions d'édile municipal sont la seule concession à sa règle de neutralité.

Ce qui le distingue néanmoins de beaucoup d'autres, c'est son ascension sociale : il n'est pas l'héritier d'une dynastie bourgeoise, il en est le fondateur. Il est l'exemple même de l'homme qui s'est fait tout seul : entré dans les affaires, en 1875, avec 2 000 F d'économies personnelles, il possède, vingt ans plus tard, un capital de plus de 3 millions de francs ; et, quand il se retire, en 1914, son capital personnel n'a guère varié mais il a « établi » ses fils, en leur donnant une part du capital de ses sociétés. La réussite d'Ernest Flammarion est donc spectaculaire et conforme à ce rêve de promotion sociale qu'il nourrissait dans sa jeunesse. Exceptionnelle ? Sans doute pas, puisque il faut remarquer que le commerce, à cette époque, semble offrir, plus que d'autres secteurs de l'économie, ces chances de promotion et d'enrichissement rapide. Comme Ernest Flammarion, les fondateurs de grands magasins ont commencé leur carrière comme vendeurs, puis se sont mis à leur compte et, par agrandissements successifs de leur magasin, ont bâti une vaste entreprise. La Librairie Marpon et Flammarion offre l'exemple d'une chaîne de propriétaires successifs, qui transmet le capital de Louis Taride à Auguste Vaillant, en passant par Lucien Marpon, Charles Marpon et Ernest Flammarion. Quand chacun estime pouvoir se retirer, il associe son premier vendeur à l'affaire ; celui-ci, à son tour, développe l'affaire jusqu'au moment où, lui aussi, la cède à son associé. Ce système permet à quatre employés, au départ, sans fortune, de devenir propriétaires d'un capital appréciable, en une vingtaine d'années. Cependant, Flammarion est le seul qui ne se retire pas dès qu'il a fortune faite. Au contraire, il met à profit son association avec Vaillant qui le décharge d'une partie de ses responsabilités, pour prendre de nouvelles initiatives comme la conquête des bibliothèques de gare. Il ne rêve pas de se constituer une rente mais cherche toujours un nouvel emploi à ses capitaux dans la fabrication ou le commerce du livre. Il a une ambition que n'avaient pas ses prédécesseurs.

Son ascension rapide n'a pas transformé la personnalité de Flammarion ; il reste fidèle à son milieu, à ses amis, à sa morale. Travailleur et économe, il continue à remplir lui-même ses registres de fabrication et ses livres de compte, à surveiller la marche de ses affaires. Il ne recherche pas la célébrité, laissant à son frère les mondanités et le soin d'attirer la gloire sur le nom de Flammarion.

Son expérience personnelle explique sa vision des rapports sociaux. Son ascension confirme la justesse des idées défendues au temps de la Société de secours mutuel des employés en librairie. Patrons et employés doivent former un groupe solidaire et comment ne le feraient-ils pas, quand chaque employé a l'espoir de devenir patron ? Le patron jouit sans arrière-pensée des privilèges de sa situation car il l'a acquise par son travail et son mérite, mais il a aussi des devoirs, et, parmi ceux-ci, le respect de l'honneur commercial. C'est au nom de cet honneur que Flammarion hypothèque une partie de ses biens pour aider le relieur Engel ; il ne sera pas dit qu'un allié de la famille Flammarion a fait faillite.

Ses origines, sa carrière, sa personnalité font donc d'Ernest Flammarion un personnage proche de cet autre entrepreneur que fut Aristide Boucicaut. Cependant, les ressemblances sont encore plus frappantes si l'on considère les méthodes qui leur ont permis de construire leur fortune. L'un et l'autre ont participé à la mutation du commerce au XIX<sup>e</sup> siècle et ils lui doivent leur succès.

Le grand magasin attire sa clientèle bourgeoise et petite-bourgeoise par les prix et le choix offerts. C'est une révolution dans les techniques de vente que Zola a résumée dans l'opposition entre le « Vieil Elbeuf » et le « Bonheur des Dames ». Chez le vieux Baudu, on entre par habitude, on explique ses desiderata au vendeur qui présente ce qui y correspond le mieux, puis on paie le prix demandé, jamais affiché. Au « Bonheur des Dames », on flâne dans les rayons, on examine, on compare et, les jours de réclame, on se bouscule, on fouille, on s'arrache parfois la bonne affaire. Le commerce du livre subit la même évolution. Flammarion n'a pas inventé les étalages, pas plus que Boucicaut, d'ailleurs, n'a inventé le grand magasin. Faute de place, les librairies des arcades de l'Odéon, du Palais-Royal et de certains passages et galeries ont exposé leurs livres sur des tables, à la disposition du public. Quelques grandes librairies, comme la Librairie nouvelle du boulevard des Italiens, sont même suffisamment vastes pour accueillir les clients qui veulent passer en revue les nouveautés et discuter avec les vendeurs ; chez Calmann-Lévy, la boutique a quelque chose d'un salon littéraire. Flammarion poursuit la tradition de libre consultation des livres instaurée par les Marpon. Dans toutes les succursales Flammarion, les ouvrages sont à la libre disposition de la clientèle. Quand la boutique est trop exiguë pour que la marchandise y soit présentée, comme c'est le cas rue Auber, des étalages extérieurs compensent ce défaut. Flammarion veut faire de ses librairies des grands magasins consacrés au livre. Cependant, l'organisation matérielle n'est qu'un aspect de la nouveauté de ces grandes surfaces de vente. Il faut aussi offrir un grand choix et des prix bas. Pour le choix, Flammarion cherche toujours à augmenter ses stocks, tout en veillant à leur rotation rapide car il ne faut pas tomber dans l'excès d'une immobilisation importante de capitaux comme celle qui fut fatale à Jouaust. Ces précautions prises, son stock connaît une progression constante. Quant aux prix, ils constituent son cheval de bataille durant une quinzaine d'années. En tant que libraire, il réduit sa marge pour offrir les livres à des prix inférieurs de 15 à 20% aux prix couramment pratiqués. En tant qu'éditeur, il cherche à répondre à la demande spécifique d'une clientèle plutôt petite-bourgeoise, à qui il reste encore un peu de temps et d'argent pour un livre après la lecture du journal. Formes, auteurs, sujets, prix sont dictés par les goûts et les moyens de ce public, d'où la naissance de collections illustrées à bon marché et de collections populaires qui préfigurent le livre de poche.

Toutes ces ressemblances entre Ernest Flammarion et les pionniers du grand commerce de détail ne doivent pas faire oublier la spécificité du domaine choisi, la librairie. S'il ne s'était pas orienté vers la production et le commerce du livre, Flammarion aurait certainement réussi dans la vente d'autres produits car il avait des qualités évidentes pour le commerce, mais il n'est pas certain qu'il aurait vendu tout autre produit avec le même talent.

Certes, il n'est pas un littéraire, venu à l'édition pour défendre les auteurs qu'il aime et prêt à perdre de l'argent pour eux ; d'ailleurs, existe-t-il beaucoup d'éditeurs de cette sorte ? Le peu que l'on sache de ses goûts dessine le portrait d'un bourgeois très conformiste, attaché à une certaine gaieté « bien française », qui aime certainement Daudet, et, peut-être, Zola et Maupassant. Encore ne voit-on pas clairement si le choix de ces auteurs, qu'il n'a pas eu le privilège de découvrir, est lié à son goût personnel ou à son intérêt d'éditeur.

Cependant, le goût des livres a toujours été en lui, acquis vraisemblablement aux côtés de Camille. Sans croire tout à fait à la légende attendrissante que propose Carjat d'une vocation née dès l'enfance

« Où, blond gamin, heureux de vivre
Apprenant par cœur chaque auteur
Ernest, ayant l'amour du livre,
Rêvait déjà d'être éditeur [1]. »

on peut le créditer d'un sincère respect pour le livre, qui va avec son désir d'instruction. Il a cru aux vertus d'une vulgarisation de qualité bien avant d'en être l'éditeur. Par la suite, il comprend l'intérêt commercial d'un tel marché et, avec un mélange d'opportunisme et de sincérité, il jette les bases de sa fortune, en exploitant ce filon. Cet état d'esprit initial avait été celui de Pierre Larousse : son *Dictionnaire du XIXe* siècle se voulait une œuvre de vulgarisation et de progrès et, pour cet homme qui, avant d'être instituteur, avait été autodidacte, propager le savoir était un devoir. L'entreprise fut un succès. Ernest Flammarion, lui, était moins engagé politiquement mais, en publiant l'*Astronomie populaire*, il avait certainement conscience de se mettre au service de l'œuvre de son frère, de faire un joli parti éditorial, mais aussi de faire œuvre de vulgarisateur. Comme Larousse, il fut sans doute d'autant plus sensible à la demande de livres de vulgarisation que lui-même avait fréquenté les cours du soir de l'éducation populaire.

Par là, on touche à l'explication de la réussite de Flammarion. En effet, la fin du XIXe siècle est marquée par une crise économique ; il semble qu'elle se situe aux alentours de 1882. Puis viennent des années de stagnation qui ne se terminent qu'après le tournant du siècle. Alors que les études concernant les matières premières de l'industrie lourde ont précisé l'ampleur de cette crise, pour les produits manufacturés, on possède peut de renseignements. L'édition a-t-elle échappé à cette crise ? La progression du nombre de titres publiés et le résultat de quelques sondages effectués dans les registres du Dépôt légal pour évaluer la moyenne des tirages, ont donné à penser que l'élévation du niveau scolaire de la population et celle de son niveau de vie avaient permis à l'édition d'éviter d'être touchée par la récession. Les plaintes des professionnels que l'on enregistre à cette époque, refléteraient une crise de la librairie, liée à des questions de structure de la profession, et non une crise de l'édition. Toutefois, en période de marasme économique, il serait étonnant que la consommation culturelle y échappât, alors qu'elle subit la concurrence de la presse auprès du public populaire, c'est-à-dire le public nouvellement conquis par la lecture. Les éditeurs eux-mêmes reconnaissent leurs difficultés. L'enquête de Paul Gsell [2] enregistre des plaintes unanimes, même si chacun se défend d'être lui-même en mauvaise posture. Attitude de principe ? Reprise du lieu commun de la mort imminente du livre, toujours annoncée, toujours reportée ? Trop d'accusations et de constatations, dans cette enquête, s'avèrent fondées pour que l'idée de crise, soutenue par d'autres professionnels [3], soit balayée aussi facilement. Peut-être faut-il distinguer les domaines touchés,

1. Étienne Carjat, *À Papa Flammarion*. En souvenir de la crémaillère pendue dans la maison d'Ernest Flammarion à Saint-Mandé, le 14 août 1887. A.F.

2. Paul Gsell, « La Crise du livre en France », *La Revue des revues*, 15 octobre-1er novembre 1903, pp. 145-166 et 341-355.

3. Voir le livre d'Henri Baillière, La Crise du livre. Paris : J.-B. Baillière et fils, 1904, 104 p.

comme y invitent certains des éditeurs interrogés. Le livre scolaire, le livre technique se portent bien. Bien que les effets de l'équipement des écoles primaires s'estompent et que les commandes officielles diminuent, l'enseignement secondaire et technique continue de progresser, entretenant ainsi un fonds de commandes. Le nombre des éditeurs scolaires se stabilise et celui des éditeurs scientifiques et techniques continue d'augmenter lentement. Le secteur qui semble touché par la crise, en revanche, est celui des éditeurs littéraires, les plus connus du grand public, ceux dont les déboires frappent le plus.

Il n'est que d'écouter les auteurs. Pour l'un [4], « Havard ne vaut plus rien » et « Charpentier vend mal les auteurs de second plan » ; pour l'autre, « Calmann-Lévy est poussif, Ollendorff est timide, Kistemaeckers est trop loin », et de conclure : « Il y a une place à prendre [5]. » Aigreur d'auteurs ? Non, constatation d'un malaise chez les éditeurs littéraires que confirme l'examen de la situation des plus importants. Entre 1880 et 1900, il n'apparaît pas de grand éditeur, à l'exception de Flammarion et Ollendorff. Celui-ci, développant l'affaire fondée par son père, prend un départ fulgurant en acceptant le *Serge Panine* de Georges Ohnet que Paul Lévy a refusé au vu de sa première ligne : « Pour se consoler, il partit à Rome. » Moins puriste, Paul Ollendorff saisit la chance de vendre un roman qui fait jeu égal avec *L'Assommoir* en 1878 et atteindra rapidement les 300 000 exemplaires. Par la suite, ses choix sont moins heureux et malgré la venue de Maupassant, l'entreprise végète ; Paul Ollendorff doit céder une part de son capital et se console en prenant la direction du *Gil Blas*. Beaucoup d'éditeurs plus anciens connaissent un sort semblable ou pire. On a vu comment Charpentier est passé sous le contrôle financier de Marpon et Flammarion. Victor Havard, puis son fils Gustave vont de déboires en déboires. Quantin, Jouaust, Savine, Dreyfous et d'autres encore renoncent. La maison Dentu, dont le fondateur est mort en 1884, décline lentement. Calmann-Lévy a vécu sa période de gloire ; il garde la réputation d'être l'éditeur des gens du monde et des académiciens, mais il est en train de laisser passer le marché de la lecture populaire. Le Mercure de France prend lentement son essor ainsi que Fayard, dans un genre tout différent, mais leur développement s'affirme après 1900, quand la crise semble conjurée et que de nouveaux éditeurs naissent comme Lafitte, Quillet, Albin Michel, Grasset, etc. Flammarion lui-même doit faire face, dans les années 1890, à une crise de surproduction qui entraîne d'abord une réduction de la production, puis la définition d'une politique plus prudente.

Toutefois, ce contexte ne l'a pas empêché de réussir. Dans le domaine de la librairie, l'explication tient sans doute au fait qu'il a opté pour la forme la plus moderne du commerce et, à l'exemple des grands magasins, il n'a pas connu la crise qui a frappé le commerce traditionnel. Une politique dynamique d'implantation de succursales, des méthodes de vente en accord avec le désir de la plus grande masse des acheteurs, une gestion rigoureuse des stocks et le principe de

4. C'est l'avis de Maupassant. Voir au chapitre « Flammarion et ses auteurs », note 71.
5. Lettre de Desprez citée par Stock, in *Memorandum d'un éditeur*, op. cit., p. 214.

réinvestir tous les bénéfices dans l'entreprise lui ont permis de passer à travers la crise.

Pour l'édition, l'explication de sa réussite est plus complexe. D'une part, Flammarion a appliqué consciemment ou non, les recettes qui ont fait la fortune de ses librairies. Il a travaillé pour une clientèle petite-bourgeoise en expansion. De plus, il a eu la prudence de diversifier sa production. Le domaine romanesque est, certes, dominant en nombre de titres publiés mais il est équilibré par une masse de livres pratiques, historiques, classiques, enfantins, etc., qui constitue un fonds stable. Là encore, ce fonds s'adresse à un public petit-bourgeois. D'autre part, Flammarion a vu comme ses confrères le danger que représentait la presse ; toutefois, au contraire de beaucoup, il a opté pour une collaboration plutôt que pour un affrontement : il s'est inspiré très directement des recettes de journaux populaires comme le *Petit Journal* pour choisir ses auteurs, ses sujets. Cette collaboration lui a apporté d'indéniables succès ; elle lui a permis aussi d'en voir les limites car le journal a un domaine propre sur lequel le livre ne peut mordre. Du moins, en a-t-il gardé l'habitude d'être à l'affût de l'actualité et des modes en matières d'édition. Enfin, il a largement utilisé la publicité que pouvaient lui offrir les journaux et n'a pas hésité à investir dans la publicité les gains qu'il pouvait faire sur les matières premières. Son succès, on le voit, dépend plus de méthodes commerciales que d'intuitions littéraires.

Le développement quasi-concomitant des sociétés de librairie et d'édition a certainement joué un effet bénéfique. Les résultats des ventes en librairie ont sans doute guidé les décisions d'édition et, dans les périodes difficiles, édition et librairie ont pu s'épauler financièrement. La confusion des deux comptabilités jusqu'en 1895, puis l'imprécision des affectations du compte personnel d'Ernest Flammarion ne permettent pas de suivre ces mouvements de capitaux. En revanche, il est clair que, pour l'édition comme pour la librairie, Flammarion eut une politique d'investissement assez ambitieuse puisque il réinvestit régulièrement dans son entreprise et ne s'autorisa qu'un placement immobilier qui ne fût pas entièrement voué à sa société, l'immeuble de la rue Racine. De plus, il fit appel largement au crédit. À l'inverse de ses confrères, il eut toujours une politique dynamique, voire agressive. Cela explique qu'il se soit lancé dans l'aventure des bibliothèques de gare. Son échec dans cette affaire tient au fait qu'il avait mal évalué les forces en présence. Outre les appuis au sein des compagnies, dus sans doute à des liens financiers, Hachette disposait de ressources qui lui permettaient de faire longtemps de la surenchère et de dégoûter tout candidat à l'adjudication. Cette erreur d'évaluation a eu la conséquence malheureuse à terme, pour Flammarion, de précipiter la création des messageries Hachette. À partir de ce moment, Hachette devenait un concurrent irrattrapable.

L'affaire des bibliothèques de gare a aussi dévoilé tout un jeu de luttes d'influence qui sort des règles honnêtes de la concurrence. De même, autour d'Ernest Flammarion, on voit s'agiter un monde d'auteurs, de feuilletonistes, de journalistes dont les manœuvres manquent d'élégance et l'œuvre de sincérité. Flammarion n'a pas innové dans ce domaine, mais il a joué le jeu sans états d'âme apparents.

À l'origine de ces pratiques, il y a l'augmentation du nombre des lecteurs, surtout issus des classes populaires, et le développement formidable de la presse. D'énormes sommes d'argent sont désormais en jeu. Libraires, éditeurs, auteurs, patrons de journaux y sont intéressés et composent un monde sans scrupules, aux appétits aiguisés par la taille des enjeux. Parmi toutes les pratiques malhonnêtes que l'on dénonce périodiquement aujourd'hui, il y en a peu qui n'aient déjà été expérimentées, sur une moindre échelle, dès la fin du XIXe siècle. Elles sont l'inévitable rançon du développement du marché et de l'évolution de la situation des auteurs.

L'augmentation du nombre des lecteurs fait que certains auteurs vont gagner des sommes considérables. La réussite de Daudet, Zola, Malot, Ohnet, etc., fait croire qu'il est facile de faire fortune grâce à la littérature et l'on oublie que la majorité des auteurs est besogneuse et doit placer feuilleton sur feuilleton pour vivre de sa plume. Certains y perdent le sens de la morale... Plus que jamais encore, la loi de l'offre et de la demande régit les rapports entre auteurs et éditeurs et le livre devient un produit dont tous essaient de tirer le plus grand profit. Les auteurs tâchent de rentabiliser au mieux leur travail ; pour cela, ils traitent avec les éditeurs les plus généreux ou les plus efficaces et multiplient, quand le succès le permet, les reproductions. Ainsi, Zola et Maupassant évaluent bien leur valeur marchande et gèrent leur œuvre au mieux de leurs intérêts. Cet affairisme leur a été parfois reproché alors qu'ils n'ont fait qu'appliquer les lois du marché ; ils n'ont pas, pour autant, renoncé toujours à leurs principes et Zola, par exemple, accepte de perdre un contrat avantageux plutôt que de changer un mot à son texte. Fallait-il donc qu'ils fussent aussi philanthropes ?

Les écrivains adoptent rapidement les nouvelles lois du commerce ; ils comprennent vite, par exemple, l'intérêt d'une réduction relative des rémunérations pour vendre plus et partagent avec leurs éditeurs leur foi en une publicité bien orchestrée. Or, il n'y a pas de tremplin plus efficace que la presse pour réussir un lancement et les collusions de la presse et de l'édition se multiplient. Ces mœurs choquent encore quelques débutants comme Maupassant qui, écœuré, s'indigne auprès de Flaubert de voir la publicité s'emparer des œuvres littéraires :

« On voit sur les boulevards et dans les rues des files d'hommes en blouse portant des bannières sur lesquelles on lit : « *Nana* par Émile Zola dans le *Voltaire* » ! Quelqu'un me demanderait si je suis homme de lettres, je répondrais : « Non, Monsieur, je vends des cannes à pêche, tant je trouve cette folle réclame humiliante pour tous [6]. »

Mais il comprend vite que la publicité est entrée dans les mœurs et décide de s'en accommoder ; cela ne l'empêche pas de se conduire avec élégance avec les éditeurs qu'il juge sérieux. Ernest Flammarion a un comportement similaire. Éditeur parfaitement honnête avec ses auteurs, commerçant attaché à son honneur, il s'accommode, lui aussi, des nouvelles mœurs de la presse et de l'édition.

---

6. Lettre de Guy de Maupassant à Gustave Flaubert, in *Correspondance*, op. cit., t. I, p. 240 (17 octobre 1879).

Flammarion ne fut pas un grand éditeur dans la mesure où son nom ne reste pas attaché à la découverte d'un auteur jugé aujourd'hui majeur dans la littérature française. En revanche, sa production nous restitue fidèlement les goûts dominants de son époque, ses enthousiasmes, ses querelles, ses interrogations. Le personnage lui-même est si conforme au modèle de l'entrepreneur commercial de la fin du siècle qu'il en devient remarquable. Il a vécu les grandes mutations de la librairie et de l'édition dues au changement d'échelle des ventes, et mis à profit toutes les innovations de la presse. C'est l'explication de son incontestable réussite, malgré le dédain dans lequel il a été tenu par certains intellectuels de son temps, et de l'intérêt que peuvent lui porter aujourd'hui les historiens.

# BIBLIOGRAPHIE

## *Archives publiques et privées*

Archives nationales
- série F 18, Direction générale de l'imprimerie et de la librairie : dossiers des libraires ; dossiers des demandes d'autorisation des journaux.
- série F 18* IX, Dépôt légal.
- série LH, dossiers personnels pour l'attribution des décorations de la Légion d'honneur.
- séries 77-78 AQ, Compagnies de chemin de fer.

Archives de la Préfecture de police :
- série Ba, dossiers du contrôle général.

Archives de la Seine :
- série D32 $U^3$, fonds des actes des sociétés (1800-1881).

Archives de l'Enregistrement :
- Sommier foncier.

Bibliothèque nationale :
- département des Manuscrits, fonds Zola.
- département des Imprimés :
  collections du *Bon Journal* (Fol. $Y^2$ 82, puis 4° $Y^2$ 5996) et du *Polichinelle* (Fol. Z 736).
  fonds Q 10, dossier Flammarion : nombreux catalogues antérieurs à 1914, pour les librairies principalement.

Archives Camille Flammarion, conservées à l'observatoire de Juvisy :
- lettres, œuvres originales et documents divers.

Archives de l'Institut Mémoires de l'édition contemporaine, fonds Flammarion :

— Souvenirs familiaux : documents d'état-civil ; menus, invitations, etc. ; notes d'Ernest Flammarion prises en vue d'un récit autobiographique ; règlements de succession de la famille Conty ; diverses pièces du conflit entre Sylvie Monprofit-Flammarion et son père.
— correspondance : quelques lettres privées ou commerciales formant un ensemble discontinu et peu important.
— dossiers de fabrication, recensant l'ensemble des livres édités depuis 1883 ; ils récapitulent toutes les dépenses formant le coût direct de chaque livre, les tirages, les réimpressions, la passe, les droits annexes et le détail des conditions faites à l'auteur.
— pièces administratives et comptables : principaux actes constitutifs, baux et rachats de fonds ; divers registres et cahiers esquissant, de façon peu homogène, une comptabilité de l'entreprise.

Archives privées de la famille Flammarion :

— correspondance privée d'Ernest Flammarion avec sa famille et ses auteurs ; divers souvenirs.

*Ouvrages généraux*

ALBERT (Pierre). - *Histoire de la presse politique nationale au début de la III^e^ République.* - Paris : Champion, 1980. - 1599 p.

BARRAL (Pierre), BOUVIER (Jean), CARON (François) et alii. - *Histoire économique et sociale de la France.* - Paris : P.U.F., 1979. - T. IV, 584 p. - Bibliogr.

BELLANGER (Claude), GODECHOT (Jacques), GUIRAL (Pierre), TERRAU (Fernand). - *Histoire générale de la presse française.* - Paris : P.U.F., 1972. - T. III, 688 p. - Bibliogr.

CARON (François). - *La France des patriotes.* - Paris : Fayard, 1985. - 665 p.

CHARLE (Christophe). - *Les Élites de la République,* 1880-1900. - Paris : Fayard, 1987.-556 p.

DAUMART (Adeline). - *Les Bourgeois et la bourgeoisie en France, au XIX^e^ siècle.* - Paris : Aubier, 1987. - 430 p.

DUMONT (Patrick). - *La Petite Bourgeoisie vue à travers les contes quotidiens du Journal.* - Paris : Minard, 1973. - 155 p.

FARAUT (F.). - *Histoire de la Belle Jardinière.* - Paris : Belin, 1987. - 185 p.

FEBVRE (Lucien), MARTIN (Henri-Jean). - *L'Apparition du livre.* - Paris : Albin Michel, 1958. - 538 p.

GAUDART DE SOULAGES (Michel) et LAMANT (Hubert). - *Dictionnaire des francs-maçons français.* - Paris : Éditions Albatros, 1980. - 589 p.

GIRARDET (Raoul). - *Le Nationalisme français, 1871-1914.* - Paris : Seuil, 1983. - 275 p.

HILAIRET (Jacques). - *Dictionnaire historique des rues de Paris.* - Éditions de Minuit, 1963. - 3 vol.

*Histoire littéraire de la France*, sous la direction de Pierre Abraham et Roland Desné. - Paris : Éditions sociales, 1977. T. IX, 501 p. - Bibliogr. Index.
JEANNENEY (Jean-Noël). - « La nationalisation des Chemins de fer de l'Ouest », *Le Monde*, 19 août 1987, p. 2.
LEBLOIS (Louis). - *L'affaire Dreyfus*. - Paris : Quillet, 1929. 1086 p. - Bibliogr.
LEMAITRE (Henri). - *Du romantisme au symbolisme*. - Paris : Bordas, 1982. - 720 p. - Bibliogr. Index.
LEVY-LEBOYER (Maurice), BOURGUIGNON (Frédéric). - *L'Économie française au XIX*e *siècle*. - Paris : Economica, 1985. - 357 p.
*Les Lieux de mémoire*, sous la direction de Pierre NORA. - Paris : Gallimard, 1984 →3 vol.
LIGOU (Daniel). - *Dictionnaire universel de la franc-maçonnerie*. - Paris : Éditions de Navarre, 1974. - 1397 p.
LIPSCHUTZ (Léon). - *Une bibliothèque dreyfusienne. Bibliographie thématique et analytique de l'affaire Dreyfus*. - Paris : Fasquelle, 1970. - 103 p.
MARTIN (Henri-Jean). - *Le Livre et la civilisation écrite*. - Paris : E.N.S.B., 1970. - 205 p.
MARTIN-FUGIER (Anne). - *La Bourgeoise*. - Paris : Grasset, 1983. - 316 p.
MELLOR (Alec). - *Dictionnaire de la franc-maçonnerie et des francs-maçons*. - Paris : Belfond, 1979. - 319 p.
MILHAUD (Edgard). - *Le Rachat des chemins de fer*. - Paris : Cornély, 1904. - 317 p.
MILLER (Michael B.). - *Au Bon Marché. Le consommateur apprivoisé*. - Paris : Armand Colin, 1987. - 238 p.
PERROT (Michelle), CORBIN (Alain), MARTIN-FUGIER (Anne) et alii. - *Histoire de la vie privée. De la Révolution à la Grande Guerre*. - Paris : Seuil, 1987.-636 p. - Bibliogr. Index.
PICARD (Alfred). - *Exposition universelle internationale de 1889 à Paris. Rapport général*. - Paris : Imprimerie nationale, 1891. 10 vol.
PREVOST (M.), ROMAN D'AMAT (J.), LIMOUZIN (M.), LAMOTHE (R.). - *Dictionnaire de biographie française*. - Paris : Letouzay et Ané, 1933 →.
PROST (Antoine). - *L'Enseignement en France (1800-1967)*. - Paris : Armand Colin, 1968. - 524 p.
*Qui êtes-vous ? Annuaire des contemporains*. - Paris : Delagrave, 1909.
*Répertoire maçonnique*. - Paris : Bureaux de l'association anti-maçonnique de France, 1905. - 760 p.
ROWLEY (Anthony). - *Évolution économique de la France du milieu du XIX*e *siècle à 1914*. - Paris : SEDES, 1982. - 433 p.
*Tout-Paris : annuaire de la société parisienne*. - Paris : La Fare, 1885-1939.
*Le Tout-Paris maçonnique*. - s. 1., 1896.
VESSILLIER-RESSI (Michèle). - *Le métier d'auteur*. - Paris : Dunod, 1982. - 400 p.
WINOCK (Michel). - *La Fièvre hexagonale*. - Paris : Calmann-Lévy, 1986. - 428 p. - Bibliogr.
ZELDIN (Theodore). - *Histoire des passions françaises*. - Paris : Éditions Recherches, 1978. - 5 vol.

*Les éditeurs français à la fin du XIX^e siècle*


ALBALAT (Antoine). - *Souvenirs de la vie littéraire* . - Paris : Fayard, 1920. - 318 p.
ALEXIS (Paul). - *Émile Zola. Notes d'un ami.* - Paris : Charpentier, 1882. - 338 p.
BAILLIÈRE (Henri). - *La Crise du livre.* - Paris : Baillière, 1904. - 104 p.
BARGIEL (Réjane), LE MEN (Ségolène). - *L'Affiche de librairie au XIX^e siècle.* - Paris : Éditions de la Réunion des musées nationaux, 1987. - 55 p.
BARTILLAT (Christian de), GOURCUFF (Alain de), PRIGENT (Michel). - *Stock (1708-1981).* - Paris : Ch. de Bartillat, 1981. - 137 p.
BAUDET (Colette). - *Grandeur et misères d'un éditeur belge : Henry Kistemaeckers.* - Bruxelles : Labor, 1986. - 277 p. - Bibliogr. Index.
BECKER (Colette). - *Trente années d'amitié. Lettres de l'éditeur Georges Charpentier à Émile Zola.* - Paris : Presses universitaires de France, 1980. - 147 p.
BOILLAT (Gabriel). - *La Librairie Bernard Grasset et les lettres françaises.* - Paris : Champion, 1974. - 312 p. - Bibliogr. Index.
BOREL DU BEZ (Lucien). - *Albert Savine.* - Gap : Louis Jean, 1928. - 7 p.
BURNAND (Robert). - *Paris 1900.* - Paris : Hachette, 1951. - 251 p.
CHARLE (Christophe). - *La Crise littéraire à l'époque du naturalisme.* - Paris : Presses de l'École normale supérieure, 1979. - 204 p.
DESCAVES (Pierre). - *Mémoires de ma mémoire.* - Paris : Wesmaël Chevallier, 1960. - 149 p.
GHEUSI (Pierre-Barthélémy). - *Cinquante ans de Paris. Mémoires d'un témoin.* - Paris : Plon, 1939. - 427 p.
GONCOURT (Edmond). - *Journal.* - Paris : Flammarion, 1956. - 4 vol.
GUITARD-AUVISTE (Ginette). - *Chardonne.* - Paris : Orban, 1984. - 426 p.
« Hetzel ». - *Europe,* novembre-décembre 1980, pp. 13-187.
*Histoire de l'édition française,* sous la direction d'Henri-Jean MARTIN et Roger CHARTIER. - Paris : Promodis, 1982. - 4 vol.
HURET (Jules). - *Enquête sur l'évolution littéraire.* - Paris : Charpentier, 1891. - 455 p.
JACKSON (A.B.). - *La Revue blanche. Origine, influence, bibliographie.* - Paris : Minard, 1960. - 327 p.
JANZE (baron de). - *Le Monopole Hachette.* - Paris : Weil, 1887. - 30 p.
KOSKO (Maria). - *Un best-seller 1900 : Quo vadis ?.* - Paris : Corti, 1960. - 189 p.
LE CARDONNEL (Georges), VELLAY (Charles). - *La Littérature contemporaine.* - Paris : Mercure de France, 1905. - 327 p.
LE SOUDIER (Henri). - *Bibliographie française.* - Paris : H. Le Soudier, 1896. 6 vol.
*La Librairie Masson et Cie.* - Paris : Masson, 1954. - 54 p.
LOUGH (John). - *L'Écrivain et son public.* - Paris : Le Chemin vert, 1987. - 385 p.
LYONS (Martyn). - *Le Triomphe du livre.* - Paris : Promodis, 1987. - 302 p.
MARCHANDIAU (Jean-Noël). - *L'Illustration. Vie et mort d'un journal.* - Toulouse : Bibliothèque historique Privat, 1987. - 344 p.
MISTLER (Jean). - *La Librairie Hachette, de 1826 à nos jours.* - Paris : Hachette, 1964. - 408 p.

MOLLIER (Jean-Yves). - *Michel et Calmann Lévy ou la naissance de l'édition moderne.* - Paris : Calmann-Lévy, 1984. - 550 p.

MOLLIER (Jean-Yves). - *L'Argent et les lettres. Histoire du capitalisme d'édition, 1880-1920.* - Paris : Fayard, 1988. - 534 p.

MONNET (Pierre). - *Monographie de l'édition française.* - Paris : Cercle de la librairie, 1956. - 79 p.

MUHLFELD (Lucien). - *Le Monde où l'on imprime.* - Paris : Perrin, 1897. - 308 p.

*Les Mystères du rez-de-chaussée.* - Paris : Bibliothèque nationale, 1987. - 8 p.

NATHAN (Michel). - *Anthologie du roman populaire. 1836-1918.* - Paris : Union générale d'éditions, 1985. - 374 p.

NERET (Jean-Alexis). - *Histoire illustrée de la librairie et du livre français, des origines à nos jours.* - Paris : Lamarre, 1953. - 396 p.

PARENT-LARDEUR (Françoise). - *Les Cabinets de lecture.* - Paris : Payot, 1982. - 201 p.

PARMENIE (A.), BONNIER DE LA CHAPELLE (C.). - *Histoire d'un éditeur : Hetzel.* - Paris : Albin Michel, 1953. - 671 p. - Index. Bibliogr.

PETIT (Nicolas). - *Un éditeur au XIX^e siècle : Pierre-Jules Hetzel.* - Paris : thèse de l'École des Chartes, 1980.

RACHILDE. - *Portraits d'hommes.* - Paris : Mercure de France, 1930. - 224 p.

RENARD (Jules). - *Journal. 1887-1910.* - Paris : Gallimard, 1965. - 1426 p. Index.

RETIF (André). - *Pierre Larousse et son œuvre.* - Paris : Larousse, 1975. - 335 p.

ROBIDA (Michel). - *Le Salon Charpentier et les impressionnistes.* - Lausanne : Bibliothèque des arts, 1958. - 167 p.

ROSNY (J.-H.). - *Mémoires de la vie littéraire. L'académie Goncourt. Les salons. Quelques éditeurs.* - Paris : Crès, 1927. - 239 p.

SAVART (Claude). - « La liberté de la librairie et l'évolution du réseau des libraires ». - *Revue française d'histoire du livre,* n° 22, 1979, pp. 91-121.

SAVINE (Albert). - *Mes procès.* - Paris : Nouvelle Librairie Parisienne, 1890. - 578 p.

Société des commis-libraires français. - *Discours prononcé par le président dans la première réunion.* - Fontenay-le-Comte : P. Robuchon, 1868. - 16 p.

STOCK (Pierre-Victor). - *Memorandum d'un éditeur.* - Paris : Delamain et Boutelleau, 1935-1938. - 3 vol.

TESNIÈRE (Valérie). - « L'Histoire aux éditions Alcan ». - *Vingtième siècle,* oct-déc. 1990, pp. 15-28.

THIESSE (Anne-Marie). - *Le Roman du quotidien.* - Paris : Le Chemin vert, 1984. - 272 p.

*Une dynastie d'imprimeurs et d'éditeurs, la librairie Plon.* - Paris : Plon et Nourrit, 1927. - 32 p.

WERDET (Edmond). - *De la librairie française. Son passé. Son présent. Son avenir.* - Paris : Dentu, 1860. - 394 p.

WITKOWSKI (Claude). - *Monographie des éditions populaires.* - Paris : Pauvert, 1981. - 248 p.

ZOLA (Émile). - *Correspondance.* - Montréal : CNRS et Presses de l'Université de Montréal, 1978 →.

*Périodiques professionnels dépouillés*

*Bibliographie de la France.*
*Catalogue général de la librairie française,* établi par Otto Lorenz.
*Mémorial de la librairie,* édité par Henri Le Soudier, 1896-1909.
*Moniteur de la librairie.* - janvier 1880-janvier1885.
*Le Livre moderne, revue du monde littéraire et des bibliophiles contemporains,* publiée par Octave Uzanne. - 1890-1891.

*Les Flammarion*

BELLOT (Étienne). - « L'éditeur Flammarion ». - *Le Voltaire,* 14 mai 1903, p. 1.
CAZENEUVE (Jean de). - *Les Hommes célèbres caractérisés par leurs noms.* - Paris : A. Ghio, 1881. - 345 p.
CUNY (Hilaire). - *Camille Flammarion et l'astronomie populaire.* - Paris : Seghers, 1964. - 191 p.
DONOS (Charles). - « Ernest Flammarion ». - *Les Hommes d'aujourd'hui,* n° 454.
FLAMARION (Docteur). - *Notice biographique sur Camille Flammarion.* - Chaumont : imp. Cavaniol, 1891. - 19 p.
FLAMMARION (Camille). - *Discours prononcé sur la tombe de Charles Marpon.* - Paris : Flammarion, 1890. - 4 p.
FLAMMARION (Ernest). - « Les galeries de l'Odéon ». - *Rives d'azur,* n° 185, 15 mars 1924, pp. 821-823.
FLAMMARION (Ernest). - « Quelques auteurs célèbres ». - *Rives d'azur,* n° 202, 31 janvier 1925, pp. 267-268.
FLAMMARION (Ernest). - « Camille Flammarion à 14 ans ». - *Rives d'azur,* n° 220, 31 décembre 1925, pp. 885-887.
GIROU DE BUZAREINGUES (Cl.). - « Un centenaire : Flammarion, 1875-1975 ». - *Bibliographie de la France,* Chronique, 24 septembre 1975, pp. 1273-1293.
HUGO (Sylvio). - *Camille Flammarion. Sa vie, son œuvre.* - Paris : Marpon et Flammarion, 1891. - 86 p.
« Les grandes maisons françaises d'édition. Ernest Flammarion ». - *Tous les livres,* mars 1929, pp. 444-451.
« Petites notes sur les maisons d'édition : Ernest Flammarion ». - *Le Bulletin de la presse,* 2 décembre 1897, pp. 451-454.
VINCENT (Jacques). - *Un salon parisien d'avant-guerre.* - Paris : Tallandier, 1929. - 301 p.

*Leurs auteurs*

CLÉBERT (Jean-Paul). - *Une famille bien française : les Daudet.* - Paris : Presses de la Renaissance, 1988. - 439 p.

DAUDET (Léon). - *Quand vivait mon père.* - Paris : Grasset, 1940. - 301 p.
DAUDET (Lucien). - *Vie d'Alphonse Daudet.* - Paris : Gallimard, 1914. - 335 p.
*Les déjeuners hebdomadaires de Gustave Le Bon.* - Paris : Flammarion, 1928. - 9 p.
GILSOUL (Michel). - « Hector Malot. De l'aventure à l'intégration sociale », pp. 118-149 in *Romanciers populaires du XIX<sup>e</sup> siècle.* - Liège : Association des Romanistes de l'Université de Liège, 1979. 152 p.
*Hector Malot. Catalogue de l'exposition.* - Rouen : Bibliothèque municipale, 1980. 53 p.
HUYSMANS (Joris-Karl). - *Lettres inédites à Émile Zola.* - Genève : Droz, 1953. - 157 p.
LANOUX (Armand). - *Maupassant, le Bel-ami.* - Paris : Fayard, 1967. - 461 p.
LEVALLOIS (Jules). - *Critique militante.* - Paris : Didier, 1863. - 458 p.
LEVALLOIS (Jules). - *Milieu de siècle. Mémoires d'un critique.* - Paris : Librairie illustrée, 1895. - 314 p.
MALOT (Hector). - *Le Roman de mes romans.* - Paris : Flammarion, 1896. - 315 p.
MAUPASSANT (Guy de). - *Chroniques, études, correspondance,* préfacées et annotées par René Dumesnil. - Paris : Gründ, 1938. - 526 p.
MAUPASSANT (Guy de). - *Correspondance,* établie par Jacques Suffel. - Genève : Edito-Service, 1973. - 3 vol.
MISSOFFE (Michel). - *Gyp et ses amis.* - Paris : Flammarion, 1932. - 262 p.
PICARD (Edmond). - *Gustave Le Bon et son œuvre.* - Paris : Mercure de France, 1909. - 80 p.
ROUVIER (Martine). - *Les Idées politiques de Gustave Le Bon.* - Paris : Presses universitaires de France, 1986.-280 p.
THIEC (Yvon J.). - « Gustave Le Bon, prophète de l'irrationalisme de masse ». - *Revue française de sociologie,* XXII, 1981, pp. 409-428.
WINOCK (Michel). - *Édouard Drumont et Cie. Antisémitisme et fascisme en France.* - Paris : Le Seuil, 1982. - 218 p.

# ANNEXE I

# TIRAGES DES OUVRAGES DE CAMILLE FLAMMARION

## AVANT 1914

| | | |
|---|---|---|
| Annuaire astronomique | 1894 | 5 000 |
| Astronomie des dames | 1904 | 5 000 |
| Astronomie des dames | 1914 | 2 000 |
| Astronomie populaire (livr.) | 1879 | 27 000 |
| Astronomie populaire | 1880 | 5 000 |
| Astronomie populaire | 11-80 | 5 000 |
| Astronomie populaire | 04-82 | 5 000 |
| Astronomie populaire | 04-83 | 5 000 |
| Astronomie populaire (livr.) | 1884 | 2 000 |
| Astronomie populaire | 1888 | 15 000 |
| Astronomie populaire | 01-90 | 20 000 |
| Astronomie populaire | 1904 | 20 000? |
| Astronomie, éd. Levasseur | 1880 | 3 000 |
| Astronomie, éd. Levasseur | 1884 | 3 000 |
| Les Contemplations scientifiques | 1908 | 5 000 |
| Les Étoiles du ciel | 10-80 | 20 000 |
| Les Étoiles du ciel | 04-83 | 5 000 |
| Les derniers jours | 09-82 | 2 000 |
| Les derniers jours | 12-94 | 1 000 |
| Dans le Ciel et sur la Terre | 1885 | 3 000 |
| Dans le Ciel et sur la Terre | 1887 | 2 000 |
| Dans le Ciel et sur la Terre | 1905 | 1 000 |
| Dieu dans la nature | 03-83 | 2 000 |
| Dieu dans la nature | 05-86 | 2 000 |
| Dieu dans la nature | 1891 | 1 500 |
| Dieu dans la nature | 1892 | 1 500 |
| Dieu dans la nature | 1903 | 1 500 |
| Dieu dans la nature | 1907 | 1 500 |
| Dieu dans la nature | 1912 | 3 000 |
| Dieu dans la nature | 1913 | 1 500 |
| Éruptions volcaniques | 1902 | 4 000 |
| Éruptions volcaniques | 1913 | 3 000 |
| La Fin du monde, in-8° | 1893 | 4 000 |
| La Fin du monde, in-18 | 1894 | 11 000 |
| Les Forces naturelles inconnues | 1907 | 6 000 |
| Les Forces naturelles inconnues | 1908 | 3 000 |
| Les Forces naturelles inconnues | 1909 | 2 000 |
| L'Inconnu | 1900 | 5 000 |

| | | |
|---|---|---|
| L'Inconnu, in-18 | 1900 | 8 000 |
| L'Inconnu | 1903 | 2 000 |
| L'Inconnu | 1907 | 2 000 |
| L'Inconnu | 1911 | 2 000 |
| Lumen, ill. | 1898 | 2 000 |
| Mémoires d'un astronome | 1911 | 6 000 |
| Les Mondes imaginaires | 1884 | 2 000 |
| Les Mondes imaginaires | 1891 | 1 500 |
| Les Mondes imaginaires | 1905 | 1 000 |
| Les Mondes imaginaires | 1910 | 1 000 |
| Petit atlas astronomique | 1892 | 1 500 |
| Petit atlas astronomique | 1896 | 1 500 |
| Les Phénomènes de la foudre | 1905 | 3 000 |
| La Pluralité des mondes | 1884 | 3 000 |
| La Pluralité des mondes | 04-90 | 2 000 |
| La Pluralité des mondes | 08-95 | 2 000 |
| La Pluralité des mondes | 1903 | 2 000 |
| La Pluralité des mondes | 1909 | 2 000 |
| Récits de l'infini | 10-84 | 2 000 |
| Récits de l'infini | 1891 | 1 500 |
| Récits de l'infini | 1900 | 1 500 |
| Récits de l'infini | 1909 | 1 500 |
| Rêves étoilés | 1914 | 3 000 |
| Stella | 1897 | 8 000 |
| Stella | 1908 | 1 500 |
| Les Terres du ciel | 07-83 | 25 000 |
| Uranie | 1892 | 5 000 |
| Uranie | 1902 | 3 000 |
| Uranie | 1912 | 2 000 |
| Voyages aériens | 12-80 | 2 000 |
| Voyages aériens | 12-82 | 1 500 |
| Voyages aériens | 1883 | 1 500 |
| Voyages aériens | 1894 | 500 |
| Voyages aériens | 1902 | 500 |
| Voyages aériens | 1905 | 500 |
| Voyages aériens | 1911 | 500 |

À ces tirages il faut ajouter ceux des titres publiés dans la collection des Auteurs Célèbres :

| | | |
|---|---|---|
| Lumen | 04-87 | 10 000 |
| Lumen | 05-87 | 3 000 |
| Lumen | 07-87 | 3 000 |
| Lumen | 10-87 | 3 000 |
| Lumen | 08-88 | 3 000 |
| Rêves étoilés | 03-88 | 15 000 |
| Rêves étoilés | 12-89 | 3 000 |
| Rêves étoilés | 04-94 | 3 000 |
| Rêves étoilés | 05-95 | 3 000 |
| Rêves étoilés | 01-01 | 3 000 |
| Rêves étoilés | 08-08 | 6 000 |
| Voyages en ballon | 03-89 | 15 000 |
| Voyages en ballon | 03-96 | 4 000 |
| Voyages en ballon | 07-01 | 3 000 |
| Voyages en ballon | 03-14 | 4 000 |
| L'éruption du Krakatoa | 02-90 | 15 000 |
| L'éruption du Krakatoa | 05-04 | 3 000 |
| Copernic | 09-91 | 10 000 |
| Copernic | 01-14 | 5 000 |
| Clair de lune | 02-94 | 8 000 |
| Clair de lune | 01-97 | 2 000 |
| Clair de lune | 04-02 | 2 000 |
| Qu'est-ce que le ciel ? | 1898 | 3 000 |
| Qu'est-ce que le ciel ? | 12-07 | 6 000 |
| Excursions dans le ciel | 03-98 | 5 000 |
| Excursions dans le ciel | 190? | 2 000 |
| Excursions dans le ciel | 06-14 | 5 000 |
| Curiosités de la Science | 01-01 | 4 000 |
| Curiosités de la Science | 05-07 | 2 000 |
| Curiosités de la Science | 02-14 | 5 000 |
| Les Caprices de la foudre | 08-04 | 4 000 |
| Les Caprices de la foudre | 08-14 | 3 000 |

*Stella*, publié dans la Collection illustrée à 95 centimes en 1911, fut tiré à 30 000 exemplaires.

On peut ajouter à tous ces titres le premier volume de la Bibliothèque Camille Flammarion qui, s'il n'est pas véritablement de Camille, est celui auquel il a le plus participé.

| | | |
|---|---|---|
| Le Monde avant la création de l'homme | 1885 | 30 000 |
| Le Monde avant la création de l'homme | 1886 | 10 000 |

## ANNEXE II

# TIRAGES DES ŒUVRES DE ZOLA

Ces tirages sont ceux qui ont été retrouvés dans les livres de fabrication. Quelques indications étaient incomplètes ; elles ont été précisées grâce aux registres du Dépôt légal. Les dates indiquées sont celles de la mise en fabrication, ce qui explique le décalage avec les indications fournies par la *Bibliographie de la France.*

| | | |
|---|---|---|
| Thérèse Raquin | 11-77 | 1 000 |
| Thérèse Raquin | 01-80 | 3 000 |
| Thérèse Raquin | 01-82 | 3 000 |
| Madeleine Férat | 01-78 | 1 500 |
| Madeleine Férat | 01-80 | 1 500 |
| Madeleine Férat | 02-82 | 2 000 |
| Madeleine Férat | 1890? | ? |
| La Confession de Claude | 05-80 | 3 000 |
| La Confession de Claude | 1886 | 1 500 |
| Thérèse Raquin, ill. | 03-82 | 10 000 |
| Assommoir, ill. | 04-78 | 20 000 |
| Assommoir, ill. | 11-78 | 3 000 |
| Assommoir, ill. | 1894 | 4 000 |
| Nana, ill. | 02-81 | 27 500 |
| Nana, ill. | 1886 | 2 500 |
| Le Ventre de Paris, ill. | 02-79 | 10 000 |
| Pot-Bouille ,ill. | 06-83 | 20 000 |
| Pot-Bouille, ill. | 12-83 | 10 000 |
| La Terre, ill. | 02-89 | 15 000 |
| Le Rêve, ill. | 07-92 | 5 000 |
| La Débâcle, ill. | 02-92 | 20 000 |
| La Faute de l'abbé Mouret, ill. | 12-92 | 5 000 |
| La Faute de l'abbé Mouret, ill. | 05-94 | 5 000 |
| La Faute de l'abbé Mouret, ill. | 05-97 | 5 000 |
| La Faute de l'abbé Mouret, ill. | 1901 | 5 000 |
| La Faute de l'abbé Mouret, ill. | 1905 | 5 000 |
| La Faute de l'abbé Mouret, ill. | 1909 | 5 000 |
| La Faute de l'abbé Mouret, ill. | 1916 | 5 000 |
| La Faute de l'abbé Mouret, ill. | 1919 | 5 000 |
| Germinal | 1896 | 5 000 |

À ces tirages, il faut ajouter ceux des publications dans la collection des Auteurs célèbres :

| | | |
|---|---|---|
| Thérèse Raquin | 04-87 | 10 000 |
| Thérèse Raquin | 05-87 | 3 000 |

| | | |
|---|---|---|
| Thérèse Raquin | 06-87 | 5 000 |
| Thérèse Raquin | 08-87 | 5 000 |
| Thérèse Raquin | 09-87 | 5 000 |
| Thérèse Raquin | 02-88 | 5 000 |
| Thérèse Raquin | 08-88 | 5 000 |
| Thérèse Raquin | 02-89 | 5 000 |
| Thérèse Raquin | 02-90 | 5 000 |
| Thérèse Raquin | 04-91 | 3 000 |
| Thérèse Raquin | 02-92 | 3 000 |
| Thérèse Raquin | 11-92 | 3 000 |
| Thérèse Raquin | 09-93 | 3 000 |
| Thérèse Raquin | 11-93 | 5 000 |
| Thérèse Raquin | 05-95 | 5 000 |
| Thérèse Raquin | 02-97 | 5 000 |
| Thérèse Raquin | 12-99 | 5 000 |
| Thérèse Raquin | 09-02 | 5 000 |
| Thérèse Raquin | 1906 | 2 000 |
| Jacques Damour | 11-88 | 20 000 |
| Jacques Damour | 05-89 | 5 000 |
| Jacques Damour | 02-90 | 5 000 |
| Jacques Damour | 10-94 | 5 000 |
| Jacques Damour | 10-97 | 3 000 |
| Jacques Damour | 05-01 | 3 000 |
| Jacques Damour | 1909 | 4 000 |
| Jacques Damour | 1916 | 3 000 |
| Le grand Michu | 10-94 | 10 000 |
| Le grand Michu | 10-96 | 5 000 |
| Le grand Michu | 1902 | 3 000 |
| Le grand Michu | 1906 | 3 000 |
| Sidoine et Médéric | 10-94 | 10 000 |
| Sidoine et Médéric | 10-96 | 3 000 |
| Sidoine et Médéric | 02-99 | 3 000 |
| Sidoine et Médéric | 11-02 | 3 000 |
| Sidoine et Médéric | 1913 | 4 000 |
| Nantas | 07-89 | 20 000 |
| Nantas | 04-94 | 3 000 |
| Nantas | 1897 | 3 000 |
| Nantas | 04-00 | 3 000 |
| Nantas | 09-02 | 3 000 |
| Nantas | 1917 | 3 000 |
| La Fête à Coqueville | 08-90 | 20 000 |

| | | |
|---|---|---|
| La Fête à Coqueville | 1892 | 2 000 |
| La Fête à Coqueville | 03-96 | 5 000 |
| La Fête à Coqueville | 02-00 | 5 000 |
| La Fête à Coqueville | 1911 | 4 000 |
| La Fête à Coqueville | 1917 | 3 000 |
| Madeleine Férat | 02-91 | 15 000 |
| Madeleine Férat | 10-93 | 5 000 |
| Madeleine Férat | 11-94 | 5 000 |
| Madeleine Férat | 1897 | 5 000 |
| Madeleine Férat | 1902 | 3 000 |

Enfin, Zola fut parmi les premiers aussi à entrer dans la Select-Collection :

| | | |
|---|---|---|
| Thérèse Raquin | 1914 | 100 000 |
| Thérèse Raquin | 1915 | 20 000 |
| Thérèse Raquin | 1916 | 20 000 |
| Thérèse Raquin | 1917 | 20 000 |
| Madeleine Férat | 1914 | 70 000 |
| Madeleine Férat | 1915 | 20 000 |
| Madeleine Férat | 1916 | 20 000 |
| Madeleine Férat | 1917 | 20 000 |
| Madeleine Férat | 1918 | 20 000 |
| Contes à Ninon | 1916 | 70 000 |
| Contes à Ninon | 1916 | 20 000 |
| Contes à Ninon | 1917 | 20 000 |
| Le Rêve | 1916 | 80 000 |
| Le Rêve | 1917 | 20 000 |
| Le Rêve | 1917 | 20 000 |
| Le Rêve | 1918 | 10 000 |

ANNEXE III

# TIRAGE DES ŒUVRES D'ALPHONSE DAUDET

| | | |
|---|---|---|
| La Belle-Nivernaise | 1886 | 6 000 |
| La Belle-Nivernaise | 1887 | 2 000 |
| La Belle-Nivernaise | 1903 | 5 000 |
| La Belle-Nivernaise | 1908 | 2 000 |
| La Belle-Nivernaise | 1911 | 2 000 |
| La Belle-Nivernaise | 1913 | 3 000 |
| La Belle-Nivernaise | 1917 | 1 500 |
| Sapho | 1886 | 20 000 |
| Sapho | 1889 | 6 000 |
| Sapho | 1890 | 5 000 |
| Sapho | 1891 | 6 000 |
| Sapho | 1893 | 5 000 |
| Sapho | 1895 | 5 000 |
| Sapho | 1897 | 5 000 |
| Sapho | 1898 | 5 000 |
| Sapho | 1899 | 6 000 |
| Sapho | 1901 | 6 000 |
| Sapho | 1903 | 6 000 |
| Sapho | 1906 | 6 000 |
| Sapho | 1908 | 6 000 |
| Sapho | 1914 | 2 000 |
| Tartarin sur les Alpes | 1887 | 10 000 |
| Tartarin sur les Alpes | 1888 | 10 000 |
| Tartarin sur les Alpes | 1890 | 10 000 |
| Tartarin sur les Alpes | 1891 | 5 000 |
| Tartarin sur les Alpes | 1892 | 10 000 |
| Tartarin sur les Alpes | 1896 | 6 000 |
| Tartarin sur les Alpes | 1898 | 6 000 |
| Tartarin sur les Alpes | 1900 | 6 000 |
| Tartarin sur les Alpes | 1902 | 6 000 |
| Tartarin sur les Alpes | 1904 | 6 000 |
| Tartarin sur les Alpes | 1908 | 6 000 |
| Tartarin sur les Alpes | 1910 | 6 000 |
| Tartarin sur les Alpes | 1913 | 6 000 |
| Trente ans de Paris | 1889 | 10 000 |
| Tartarin de Tarascon | 1888 | 10 000 |
| Tartarin de Tarascon | 1889 | 10 000 |
| Tartarin de Tarascon | 1891 | 10 000 |
| Tartarin de Tarascon | 1892 | 10 000 |
| Tartarin de Tarascon | 1895 | 10 000 |
| Tartarin de Tarascon | 1897 | 2 000 |
| Tartarin de Tarascon | 1898 | 6 000 |

| | | |
|---|---|---|
| Tartarin de Tarascon | 1899 | 6 000 |
| Tartarin de Tarascon | 1901 | 6 000 |
| Tartarin de Tarascon | 1902 | 3 000 |
| Tartarin de Tarascon | 1903 | 6 000 |
| Tartarin de Tarascon | 1905 | 6 000 |
| Tartarin de Tarascon | 1906 | 6 000 |
| Tartarin de Tarascon | 1908 | 3 000 |
| Tartarin de Tarascon | 1908 | 6 000 |
| Tartarin de Tarascon | 1909 | 6 000 |
| Tartarin de Tarascon | 1910 | 6 000 |
| Tartarin de Tarascon | 1912 | 6 000 |
| Tartarin de Tarascon | 1914 | 6 000 |
| Tartarin de Tarascon | 1914 | 6 000 |
| Jack | 1890 | 10 000 |
| Jack | 1892 | 10 000 |
| Jack | 1895 | 10 000 |
| Jack | 1898 | 10 000 |
| Jack | 1903 | 10 000 |
| Jack | 1907 | 10 000 |
| Jack | 1911 | 10 000 |
| Jack | 1916 | 10 000 |
| La Menteuse | 1893 | 10 000 |
| Port-Tarascon | 1894 | 5 000 |
| Port-Tarascon | 1897 | 5 000 |
| Port-Tarascon | 1905 | 3 000 |
| Port-Tarascon | 1907 | 3 000 |
| Port-Tarascon | 1909 | 3 000 |
| Port-Tarascon | 1913 | 3 000 |
| Port-Tarascon | 1918 | 3 000 |
| La Fédor | 1897 | 10 000 |
| La Fédor | 1897 | 5 000 |
| La Fédor | 1897 | 5 000 |
| La Fédor | 1905 | 3 000 |
| Les Rois en exil | 1898 | 4 000 |
| Les Rois en exil | 1901 | 4 000 |
| Les Rois en exil | 1906 | 4 000 |
| Les Rois en exil | 1913 | 3 000 |
| Lettres de mon moulin, ill. | 1900 | 2 000 |
| Lettres de mon moulin, ill. | 1908 | 1 500 |
| Lettres de mon moulin, ill. | 1911 | 2 000 |

| | | |
|---|---|---|
| Premier voyage | 1900 | 15 000 |
| Premier voyage | 1901 | 3 000 |
| La Petite Paroisse | 1905 | 5 000 |
| L'Évangéliste | 1908 | 2 000 |
| Robert Helmont | 1913 | 2 000 |

*Collection illustrée à 95 centimes*

| | | |
|---|---|---|
| Tartarin de Tarascon | 1910 | 60 000 |
| Tartarin de Tarascon | 1912 | 10 000 |
| Tartarin de Tarascon | 1913 | 10 000 |
| Tartarin de Tarascon | 1913 | 20 000 |
| Tartarin de Tarascon | 1915 | 10 000 |
| Tartarin de Tarascon | 1916 | 10 000 |
| Tartarin de Tarascon | 1917 | 10 000 |
| Tartarin sur les Alpes | 1911 | 50 000 |
| Tartarin sur les Alpes | 1913 | 10 000 |
| Tartarin sur les Alpes | 1913 | 20 000 |
| Tartarin sur les Alpes | 1916 | 10 000 |
| Tartarin sur les Alpes | 1918 | 10 000 |
| Sapho | 1912 | 50 000 |
| Sapho | 1913 | 10 000 |
| Sapho | 1915 | 10 000 |
| Sapho | 1916 | 10 000 |
| Sapho | 1917 | 10 000 |
| Sapho | 1918 | 10 000 |
| Port-Tarascon | 1912 | 40 000 |
| Port-Tarascon | 1917 | 10 000 |
| Port-Tarascon | 1919 | 10 000 |

ANNEXE IV

# TIRAGES DES ROMANS D'HECTOR MALOT

| | | |
|---|---|---|
| Victimes d'amour, ill. | 1884 | 6 000 |
| Victimes d'amour, 2 vol. | 1886 | 2 000 |
| Petite sœur, ill. | 1884 | 6 000 |
| Petite sœur, ill. | 1888 | 1 500 |
| Petite sœur, ill. | 1897 | 1 000 |
| Petite sœur, ill. | 1903 | 1 000 |
| Petite sœur, ill. | 1910 | 1 000 |
| Petite sœur, 2 vol. | 1888 | 1 000 |
| Petite sœur, 2 vol. ill. | 1896 | 5 000 |
| Petite sœur, 2 vol. ill. | 1909 | 2 000 |
| Petite sœur, 2 vol. ill. | 1913 | 2 000 |
| Micheline (éd. Ch.) | 1884 | 8 000 |
| Micheline (éd. Ch.) | 1884 | 4 000 |
| Micheline (éd. Ch.) | 1885 | 3 000 |
| Micheline (éd. Ch.) | 1885 | 5 000 |
| Micheline (éd. Ch.) | 1886 | 2 000 |
| Le Sang bleu (éd. Ch.) | 1885 | 8 000 |
| Le Sang bleu (éd. Ch.) | 1885 | 6 000 |
| Le Lieutenant Bonnet (éd. Ch.) | 1885 | 10 000 |
| Le Lieutenant Bonnet (éd. Ch.) | 1886 | 6 000 |
| Le Lieutenant Bonnet (éd. Ch.) | 1887 | 1 000 |
| Le Docteur Claude | 1885 | 1 500 |
| Le Docteur Claude | 1886 | 1 000 |
| Le Docteur Claude | 1887 | 1 000 |
| La Bohème tapageuse | 1886 | 1 500 |
| Romain Kalbris | 1886 | 1 500 |
| L'Auberge du monde | 1886 | 2 000 |
| L'Auberge du monde, ill. | 1887 | 6 000 |
| Femme d'argent | 1887 | 1 000 |
| Femme d'argent | 1888 | 500 |
| Pompon | 1888 | 1 000 |
| Pompon | 1889 | 500 |
| Baccara (éd. Ch.) | 1886 | 10 000 |
| Baccara (éd. Ch.) | 1886 | 4 000 |
| Vices français | 1887 | 10 000 |
| Vices français | 1887 | 2 000 |
| Ghislaine (éd. Ch.) | 1887 | 10 000 |

| | | |
|---|---|---|
| Ghislaine (éd. Ch.) | 1888 | 2 000 |
| La Belle Mme Donis (éd. Ch.) | 1888 | 1 500 |
| Conscience (éd. Ch.) | 1888 | 12 000 |
| Conscience (éd. Ch.) | 1889 | 1 500 |
| Sans famille (éd. Ch.) | 1888 | 5 000 |
| Sans famille (éd. Ch.) | 1891 | 3 000 |
| Sans famille (éd. Ch.) | 1892 | 3 000 |
| Sans famille, ill. | 1896 | 10 000 |
| Sans famille, ill. | 1901 | 5 000 |
| Sans famille, ill. | 1903 | 5 000 |
| Sans famille, ill. | 1906 | 5 000 |
| Sans famille, ill. | 1907 | 5 000 |
| Sans famille, ill. | 1909 | 3 000 |
| Sans famille, ill. | 1911 | 5 000 |
| Sans famille, ill. | 1914 | 5 000 |
| Mondaine (éd. Ch.) | 1888 | 10 000 |
| Mondaine (éd. Ch.) | 1889 | 7 000 |
| Mondaine (éd. Ch.) | 1889 | 3 500 |
| Justice (éd. Ch.) | 1889 | 10 000 |
| Justice (éd. Ch.) | 1889 | 1 000 |
| Mariage riche | 1889 | 10 000 |
| Mariage riche | 1890 | 1 500 |
| Une Belle-mère | 1890 | 1 500 |
| Anie (éd. Ch.) | 1891 | 10 000 |
| Complices | 1892 | 10 000 |
| En famille, ill. | 1893 | 10 000 |
| En famille, ill. | 1900 | 2 000 |
| En famille, ill. | 1910 | 2 000 |
| Amours de jeune | 1894 | 10 000 |
| Amours de vieux | 1894 | 10 000 |
| Le Roman de mes romans | 1896 | 4 000 |

ANNEXE V

# TIRAGES DES ŒUVRES DE MAUPASSANT

| | | |
|---|---|---|
| Contes du jour et de la nuit (édition à 5 F) | 1884 | 3 000 |
| Contes du jour et de la nuit (édition à 5 F) | 1885 | 2 000 |
| Contes du jour et de la nuit (édition à 3,50 F) | 1887 | 2 000 |
| Contes du jour et de la nuit (édition à 3,50 F) | 1887 | 3 000 |
| Contes du jour et de la nuit (édition à 3,50 F) | 1888 | 1 500 |
| Contes du jour et de la nuit (édition à 3,50 F) | 1892 | 1 500 |
| Contes du jour et de la nuit (édition à 3,50 F) | 1894 | 1 500 |
| Contes du jour et de la nuit (édition à 3,50 F) | 1897 | 1 500 |
| Contes du jour et de la nuit (édition à 3,50 F) | 1899 | 1 500 |
| Toine (édition à 5 F) | 1885 | 3 000 |
| Toine (édition à 5 F) | 1886 | 2 000 |
| Toine (édition à 5 F) | 1887 | 2 000 |
| Toine (édition à 5 F) | 1887 | 3 000 |
| Toine (édition à 5 F) | 1896 | 3 000 |
| Toine (édition à 5 F) | 1900 | 1 500 |
| Sur l'eau (édition à 3,50 F) | 1888 | 5 000 |
| Sur l'eau (édition à 3,50 F) | 1888 | 5 000 |
| Sur l'eau (édition à 3,50 F) | 1888 | 5 000 |
| Sur l'eau (édition à 3,50 F) | 1889 | 2 000 |
| Sur l'eau (édition à 3,50 F) | 1893 | 2 000 |
| Sur l'eau (édition à 3,50 F) | 1895 | 2 000 |
| Sur l'eau (édition à 3,50 F) | 1898 | 2 000 |
| L'Héritage | 1888 | 15 000 |
| L'Héritage | 1889 | 3 000 |
| L'Héritage | 1890 | 3 000 |
| L'Héritage | 1891 | 2 000 |
| L'Héritage | 1893 | 3 000 |
| L'Héritage | 1895 | 3 000 |
| L'Héritage | 1897 | 3 000 |
| L'Héritage | 1899 | 3 000 |
| L'Héritage | 1902 | 3 000 |
| L'Héritage | 1905 | 3 000 |
| L'Héritage | 1906 | 8 000 |
| L'Héritage | 1914 | 6 000 |
| Histoire d'une fille de ferme | 1889 | 15 000 |
| Histoire d'une fille de ferme | 1890 | 3 000 |
| Histoire d'une fille de ferme | 1892 | 3 000 |
| Histoire d'une fille de ferme | 1894 | 5 000 |
| Histoire d'une fille de ferme | 1895 | 3 000 |
| Histoire d'une fille de ferme | 1897 | 3 000 |
| Histoire d'une fille de ferme | 1900 | 3 000 |

| | | |
|---|---|---|
| Histoire d'une fille de ferme | 1903 | 3 000 |
| Histoire d'une fille de ferme | 1907 | 8 000 |
| Histoire d'une fille de ferme | 1914 | 6 000 |

# INDEX DES NOMS CITÉS ET DES TITRES DE COLLECTIONS


Aicard (Jean) : 206, 296, 297, 299, 313, 348.
Aimard (Gaston) : 198.
Ajalbert (Jean) : 39.
Alanic (Mathilde) : 137, 283.
Alcan : 205, 233, 234-235, 237, 240, 241, 251.
Alexis (Paul) : 80, 88, 290.
Ali-Bab : 211.
Allais (Alphonse) : 128, 131, 207, 225, 285, 296, 312.
Appell (Paul) : 131.
Arago (François) : 56, 63, 66.
Arène (Paul) : 128.
Arnould : 148, 182.
Arnous de Rivière : 70.
Aubertin (Henri) : 44, 97, 182.
Aubier : 308.
Aureau : 71.
Auriol (Georges) : 223, 285, 312.
*Auteurs célèbres* : 102, 159, 183, 194-195, 199, 210, 211, 212, 214, 221, 224, 228, 247, 266, 282, 286, 288-294, 296, 297, 300, 301, 302, 315, 318, 326, 327, 332, 334, 337, 351, 353.
*Auteurs comiques* : 223.
Balzac (Honoré de) : 294.
Bassanville (comtesse de) : 213-214.
Barba : 53, 288.
Barbier (éd.) : 52.
Barbusse (Henri) : 350.
Barrès (Maurice) : 101, 104, 264, 265, 295, 298, 300, 343.
Baudin (Pierre) : 114-115.
Becquerel (Edmond) : 18.
Becquerel (Henri) : 236.
Bédier (Joseph) : 131.
Belin (Eugène) : 110.
Bellenger : 53, 55, 56.
Belot (Adolphe) : 273, 292, 293, 294, 295.
Berger-Levrault : 110.
Bernard (Eugène) : 96.
Bernard (Tristan) : 207, 223, 225.
Bertall : 52, 56, 68.

Berthelot (Marcelin) : 234.
*Bibliothèque Camille Flammarion* : 155, 198, 201, 219, 230-233, 239, 342-343.
*Bibliothèque d'aventures et de voyages* : 91.
*Bibliothèque de culture générale* : 200, 203.
*Bibliothèque de la jeunesse* : 197.
*Bibliothèque de philosophie contemporaine* : 234.
*Bibliothèque de philosophie scientifique* : 203, 221, 227, 235-243, 342-343, 351.
*Bibliothèque des chefs-d'œuvre du roman conteporain* : 89.
*Bibliothèque des chemins de fer* : 100.
*Bibliothèque des enfants* : 198.
*Bibliothèque des meilleurs auteurs étrangers* : 100.
*Bibliothèque des merveilles* : 20, 60, 100, 239.
*Bibliothèque illustrée* : 220, 222.
*Bibliothèque physiologique* : 89, 216, 221.
*Bibliothèque pour tous* : 89, 194, 199, 209-211, 213.
*Bibliothèque rose* : 100, 196, 198.
*Bibliothèque scientifique internationale* : 234-235.
*Bibliothèque scientifique populaire* : 229.
Biez (Jacques de) : 258.
Binet (Alfred) : 234, 241, 242.
Blanc (Louis) : 195, 201, 245-247, 251.
Blériot (Louis) : 204.
Bois (Jules) : 141.
Bonnard (Pierre) : 158, 159, 183, 221.
Bonnetain (Paul) : 340.
Bordeaux (Henry) : 131, 201, 275, 313, 348.
Bouchor (Maurice) : 262.
Bourdignon : 98.
Bourget (Paul) : 101, 295, 298, 300.
Boussenard (Louis) : 197, 199.
Bouvier (Alexis) : 50, 273, 274, 275, 292, 293, 294, 331, 339, 340.
Brisse (baron Léon) : 208, 210, 211-212.
Brongniart (Charles) : 135, 229, 231, 232.
Bruant (Aristide) : 222, 223.
Bry : 52, 288.
Buckle : 49, 201.
Cadol : 49.
Cahu (Théodore) : 136, 292.
Calmann-Lévy (Librairie) 10, 29, 76, 93, 97, 110, 137, 153, 156, 193, 201, 206, 247, 261, 264, 266, 277, 316, 327, 345, 361, 363.
Cappiello (Leonetto) : 22.
Capus (Alfred) : 287, 299.
Carjat (Étienne) : 130-131, 182, 273, 361.
Carloz : 316-317.
Castelli : 53.
Cerf : 90.
Chaix (Napoléon) : 100.
Chamerot : 246.
Charaire : 301.
Charavay : 197.
Charcot (Jean-Baptiste) : 92, 199, 204, 221.
Charpentier (Georges) : 51, 79-88, 91, 104, 121, 130, 131, 159, 305, 318, 319, 323, 327, 339, 342.
Charpentier (Gervais) : 28, 79, 100, 156, 288.
Charpentier (Librairie) : 10, 47, 51, 52, 53, 54, 55, 62, 84, 91, 165-168, 251, 252, 267, 273, 280, 314, 316, 318, 322, 331, 332, 334, 336, 337, 363.
Charpentier (Marguerite) : 80, 86.
Charpentier (Paul) : 86.

Charton (Édouard) : 60, 239, 341.
Chavette : 50, 223, 283, 293, 295, 340.
Chegaray : 55.
Chéret (Jules) : 136, 236.
Chincholle (Charles) : 141, 339.
Chirac (Auguste) : 101.
Clairin : 53, 56.
Claretie (Jules) : 283, 292, 293, 296, 299, 300.
*Classiques Jouaust* : 91, 200.
Clemenceau (Georges) : 39, 40, 80, 101, 103, 104, 106, 184, 251, 261.
Clément (docteur) : 208-209.
Cohl (Émile) : 288.
Colette : 135, 201, 299, 301, 313, 345, 353.
Colin (Armand) : 110, 197, 233, 277.
*Collection anti-sémite* : 259.
*Collection illustrée à 95 centimes* : 194, 199, 221, 296-299, 313, 318, 337, 351, 353.
*Collection Michel Lévy* : 288.
*Collection Taride* : 89, 208-209.
Colombier (Marie) : 129-131, 140, 339.
Conquet : 315.
*Conteurs du XVIII^e siècle* : 222.
Corbon (Claude) : 25.
Cornély : 130-131, 218.
Corrard (Pierre) : 286-287, 310.
Courteline (Georges) : 128, 131, 136, 183, 186, 207, 222, 223-225, 285, 292, 293, 296, 297, 299, 300, 301, 305, 353.
Couterier : 29, 45.
Croisset (Francis de) : 348.
Curmer : 52.
Cuvinot (Paul) : 122.
Danrit (capitaine) : 135, 136, 199, 202-203, 292, 296.
Dantan (Édouard) : 315.
Darblay (Paul) : 162, 165-168, 176, 301.
Darantière : 253-256.
Dastre (Albert) : 236, 241.
Daudet (Alphonse) : 39, 80, 81, 89, 102, 134, 137, 140, 157, 159, 183, 193, 220, 252-253, 266, 268, 283, 289, 292, 293, 295, 296, 297, 299, 300, 301, 307, 313, 316, 335-338, 342, 350, 353, 361.
Daudet (Ernest) : 135, 266, 268, 292, 298, 299.
Daudet (Léon) : 245, 252, 266-269, 342, 347.
Daudet (Lucien) : 267, 268, 295, 342.
Dayot (Armand) : 135, 136, 140, 201.
Decaux (Georges) : 91, 148, 328.
Déjardin (Frédéric) : 97.
Delagrave : 23, 29, 108, 110, 197, 233, 277, 330.
Delloue (Paul) : 174, 356.
Dentu : 10, 97, 197, 215, 218, 259, 273, 274, 290, 294, 297, 316, 329-330, 332, 336, 337, 345, 363.
Deprez (Marcel) : 257-258.
Déroulède (Paul) : 101.
Derveloy (Eugène) : 104, 112, 114.
Desbéaux (Émile) : 229, 231.
Descaves (Lucien) : 249, 261.
Deschamps (Léon) : 276.
Desprez (Louis) : 87.
Devaux (Paul) : 258-259.
Deville (Gabriel) : 251-252.
Didier (Librairie académique) : 19, 20-21, 25, 26, 27, 61, 98, 132, 147, 153, 179, 228.
Didier (Paul) : 20, 21, 60.
Doin (Octave) : 138, 233.
Doyle (Conan) : 275, 296, 353.
Dreyfous (Maurice) : 10, 79, 80, 91-92, 204, 263, 273, 342, 363.
Dreyfus (affaire) : 261-263, 265-266, 268.
Drumont (Édouard) : 101, 135, 245, 252-260, 264, 267, 268.

Dubois (Urbain) : 211.
Dubut de Laforest : 294.
Duez (Ernest) : 158, 159, 315, 320-321.
Dumas (Alexandre) : 102, 201, 277, 287, 292.
Dunod : 233.
Dupiney de Vorepierre : 231-232.
Dupuis-Mazuel : 343.
Duriez : 71.
Duvernois (Henri) : 347.
Engel (Michel) : 162, 167-8, 174, 175-176, 356, 360.
Escoffier (Henri) : 54, 278-282, 283, 287, 293, 315.
Esparbès (Georges d') : 296, 297, 298, 312, 348.
Étienne (Eugène) : 103, 104.
Fain et Thunot : 71.
Farrère (Claude) : 300, 353.
Fasquelle (Alfred) : 84, 88, 93, 165.
Fasquelle (Eugène) : 84-88, 115, 117, 120-121, 123-125, 128, 138, 205, 261, 264, 267, 268, 318.
Fasquelle (Jeanne, née Marpon) : 85.
Fayard : 45, 52, 137, 212, 218, 221, 267, 273, 276, 277, 295-299, 301, 302, 335, 337, 338, 342, 363.
Fénéon (Félix) : 204.
Feuillet (Octave) : 102.
Féval (Paul) : 102, 273, 277, 289, 296.
Feydeau (Georges) : 225.
Figuier (Louis) : 61, 216, 230.
Firmin-Didot : 154, 155, 218, 233, 236, 237.
Fischer (Alex et Max) : 136, 223, 267, 287, 300, 342-345, 348, 352-353.
Flammarion (Albert) : 163, 174, 176-177, 179, 300, 343-345, 348, 356.
Flammarion (Berthe) : 15, 16, 17, 18, 20, 135, 172, 178, 213, 214.
Flammarion (Camille) : 15-21, 24, 25, 26, 39, 49, 50, 56-67, 70, 73, 130, 131-135, 140, 155, 159, 171-173, 178, 181, 193, 201, 216, 220, 227-232, 235, 236, 237, 239, 250, 287, 289, 292, 293, 313, 333, 339, 342, 356, 361, 376-379.
Flammarion (Charles) : 163, 174, 176-177, 180, 181, 344-345, 356.
Flammarion (Eugénie, née Conty) : 28, 172, 179, 182, 356.
Flammarion (Jules-Étienne) : 17, 171.
Flammarion (Marie) : 16, 17, 25, 173, 347.
Flaubert (Gustave) : 305, 308, 322, 342, 365.
Fleuriot (Zénaïde) : 102.
Fleury-Ravarin : 184, 251, 308.
Florian : 204.
Floury : 10, 44, 97.
Fouché (Maurice) : 231-232.
Fraipont (Gustave) : 229, 231.
Gaboriau (Émile) : 289, 296.
Garnier : 28.
Garnier : 55.
Gauthier (Armand-Éléazar) : 105, 106.
Gauthier-Languereau : 277, 278.
Gauthier-Villars : 61, 228.
Gautier (Henri) : 110, 218.
Gautier (Théophile) : 80, 89, 293.
Geoffroy (Gustave) : 39.
Genevoix (Maurice) : 350.
Germer-Baillière : 23, 233.
Gervex : 53.
Gill (André) : 47, 53, 55, 56, 61, 133, 222.
Ginisty (Paul) : 128, 141, 223, 282.
Giraud : 28.

Godin (Marcel) : 98, 153.
Goeneutte : 53, 315.
Goncourt (Edmond de) : 80, 83, 84, 86, 97, 253-255, 299, 300, 302, 320.
Goron : 275.
Gorre : 44, 96.
Gosselin (Auguste) : 97, 272.
Grand-Carteret (James) : 262.
Grandjean : 98, 153, 347.
Grandville : 52.
Grasset : 9, 267, 363.
*Guides Flammarion* : 217.
Guillaume (Édouard) : 10, 220, 316, 326, 336.
Guitry (Lucien) : 348.
Guyot (Yves) : 39, 250-251.
Guyot-Dessaigne (Jean) : 104, 106, 107, 108.
Gyp : 263-266, 268-269, 296, 297, 299, 300, 301, 313, 353.
Hachette (Librairie) : 20, 22, 28, 53, 61, 76, 92, 93, 94, 95, 99-126, 137, 175, 180, 196-197, 199, 205, 215, 218, 228, 231, 233, 242, 246, 247-248, 276, 277, 306, 341, 342, 345, 364.
Hachette (Louis) : 22, 99-100, 116, 205, 242, 341.
Hanriot : 158.
Hasslauer (Adolphe) : 22, 23.
Havard : 10, 213, 273, 288, 291, 322-328, 363.
Hennique (Léon) : 337.
Hennuyer : 197, 218.
Hermant (Abel) : 102, 296, 312, 347.
Hervieu (Paul) : 295.
Hetzel : 10, 52, 61, 63, 109-111, 156, 185, 196-197, 199, 277, 305, 329-330, 333, 342.
Hugo (Victor) : 46, 47, 49, 195, 206, 272.
Hurteau : 95-96.
Huysmans (J.-K.) : 100.
Ivoi (Paul d') : 347.
Jacolliot (Louis) : 197, 199, 205, 293, 294.
Jannet-Picard : 46, 47, 73.
Janzé (baron de) : 101.
Joanne (Adolphe) : 61, 68, 217.
Johannot (Tony) : 52.
Jouaust : 10, 89-91, 94, 200, 204, 315, 361, 363.
Jouvet : 197.
Jouy (Jules) : 130-131, 312.
Juven : 138, 222, 225, 266, 296-297.
Kardec (Allan) : 59.
Kauffmann : 158.
Kistemaeckers (Henri) : 322, 324, 328, 363.
Kock (Paul de) : 102, 289.
Kropotkine (Pierre) : 250.
Labarthe (docteur) : 216, 219.
Lacroix (Albert) : 44, 46-49, 51, 52, 69, 75, 79, 128, 133, 182, 195, 198, 201, 204, 205, 222, 245-247, 272, 275, 330.
Ladvocat : 28.
Laëre (Francis de) : 122.
Laffitte (Jules) : 39.
Lafitte (Pierre) : 276, 277, 296, 323, 363.
Laforgue (Jules) : 276.
Laisné : 28, 172.
Lahure : 71, 92, 254, 277.
Larose : 28, 233.
Larousse (Pierre) : 28, 53, 137, 205, 362.
Larousse (Librairie) : 71, 175, 197, 218, 230, 231, 233, 276, 278.
Laur (Francis) : 101.
Lavedan (Henri) : 223, 348.
Léandre : 222.
Le Bon (Gustave) : 135-136, 139, 149, 159, 203, 208, 231, 235-243, 342-343, 351.
Lecène : 197.

Le Dantec (Félix) : 234, 242.
Leloir : 53.
Lemerre : 10, 29, 110, 206, 295, 316, 342.
Leroux (Gaston) : 139.
Leroy (Charles) : 220, 223, 296, 297.
Le Soudier (Henri) : 110, 138.
Lespès (Léo) : 278.
Lesueur (Daniel) : 283-284.
Le Verrier (Urbain) : 20, 56, 60, 65.
Lévy (Calmann) : 28, 82, 83, 308, 329.
Lévy (Jules) : 223.
Lévy (Michel) : 231, 273, 305, 329, 342.
Lichtenberger (André) : 242.
Littré (Émile) : 53, 231.
*Livre populaire* : 221, 296, 302.
Lockroy : 101.
Loiseau (Georges) : 319.
Loti (Pierre) : 102, 348, 350.
Macé (Jean) : 58.
Machard (Raymonde) : 348.
Madeleine, Dezobry et Tandou : 29.
Mademoiselle Rose : 211, 348.
Maël (Pierre) : 199, 274-275, 296.
Magnard (Francis) : 253-254.
*Maîtres de l'art* : 89.
*Maîtres du roman* : 294.
Maizeroy (René) : 101, 274-275, 290, 293, 300.
Maloine : 28, 233.
Malot (Hector) : 87, 102, 134, 136, 140, 193, 197, 274-275, 283, 289, 292, 293, 307, 313, 329-335, 338, 389-390.
Mame : 196, 199, 277.
Marescq : 28, 233.
Margueritte (Paul) : 275, 299, 300, 301, 348, 350.
Marinoni : 278, 332.
Marpon (Lucien) : 28, 32, 33, 38, 75, 88, 146, 165-166, 360.
Martel (Tancrède) : 203.
Martin (Ernest) : 44, 96, 153, 172.
Martinet : 71.
Mary (Jules) : 274-275, 278, 283, 290, 292, 294, 296, 297.
Masson : 233, 277.
Matruchot (Louis) : 203.
Maupassant (Guy de) : 40, 100, 101, 102, 128, 153, 208, 220, 289, 291, 293, 307, 313, 322-329, 345, 361, 363, 365, 392-393.
May (Henri) : 110, 197.
*Meilleures pièces à 60 centimes* : 194, 199.
*Meilleurs classiques français et étrangers* : 159, 194, 199, 203, 351.
Mendès (Catulle) : 128, 131, 134, 220, 223, 291, 292, 293, 294, 299.
Menier (Émile) : 39.
Mercure de France : 110, 206, 299, 309, 345, 363.
Méricant : 296.
Mérouvel (Charles) : 273, 283, 292, 294, 296.
Métivet : 317.
Meyer (Arthur) : 254, 258.
Michel (Albin) : 97, 178, 232, 272, 275, 340, 350, 363.
Michelet (Jules) : 46, 49, 154, 185, 201, 246-248.
Millerand (Alexandre) : 102.
*Modern-Bibliothèque* : 221, 295-296, 298-299, 300.
Moineaux (Jules) : 135, 222, 224, 282.
Mommsen (Theodor) : 201.
Monprofit (Alfred) : 165-166, 176-177.
Monprofit (Sylvie, née Flammarion) : 163, 164-165, 176-177, 179, 180, 181.
Montadet : 236.
Montégut : 158, 312.

Montépin (Xavier de) : 273, 278, 283, 340.
Montet (Jules) : 142.
Montgredien : 278.
Moréas : 276.
Nansen (Fridtjof) : 92, 204.
Natanson (Thadée) : 204, 276.
Noir (Louis) : 199, 292, 293, 294.
*Nos Grands Romanciers modernes* : 135, 200, 337.
Ohnet (Georges) : 102, 185, 215, 256, 284-285, 326, 363.
Olivieri (Pascal) : 103, 104, 106, 108, 117, 120-124, 184-185, 340.
Ollendorff : 10, 110, 138, 215, 225, 261, 299, 322, 324-327, 345, 363.
Orcières (Paul d') : 39.
*Ouvrages utiles* : 208, 210-211.
Pagnerre : 46, 47.
Palmé : 252.
Paulin : 52.
Péligot : 18.
Pelletan (Camille) : 39, 102, 104, 106, 107, 184.
Pelletan (Eugène) : 133.
Pelletan (Librairie) : 10.
Périnet : 117, 124.
Per Lamm : 266.
Petit (Édouard) : 286.
*Petite Bibliothèque portative* : 222.
*Petite collection Guillaume* : 220-221, 228, 316.
*Pièces à succès* : 206, 223.
Pilon-Levasseur : 64, 154-155.
Plon : 110.
Poincaré (Henri) : 234, 236, 240, 242.
*Polichinelle* : 285-286.
Ponson du Terrail : 273, 278, 289, 295.
Pont-Jest (René de) : 273, 274.
Poulalion (Joseph) : 282, 286-287.
Pradels (Octave) : 128-129, 130, 223, 285.
Prévost (Marcel) : 131, 135, 275, 300, 348.
Prioux (Jules) : 87, 180, 182, 301.
Propper (Siegfried) : 82, 83.
Prosbert (Hemma) : 310-311.
Proudhon (Pierre-Joseph) : 46, 195, 205, 245, 246, 247.
Quantin : 10, 89, 219, 322, 363.
Quillet (Aristide) : 232, 234, 363.
Quinet (Edgar) : 46, 195, 246.
Rabier (Benjamin) : 199, 222.
Raçon : 71.
Raison du Cleuziou (Henri) : 47, 229.
Reboux (Paul) : 343.
Reclus (Élisée) : 234, 250.
Régamey : 53.
Régnier (Henri de) : 299, 301.
Renard (Jules) : 97, 128, 153, 158, 177, 285, 287, 302, 345.
Renault (Messageries) : 118.
Renoir (Auguste) : 53, 80, 81, 94, 159, 222.
Ribot (Théodule) : 236.
Riche (Daniel) : 18.
Richebourg (Émile) : 273, 274-275, 278, 283, 292.
Richepin (Jean) : 91, 101, 128, 131, 293, 296, 299, 301, 347, 348.
Riou : 158, 326.
Robelin (Léon) : 286-287.
Robert-Halt (Mme) : 197, 293.
Rochefort (Henri de) : 100.
Rochegrosse : 159, 222, 236, 315.
Roger-Milès : 139, 141, 310.
Rosny aîné : 299, 300, 336, 348.
Rouff : 53, 247, 248, 273, 289.
Rouveyre (Édouard) : 92, 214, 322.
Roy (F.) : 10, 53, 110, 273, 289.
Roy (José) : 216.
Saint-Germain (Marcel) : 103, 104.
Sales (Pierre) : 131, 274, 278.

Salis (Rodolphe) : 223.
Sandeau (Jules) : 293, 299, 300.
Savine (Albert) : 10, 28, 249, 259-60, 267, 363.
Scott : 68.
Scholl (Aurélien) : 39, 128, 225, 290.
Schleicher (Adolphe) : 138, 233.
*Select Collection* : 153, 200, 221, 266, 267, 298, 300-302, 313, 319, 342-344, 351-353.
Sémant (Paul de) : 136, 199, 296.
Sénac : 254.
Sienkiewicz (Henryk) : 205, 292.
Silvestre (Armand) : 50, 128, 130-131, 135, 216, 220, 223, 292, 293.
Simonis-Empis : 110, 225.
Sirven (Alfred) : 33.
Soulié (Frédéric) : 273, 277, 289.
Staffe (baronne) : 210, 213-215.
Steinlen : 159, 199, 222, 285.
Stock : 28, 87, 110, 207, 261.
Styka (Jan) : 9, 158, 183, 200, 205.
Sue (Eugène) : 49, 195, 245, 272-273, 275, 276, 277, 289, 295, 331, 350.
Tallandier : 45, 276, 296.
Taride : 28, 32, 33, 88, 89, 95, 182, 216, 360.
Templier (Émile) : 341.
Théo-Critt : 140, 222, 312.
Theuriet (André) : 87, 289, 293, 294, 295, 296, 298, 299, 301, 323, 340, 353.
Thiers (Adolphe) : 47.
Tissandier : 91, 204.
Tissot (Victor) : 67, 219.
Tolmer : 71, 92.
Tournachon (Adrien) : 17.
Toussenel : 258.
Trarieux : 265.
Tresse : 28, 322.
Troppmann : 278, 281.
Truchy : 29, 45.
Turrel (Adolphe) : 104, 107-108, 112.
Uzanne (Octave) : 37, 215, 253-255, 302, 359.
Vaillant (Auguste) : 28, 38, 87, 97-99, 102, 119-120, 153, 160-164, 172-174, 178, 180, 181, 340, 347, 356, 360.
Vaillant (Georges) : 174, 347.
Vaillant (Jean) : 174, 356.
Vallès (Jules) : 38.
Vallette (Alfred) : 345.
Vallotton : 158, 159, 221, 222.
Van Gennep : 203.
Vanier : 10, 206, 288, 339.
Vaux (baron de) : 130, 208, 324.
Veber (Pierre) : 223.
Verlaine (Paul) : 276, 339.
Verne (Jules) : 53, 57, 196, 199, 230, 305, 308, 333, 342.
Vierge : 53.
Vigné d'Octon : 184, 251.
Vigot : 233.
Villiers de l'Isle-Adam : 146.
Vizetelly : 317.
Willette : 222.
Willy : 223, 225, 285.
Wolff (Pierre) : 296, 348.
Xanrof : 131, 135, 223, 285.
Xau (Fernand) : 320.
Zaccone (Pierre) : 274-275.
Zevaco (Michel) : 296.
Zola (Émile) : 39, 40, 47, 49, 51, 52, 53-56, 62, 68, 69, 70, 79, 80, 81, 86, 87, 88, 89, 102, 135-136, 193, 195, 215, 220, 222, 250, 256, 261, 265, 268, 272, 280-281, 284, 289, 292, 293, 299, 300, 301, 302, 305, 307, 310, 313-322, 323, 329, 330, 333, 335, 339, 342, 345, 361, 365, 380-387.

## Table des illustrations


Étienne et Françoise Flammarion en 1857 avec leurs enfants : Berthe, Camille et Ernest.

Portrait d'Ernest Flammarion.

Acte d'association entre Charles Marpon et Ernest Flammarion, le 24 juin 1875.

La Librairie Marpon et Flammarion sous les galeries de l'Odéon.

Le siège de la Librairie Flammarion au 26-28, rue Racine.

Une bibliothèque des chemins de fer de la concession Flammarion.

Comptes de fabrication de *La Terre* d'Émile Zola, 1888.

Page de titre de l'*Astronomie populaire*, 1880.

Camille Flammarion dans son observatoire de Juvisy.

Traité entre Guy de Maupassant et la société Marpon-Flammarion, pour l'ouvrage *Sur l'eau*, 1887.

Ernest Flammarion par Émile Cohl pour *Les Hommes d'aujourd'hui*.

Marque de Marpon et Flammarion.

Épreuves de l'affiche pour la parution de *Dans la rue*, accompagnées d'une lettre autographe signée par Aristide Bruant (9 février 1909).

Couverture du n° 1 du *Bon Journal*, 26 avril 1885.

*Guide Flammarion illustré*, Exposition universelle, Paris, 1900.

*Parigotes*, par Jules Lévy, collection Les auteurs gais, 1898.

*Tartarin de Tarascon*, par Alphonse Daudet, collection artistique Guillaume et Cie, 1887.

*Nouveaux exploits du colonel Ramollot*, par Charles Leroy, 1884.

*Les Plages de France*, par Bertall, 1886.

Lettre autographe signée de Catulle Mendès adressée à Ernest Flammarion.

Carte postale des librairies Flammarion.

Marque des éditions Flammarion dessinée par Georges Auriol.


Tous les documents proviennent des Archives Flammarion
déposées à l'Institut Mémoires de l'édition contemporaine.

# TABLE

Remerciements ........ 7
Introduction ........ 9

**Première partie : Naissance d'un éditeur** ........ 13
Les années de formation ........ 15
La Librairie Marpon et Flammarion ........ 31
Premiers succès ........ 43

**Deuxième partie : La vie d'une entreprise** ........ 77
Prospérité de l'édition ........ 79
Les combats de la librairie ........ 95
La publicité ........ 127
Politique commerciale et financière ........ 145
Portrait d'un éditeur ........ 171

**Troisième partie : Quarante ans d'édition** ........ 189
Vingt millions de livres ........ 191
Les livres scientifiques ........ 227
Politique et littérature ........ 245
Les lectures populaires romanesques ........ 271
Flammarion et ses auteurs ........ 305
Les années de guerre ........ 347

Conclusion ........ 359
Bibliographie ........ 367
Annexes ........ 375
Index ........ 397
Table des illustrations ........ 405

Il a été tiré de cette édition originale
1500 exemplaires sur papier permanent
dont 150 exemplaires hors commerce
numérotés de 1 à 150
réservés aux éditions Flammarion.
Achevé d'imprimer le 6 février 1992
par l'imprimerie Fricotel à Épinal.

Dépôt légal : février 1992